哲學研究叢書・學術思想叢刊

# 人類大憲章：
# 孔子哲學傳統與康德哲學
## 上冊

盧雪崑　著

# 目次

## 上冊

# 導論

## 第一節　論康德宗教學說之創闢性洞見

### 一　何謂宗教？

　　依一般的講法（包括書籍、辭典、教科書、維基百科，等等），無論是康德之前或是之後，宗教總是關於超自然的「超絕者」──神、上帝等諸如此類神聖者，作為崇拜對象，或更寬泛的意義上，還包括對於超自然世界的信仰。唯獨康德顛覆傳統，提出：真正的宗教必須是普遍性的，「它是一種可以告知每一個人使他確信的純然理性之信仰。」（Rel 6:103）真正構成真宗教的自身的東西是：每一個人自身的「純粹道德的立法」。（Rel 6:104）宗教是由道德伸展至的。康德說：「道德不可避免地要導致宗教。」（Rel 6:6）因此，「只有一種（真正的）宗教」，（Rel 6:107）「如同只能設想一個神一樣，也只能設想一種宗教，這種宗教就是純粹道德的。」（Rel 6:104）此即是說，依照康德所論，唯獨源於人類理性而產生的宗教始堪稱為真正的宗教。依康德所論明，真正的「宗教」就是「單純理性界限內的宗教」（Die Religion innerhalb der Grenzen der bloßen Vernunft）；在《單純理性界限內的宗教》（以下行文簡稱《宗教》）一書中，康德就提出：「說這個人具有這種或那種（猶太教的、穆罕默德教的、基督教的、天主教的、路德教的）信仰，要比說他屬於這種或那種宗教更為恰當。〔……〕一般人在任何時候都把它理解為自己所明白的教會信

仰，而並未把它理解為在裡面隱藏著的宗教，它取決於道德存心。就大多數人而言，說它們認信這個或那個宗教，實在是太抬舉他們了，因為他們根本不知道也不要求任何宗教。規章性的教會信仰就是他們對宗教這個詞所理解的一切。」（Rel 6:108）

吾人可以說，康德的宗教學說是奠基於自由學說的道德哲學的一種延伸。而因著一宗教學上的根本扭轉，我們見到康德自由學說的一個最後目標，那就是：「把人類作為一個遵循德性法則的共同體，在它裡面建立一種力量和一個國度，它將宣布對惡的原則的勝利，並且在它的統治下保證一種永恆的和平。」（Rel 6:123）

依照康德所論「宗教」，即從哲學（理性本性之學），亦即依理性視野確立「宗教」一詞之意義，那麼，有史以來，人類出於無知、恐懼，及諸如此類的心理學上的原因而對於超自然的「超絕的東西」或形形色色「超自然世界」之敬畏、崇拜，由之產生的品類紛繁的信仰，一概不能歸於「宗教」之名下。據康德所立「宗教」之定義，乃是哲學之定義，而與通俗的所謂「宗教」、形形色色心理學、歷史學、社會學等等學科所言「宗教」區分開。儘管考慮到約定俗成的關係，我們仍可稱種種歷史上形成並一直於人類社會流行的不同的信仰為「宗教」，可名為「通俗的宗教」。

康德在《學科之爭》中說：「宗教只能是理性的一個對象。」（SF 7:38）此即表示，「宗教」中崇拜的「對象」絕非超絕者（Transzendente）。又，在《德性形而上學》中提出：「既然只有一種人類的理性，就不會有多種的哲學。」（MS 6:207）吾人亦可據之提出：既然只有一種人類的理性，就只能有一種真正的宗教。康德就說：「可能有多種多樣的信仰，但只有一種真正的宗教。」（Rel 6:107）那就是純粹的道德宗教，它是在自由原則之下的僅服從道德動機的聯合。「它取決於道德的存心（moralische Gesinnungen）。」（Rel 6:108）「純粹的宗教信

仰」是「獨一無二的、不變的」。（Rel 6:124）

在《宗教》一書中，康德將「歷史性的信仰」、「規章性的教會信仰」與「純粹理性的信仰」區分開來，並論明：唯獨「純粹理性的信仰」為純粹的道德宗教，始堪稱「宗教」。

依康德所論，猶太教、穆罕默德教、基督教、天主教、路德教，等等，作為「規章性的教會信仰」，亦即是「歷史性的信仰」，皆不能當「宗教」之名。《宗教》一書中，康德說：「規章性的信仰充其量局限於一個民族，不能包含普遍的世界宗教。」（Rel 6:168）他指出：只有為了一個教會的目的，「才可能有規章被看作神聖的規定，它們對於我們純粹的道德判斷來說，是任意的和偶然的。」（Rel 6:168）把一種規章性的信仰視為「對於一般地事奉上帝是根本性的」，「並且把它當作使上帝喜悅的人的最高條件，這是一種宗教妄想。奉行這種妄想就是一種偽事奉。」（Rel 6:168）規章性的信仰產生出各色各樣的物神崇拜。康德說：「凡在不是由道德的原則，而是由規章性的誡命、教規、戒律構成了教會的基礎和本質的地方，都可以發現這種物神崇拜。」（Rel 6:179）「有一些教會形式，物神化在其中如此多種多樣，如此機械呆板，以致它看來排擠了所有的道德，從而也排擠了宗教。」（Rel 6:179-180）

康德明確指出：一切通過傳統習俗，只遵循外在規章性法則的信仰只是歷史性的信仰。按照純粹理性的信仰，所謂「上帝的意志」僅僅按照純粹道德法則來規定，而並非什麼外在客體的意志。如果超出了上帝的理念與我們在道德上的關係去追求關於上帝的本性之概念，那就總是要陷入神人同形同性論，從而直接危害我們的德性原理（Rel 6:182）。歷史性的信仰需要依賴奇蹟來證實。康德說：「歷史性的信仰是『自身已死的』，即，就其自身而言，作為教義來看，它不包含也不引向任何對我們來說具有一種道德價值的東西。」（Rel 6:111）

## 二　論「超感觸基體」之認識如何可能及其作為道德及宗教的基礎

康德論明：「宗教只能是理性的一個對象。」（SF 7:38）但事實上，如我們所見，人類社會所有的「歷史性的信仰」、「啟示的信仰」、「規章性的教會信仰」，其崇拜的「對象」都是「超絕的」（transzendent，該詞或譯做「超離的」）。也就是超離經驗世界之外的、與經驗世界隔絕的東西。如所周知，經《純粹的理性批判》，康德已裁定，一切將超絕的東西實體化的學說都是虛妄的，非理性的。並提出，宗教的對象是「超感觸東西」（Übersinnliche）。

於西方神學傳統，拉丁文 "transcendentia" 一詞英譯 "transcendent"，德譯 »transzendent«；而其同義詞 "transcendentalia" 英譯 "transcendental"，德譯 »transzendental«。該二詞作同義詞混用。在漢語學界，該二詞長久以來譯做「超越的」，而英文 "Transcendence" 一詞中譯做「超越者」（或超越界），幾成慣例。如此一來，"transcendentia" 用於「上帝」，依照經院神學，原意指「超絕者」（或曰「超離者」），中譯做「超越者」，就引致誤解。

從西方哲學傳統來看，在有神論中，"Transcendence"（德文 Transzendenz）可以說是意指「不同於世界的自覺的存在」。[1]這種一神論的形而上學一元論產生出一個極為困難的問題，也就是這種一元神與宇宙的關聯問題，並由之產生哲學派別的對立。

---

1　參見文德爾班（Wilhelm Windelband）著，羅達仁譯：《哲學史教程》（上、下卷）（北京：商務印書館，1996年），譯自 Wilhelm Windelband, *Lehrbuch der Geschichte der Philosophie*, 15th ed., revised by Heinz Heimsoeth (Tübingen: Mohr Seibeck, 1957). 文德爾班說：「一神論從色諾芬尼甚至柏拉圖的泛神論形式過渡到了有神論形式，因為上帝被認為是不同於世界的自覺的存在。」（p. 124；中譯頁197）

　　康德通過批判結束 "transcendentia" 一詞一直以來被錯誤使用的混亂狀態，在《純粹的理性批判》中嚴格區分 »transzendental« 與 »transzendent«，他明文指出：「»transzendental« 這個詞並不意味著超過一切經驗的什麼東西，而是指雖然是先驗的（a priori），然而卻僅僅是為了使經驗認識成為可能的東西說的。如果這些概念越出經驗範圍，它們的使用就叫做 »transzendent«，要把這種使用同內在的使用，即限制在經驗範圍之內的使用，區別開來。」（Proleg 4:374）

　　正如赫費教授指出：康德經由一番艱難的澄清過程之後，使 "transcendentia" 這個已然衰落的概念重新獲得上升的維度。赫費教授說：「康德的功勞不少，儘管有對於這樣一個背著沉重傳統包袱的概念來說毫不令人驚奇的種種變動，已經變得含糊不清的『超越的』這個詞在康德那裡重新獲得了一個哲學概念的明晰性。」[2] 經由康德的澄清，任何概念的超離使用都被裁定為不合法的。據之，西方哲學傳統上形形色色藉著把「超越的理念」偷換為「現實的物」之概念的做法被判決為欺騙的手段。

　　可以指出：»transzendental« 與 »transzendent« 之嚴格區分，首先經《純粹的理性批判》提出及證立，這項工作實在是為道德哲學奠基，以及為從道德伸展至宗教作預備。此即康德指明：超感觸東西才構成道德和宗教的基石。（A466/B494）可惜，至今為止，學術界中不瞭解康德的區分者，或根本不接受康德的區分者（尤其是堅持一神教的觀點者），皆一如既往地抱持著古老的習慣，在他們的術語中就只有「超越者」（Transcendence）一詞，但依據批判，他們所謂「超越者」恰切地說根本意謂「超離者」、「超絕者」，意指超離經驗世界之

---

2　奧特弗里德・赫費（Otfried Höffe）著，鄭伊倩譯：《康德：生平、著作與影響》（北京：人民出版社，2007年），頁56。

外的、與經驗世界隔絕的東西。此乃西方傳統二元世界觀的一個經典詞語。

　　在康德著作的中譯方面，專家們關於 »transzendental« 與 »transzendent« 這二詞的中譯並未達成共識。不少學者都中譯 »transzendent« 為「超越的」，»transzendental« 一詞為「先驗的」。依愚見，»transzendental« 一詞中譯為「先驗的」，欠妥，[3]因該詞不止「先於經驗」之義。康德明文定義 »transzendental« 這個詞是指「先於經驗（a priori）」，然而卻是「使經驗認識成為可能的」，也就是在經驗中有效的東西說的。[4]

　　本人依牟師宗三先生康德著作中譯本，»transzendental« 譯做「超越的」，而 »transzendent« 譯做「超絕的」或「超離的」，»A priori« 譯做「先驗的」。愚意以為，»transzendent« 譯做「超離的」，有一個好處，也就是從字面上就能反映 »transzendent« 一詞所包含的「外在的」之義，當有人意圖藉著偷換手法把「內在的」連接在»transzendent« 一詞上，他在中譯時就得說「超離而內在」，其中矛盾就不揭自明了。

---

3　大多數學者用「先天的」一詞來譯康德所用的»a priori«，有與生物學所言先天相混之嫌，故欠妥。韋卓民先生用「驗前」一詞來譯»a priori«，該詞本人譯做「先驗的」（依牟宗三先生譯）。

4　康德學界老前輩韋卓民先生就指出：「德文的transcendental的前綴trans雖有『超』或『過於』的意思，而其詞根scandere卻是『攀登』的意思，且所『超過』的不是經驗，而是感性的材料。」這是韋先生在他的中譯本中的一個註腳中作出的說明，他還說：「這裡用『先驗』一詞來譯康德所用的Transcendental是不妥當的。……然而『先驗』一詞在中譯的康德著作中沿用已久，不便改譯，姑用之而加以原義的說明如上。」（韋先生語見先生譯：《純粹的理性批判》〔武漢：華中師範大學出版社，1991年〕，頁89。）在牟宗三先生較早期的著作《中國哲學的特質》（臺北：臺灣學生書局，1963年初版）中，先生使用「超越的」，注明乃是»transcendent«一詞。（同上揭書，頁35）至先生譯註《純粹理性之批判》（臺北：臺灣學生書局，1983年），»transzendent«譯為「超離的」，»transzendental«一詞譯為「超越的」，本人依牟宗三先生譯。

事實上，在康德的批判哲學中，»transzendent« 就涵著「外在的」；而 »transzendental« 就涵著「內在的」。所謂「超越而內在」就顯得畫蛇添足了。

在傳統西方哲學中，transcendentia 一詞有多種意義的使用，及其在經院哲學的嚴格意義外多有與「內在的」關連在一起使用的情況，表達「超離於人之外的東西」內在化於人的意思，在這種脈絡中使用的「內在的」，並非康德所用 »immanent« 一詞的意思。康德所用 »immanent« 意指：在經驗中有效。[5]翻譯的問題與對原本義理之理解密切相關。吾人期望在康德哲學專詞翻譯上達到一致，須把握到康德「超越的哲學」之創闢性洞見。[6]

康德給予 »transzendental« 一個哲學概念的明晰性，讓其重新獲得上升的維度，也就是把它從混同於 »transzendent« 的使用中嚴格區別開來，據此，一方面經由《純粹的理性批判》推翻舊傳統製造的關於人的世界之外的最高存在（超離者、超絕者）的虛妄知識，與此同時經由批判確立「超越的領域」（並不根源自經驗，而在人的世界中有效的領域），以此為道德及宗教奠基。依此宣告傳統上建基於意志他律原則的「道德」及「宗教」為獨斷的，缺乏理性根據支持的。

---

5 牟先生在《中國哲學的特質》中使用「內在的」，雖然注明是»immanent«一詞，並且說：「『超越的』（transcendent）與『內在的』是相反字。」（同上揭書，頁35）但先生顯然並非依康德使用»immanent«一詞的意義，先生本人解釋所言「內在的」，說：「內在的遙契，不是把天命、天道推遠，而是一方把它收進來作為自己的性，一方又把它轉化而為形上的實體。」（同上揭書，頁35）由此來看，先生所言「內在的」是意指：收歸人的主體內部。用康德的詞語是»inner«，中譯「內部的」，如：內部的情感（inners Gefühl）、內部的感取（innern Sinn）。我們依照牟先生《中國哲學的特質》的論理脈絡來瞭解先生在該書中使用「超越的」及「內在的」二詞之意義，就不會如一些學者那樣產生「圓柄方鑿」的誤會。

6 詳論可參見盧雪崑：〈論»transzendental«一詞在康德哲學裡重新獲得上升的維度和哲學概念的明晰性〉，《新亞學報》32卷（2015年5月）。

　　吾人可指出，康德將道德及宗教奠基於「超感觸基體」（übersinn-liches Substrat）。他經由《實踐的理性批判》批判地揭明，意志自由為道德奠基，它作為我們人的主體，「一方面認識到自己是依照感觸界的決定而活動，另方面通過道德法則將自己決定為智性的者（有自由能力）。」（KpV 5:105）此即康德說：「唯有自由之概念允許我們無需超出我們之外而為有條件的東西和感性的東西尋找到無條件的東西和智性者（Intelligibele）。」（KpV 5:105）進一步論明，由意志自由產生的終極目的（圓善）而伸展至宗教，即由之，「道德也就延伸到了人之外的一個有權威的道德立法者的理念」，（Rel 6:6）也就是「上帝」的理念。依康德所論，「意志自由」作為人之內的「超感觸基體」，及「上帝」作為人之外的「超感觸基體」，皆並非「超絕的東西」，根本不同於傳統上種種超絕東西實體化、內心化的學說。「上帝」的理念並非意指離開「意志自由」而有的一個自存的「超感觸基體」，而是由「意志自由」伸展至，而毋寧說，「意志自由」與「上帝」合而為一而為一個合內外而言的「超感觸基體」，因其創造道德世界而堪稱「創造的實體」。

　　吾人可說，康德確立的「宗教哲學」建基於每一個人自身的「純粹道德的立法」，（Rel 6:104）因而是普遍性的，它是一種「純然理性之信仰」，因此是一種「可以告知每一個人使他確信的」信仰。（Rel 6:103）康德「宗教哲學」是批判地建立的，也就是通過對人類心靈機能之分別考察及其整體活動之關連，圍繞著「超感觸東西依何路數有其可決定的對象」這一問題而展開的，其豐富義涵交織在一個人類心靈機能活動高度複雜的網絡中。康德本人提請注意：「達到如此高度的研究是不能以通俗性作為開端的。」（KGS 10:339）在《純粹的理性批判》第二版「序言」中，他就指出「普通的人類知性對於精微的思辨之不適宜性」。（Bxxxii）理性的批判作為「關於有益於公眾而

不為公眾所知道的一門學問」，絕不能成為通俗的，正如維護有用的
真理中的精細論證任何時候都不能投合常情。（Bxxxiv）必不能讓假
借通俗化的名義縱容亂說一通的膚淺行為。（Bxxxvi）舉例來說，科
學的醫學不能缺少一幅縝密精確的人體解剖圖，而大眾並不需要如此
縝密精確地把握這張解剖圖；然而不能據此以為科學的醫學從事精確
的人體解剖乃是多此一舉。康德提供了人類心靈機能整體通貫的解剖
圖，作為人類自我瞭解以及一切人類科學的依據，乃是真正的哲學之
建立所不可或缺的。此即康德稱為「批判」的工作。

　　事實上，關於「意志自由」作為我們之內的「超感觸基體」，乃
道德及宗教的基石之論證，以及純粹理性的宗教中作為人之外的「超
感觸基體」的「上帝」之論證，皆通過通貫一體的批判工程而完成。
不過，要提防一種誤解，以為康德主張通過精密的論證使大眾信服
「意志自由」及「世界創造者」的信仰。康德本人表明：「就像人們
不想去思考那些為有用的真理精心編造的論據一樣，同樣精微的反對
意見也從來沒有進入大眾心中。」（Bxxxiv）並提出告誡：「學派現在
被指示不要假裝對影響普遍的人類的事務有比大多數人（最值得我們
尊敬的）也容易獲得的見識（Einsicht）更高和更廣泛，從而限制自
己，將自己的工作僅僅限於培育這些普遍的可以理解的（faßlichen）
並且在道德意圖上充足的證明根據。」（Bxxxiii）

　　在《純粹的理性批判》第二版「序言」中，康德就表明，「自由
之意識」、「世界創始者」（如「上帝」），只要它是基於理性根據，必
定獨自導致。（Bxxxiii）他指出：「與所有的性好的主張相對的純然明
確的義務，必定獨自導致自由之意識」，「莊嚴的秩序，美麗和關懷可
以在自然界中隨處可見，必定獨自導致對世界的一位明智而偉大的世
界創始者（Welturheber）的信仰」。（Bxxxiii）此乃大多數人也容易獲
得的見識（Einsicht）。此如在《德性之形而上學的基礎》（以下簡稱

《基礎》）中說：「一個就自身而言就應受尊崇的、無須其他意圖就是
善的意志的概念，如同它已經存在於自然的健康的知性中，不需要被
教導（gelehrt），而只需要被開悟（aufgeklärt），在評價我們的行為的
全部價值時，它始終居於首位，並且構成其他一切價值的條件。」
（Gr 4:397）並且，他表明：「我們就在普通的人類理性之道德的認識
中達到其原則。」（Gr 4:403）他解釋：「無疑，雖然普通人並沒有在
這樣一種普遍的形式中抽象地思量這原則，但他們現實上任何時候都
有這原則在眼前，並且用之以為自己判斷的標準。」（Gr 4:403）[7]並
恰切地指出：「在實踐方面，普通的人類知性就有其幸運的純真。」
（Gr 4:404）人們並不需要請教哲學家就知道什麼是道德原則，「因為
哲學家畢竟沒有與普通知性不同的原則。」（Gr 4:404）[8]

　　「完全由理性自身產生的東西」，（Axx）基於理性根據，「當共同
的原則發現出來之後，理性本身就會立刻把它暴露出來。」（Axx）
如：道德的原則、自由之意識、上帝之信仰，實在並不是哲學家所發
明。然則，哲學家們為何總是為這些問題爭吵不休呢？由此等重要命

---

7　又，康德明示：就像蘇格拉底那樣，只須把人們的注意力指向他們自己使用的原則
　　上，而絲毫不必教他們以任何新的東西。（Gr 4:404）如果沒有那些冒名的道德學的
　　攪擾，人們本來只需要「把一切感觸的動力排除於實踐法則之外，實踐的判斷力就
　　能夠表現得十分優越」。（Gr 4:404）即便通常的人類理性，「只要讓它注意自己的原
　　則，那就很容易指出，它如何憑這個指南針，在一切所遇到的事例中都很好地分辨
　　什麼是善、什麼是惡、什麼是合乎義務、什麼是違反義務。」（Gr 4:404）人們本來
　　自己就知道，「我們必須做什麼，才是誠實而善良的人，甚至是賢明而有德行的
　　人。」（Gr 4:404）康德說：「認知每一個人必須做、因而也必須知道的事，這也是
　　每一個人、甚至最平凡的人的事。」（Gr 4:404）
8　於《實踐的理性批判》，康德回應一位評論家批評《基礎》一書「沒有建立新的道
　　德原則，而僅僅建立了一個新的公式」（KpV 5:8）。他表示，批評者這句話比他本
　　人要表達的意思更好。他反問道：「但是誰還想引入一個一切德性的新的原理，並
　　且好像他首先發明它呢？就好像世界在他之前不知道什麼是義務，或者完全錯
　　了。」（KpV 5:8）

題構成的形而上學何以一直以來成為沒有任何一方獲得持久的勝利？此即康德指明：「那麼，毫無疑問，迄今為止，形而上學的程序是純然的摸索，最糟糕的是，只是在純然的概念下摸索。」（Bxv）並明確表示，他對獨斷論傳統的徹底顛覆，是以對人類心靈機能的批判考察作奠基的。康德所說的「批判」不是指對書籍和系統的批評，而是關涉於「理性機能一般獨立不依於一切經驗所可以追求的一切認識」而對我們的理性機能作出批判，通過這個批判考察找出理性的原則，「從而按照原則裁決形而上學一般的可能性或不可能性，並決定它的起源、範圍和界線。」（Axii）

康德有見及形而上學還遠沒有達成一致性，（Bxv）在其中，理性不斷地陷入困境。（Bxiv）因此提出，「理性必須要做的自知的工作，這個工作要建立一個法庭，這個法庭依照自己所有的永恆不可改變的法律遣除一切無根據的虛偽要求。」（Axi）此批判工作作為「形而上學的預備」。（A850/B878）形而上學的帝國內戰頻仍，而漸漸崩解為無政府狀態。（Aix）此即哲學之醜聞。康德提出：理性之批判勢必要通過徹底調查思辨的理性的權利，一勞永逸地阻止這種醜聞。（Bxxxiv）

早在《純粹的理性批判》出版之前十二年，康德十二年如一日地為批判的整體工程從事醞釀工作，此後又花了九年寫出三大批判，批判工作已經標出哲學（形而上學）「這門學問的全部計劃，就它的範圍以及就它的全部的內在結構這兩方面而標出其全部計劃。」（Bxxii）這門學問的確定性與整全性是由批判哲學的全部成果來保障的。此即康德本人說：「這個系統，如我所希望，今後也將保持此不可變更性。」（Bxxxviii）[9]因為批判哲學研究了人類心靈的特殊機能之根源、內

---

9　康德解釋：「部份歸因於事物本身之特性，也就是純粹的思辨的理性的本性，它包含一個真的肢體結構（Gliederbau），在這個結構中，一切都是器官（Organ），也就

容，與限度。（KpV 5:12）它分析了人類心靈的特殊機能（知、情、意）之每一細部，復以純粹理性之助，以及因著部份之從整全之概念而引生，去觀看那一切部份為相互地關聯者。無疑，康德的批判工程是龐大而艱巨的，通過批判工程一步一步展現的哲學（形而上學）的通貫整全體系縝密而環環緊扣；此所以如康德本人表明：「理性之批判絕不能成為通俗的（populär），但它也沒有必要成為通俗的。」（Bxxxiv）並且，他特別提醒：此不妨礙其為「一門對公眾有用但不為其所知的科學」。（Bxxxiv）毋寧說，批判工程作為縝密而龐大的通貫整全體系，其重要作用是：「通過反對者無知的最明確的證據，永遠結束對德性和宗教的所有質疑。」（Bxxxi）通過批判工程駁倒形形色色的獨斷論，諸如此類的獨斷論「對他們自己一點也不理解的物，對他們在其中及至世界上任何人在其中都一無所見的東西隨意玄想，甚至企圖去捏造新的理念和意見。」（Bxxxi）此即康德本人表明：「只有通過這樣的批判我們才能根除唯物論、命定論、無神論、自由思想家們的無信仰狀態、狂熱和迷信（它們一般說來可以變成有害的），最後還有唯心論和懷疑論（這兩者對於諸學派來說更為危險，不過很難進入大眾之中）。」（Bxxxiv）

可以說，三大批判工程為形而上學奠基，同時就展開了包含意志自由及上帝、心靈不朽三個根本命題的形而上學；由此也可以說，一勞永逸地通過堵住錯誤的源泉來消除形而上學的所有的有害影響。（Bxxxi）經由意志自由及上帝、心靈不朽三個根本命題而展開的形而上學，事實上就是奠基於意志自由及其道德法則而建立的道德哲學，以及由道德法則確立圓善理想而伸展至圓善可能的條件（上帝、心靈不朽），從而包含道德宗教在內的普遍的形而上學。

---

是一切為了每一個，而每一個亦為了所有，因此，每一個弱點，無論多麼小，無論是錯誤（謬誤）或缺陷，在使用中不可避免地會暴露出來。」（Bxxxvii-xxxviii）

## 三　論道德不可避免地要導致宗教

　　為著把握康德建立的道德的宗教學說，必須瞭解其通貫一體的三大批判工程。如前面已提出，康德的宗教學說是顛覆性的，它破除了舊傳統中建基於一個超絕的最高者（上帝）的歷史性信仰，標舉一個純粹的理性宗教，即由道德伸展至的宗教。道德何以必然伸展至宗教？康德經由三大批判而逐步給出答案及嚴格推證。關此，於三大批判完成後，康德在《宗教》（1793）第一版「序言」作出精要說明，茲依其論說脈絡略述如下：

　　首先，康德明示：「道德為其自身，（無論是在客觀上就意願〔Wollen〕而言，還是就主觀上有能力而言）絕不是宗教，而是純粹的實踐的理性有能力（vermöge），其自身是充分足夠的（ist sie sich selbst genug）。」（Rel 6:3）他說：「道德學（Moral）既然建立在作為自由的，正因為自由而通過自己的理性把自己束縛在無條件的法則上的本質者的人之概念上，那麼，就不需要為了認識人的義務而有另一種在人之上的本質者的理念，也不需要為了遵循人的義務而有不同於法則自身的另一種動力（Triebfeder）。」（Rel 6:3）「因為不是產生自人自身和人的自由的東西，也就不能為人缺乏道德（Moralität）提供補償。」（Rel 6:3）

　　繼而，康德說：「問題取決於義務，那麼，道德完全能夠而且應當不考慮任何目的。」（Rel 6:4）道德就是「由義務行」，學者們當熟悉，此乃《實踐的理性批判》（連同《德性形而上學的基礎》，以下簡稱《基礎》）提出並論證的。康德一如既往地強調，義務概念的原則是「格準的普遍的合法性之純然形式」，道德法則「通過格準的普遍的合法性之純然形式使人負有義務，此格準作為一切目的的至上的（自身無條件的）條件。所以，它不需要任何自由的抉意（freien

Willkür）之材質的決定根據。」（Rel 6:3）康德在此句後加了一個註腳，表明：「唯獨道德的法則無條件地命令。」[10]（Rel 6:4）

　　然而，如康德一向強調：道德法則絕不根據任何目的，但並不排除終極目的作為其必然的結果。此即是《宗教》第一版「序言」明示：儘管道德學（Moral）為著其特有的宗旨，並不需要任何必須先於意志決定的目的表象（Zweckvorstellung），但也很可能與這種目的有必然聯繫，也就是說，不是作為格準的根據，而是根據它們採取的格準的必然的後果。（Rel 6:4）康德解釋：「倘若沒有一切目的聯繫（Zweckbeziehung），人就根本不能作出任何意志決定，因為意志決定不可能沒有任何結果。」（Rel 6:4）沒有目的，抉意自身並不能足夠以行動。（Rel 6:4）關鍵在「目的轉成結果」，（Rel 6:4）也就是說，意志決定必定產生結果，重要的是，我們不能拿結果「作為抉意的決定根據和在意圖中先行的目的」，（Rel 6:4）康德恰切地指明，結果由「被法則決定的一個目的而產生」。（Rel 6:4）

　　康德自始至終強調，道德法則「完全先驗地在理性中有其位據和根源，正是這種根源上的純粹性使其有尊嚴，它們才堪充當我們的最高的實踐原則。」（Gr 4:411）早在《基礎》中就分析地闡明道德法則的先驗性。他說：「每個人都得承認：一條法則若要在道德上有效，即作為一責成的根據，就必須具有絕對的必然性。」（Gr 4:389）進至

---

10 在該註腳中，康德表明：「人之自然完滿性（Naturvollkommenheit des Menschen）」，及「對他人幸福的促進」，都是「在一定條件下才是善的」，人之自然完滿性，如在藝術和科學方面之精通、鑒賞力、身體之靈巧性等，「僅在它們的使用不違背道德的法則（唯獨道德的法則無條件地命令）的條件下才是善的。因此，雖然它作為目的，但它不能成為義務概念的原則。」（Rel 6:3-4）同樣道理，「以他人的幸福為定向的目的也是如此。因為一個行為必須首先根據道德的法則對其自身進行衡量，然後才能應用於他人的幸福。因此，該行為對他人幸福的促進只是在一定條件下才是義務，不能作為道德的格準的最高的原則。」（Rel 6:4）

《實踐的理性批判》，於第一卷首章，康德研究純粹實踐理性原理，他以《基礎》分析地建立的道德最高原則為前提批判地考察實踐理性的原理。在這裡，康德通過「理性決定意志去踐行的德性原理中的自律」這個事實展示：純粹理性能夠不依賴於任何經驗的東西自為地決定意志。（KpV 5:42）純粹的實踐的理性的基本法則就是：「這樣行動：意志之格準任何時候都能夠同時作為普遍立法的原則而有效。」（KpV 5:30）此即《基礎》那裡分析地建立的道德最高原則。這基本法則是「無條件的，從而作為定言的實踐命題先驗地表象，藉此意志絕對而直接地客觀地被決定。」（KpV 5:31）「這法則無條件地命令，它不從經驗或任何外在的意志借來什麼東西。」（KpV 5:31）依康德所論明，出自幸福原則，或基於自然情感，或基於道德的情感，完全不適於作為道德法則的根據；出自完滿性的原則，或建立於完滿性的理念之上，或建立於上帝的意志之上，也不能作為德性的第一根據。康德說：「只要意志的一個客體當作根據，以便為意志決定它的規則，其規則就只是他律。」（Gr 4:444）而意志他律是一切虛假的德性原則之根源。（Gr 4:441）此即《宗教》第一版「序言」說：「就道德學來說，為了正當地行動，並不需要一個目的，相反，從根本上來說，包含著運用自由的形式條件的法則對它來說就足夠了。」（Rel 6:4-5）

康德自始至終強調，道德行為必須遵循道德法則（自由的形式條件的法則）而行，並不需要一個目的。不過，此不妨礙康德提出：「從道德學畢竟產生一種目的。」（Rel 6:5）因為理性要回答「我們的正確行為會產生什麼結果」這個問題，「甚至即使此事沒有完全在我們的力量中」，「但是當我們的作為和不作為能夠以一個目的來調整，以便至少與它一致」，理性對這些都不可能無動於衷。（Rel 6:5）究其實，從第一批判開始，康德就論及「我們的理性的純粹的使用之

最終的目的」，於該批判「超越的方法論」第一篇之第一章「論我們的理性的純粹的使用之最終的目的」就提出：理性諸最高的目的「依據理性的本性又必定會是具有統一性的，以便結合起來去促進人類的不再從屬於更高關切的那種關切。」（A798/B826）第二章「論作為純粹理性最終的目的之決定根據的圓善之理想」，（A804/B832）在該章中就提出「出自幸福動機（Bewegungsgrunde）的實踐法則名為實用的（精審的規則）。」（A806/B834）「除了配享幸福之外不以別的任何東西為動機，我就名之為道德的（德性法則）。」（A806/B834）他明文指出，在德性法則行令中，我們只問：「我們應當如何行事以便配享幸福。」（A806/B834）「抽掉了性好和滿足它們的自然手段。」（A806/B834）並提出了「圓善之理想」（das Ideal des höchsten Guts），他說：「在此圓善之理想中，道德的最圓滿的意志（der moralisch vollkommenste Wille），與最高的福祉（der höchsten Seligkeit）結合，是世界上所有幸福的原因，只要幸福與德性（Sittlichkeit）成精確的比例（作為值得幸福）。」（A810/B838）而且，在該章中，康德已論明，是「純粹的理性」自身「在最高的源初的善之理想中」，「找到最高的派生的善之兩個要素間實踐的必要性的連繫的根據，亦即道德的世界根據。」（A810-811/B838-839）進至《實踐的理性批判》，康德經由對實踐理性之批判揭明：純粹的理性在意志中根源上先驗地立法乃實踐之事中的事實，「純粹理性就自身而言獨自就是實踐的，並給予（人）一條我們名之為德性法則的普遍法則。」（KpV 5:31）並以道德的法則作為「自由」之推證原則。「意志自由」自立普遍法則（道德法則），於立法中認識自身，並且，由意志自由連同其自立道德法則產生圓善，「上帝」作為圓善之條件就因著其與道德法則之聯繫而取得確定的意義，因之而被實踐地認識。並明示：「道德法則作為至上的條件已經包含在圓善概念裡面。」（KpV 5:109）

　　毫無疑問，康德始終一貫地強調，道德法則絕不基於任何目的，然亦一貫地論明，意志自由（連同其道德法則）產生圓善（終極目的）。（參見：KpV 5:113）此即《宗教》第一版「序言」所說「一個在世界上的圓善的理念」，（Rel 6:5）「它是我們應當擁有的所有目的的形式的條件（義務），同時是我們擁有的所有目的與此一致的有條件者（與對義務之遵循相適合的幸福）結合在一起並包含在自身中。」（Rel 6:5）這圓善的理念為我們每一個人「自己所做和不做在整體上採取一個可以被理性證明是合理的終極目的」。（Rel 6:5）康德指明：「終極目的」就是「一個客觀的目的」，也就是「我們應當擁有的目的」，它「由純然的理性作為一個這樣的目的交給我們」。（Rel 6:6）此即《純粹的理性批判》提出：理性有其特有的領域，「也就是諸目的之秩序，而這種秩序同時就是一種自然之秩序。」（B425）於此領域，「理性同時作為實踐的機能之在其自身（als praktisches Vermögen an sich selbst），並不被限制於自然秩序的條件上。」（B425）《基礎》及《實踐的理性批判》也論及「客觀的目的」，於《基礎》一書，康德就提出「依於動力上而對每一有理性者皆有效的客觀目的」，並把它與「基於衝動上的主觀目的」嚴格區別開。（Gr 4:427）他說：「那服務於意志而為意志的自我決定之客觀根據者，便是目的，而如果這目的單為理性所指定，則它必對一切有理性者皆有效。另一方面，那只含有以行動之結果為其目的的行動的可能性之根據者，就叫做手段。」（Gr 4:427）《實踐的理性批判》也提到「所有目的的整體」，並明示：「只有這整體才切合於作為道德法則的無條件的實踐法則。」（KpV 5:87）

　　進至《判斷力批判》，康德考察了人類心靈的目的之能力，通過對反思判斷力之考察，揭示在我們人自身中有一種依照目的而聯結的機能，及其一個合目的性原則，並通過「目的論判斷力之批判」對

「終極目的之理念」作闡明。該批判闡明：假若世界的存在根本沒有一個終極目的，「造化就會是一片純然的荒漠。」（KU 5:442）而「作為一個道德的者的人」（KU 5:435）自身就是終極目的。倘若不是我們人具有一個「給自然和他自己提供出這樣一個目的的聯繫的意志」，（KU 5:431）而正是這樣一個意志產生出終極目的，那麼，自然中任何地方都不會有什麼終極目的。這個批判先驗地證明：「不僅我們具有一個先驗地預設的終極目的，而且創造亦即世界本身就其實存而言也有一個終極目的。」（KU 5:453）並且，「如果造化在任何地方有一個終極目的，那麼，我們就不能以別的方式來思維它，而只能說它必定是與道德的終極目的協調一致，〔……〕。」（KU 5:453）此即《宗教》第一版「序言」說：「（世界創造 [der Weltschöpfung]）的終極目的同時能夠並且應該是人的終極目的。」（Rel 6:6）於《德性形而上學》一書就明示：只有人具有向自己提出目的之能力，（MS 6:392）人所具有的支配目的之能力就是純粹的實踐理性。（MS 6:395）

　　《宗教》第一版「序言」扼要地闡述三大批判論證「道德伸展至宗教」之綱要，關鍵點就在圓善的理念（即「一個可以被理性證明是合理的終極目的」）。此即康德說：「為此我們必須假定一個更高的，道德的，最神聖的和全能的本質者的可能性，唯獨它可以將圓善的兩個要素結合起來。」（Rel 6:5）依此，一個純粹理性的宗教上的「道德的，最神聖的和全能的本質者」，即「上帝」之概念得以確立。康德論明，圓善的理念（從實踐上考量）並不是空洞的，「因為它滿足了我們的自然的需要，即為自己所作所為的一切作為一個整體來思考某種可以通過理性證明的終極目的。否則，這自然的需要將成為道德解決（Entschließung）之一種障礙。」（Rel 6:5）依康德所論明，圓善的理念把「義務」與「對義務之遵循相適合的幸福」結合在一起並包含在自身中，（Rel 6:5）因而滿足了我們的自然的需要，並提醒：

「為自己確立一個目的本身就已經以道德原則為前提。」（Rel 6:5）「而不是道德的基礎。」（Rel 6:5）「人要為自己的義務設想一個終極目的，來作為義務的結果。」（Rel 6:6）這是「人自身中在道德上起作用的需要」。（Rel 6:6）這就關涉到：「人會在實踐理性的指導下為自己創造一個怎麼樣的世界，而他自己作為一個成員置於這一世界中。」（Rel 6:5）道德法則要求實現通過我們而可能的終極目的，一個人作為道德者不僅關心他自己個人的行為如何能成為德性的，還要關注他身處其中的世界是否合乎公義。

這裡重要的是，終極目的產生自道德，而絕不出自上帝。終極目的是依照自由之概念而來的結果，正是意志自由所從出的道德法則要求實現通過我們而可能的終極目的。此即康德明示：「人為自己的義務設想一個終極目的的來作為義務的結果」，這也就是「人自身中在道德上起作用的需要」。（Rel 6:6）以此，他說：「道德不可避免要導致宗教。」（Rel 6:6）並提出：「如此，道德也就延伸到了人之外的一個有權威的道德立法者的理念。」（Rel 6:6）並提醒：「在這立法者的意志中，世界創造（der Weltschöpfung）的終極目的同時能夠和應該是人之終極目的。」（Rel 6:6）

《宗教》第一版「序言」有一個極為重要的長註腳。在那裡，康德對「目的」作出說明：「目的始終是感情（Zuneigung）的對象，就是一種通過自己的行動占有事物的直接的意欲。」（Rel 6:6）並且區分「客觀的目的」與「主觀的目的」。「自己的幸福」統稱在「主觀的目的」之下。[11]而「客觀的目的」是「我們應當具有的目的」，「純然

---

11 康德提出：「自己的幸福是理性世界本質者的主觀的終極目的（每個人都因其依賴感取的對象的本性而具有這種主觀的終極目的，並且，說一個人應該擁有它，是荒謬的），以及所有具有這種目的為其基礎的實踐的命題都是綜合的，同時也是經驗的。」（Rel 6:6）

由理性作為這樣一個目的賦予我們的目的。包含著所有其他目的不可避免且同時充分的條件的目的，就是終極目的。」（Rel 6:6）

　　於這個長註腳，關涉到「圓善」、「終極目的」，康德對兩個重要的先驗綜和命題作出不可忽視的說明。首先，關於「有一個上帝，因此世界上有一圓善。」康德明示：

> 這命題：「有一個上帝，因此世界上有一圓善」，如果它（作為一種教義）被假定純然應該自道德學（Moral）產生，那麼，它是一個先驗綜和的，儘管它僅在實踐的聯繫中被假定，但它超出了（über）道德學所包含的義務之概念（並且義務之概念不預設抉意之材質，而只是預設純然形式的法則），因此不能分析地從法則開發出來。但這樣的先驗命題怎麼可能的呢？與所有人的一個道德的立法者的純然理念協調一致，確實與義務一般的道德的概念是同一的，就此而言，要求這種協調一致的語句也是分析性的。但假定這個道德的立法者的存在，超出了這樣一個對象的純然可能性。（Rel 6:6）

　　依康德明確指出，「有一個上帝，因此世界上有一圓善」這命題是一個先驗綜和的命題，此即含著說，不能以為康德主張：從「上帝」分析出「世界上有一圓善」。這個命題無非「與所有人的一個道德的立法者的純然理念協調一致」。他提醒，甚至假定這個道德的立法者的存在，也超出了這樣一個對象的純然可能性。

　　康德還對「每一個人都應當使塵世上可能的圓善成為自己的終極目的」這樣一個命題作出重要的說明。他指出：「這是一個客觀的實踐的、由純粹的理性提出的實踐的先驗綜和命題。」（Rel 6:7）接著給出一個值得加以注意的說明：「因為它是一個超過了在世界裡義務

之概念的命題，並附加了道德的法則中未包含的義務的後果（一種效果），因此無法從道德法則中分析地發展出來。」（Rel 6:7）隨即又解釋說：「也就是說，道德法則是絕對地命令，無論其結果是什麼樣的，只要問題在於一個特殊的行動，都絕對地要求甚至迫使我們完全擺脫功效（Erfolg），從而使義務成為極大的尊敬對象，而不會給我們提出和交付一個必須構成對這些法則的舉薦和促使我們履行我們的義務的動力的目的（終極目的）。」（Rel 6:7）又說：「所有人，如果他們（如他們應該那樣）遵守法則中純粹的理性之規定，那麼他們就都在這方面得到滿足。對於世界進程將為他們的道德上的所作所為帶來的結果，他們需要知道什麼呢？對他們來說，盡到自己的義務就足夠了，即使塵世的一生完結，幸福和配享幸福都從未遇過。」（Rel 6:7）

依照康德所說明，「每一個人都應當使塵世上可能的圓善成為自己的終極目的」這個命題中，「實踐的理性超出了道德法則」，儘管如此，「它是由道德法則本身引入的。」（Rel 6:7）依本人理解，康德首先就道德而論，提出道德法則是絕對地命令，它本身是動力，而不會提出終極目的作為動力。就道德而論也就是就人作為道德的實存而論，而不考慮人同時作為感觸界的實存而有的限制。但是，人現實中無可避免要面對種種限制，究其實，正是人踐履道德的進程中必不可免遭到限制，康德從「人的能力不足」論：「道德必然導致宗教。」（Rel 6:7）

於該長註腳中，康德指出：人作為有限的有理性者，「人及其（或許還包括所有世界本質者）實踐理性機能的不可避免的局限性之一，就是無論採取什麼行動，都要探尋行動所產生的結果，以便在這一結果中發見某種對自己來說可以當作目的，並且也能證明意圖的純粹性的東西。」（Rel 6:7）此即從人的局限性提出：人何以將意志自由連同其道德法則產生的客體（圓善）作為終極目的。「圓善」是從

理性於意欲機能立法之普遍性而必然產生的，而人以圓善作為終極目的，也就是作為現實世界之摹本的原型，其所處的狀況就是無窮地不停止地向此「原型」而趨。於此，康德提出「目的聯繫」（*nexu finali*），依其所論，「在表象和意圖（*nexu finali*〔目的聯繫〕）中，目的是最先的。」（Rel 6:7）宗教之為「希望」，目的是最先的。此不同於道德領域，那裡，「效果聯繫」（*nexu effectivo*），目的是最後的。（Rel 6:7）

　　康德有見及，於「目的聯繫」中，「人卻會從這一目的尋找能夠喜愛的某些東西」，（Rel 6:7）「即使這一目的純然由理性表象給人」，也是如此。（Rel 6:7）據之，康德說，「因此，純然引起人的尊敬的法則雖然不承認這些東西是需要，但考慮到這個目的，而擴展了自己，以將理性的道德的終極目的納入於自己的決定根據之下。」（Rel 6:7）

　　依以上所論可知，康德將「應當」與「希望」兩個不同的問題區分開。當問題關於「我應當作什麼？」道德法則本身就是動力，這是他自始至終堅持的觀點；當問題關於「我可以希望什麼？」就涉及人的局限性，於此，康德提出宗教作為輔助動力，道德就必然導致宗教。明乎此，即可知，《純粹的理性批判》之「法規章」何以提出：「如果道德的法則不先驗地把適當的後果與它們的規則連繫起來，從而自身帶有應許（Verheißungen）和威脅（Drohungen）的話，道德的法則也就不能是命令（Gebote）。」（A811/B839）該處是就人的限制而論，關涉於宗教（圓善及其可能性之條件「上帝」和「未來的人生」）。一些康德專家以此認為第一批判「法規章」主張上帝和未來世界是道德動力，此主張與康德在一七八一年《基礎》一書之後制定了他成熟的道德哲學採取的純粹實踐理性、義務或道德法則本身就構成

了道德行為的充分理性的動力的觀點不同。[12]究其實，只是這些專家本人忽略了道德問題與宗教問題之不同而致生誤解。

康德指出：「每一個人都應當使塵世上可能的圓善成為自己的終極目的」這個命題中，「實踐的理性超出了道德法則」，那麼，這種超出何以是可能的呢？他給出的解答如下：

> 「要使塵世上可能的圓善成為你的終極目的」是一個先驗綜和命題。它是由道德法則本身引入的。如此一來，實踐的理性超出了道德的法則，這之所以可能，那是由於把法則與人的那種必須在法則之外為一切行動尋求一個目的的自然之特性聯繫起來（人的這種自然之特性使人成為經驗的對象）。而這一先驗綜和命題（恰如理論的，同時也是先驗的綜和命題一樣）之所以可能，是由於它在根本上包含了在經驗一般中一自由的執意的決定根據之認識之先驗原則。只要這經驗在他的目的中展現出道德之效果，並作為在世上的因果性，賦予德性之概念以客觀的，即使僅僅是實踐的實在性。（Rel 6:7）

依上述引文可見，康德所論「要使塵世上可能的圓善成為你的終極目的」，儘管由道德法則本身引入，它是道德法則的命令，但如康德聲明：「如此一來，實踐的理性超出了道德的法則」，此即康德說：這個先驗綜和命題「附加了道德的法則中未包含的義務的後果（一種效果），因此無法從道德法則中分析地發展出來」。（Rel 6:7）這一層意思康德在《實踐的理性批判》「辯證部」就有明確表示，他說：「道

---

12 著名康德專家伍德（Allen W. Wood）持這種觀點。見：Allen W. Wood, *Kant and Religion* (Cambridge: Cambridge University Press, 2020), p. 39. 關於該問題之詳論，留待下面相關章節。

德的法則作為自由之法則通過一種決定根據頒令，這種決定根據應當完全獨立不依於自然以及自然與我們的意欲機能（作為動力）的協調一致。」（KpV 5:124）「在道德法則中沒有絲毫的根據說，一個作為部份屬於世界，因而依賴於世界的生物的德性和與之成比例的幸福之間有必然聯繫。」（KpV 5:124）

依康德所論明：道德法則對人（部份屬於世界，因而依賴於世界的有理性者）是定言律令，也就是一個無條件的「應當」，此「應當」乃是理性獨立不依於任何經驗條件而頒發之普遍法則。人依循道德法則而行，就是將「應當」於世界上實現，道德法則本身絲毫沒有包含效果。用孔子的話說：「君子之於天下也，無適也，無莫也，義之與比。」（《論語‧里仁第四》）但另一方面康德如實指明：人有那一種「必須在法則之外為一切行動尋求一個目的的自然之特性」，人的這種自然之特性使人成為「經驗的對象」。也正是因著人要探尋行動所產生的結果，「以便在這一結果中發見某種對自己來說可以當作目的，並且也能證明意圖的純粹性的東西」，（Rel 6:7）康德提出：由於圓善作為終極目的，而人的能力並不足夠，道德就必然伸展至宗教。

就人作為道德法則下的實存而論，道德法則本身是唯一的動力；就人作為經驗的對象，依其自然之特性，人需要輔助的動力。明乎此，則不會視此二者為對立矛盾的兩種主張。

其實，早在《純粹的理性批判》，康德就表明：對於我們的理性來說，無論僅僅幸福，抑或僅僅道德，都遠遠不是圓滿的善（vollständige Gut）。（A813/B841）「在實踐的理念中，這兩個部份本質上是連結在一起的，儘管以這種連結方式，道德的存心作為分享幸福之條件，〔……〕。」（A813/B841）在那裡已討論到「對每一個有理性者是自然的、通過同一個純粹的理性先驗地決定的以及是必然的整全的目的」。（A813/ B841）並已提出：「圓善理想作為純粹理性最後目的之

決定根據。」（A804/B832）「唯有圓善才能使這樣一種合目的的統一
成為可能。」（A812/B840）此所述諸義與《實踐的理性批判》之「純
粹的實踐的理性辯證部」所論「圓善」、「終極目的」相通。而《實踐
的理性批判》正文則有進於第一批判，通過對實踐的理性從事批判考
察，闡明道德法則乃理性在意欲機能中的普遍立法之事實，並以此為
推證原則，證明意志自由，進而論明，通過意志自由（連同其道德法
則）產生圓善，而「上帝的概念」即因著其作為被道德法則決定的意
志的必然的客體（圓善）的條件，而「得到安立（Bestand）和客觀
的實在性」。（KpV 5:4）可以說，《純粹的理性批判》首先通過對人類
認識機能的批判考察，推翻西方哲學傳統中製造的形而上學之虛幻，
正當地否決傳統中將外在的超絕的東西作為形而上學實體之妄作，繼
而轉至實踐的領域，從事對實踐的理性之批判考察，此批判工作即道
德法則之解釋及意志自由之超越的推證。[13]再於《判斷力批判》，通過
「目的論判斷力之批判」對「終極目的之理念」作闡明。三大批判環環
相連，步步轉進，絲絲入扣，構成一個經批判作成的解釋與推證而展
示的圓善學說體系，同時就是一個「純粹的理性的實踐使用的形而上
學」。

　　由以上簡述可見，康德經由三大批判通貫一體展示的一個包含由
道德伸展至的純粹理性的宗教的「普遍的形而上學」，其根基在意志
自由（康德稱之為我們人之內的「超感觸基體」）；所論「上帝」作為

---

13 儘管《純粹的理性批判》之「方法論」已經勾勒出圓善學說的脈絡，但這個批判暫
　　時不涉及道德哲學。這是康德清楚說明了的。康德本人已在《純粹的理性批判》之
　　「超越的方法論」中表明：「我目前只在實踐的意義上使用自由這個概念，而在這
　　裡擱置了超越的意義。」（A801/B829）並說：「我們就為純粹的德性學保留形而上
　　學這個名稱。不過我們現在不涉及它，就把它擱置一邊了。」（A842/B870）第一批
　　判並未進至「純粹的理性之實踐使用」的研究，在這個批判不研究純粹理性的實踐
　　的道德的使用，「純粹的理性的實踐使用的形而上學」在這裡暫時擱置不論。

人之外的「超感觸基體」，無非是「意志自由」產生圓善而必然要設定的條件，其內容及意義根本上完全從其與意志自由之法則（道德法則）相連繫而獲得。據此可說，一個合內外而言的「超感觸基體」，真實的創造一個自由與自然結合的道德世界的「創造的實體」，歸根究柢就是「意志自由」。

第一個批判（《純粹的理性批判》）論明自由可以思想，以及自由與自然並行不悖；第二個批判（《實踐的理性批判》）通過對實踐的理性作批判考察，依據理性在意欲機能中立普遍法則對道德法則作出解釋，並以道德法則作推證原則對「意志自由」作出推證。第三個批判（《判斷力批判》）對「終極目的之理念」作闡明，論明人因其「意志自由」而作為道德實存，「作為一個道德的者的人」自身就是終極目的，並且其終極目的就是世界創造的終極目的，此即可說，第三個批判對終極目的（圓善）作出推證，亦即作道德目的論的論證。由之可見，三大批判經由對人類心靈的認識力、意欲機能、判斷力步步批判考察，皆湊輻於「意志自由」；據此可說，三大批判工作要在探明「超感觸基體」之認識如何可能，以便為道德及宗教奠基。

## 第二節　康德對超感觸東西（自由、終極目的與圓善及其條件上帝、不朽）之推證
### ——駁所謂康德牴觸「證據主義」原則

康德學界一直以來流行一種責難，就是認為康德只是視自由、上帝，不朽為設準。學者們執持一種偏見，以為康德提出自由、上帝、不朽三個形而上學的理念不能為人的理論理性所理解，也就是不在任何直觀中；即證明康德所論自由、上帝、不朽缺乏證據，與流行的「證據主義」執持的原則相牴觸。

　　其實，康德本人明示，哲學的原理作為論證的原理總是要求一種推證，「無論它們是如何確定都永遠不能自稱是自明的。」（A733/B761）「甚至數學的可能性在超越的哲學中也必須予以證明。」（A733/B761）事實上，三大批判正是為對超感觸東西（自由、圓善及其條件上帝、不朽）之推證而作。上文已論明，《實踐的理性批判》對道德法則作出解釋，並以道德法則作推證原則對「意志自由」作出推證；並且，進而論明意志自由（連同其道德法則）產生圓善，以及對圓善可能之條件（上帝與不朽）作出說明。由此可見，康德要求對先驗概念作超越的推證（或曰超越的解釋），絕不容許獨斷地單從概念推論出任何哲學命題，哪怕是一些人們一向以為自明的真理。故堪稱為一位前無古人、後無來者的嚴格的證據主義者。

　　究其實，所謂「證據主義」原則，追溯至休謨（Hume），他提出：我們應該始終將我們的信念與證據相稱。[14]用克利福德（W.K. Clifford）的話說：「任何人在證據不足的情況下相信任何事情，總是錯的。[15]然而不難見出，此等「證據主義」原則只涉及經驗證明，而稱不上哲學證明。[16]若學者們只承認經驗的事實，那麼，其所謂「證

---

14 David Hume, *An Enquiry Concerning Human Understanding*, ed. David Millican (Oxford: Oxford University Press, 2007), p.80.

15 William Kingdon Clifford, *The Ethics of Belief and Other Essays*, ed. Tim Madigan (Amherst, NY: Prometheus Books, 1999), p. 77.

16 伍德在其《康德和宗教》一書中提及休謨和克利福德的證據主義。他在該書「前言」中表示：「證據（Evidence），據我在此上下文中的理解，包括那些理論或認知基礎，無論是理性的、經驗的還是超越的（transcendental）。」（Allen W. Wood, *Kant and Religion*, p.xx）他對康德關於道德法則、自由、上帝等所從事的哲學論證表示重視。他說：「我不認為基於此類哲學論證的同意違反了證據主義原則。」（同前揭書）他花了整章的篇幅解釋康德的道德論證的意義。並在「序言」中坦言承認他年輕時出版的《康德的宗教》（*Kant's Moral Religion*, Ithaca, NY: Cornell University Press, 2009）接受了當時流行的許多關於它的錯誤說法，輕視康德的道德論證，並表明，此正是他在幾十年後再寫《康德和宗教》這部書的理由。儘管依愚見，伍德關於康

據主義」原則就僅僅有關於經驗證明，而哲學所本質相關的先驗的概念、理性的概念（理念與理想）就會完全被視為無法證明而被放棄。康德的功績就在於經由三大批判對人類心靈機能的考察，如理如實地對超感觸東西（自由、圓善及其條件上帝、不朽）作出推證，從而為哲學奠定牢固的根基，一方面杜絕來自獨斷唯理論者的敗壞，另一方面抵抗了懷疑論者對哲學的破壞。

　　康德恰切指明：「因為許多經驗的概念是沒有人會提出疑問就被使用的，總是有經驗來證明這種經驗概念的客觀實在性。」（A84/B116）並提出：「在約定（ausmachen）人類知識的極其混雜的織物的各種各樣的概念中，有一些概念是決定地為了純粹先驗的使用（完全獨立不依於一切經驗），而這些概念的這種權利就總是要求一種推證。」（A85/B117）學者們當熟知，《純粹的理性批判》之「超越的感性部」對於空間和時間的考論工作就是對於空間、時間作為直觀之先驗形式給予形而上學的解釋（Metaphysische Erörterung）與超越的解釋（transzendentale Erörterung）。其範疇章則對知性的純粹概念（範疇）作出形而上學的推證與超越的推證。»Deduktion«（推證）一詞意謂說明概念之先驗性及給出「那種應該證實（dartun）權利或者也證實合法要求的證明」。（A84/B116）康德說：「法學家在談到權限和僭越時，在一宗訴訟中把有關權利的問題（quid iuris〔有何權利〕）與涉及事實的問題（quid facti〔有何事實〕）區分開，而且他們對二者都要求證明，他們就把應當闡明權限或者也闡明合法要求的權限名為推證。」（A84/B116）

　　實在說來，僅依據經驗論的觀點訂立「證據主義」原則，是偏頗、狹窄的，因其未能探究經驗可能的根據，也就是未觸及並不來自

---

德的道德論證的解釋仍有不少可商權處，尤其是他認為康德於三大批判有不同版本的道德論證。關此，擬於本書相關章節詳論。

經驗而使經驗可能的東西；也未能於知性與感性合作產生經驗的認識
之外，探究「理性作為純粹的自動性（Selbsttätigkeit）」（Gr 4:452）
產生的實踐的認識。康德批評洛克從經驗中把純粹的知性概念推證出
來，卻完全沒有顧及，這些概念的經驗展示並不是它們的推證，而只
是單純偶然的例證；然後他又前後不一貫地竟企圖憑這些純粹概念之
助得出遠超出一切經驗的知識。（A87/B119）並明示：「我們的先驗認
識機能所產生的純粹的先驗概念必須出示一個截然不同於從經驗而生
的身分的出生證。」（A87/B119）「經驗的推證對純粹先驗概念來說只
是一些無用的嘗試，只是沒有理解這種認識的全部獨特本性的人才會
幹這種事。」（A87/B119）

　　康德極其嚴格地要求在哲學中一切概念及命題都「必須出示一個
截然不同於從經驗而生的身分的出生證」。其功績不僅在通過《純粹
的理性批判》之「超越的感性部」及「超越的分解部」對自然作為顯
相之綜集之所以可能的根據作出說明，並且，嚴格區分開自然概念的
領域（現象界）與「純粹理性的領域」，後者為自由概念的領域，又
名曰道德的領域，屬於超感觸界。[17]超感觸東西（自由、圓善及其條
件上帝、不朽）歸於後者，因而絕無理由要求對之作出如在範疇那裡
所允許的那種推證。但康德嚴厲指責獨斷唯理論那種獨斷地將理性擴
展為一種神秘機能的虛妄做法，他提出：「純粹理性之種種理念固然
不允許有如範疇所允許的那種推證。但是，如果此等理念應該至少有

---

17 康德在第二版「序言」一個註腳中說：「在處理那些我們所先驗地採用的概念與原則
　中，一切我們所能作的便是去籌劃這一點，即：這些概念與原則可被用來依兩個不
　同的方面看待對象——一方面看作對經驗而言的感取和知性的對象，而另一方面，
　對那努力想超出一切經驗之界限的那孤立的理性而言，看作我們純然地思的對象。
　如果我們從這種兩面的觀點考量（betrachtet）物，就會發見與純粹理性的原則相一
　致，可是當我們只從一個觀點看物，我們就見到理性被纏繞於不可免的自我衝突
　中。」（Bxviii-xix）

某種哪怕是不決定的客觀的有效性，而不是只表象為純然的空洞的思想物（Gedankendinge: entia rationis ratiocinantis），那麼，就絕對必須有一種對於它們的推證是可能的，即使承認此推證是如何之大異於人們對範疇所能夠採取的那種推證。這就是純粹的理性批判工作的完成，而我們現在就要從事之。」（A669-670/B697-698）

在西方，人類理性本性的萌芽始於希臘，儘管在那個古老的年代，人類理性帶著童年期的特徵，自信過強而又富於幻想，無知於自己的界限，以致傷害科學。[18]儘管可以說，康德的《純粹的理性批判》確實是主要針對傳統的唯理論而作，但康德決沒有否決他的前輩們的功績，在《純粹的理性批判》中，他在批評柏拉圖的同時就一再肯定他的貢獻，他洞見到柏拉圖使用「理念」這個詞的唯一特有的意義：它用來表示某種不但永遠不能以感取假借過來，而且甚至遠超過知性概念的東西。[19]

---

18 在《純粹的理性批判》之「引論」中，康德把柏拉圖比喻為在空中自由翱翔的輕盈鴿子，當它感受到空氣的阻力時，便想像在沒有空氣的空間裡飛行必定更為容易。他說：「柏拉圖正是這樣以為感觸界（Sinnenwelt）對於知性的限制太多，就索性離開感觸界而鼓起觀念的雙翼，冒險地超出感觸界而進入純粹知性的真空裡去。他沒有發覺，他盡了一切努力而毫無進展，因為他遇不到阻力，而阻力卻可以作為他借以站得住的支撐點，他可以靠此支撐點使用他的各種力量，從而使他的知性活動起來。」（A5/B9）

19 康德說：「在經驗中永遠不能碰見任何東西與它相符合。在柏拉圖看來，理念是物本身的原型，而不是像範疇那樣，只作為可能經驗的鑰匙。」（A313/B370）康德揭示出，柏拉圖的完全獨特的功績之處在：「柏拉圖出色地在一切實踐的東西中，亦即在以自由為依據的東西中，發見他的理念。」（A314/B371）唯獨在實踐領域裡，「理念首先使經驗（善經驗）本身成為可能，雖然這些理念的經驗性表現必然總是不完全的。」（A318/B375）康德洞見到，要保持柏拉圖的功績，維護「理念」給予哲學的特有的尊嚴，「必須從事一種較少炫耀，但很有價值的工作，即平整基地，使它足夠堅固以承擔那些宏偉的德性的大廈。」（A319/B376）他提出「要好好地保持『理念』這個詞的原有意義，而不使它變為一個通常亂七八糟地指示各種表象模式的字詞，以致傷害科學。」（A319/B376）

　　事實上，人類從最初運用其理性開始就不斷誤用其理性，要達至每一個人成熟地運用自己的理性，還有漫長的道路。此即康德說：「自然在我們身上為兩種不同的目的而奠定了兩種稟賦，亦即作為動物品種的人性以及作為道德品種的人性；……人類自身將會使自己突破他們自然稟賦的野蠻性的，但在超越它的時候人類卻須小心翼翼不要違背它。這種技巧，人類唯有在遲遲地經過了許多次失敗的嘗試以後才能夠獲得。」（KGS 8:118）但是，假若人只看到經驗中錯誤運用理性而產生的災難，依據「理性在經驗界實現其客體和目的的進程必定是受條件限制的」這一經驗事實就把理性機能本身曲解為對立矛盾的、受條件限制的，我們就沒有任何根據說人類在知性之外還有一種「獨立不依於經驗而追求一切認識的理性機能」，人類也不會有一種決定「應當是什麼」的機能並被名為「理性」，而與那僅僅關涉於外在給予的對象「是什麼」的知性區別開來。我們人類若一味只知發展我們的知性，而不知人有理性，甚至肆意扼殺人性中的理性萌芽，那麼，人類文明再發達，人類也不過如單眼巨人，瞎了理性的眼，也就失去目的與方向。康德正是有見及此，一生都致力於「純粹理性的領域」之牢固確立，喚醒人睜開理性之眼。他說：「在純粹理性的領域裡哪怕只跨出一步，都必須先深信這樣一種超越的推證是必須而不可避免的。不然的話，就是盲目行事，而且在四處誤入歧途之後，又不得不回到他由以出發的無知之處。」（A88/B121）

　　吾人可說，康德從事的批判工程就是一項啟蒙工作。在〈答覆「什麼是啟蒙？」的問題〉一文中，康德說：「啟蒙是人脫離自己加之於自己的不成熟狀態。」（KGS 8:35）「對其理性的公開使用必須在任何時候都是自由的，而且唯有這種使用能夠在人們中間實現啟蒙。」（KGS 8:37）儘管康德並不諱言，人們長久以來套上了「持續的受監護狀態的一副腳鐐」，（KGS 8:36）「有誰要是拋開這副腳鐐，

也只不過是在窄溝上做一次不可靠的跳躍。」（KGS 8:36）甚至預
期，「理性需要有一系列也許是無法估計的世代，每一個世代都得把
自己的啟蒙留傳給後一個世代，才能使它在我們人類身上的萌芽，最
後發揮到充分與它的目標相稱的那種發展階段。」[20]（KGS 8:19）事
實上，如康德所見及，人們乃未張開理性之眼，即便哲學家們也一直
「把知性概念與理性概念混為一談，就像它們是同一類東西一樣」。
（Proleg 4:329）

　　康德早在《任何一種能夠作為科學出現的未來形而上學導論》（簡
稱《導論》）中就論明：超越的理性概念具有與知性概念截然不同的本
性和起源，因此在形式上也必然完全不同，但是在舊有的任何一種形
而上學體系裡卻從來沒有把它們分別開來，理性理念和知性概念混在
一起，分不清楚。他指出：「這種混淆在過去是不可避免的，因為那
時還沒有一種特殊的範疇體系。」（Proleg 4:326）但直至今天，人們
看來並未重視康德的洞見。

　　學者們熟悉並抱持不放的「證據主義」是偏頗、狹窄的，只承認
經驗事實，而忽略理性事實；只認直觀之對象為真，而否定理性自身
產生的對象。依據這種「證據主義」原則，任何道德與宗教之概念、
命題都會被誤判為缺乏「證據」而粗暴地排斥掉。康德畢其一生之努
力，探明人自身理性機能之本性，指出一個一直被人們忽略的事實：
唯獨以人類理性本性奠基而確立道德與宗教，人類始能擺脫失序的無
方向的偶然性，以避免盲目的歷史帶來的種種不可掌控的災難。事實
上，自康德以來直至今天，人們非但沒有注意康德提出的忠告，相

---

20 於〈世界公民觀點下的普遍歷史理念〉一文，康德表明：人類必須有繼續不斷的啟
　蒙，「通過不斷的啟蒙，開始奠定一種思想模式，這種思想模式能使道德辨別的粗
　糙的自然稟賦隨著時間推移而轉變為確定的實踐原則，從而使那種受感性逼迫的社
　會整合終於轉變成一個道德的整體。」（KGS 8:21）

反，近代以來，世界向著知性獨大的科技主義之不歸路飛速奔馳，君不見，人們已驚駭 AI 時代的來臨，有科學家預告：人要成為機械人，而此勢已不可擋。此時此刻，吾人重提康德，喚醒人們注視自身的理性。未知是否為時已晚？

　　理性！人之為人的生命之魂！它是原則之能：即是說，人因著其理性之能，就有對自然法則想一想的機能，人就不能只是自然之物。人就注定不能只依本能而生存，而是必須以自身的力量創造自由與自然結合的第二自然。理性作為在每一個人的意欲機能中立普遍法則之能，此即是說，每一個人能依據自身所立普遍法則而與每一個他人和諧共存、普遍傳通。天地萬物僅依照著自然法則而生存，以個體獨立自存於天壤之間，唯獨人以其稟具理性，必須且必然與他人共存、與天地萬物共存。生而為人而放棄理性，無異於掉失自身稟具的依自身立法而與他人及萬物和諧共存的能力。近世以來，人高揚個體，棄理性如敝屣，以知性高度發展為滿足藉以取代理性，以科技獨大而否決道德與宗教。豈知，如人類歷史已顯明：人若失掉理性，社會失序、人類失去發展方向；人會互相敗壞，及至毀壞自然，最終毀壞人類自己。

　　理性乃自身立普遍法則而達成和諧的機能：人的感性及知性唯獨在理性主宰下達致和諧，天地萬物中每一種生物都沒有也不必有理性機能以節制其本能、欲望，唯獨人需要也有理性機能限制自身無限膨脹的欲望，此即康德說：「道德法則其實以某些條件來嚴格地限制人對幸福的無度需求。」（KpV 5:130）天地萬物中每一種生物都是自己顧自己，即是說遵行「個體原則」，唯獨人通過每一個人自身理性立普遍法則（道德的法則）限制人的本能的自私性，將其「自愛的格準」擴展到他人的幸福之責任上。（KpV 5:35）是每一個人稟具的理性給予人的無法則的自由以出自每一個人的普遍法則，成就一切人的

自由共存，此即康德說：「把每一個人的自由限制在這樣一個條件下，遵照這個條件，每一個人的自由都能同其他每一個人的自由按照一個普遍的法則共存。」（Rel 6:98）也是理性以其普遍立法而產生「圓善」，並命令人在世界上實現自由合目的性與自然合目的結合的第二自然，即愛與公義的道德世界。人始顯出其區別於天地萬物而獨具的生存意義，並見其具絕對價值。人始不愧為人。

康德一生從事艱難的批判工程，旨在將每一個人本具卻往往不自知的理性機能講明。可以指出，此理性機能之批判考察過程就是對超感觸東西（自由、圓善及其條件上帝、不朽）作出推證的過程，亦即為道德與宗教大業奠基的過程。茲將相關推證略述如下：

# 一　道德的法則及自由理念之推證（或曰解釋）

「自由」乃康德批判哲學之首腦概念。遺憾的是，康德學界長久以來抓住康德於論證過程中提出過「自由作為設準」而誤解康德主張「自由只是一個設準」，而忽略康德關於「自由」之推證乃以道德的法則為推證原則，並且根本未把握其貫通的論證整體。以下展述依《純粹的理性批判》、《基礎》、《實踐的理性批判》漸次開展的「道德的法則及自由理念之推證」的整體脈絡。

## （一）《純粹的理性批判》通過對人的認識機能作批判考察而制止思辨的理性擴張至超感觸界

首先，《純粹的理性批判》乃對人的認識機能作批判考察的一部著作。該批判提出一個全新的思維模式，亦即經由對人的認識機能作批判考察，論明：「我們所能理論地認識的東西皆限制於純然的顯相。」（Bxxix）並經由批判提出：「該批判教導人們要在兩種意義上

理解客體，也就是作為顯相（Erscheinung），或者作為物自身（Ding an sich selbst）。」（Bxxvii）康德洞見到：人的認識機能從理論上說，也就是僅從其與外在給予的客體之關聯而言，確實只能達到對「感觸的東西」之認識；但人們一直忽略了，此所論「認識」僅限於「理論地認識的東西」，依照這種舊思維，結果必然是：人只能認識感觸的東西，此無異於宣告人對於超感觸的東西不能達到任何的認識。隨之，「自由」必然被否定，「自由連同德性（Sittlichkeit）一起，就得讓位於自然機械作用了。」（Bxxix）此即康德說：「因此，如果我不同時剝奪思辨的理性的越界的洞見的狂妄主張，我甚至不能為了我的理性的必要的實踐的使用而假定（annehmen）上帝、自由和不朽，……，從而宣布純粹的理性之所有實踐的擴展不可能。」（Bxxix-xxx）而依照康德經批判確立的「兩面的觀點」的思維模式，「同一意志，在顯相上（可見的行為）必然按照自然法則並且不自由，但另一方面，屬於物自身，不取決於自然法則，因此被認為是自由的，這裡沒有矛盾發生。」（xxviii）

　　「物之作為經驗之對象與此同一物之作為物自身區別開」，經由康德的「批判」已闡明這區別為必然的。（Bxxvii）概略而言，《純粹的理性批判》首先在「超越的感性部」通過對我們的空間和時間之表象之性狀（Beschaffenheit）的考察證明「顯相與物自身之超越區分」，並進一步通過「超越的分解部」對知性的基本概念作考察而無可置疑地（apodiktisch）提出「一切對象一般區分為現象與智思物」。[21]經由「超越的感性部」和「超越的分解部」，康德把客觀的對象之構成歸根於我們人類認識的兩個主幹（感性和知性）自身具有的純粹形式。

---

21 詳論請參見盧雪崑：《物自身與智思物：康德的形而上學》，第一編上「通過思辨批判證明顯相與物自身之超越區分及所有對象一般區分為現象與智思物」（臺北：里仁書局，2010年），頁37-219。

正是因著揭明這些純粹形式（空間、時間，以及範疇）作為經驗可能
的條件，內在於人的主體，在一切人的主體中普遍和必然有效，康德
得以確證對象認識的客觀有效性，這客觀有效性即經驗的實在性。這
兩步批判考察將我們的認識機能只限於與「作為感取客體的自然」的
關係而論，也就是限於自然概念的領域而論。在自然概念的領域，
「知性對於作為感取客體的自然是先驗地立法的，以達到可能經驗的
理論認識。」（KU 5:195）「包括著一切先驗的理論認識之根據的自然
概念基於知性的立法。」（KU 5:176）知性通過自然概念而先驗立法
的有效範圍就是「理論哲學」的範圍，此即論明：理論哲學的有效範
圍限於現象界，我們的感取和知性絕不關涉到物自身。不過，知性可
通過其純粹的概念（範疇）而思想對象之在其自身，而且正是範疇的
這種純粹的使用之可能性，產生出一個智思物之概念；在這種思想中
我們抽掉了一切感取直觀的形式。（A252）康德說：「範疇的一種純
粹的使用固然是可能的，亦即無矛盾，但卻根本沒有客觀的有效性，
因為它沒有關涉任何本應由此獲得客體之統一的直觀。」（A253）儘
管「智思物是一個無對象的概念」，（A290/B347）但它為思辨的理性
留下空地，此即康德提出，純粹的理性作為一種純然的智性機能，其
概念（超越的理念）關涉到思辨的理性自身引出的智思物。

　　純粹的理性概念是因著範疇的純粹使用而有的。康德說：「範疇
不含感取的決定的任何混雜的純粹性（Reinigkeit）可以引導理性把
範疇的使用超出一切經驗之外，擴展到物自身上去。」（Proleg
4:332）不過，範疇在這裡只作為純然的邏輯功能。超越的理念著眼
的不是越界的概念，而僅僅是經驗使用的不被限制的擴展。（Proleg
4:333）也就是說，理性作為最高的認識力也不能擁有物自身之認
識，它產生的理念相關於「所有可能的經驗的絕對的整體」的問題，
儘管這絕對的整體本身並不是一個經驗。（Proleg 4:328）依據範疇與

理念的區分，康德把「知性認識」與「理性認識」區別開來。他說：「一切純粹的知性認識都有這樣的特點，即它們的概念都在經驗裡產生，它們的原理都通過經驗證實。相反，超越的理性認識，它們的理念並不在經驗裡產生，它們的命題從來既不通過經驗證實，也不通過經驗來反駁。」（Proleg 4:329）

通過「超越的感性部」對時空之考量提出物自身學說，接著又通過「超越的分解部」對知性之純粹概念之考量提出智思物學說，這兩個學說為在感觸界之外保留一個超感觸者之場地給出根據，也就是一個邏輯的認識根據，亦即「超感觸的東西」（自由、上帝、不朽）起碼是可以思想而不矛盾的。在《純粹的理性批判》的「超越的辯證部」，康德就論明：「超越的理性概念總只指向於條件之綜和中的絕對的綜體，而除非在那是絕對地無條件者中，即，在一切聯繫上是無條件者中，它決不終止。」（A326/B382）「顯相之理性的統一」也就是「在範疇中被思想到的絕對統一性」，「理性只給自己保留了知性概念之使用中的絕對的綜體，並設法把範疇中所思的綜和統一推到絕對的無條件者。」（A326/B383）可以見出，該第一批判探究人類理性所盼望的「條件方面的綜和之綜體」，（A324/B380）也就是說，理性尋求的是作為「有條件者之綜和」的根據的無條件者。這「條件之綜體」、「無條件者」，康德名之曰「一切理性概念之共名」，（A324/B380）又名之曰「宇宙論的理念」，（A415/B442）此即是說，該批判僅就思辨的理性而論「超越的自由」之宇宙論意義。「自由」作為諸理性之概念中的一個，它是決定因果關係的諸條件之絕對綜體（無條件者）。

儘管康德論明：超越的理性概念「僅僅是理念」，（A329/B385）但他同時提醒：「它是一切可能的目的的必然統一之理念，所以它就必須作為一個源始的條件，至少也作為一個限制的條件，而在一切有關於實踐之事中充當規則（Regel）。」（A328/B385）尤為重要的是：

「理性的超越概念可能使從自然概念過渡到實踐概念成為可能，並使道德的理念本身以這樣的方式獲得支持，而且使道德的理念與理性之思辨的認識連繫起來。」（A329/B386）

　　事實上，《純粹的理性批判》的「超越的辯證部」處理超越理念的第三背反，就是依據「超越的區分」論明：「出自自由的因果性與自然至少並不衝突。」（A558/B586）依康德的論說理路：「一方面，人本身是顯相，他的抉意（Willkür）具有經驗的性格，這是他所有行為的（經驗的）原因。」（A552/B580）也就是說，視人作為顯相來看，他的行為一概按照自然法則，根本不會有「無條件的因果性」，（A552/B580）「這時，這種因果性是自然，不是自由。」（A552/B580）但如康德指出：若人的一切行為只按照自然法則，即只服從自然因果性，那麼，人的行為就會是不能歸責的；而事實上人有「歸責判斷」（zurechnenden Urtheile）。康德舉「惡意謊言」為例，人們審視這個行為的經驗性格直到其起源：糟糕的教育、不良社交、惡劣氣質等等。但是，「人們仍然責備肇事者。」（A554/B582）康德指出：「人們的這種譴責是根據理性之法則，按照這條法則人們把理性看作為一個原因，這個原因能夠並且應當不顧上述一切經驗的條件而決定人的行為。……因此，不管行為有什麼樣的經驗的條件，理性都是自由的，行為可以完全歸咎於理性沒有履行責任。」（A555/B583）此即可見出，「純粹的理性作為一種純然的智性的機能，不從屬於時間形式，因而也不從屬於時間繼起的條件。」（A552/B580）「理性以完全的自發性依照理念為它自己構成它自己的一種秩序，而使經驗的條件適合於這種秩序，並依照這種秩序來宣布行為為必然的。」（A548/B576）「理性在關涉到顯相中現實地有一種因果性」，（A549/B577）這是從律令（Imperativen）的宣示就看得明白的。（A547/B575）

　　不過，值得注意，康德本人就提醒，他在這個《純粹的理性批判》

的「超越的辯證部」關於第三背反的解決,「不是要闡述那作為包含我們的感觸界之諸顯相的原因的能力之自由的現實性(Wirklichkeit)」。(A558/B586)「就連這自由的可能性,也根本不想去證明。」(A558/B586)理由是:「我們根本不可能從純然的先驗概念中認識任何實在根據和任何因果性之可能性。」(A558/B586)他表明:「這種二律背反僅基於一種純然的假象,自然至少與出自自由的因果性不衝突,這是我們在此唯一能做到的,也是我們唯一關心的。」(A558/B586)事實上,在這個地方,康德仍未處理「超越的自由」之推證,他在《純粹的理性批判》之「超越的方法部」中就表明:「我目前只在實踐的意義上使用自由這個概念,而在這裡擱置了超越的意義。」(A801/B829)他解釋:單單自由概念的超越意義是不能解釋經驗的,它本身是一個懸而未決的概念;但是,實踐的自由可以經由經驗而被證明。(A802/B830)「實踐的自由」作為行動的根據是超越的,而它的結果落在現象界,因而由經驗就可以證明。從我們人日常行為就可以證明:並不只是直接觸動感官的東西決定我們的抉意(Willkür),[22]而是我們有一種力量,它經由把間接地對本身有益或有害的東西表象出來,從而克服我們的感取的意欲機能(sinnliches Begehrungsvermögen)的種種印象。(A802/B830)

　　於第一個批判,康德恰當地將理性與知性區別開:通過知性起作用的因果性是自然的因果性,這類因果性範疇除經驗的使用之外完全

---

22 康德在《純粹的理性批判》之「超越的方法論」的「法規章」說:「那種不依賴於感性衝動,因而能夠經由僅僅為理性所提出的動機來決定的抉意,就叫做自由的抉意,而一切與這種抉意相關聯的,不論是作為根據還是後果,就都稱之為實踐的。」(A802/B830)「實踐的自由是自然原因之一種,也就是理性在意志之決定中的一種因果性。」(A803/B831)可見,其言「實踐的自由」就抉意而論,而未就意志立法而論「超越的自由」,「超越的自由」留待《實踐的理性批判》,憑藉純粹的實踐的理性機能而確立起來。(KpV 5:3)

不能作別的使用，但是，理性不受任何感性的條件所制約，理性的因
果性不以經驗為條件，它是不同於自然因果性的另類特殊的因果性——
自由因果性。於第二個批判，康德就再次強調，在第一批判，「自由
之理念」並不是作為關涉到「絕對自發性機能」的一種需要，「而是
就其可能性所關涉的東西而言，是純粹思辨理性的一個分析的原理。」
（KpV 5:48）這個第一批判的作用僅僅在：「讓思辨的理性敞開一個
對它而言乃空虛的位置，也就是智性東西，以便把無條件者置放在其
中。」（KpV 5:49）並再次表明：「但是，我不能把這個思想實在化
（Ich konnte aber diesen Gedanken nicht realisieren），即不能把它轉化為
對一個如此行動的生物的認識。」（KpV 5:49）毫無疑問，「自由之理
念」作為理性的超越概念，在《純粹的理性批判》是不能獲得推證
的。不過康德本人指明：「現在，純然實踐的理性由於在一個智性界
中的一條決定的因果性法則（由於自由），也就是道德的法則，填滿
了這個空虛的位置。」（KpV 5:49）並且，在這個第一批判中，康德
不僅批判地說明了「出自自由的因果性與自然至少並不衝突。」
（A558/B586）而且，為接下來要於《實踐的理性批判》從事的道德
課題提出預告，就與「自由」與「道德原則」相關者有以下三點：
一、提示：「純粹理性有一種完全必要的實踐使用（道德使用），在這
種使用中它不可避免地擴展到越過感性的界限。」（Bxxv）「必定在某
處有屬於純粹理性領域內的積極的認識的根源，……，而事實上，它們
構成理性努力的目標。」（A795/B823）二、提出：「道德的至上原理
及其基本概念是先驗認識。」（A14/B28）以及「與普遍的機械性相對
的意志自由（Freiheit des Willes）」，（Bxxxii）並提到「義務概念」[23]，

---

23 康德說：「在義務概念中畢竟必須把它們或者作為應當克服的障礙、或者作為不可
　當做動機的誘惑而一起納入德性體系的制訂。」（A15/B29）

以及「律令」、「應當」。[24]三、道德與意志自由及理性的源始的實踐原理的交互性已提出，[25]並已指出義務與自由意識的關聯。[26]儘管在這個第一批判，康德並未對這些概念及命題作出推證，因為如康德本人聲明：道德問題不能形成《純粹的理性批判》所討論的正式題目。（A805/B833）但該批判的一個重要任務在：為道德哲學之確立掃除障礙，那是康德明確表示的。康德表明：這個第一批判限制人們「冒險憑藉思辨理性去越出經驗的界限」，（Bxxiv）「批判限制了思辨的理性，這個用處雖然總不過是消極的，但由於這限制同時排除了理性的實踐使用的障礙物，它事實上就具有積極和極重要的用處。在純粹的理性的一種絕對必要的實踐的使用（道德的使用）中，它不可避免地擴展至越過感性之界線，雖然為此它並不需要思辨的理性的任何幫助，但它卻必須保證不會受到思辨理性的反對，以便理性不致在其兩種不同使用中陷入自相矛盾。」（Bxxv）

　　顯而易見，第一批判經由對人的認識機能的批判考察，恰當地將人的認識對象限制於現象界，從而宣告西方傳統哲學一直以來視道德和宗教為知識所製造的虛妄必須結束，並指示出：純粹理性領域內的積極的認識的根源在理性的實踐的使用。也就是說，要說明自由理念及道德的法則，必須從事實踐的理性之批判考察。

---

24 康德說：「從我們在一切實踐之事中作為規則而加予實行的力量上的那些律令（Imperativen）可以看得明白，我們的理性具有因果性，至少我們可把這樣一種理性表象給我們自己。應當即表示這種必然性，以及那種在整個自然中本來並不出現的與諸種根據的連結。」（A547/B575）

25 康德說：「道德學（Moral）必然預設自由（在最嚴格的意義上）是我們的意志之特性，因為道德援引蘊涵在我們的理性之中的、源始的實踐的原理作為自己的先驗材料，如果沒有自由之預設，這些原理是絕對不可能的，但思辨理性卻證明根本不可思維這樣的自由。」（Bxxviii-xxix）

26 康德說：「單是對義務的清晰表述，在與性好的一切要求的對立中，就已經必定造成自由之意識。」（Bxxxiii）

　　如康德一再明確表示：道德的法則及「自由之理念」的推證工作
必須從認識機能之考量轉進至意欲機能之考量，亦即進至對實踐的理
性之批判。事實上，於《實踐的理性批判》（連同《基礎》），康德通
過純粹理性與純粹意志之結合而論純粹實踐理性及其自立道德法則之
事實，對道德法則作出形而上學的解釋及超越的解釋，以及以道德法
則為推證原則、通過人類道德實踐活動的事實（即意志自律的事實）
證明了自由因果性之客觀實在性，也就是對「自由之理念」作出形而
上學的推證和超越的推證。

　　簡略而言，經由實踐的理性在意欲機能中立法之考量構成的「道
德的法則」之推證（或曰解釋），以及對「自由理念」作出的推證，分
兩步完成；一如《純粹的理性批判》已提出，批判的方法由兩部份組
成：首先對先驗的概念作形而上學的推證（或曰形而上學的解釋），
繼而作超越的推證（或曰超越的解釋）。在這個批判中，康德作出時
空的「形而上的解釋」和「超越的解釋」，以及範疇的「形而上學的
推證」（Metaphysische Deduction）和「超越的推證」（transzendentale
Deduction）。[27]此乃批判的新方法，康德以此為正確的哲學方法，以
取代傳統唯理論以自明的公理或前定的和諧為基點的純理的演繹法及

---

27 所謂「形而上學的解釋（或曰「推證」）」是說明一概念之先驗性，「展示一概念為
　先驗地給予者」。（B38）而超越的解釋（或推證）是要進一步說明該概念在認識論
　中的作用之客觀有效性。此兩步驟結合而為哲學論證的確當方法，不能缺一，亦不
　能逆反其次序，對於那些未經形而上學的解釋而說明為先驗地給予的概念，是不能
　對之作超越的解釋的。值得一提的是，在時間空間的考論中康德使用»Erörterung«
　（解釋）一詞，而在範疇章則使用»Deduktion«（推證）一詞，因時間和空間是先驗
　直觀，不必像知性的純粹概念（範疇）那樣，需要說明其合法性及使用的理由。其
　實，在少數地方，「解釋」與「推證」互用，並不一定嚴格區分。比如，康德言
　「道德法則推證」，（KpV 5:46）所言「推證」並非嚴格說，其實所說是「解釋」。
　當他稍後又說：「徒勞地尋求道德原則之推證」，（KpV 5:47）所言「推證」是嚴格
　意義的，專指理論的、思辨理性方面而說的。

經驗論的自限於經驗而作的抽象與歸納。事實上，康德關於道德的法則及自由理念之論證工作也依此批判的新方法分兩步完成。

## （二）《基礎》通過概念分析為道德法則及自由理念之形而上學的解釋作預備

康德首先於《基礎》從事道德概念之分析，該書第一、二章都是分析的。在第二章，他本人就表明：「我們僅僅通過闡明已經普遍流行的德性概念來指明：意志的自律不可避免地加予德性概念，或者毋寧說是它的根據。因此，誰認為德性是某種東西，而不是一個無真可言的虛妄的理念，就得同時承認上述道德原則。因此，本章正如第一章一樣，純然是分析的。」（Gr 4:445）

《基礎》之「序」中，康德明示：「目前這部《基礎》只提出並且確立道德最高原則，單就這一點便構成一項就其意圖而言是完整的工作，並且是須與其他一切德性之研究分開的工作。」（Gr 4:392）並表明：「構造一純粹的道德哲學（Moralphilosophie），把僅僅是經驗的以及屬於人類學的東西完全清除。」（Gr 4:389）「所有實踐認識中，道德法則（連同其原則）不僅在本質上有別於任何經驗的東西，而且整個道德哲學完全基於實踐認識的純粹部份。當應用於人，那並不是從對於人的認知（人類學）中借得絲毫東西，而是把先驗的法則給予作為有理性者的人。」（Gr 4:389）

康德如理地指出：「每個人都得承認：一項法則若要在道德上有效，亦即作為一項責成之根據而有效，就必須具有絕對的必然性；……，而僅有先驗地在純粹的理性之概念中。」（Gr 4:389）《基礎》第一章經由「善的意志」之概念及義務之概念的分析達到道德的法則的第一表達式，這法則作為意志的原則，它的表達式就是：「我決不應當以別的方式行事，除非我也能夠意願我的格準應當成為一條普遍的法則。」

（Gr 4:402）第二章通過揭明道德法則對於意志之命令，論明：「意志不外是實踐理性。」（Gr 4:412）康德提出：「從法則推導出行動需要理性。」（Gr 4:412）並且說明：「唯獨一個有理性者有依照法則之表象，即依照原則而行動的機能，這個機能就是意志。」（Gr 4:412）據此，康德揭示出：實踐理性無非就是理性與意欲機能結合的一種機能。此即表示：「意志對於其自身就是一法則。」（Gr 4:440）康德名之為「意志自律」，自律之原則就是：「你應當總是這樣做選擇以至於同一意願所給我們的選擇的諸格準皆為普遍法則。」（Gr 4:440）康德提出：「意志之自律作為德性之至上的原則。」（Gr 4:440）「道德（Moralität）就是行為之關聯於意志之自律，即是說，關聯於藉意志之格準而來的可能的普遍立法。」（Gr 4:439）

　　依據「意志之自律」中包含的意志之責成性，康德提出「道德的律令」，並指出：道德的律令是「定言律令」。定言律令是這樣一種律令，「它無須以通過某個行為要達成的任何別的意圖為根據，就直接要求這個行為，這種律令就是定言的。」（Gr 4:416）「不能藉著任何範例亦即憑經驗來澄清究竟是否有這樣的律令。」（Gr 4:419）因此，康德說：「我們將必須完全先驗地研究一個定言律令的可能性。」（Gr 4:419）

　　如我們所見，康德在《基礎》一書所論「道德」及道德的原則，完全從道德概念分析出，旨在說明道德概念及原則的先驗性，用康德的專詞說，說明一個概念的先驗性就是作「形而上學的解釋」。不過，這裡的說明只是通過概念分析，必須進至《實踐的理性批判》始經由對實踐的理性作批判考察而說明，才算正式作「形而上學的解釋」。康德本人說：「我們就在普通的人類理性之道德的認識中達到道德認識之原則。無疑，雖然普通人並沒有在這樣一種普遍的形式中抽象地思量這原則，但他們現實上都有這原則在眼前，並且用之以為自

己判斷的準則。」（Gr 4:403）並提出：「凡是真正的至上的德性原理都必須獨立不依於一切經驗，而僅僅依據純粹的理性。」（Gr 4:409）

依照原則之分析，康德確立道德原則之為「定言律令」之一般模式：「根據它同時能使自己成為普遍的法則的格準行事。」（Gr 4:436）並且，列出德性之原則（Princip der Sittlichkeit）的三個模式：

一、形式（Form）模式：「必須這樣來選擇格準，就像它們應當像普遍的自然法則而有效。」（Gr 4:436）

二、材質（Materie）模式：「有理性者，依其本性來說是一目的，因而在其自身就是一目的，並且必定把每一格準當作限制所有只是相對的和隨意的目的的條件。」（Gr 4:436）

三、一切格準的一種完備的決定（vollständige Bestimmung aller Maximen）模式：「一切格準都應當從自己的立法出發而與一個可能的目的王國（Reiche der Zwecke）和諧一致，如同與一個自然王國（Reiche der Natur）和諧一致。」（Gr 4:436）

康德本人表明：「上述三種表現德性之原則的模式在根本上只是同一個法則的三個程式（Formel）。」（Gr 4:436）其用意是：「為了（根據某種類比）使理性的一個理念更接近直觀，並由此更接近情感。」（Gr 4:436）

我們見到，康德經由道德概念之分析，將「道德」歸到人自身的理性在意志中「普遍立法」。此自我立法之義「涵蘊著自己的尊嚴（特權）超乎一切純然的自然物」，「使他必須總是從他自己和同樣從每一其他有理性者皆作為立法者（他們因此名為人格）的觀點來採用自己的格準。」（Gr 4:438）「在一切自然法則方面，他是自由的，他只服從他為自己所立的法則，這些法則使他的格準能夠屬於一種普遍的立法（他同時也使自己服從這種普遍立法）。」（Gr 4:435）「因此，自律就是人的和任何有理性的本性之尊嚴之根據。」（Gr 4:436）

　　無疑，《基礎》一書於道德哲學方面的貢獻是創闢性的，堪稱顛
覆意志他律舊傳統的一個「全然不同的考論」。康德學界對該書極其
重視，此固然恰切地顯出該書於康德道德哲學中不可替代的重要位
置，不過，大多專家學者將它作為獨立論證來討論，則欠妥。[28]康德
本人表明：「現在，如果定言律令及與之相連的意志自律是真的
（wahr），而且作為先驗原則是絕對必然的，則德性不是幻覺物；而
要證明這點，我們需要純粹實踐理性的一種可能的綜和使用，但是，
如果我們不對此理性機能本身先作一種批判，我們就不可貿然從事這
種使用。」（Gr 4:445）此即預告他接著要撰寫的《實踐的理性批
判》，《基礎》一書第三節，標題就名為「從德性形而上學轉至純粹的
實踐的理性批判」。康德的全部批判著作是首尾相連，一環扣一環的
通貫的論證整體，在每一部著作的末尾一節，照例提出下一步論證的
要點。

　　《基礎》一書第三章可以說是為將要作出的實踐理性機能本身之
批判工作提出足夠的要點。但仍不能說，該書就可以取代《實踐的理

---

28 伍德在其《康德的倫理思想》一書中就表明：他提出的論證將更接近《基礎》的程
　序，因為它致力於道德法則根據論F→M 和 F 作為一切理性的判斷的不可或缺的
　前提。（Allen W. Wood, *Kant's Ethical Thought*, Cambridge: Cambridge University Press,
　1999, p. 172.）事實上，他在該書中關於康德道德原則之論證就僅僅就《基礎》一書而
　論，而將《實踐的理性批判》忽略掉。而依吾人所見及康德本人聲明，後者才是康
　德對道德原則及自由之理念作推證（或曰解釋）的著作，而《基礎》乃是作為其基
　礎的預備工作。（Gr 4:391-392）伍德認為：在《基礎》工作中，重點在於推理從作
　為實踐立場的前提的意志自由到道德法則的有效性。（Gr 4：446-447）這種見解有可
　商榷之處。事實上，依吾人所見及康德本人明示，在《基礎》第三節，康德提出的
　「從自由到自律，又從自律到德性的法則」只是作為交互性概念（Wechselbegriffe）
　而提出。「交互性概念」一詞本身就表明單純這些概念之間並不存在推證關係。康
　德明確指出：「因為自由與意志的自我立法這兩者皆是自律，因而它們是交互性概
　念，這一個不能用來說明另一個，並不能作為另一個的根據，至多用來在邏輯上把
　同一對象的表面不同的表象歸為一個唯一的概念，就像我們把同值的不同分數化約
　到最低的共同項。」（Gr 4:450）

性批判》通過對所實踐的理性之能力作批判而對道德的法則及自由理念作出的整全推證（或曰解釋）。《基礎》第三章提出的要點，首要的就是：「最終把德性的決定概念歸因於（Zurückgeführt）自由之理念。」（Gr 4:449）此即第一個要點：提出意志自由以說明意志自律。[29]康德指出：意志自由與意志自律和德性的法則是一回事，三者實乃可以互換的「交互性概念」（Wechselbegriffe）。（Gr 4:450）這一章一開首就提出：「自由之概念是說明意志自律的關鍵。」（Gr 4:446）並指出：自由就是「能夠獨立不依於外來的決定原因而起作用」的那種意志因果性之特性。（Gr 4:446）儘管這樣對自由的說明是消極的，然而，因為「一種因果性之概念含有法則之概念」，「由它就產生出自由的一個積極的概念。」（Gr 4:446）

可以說，《基礎》第三章提出「自由」是含有法則之概念的「能夠獨立不依於外來的特殊的決定原因而起作用」的意志因果性之特性，也就是預告要進至對實踐的理性之批判，考察理性在意欲機能中立法，據此完成對道德的法則之解釋，並同時以道德的法則作為推證原則而完成對「自由之理念」的推證。就該章對「自由」之先驗性作

---

29 其餘四點：第二個要點，交互性概念並不是一種循環論證。第三個要點，關涉於道德的論證要取得成功，必須要注意把「當我們通過自由設想自己是先驗的起作用的原因時所採取的觀點」，與「我們按照我們的行為（作為我們眼前所見的結果）設想自己時所採取的觀點」區別開來。（Gr 4:450）第四個要點，兩方面觀點的提出以消除看似循環的假象：「如今，這個懷疑已經被消除了。因為我們現在看到，如果我們設想我們自己是自由的，我們就把自己作為一分子而置入知性界，並認識到意志之自律連同其結果——道德；但如果我們設想自己作為負有義務的，我們就考量我們自己作為屬於感觸界，而同時也屬於知性界。」（Gr 4:453）第五個要點：「在我的被感性欲望所刺激的意志之外，還加上同一個意志之理念，但這同一個意志卻是屬於知性界的，且是純粹的、憑自身實踐的。在理性看來，它包含著前一個意志的至上的條件。」（Gr 4:454）關於此五個要點，詳論見：盧雪崑：《康德的批判哲學——理性啟蒙與哲學重建》（臺北：里仁書局，2014年），第九章〈為道德尋根究極：從意志自由充極致一個道德的形而上學〉，頁586-593。

出說明而言，吾人也可以說《基礎》一書首先為「自由」之形而上學推證作出說明。此即作為《實踐的理性批判》正式對自由之理念作推證的預備。

## （三）《實踐的理性批判》批判地對道德法則及自由理念作出整全的推證（或曰解釋）

如我們所見，自康德《基礎》一書出，儘管刺激起不斷的反對聲音，但不必置疑，同時亦產生熱烈的讚賞。不過，無論康德於《基礎》一書揭示的道德的原則及自由之理念如何顯示出其創闢性洞見及真理性之光芒，不管康德關於道德的原則及自由之理念的全新洞見如何獲得承認「理性本性的尊嚴」、「人格中的人」的絕對價值者的激讚；但如康德本人明示，「無論它們是如何確定都永遠不能自稱是自明的。」必須要進一步經由對我們人自身的實踐的理性的能力作批判考察。我們可以指出，道德法則及自由理念之正式而整全的推證（或曰解釋）在《實踐的理性批判》，茲條理其推證脈絡如下：

## 1　關於道德法則之推證（或曰解釋）

《實踐的理性批判》第一卷「純粹的實踐的理性分解部」第一章「純粹的實踐的理性原理」的工作是純粹實踐理性原理之分解（Analytik），也就是對理性的實踐機能（亦即意志機能）本身作剖析（Zergliederung）。經由純粹實踐原理之分解，指出一個事實，那就是「理性藉以決定意志去行動的德性原理中之自律」。（KpV 5:42）此即：經由批判揭明的「德性原理中之自律」與《基礎》一書分析地提出的「意志自律」相同。

第一章「純粹的實踐的理性原理」分八節作分解。該章結尾，康德以「純粹的實踐的理性之原理之推證」為小標題，對這推證作了一

個總說，其中說：「實踐理性的至上的原理現在已經得到解釋（Exposition），也就是說，這裡已經指明，第一，它包含什麼，以及它完全先驗地和獨立於經驗原則而存在；其次，指明了它在什麼地方與其他一切實踐的原理區別開。」（KpV 5:46）康德實在是向我們指明，在「純粹實踐理性原理」那一章，他已經對「實踐理性的至上的原理」的先驗性作出解釋，事實上，我們可以清楚見到，他在第一節至第四節從事這項工作，這項工作也可以名為「形而上學的解釋」。儘管他在這裡並未有用「形而上學的解釋」之名稱。[30] 簡略地說，第一節康德將實踐原理區分為：「主觀的，或者是格準」及「客觀的，或者就是實踐的法則」。（KpV 5:19）康德指出這樣一個事實：在自然認識裡，所發生的事件的原則同時就是自然法則，但是，「在實踐的認識裡，亦即在純然有事於意志之決定根據的認識裡，人為自己所立的原理並不因此就是他不可避免地服從的法則。」（KpV 5:20）第二、第三兩節康德考論材質的實踐原則，亦即對一般實踐理性作批判考察。在第二節，康德提出定理一：「一切把意欲機能的客體（材質）作為意志決定根據的前提條件的實踐原則，一概都是經驗的，並且不能給出實踐的法則。」（KpV 5:21）在第三節又提出定理二：「一切材質的實踐的原則皆為同一類，並且從屬於自愛或個人幸福的原則。」（KpV 5:22）及系定理：「一切材質的實踐規則都把意志之決定根據置於低級的意欲

---

30 康德對「實踐理性的至上的原理」之解釋，詳論可參見盧雪崑：《康德的自由學說》（臺北：里仁書局，2009年），第一篇第四章〈意志自由與道德法則——自由之超越推證〉。現在，這裡關此所作的概述以那個詳論為依據。不過，在〈意志自由與道德法則——自由之超越推證〉那一章，沒有對純粹實踐理性原理之推證作分別討論，康德本人亦沒有作出這樣的分別討論，並且也沒有分別採用「形而上學的推證（或曰解釋）」與「超越的推證（或曰解釋）」之題稱。或許箇中自有其理由。依本人見解，在事關道德之推證中，對於其先驗性的解釋（亦即形而上學的解釋）與對其客觀的和普遍的有效性的正當性證明（亦即超越的解釋）之間密切關連，難以分割討論。

機能中，倘使沒有足以決定意志的純然的形式的意志法則，那麼，就會沒有高級的意欲機能可被承認。」（KpV 5:22）通過第二、第三兩節對以經驗為條件的理性的考察，康德揭明：一切材質的實踐的原則皆為從屬於自愛或個人幸福的原則，「自身幸福的原則，無論其中使用了多少知性和理性，但對於意志而言，除了那些適合於低級的意欲機能的決定根據之外，仍然不包含其他的決定根據。」（KpV 5:24）如果我們有高級的意欲機能，那麼，「純粹理性必須單獨自身唯一地是實踐的，這就是說，通過實踐規則的單純形式決定意志，而毋需設定任何情感，從而毋需愉悅與不愉悅的表象作為意欲機能的材質，後者任何時候都是原則的一個經驗條件。」（KpV 5:24）由此，那受經驗制約的理性意圖成為單獨給出意志決定根據的至高無上者的僭妄要求得到批判的阻止。在第四節，康德對定理三作出注釋，他說：「格準中的哪些形式適合於普遍立法，哪些不適合，這一點極其庸常的知性不經教導也能夠辨別。」（KpV 5:27）他說：「要想發現一條將諸性好一概統制在使它們普遍一致這條件下的法則，是絕對不可能的。」（KpV 5:28）為此，「實踐的法則必須具有普遍立法的資格；這是一個同一性命題，因而是自明的。」（KpV 5:27）至此，康德經由對一般實踐理性作批判考察而完成了對「實踐理性的至上的原理」的先驗性的解釋，也就是指明了，它包含「格準適合普遍立法所依據的那個純然的形式」，它完全先驗地獨立於一切經驗原則；以及，它在「不是依照材質而是依照純然形式包含著意志的決定根據」這一點上與其他一切實踐的原理區別開。

　　如上所述可見，康德經由對「實踐理性的至上的原理」的先驗性的解釋，已經指明它包含「格準適合普遍立法所依據的那個純然的形式」，此即自律的原則，而這正是道德的法則。此義與《基礎》一書

經由道德概念之分析所提出相同。[31]不過值得提請注意，《實踐的理性批判》這裡是經由對實踐理性作批判考察而作出，而《基礎》僅就單純概念之分析而論。

上文已述，「純粹的實踐的理性原理」章第一節至第四節對「實踐理性的至上的原理」的先驗性作解釋。該章結尾，以「純粹的實踐的理性之原理之推證」為小標題的一段總結中，儘管康德本人並沒有就「形而上學的推證（或曰解釋）」與「超越的推證（或曰解釋）」作分別說明，也並沒有使用這兩個名稱。不過，依本人所見，第一節至第四節對於其先驗性的解釋，用康德哲學專詞就名曰「形而上學的解釋」。該章第六節、第七節及第八節關於實踐理性的至上原理的「客觀的和普遍的有效性的正當性證明（Rechtfertigung），以及洞察這樣一個先驗綜和命題的可能性」，也就是推證（KpV 5:46）依此就可以說，這幾節的工作可名曰「超越的推證（或曰解釋）」。

這個「超越的推證」的關鍵在第六節，以及第七節。於第六節「注釋」，康德論明：「因為我們注意到理性憑之給我們頒行純粹的實踐法則的必然性」而意識到「純粹的實踐理性的基本法則」。（KpV 5:30）在此之前，先通過第五節及第六節提出那個在《基礎》一書已論及的著名的意志自由與德性的法則是可以互換的「交互性概念」（Wechsel-begriffe）的觀點。於此，我們見到從《基礎》到《實踐的理性批判》的一條論證理路：首先於《基礎》分析地說明自由和道德法則互相涵蘊；隨之於《實踐的理性批判》進一步批判地揭示：「自由和無條件的實踐法則相互引導也相互返回。」（KpV 5:29）意即「互相涵蘊」。[32]

---

31 在《基礎》一書康德已經由道德概念之分析指出：「道德的法則也就是意志自身之自律原則。」（Gr 4:449）「德性之普遍原則與自律之概念不可分地結合在一起。」（Gr 4:452）自律的原則是：「不要以其他方式作選擇，除非其選擇的格準同時作為普遍法則被一起包含在同一個意願中。」（Gr 4:440）

32 「交互性概念」、「互相涵蘊」，亦即「互為設準」，在「純粹的實踐的理性之原理之

而且這實踐法則與道德法則是同樣的。第五節提出：「以格準的純然
的立法形式單獨是意志充足的決定根據為前提條件，尋找那只有通過
它才能被決定的意志的性狀。」（KpV 5:28）答案是：「一個格準的純然
形式能夠單獨用作其法則的意志，是自由意志。」（KpV 5:29）[33]第六
節提出：「以一個意志是自由的為前提條件，尋找單獨適宜於必然地
決定它的那個法則。」（KpV 5:29）答案是：適宜於必然地決定一個
「自由意志」的那些法則就是只包含普遍立法形式的無條件的實踐法
則。（KpV 5:29）此兩節合起來，結論就是：「由此可見，自由和無條
件的實踐法則是相互引導（weisen）也相互返回（zurück）的。」
（KpV 5:29）「自由和道德法則互相涵蘊」之提出，可說是康德關於
道德的法則及自由理念之推證（或曰解釋）過程的一種手段。[34]以這

---

推證」那一段中，康德論及道德法則與自由互為設準。他說：「那些純粹的實踐的法
則唯有在與意志自由的聯繫中才有可能，而在意志自由的預設下就是必然的，或者
反過來說，意志自由是必然的，因為那些法則作為實踐的設準是必然的。」（KpV
5:46）「互為設準」作為論證過程中的一種手段，但學界中流行一種見解，就是將
「互為設準」從康德的論證整體抽離出來，據之詰難康德視「自由」只是一設準。

33　第五節是「涵蘊說」的前件，與第六節提出的後件是相連一體的。而第六節「注釋」
　　正是以第五節、第六節組成的「涵蘊說」為前提，提出：「在實踐之事中，我們直
　　接意識到道德法則」，「道德法則就逕直導致（führt）自由概念。」（KpV 5:30）故
　　可見第五節、第六節是「超越的推證」的重要部份。貝克把第七節與第五、第六兩
　　節分割開，他以為第五、第六兩節的闡述結構是「分析的或偶然的」，並將它們劃
　　歸「道德法則的形而上學推證」；而認為「在第七節中，康德論證的語氣突然發生
　　了變化」，從「假言陳述」突然轉成「大膽宣稱」。（L.W. Beck, *A Commentary on
　　Kant's Critique of Practical Reason* [Chicago, IL: The University of Chicago Press, 1960],
　　p.165. 中譯見：劉易斯・貝克著，黃濤譯：《《實踐理性批判》通釋》〔上海：華東
　　師範大學出版社，2011年〕，頁201-202。）看來，貝克忽略了第六節「注釋」說明
　　「道德法則之意識」於道德法則的「超越的推證」乃至自由之理念的「超越的推
　　證」的重要地位。

34　他說：「那些純粹的實踐的法則唯有在與意志自由的聯繫中才有可能，而在意志自
　　由的預設下就是必然的，或者反過來說，意志自由是必然的，因為那些法則作為實
　　踐的設準是必然的。」（KpV 5:46）

個「涵蘊說」為論證前提，第六節就在其「注釋」裡說明：「自由」
既不能在純粹的直觀中，也不能在經驗的直觀中展現，那麼，我們關
於無條件的實踐之事的認識就不能從「自由」開始；接著，康德提
出：倒是在實踐之事中，我們直接意識到道德法則，他說：「正是我
們直接意識到道德法則（一旦我們為自己擬定了意志之格準），它自
身首先呈現（darbietet）給我們。」（KpV 5:29）「所以道德法則就逕
直導致（führt）自由概念。」（KpV 5:30）

　　康德於第六節「注釋」說明了道德法則的意識是如何可能的，他
說：「我們能夠意識到純粹的實踐法則，正如同我們能夠意識到純粹
的理論原理。這是因為我們注意到理性憑之給我們頒布純粹的實踐法
則的必然性，注意到如理性指示我們那樣排除掉一切經驗的條件。純
粹意志的概念從前者產生，就如純粹知性的意識從後者產生出來。」
（KpV 5:30）第六節既揭明，道德法則的意識無非是：「因為我們注
意到理性憑之給我們頒行純粹的實踐法則的必然性」而意識到「純粹
的實踐理性的基本法則」。第七節進一步以「純粹的實踐理性的基本
法則」為題，一開首就提出：「這樣行動：以至於你的意志之格準任
何時候都能夠同時作為普遍立法的原則而有效。」（KpV 5:30）我們
明白見出，這條批判地提出的純粹實踐理性基本法則與《基礎》那裡
分析地建立的道德最高原則相同。

　　第六節論明「我們能夠意識到純粹的實踐法則」，那是「因為我
們注意到理性憑之給我們頒布純粹的實踐法則的必然性」，（KpV
5:30）第七節接著確立「純粹的實踐理性的基本法則」，並指出：「在
這裡規則說：人們應當絕對地以某種方式行事。因為這條實踐的規則
是無條件的，因而作為實踐的定言命題先驗地表象，藉此意志絕對地
和直接地（通過在這裡也是法則的實踐的規則自身）在客觀上得到決
定。」（KpV 5:31）據此，康德達至一個極為重要的結論：「純粹實踐

理性的基本法則之意識就名為理性的事實（Faktum der Vernunft）。」
（KpV 5:31）純粹實踐理性的基本法則作為理性事實，並非只是意識
上的一個事實，「還因為它獨立地作為先驗綜和命題把自己強加給我
們。」（KpV 5:31）這個理性事實本身就表達一個定言的應當。之所
以如此，那是因為我們被感取欲望所刺激的意志之外，還加上「憑自
身實踐的純粹的意志」，它包含前者的至上的條件。[35]

　　經由第六、第七節，康德批判地說明：道德法則就是我們的純粹
的實踐理性頒布的無條件的實踐的法則，而純粹的實踐的理性之基本
法則之意識就名為理性的事實（Faktum der Vernunft）。（KpV 5:31）
這理性的事實，「是因為這基本法則獨立地作為先驗綜和命題把自己
強加給我們，而這個先驗綜和命題不是建立在任何直觀上面，既不是
建立在純粹的直觀上面，也不是建立在經驗的直觀上面。」（KpV
5:31）「因為純粹的，就其自身而言實踐的理性在這裡是直接立法
的。」（KpV 5:31）此事實是「純粹理性獨有的事實」：「純粹理性憑
藉這個事實宣布自己是根源上立法的。」（KpV 5:31）這個理性事實
以系定理出之，那就是：「純粹理性就自身而言獨自就是實踐的，並
給予（人）一條我們名之為德性法則的普遍法則。」（KpV 5:31）

　　康德批判地說明的「理性的事實」，解釋了純粹實踐理性的基本
法則作為加給我們的先驗綜和命題，這裡就包含對這法則的一種「超
越的解釋」。這解釋說明了對自由的一切認識所依據的先驗綜和命題

---

35 康德本人提出：「意志被思想為獨立於經驗條件，從而作為純粹意志，經由純然的
　法則形式決定的，而這個決定根據被看作為一切格準的最高條件。這件事是足夠令
　人驚訝的，並且在全部其餘實踐認識中都沒有同樣的東西。」（KpV 5:31）他給出
　解釋：只要我們清楚明白：這條純粹實踐理性基本法則並不是指示：「行為應當依
　此發生，某種所意欲的結果因此成為可能」，（KpV 5:31）而是「把一條只服務於原
　理的主觀形式的法則通過一般法則的客觀形式思想為一個決定根據」。（KpV 5:31）
　那麼，這就不會有什麼好驚訝的了。

確實是從這基本法則而來；並說明了此種認識只有依據這基本法則的特定模式為前提才是可能的。[36]（B40）既論明「純粹理性根源上立法」乃是純粹理性獨有的事實，這種理性的立法性無非就是「意志自律」，而純粹理性所立法則也就是道德法則。此乃康德的根源洞見：純粹實踐理性無非是純粹意志；而純粹實踐理性自立法則也就是意志自我立法，此即意志之自律。

純粹實踐理性的基本法則並非只是意識上的一個事實，此事實作為「純粹理性根源上立法」之事實，這種理性的立法性無非就是「意志自律」。第八節就是論明道德法則亦即意志自律乃是理性事實。康德說：「道德的法則無非表達純粹實踐理性之自律，亦即自由之自律，而這種自律本身是一切格準的形式條件，唯有在這條件下它們才能夠與至上的實踐的法則相一致。」（KpV 5:33）這就是第八節一開首提出的「定理四」：「意志自律是一切道德法的則和符合這些法則的義務的唯一原則；與此相反，抉意的一切他律不僅根本不建立任何義務，而且毋寧說與義務的原則和意志的德性相悖。」（KpV 5:33）德性原則中的意志自律之堪稱為「理性事實」，是通過論明「一切義務唯獨依據意志自律原則才是可能的，此外，一切抉意的他律絕不能確立任何義務」而成立的。這樣的闡明也就可以說是對意志自律亦即道德法則作出了超越的解釋：說明了「從此原則出發就能夠看出其他先驗綜和認識的可能性」，關於任何義務和責成的意識都必定從此原則而來；並且只有依據說明這原則的特定模式為前提才是可能的。

---

36 康德於《純粹的理性批判》提出兩步解釋：首先作「形而上學的解釋」：「展示一概念為先驗地給予者」。（B38）隨後作「超越的解釋」，康德說：「我理解超越的解釋是對於這樣一個概念之說明，即此概念作為一原則，據此原則，其他先驗綜和的認識的可能性才能夠被看到。對此意圖而言要求：（1）這樣的認識實際上是從此所予的概念而來；（2）此種認識僅僅在一個所予的說明這概念的特定模式的預設下才是可能的。」（B40）

## 2　關於自由之理念的推證

　　前面「《基礎》通過概念分析為道德法則及自由理念之形而上學的解釋作預備」一節已說明，《基礎》從事道德概念之分析，旨在說明道德概念及原則的先驗性。如我們所見，《基礎》一書就是對意志自律、道德原則、意志自由作「形而上學的解釋」，它對於《實踐的理性批判》的工作來說是一項必要的預備。《基礎》與《實踐的理性批判》無疑是相關連而結合成一個對於意志自由之整體論證，然仍須指明：《實踐的理性批判》本身就構成自由之整體論證。儘管《基礎》作為預備工作是不可忽視的，其首先顯示康德道德哲學之創闢性洞見是極為引人注目的。

　　事實上，自由學說是康德批判哲學通貫整體的一條主動脈。「超越的自由」標識著康德的創闢性洞見，其精微綿密的涵義在三大批判中一步一步漸次地通貫展開。不過，學界流行一種以孤立割裂的手法解讀康德，將康德的一系列著作分割對待，因而慨嘆：「康德刻劃自由的方式之多令人困惑。」[37]究其實，只要以通貫的思維，跟隨康德

---

37 亨利·阿利森的《康德的自由理論》（H. E. Allison, *Kant's Theory of freedom*, Cambridge: Cambridge University Press, 1990）中譯見阿利森（Henry E. Allison）著，陳虎平譯：《康德的自由理論》〔瀋陽：遼寧教育出版社，2001年〕。）一書在康德研究方面做了大量扎實而詳盡細緻的工作，康德學界稱之為「新一代人研究康德的絕對權威之作」。沒有人能否認阿利森的《康德的自由理論》是一部對康德研究有重要價值及貢獻的書，然而還是不得不指出：阿利森並未能展示出康德那通貫三大批判而有機地關聯的自由學說之整體。他自己就在「導言」中說：「康德刻劃自由的方式之多令人困惑」（同前揭書，p.1），「這使我們停下來思考一下，談論一種康德的自由理論是否可能」，「不足為奇的是，對於一代又一代的解釋者來說，這一艱深的觀念更像是一塊絆腳石而並非入門指引。人們已經對超越的自由之概念是否易於理解提出質疑並反對有所謂訴諸於該概念的絕對必要性。」（同前揭書，p. 2）又說：「我並沒有宣稱能夠證明康德的理論在它的所有細節上都是可辯護的或者他在自由問題上的觀點完全都保持一致。事實上，我們將看到，即使作了最寬容的

的自由概念本身的內在展開而前進，就不會如權威康德專家們那樣製
造種種困難，輕率地批評康德自相矛盾，或者以為康德在不斷修正自
己。相反，我們會看見康德為我們建立的結構複雜，細部精密的自由
學說的宏偉大廈。[38]

如我們於前文已論，在第一批判中，經由第三個二律背反的破
解，康德揭發出過往傳統上對「自由」的諸種定義之不諦當，而首次
指出：「超越的自由」是自由一詞之真義。在這個批判的「超越辯證
部」中首次提出的「超越的自由」僅就純粹理性之思辨使用而論，其
闡明的只是自由的宇宙論意義：消極地說，自由是無條件者。積極地
說，自由是自發地開始一狀態的力量，（A533/B561）是絕對的自動性
（absolute Selbsttätigkeit）。（A418/B446）僅就理性的思辨使用而論，
「超越的自由」只是一個理念，它的作用只是軌約的。思辨理性只能
懸擬地顯示此自由概念的可能性。（KpV 5:3-4）在第一批判，僅就理
性之思辨意圖而考論，超越的自由只能不確定地、懸疑不決地被思
想，它只能作為在宇宙論意義上的一個軌約的原則。這項工作是必要

---

解釋，他的理論也存在許多問題。」（同前揭書，p. 3）對阿利森的《康德的自由理
論》許多方面所作回應，可見盧雪崑：《康德的自由學說》（2009）。

[38] 盧雪崑《康德的自由學說》（2009）有一段話：「事實上，康德的每一個重要概念及
論題都有一個內在的展開過程，都是在三大批判中逐步開展其豐富的涵義的。三大
批判任務各自不同，而針對的是同一概念、同一論題，所論也就有異。概言之，
《純粹的理性批判》考察認識機能，這裡處理理性的理論使用，關於自然哲學。
《實踐的理性批判》考察意欲機能，這裡處理理性的實踐使用，關於道德哲學。
《判斷力批判》考察快樂與不快樂之情感（Gefühl der Lust und Unlust），探討知性
立法與意志立法所以實現之深層根據，從而完成自然與自由、感觸域與超感觸域之
貫通一致的結合。因著考察同一心靈機能之不同能力，所涉的領域也就不同，而不
同領域就有各自不同的先驗原則及其使用條件、範圍與限度。此外，我們還不能忽
略，每一領域又以異質的兩層（感觸層與超感觸層；經驗層與超越層）而分別立
論。我們見到，康德對於自由概念之論說在三大批判中有不同的切入與考量，在同
一批判中因著層次不同其涵義也有別。」（見前揭書，頁14-15。）

的預備，是一項清掃場地的工作，把非法越界的一切東西清除掉，以便純粹的實踐的理性如理如實地進駐自由概念之領域，並以其立法的權威作為管轄自由領域的主人。

《基礎》通過自由理念之概念分析論其先驗性，關此，前文已作論述；進至《實踐的理性批判》則依據對理性的全部實踐能力作批判考察，闡明「理性藉以決定意志去行動的德性原理中的自律」是事實，通過這個事實，也就闡明：「純粹的理性能夠獨立不依於任何經驗的東西自為地決定意志。」（KpV 5:42）在這個第二批判之「序言」，康德就提示：「這個批判應該闡明有純粹的實踐理性，並且出於這個意圖而批判理性的全部實踐能力。」（KpV 5:3）並指出：「憑著純粹實踐理性機能，超越的自由從現在起也就牢固地確立起來，並且這裡是取其絕對的意義。」（KpV 5:3）此即可說是經由批判對自由理念之先驗性作說明，我們可稱之為自由理念之形而上學的推證。「自由」是超感觸的，嚴格地與感觸界的經驗之事區分開。它不能有直觀中的展現，也不能通過經驗範例推導出來，假若它被視作為感觸的，經驗的；那麼，自由與自然不能並行不悖；因為自然是一個知性概念，它通過經驗的實例證明，並一定必然地證明自己的實在性，如果自由不是屬於不同於自然界的超感觸界，那麼，自由就對反於自然必然性而必須完全放棄。這一層意思於《純粹的理性批判》第三個二律背反及《基礎》也於各自的脈絡中有所說明。

前面關於道德的法則之推證已論：通過《實踐的理性批判》第一卷之第一章之第五節及第六節批判地揭示：「自由和無條件的實踐法則相互引導也相互返回。」（KpV 5:29）並通過揭明道德法則之意識為理性立法的事實，提出：在實踐之事中，我們直接意識到道德法則，而道德法則就逕直導致自由概念（KpV 5:30）。依康德之考論，因為自由的最初概念是消極的，所以我們不能直接意識到自由；而且

也不能從經驗中推論出自由概念，因為經驗讓我們只認識到顯相之法則，也就是只認識到自然的機械作用，因而無自由可言。我們能夠從道德法則開始，因為一旦我們為自己擬定了意志之格準，立刻就直接意識到道德法則首先顯露給我們。（KpV 5:29）而且理性把它展現為完全獨立不依於任何感觸條件的決定根據。（KpV 5:30）此乃自由理念之超越的推證之關鍵的一步。

純粹實踐理性原理之分解部已論明：理性藉以決定意志去行動的德性原理中的自律這一事實與意志自由之意識是一樣的。（KpV 5:42）此即表明：「道德法則無非表達純粹實踐理性之自律，亦即自由。」（KpV 5:33）道德法則之意識與自由之意識是一樣的。（KpV 5:46）康德既經由批判提出：「道德法則是我們在其下才能意識到自由的條件。」（KpV 5:4）「道德法則是自由的認識根據。因為如果道德法則不是預先在我們的理性中清楚地思想到，我們就絕不會認為自己有理由去認定像自由這樣的東西（儘管這並不矛盾）。」（KpV 5:4）並且，道德法則揭明了屬於我們的這機能有一種智性性格之因果性（自由），那麼，從「我們知道的道德法則」（KpV 5:4），及其作用在感觸界產生的結果，康德就能夠說：「在思辨理性的一切理念中，自由是唯一我們先驗地知道（a priori wissen）其可能性者。」（KpV 5:4）「因為它是我們知道的道德法則的條件。」（KpV 5:4）他說：「自由是道德法則的存在根據（ratio essendi）。」（KpV 5:4）以此為前設，康德採用的論證程序是：首先對道德法則作解釋，說明道德法則是理性事實，那麼，就能夠以道德法則作為推證原則證明意志自由之客觀的實在性，因為除非意志是自由的，否則沒有道德法則是可能的。此即康德的根源洞見：道德法則自身被明示為自由的推證之原則。（KpV 5:48）

道德法則作為自由的推證之原則，其實義在：經由批判說明，道

德法則事實上就是自由的因果性法則，據此，自由的因果性就通過道德法則獲得了意義。（KpV 5:50）自由的因果性乃是意志的特殊的因果性，因此，自由的推證是就「意志自由」而作。就「意志自由」而論，自由是一個含有我們的感觸界的「顯相之原因」（Ursache der Erscheinungen）的機能，我們要把它與「顯相裡的原因」（Ursache in der Erscheinung）區分開來。（Proleg 4:347）如康德所明示：我們的意志乃是自然機能，意志作為意欲機能，也就是世間種種自然原因之一。自由是超感觸的，但意志並非超感觸的，「自由」是我們的意志機能具有的一種智性性格之因果性，就是一個含有我們的感觸界的顯相之種種原因（Ursache der Erscheinungen）的機能，它裡面的因果作用所產生的結果在現象界。據此，康德表明：自由是我們的意志的特種因果性，「其實在性可以通過純粹理性的實踐法則，並遵循這些法則在現實的行動中得到證實，因而可以在經驗中得到證實。」（KU 5:468）

　　康德道德哲學研究的創新性就在於揭示：「應該首先探究一個先驗地直接決定意志、並按照這意志來決定對象的法則。」（KpV 5:64）[39]康德一再強調：唯獨首先正當地確立道德法則並在道德法則自己得到證明之後，我們才能夠說明：「理性把這條法則作為自由的法則立給自己，並由此先驗地證明自己是實踐的。」（KpV 5:65）也就是說，唯獨道德法則自己得到證明之後，我們才能夠找到根據證

---

[39] 正是這個創新性的說明，「它一下子就解釋了哲學家們在道德的至上原則方面的一切失誤的誘發根據。」（KpV 5:64）在傳統的道德學中，學者們總是首先「尋求意志的一個對象」來作為一條法則的材質和根據，如此一來，這條法則就不是直接地，而是要借助各式各樣的對象來作為決定對象的根據。（KpV 5:64）康德指出：「在這種情況下，這種錯誤總是透露出實踐理性的他律，從中永遠也不可能產生出一條先驗而普遍地頒布命令的道德的法則。」（KpV 5:65）一切他律都是敗壞道德的禍根。

明：「自由這特性事實上（in der Tat）歸於（zukomme）人的意志。」
（KpV 5:15）康德說：「行為的全部德性價值中本質的東西就是：道
德法則直接地決定意志。」（KpV 5:71）「一切通過道德法則而作成的
意志決定中那本質的東西就是：意志作為自由意志，因而不但無需感
官衝動之協作，甚至拒絕一切感性衝動，並且瓦解那可能牴觸道德法
則的一切性好。這意志是僅僅由法則來決定的。」（KpV 5:72）

　　康德解釋說：「在意志的概念中已經包含因果性概念，從而在純
粹意志的概念中就包含了自由的因果性之概念，也就是說，這種因果
性不能是被自然法則決定的，從而任何經驗的直觀都不能夠作為其實
在性的證明。但是，在純粹理性的先驗法則中，它的客觀實在性的正
當性仍然得到圓滿的證明，不過很容易明白，這不是為了「理性的理
論使用」，「而是為著理性的實踐使用。」（KpV 5:55）並明示：「道德
的法則事實上就是出於自由的因果性法則。」（KpV 5:47）

　　純粹實踐理性因著其自由之因果性，其自身是起作用的、根源地
活動的，它立的法則就是道德法則，亦即：「先驗地既客觀而又主觀
的自由之原則。」（KpV 5:66）並且，「先驗的實踐概念在與自由之至
上原則的聯繫中立刻就成為認識，而並不需要等待直觀以便去獲得意
義。」（KpV 5:66）因著論明道德法則乃是純粹實踐理性所立「自由
之原則」（自由因果性之法則），康德揭示：道德法則有關於「一種自
身能夠成為對象之實存的根據之認識」。（KpV 5:46）他就打通了這樣
一條道路，由之，能夠依據道德法則作為「智性界的動力因原則」，
「把理性的超絕的使用轉變成一種內在的使用」，（KpV 5:48）亦即：
「經由理念，理性自身在經驗場地中就是一個起作用的原因。」
（KpV 5:48）並且，他可以說：「同一個行為，作為屬於感觸的，在
任何時候都是有感取的條件的，亦即機械必然的，卻同時也作為屬於
在行動者的因果性的，就該行動者屬於智性界而言，能夠以一個無條

件的因果性為根據，從而被思想為自由的。」（KpV 5:104）尤為重要的是，他點明：「現在，事情單單取決於這個能夠（Können）會轉變為是（Sein）。」（KpV 5:104）

　　康德批判地論明：德性原理是「一條從因果性的決定中排除一切感性條件的客觀的因果性原理」，「它早已存在於一切人的理性中，與人的本質（Wesen）融為一體。」（KpV 5:105）儘管人們是否現實上總是遵守它，那是沒有必然性的，但仍然不能否決道德法則無條件命令及本身即是動力的事實。據此，道德法則就堪稱為一條「實存的法則」。首先，它是人的實存之分定的法則，因為當關涉到自由因果性法則（道德法則），自由，連同既屬於感觸界同時又屬於智性界者的我自己，「就決定地和確然地被認識（bestimmt und assertorisch erkannt）。（KpV 5:105）也就是說：人作為有理性者其意志具有一種獨立不依於外來的原因而決定至活動之特性，即其意志是自由的，在實踐之事中，由於某種「能夠決定它在感觸界中的因果性的動力學法則」（道德法則），他意識到自己是一個「能夠在事物的智性的秩序（intelligibele Ordnung）中被決定的存在」。（KpV 5:42）自由就是：「對我們在這個智性界中的存在的意識。」（KpV 5:133）從而，「智性界的現實性在實踐的考量中確定地被給予我們。」（KpV 5:105）康德說：「這種決定在理論的意圖中會是超絕的（越界的），在實踐的意圖中卻是內在的。」（KpV 5:105）

　　「道德」作為純粹理性之事，提升人超越世界行程的一切偶然性而進至一個普遍法則之秩序中。人依循理性立道德法則，同時就呈現其意志之自由的智性特性；並且，道德法則無條件地命令人實現自己的智性的真實自我，並參與創造人類的道德世界。人類恆常不變地嚮往並不斷地努力向之而趨的永久和平和福祉就是以這樣的道德世界為原型的，它無疑是一個智性界，而卻又是客觀地實在地在我們眼前樹

立著的模型，我們人類應當時時以此檢查現實世界是接近它還是違離它。儘管我們對智性界無任何直觀，但我們關涉智性界及其中客體的實踐認識並不需要直觀，而其有效性並不亞於假若已通過理論認識作出客觀的決定那樣。這就是康德說：「我們自己的主體，一方面通過道德法則將自己決定為智性的者（有自由能力），另一方面認識到自己是依照這種決定在感觸界中如同當下親眼所見的那樣活動的。」（KpV 5:105）

總而言之，道德法則之推證，根本點在說明道德法則作為「智性界的動力因原則」，能夠決定「感觸界中的因果性」，此即康德論明，道德法則揭示出「一個超感觸的自然」，而道德法則就是使這個超感觸的自然成為可能的法則，關於這個超感觸的自然，我們所唯一知道的就是這法則。而「自由」，藉著理性的實踐使用，其客觀的實在性的正當性在道德法則中得到圓滿的證明。道德法則連同「自由」通過批判得到圓滿的證明，據此，我們可以說，康德在通過《純粹的理性批判》確立感觸界之後，又通過《實踐的理性批判》確立了超感觸界；此兩界是因著我們人的同一心靈機能的兩種不同立法而區分開的，絕非外在地存有兩個世界；「感觸界中的種種事件的形而上學法則是感觸的自然之因果性法則」，（KpV 5:47）屬於知性立法管轄的領域；超感觸界中的種種事件的形而上學法則是自由因果性之法則，屬於理性立法管轄的領域。據此，我們可論同一個人不僅具有感觸的身分，而且具有智性的身分。在《判斷力批判》，康德提醒我們，兩個領域因性質不同的立法而劃分開，但絕不能因此認為自由領域與自然領域是對立的；實情是：在立法上二者互不干擾，自然概念之領域與自由概念之領域在它們的立法中截然區分開，互不干擾，猶如隔著一道不可逾越的鴻溝。（KU 5:176）而在現實上，「自由概念應當使通過它的法則所賦予的目的在感觸界裡實現出來。」（KU 5:176）也就是

使「自然的形式的合法則性」與「按照自由法則在自然中實現目的的
可能性」諧和一致。（KU 5:176）人按照自由法則（道德法則）行動，
行為結果產生於自然領域，從而實現自由與自然綜和的第二自然。

如上所述可見，康德對道德法則及自由理念作出整全的推證（或
曰解釋），即便最頑固的懷疑論者都找不出有說服力的理由反對它，
反駁純粹的實踐理性（連同其道德法則與自由）「有可能具有實在性
的任何詭辯都無效」。（KpV 5:3）

然不必諱言，康德學界至今對於康德關於道德法則及自由之學說
仍然諸多詰難，眾說紛紜，莫衷一是。即便是享負盛名的康德專家亦
無例外。阿利森和為數眾多的康德專家都到《基礎》一書中尋找對道
德法則及自由概念之推證，並以為後來在《實踐的理性批判》所作的
推證是對《基礎》所作推證的顛倒。[40]

康德專家批評康德沒有對道德法則及自由概念作出像範疇推證那
樣的典型推證，並因此認為康德提供的道德論證是有缺失的，甚至是
失敗的。著名的康德專家亨利希就認為《德性形而上學的基礎》中的
諸多困難起因於康德對自己的意圖和論證策略的說明有欠清晰；並認
為康德的失敗在於未能（至少是沒有明確地）作出七類區分。究其
實，亨利希誤以為《基礎》是一部要為道德法則、定言律令及自由概
念作獨立推證的書；並且，他誤以第一批判中的範疇推證為任何推證
的標準，而完全忽略了康德本人已說明道德概念和原理之推證與範疇
之推證的區分。[41]

---

40 H. E. Allison, *Kant's Theory of freedom*, pp. 214, 230；中譯頁323、347。

41 見：Dieter Henrich,"Die Deduktion des Sittengesetzes," in *Denken im Schatten des
　Nihilismus*, ed. Alexander Schwan (Darmstadt: Wissenschaftliche Buchgesellschaft, 1975),
　pp. 55-112. 從亨利希提出七類區分來看，亨利希誤以第一批判中的範疇推證為正式
　推證的標準來要求道德概念和原理之推證。他以為此二者的區分是所謂「強形式的
　推證」與「弱形式的推證」之分別，讓人以為康德對道德概念和原理之推證只是弱

　　究其實，在批判哲學的整體工程中，各種「推證」到處進行。純粹理性的批判工作就是要對哲學的概念及原理從事推證或解釋，如康德本人說：「在純粹理性的領域裡哪怕只跨出一步，都必須先深信這樣一種超越的推證是必需而不可避免的。」（A88/B121）又說：「不對一個先驗概念進行過超越的推證，人們就不能可靠地使用它。」（A670/B698）同時，康德提醒，並非每一種推證都是與「替範疇所做的推證」一樣的。因為超越的理念並不與任何與它們相符合地被給予的客體相關，因而不能有像範疇推證那樣的客觀的推證。

　　於「純粹的實踐的理性之原理之推證」為小標題的一段文中，康德已論明：我們不能把範疇推證那種進程用於道德法則之推證，「因為道德法則之推證並不有關於那些可從其他源泉給予理性的對象的性狀之認識，而是有關於一種自身能夠成為對象之實存的根據之認識，因著此認識，理性在有理性者中有其因果性，亦即，純粹的理性能夠被看作一個直接地決定意志的機能。」（KpV 5:46）道德法則自己證明自己的客觀實在性，乃是因著它給自由因果性「添加了積極的決定」而做到的。（KpV 5:48）康德強調，道德的法則以及純粹的實踐理性的一切概念都不需要從經驗中取得自己的現實性之證據的東西。（KpV 5:47）並指出：「在關涉到純粹實踐理性的機能中，用經驗的證明來代替出自先驗的認識源泉的推證，那是迷糊恍惚的（benommen）。」（KpV 5:47）依此，康德說：「道德法則的客觀實在性得到證明，並不通過理論的，思辨的理性，或經驗地支持的理性之一切努力而作的推證。」（KpV 5:47）「尋求對道德原則的這類推證是徒勞而矯飾的。」（KpV 5:47）康德專家們幾乎眾口一詞，抓住康德強調道德原則不能

---

勢的，因而是缺乏說服力的。阿利森在《康德的自由理論》一書中表示贊同亨利希的見解。（H. E. Allison, *Kant's Theory of freedom*, p. 279；中譯頁444。）

有像範疇那種的推證，就認為康德主張道德原則不需要推證。其實，前面相關章節已陳述康德對於道德概念和原理之推證，具體而周致。[42]

　　關於「純粹理性的事實」，康德於《實踐的理性批判》有周密的說明（我們於前文已論），但對這個批判用功極深的貝克卻說：「純粹理性的事實是些什麼？康德本人似乎並未下定決心給它一個最佳解釋。」[43]關於道德法則之推證（或曰解釋），康德一開始在第六節「注釋」首先說明道德法則之意識是如何可能的，（KpV 5:29-30）就該步而言，於第七節提出：純粹的實踐的理性之基本法則之意識就名為理性的事實。（KpV 5:31）但貝克停在這一步，抓住「道德法則之意識」是事實，就斷言康德只能說明「道德法則之意識」是事實，並且認為：我們對之具有意識的法則自身的「事實性」是有待審查的。[44]這種似是而非的說法吸引大批追隨者，而究其實，康德關於道德法則之為「理性的事實」有進一步說明。如我們前文所論，概略言之有以下點：一、康德已明確指出：這基本法則之意識之所以是事實，乃是「因為它獨立地作為先驗綜和命題把自己強加給我們」。（KpV 5:31）理性事實根本上就是：純粹理性就自身而言獨自給予（人）一條我們名之為德性法則的普遍法則。（KpV 5:31）此即「純粹理性根源上立法」乃是純粹理性獨有的事實；二、道德法則表達一個「定言的應當」，即「意志自律」是「理性的事實」。三、論明道德法則作為「智

---

42　儘管道德法則這裡並無「對合法要求的權限」問題（這個問題是範疇那裡需要闡明的），不過，對於道德法則的權限仍然是需要闡明的，這種闡明也就是一般意義上的推證。正如空間和時間並無「對合法要求的權限」問題，而它們的權限仍然是需要闡明的。事實上，康德於《實踐的理性批判》經由對實踐的理性作批判，為道德法則的客觀的和普遍的有效性的正當性作出說明。這種說明就是超越的解釋。

43　L.W. Beck, *A Comentary on Kant's Critique of Practical Reason*, p. 167. 中譯見：劉易斯・貝克著，黃濤譯：《〈實踐理性批判〉通釋》，頁204。

44　同前註。

性界的動力因原則」，此即揭示：道德法則乃是「與我們的實存相關的法則」，於此言我們有「道德法則之意識」，就是對我自己呈現我自己作為「在我們自己的存在中先驗地立法的以及自身決定的實存者」。此即康德提出：人所稟具的超感觸的本性（作為屬於純粹理性的自律的法則的實存而考量）。[45]早在《純粹的理性批判》，康德就提示，在我們的純粹理性使用中有先驗地確立，並與我們的實存相關的法則，這就是道德法則。不過，這個重要的洞見要等到進一步對實踐理性機能作出批判考察，才批判地證成。[46]

　　關於道德法則是理性事實之闡明，構成道德法則之推證的核心部份；[47]而道德法則之推證又是自由之理念之推證的關鍵。關於道德法

---

45 在《實踐的理性批判》中，康德說：「『本性』（Natur）從最一般意義上理解，就是事物在法則下的實存。一般有理性者的感性之本性就是以經驗為條件的法則下的實存，因而這種感性本性對於理性而言是他律。另一方面，同一有理性者的超感觸本性是指他們依照獨立於一切經驗條件因而屬於純粹理性的自律法則之實存。」（KpV 5:43）

46 早在《純粹的理性批判》中，康德就指出：「道德法則之意識首次對我呈現（offenbart）那種不平凡的機能。」（B431）「在適當時候，也就是將來不是在經驗中，而是在純粹理性使用的某些（不只是邏輯的規律）而且是先驗地確立的，與我們的實存相關的法則中，可以發現有根據把我們自己視為在關於我們自己的存在中是先驗地立法的，以及是自身決定此實存者。」（B430）

47 關此，篇幅所限，不容詳論。關於康德的「理性事實」論說，詳論可參見盧雪崑：《物自身與智思物——康德的形而上學》，頁232-234；469-480。頁232-233：「康德反覆論明：德性原理無需尋求和發明，它早就存在於所有人的理性中，並歸併入他們的本質（Wesen）。（KpV 5:105）一旦我們為自己擬定了意志的格準，我們立刻就直接意識到道德法則最先呈現（darbietet）給我們。（KpV 5:29）康德所論『理性事實』是依據人類意志活動的一種事實而作出的，簡言之：一、人有自立道德法則的能力，也就是說，人的意志是自由的。道德法則是一條純粹實踐理性就因果性而言不依賴一切感性條件及任何其他東西，它本身就包含著決定根據，（KpV 5:105）康德說：『實踐理性展示給我們一條純粹的脫離一切利益的道德法則，以供我們遵守，而實踐理性的聲音甚至使膽大包天的惡人也恐懼戰慄。』（KpV 5:79-80）道德法則是人的意志自立的，連上帝也不能違背它。二、人事實上能依據道德法則而行，也就是說，人能擺脫性好及一切經驗條件而僅以道德法則作為其選取行為格準

則及自由之理念之推證，康德學界的專家們長期以來提出各種似是而非的引起混亂的見解，究其錯誤根源，愚意以為根本在於這些康德學專家看不到或根本拒絕接納康德的批判哲學的思維，即：他們看不到或者根本不同意康德經批判論明的「兩種不同觀點」的區分，以及據此而因著我們人的同一心靈機能的兩種不同立法而作出的感觸界（自然概念之領域）與超感觸界（自由概念之領域）的區分。前者屬於知性立法管轄的領域，歸於理論的哲學；後者屬於理性立法管轄的領域，歸於實踐的哲學（亦名為「道德的哲學」。兩個不同的領域其概念、法則不同，其推證方法也就相應區別開。康德明示：「自然與自由這樣不同的兩個異質的原則只能產生兩種不同的證明路線。」（KU 5:479）但許多康德專家執意以理論的哲學及其中的範疇推證為標準衡量康德的道德推證，故產生諸多不相應的批評。

　　一眾康德專家詰難康德不依賴「直觀」而從事道德推證是失敗的。貝克就提出「事實唯有通過直觀被給予」之見解，他說：「《純粹的理性批判》顯示，經由純粹的理性而沒有感性直觀不能知道任何事實，事實只能經由直觀才能夠給予理性。如果有任何『對』純粹理性的事實，只能是一個『彷彿』的事實。」[48]顯然，貝克拿《純粹的理

---

的根據，即：人的抉意是自由的。三、人事實上有尊敬道德法則的能力，這能力其實就是道德情感。（KpV 5:80）對道德法則的尊敬『就是對於意志自由地服從於法則的意識，並且與一種由自己的理性不可避免地加於一切性好之上的約束連結在一起。』（KpV 5:80）」

48 L. W. Beck, *A Commentary on Kant's Critique of Practical Reason*, p. 168. 中譯頁206。貝克提出：在《實踐的理性批判》有四處（KpV 5:47、55、91、104）使用了「彷彿是事實」（fact as it were）這一表述。（同前揭書，p. 166.中譯頁203。）其實，康德在這四處原文是：»gleichsam als ein Faktum«，貝克及多數英譯者把»gleichsam als«（可以說作為）譯做"as it were"，與»als ob«混同，中譯據之譯做「彷彿」或「好像」，如此一來，就把康德原來的肯定陳述句轉變成虛擬句，把「可以說作為事實」轉變成只是虛擬的事實，只是「理性反思上的」一個事實。

性批判》的結論套用到實踐的哲學的問題上。他引用德國哲學家柯亨
（Hermann Cohen）的見解：康德說道德法則是事實，是在數學和自
然科學是「事實」這種意義上的「事實」，那麼，必須提供同一類型
的證明。[49]究其實，柯亨、貝克他們固守著粗疏的舊思維模式，在舊
思維模式中，「事實」的證明要麼憑經驗、依靠感取的直觀；要麼依
賴種種所謂本質直觀、理智的洞見。

其實，康德早在《純粹的理性批判》就拋掉那種帶著人類理性蒙
昧期殘餘的獨斷思維模式，依據批判確立的全新思維模式，道德事實
之證明，不僅與自然科學區別開，並且也絕不能與數學之證明混同。
自然科學的解釋，「僅僅建立在作為感取的對象屬於經驗，並且按照
經驗規則能夠與我們的現實知覺聯繫起來的對象上。」（Proleg 4:353）
自然科學中對於「事實」的證明依感取的直觀。「在數學中，理性的
一切概念必須在純粹的直觀上立刻具體地表現出來。」（A711/B739）
哲學的認識不能有這種便利。（A734/B762）無論思辨理性抑或實踐理
性都絕不能通過任何直觀來達到對象之認識，這無疑是康德批判哲學
的一個重大貢獻。不少學者由於固守著任何事實必須經由一種直觀來
證明的成見，據此把不涉及任何直觀的形而上學和道德哲學排除於
「事實」之外，完全忽略康德已經批判地論明：形而上學與純粹的理
性概念打交道，而道德哲學與自由之概念打交道，這兩種概念皆「絕
不能在任何哪怕是僅僅可能的經驗中被給予」，從而，其客觀實在性

---

49 Hermann Cohen, *Kants Begründung der Ethik*, p. 224. 貝克引用了柯亨這個說法（見L.
W. Beck, *A Commentary on Kant's Critique of Practical Reason*, p. 168. 中譯頁205），究
其實，道德領域與自然領域分明是異質的兩論域，前者關涉意欲機能，而後者關涉
認識機能。《純粹的理性批判》顯示思辨理性沒有直觀不能知道任何事實，那是就自
然領域而立論。轉至道德領域而論「理性事實」，這「事實」指純粹實踐理性立法
以決定意志，乃至經由踐履產生對象、實現對象，而並不必經由直觀去認識對象。
這是康德反覆說明了的。關此，詳論可參見拙著《康德的自由學說》，頁551-561。

「不能通過任何經驗來證實」,「其真或偽不能通過任何經驗來證實或揭露。」(Proleg 4:327)事實上,如我們於前面相關章節一再論明,批判哲學的全部努力都在揭示:如何能不需要依賴任何直觀,「純粹實踐理性原理」連同其一切概念的客觀的和普遍的有效性獲得正當性證明(Rechtfertigung)。

康德經由批判,於「自然範疇」之外確立「自由範疇」。「自由範疇僅僅關涉實踐的理性一般,所以在其秩序中從道德上未決定的和感取的條件向不以感取為條件的,純然通過道德的法則被決定進展。」(KpV 5:66)事實上,於第一批判康德對範疇作推證時就論明:範疇不是來源於經驗,而是先驗地在知性中有其位置和根源。並且,範疇獨立不依於對象的直觀而與對象一般相關聯。此即康德指出:「只有通過那個艱難的範疇推證,當我們把範疇放置在純粹知性之中時,我們才能夠防止與柏拉圖一起把它們視為是生而具有的,避免在它們之上建立對超感觸物的理論的無盡頭的僭妄要求。……。而當我們把它們視為是獲得的,只有通過這個推證才能夠防止人們與伊壁鳩魯一起,把它們的全部使用,甚至是實踐意圖中的使用,都僅僅限制在感取的對象和決定根據上。」(KpV 5:141)並明示:「因為範疇獨立不依於對象的直觀而與對象一般相關聯,所以,雖然它們只有運用於經驗的對象才能成就理論的認識,卻在運用於通過純粹的實踐的理性被給予的對象時,仍然還充任關於超感觸物的決定的思想。」(KpV 5:141)

「自由的因果性」屬自由範疇,只能「通過德性法則確立」。(KpV 5:6)在實踐之事中,根本不涉及直觀的雜多的綜和,不必從感性那裡取來直觀形式(空間和時間)作為根據;而是有事於實踐理性的決定,康德指出:「只是為了把意欲的雜多納入一個以道德法則頒發命令的實踐理性的意識之統一,或者納入一個先驗的純粹意志的

統一，實踐理性的決定才會發生。」（KpV 5:65）由此，我們可以理解何以康德一再強調，無論是為了道德法則自身得到證明，還是要對自由作推證，都完全不能且不必經由任何直觀。他再三告誡：除了道德法則，決不要以此外任何東西作為先驗的實踐概念的證明根據。「道德法則首先自己得到證明。」（KpV 5:64）

康德通過《純粹的理性批判》確立「感觸界」之後，又通過《實踐的理性批判》確立「超感觸界」；此兩界是因著我們人的同一心靈機能的兩種不同立法而區分開的，絕非有兩個不同的世界。康德絕沒有如某些學者以為的那樣主張兩個不同的世界之二元論，恰恰相反，唯獨康德出來經由批判確立「兩面的觀點」的新思維，始從根源上打破西方傳統上頑固的二元世界觀。依不同立法而區分開「感觸界」與「超感觸界」，取代舊傳統物質世界（感取的直觀的世界）與精神世界（精神直觀的世界）之對立二分。[50]此無疑是康德顛覆西方傳統而取得的重大貢獻。

但不必諱言，自康德創立其創闢性的批判哲學以來，學術界主流仍未能擺脫舊傳統的窠臼。學者們採用西方哲學傳統中的一種舊有思維模式，以為沒有直觀就不能肯斷某物存在，依此，要麼就成為「感

---

50 康德運用他的顯相與物自身之超越區分的觀點破解了心靈（精神）與物質的超越意義的二元論，他指出：「關於我們能思維的主體和物質的連繫的所有種種困難全都起源於不法假定的二元論的見解，即認為物質本身不是顯相，不是一種不被知的對象與之相應的心的一種純然表象，而是獨立於一切感性，在我們之外實存的對象之在其自身。」（A391）「所謂兩種本體即能思維的本體和廣延的本體的交互作用乃依據一種粗糙的二元論。」（A392）他對西方哲學傳統以來物質與精神之二元割裂引發的無休止爭辯作出公斷：「如果由心靈（Seele）一詞我理解一思維者之在其自身（denkend Wesen an sich selbst），則『心靈是否在種類上同於或不同於物質（物質不是一物之在其自身，但只是在我們之內的諸表象之一類）』這一問題本身就已經是不合法的。因為一物之在其自身是與那『只構成此一物之狀態』的諸決定不同性質，這是甚為顯明的。」（A360）

覺論哲學家」而主張：「實在性只是在感取的對象裡才有，其他的一切只是想像。」（A853/B881）要麼就跟隨「理智論哲學家」（以柏拉圖為其中的佼佼者），在人的感取直觀之外另發明一種非感觸的直觀，依之主張純粹的理性知識不依賴於感取直觀而在理性中有其源泉。（A854/B882）康德不再把這些傳統的觀點放在眼裡。他經由實踐理性批判確立關於超感觸者（自由，以及上帝和不朽）的實踐認識，並論明：事實上，實踐認識之事不涉及客體的認識，因而也不涉及對客體的直觀問題。因為「實踐的認識」完全不涉及在直觀中給予的對象，它不是關於所予的超感觸對象的認識。（KpV 5:135）這裡關涉的不是對這些理念客體的理論認識。（KpV 5:136）康德批判地揭示人類認識能力的界限，我們不能以為康德懦弱地固守基督教傳統中的人的有限性觀點；實在說來，無限制的無限性是空洞而毫無意義的，康德探明人在理論認識方面的界限及人作為感觸界一分子所受的限制，並轉至人在意欲機能方面經由純粹理性立法揭示作為物自身的人自身本有的一種擺脫限制而顯露其無限性的能力——意志自由。

　　康德經由批判論明：「事實」這個概念不能只局限於實際上的經驗。（KU 5:469）一切事實都要麼屬於自然概念，自然概念在先於一切自然概念而被給予的（或者可能被給予的）感觸對象身上來證明自己的實在性；要麼屬於自由概念，自由概念通過理性因果性就某些由於它而在感觸界中可能的結果來充分地證實（dartut）自己的實在性，而這理性因果性是理性在道德法則中不容反駁地定設的。（KU 5:475）[51]早在《純粹的理性批判》第一版「序言」中，康德就說：

---

51 康德明確地把一切事實區分為「屬於自然概念」之事實與「屬於自由概念」之事實。他指出：人們通常把「事實」一詞之使用限制於現實的經驗，這限制是不可行的。他在一個註腳中說：「我認為在這裡有權把『事實』（Tatsache）這個概念擴充至此詞之常用意義之外。因為當我們說及事物之關聯於我們的認識機能時，我們不必把這一述語限制於現實的經驗，並且，這限制甚至是不可行的，因為為了說及物

「完全由理性自身產生的東西絕不能隱藏，當共同的原則發現出來之後，理性本身就會立刻把它暴露出來。這種認識的完整的統一性以及它只從純粹概念得出而絕不受任何經驗或特種的直觀（諸如可導致任何決定而擴大和增加經驗的那種直觀）所影響的事實，使這種無條件的完整性不僅是可實行，而且是必然的。」（Axx）

康德明確區分開「屬於自然概念」之事實與「屬於自由概念」之事實。明示：「無須也在理論方面證明自由。」（Gr 4:449）所謂理論方面的證明也就是要有在感觸直觀中展現之實證，[52]而我們絕無法為「自由」提供這樣的實證。我們無法對「自由」有在直觀中的認識，不能說及它在其自身之性狀，不能猜測它是否是精神抑或是物質。但如康德指明：不能藉此認為它是「隨意虛構和認定的」。（KpV 5:47）康德曾批評一些不恰當的「感性化」，在《基礎》一書中說：「最通常的知性極傾向於在感觸之對象（Gegenständen der Sinne）背後還總是期待某種自身活動的看不見的東西（Unsichtbares, für sich selbst Thätiges），但由於馬上又把這個看不見的東西感性化（versinnlicht），亦即想使它成為直觀之對象（Gegenstande der Anschauung），而又破壞了這個看不見的東西。」（Gr 4:452）

---

之僅僅作為一確定的認識模式的對象，只要有可能的經驗就已經足夠了。」（KU 5:468）在《判斷力批判》第九十一節論及「事實」（scibilia〔可知的東西〕），包括：一、對於其客觀實在性能夠被證明的概念（憑藉一種與它們相應的直觀）來說，它們的對象都是（res facti〔實際之事〕）事實。例如：（幾何學中的）大小的數學特性。二、能夠通過經驗（親身經驗或者藉助於見證的他人經驗）來證實的物或者物之性狀，也同樣是事實。三、自由之理念其對象是事實（Tatsache）。（KU 5:468）「儘管自由之理念在其自身而言不能在直觀中有任何展現，從而也不能有其可能性的任何理論的證明。」（KU 5:468）

52 康德提出：一種無可爭辯的證明，只在其直觀性的這限度內，才能稱為實證（Demonstrationen）。只有數學才含有實證，而哲學的認識不能有這種在個別的直觀中考慮普遍的便利，因而只能有講述的（思辨的）證明。（A734-735/B762-763）

　　康德已經由批判論明：「自由概念在它的客體中表象物自身，但卻不是在直觀中表象的。」（KU 5:175）物自身是超感觸的東西，故不能在直觀中表象的。這就完全區別於理論的認識，只有「理論的認識」才是被限制「在直觀中表象其對象」，[53]並且，「不是將之表象為物自身，而是表象為純然的顯相。」（KU 5:175）但一眾康德專家看不見或根本不接受康德所論「顯相與物自身之超越區分」的洞識，故亦反對他於實踐的領域提出「行動主體的兩性格」之觀點。早在《純粹的理性批判》就提出：從行動主體的兩性格（經驗性格與智思性格）證明：「通過自由而成的因果性與普遍的自然必然性之法則相諧和之可能性。」（A538/B566）[54]並且於《實踐的理性批判》中，經由實踐理性批判論明：人，「既把自己作為自由的主體，使自己成為智思物，同時因自然的意圖又使自己成為自己經驗意識中的一個現象。」（KpV 5:6）[55]但一眾康德專家反對康德的這個批判哲學的兩個

---

53 依康德所論，就我們的認識機能作為感取的——有條件的而有事於感觸的客體而論，知性藉感取直觀現實地決定對象；知性立法所成功的認識屬於（自然的）理論的認識。（KU 5:174）「通過自由概念來立法，這是由理性而發生的，並且是純然實踐的。」（KU 5:174）也就是說，理性只為客體之視為物自身立法，而並非為客體之視為顯相立法。值得注意，康德明示：「雙方沒有一方能夠獲得關於自己的客體（甚至關於能思維的主體）作為物自身的一種理論的認識，這物自身將會是超感觸的東西。」（KU 5:175）

54 康德說：「一個在感觸界中必須被看作為顯相的生物（Wesen）有一種不是感觸直觀的一個對象的機能，通過這機能該生物可以成為顯相的原因，那麼，此生物的因果性可從兩方面考量：把它作為物自身的因果性考量，它在其活動上就是智性的；把它作為感觸界中的顯相的因果性，在其結果上就是感觸的。因此，我們必須對於這樣一個主體之機能的因果性既要形成一經驗的概念，又要形成一理智的概念，並且要視這兩個概念為涉及一同一結果者。」（A538/B567）

55 康德說：「在同一主體（人）之內，通過德性法則確立自由的因果性，以及通過自然法則確立自然機械論的因果性，除非將與前者相聯繫的人表象為此生物之在其自身（Wesen an sich selbst），而將後者表象為顯相，否則此二者之統一是不可能的。」（KpV 5:6）

觀點之洞見。即使對康德的道德哲學表示出極大讚賞的伍德，在其大
作《康德的倫理思想》一書論及「康德對現象和智思的因果性的聲名
狼藉的區分」，[56]他說：「接受康德倫理學最大的絆腳石之一，一直是
與他認為我們同時屬於兩個不同的世界的觀點相聯，自然的或感觸的
現象世界（顯相的領域），其中一切都是因果決定的，因果自發性是
不可思考的，以及物自身的智思界。」[57]他認為「康德的智思世界是
一個永恆的領域（timeless realm）」，「因為康德的進路致力於將自由
意志視為完全落在自然或經驗領域之外。」[58]並據此說：「對許多人來
說，康德的形而上學自由理論的這些特徵似乎有足夠的理由拒絕他的
整個道德體系。」[59]伍德說：「在這裡進一步討論這些問題超出了本書
的範圍。」但又表明：「我不想忽視或低估康德的進路的價值。」[60]

　　然而，若拒絕承認「自由意志」作為自由的主體，人因此「使自
己成為智思物」，如何仍然能宣稱不忽視或低估康德的進路呢？伍德
在《康德的倫理思想》一書中詳細研究康德在《基礎》中提出的道德
法則的各項程序，他肯定：「康德對 FA 的推論取決於視我們自己是
自由的，因為我們有能力通過自我給定的理性規範來指導我們的思想
和行動。康德的倫理的理論的實質性的價值是尊重理性本性的價值和
理性人格的尊嚴為理性自我立法。」[61]但他卻不接受康德所論人依兩
種觀點視其自己：「他作為睿智者」，「把自己思量為稟有一個意志，

---

56 Allen W. Wood, *Kant's Ethical Thought*, p. 173.

57 Allen W. Wood, *Kant's Ethical Thought*, p. 174.

58 Allen W. Wood, *Kant's Ethical Thought*, p. 179.

59 Allen W. Wood, *Kant's Ethical Thought*, p. 179. 伍德表明，在他的著作中他只就康德
的實踐自由概念的一部份進行審查，小心地與康德的不相容論者的觀點及其自由的
形而上學理論區分開。（Allen W. Wood, *Kant's Ethical Thought*, p. 174.）

60 Allen W. Wood, *Kant's Ethical Thought*, p. 179.

61 Allen W. Wood, *Kant's Ethical Thought*, p. 179. "FA The Formula of Autonomy", p. xx.

因而稟有因果性的睿智者。」（Gr 4:457）同時，「他知覺自己為在感
觸界中的現象（他現實上也是現象），以及其因果性依照外在的決定
服從自然法則。」[62]那麼，我們可以請伍德問一問他自己，若人不是
作為「睿智者」，而只是感觸界的存在，那麼，他所贊同康德的道德
法則的各項程式、「理性本性」，以及「理性自我立法」是如何可能的
呢？如我們所見，康德正是要解答這些問題而提出「人依兩種觀點視
其自己」。若依伍德主張那樣，從自然主義來看我們的理性，那麼，
如何解釋理性的自我立法獨立不依於自然因果性呢？康德提出：「理
性之獨立性就是理性獨立不依於純然的主觀決定的原因，這些主觀決
定的原因全是僅屬於感覺，因而屬於感性之通名下的東西。人以這種
方式將自己作為睿智者考量。」（Gr 4:457）並解釋說：「他作為睿智
者（Intelligenz）才是真正的自我（相反於僅僅作為他自己的顯
相）。」（Gr 4:457）依此，道德法則直接地定言地應用在他身上，感
觸界的全部本性（性好與嗜欲）便不能損害他作為一睿智者的意願
（Wollens）之法則，他亦不認那些性好與嗜欲可歸於他的真正的自
我。（Gr 4:457-458）

　　伍德認為康德沒有理由突然想到我們認識價值和以理性規範管理
我們自己的能力需要一個超自然的或理念論的形而上學（a supernatural
or idealist metaphysics）。看來他將人的意志自由（作為睿智者）誤作
為「超自然的」，實在是他本人將「超感觸者」與「超自然的東西」
混為一談了。並且，他並未把握到康德以意志自由為超感觸基體而於
三大批判逐步展示的一個「普遍的形而上學」，他只是以西方舊有的
獨斷的形而上學來想康德的形而上學，而以「理念論的形而上學」名

---

62 康德表明，儘管如此，他卻能領略到：「這兩者能夠同時發生，甚至必須同時發
　　生。」（Gr 4:457）「因為只有在那智性界中，作為睿智者（Intelligenz），他才是真
　　正的自我。」（Gr 4:457）

之。究其實，前面「論『超感觸基體』之認識如何可能及其作為道德及宗教的基礎」那一節已論明：意志自由為道德奠基，它作為我們人的主體，「一方面認識到自己是依照感觸界的決定而活動，另方面通過道德法則將自己決定為智性的者（有自由能力）。」（KpV 5:105）康德所論「智性的者」屬超感觸界，但並非「超絕的東西」，根本不同於西方傳統上種種臆測一個人及世界之外的超絕的東西作為最高實體的獨斷的形而上學。「超感觸的東西」是超越的（transzendental），關於»transzendental«，康德明示：「這個詞並不意味著超過一切經驗的什麼東西，而是指雖然是先於經驗的（a priori），然而卻僅僅是為了使經驗認識成為可能的東西說的。」（Proleg 4：374）

康德實在已經由批判於「理論的哲學」之外建立「實踐的哲學」，他說：「哲學劃分為原則方面完全不同的兩個部份，即理論的部份作為自然哲學，及實踐的部份作為道德哲學（因著理性按照自由概念之實踐的立法而這樣命名）。」（KU 5：171）康德脫離「德性就是知識」（道德認識與理論知識混淆）的舊傳統，更衝破「道德認識基於上帝意志」和「神靈天啟」的基督教世界的常識，他批判地基於人的主體確立實踐的認識，從而建立獨立的「自由概念之領域」，而與限於「自然概念之領域」的理論認識並立。並且，他也已經由批判論明實踐的哲學（道德哲學）屬自由概念之領域，亦即與「感觸界」分立的「超感觸界」，並論明：道德法則是神聖的純粹的，（KpV 5:32）是「我們的智性的實存的法則」。（KpV 5:99）

依康德所論明，「自由」是人的存在的智性的意識。並且，「感觸生命在關涉到他的存在的智性的意識（自由）中具有現象的絕對統一。」（KpV 5:99）道德法則乃關於超感觸的自然，於超感觸界，我們所唯一知道的就是道德的法則。「自由是我們知道的道德法則的條件。」（KpV 5:4）而道德法則是經由純粹的理性「根源上立法」

（KpV 5:31）而知道的。並且，「我們把超感觸的自然之理念視為我們作為純粹的有理性者的意志之客體。」（KpV 5:44）「事實上，道德法則按照理念把我們置於這樣一個自然中。」（KpV 5:43）「人對自己稍加注意，就會證實（bestätigt）這個理念可以說（gleichsam）作為示範現實地樹立了我們的意志決定的模本。」（KpV 5:43）我們通過理性意識到我們的一切格準都服從道德法則，「好像通過我們的意志一個自然秩序必定同時產生出來。」（KpV 5:44）

　　康德說：「當事關我們智性的實存的法則（道德法則）時，理性並不承認任何時間差別。」（KpV 5:99）同樣，「自由」並不在時間中。但並不意謂它們是超離的、在世界之外的。如康德所論明，自由通過其法則（道德法則）於感觸界（現象界）中產生結果。明乎此，則可知，伍德批評「康德的智思世界是一個永恆的領域（timeless realm）」，並據之認為，「因此他的解決方案要求我們甚至考慮道德生活的這些基本特徵道德奮鬥和道德進步就像只有比喻或寓言（figurative or allegorical）。」[63]這種錯誤的見解完全是由於對康德所論「智思界」缺乏理解所致。又，他批評說：「因為康德的進路致力於將自由意志視為完全落在自然或經驗的領域之外，它必然排除對道德責任的自然條件的任何經驗的考察的可能性，以及因此必然排除任何關於我們何時應該和不應該讓人們為自己的行為負責的經驗的理論。」[64]這種批評所由生，看來只歸咎於他本人沒有將道德（作為倫理及道德行為的超越根據）與倫理及道德行為的理論區分開來。[65]康德本人在《基

---

63 Allen W. Wood, *Kant's Ethical Thought*, p. 179.

64 Allen W. Wood, *Kant's Ethical Thought*, p. 179.

65 黑格爾在《法哲學原理》一書中一再把康德的道德哲學貶為「空洞的形式主義」，他批評康德「固執單純的道德的觀點（moralischen Standpunkts）而不使之向倫理（Sittlichkeit）之概念過渡」。一眾康德專家追隨黑格爾的觀點。究其實，康德於《基礎》一書已明示：「在倫理學（Ethik）這裡，經驗的部份特別稱之為實用的人

礎》一書就一再申論：要將純粹的哲學與經驗的哲學嚴格區別開，純
粹的哲學「僅僅從先驗原則而展現它的理論」。（Gr 4:388）他明示：
「構造一純粹的道德哲學（Moralphilosophie），把僅僅是經驗的以及
屬於人類學的東西完全清除。」（Gr 4:389）「所有實踐認識中，道德
法則（連同其原則）不僅在本質上有別於任何經驗的東西，而且整個
道德哲學完全基於實踐認識的純粹部份。當應用於人，那並不是從對
於人的認知（人類學）中借得絲毫東西，而是把先驗的法則給予作為
有理性者的人。」（Gr 4:389）

　　通過實踐理性之批判確立「理性之實踐的認識」，「理性在實踐之
事中所涉及的是主體，也就是意欲機能。」（KpV 5:20）實踐的認識
不能也不必要依賴任何直觀，在這個領域，就「我們關於無條件的實
踐之事的認識」而論，道德法則是首出的。（KpV 5:29）他說：「源於
自由的因果性法則，也就是任何一個純粹實踐原理，在這裡不可避免
地形成開端。」（KpV 5:16）在「理性之實踐的認識」這裡並不處理
「那些可以給予知性的對象的認識」，（KpV 5:89）也就不必從直觀開
始。「實踐的理性不是要指明任何直觀的客體。」（KpV 5:89）不需要
依於感性之供給及知性之範疇決定去認識對象。「作為實踐理性只需
要指明這些對象的一條法則。」（KpV 5:89）康德說：「實踐理性並不
處理對象以求認識它們，而是處理它自己（根據關於這些對象的認
識）現實地實現這些對象之機能，亦即一種因果性的意志，只要理性
包含著這種因果性的決定根據。」（KpV 5:89）

---

類學（praktische Anthropologie），而理性的部份才可以稱之為道德學（Moral）。」
（Gr 4:388）他說：「要先於實用的人類學提出德性形而上學。」（Gr 4:388）並表
明：他此後要出版《德性形而上學》（*Metaphysik der Sitten*），而《實踐的理性批
判》連同先導論文《基礎》的工作就是要為《德性形而上學》奠定基礎。（Gr
4:391）而於《德性形而上學》，康德建立其倫理學系統。

通過實踐理性之批判論明，在實踐之事中，道德法則是「能夠決定它在感觸界中的因果性的動力學法則」，據之，人作為有理性者其意志就意識到自身「是一個能夠在事物的智性的秩序（intelligibele Ordnung）中被決定的存在」。（KpV 5:42）儘管由於屬於感觸界，它同時認識到自己必然從屬於自然的因果法則。（KpV 5:42）這個批判於其分解部闡明了一個事實：「理性藉以決定意志去行動的德性原理中的自律。」（KpV 5:42）「獨立不依於一切經驗條件而屬於純粹理性的自律的法則」，（KpV 5:43）「就是道德的法則。」（KpV 5:43）康德說：「道德法則提供一個絕對不是可以由感觸界的一切材料以及我們的理論的理性使用之全部範圍來說明的事實，這一事實展示一個純粹的知性界，乃至積極地決定它，並且讓我們認識它的某種東西，也就是法則。」（KpV 5:43）康德強調：「這個法則應該作為一種感觸的自然（就理性的本質者而言）的感觸界取得知性界的形式，即一超感觸的自然（übersinnlichen Natur）的形式，而並不中斷感觸界的機制（Mechanism）。」（KpV 5:43）

道德法則作為純粹知性界的法則而為事實，它是就有理性者的超感觸的本性而言的，超感觸的本性是指「依照獨立於一切經驗條件因而屬於純粹理性的自律的法則之實存」。[66]（KpV 5:43）依康德所論明，人經由理性自立的道德法則真實地將自己提升到超感觸界，「這個超感觸界的複本實存於感觸界中」，作為人努力趨向的原型，「而同時並不中斷感觸界的法則。」（KpV 5:43）。

經由第一批判，康德論明，「讓思辨理性敞開一個對它而言乃空

---

66 康德說：「『本性』（Natur）從最一般意義上理解，就是事物在法則下的實存。一般有理性者的感性之本性就是以經驗為條件的法則下的實存，因而這種感性本性對於理性而言是他律。另一方面，同一有理性者的超感觸本性是指他們依照獨立於一切經驗條件因而屬於純粹理性的自律法則之實存。」（KpV 5:43）

虛的位置，也就是智性東西，以便把無條件者置放在其中。（KpV
5:49）進至第二批判，他論明，「現在，純然實踐的理性由於在一個
智性界中的一條決定的因果性法則（由於自由），也就是道德法則，
填滿了這個空虛的位置。」（KpV 5:49）道德法則展示一個純粹的智
性界，乃至積極地決定它。依康德經由批判論明，一切「超感觸的東
西」，僅僅在實踐的領域因著與道德法則之連繫而獲得意義。於實踐
的領域，「作為實踐的成素概念，就不以並不位於理性自身中，而必
須從別處，也就是從感性中得來的直觀形式（空間和時間）為根據，
而是以在理性中因而是在思維機能自身中給予的一個純粹的意志之形
式為根據。」（KpV 5:65-66）「純粹的意志之形式」亦即「自由之最
高原則」，也就是道德法則。康德說：「諸先驗的實踐的概念在與自由
之最高原則的聯繫中立刻成為一些認識，而並不需要等待直觀以便去
獲得意義。」（KpV 5:66）

　　康德學界流行一種意見，以為康德既說這些超感觸的東西「不是
感取直觀的對象」，那麼，總得說它們「是什麼直觀的對象」，否則，
它們不會有什麼意義。究其實，依據康德批判的新思維，要求超感觸
物在直觀中獲得意義，這是完全悖理的。[67]如我們已反覆論明，人不
能有不同於感取直觀的另一種直觀；不過，重要的是：「實踐理性根

---

67 伍德指責康德犯了「範疇的非法的獨斷使用」的錯誤。他提出：康德使用「認識」
（Erkenntnis）一詞恰切地說是「把直觀帶到概念下」，（A51/B75）當展示概念的一
個對象可以在直觀中被給予，這個概念的實在的可能性才被認識。（A219-222/B266-
273）因此，「自由之概念不能適合這個可能性的先驗認識的要求。」他認為，既然
我們對「自由」沒有直觀，那麼，康德宣稱「自由之概念的實在的可能性通過道德
法則而呈現，是唯一一個理性的理念其可能性先驗地認識」，這是有問題的。
（Immanuel Kant, *Kritik der praktischen Vernunft*, ed. Otfried Höffe [Berlin: Akademie
Verlag, 2002], p. 29.）究其實，伍德不能瞭解「理論認識」與「實踐認識」的區分，
他心目中的「認識」一詞只限於康德在「超越的分解部」僅就自然之範疇而論的
「理論認識」，以此為準來議論「實踐認識」，故不得正解。

本不考慮這件事。」（KpV 5:49）依康德所論，在實踐領域裡，一切東西中唯有人之主體作為物自身（睿智者）考量，在關涉其意志自由連同其因果性的法則（道德法則）中而言，它決定地和確然地被認識到（bestimmt und assertorisch erkannt）。（KpV 5:105）我們人自己的主體「通過道德法則將自己決定為智性的本質者（憑藉自由）。（KpV 5:105）「關於超感觸秩序和聯結的認識」，（KpV 5:106）以及智性界的超感觸的東西，總之，「此超感觸場地上的知性概念的客觀的實在性」，始終在與「純粹的意志的決定根據（道德的法則）」的必然聯繫中獲得。（KpV 5:56）康德說：「認定有超感觸的本質者（作為上帝）的情況下，也是如此。」（KpV 5:57）

如我們一再申論，康德無疑已經由批判區分開兩種不同的客觀實在性：「理論的客觀的實在性」，關於感觸界（經驗領域）的客觀的實在性，需要一種與概念相適應的直觀；「實踐的客觀的實在性」，關於「超感觸場地上的知性概念的客觀的實在性」，經由道德的法則獲得意義，僅僅在與道德的法則之連繫的範圍內取得實踐的客觀的實在性，在超感觸界，唯獨道德的法則決定概念的實在性，也就是說，唯獨在人的實踐活動中，「具有能夠指明（angegeben）的實踐的實在性」。（KpV 5:56）

康德批判工作的一個極為重要的貢獻在揭明：「就那能夠總是僅僅關涉道德法則的東西而言，這整個的顯相鏈條都取決於作為物自身的主體的自發性。」（KpV 5:99）他解釋，儘管我們缺乏這樣一種理智的直觀，因此，「對這種自發性的決定根本不能給出物理的說明。」（KpV 5:99）但關鍵在他同時指明：「在缺乏這種理智的直觀的情況下，道德法則向我們保證了我們的作為顯相的行動與我們的主體之感取者（Sinnenwesen）之關聯和這感取者本身與我們內的智性的基體相連的關聯之間的區別。」（KpV 5:99）如我們一再申論，康德經由

批判將「哲學劃分為原則方面完全不同的兩個部份」,「理論的部份作
為自然哲學,及實踐的部份作為道德哲學(因著理性按照自由概念之
實踐的立法而這樣命名)。」(KU 5:171)依康德所論,道德法則乃
是「我們的智性的實存的法則」,(KpV 5:99)自由乃是「感觸生命
(Sinnenleben)關涉到其存在的智性的意識」。(KpV 5:99)依道德的
法則而確立的道德哲學乃關涉於人作為物自身之實存以及道德世界為
一個智性界。

　　依以上所論,我們想請問伍德,他反對康德的智性界及物自身的
觀點,並且堅持一種康德學界流行的所謂「相容論」的主張,表示要
小心地與康德的不相容論者的觀點及其自由的形而上學理論區分開。
[68]那麼,他如何能夠既根本違離康德的道德哲學而又談論其「倫理思
想」的價值呢?康德明示:「如果一個人還想拯救自由,那麼只有一
種方法:把只有在時間中決定的物的存在,從而把依照自然必然性之
法則的因果性給予顯相(Erscheinung),而把自由給予同一本質者作
為物自身。如果人們希望同時保留這兩個互不相容的概念,這樣做是
不可避免的。」(KpV 5:95)早在第一批判,康德就說:「如果顯相真
的是物自身,則自由便不能被維持。」(A536/B564)

　　事實上,一切「超感觸的東西」(自由、上帝和不朽)歸於智性
界,僅僅在其與道德法則之連繫中獲得意義,始能說明它們何以及如
何獲得客觀的實在性。如前面相關章節已論,康德論明「道德法則自
身被明示為自由的推證之原則。」(KpV 5:48)以道德法則作為自由
的推證原則,證明「自由之理念」的客觀的實在性。康德對於自由之
超越推證,就是關於意志自由的客觀實在性之闡明,這任務唯獨經由
意志自由與道德法則的關係之考論而達成。只有通過純粹實踐理性藉

---

68　Allen W. Wood, *Kant's Ethical Thought*, p. 174.

著道德法則才能讓「自由」這一原本只是超越的概念實在化。康德指出：「我們可以把實踐的自由定義為意志除依據道德法則之外不依據任何東西的獨立性。」（KpV 5:94）進一步對上帝和不朽作推證，關鍵同樣在於它們與道德法則之連繫。伍德於其《康德道德和宗教》[69]一書中論及康德對於實踐信仰的道德論證，同樣地，因為他的思想根本違離康德的道德哲學，儘管他極力表示要維護康德的實踐信仰學說，他的論說仍然不得要領，尤其於康德的上帝存在的道德論證方面，離開康德本人的根本洞見，因而顯見粗淺而不具說服力。

## 二　圓善之推證及圓善之條件（上帝、不朽）作為設準之解釋

著名康德專家伍德（Allen W. Wood）數十年如一日致力於康德哲學研究，其大作《康德和宗教》從事「信仰上帝的哲學論證」，可說是學界重視並承認康德關於「上帝」推證的一部代表作；然他的著作將該項推證僅限於「信仰上帝的哲學論證」，從「圓善為目的」作為前提條件開始，仍未能見及康德關於「上帝」之推證奠基於自由及其法則（道德的法則）之推證；並且，依伍德所論，康德三大批判中的每一個批判是獨自構造「上帝」之推證結構的，他並未能見到康德的推證工作於三大批判進程步步前進，每一部批判對應人的心靈三大機能（認識機能、意欲機能、快樂與不快樂的情感）之一而作考論，而構成一個貫通於三大批判的整全推證。他認為康德關於上帝存在的主張提出的論證在三大批判中有差異，並將這些「差異」說成是相反對

---

69 Allen W. Wood, *Kant and Religion*.

的、觀點修正的不同。[70]究其實是他本人未見及康德於不同批判就不同機能從事考察而作論證，[71]故誤解康德一時一個想法。並以為「圓善」（summum bonum）一詞含糊不清，有時指一個想法，有時是另一個想法。[72]他看到學者們議論：「為什麼圓善的理念會引起哲學興趣」，「為什麼要追求圓善作為終極目的」，但他表示：他不打算也不需要清理和解答此等問題。[73]儘管如伍德所見，學界關於「圓善」有各種不同說法，對「追求圓善作為終極目的」有不同的解釋，[74]但可以指出，仍未見有人有見及康德通貫三大批判對「圓善」（及其作為「終極目的」）之推證整體作論述。然依愚見，吾人有意於研究康德批判哲學中「上帝之理念」及把握其推證之整體，以見康德宗教哲學之真諦，務必將該項工作置於自由、圓善及其條件之整體論證中作一綜述，此工作必須從《純粹的理性批判》開始，進至《實踐的理性批判》（連同《基礎》），最後到《判斷力批判》。

其實，如康德自道：在他著手寫作第一個批判之時，「已先花了

---

70 伍德認為《純粹的理性批判》第一版（1781）對上帝的道德論證的陳述，不朽，道德世界與後來他成熟的道德哲學之後的介紹有很大不同。他提出《純粹的理性批判》的第一版「法規章」中，康德認為道德的動力不僅取決於使我們值得幸福，但還必須包括理性的希望，即我們將享受我們因此而值得擁有的幸福（KrV A805/833）；但一七八五年後的觀點有很大不同，採取了純粹實踐理性、義務或道德法則本身就構成了道德行為的充分理性激勵（Gr 4:397-399, KpV 5:20-23, 31）的著名觀點。（Allen W. Wood, *Kant and Religion*, p. 34.）依愚見，伍德這個所謂康德於一七八五年前與後觀點不同的講法是值得商榷的。該問題留待後下面相關章節再議。

71 於《康德和宗教》一書，伍德總結《實踐的理性批判》中「上帝存在的論證」之結構，提出「五步論證」，以「我有責任以圓善為目的」為第一步。（Allen W. Wood, *Kant and Religion*, p. 46.）也就是以此為前提，而未及對圓善及其條件作整體論證。關此，擬於後文相關章節詳論。

72 Allen W. Wood, *Kant and Religion*, p. 37.

73 Allen W. Wood, *Kant and Religion*, p. 37.

74 Allen W. Wood, *Kant and Religion*, p. 37.

相當多的年月」思考整個批判工程，（Bxiiii）[75]他說：「在把它們貢獻
給公眾之前，我已使它們受長期的考驗，……這個系統如我所希望，
將盡未來世保持此不可變更性。」（Bxxxvii-xxxviii）在《純粹的理性
批判》第一版「序言」中，康德就說：「我們的時代在特別程度上是
一個批判的時代，一切都必須受到批判。宗教想憑藉它的神聖性和立
法性，想憑藉它的尊嚴，企圖避免批判，可是，這樣一來，它們恰恰
就引起別人對它們正當的懷疑，而不能要求人家真誠的尊敬了。」
（Axi）事實上，若通觀康德三大批判，並不難見出，康德批判工程
的一個重要意旨就在於清除舊有宗教之狂熱與虛妄，其經由對於實踐
理性之批判證立「意志自由」，為道德哲學奠基，亦意在於此根基上
建立純粹理性的宗教，他稱之為唯一的真正的宗教。

　　《康德道德和宗教》一書中，伍德花很大篇幅研究康德的上帝存
在的道德論證。但是，他並沒有見到三大批判通貫理論哲學、道德哲
學，及至宗教哲學而為一整全系統。究其實，三大批判從一開始就含
著一個目標：建基於對人類心靈機能的認識，以取得確當的途徑規劃
一個以意志自由為創造實體的道德哲學，以及由意志自由之客體（圓
善）伸展出最高者（上帝）的純粹的理性的宗教。吾人要研究康德對
於上帝存在的論證，必須把握這個由道德伸展至宗教的通貫整全體系。
但是，通觀伍德於《康德道德和宗教》一書第二章介紹三個批判中的
上帝的道德論證，實在並未有把握到康德進入人類心靈機能之批判考
察，依循考察的機能之不同而相應有不同的推證步驟。儘管他本人
說：在道德論證的不同版本之間存在顯著差異；但觀其所述，並沒有
看到他依循考察的機能之不同而提出論證進路上有什麼不同。[76]

---

75 在致伽爾韋（C. Garve）的信（1783年8月7日）中，康德提及他「十二年來年復一
　　年地精心思索」，「腦中裝有整個體系」。（KGS 10:338）
76 除了提出那個站不住腳的說法，即：《純粹的理性批判》的第一版「法規章」中康

　　伍德也注意到，康德對於上帝存在的論證與「圓善」相關，但卻沒有注意到康德對於圓善及終極目的之推證，他以為「圓善」是一個模稜兩可或千變萬化的理念。[77]但事實上，「圓善」概念（連同「終極目的」）的推證是關於「道德何以及如何伸展至宗教」之說明的關鍵，也就是「上帝存在的論證」的前提。必須通過道德法則及自由理

德的「道德激勵」的說法與一七八五年後的觀點有很大不同（Allen W. Wood, *Kant and Religion*, p. 34.）之外，伍德所述三個批判中「上帝存在的論證」之結構幾乎是一樣的，用他總結《實踐的理性批判》中「上帝存在的論證」之結構的話說，就是：一、我有責任以圓善為目的。二、將某事作為目的的預設前提是它是可能的——而且我有促進其實現的手段。三、因此，以圓善為目的的人必須注意其可能性的條件。四、只有在有一個按比例分配幸福給值得者的上帝時，圓善才有可能（設定：立即已知實現一個建議的目的的條件）。五、因此，如果我履行我的義務，以圓善為目的，我必須同意上帝的存在。（Allen W. Wood, *Kant and Religion*, p. 46.）他於第二章§7「判斷力批判中的道德論證」就說：「在第三個批判中，道德論證似乎再次本質上是相同的，就像第二個批判——上面總結的五步論證。」（Allen W. Wood, *Kant and Religion*, p. 34.）儘管他也有提到：「但第三個批判被賦予了一個不同的更大的背景，即試圖將所有目的論——將自然的目的性與理性的目的性或道德——融入到整體的終極目的的概念中世界。」（同前）但是，他並未注意到第三批判的重要任務——終極目的之推證。在其《康德道德和宗教》一書中，伍德提出：康德在《純粹的理性批判》第一版（1781）的立場確實已經包含了他後來的幾個論點：首先，康德將道德法則視為自由法則，決定應當發生什麼。二、道德律法則作為絕對命令。因此，道德不同於審慎或實用的理性。第三，康德還認為，道德行為是我們通過它成為值得幸福。（見Allen W. Wood, *Kant and Religion*, p. 39）但是，伍德並未注意到，道德法則、定言律令、以及與德性相配稱的幸福，在三個批判中的說明是因應每一個批判考察人類心靈的不同的機能而作出，漸次展開而貫通成一個論說整體。而並非如伍德那樣泛泛條列的相同。

77 雖然伍德注意到：康德所有形式的道德論證的一個基本要素是，我們在道德上是需要以最高善（圓善）為目的。但他說：不過最好是不要從關注圓善開始，至少有兩個原因。首先，康德哲學中的圓善理念本身就是一個複雜的，甚至是一個模稜兩可或千變萬化的理念（idea），採取不同的形式，發揮不同的作用不同語境下的角色。他提出：圓善的作用在三大批判中提出的論證的所有三種形式甚至都不相同。正如我上面所說，現在最好將其簡單地視為道德行為的最廣泛目的的概念。（見Allen W. Wood, *Kant and Religion*, p. 35）

念的推證說明「圓善」概念之根據，吾人始可進一步據此從事對於上帝存在的論證。

## （一）《純粹的理性批判》揭明「圓善的理想作為純粹理性最後的目的之決定根據」

第一步，康德於《純粹的理性批判》，通過對理性的純粹使用作出批判考察，提出：理性通過範疇單純地思想其自身引出的客體。據此建立「純粹的理性概念」而與「知性概念」（範疇）區分開。並且，「純粹的理性概念」又區分為「理念」與「理想」，「人類的理性不僅包含理念，而且也包含理想」，（A569/B597）康德說：「我名之為理想的東西似乎比理念還遠離客觀的實在性，所謂理想，我理解為一個個別的，唯獨通過理念可決定的，或甚至根本由其決定了的。」（A568/B596）

依康德所論，圓善概念就是理性自身引出的客體，並且是一個理想。康德明示：「這樣一種智性物（Intelligenz），在其中，道德的最圓滿的意志與最高的福祉結合，是世界上所有幸福的原因，在幸福與德性在正確的關聯中（即配得幸福），這樣一種智性物的理念我名之為圓善之理想。」（A810/B838）此即說明了圓善概念先驗地在理性中有其根源。此可說是圓善概念之形而上學的解釋。儘管關於「圓善」之概念的正式的完整的推證需要留待《實踐的理性批判》及至《判斷力批判》。

並且，於《純粹的理性批判》，康德已提出理性有其特有的領域，「也就是諸目的之秩序，而這種秩序同時就是一種自然之秩序。於此領域，理性作為實踐的機能之在其自身（als praktisches Vermögen an sich selbst）。」（B425）據此，他指出：「理性作為實踐的機能之在其自身，在沒有被局限在自然秩序的諸條件之上的情況下，便同時就有

權利將諸目的的秩序，隨之還有我們自己的存在，擴展到經驗及此生的界限之外。」（B425）並提出理性必然假定的原理：「沒有任何這樣的器官，沒有任何這樣的機能，沒有任何這樣的衝力，也就是沒有任何這樣的東西，它們或是多餘的（Entbehrliches），或是不相稱於其使用，因而是不合目的的，相反，所有東西均準確地適合於其生命中的分定（Bestimmung im Leben）。」（B425）康德說：

> 據此做出如下判斷：畢竟只有人能夠在其自身中包含所有這一切的最後的終極目的（letzten Endzweck），因此，相對於這一切來說人是例外的唯一造物（Geschöpf）。因為人的自然稟賦，不僅僅是才能和使用才能的衝力，而且主要是他之內的道德法則如此遠遠超過了他在此生中能夠從自然稟賦那裡得到的所有用處和好處，以致於道德法則甚至於教導人們要給予存心（Gesinnung）之正直之純然的意識而非任何其他的東西以最高的尊重，即便他因此離開任何好處，甚至離開於身後的榮譽這種幻影式的酬報，而且人們內心感到被任命：因著自己在此世的行為，儘管這樣做要放棄許多好處，讓自己適合於成為一個更好的世界的公民，人在理念中擁有這樣的世界。（B425-426）

康德論明：理性在其「同時又是自然秩序的目的秩序中」的特有的領域之中，因著其是「一種理論的機能，而同時又是一種實踐的機能」，人就「能夠在其自身中包含所有一切的最後的終極目的」。（B425）並已提出：這是因著人之內的道德法則使人內心感到被命令努力達至「最後的終極目的」；此無非是人「因著自己在此世的行為」而趨向的一個「更好的世界」。（B426）他說：「根據理性之本性，理性諸最高的目的必須依次具有統一性，以便結合起來促進這樣

的人類之關切（Interesse der Menschheit），它不隸屬於任何更高的關切。」（A798/B826）據此，我們可以說，康德論明：「終極目的」之理念出自人的「理性的本性」，人就是「唯一能夠在自身中包含這整個秩序的終極目的」者。此即說明了「終極目的」之理念的先驗性，也就是為其提供了形而上學的解釋。儘管關於「終極目的」之理念的正式的完整的推證需要留待《判斷力批判》，在那個批判，康德通過對反思判斷力的考察揭明其「合目的性原則」，並進至「道德的目的論」而完成「終極目的」之理念的推證。

實在說來，《純粹的理性批判》對人類的認識力進行深入考察，其一個重要的旨意就在於探明「自由之理念」、「圓善之理想」（連同終極目的）以及「上帝」與「不朽」在思辨理性中的根源。第一步說明自由之概念、「圓善之理想」在思辨理性中的根源，這是為進至其實踐使用中為其客觀的有效性作推證的不可缺少的預備。此即康德說：「一個理論上無效的概念的實踐使用就會完全是荒謬的。」（KpV 5:56）正如我們於前面相關章節已論：《純粹的理性批判》通過對人的認識機能作批判考察而制止思辨的理性擴張至超感觸界，以此為自由之理念的推證作預備；我們亦可指出：《純粹的理性批判》批判地確立「純粹的理性的概念」（包括「理念」和「理想」），必須視作為「圓善之理想」（連同終極目的）的推證之不可缺少的預備。關此，概述如下：

在《純粹的理性批判》「超越的辯證部」之「引論」之「理性一般」那一小節一開首，康德就指明：「一切我們的認識從感取（Sinnen）開始，由此進至知性，並最後以理性為結束；在理性之上，我們沒有更高的東西來把直觀的材料加工並將其置於思想的最高的統一（höchste Einheit）之下。」（A298/B355）又說：「一切我們的認識最後要終止於理性，理性是加工直觀材料並將之納入思想的最高統一之

下的一種至上的認識力。」（A298/B355）依康德經批判所論明，理性作為「至上的認識力」，它不依靠任何直觀，而是處理直觀的材料並將其置於「思想的最高的統一」之下。「理性是使知性規則統一在原則下的一種機能。」（A302/B359）以此區別於知性，「知性是藉賴規則使顯相統一的一種機能。」（A302/B359）

在諸認識機能（知性、判斷力、理性）中，康德以理性為「至上的認識力」（obersten Erkenntniskraft）。（A299/B355）依康德的批判考論，理性像知性一樣，當抽掉認識的一切內容，就有一種純然形式的、亦即邏輯的使用。（A299/B355）這也就是邏輯學家長久以來解釋為「間接推理的機能」。但康德洞見到：「但其自身產生概念的第二種機能尚未被理解。」（A299/B355）他說：「理性還有一種實在的使用，因為它本身包含著某些既不是借自感取也不是借自知性的概念和原理的根源。」（A299/B355）據此，康德提出：理性包含「邏輯的機能」（A299/B355）與「超越的機能」（A299/B356），並作出「邏輯的概念」與「超越的概念」之區分。（A299/B356）

康德於「超越的邏輯」第一部份探明「知性為規則的機能（Vermögen der Regeln）」，而第二部份探明「理性為原則之機能（Vermögen der Prinzipien）」。（A299/B356）據此，康德提出「原則的認識」，他說：「知性根本不能供給（verschaffen）來自概念的綜和的認識，而事實上，我絕對地名之為原則的認識就是這樣的認識。」（A301/B357-358）又指出：「源自原則的認識（就其自身而言）與純然的知性認識完全不同」，它「基於純然的思想」，「在其自身內包含一種根據概念而具有的普遍性的東西（Allgemeines）」。（A302/B358）

在《純粹的理性批判》之「論純粹的理性之概念」那一卷，康德就明示純粹的理性概念與知性的概念根本不同。他提出「純粹的理性的概念」：「它們的確不是由純然反思得來的，而是推理得來的概念

（geschlossene Begriffe）。」（A310/B366）純粹的理性概念（「理念」及「理想」）是「超越的理念」,「它們視一切經驗的認識為經由諸條件之一個絕對的綜體而被決定的。但它們不是任意虛構的，而是由理性之本性所安置的，因此必然聯繫到全部的知性使用。」（A327/B384）「圓善」作為理想（連同終極目的）就其「由理性之本性所安置」而言，此即可見，康德已說明其於理性作為至上的認識力中的起源。

　　關於「理性概念」，康德明文提示：「理性概念這個名稱已經顯示出：它不願意被限制於經驗之內。」（A310/B367）「從來沒有現實的經驗完全與之相稱，然而任何現實的經驗都是屬於它的。」（A311/B367）又說：「理性概念包含著無條件者，它們就涉及某種一切經驗都從屬之但其本身卻決不是經驗對象的某物，理性在其推理中從經驗出發引導到它，而且理性根據它來衡量和測度自己的經驗使用之程度，但它永遠不構成經驗綜和的一個環節。」（A311/B367-368）儘管康德強調，「理性概念」決不是經驗對象的某物，但他表明，它是能夠具有客觀的有效性的：當理性概念是「正確地被推出的概念」（richtig geschlossene Begriffe），這些概念具有客觀的有效性，康德說：「那麼，它們可以被稱為合理的概念（conceptus Ratiocinati）。」（A311/B368）

　　康德提出,「純粹的理性的概念」或名為「超越的理念」,[78]並在「論超越的理念」那一章予以闡明（erläutern）和論證（rechtfertigen）。他指出：理性推理之形式（Form der Vernunftschlüsse）運用於按照範疇之直觀之綜和的統一時之指導，將包含特殊的先驗概念的根源。」（A321/B378）這些特殊的先驗概念康德名之為「純粹的理性概念或超越的理念」,（A321/B378）並提出：「它們根據原則決定在全部的經驗之整體中知性的使用。」（A321/B378）

---

78 康德說：「正如我們名純粹的知性概念為範疇，我們將給純粹的理性之概念一個新的名字，名之為超越的理念。」（A311/B368）

　　首先，康德指出：「理性在其推理中的功能在於根據概念的認識之普遍性，而理性在其推理本身就是一種判斷，此判斷在其條件的整個的範圍內而為先驗地被決定的。」（A321/B378）據此，他提出：「超越的理性概念無非是給定的有條件者的諸條件之綜體的概念。」（A322/B379）並指明：「純粹的理性概念一般可以用無條件者之概念來解釋。」（A322/B379）理由是：既然單只是無條件者才使得條件之綜體成為可能，反之，條件之綜體本身總是無條件的。」（A322/B379）此意謂：「無條件者」之概念包含條件之綜體之根據。（A322/B379）依康德所論明，「作為條件之綜和中的綜體的純粹的理性概念是必要的，至少作為任務，儘可能地把知性之統一擴展至無條件者，並且它們皆建基於人類的理性之本性中。」（A323/B380）儘管他同時提醒：「這些超越的概念在具體中可缺乏適當的用途，因此它們除了通過最大限度地擴展其用途而將知性引向其用途同時與其自身一致的方向之外，可能沒有其他用處。」（A323/B380）

　　我們見到，康德將超越的理念作為「特殊的先驗概念」的根源追溯到「理性推理之形式」與「範疇之直觀之綜和的統一」相關，據此，他提出：「知性通過範疇表象（vorstellt）多少種關聯（Verhältnisses），就會有多少種純粹的理性概念，……。」[79]（A323/B379）「純粹的理

---

79 關於純粹的理性概念之三種類型與範疇相應而有：「首先尋找一個主體中的定言的綜和之無條件者，其次是尋找一個系列的諸成員的之假言的綜合和之無條件者，第三是尋找一個系統中諸部份的之析取的綜和之無條件者。」（A323/B379）詳論見A323-325/B379-382。於「超越的理念之系統」那一章，康德提出：「現在，所有純粹的概念一般都與諸表象的綜和的統一有關，但純粹的理性之概念（超越的理念）與所有條件的無條件的綜和的統一一般有關。因此，所有超越的理念可以分為三類，第一類包含思維主體之絕對的（無條件的）統一，第二類包含顯相之諸條件之系列之絕對的統一，第三類包含思維一般之所有對象的條件之絕對統一。」（A334/B391）

性概念的那些樣式是依範疇的線索依次展開的。」（A335/B392）不過，他同時明示：「關於那些超越的理念（transscendentalen Ideen），本來沒有任何客觀的推證像我們關於範疇所提供的那樣是可能的。因為事實上，它們沒有任何同某個能夠與它們相符合地被給予的客體的聯繫（Beziehung），之所以如此，正因為它們僅僅是理念。但是我們可以從我們的理性的本性中得出這樣的主觀的推導。」（A336/B393）

康德一再強調超越的理念「僅僅是理念」，他說：「不難看出，純粹的理性所考慮的只是條件方面（無論是固有〔Inhärenz〕、依待〔Dependenz〕，還是共現〔Konkurrenz〕之條件）絕對的綜和之綜體（Totalität der Synthesis），而與條件方面的絕對完整性（Vollständigkeit）無關。」（A336/B393）他明示：「超越的理念僅僅有助於在條件序列中直至無條件者，亦即直至原則的上升。」（A337/B394）並提醒：我們絕不能把僅僅「理念中的對象」充作「一個能夠在某個可能經驗中被指出並變得可直觀的」知性概念。（A339/B397）他指明：「理念比範疇更遠離客觀的實在性。因為我們不能發現理念可具體地表象於其中的任何顯相。」（A567/B595）因為範疇畢竟「在某個可能經驗中被指出並變得可直觀的」，（A339/B396）而理性通過範疇單純地思想其自身引出的客體，在這裡，只是「把感觸界中諸條件的綜體以及在這綜體方面可以為理性所用的東西當作對象」。（A565/B593）因而也就是一個純然的思想上的物。（A566/B594）

康德說：「範疇將會是唯一為智思物而剩留下的概念。」（A256/B311）「對於與對象相關的每一次理性之使用，需要純粹的知性概念（範疇），沒有這些知性概念（範疇）就沒有對象可以被思想。」（KpV 5:136）實在說來，範疇留給智思物，並非為著知性的用途，而是為著理性之使用。康德指明：「在根本不是經驗可以給予的理性之理念這裡，我必須通過範疇思維而以求認識它。」（KpV 5:136）不

過，在理性的思辨使用中，範疇並非像它們在知性使用中那樣能夠決定一個對象，而是被擴張至無條件者之超越理念。「在這裡，理論的理性通過範疇單純地思想其自身引出的客體，這種思想無需任何直觀（無論感取的抑或超感觸的）就順利進行，因為範疇單單作為思想的能力是獨立於並先於一切直觀而在純粹知性中有其位置和源泉的，並且總是僅僅意指一個客體一般，而無論它可以何種模式被給予我們。」（KpV 5:136）

在「論純粹的理性之辯證推理」那一卷中，康德強調：「人們能夠說，一個純然的超越的理念的對象是人們對之毫無概念的某物，儘管這理念是完全必然地在理性中按照其源初的法則產生的。因為事實上，即使是對於一個應該符合理性要求的對象，也不可能形成一個知性概念，亦即無法形成一個能夠在一個可能的經驗中被顯示（gezeigt）並成為直觀的概念。」（A338/B396）他明示：「我們無法獲得與一個理念相對應的客體的任何認知，儘管它能夠有一個懸而未決的概念（einen problematischen Begriff）。」（A339/B397）並且指出長久以來哲學界流行的一種製造幻象的所謂「理性推理」，他說：「至少純粹的理性概念之超越的（主觀的）實在性基於：我們通過一種必要的理性推理（Vernunftschluß）而得出如上所說的那樣的理念。因此，將會出現一些不包含經驗前提的推理，通過這些推理，我們可以從我們所知道的某物中推斷出其他某物，而我們對這些物沒有概念，儘管如此，我們還是通過不可避免的幻象，賦予這些物以一種客觀的實在性。」（A339/B397）並據此指出，從其結果來看，這樣的推理「不可名為理性推理」。（A339/B397）

康德在「論理想一般」那一章一開首就明示：「與範疇相比，諸理念更遠離客觀的實在性」；（A567/B595）並且，「理想更是遠離客觀的實在性。」（A568/B596）不過他同時提醒：「這些理想，雖然人們

不想承認它們的客觀的實在性（實存），但不應因此而被視為白日夢
（Hirngespinste）」，他明示：「理性的理想就是如此，它必定總是基於
確定的概念上，並作為規則和原型，無論是用於服從還是用於判斷的
規則和原型。」（A570/B598）「理想提供了一種不可或缺的理性之標
準（Richtmaß der Vernunft）」，「以據之評估和衡量不完整者的程度和
缺陷。」（A569-570/B597-598）康德說：

> 我們必須承認，人類的理性所包含的不只包含理念，而還包含
> 理想。雖然這些理想不像柏拉圖的理念那樣具有創造的力量，
> 但是，它們仍然有（作為軌約的原則的）實踐的力量，並且形
> 成一定行動的圓滿性之可能性的根據。（A569/B597）

> 理性在其理想中的意圖在於：按照先驗的規則進行通貫的決定
> （durchgängige Bestimmung）；因此，理性思維一個應當按照原
> 則可以通貫決定的對象。儘管在經驗中並不存在作出這樣的決
> 定所需要的條件，因此，這概念自身是超絕的（transzendent）。」
> （A571/B599）

　　事實上，經由《純粹的理性批判》之「超越的辯證部」，康德揭
明：一直以來，「人類理性在它的純粹使用上一無所成」，他在下篇
「超越的方法論」之第二章「純粹的理性之法規」一開首就說：「這
是對人類的理性的羞辱，因為它在其純粹的使用中什麼也做不了，甚
至需要紀律來檢查它的放縱的行為並防止這些行為在它身上造成的幻
象。」（A795/B823）又說：「必定在某處有屬於純粹的理性領域內的
積極的認識的根源，出現錯誤也許只是由於誤解，而事實上，它們構
成理性努力的目標。」（A795/B823）並且指明：此積極的認識的純粹

的理性領域是實踐的領域，他說：「理性對於它有很大興趣的對象有
預感，但當它踏上純然的思辨之路想要接近這些對象，它們卻在它面
前溜走了。也許理性可希望在給它剩下的唯一的道路，也就是實踐的
使用的道路上有較好的運氣。」（A796/B824）

　　《純粹的理性批判》劃分為上、下兩編，於上編「超越的成素
論」完成對人類認識力之批判，[80]下編「超越的方法論」對「一個完
整的純粹的理性之體系的形式的條件之決定」。（A707-708/B735-
736）上編占全書篇幅六分之五，屬批判工作之正文。而下編就純粹
的理性之整全體系（不僅就作為認識力的理性，而且還就作為實踐機
能的理性）作出形式條件之決定，於此，康德為進至《實踐的理性批
判》作出預備，並且列出相關要點。我們可以見到，《純粹的理性批
判》之「超越的方法論」第二章「純粹的理性之法規」事實上是為
「純粹的理性之實踐的使用」而作。康德本人說：「唯獨這些道德法
則才屬於純粹的理性之實踐的使用並允許有一法規。」（A800/B828）
該法規章在第一節「論我們的理性的純粹的使用之最後的目的」就提
出：「理性思辨在超越的使用中所導致的終極意圖涉及三個對象：意
志自由、靈魂不朽和上帝存在，對所有這三個對象，理性之單純的思
辨的興趣十分少」，（A798/B826）並明示：「形而上學的三個基本命題
對理論的認識來說絕不需要，但我們的理性卻鍥而不捨地追求之，其
實恰當說來，它們的重要性必定只有關於實踐方面。所謂實踐，就是
指通過自由而成為可能的一切東西。」（A799-800/B827-828）並且，
他提出，此三個基本命題有更遠大的意圖（Absicht）：「也就是如果意

---

80　康德說：「如果我把純粹的且思辨的理性的所有認識的綜念（Inbegriff）看作一座建
　　築，我們至少在我們心中擁有它的理念，那麼我可以說，在超越的成素論中，我們
　　已經估算了建築材料，並確定了這些材料可以建築起怎樣的建築物，以及這建築物
　　的高度和強度。」（A707/B735）

志自由，如果有上帝和未來的世界（künftige Welt），那麼，我們應當
作什麼。」（A800-801/B828-829）依此，他將「應當」的問題（即道
德問題）與「最高的目的」連繫起來。他說：「我們應當作什麼這問
題涉及我們的行為與最高的目的相連繫，自然的最終意圖明智地為我
們提供的，在我們的理性安排中，實際上僅僅基於道德。」（A801/
B829）並且，他已提出道德的法則即「純粹的實踐的法則」，他說：
「純粹的實踐的法則，其目的完全由理性先驗地給出，並且不是經驗
地有條件的給出命令，而是絕對地命令，就會是純粹的理性之產
物。」[81]（A800/B828）

　　既於法規章第一節說明了道德的法則與「最高的目的」相連繫，
其目的完全由理性先驗地給出，並且以絕對命令的方式向我們提出。
可以說，該節為說明圓善之理念的根據在道德的法則作出預備。接下
來，法規章第二節論圓善之理想作為純粹理性最終的目的之決定根
據，康德於該節為圓善之理想的整體論證先行勾勒出一條線索。

　　茲略述如下：

　　首先，康德提出「希望」的問題。他說：「我的理性的所有興趣
（既包括思辨的興趣也包括實踐的興趣）都聯合在以下三個問題上：
一、我能夠知道什麼？二、我應當作什麼？三、我可以希望什麼？」
（A805/B833）第一個問題已經由《純粹的理性批判》解答；第二個
問題要進一步於《實踐的理性批判》及連同諸道德哲學著作解答；第
三個問題關於「希望」，其解答並不專屬三大批判中的一個，康德
說：「一切希望都是指向幸福的。」（A805/B833）這個問題是「實踐
的同時又是理論的」。（A805/B833）關於何謂幸福，他說：「幸福是我

---

81 康德提出「純粹的實踐的法則」區別於「實用的法則」，他說：「實用的法則為了成
　　就感取向我們推薦的目的，因此不能提供完全先驗決定的純粹的法則。」（A800/
　　B828）

們所有性好的滿足。」（A806/B834）並且，他提出了「實用的實踐法則」與「道德的實踐法則」之區分：「出自幸福動機（Bewegungs-grunde）的實踐法則名為實用的（精審的規則）」；（A806/B834）「除了配得幸福之外不以別的任何東西為動機，我就名之為道德的（德性法則）。」（A806/B834）據此提出「配得幸福」：「道德的（德性法則）命令，為了僅僅配得幸福，我們應當如何行事。」（A806/B834）我們知道，「配得幸福」是康德圓善學說的一個重要問題，「配得幸福」與依循道德的（德性法則）命令而行相連，而德性法則是「抽掉了性好和滿足它們的自然手段的」。（A806/B834）這就說明了，「配得幸福」的問題「至少可以基於純粹的理性之理念並被先驗地認識。」（A806/B834）而出自幸福動機的實用的實踐法則建基於經驗的原則，除了藉助經驗，不能知道哪些是想要的性好，也不能知道哪些是導致其滿足的自然原因。依康德所論，我們依照道德法則將我們自己置定於「圓善」世界中，他說：「幸福只有在與依其德性而值得幸福的有理性者之德性有確切的比例時，才構成一個世界之圓善，這個世界就是我們在其中必定依照純粹實踐理性的箴言來置定我們自己的世界。」[82]（A814/B842）

進而，康德提出要追問第二個問題：「如果我現在如此行事，使我並非不配享幸福，我如何也可以希望由此能夠享有幸福呢？」（A809/B837）他提出：「在回答這個問題時，取決於先驗地頒布法則的純粹理性之原則是否也必然將這種希望與此法則連繫起來。」（A809/B837）並說：「因此，我說，正如根據理性在其實踐的使用中的道德的原則是必然的一樣，在其理論的使用中的理性也必然要假定，在其行為中使自己配得上幸福的程度上，每個人都有理由希望幸

---

82 康德說：「這當然僅僅是一個智性的世界，因為感觸界並沒有向我們承諾（verheißt）物之本性的目的之系統的統一性，……。」（A814/B842）

福，並且因此，德性之體系與幸福之體系密不可分地，不過僅僅在純粹的理性之理念中結合在一起。」（A809/B837）他明示：對於我們的理性來說，「為了達到整全的善，那不曾行事不配幸福的人就必須能夠希望分享幸福。」（A813/B841）而且，「甚至沒有任何私人意圖的理性」，當它處在必須以一切幸福分配給他人的地位時，「它也不能作出另外的判斷。」（A813/B841）康德說：「除了來自我們自己的不合德性的行為的限制之外，幸福在理性面前沒有任何限制。」（A814/B842）據此，康德提出：「理性的道德的使用完全基於圓善之理念。」（A816/B844）

　　依以上兩個問題的提出及解答，康德如理地將「圓善之理念」歸於「理性的道德的使用」，並提出「道德的世界」，他說：

> 現在，在一個智性的，即：在道德的世界（einer intelligibelen, d.i. der moralischen, Welt）中，我們從其概念中抽掉所有的德性之障礙（性好），一個這樣的與道德相聯結的相稱的幸福之系統也被思為是必然的（nothwendig），因為部份地通過德性的法則驅動，部份地受限制的自由，它本身就是普遍的幸福的之原因，因此在這樣的原則的指導下，有理性的本質者自身就會是他們自己的同時也是他人的持久的福祉（Wohlfahrt）的創作者（Urheber）。但這種自得福報的道德之體系僅僅是一個理念。（A809-810/B837-838）

　　在這個智性之世界（Welt der Intelligenzen）中，系統的目的之統一，雖然作為純粹的自然僅僅是一個感觸界，但作為一個自由之系統可以被名為智性的，即道德的世界（恩典的王國；regnum gratiae），諸目的的系統的統一性不可避免地也導致構成這個偉大整體的一切物

根據普遍的自然法則而來的合目的的統一性，正如諸目的的系統的統一性根據普遍的和必然的德性法則一樣，並將實踐的理性與思辨的理性結合起來。（A815/B843）

康德明示：「世界必須作為一個合目的的統一出現」，（A815/B843）「此源於一個理念」。（A816/B844）此即「圓善之理念」。他提出：世界應當與「道德的理性使用」協調一致，否則，「我們自己就甚至不配享有理性。」（A816/B844）他說：「幸福只有在與依其德性而值得幸福的有理性者之德性有確切的比例時，才構成一個世界之圓善，這個世界就是我們在其中必定依照純粹實踐理性的箴言來置定我們自己的世界。」（A814/B842）

因著第二個問題的解答，康德提出：一個「自得好報的道德體系」（System der sich selbst lohnenden Moralität）、一個「與道德相結合成正比的幸福的系統」的道德的世界，（A809/B837）儘管它「僅僅是一個理念」。（A810/B838）「但作為一個自由之系統可以被名為智性的，即道德的世界。」（A815/B843）並且，通過說明：在道德的世界中，「諸目的的系統的統一性不可避免地也導致構成這個偉大整體的一切物根據普遍的自然法則而來的合目的的統一性」，（A815/B843）以及提出「沒有這種合目的性的統一，我們甚至不會有任何理性。」（A817/B845）他提出：我們的理性「對自然認識本身作一種就認識而言的合目的的使用」，（A816/B844）他說：「如果我們不是為自己首先提出一些目的，那麼，即使是在對經驗的關係上，我們能把我們的知性作何種使用呢？而最高的目的是道德的目的，只有純粹的理性把這目的給予我們，我們才能認識它。」（A816/B844）並明示：「這種合目的的統一性是必然的，並且是建基於抉意之本質者自身中，因此，包含其具體運用之條件的這一點也必定是必然的。」（A817/B845）依此，他指出：我們的理性認識得到「超越的提升」，它是

「我們的實踐的合目的性」的結果。（A817/B845）據以上所述，我們見到，康德關聯著「圓善」而提出「道德的目的」及理性的道德使用的「實踐的合目的性」之必然性。此可視為對「終極目的之理念」的解釋的一個預備。

　　以上陳述康德關於第二個問題的解答。一個「配得幸福」的人，如何也可以希望能夠享有幸福呢？康德明說：「這種自得福報的道德之體系僅僅是一個理念。」（A810/B838）其實施是以「每個人都行其所當」為基礎；但現實世界裡，人並非總是遵循道德法則而行，因此，需要假定一個「至上的意志」。藉著這個假定，「有理性的本質者的所有行為都好像是從一個至上的意志（obersten Willen）發生的，它包括所有私人的抉意在自身裡或之下（Privatwillkür in sich oder unter sich befaßt）。」（A810/B838）如此一來，「即使別人不遵循道德法則行事，出自這法則的責成對自由的每一種特殊的運用也依然有效。」（A810/B838）此言「至上的意志」意指「上帝」。況且：依照自然秩序，幸福與道德法則並無必然連繫。此即康德指出：「無論是世界之物之本性，還是行為本身之因果性以及它們與德性（Sittlichkeit）的關聯都得不到決定。」（A810/B838）並且，「上述希望幸福與不懈努力使自己值得幸福的必然聯繫，如果僅以自然為基礎，則不能通過理性被認識。」（A810/B838）據此，康德提出：「只有當我們把一個依照道德法則發布命令的最高的理性同時又作為自然之原因（Ursache der Natur）而置於根據的位置上時，才可以有希望。」（A810/B838）此言「最高的理性同時又作為自然之原因」意指「上帝」。由以上兩點說明可見，康德於此為後來於《實踐的理性批判》提出「上帝的理念是圓善的條件」作出預先說明。他說：「因此，僅僅在最高的源初的善之理想中（in dem Ideal des höchsten ursprünglichen Guts），純粹的理性才能找到最高的派生的善（höchsten abgeleiteten Gutes）之兩

個要素間實踐的必要性的連繫的根據，也就是智性的，即道德的世界的根據。」（A810-811/B838-839）

並且，於此，康德也為「未來的世界」之假定給出說明，他說：「由於我們必須通過理性必然地將自己設想為屬於這樣一個世界〔案：道德的世界〕，儘管感取向我們展現一個顯相的世界，所以，我們必須假定道德的世界是我們在感觸界中的行為的結果，並且由於感觸界沒有給我們這樣一種連繫，我們必須假定未來的世界（künftige Welt）。」（A811/B839）

依以上兩個問題的提出及解答，我們見到，康德已說明：「圓善」首先關涉於作為有理性者的人的「希望」問題而提出，因此，關涉到「配得幸福」以及如果「我行為配得幸福，我如何也可以希望由此能夠享有幸福」的問題。並且，依以上所述顯見，依康德所論明，其圓善學說所言「圓善之理想」就「道德世界」而論，道德世界是我們在感觸界中的行為的結果，而僅就感觸界本身而言，即使「我行為配得幸福」，我也無法希望由此能夠享有幸福。「我行為配得幸福」，我就由此能夠享有幸福。這樣的事情只有在道德世界，即智性的世界（intelligibelen Welt）才可能，康德說：「這樣的世界是由一個智慧的創造者和統治者來管理的。」（A811/B839）據此，康德提出：「理性看到自身被迫假定這樣一個智慧的創造者和統治者，連同在這樣一個我們必須視之為未來的世界中的生活。」（A811/B839）「因此，上帝和未來的人生（künftiges Leben）是純粹的理性施加予我們的兩個約束（Verbindlichkeit），根據同一理性的原則不可分開的預設（Voraussetzungen）。」（A811/B839）於此，我們見到，康德為後來於《實踐的理性批判》提出純粹的實踐的理性之兩個設準（上帝存在和不朽）作出了預備的說明。

依康德所論，「上帝」和「未來的人生」是根據純粹的理性的原

則而來的兩個預設，是同一理性對於我們人（作為有理性者而同時為感觸界一分子）施加的約束，為的在世上致力於實現圓善之理想。「世界必須作為一個合目的的統一出現」，「沒有這種合目的性的統一，我們甚至不會有任何理性。」（A817/B845）「圓善」意指這樣的世界，它是「純粹的理性施加予我們的實踐的合目的性」的結果。（A817/B845）這種統一性「建立在自由之本質者中」，「而不是由外在的誡命偶然造出來的。」（A816/B844）康德提出：先驗地頒布法則的純粹的理性必然將「圓善」實現之希望與此法則連繫起來，此即康德後來在《實踐的理性批判》明示：「道德的法則作為至上的條件已經包含在圓善的概念裡。」（KpV 5:109）而在「法規章」這裡，康德已說明：「圓善之理想」作為必然的結果，是同一個理性把這個結果與道德法則連繫起來。（A811/B839）

康德論明，純粹的理性把道德的目的（圓善）給予我們，「圓善」作為其頒布的道德的法則的結果。但是，他同時指出：我們有了道德的目的並受其指導，但自然本身沒有合目的的統一，我們就不能在關聯著認識中對自然本身之認知有合目的的使用。（A816/B844）自然的合目的的統一性包含著道德的合目的的統一性在具體中運用的條件，（A817/B845）但是，康德如實指明：「感觸界並沒有向我們承諾（verheißt）物之本性的目的之系統的統一性，……。」（A814/B842）並且，現實上，不是每一個人都遵循道德法則行事，一個人也並不是總是遵循道德法則。基於這兩個理由，[83]康德提出：理性被迫假定「上

---

83 關此，此後康德於《基礎》及《實踐的理性批判》都有論及。他說：「在我們人類中，即使人能夠意識到自立的道德法則，但並不是每一個人任何時候都遵循道德法則而行，即使一個人自己嚴格地依據道德法則作為其行為的格準，但他不能預計他人也必如此；並且，個人不能預期自然方面將有助於他對於幸福的期望。（Gr 4:438-439）此即《實踐的理性批判》提出，在實現圓善的努力中，「人的能力不足夠」（稍後詳論）。

帝」和「未來的人生」，他說：「因為沒有這種預設（Voraussetzung），
道德法則的必然結果（圓善）就必然被取消。」（A811/B839）他指
出：「如果道德的法則不先驗地把適當的後果與它們的規則連繫起
來，從而自身帶有應許（Verheißungen）和威脅（Drohungen）的話，
道德的法則也就不能是命令（Gebote）。但是，如果道德的法則不蘊
涵在一個作為圓善的必然的本質者（nothwendigen Wesen）中，它們
也不能做到這一點，唯有圓善才能使這樣一種合目的的統一成為可
能。」（A811-812/B839-840）

我們見到，依康德所論，道德的法則蘊涵在一個作為圓善的必然
的本質者中，此即康德後來在《實踐的理性批判》指出：「道德法則
作為至上的條件已經包含在圓善的概念裡面。」（KpV 5:109）據此，
康德為道德法則何以能夠作為對每一個人的命令作出說明。明乎此，
則可恰切理解康德說：

> 這是必然的：我們的整個生活方式都必須從屬德性的格準；但
> 與此同時，除非理性將一個起作用的原因（wirkende
> Ursache）與只是一純然的理念的道德的法則連繫起來，否則
> 這是不可能發生的，該起作用的原因因為按照道德法則而作出
> 的行為決定了與我們的最高的目的完全對應的結果，無論是在
> 此生還是在彼生。那麼，如果沒有上帝，及沒有一個我們現在
> 看不到但為我們所希望的世界，德性之輝煌的理念雖然是讚許
> 和驚嘆的對象，但不會是意圖和行使（Ausübung）之動力。因
> 為它們沒有滿足（erfüllen）這樣的整全的目的，這整全的目的
> 自然地屬於每個有理性的本質者，並且恰好由同一純粹的理性
> 先驗地決定以及是必然的。（A812-813/B840-841）

　　以上引文是對於道德的法則與「一個起作用的原因」連繫起來，從而滿足屬於每個有理性的本質者的「整全的目的」，以能夠作為對每一個有理性的人的命令作出說明。於此，康德已經將「道德」（Moralität）與「倫理德性」（Sittlichkeit）區別開。歷來人們讚許倫理德性和敬仰有德性的人物，但並未注意到作為一切倫理德性之超越根據的「道德」；唯獨康德提出：道德是人的純粹理性之法則，理性把道德的目的（圓善）給予我們，「圓善」作為其頒布的道德的法則的結果。因此，對於每一個作為有理性者的人，道德的法則就是「命令」。

　　康德如他在一系列道德哲學著作中所一如既往地堅持那樣，首先承認「現實上有純粹的道德法則」，（A807/B835）不考慮經驗的動力（幸福），完全先驗地決定有理性者的自由的使用，而且絕對地發出命令。正是道德法則的內在的實踐的必然性產生圓善，由之引向一個道德的世界創造者（上帝）之理念，這個理念作為目的原因發生作用，因而就給道德法則以效果。（A818/B846）康德說：

　　　實踐理性達到了一個作為圓善的唯一的根源者之概念，那麼它決不可冒險以為它已經越出其使用的一切經驗的條件，高升到了對新對象的直接認知（Kenntnis），於是就能從這個概念出發，並從中推導出道德法則本身。因為恰恰是道德法則其內在的實踐的必然性把我們引到一個獨立的原因或一個智慧的世界統治者的預設，為的是給那些法則以效果，所以我們不能根據這種效力反過來又把道德法則視為偶然的，派生自純然的意志的，尤其不能視為派生自一個我們若不依據道德法則來形成其概念就對其完全無概念的意志。就實踐理性有權引導我們而言，我們之所以把行動視為責成的，就不是因為它們是上帝的

命令，相反，我們之所以把它們視為上帝的命令，那是因為我
們內在地被道德法則所責成。（A818-819/B846-847）

依以上引文可見，依康德所論，道德法則其內在的實踐的必然性
把我們引到「上帝」的預設，我們若不依據道德法則來形成「上帝」
的概念就對其意志完全無概念。我們之所以把行動視為責成的，根本
在我們內在地被道德法則所責成。明乎此，我們就不會誤解康德在這
段話中主張「幸福主義」，也不會以為康德在法規章提出需要道德法
則之外的道德動力。

亨利・阿利森（Henry Allison）認為康德後來放棄了法規章的立
場，就是因為他認為康德在該章中的觀點既是幸福主義的，也是他律
的（eudaimonistic and heteronomous）。[84]伍德對阿利森的觀點提出反
駁，他指出：幸福主義絕不是康德的論點。[85]儘管伍德對阿利森的反
駁是對的，但他本人卻也對康德在法規章所論「道德動力」有誤解。
他認為該章提出：我們對幸福的希望必須以我們使自己配得上幸福為
條件，而這種希望在道德動力中起著不可或缺的作用。沒有它，道德
會為我們提供「確定認可和欽佩的對象，但不是意圖和行使（Aus-

---

84 H. E. Allison, *Kant's Groundwork for the Metaphysics of Morals: A Commentary* (Oxford:
Oxford University Press, 2011. 阿利森說：「這個時候，康德的觀點是：……，幸福
將得到與其應得的相稱的回報，提供道德鼓勵的重要來源，除此之外，道德努力不
會持續。」

85 伍德指出：阿利森的問題不是我們是否有足夠的理性動機來使我們服從道德法則，
而是：我們缺乏為義務而履行義務的德行時，信仰上帝和道德世界是我們依靠提供
這些額外的幫助，就會受到推動。並表明：「這絕不是康德的論點。」（Allen W.
Wood, *Kant and Religion*, p. 40.）他說：「著名的康德主張是：我們對任何特定義務
的認識必然是一種理性的激勵，在理性上足以使其就動機而言，我們實際上有可能
遵守義務。」（Allen W. Wood, *Kant and Religion*, p. 41.）

übung）之動力（Triebfedern）」（A813/B841）。[86]依據他自己對康德原文的這種斷章取義的曲解，他就提出一種觀點：一七八五年之後康德開始採用經典的道德動力新概念，而與法規章所論「道德動力」不同。[87]他說：「我認為我們不能肯定地說為什麼康德放棄了法規章的立場。當然，他可能只是得出了結論在獨立的基礎上，純粹的理性（義務或道德法則只是本身），排除所有其他考慮或至少從中抽象出來，是唯一真正理性的動力。這本身就要求他修改法規章的道德論點。」[88]又說：「康德在一七八五年之後改變了第一批判的觀點，他不再處理關於上帝和道德世界的實踐的論證，作為一種方法避免面臨由道德動力的更具包容性的概念造成的不穩定的威脅。」[89]究其實，於法規章，康德論明「上帝」和「未來的人生」的預設是由道德法則之內在的實踐的必然性引致的，此即為圓善之可能而假定的此兩預設就包含在道德法則裡面；康德於「法規章」並沒有離開道德法則本身而另立「上帝」和「未來的人生」為「道德動力」。康德明文說：

> 我們將根據理性之原則在合目的的統一下研究自由，並相信只有在我們將德性法則（Sittengesetz）視為神聖的情況下，它才符合上帝的意志，德性法則是理性從行為本身的本質教給我們的，對他而言獨自相信我們正在促進我們自己和他人中世界最好者（Weltbeste）。因此，道德神學（Moraltheologie）只有內在的使用（immanentem Gebrauche），也就是通過適合所有目的的體系來實現我們在世界中的分定，而不是狂熱地甚至褻瀆地放

---

86　Allen W. Wood, *Kant and Religion*, p. 42.
87　Allen W. Wood, *Kant and Religion*, p. 42.
88　Allen W. Wood, *Kant and Religion*, p. 44.
89　Allen W. Wood, *Kant and Religion*, p. 45.

棄以一種良好的生活方式遵從道德上立法的理性的指導，藉以直接將這種指導與最高的本質者之理念（die Idee des höchsten Wesens）連繫起來。後一種做法將提供超絕的（transzendenten）使用，但正如純然的推測一樣，必定歪曲和挫敗理性的最後的目的（letzten Zwecke）。（A819/B847）

依康德所論，道德法則引到那兩個預設，以賦予法則自身以效果；此絕不可曲解為康德主張那兩個預設離開道德法則而能夠有什麼效果。道德法則是神聖的，我們始能將我們自己理性所頒布的道德法則賦予我們所假定的上帝的意志。此即康德於法規章第三節「論意見、知道和信仰」（Vom Meinen, Wissen und Glauben）論及「道德的信仰」：「只有在實踐的聯繫中，這種理論上不充足的確信（Fürwahrhalten）才能成為道德的信仰。」（A823/B851）他說：

道德信仰完全不同。因為那時絕對必然地發生一些事情，即我在各個方面都遵守道德的法則。目的在這裡不可避免地被確立，而且據我所知，只有唯一一個條件可能使這個目的與所有目的作為一個整體聯繫起來，從而具有實踐的有效性，也就是有一個上帝和一個未來的世界：我也完全確實地知道，沒有人知道其他條件可以導致道德法則下諸目的的這種統一。但因為德性的法規（sittliche Vorschri）同時也是我的格準（正如理性〔gebietet〕那樣：德性的法規應當是我的格準），因此，我將不可避免地相信上帝的存在和未來的人生，我確信沒有什麼可以動搖這種信仰，否則，我的德性的原理（sittlichen Grundsätze）本身會因此被推翻，如果我放棄這些原理，那麼，在我自己看來是可憎的。（A828/B856）

　　康德明示：我們持有不可動搖的道德的信仰，即不可避免地相信上帝的存在和未來的人生，那完全是因為此二者是唯一的條件可以導致道德的法則下諸目的的統一。並且，康德提醒：「儘管如此，當然沒有人能誇口說他知道（wisse）有上帝和未來的人生；如果他真知道，他就是我一直要尋找的人。因為一切與純粹理性的對象有關的知識（Wissen）都能夠傳達（mitteilen）。」（A829/B857）並指明：「這種理性信仰是基於道德的存心（moralischer Gesinnungen）的預設。」[90]（A829/B857）依康德所論，道德的信仰基於道德的存心，並不問及是否知道有上帝和未來的人生，此二者之預設所以有力量，歸根究柢是我們人自身的道德的存心及其持守的道德的法則的力量。何故需要此信仰給予力量，康德講得很清楚：人類本性的軟弱和不純正構成道德在其中遭遇的障礙，（A808/B836）並且，自然本身沒有合目的的統一，（A816/B844）也就是說，人在感觸界中致力實現圓善的進程中必然遭遇障礙，因此需要並且必然會產生道德的信仰為動力。歸根究柢，道德信仰的動力就是道德法則之動力本身。明乎此，伍德就不必誤解康德。他誤以為康德在一七八一年《基礎》一書之後制定了他成熟的道德哲學，採取了純粹實踐理性、義務或道德法則本身就構成了道德行為的充分理性的動力的觀點，而放棄了《純粹的理性批判》中的道德論證。[91]他提出：「康德在一七八五年之後改變了第一批判的觀點，他不再處理關於上帝和道德世界的實踐的論證」，[92]此說不合事實。事實上，第一批判處理認識力，其範圍限於理論的哲學。康德本人表明：

---

90 康德提到：「假若有人可能由於缺乏善良的存心而與道德的興趣隔絕，但只要他不能否定上帝存在和來生的可能，那就足夠使他畏懼上帝存在和來世了。」（A830/B858）他稱之為「消極的信仰」，他說：「雖然它不會帶來道德（Moralität）和善的存心，但可以帶來類似的效果，也就是強有力地阻止邪惡的爆發。」（A830/B858）

91 Allen W. Wood, *Kant and Religion*, p. 39.

92 Allen W. Wood, *Kant and Religion*, p. 45.

道德問題不能形成《純粹的理性批判》所討論的正式題目。（A805/B833）實情是：於第一批判康德並未正式處理圓善（連同其條件：上帝和不朽的理念）的推證問題，如我們於上文已說明，法規章就該問題所論只能作為對「一個完整的純粹的理性之體系的形式的條件之決定」，（A708/B736）而提出的一條脈絡，只是分析的說明，正式的推證必須留待《實踐的理性批判》通過對意欲機能的批判考察而進行。

## （二）《實踐的理性批判》對「圓善」概念的推證

上文依《純粹的理性批判》通過對人的認識力的批判考察，揭明理性作為最高認識力，純粹的理性之概念僅就理性的思辨使用而論，是「推理得來的概念」。（A310/B366）它們只作為「諸條件之一個絕對的綜體」，理性在其理想中的意圖在於：按照先驗的規則進行通貫的決定，因此，理性思維一個應當按照原則可以通貫決定的對象。我們絕不能把僅僅「理念中的對象」充作「一個能夠在某個可能經驗中被指出並變得可直觀的」知性概念。（A339/B397）此所以，康德明示：「理念比範疇更遠離客觀的實在性。」（A567/B595）「理想的東西似乎比理念還遠離客觀的實在性。」（A568/B596）康德批判地裁定：「我斷言：超越的理念絕不能作構造的使用，以至於某些對象的概念會由此被給予。」（A644/B672）如果它們被這樣誤用，「它們就純然是玄想的（辯證的）概念。」（A644/B672）

我們可以指出：《純粹的理性批判》仍未為「圓善之理想」作推證，而僅僅說明了它作為理性的「理想」在理性作為最高認識力中的根源。儘管於該批判的「方法論」的法規章中，康德已預先提出關於圓善論證之脈絡及主要論點，但批判推證，必須進至《實踐的理性批判》對意欲機能作出批判考察始正式進行，其全部推證甚至要至《判斷力批判》通過對反思判斷力作出批判考察而對「終極目的之理念」

作推證而得以完成。

於《實踐的理性批判》之「序言」，康德就指明：圓善是道德法則所決定的意志之必然的客體。（KpV 5:4）也就是說，圓善是自由因果性的客體，「包含在先驗必然的意志決定中」，（KpV 5:5）而不僅是理性思辨使用中的「理念中的對象」。對於僅僅作為思辨理性的一個理想的「圓善」，它不是現實，甚至也不能夠斷言識別和看到（einzusehen）它的可能性。（KpV 5:4）唯獨經由《實踐的理性批判》對「純粹的實踐的理性之原理之推證」（KpV 5:42），亦即說明道德法則是自由的推證原則，「道德法則不但證明自由之可能性，而且證明自由對於那些認識到道德法則對自己有強制作用的本質者（Wesen）身上具有現實性（Wirlichkeit）。道德法則事實上就是出於自由的因果性法則。」（KpV 5:47）關此，我們在前面「《實踐的理性批判》批判地對道德法則及自由理念作出整全的推證（或曰解釋）」那一節中已作出論述，可以說，關於道德法則及自由理念之推證同時就為「圓善」之先驗根源的說明奠基。

《實踐的理性批判》第一部「純粹的實踐的理性之成素論」卷一「純粹的實踐的理性之分析」首兩章：第一章「純粹的實踐的理性之原理」、第二章「純粹的實踐的理性對象之概念」（下文簡稱「對象之概念」章）。第一章經由對純粹的實踐的理性之原理作批判考察，為道德法則及自由理念給出整全的推證，也就是對其先驗性及其客觀的有效性作出說明。康德學界熟知，康德提出：「自由概念的實在性一旦由實踐理性的一條無可爭辯的法則（道德法則）證明，它就構成了純粹理性體系的整個建築的拱心石。」（KpV 5:3）而或許並非很多人瞭解到：道德法則及自由理念之推證實質上為康德的圓善學說奠基。康德本人在「對象之概念」章明示：「道德法則首先自己得到證明，並且被證明有正當的理由作為直接的意志決定根據」之後，圓善這客

體才可能「作為對象向先驗決定的意志表象出來」。（KpV 5:64）

　　事實上，我們見到在《實踐的理性批判》，圓善之概念的解釋分兩步：首先，「對象之概念」章說明「圓善」在人的高層的（即立法的）意欲機能中先驗地有其根源；隨後於「論在決定圓善的概念時純粹的理性之辯證」章通過對於純粹的理性的二律背反之解決說明了圓善中德性與幸福結合的先驗綜和命題如何可能，並對於圓善之條件（上帝、不朽）作為設準作出解釋。

　　「對象之概念」章一開首就提出：「我把實踐理性的對象概念理解為一個作為因自由而有的可能結果的客體之表象。於是成為實踐認識的一個對象也只不過意指：意志對於行動的聯繫，通過這個聯繫對象或其對立面得以現實地造成。」（KpV 5:57）該章批判地論明：「善惡之概念作為先驗意志決定之結果，也預設一條純粹的實踐的原則為先決條件，因此預設一種純粹的理性之因果性為先決條件，……。」（KpV 5:65）據此，我們見到，圓善之概念作為實踐理性的對象概念，於第二批判「對象之概念」章得到其於理性實踐使用中，亦即在純粹的實踐的原則（純粹的理性之因果性）中之根源的說明。《實踐的理性批判》之「序言」提示：圓善是道德法則所決定的意志之必然的客體。（KpV 5:4）道德法則所決定的意志就是自由意志，如果人的意志不是包含自由的因果性，沒有道德原則可言。康德首先於第一章「純粹的實踐的理性之原理」批判地闡明自由的因果性法則，亦即純粹實踐理性的基本法則，亦即道德原則，並據之為一個推證原則證成意志自由，才得以據此進一步提出：「通過意志自由產生圓善，這是先驗地（在道德上）必然的。」（KpV 5:113）這是說明「圓善」在人的高層的（即立法的）意欲機能中先驗地有其根源，也就是對「圓善概念」作形而上學的解釋。

　　「圓善概念」作為純粹的實踐的理性的客體，「包含在先驗必然

的意志決定中」，（KpV 5:5）其客觀的實在性並不涉及「範疇的理論決定」，（KpV 5:5）亦即不需要「決定其理論的客觀的實在性的直觀」。於「原理」章，康德已論明：「超感觸場地上的知性概念的客觀的實在性」，僅僅在與道德的法則之連繫的範圍內取得實踐的客觀的實在性，（KpV 5:56）並於「對象之概念」章中明示：「諸先驗的實踐的概念在與自由之最高原則的聯繫中立刻成了一些認識，而並不需要等待直觀以便去獲得意義。」（KpV 5:66）

在「對象之概念」這一章，康德經由純粹的實踐的理性對象之考論，先驗地確立「善惡之概念」，破除了對於「善惡」問題的舊有觀點。其要點略述如下：

首先，康德對善和惡作出界定。他說：「實踐理性的唯一客體就是善和惡，人們理解前者為意欲機能的必然對象，而後者為憎惡的必然對象。但二者都依據一理性原則。」（KpV 5:58）並且，他提出：「不是對象，而是意志之法則是行為的決定根據。」（KpV 5:58）他批評以善的概念充當實踐的法則的基礎的觀點無非是主張善惡「通過受限制於個別的主體及其感受性的純然的感覺（Empfindung）來判斷，（KpV 5:58）他指出：「這種感受作為愉悅的感受，必須與善的概念區別開來」，否則，「根本就不會有直接善的東西。」（KpV 5:59）

依康德所論明，「善和惡任何時候都由理性來判斷，從而始終通過可以普遍傳達的概念來判斷。」（KpV 5:58）他說：「我們名之為善的東西，在每個有理性的人的判斷中必定是意欲機能之對象，而我們名之為惡的東西，在每個人眼中必定是憎惡的對象。因此，這種判斷除了感取（Sinne）之外，還需要理性。」（KpV 5:61）依此，康德提出：人們也能夠將意志（亦即實踐理性）「定義為目的的機能，因為目的始終是依照原則決定意欲機能的根據。」（KpV 5:59）儘管康德一再提醒：目的絕不能作為道德原則的根據。康德說：「因為關於手

段與目的之關係的判斷，確實屬於理性。」（KpV 5:58）

　　第二點，康德提出要將「善惡」與「福禍」、「好壞」區分開。（KpV 5:60）他說：「福或禍意味著總是僅僅與我們的舒適或不適、快樂和痛苦之狀態聯繫，因此當我們欲求或厭惡一客體時，它只是與我們的感性及它引起的快樂和不快樂的情感覺相聯繫。但善或惡總是意味著對於意志的聯繫，只要這意志為理性法則決定，以使某物成為其客體。」（KpV 5:60）康德解釋說：「因為意志從不直接由客體或其表象決定，而是一種使理性之規則成為一行為的動機的機能（一客體能夠因此成為現實的）。」（KpV 5:60）以此，他明示：「善或惡實際上與行為聯繫，而不是與人的感覺狀態（Empfindungszustand）聯繫，如果某件事絕對（並且沒有進一步的條件）善或惡，那麼，僅僅是行動模式，意志之格準，因此是行動的人本身，作為善的人或惡的人，但不是可以這樣名之為善的或惡的東西。」（KpV 5:60）

　　依康德所論明，「在我們的實踐理性的判斷中，絕對有很多東西取決於我們的福和苦，而且就作為感觸者的本性而言，一切都取決於我們的幸福。」（KpV 5:61）他說：「就人屬於感觸界而言，他是一個有需要的生物，而且就此而言，他的理性當然在感性方面有一個無可否定的使命，即照顧感性的利益，並且為了今生的幸福，以及如果可能的話，也為了未來的人生的幸福，給自己制定實踐的格準。」（KpV 5:61）人需要理性以便隨時考慮他的福、禍，並為幸福制定技術地實踐的格準。但康德同時提醒：「並不是在根本上一切都取決於此。」（KpV 5:61）他說：「倘若理性僅僅有利於人達到本能在動物那裡所達到的目的，那麼，在價值方面就完全沒有使人提升到純然動物性之上。（KpV 5:61）他指出：「人畢竟不是那種徹頭徹尾的動物，以致對於理性向自身所說的一切也都漠不關心，而把理性僅僅當作滿足他作為感取的生物的需要的工具。」（KpV 5:61）他說：「除此之外，

他擁有理性還為了一個更高的目的。」（KpV 5:61）這裡，「更高的目的」就是圓善，對此，康德說：「純粹的、絕無感取的關心的理性才能夠獨自作出判斷，而且要把這種判斷與前一種判斷〔案：指「福、禍判斷」〕完全區別開來，使它成為前一種判斷的最高條件。」（KpV 5:62）並提出「在其自身善和惡」，他提出：「在判斷什麼是在其自身善和惡時，與僅僅與福或禍聯繫方式而能被名為善和惡的東西區別開來。」（KpV 5:62）又說：「法則直接決定意志，按照法則採取的行動就是在其自身善的，一個其格言準始終符合法則的意志，是絕對，在所有意圖上，都是善的，是一切善的至上的條件。」（KpV 5:62）

　　第三，康德提出：「道德法則在其絕對地配享善的名稱的範圍之內，首先決定善的概念並使其可能。」（KpV 5:64）「它先驗地和直接地決定意志並且首先按照這個意志決定對象。」（KpV 5:64）他批評哲學家們在至上的道德的研究之方法方面誤入歧途：以「作為一對象的善之概念決定道德法則並使之為可能」，也就是「尋找意志的對象為了使其成為法則的材質的根據」，他們將善的對象「置於幸福中，置於圓滿性中，置於道德情感中或置於上帝的意志中」。（KpV 5:64）如此一來，他們的原理總是他律的。（KpV 5:64）

　　康德洞察到古人於「善的概念」之決定根據上誤入歧途，致使他們在「圓善」問題上也暴露了這樣一個錯誤：「他們把自己的道德研究完全建立在對圓善概念的規定上，因而建立在對一個對象的規定上，然後他們又想使這對象在道德法則中成為意志的決定根據。」（KpV 5:64）康德提出：究其實，「圓善」這個客體，「只有當道德法則首先自為地得到證明，並且被證明有正當的理由作為直接的意志決定根據時，才能夠作為對象向此時從其形式上先驗決定的意志表象出來；……。」（KpV 5:64）他本人表明：關於此問題，我們將在「純粹的實踐的理性之辯證」中進行。（KpV 5:64）並且指出：「至於在近

代人那裡，圓善這一問題已經過時了。」（KpV 5:64）但是，「他們的體系背後」仍然「總是透露實踐的理性之他律」，從實踐的理性之他律中，「永遠也不可能產生出一條先驗而普遍地頒布命令的道德的法則。」（KpV 5:65）。

我們見到，康德指明了古人在「圓善」問題上誤入歧途之要害處，可以指出，此亦即康德學專家一向以來對康德圓善學說產生諸多曲解的根本原因。專家們不理解或拒不接受康德經批判論明的「意志自律」，即實踐的理性之自律，故亦不能理解康德所論「圓善」確實以道德的法則為先決條件。依康德所論明，唯獨道德的法則是先驗而普遍地頒布命令的，此即他說：「唯有道德的法則必須被看作是使圓善及其實現或促進成為客體的根據。」（KpV 5:109）正如他本人明示：「這一提醒非常重要」，[93]「即使是最小的誤解也會扭曲存心。」（KpV 5:109）

事實上，康德於「對象之概念」章經由純粹的實踐的理性對象之考論，論明：「善惡之概念是意志的先驗決定之結果。」（KpV 5:65）「善惡之概念」確實以一條「純粹的實踐的原則」為先決條件。（KpV 5:65）「善惡之概念」根源上並不與客體相聯繫。（KpV 5:65）「它們預設客體是給與了的。」（KpV 5:65）此客體「作為實踐的成素概念」，「位於理性自身中」，「以在理性中因而是在思維機能自身中給予的一個純粹的意志之形式為根據。」（KpV 5:65-66）

康德洞察到：「善惡之概念一概都是一個唯一的範疇，也就是因果性範疇的種種模式。」（KpV 5:65）在道德實踐中，「這個因果性的決定根據位於理性法則的表象中」。（KpV 5:65）「此法則作為自由法

---

93 康德說：「因為從分析部已經見到，如果我們先於道德法則就在善之名下認定隨便一個客體作為意志決定根據，然後從其中推出至上的實踐原則，那麼，這個實踐原則總是會帶來他律而排斥道德的原則。」（KpV 5:109）

則，是理性給予自己的，理性藉此證明自身是先驗地實踐的。」
（KpV 5:65）以此，他恰當地確立「自由之範疇」，而與「自然之範
疇」區別開來。自由範疇是就理性使用而言的「實踐的成素概念
（Elementarbegriffe）」，依康德所論明，「自由之範疇」不是著眼於範
疇的理論使用，「而只是為了把意欲的雜多納入一個以道德法則頒發
命令的實踐理性的意識之統一，或者納入一個先驗的純粹意志的統
一，實踐理性的決定才會發生。」[94]（KpV 5:65）他論明：「自由之範
疇涉及一個自由的抉意（freien Willkür）」，（KpV 5:65）他說：「對於
這種抉意，誠然不能給予任何與之完全符合的直觀，但是，這種抉意
卻先驗地就有一條純粹實踐法則構成其根據，而我們的認識機能的理
論的使用之概念就不是這樣。」（KpV 5:65）

　　依以上所述可見，「對象之概念」章為「圓善概念」之先驗根源的
說明奠定基礎。並且揭明了一個極為重要的洞見：「圓善概念」與自由
之最高原則（亦即道德的法則）的聯繫中立刻成了認識，（KpV 5:66）
關此，「只有事於意志決定，而不在於其意圖的執行（Ausführung）之
（實踐機能）之自然條件（Naturbedingungen）。」（KpV 5:66）唯獨
在與道德的法則的聯繫中，這個概念的實在性始得以決定。此即康德
指明：「如果先驗法則作為行為之決定根據，藉此這個行動能夠被視
為由純粹的實踐的理性所規定，那麼，關於某物是否一個純粹的實踐
的理性之對象的判斷，就完全不依賴於與我們的物理的機能的比較，
並且問題僅僅是：如果這在我們的權力中，我們是否會意願有一個指

---

94 康德解釋說：「行為一方面雖然從屬於一條法則之下，這法則不是自然法則，而是
　自由法則，因而從屬於智性的生物的行為，但另一方面它們作為感觸界中的事件也
　從屬於顯相，於是，唯有在與後者的聯繫中，因而按照知性的範疇，但不是著眼於
　範疇的理論使用，以把（感取的）直觀的雜多歸在一個先驗的意識下，……。」
　（KpV 5:65）

向某個客體之實存的行動，因而這行動之道德的可能性就必須先行；……。」（KpV 5:57-58）明乎此，則可知，一些康德專家批評康德認為人無法實現圓善而要靠賴上帝，那麼就是主張道德法則命令不可能的東西；究其實，只是他們根本未能理解康德所論「圓善概念」。用康德的話說，他們誤把圓善視作為「我們的意欲機能之決定根據」，如此一來，「此客體由於我們的力量之自由的運用而來的物理的可能性就必定先行於它是否實踐的理性之對象的評判。」（KpV 5:57）故此，一眾專家注目於圓善之「物理的可能性」，而對康德發起詰難。如安德魯斯·瑞思（Andrews Reath）提出一種世俗的圓善觀念，僅是人類的努力就足夠了，他認為如果達到圓善不在我們的能力範圍內，那麼我們就沒有任何責任把它定為一個目標。[95]究其實，瑞思沒有理解或拒絕接受，康德的圓善概念作為「理性的理想」，是道德的信仰之事，亦即純粹的實踐理性的信仰，是「理性決定」、即「理性需要」。康德說：「在這裡，需要是一種產生自意志的一個客觀的決定根據的，亦即產生自道德法則的理性需要，道德法則必然地約束著每一個有理性者，因而先驗地有權利預設自然中與它相適合的條件，並使得這些條件與理性的完全的實踐使用不可分割。」（KpV 5:144）而

---

95 Andrews Reath, "Two Conceptions of the Highest Good in Kant," *Journal of the History of Philosophy* 26. 4 (Oct. 1988), pp. 593-619.伍德於《康德和宗教》一書回應了思瑞提出的世俗的圓善觀念的說法。他的回應是：為了將圓善設置為最後，我不需要假設我一個人，甚至人類可以實現它。我可以認為我的行為對它做出了一些貢獻。同樣是許多更卑微和更短期的目的都是如此。盡我所能實現一些政治目標（例如，通過一些立法），我不需要認為目標可以由我一個人實現，但只有我的行動才能做出貢獻給它。（Allen W. Wood, *Kant and Religion*, p. 48.）愚意以為，思瑞提出的世俗的圓善觀念固然根本與康德的圓善學說不相應，但伍德的回應也並未依據康德本人的圓善概念之要點而作出。他將「圓善」之理想與「更卑微和更短期的目的」、「一些政治目標」混為一談，而完全忽略康德關於「圓善」這個概念的實在性，唯獨在與道德的法則的聯繫中始得以決定的說明。

道德法則本身作為理性在意欲機能中普遍立法的法則，它獨立不依於自然條件；若學者們不承認這點，那麼他們就是只承認自然法則，而看不到人的理性自身立法的能力。他們就從根本上離開康德哲學的根源洞見，從而注定他們的所謂「康德研究」都是離題的，無法與康德討論的問題相應。

於《實踐的理性批判》卷二「純粹的實踐的理性之辯證」之第一章「論純粹的實踐的理性之辯證一般」，康德一開首就提出：「純粹的理性總是有其辯證，無論是在其思辨的使用或其實踐的使用中考察它」；（KpV 5:107）理由是：「純粹的理性要求給定的有條件者的條件之絕對的總體（absolute Totalität der Bedingungen），而後者絕對只能在物自身找到。」（KpV 5:10）條件之總體（因此是無條件者）僅僅是理性之理念，「這一理性理念運用於顯相時，就產生一個無可避免的假象：就好像顯相本身就是事物之在其自身一樣（Sachen an sich selbst）。」（KpV 5:107）於第一批判，康德通過對整個純粹理性能力的徹底批判，已經找到走出「純粹理性的二律背反」這個迷宮的鑰匙，並且據此找到一種更高的、不變的物之秩序的前景。他說：「我們現在已經在這秩序中，並且從現在起可以通過決定的指示（Vor-schriften），根據最高的理性決定在這秩序中繼續我們的存在。」（KpV 5:108）康德這個提示有助於我們恰切把握其圓善學說。依康德所論明：「純粹實踐理性對象的無條件的綜體」就是圓善。（KpV 5:108）也就是說，「圓善」是「絕對的總體」，根據最高的理性決定，將我們決定在「一種更高的、不變的物之秩序」中繼續我們的存在。明乎此，則沒有理由誤解康德的圓善學說要為我們指示一個「世俗的圓善觀念」，另一方面也沒有理由指責康德的圓善學說提出了一個不可能的「圓善」作為人的義務。依康德本人清楚論明：「圓善」作為絕對的總體，只能在物自身找到；但不能以此就將其誤解為只是一個空概

念，更不能將其曲解為一個不可能的空想。如康德恰切地明示：「當我們見到我們被迫如此遙遠地，也就是與一個智性的世界相連繫中去尋求圓善的可能性時，圓善是通過理性為所有有理性的本質者標定他們所有的道德的願望的目標。」（KpV 5:115）

康德提出：「作為純粹的實踐的理性，它也為實踐中有條件者（那些基於性好和自然需要的東西）尋求無條件者，並且不是作為意志之決定根據，而是，它已經（在道德法則中）被給與，以其為純粹的實踐的理性之對象之無條件的總體（Totalität），而在圓善之名下。」（KpV 5:108）依康德所論明，「圓善」首先在道德法則中被給與，它作為「純粹的實踐的理性之對象之無條件的總體」，是純粹的實踐的理性必然要追求者。並且，康德提醒：不能以「圓善」取代道德法則而作為意志之決定根據。他明示：「唯有道德法則必須被看作是使圓善及其實現或促進成為客體的根據。」（KpV 5:109）

康德清楚論明，圓善的可能性是在與一個智性的世界相連繫中去尋求的。他說：「那麼一定會感到奇怪：古代和現代的哲學家都居然以為能夠在今生（在感觸界裡）已經找到了與德行相配稱的幸福，或者已經能夠讓自己相信意識到了這種幸福。」（KpV 5:115）其實早在第一批判「論理想一般」那一章，康德就論明「理念畢竟是完全正確的，這就將這種最大值提升為原型，以便根據它使人們的法律狀態越來越接近最大可能的完善。」（A317/B374）他表明：「人所可能要停止在其上的最高程度是什麼，而且在理念與其實現之間還可能有多大的距離要存留下來，這些都是沒有人能夠──或應該──解答的問題。因為其結果是依靠於自由；而自由正是有力量來越過一切特定的限度的。」（A317/B374）人類的理性固然不能有像柏拉圖的理念那樣的「創造的力量」，但是，它們仍然有「實踐的力量」，「並且形成一定行動的圓滿性之可能性的根據。」（A569/B597）

　　依康德所論明：「理性的理想就是如此，它必定總是基於確定的概念上，並作為規則和原型，無論是用於服從還是用於判斷的規則和原型。」（A570/B598）人能做到的就是「無限地接近這個原型」。（KpV 5:32）人必要而且有能力做到的就是：「把純粹的、因而自身也是神聖的道德法則持續而正確地置於眼前，確保其格準朝著這法則無窮地前進，以及持續不斷地進步的堅定不移。」（KpV 5:32-33）

　　理性的理想作為「原型」，理性的概念所要求的東西在一定程度上就具有可行性之證明，（A315/B372）而經驗的一切可能的對象都僅僅充當實例，而不充當原型。（A315/B372）在經由《實踐的理性批判》證明了道德的法則「有正當的理由作為直接的意志決定根據」之後，圓善這客體就「作為對象向先驗決定的意志表象出來」。（KpV 5:64）專家們還以為康德主張道德法則命令不可能的東西，那只能是一種無根據的曲解。

　　事實上，古代和現代的哲學家都一直犯著一個錯誤，就是：忽略了「道德的法則是純粹的意志之唯一的決定根據。」（KpV 5:109）由之產生純粹的實踐的理性之辯證。康德就提出：通過純粹的實踐的理性之辯證的解決，「決定圓善的概念」，這項工作要取得成功，其條件是：將純粹的實踐的理性的自身矛盾，誠實地陳述出來而不是隱藏矛盾，此迫使我們對於實踐的理性這個機能進行徹底的批判。而就這一問題而論，只有一點須預先提醒，就是道德的法則是純粹的意志之唯一的決定根據。他說：「雖然圓善是純粹實踐理性的整全的對象，亦即純粹意志的整全的對象，但它卻不因此就能被視為純粹意志的決定根據。唯有道德法則必須被看作是使圓善及其實現或促進成為客體的根據。這一提醒非常重要。在德性的原則的決定這樣一個微妙的情況下，即使是最小的誤解也會扭曲存心。」（KpV 5:109）

　　《實踐的理性批判》卷二「純粹的實踐的理性之辯證」之第二章

「論在決定圓善的概念時純粹的理性之辯證」（以下簡稱「辯證章」），康德著手處理古人在「圓善」問題上發生的辯證，他指明：產生二律背反，完全是因為「他們不讓德行與幸福作為圓善的兩個不同的要素」。[96]（KpV 5:111）並且一開首就指出：「最高者（Höchsten）之概念本來就包含歧義，一不小心，就會引起不必要的爭論。最高者可以意味著至上者（Oberste〔supremum〕）或圓滿（Vollendete〔consummatum〕）。」（KpV 5:110）他解釋：「至上者」意謂「那種本身無條件的條件，即不從屬於任何其他條件，是最根源者（originarium）」；「圓滿」則意謂「那種不屬於同類的更大整體的一部份的整體（perfectissimum）。」（KpV 5:110）據此，他辯明：德行是至上的（oberste）善，但還不是整全的和圓滿的（vollendete）善，為了成就圓善，還需要幸福。（KpV 5:110）他說：

> 在分析部中已經證明：德行（作為使幸福有價值）是那一切對我們看來為值得渴望的東西的至上的條件，從而也是我們對幸福的全部追求的至上的條件，因而也就是至上的善。然而，它還不是整全的和圓滿的（vollendete）善，而作為有理性的有限的本質者的意欲機能（Begehrungsvermögens）的對象，因為整全的和圓滿的善，幸福也是必需的，這不僅是在以自己為目的的人的片面的眼中是需要的，而且甚至是在將世界上的人視為目的本身的無偏私的理性的判斷中也是需要的。因為需要幸福，也值得幸福，但仍然享受不到幸福，這根本不能與一個

---

96 康德指出：根據伊壁鳩魯派（Epikureer）的觀點，德行的之概念已經攜帶於促進個人幸福的格準中；另一方面，根據斯多葛派（Stoiker）的觀點，幸福之情感已經包含在他的德行的意識中。（KpV 5:112）

> 有理性的本質者而同時全能的圓滿意志相一致，即使我們僅僅
> 為了試驗而思想它。（KpV 5:110）

康德提出，德行「作為使幸福有價值」，並且，就「整全的和圓
滿的善，幸福也是必需的」，重要的是，他明示：「需要幸福，也值得
幸福」是「無偏私的理性的判斷中也是需要的。」（KpV 5:110）據
此，他指明：「與德性（作為人的價值和他值得有幸福者）完全成比
例分配的幸福也構成了可能世界中的圓善。」（KpV 5:110）也就是
說：「德行和幸福共同構成了一個人對圓善的擁有。」（KpV 5:110）
並且，他強調：「其中德行作為一種條件總是至上的善」，而幸福「總
是以道德上合法則的行為為其條件」。（KpV 5:111）

康德論明：在「圓善概念」裡，幸福和德性是兩種「在種類上完
全相異的成素」，（KpV 5:112）「因而它們的聯結不能被分析地認識到」，
而「是兩個異質成素的綜和。」（KpV 5:113）他說：「因為這種結合被
認識是先驗的，因此是實踐的必然的（nothwendig），而不是從經驗中
得出的，並且，圓善之可能性也不是基於任何經驗的原則，所以這個
概念的推證必須是超越的。」（KpV 5:113）並且，他指明：「通過意
志自由產生圓善，這是先驗地（在道德上）必然的。」（KpV 5:113）

我們知道，《實踐的理性批判》之分析部已經表明：「德行的格準
與個人幸福的格準就它們的至上的實踐原則而論是完全異類，遠不一
致的；它們雖然同屬一個圓善，而使之可能，然而兩者於同一主體中
強烈地互相限制，互相阻礙。」（KpV 5:112）於是，「圓善在實踐上
是如何可能的？」這個追問就是一個待解決的任務。（KpV 5:112）

於「實踐的理性之二律背反」那一節，康德指出：圓善是「因我
們的意志而成為現實的」，「它關涉一種實踐的善，即通過行動可以實
現的東西。」（KpV 5:113）因此，「圓善裡面德行與幸福被思為必然

地相結合」，而且，「它們必須被思想為綜和的以及甚至思想為原因與結果之連繫。」（KpV 5:113）依此，「要麼對幸福的渴望必須是德行之格準的動機（Bewegursache），要麼德行之格準必須是幸福的有效原因。」（KpV 5:113）康德指出：「第一種情形是絕對不可能的，因為（正如在分析部已經證明的那樣）將意志的決定根據置於對幸福的渴望中的格準根本不是道德的，並且沒有德行建基於其上。」至於第二種情形，看來「也是不可能的」，「因為世界上所有原因與結果之實踐的連繫，作為意志決定的成果，並不根據意志之道德的存心，而是根據對自然法則之認知以及為其意圖而使用這些法則的物理機能。」（KpV 5:113）如此看來，「即使是最嚴格遵守道德的法則，也無法在世界中指望那幸福與德行之間有必然的和足以達到圓善的連繫。」（KpV 5:114）但是，「圓善其概念中包含這種聯繫，圓善之促進是我們的意志的先驗地必然的客體，並且與道德的法則密不可分地聯結在一起」，如此看來，這裡出現二律背反。「前者的不可能性也必證明後者的虛假。」（KpV 5:114）理由是：「如果圓善根據實踐的規則是不可能的，那麼命令去促進的道德的法則也一定是幻想的，並且基於空洞的想像的目的，因此本身就是錯誤的。」（KpV 5:114）

於「實踐的理性之二律背反之批判的解答」那一節，康德提出，在圓善的兩個成素的聯結問題上出現了純粹實踐理性的二律背反：第一個命題主張「追求幸福產生了有德行的存心的根據」；第二個命題主張「德行之存心必然產生幸福」。康德指出，第一個命題是絕對虛妄的；至於第二個命題只是有條件地虛妄的，理由是：只有把我們作為感觸界的實存方式視為唯一方式的情形下，第二個命題才是虛妄的。但是，「因為我不僅有權把我的存在思量為一個知性界中的智思物（Nomenon），而且甚至在道德的法則上面具有我的因果性（在感觸界裡）的純粹理智的決定根據，所以，存心之德性作為原因與作為

結果的幸福有一種若非直接也是間接（藉助於一個智性的自然之創造者〔intelligiblen Urhebers der Natur〕）而必然的聯繫，這並非不可能。」（KpV 5:114-115）據此，康德提出：「在德性與幸福依照一條普遍的法則之連結中」出現「二律背反」，「出於純然的誤解」，也就是：「人們把顯相之間的關聯誤作為物自身與這些顯相之間的關聯。」（KpV 5:115）

　　康德有見及人們「在那純然感取之客體的一自然裡」尋找德性與幸福的連結，故此，「不能達到圓善。」（KpV 5:115）並恰切指明：「要在與智性界的連繫中尋找圓善的可能性。」（KpV 5:115）既指出圓善之兩要素的聯結的可能性「完全屬於物的超感觸的關係，而且不能按照感觸界的法則而被給予」，但同時指出：「這個理念的實踐的後果，也就是意在實踐圓善的那些行動是屬於感觸界的」，（KpV 5:119）因此，我們將努力建立那聯結的可能性之根據，「首先就直接在我們的力量（Gewalt）中者而論。」（KpV 5:119）明乎此，則不會以為康德提出「要在與智性界的連繫中尋找圓善的可能性」，就是既主張達到圓善不在我們的能力範圍內，又把它定為一個目標。

　　「圓善」問題上發生的辯證之解決達至這樣的結果：在實踐的原理中，德性的意識和對作為德性的的後果而與德性成比例的幸福的期待之間，一種自然的和必要的結合至少可以思想為可能的（但當然並不因此就是可以認識和洞見到的）。（KpV 5:119）並且說明了德性與幸福兩個成素的隸屬次序：德性是至上的善，作為圓善的第一條件，幸福是圓善的第二成素。也就是說明了在這樣一種隸屬的次序下，「純粹實踐理性必須把這圓善表象為可能的。」（KpV 5:119）據此，「圓善」問題上發生的辯證之解決解答了德性與幸福結合之先驗綜和命題如何可能，可以說，此就是對「圓善概念」作出超越的解釋。

　　總而言之，「盡一切可能促進圓善的實現，是純粹的實踐的理性的

一個命令。」（KpV 5:119）「德行，亦即在奮鬥中的道德存心」（KpV 5:84）直接在我們的力量中，我們尊敬道德法則，就有能力致力於「圓善在世界上實現」，因為「圓善在世界上實現是由道德法則決定的意志之一必然的客體」。（KpV 5:122）這是康德明明白白說明了的。不過，康德同時提出：儘管圓善是按照實踐的原則而必然的，但我們仍有力所不逮，他說：「我們將努力建立那聯結的可能性之根據，首先就直接在我們的力量中者而論，其次就那不在我們的力量之中，但理性卻把它作為我們在圓善（按照實踐的原則而必然的）可能性上的無能為力（Unvermögens）之補充。」（KpV 5:119）

## （三）圓善之條件（上帝、不朽）作為設準之解釋

針對我們在世界上實現圓善仍有力所不逮，康德提出圓善之條件：心靈不朽和上帝存在。關此，擬於第四章第二節「康德的圓善學說」詳論。在「導論」這裡，僅述其要點如下：

「辯證章」第四節題為「純粹的實踐的理性之設準之一：心靈不朽」。康德從道德法則引至圓善中第一而又是主要的成分即德性的必然的完整的問題，由之提出心靈不朽之設準。

依康德所論明，圓善的至上的條件是：「存心（Gesinnungen）完全符合道德的法則。」（KpV 5:122）他說：「圓善在世界上實現是由道德的法則決定的意志之一必然的客體，而在這樣的意志中，存心完全符合道德的法則。」（KpV 5:122）隨後，他指出：「存心完全符合道德的法則」這樣一種完滿性，「只有在一個向著那完全的切合性無窮地前進中才能夠見及。」（KpV 5:122）他說：「這種無限的進程只有在實存之無限延續以及這同一有理性者之人格性（Persönlichkeit）之預設上才是可能的」，並提出：此人格性「就叫做心靈不朽」。康德所論「心靈不朽」是一種理論上「不可證明的命題」而因其「與道德

法則不可分離地相聯結」，故名之為「純粹的實踐的理性的一個設
準」。（KpV 5:122）

　　值得提請注意：不能誤以為康德主張離開人的自由自律的道德主
體而假定一個單純的本體叫做「心靈不朽」。恰切地理解，他是通過
「與道德法則的踐履的完整性相切合的」持續而把持久性（Beharr-
lichkeit）之標誌給予道德主體（意志自由），以把它補足成一個「本
體之實在的表象」（realen Vorstellung einer Substanz）。（KpV 5:133）
康德表明：實踐的理性通過這種持續之設準建立了那個心靈之最後主
體（letzten Subjekts）。（KpV 5:133）

　　「辯證章」第五節題為「純粹的實踐的理性之設準：上帝存
在」。康德從道德的法則引致我們去肯定「圓善中第二個成分，也就
是與德性相適合的幸福之可能性」，由之提出「設定上帝之實存為必
然地繫屬於圓善的可能性者」。（KpV 5:124）首先，道德的法則作為
自由之法則是獨立不依於自然而命令著的，一個有理性的行動者遵循
道德的法則而行是完全排除個人福報的考慮與計較的，否則他的行為
就不是道德的；另方面，人屬於自然界的一分子，他亦依靠於自然
界，因而也不能因著他自己的力量使自然完全地與他的實踐的原理相
一致。（KpV 5:124）依此，一個最高的原因之存在必須被設定為圓善
之條件，這最高的原因不同於自然本身，它既是自然的原因，同時也
包含「幸福與德性一致的根據」。（KpV 5:125）我們設定的這個最高
意志使用「上帝」之稱號，就有了「上帝存在」之設準。（KpV
5:125）這一成分之可能是「單依據公正無偏的無私的理性」為根據
的。（KpV 5:124）

　　康德所論「上帝存在」是一種理論上「不可證明的命題」，而因
其「與道德法則不可分離地相聯結」，「單依據公正無偏的無私的理
性」為根據，故名之為「純粹的實踐的理性的一個設準」。（KpV

5:124）值得提請注意：當康德在《實踐的理性批判》提出「上帝存在」之設準，他並非要否定前一個批判取得的成果，他自始至終堅持：我們並不因著這個設準就能知道現實上有一個上帝存在。他在《實踐的理性批判》中依然堅持：「完全從純然的概念來認識一個東西的實存，這是絕對不可能的。」（KpV 5:139）並明確表示：為實現圓善之故而設定上帝存在也決不是要求思辨理性「假定一個逾越經驗的新客體」。（KpV 5:135）上帝之理念因著其作為圓善可能之條件而被賦予實在性，但這實在性「總是僅僅在與道德法則的踐履之聯繫中（而不是為思辨的任務）被給予」。（KpV 5:138）康德告誡說：「對於我們用來思維一個純粹的知性東西的那些概念，所剩下的就無非是恰恰為了思維一條道德法則這種可能性所要求的東西了，因而雖然是對上帝的一種認識，但卻是僅僅在實踐的關係中。」（KpV 5:137）依康德所論「上帝」作為理念是道德法則所決定的意志的必然客體的條件。（KpV 5:4）「上帝存在」作為「純粹的實踐的理性的一個設準」，所謂「設準」就意指我們設定「上帝存在」並不意謂要藉著直觀認識它，甚至無關於「上帝」存在或不存在。「上帝」乃超感觸的東西，我們既不能對「上帝存在」證真，也不能證偽，之所以能設定它，完全出自實踐的意圖。

此所以，「上帝」之全部意義唯獨在「與道德法則的踐履之聯繫中」獲得，純粹的實踐的理性根本不需要問或解答「上帝」存在或不存在。「上帝存在」是宗教中的事，亦即是「希望」之事。關於「上帝」之全部意義如何在「與道德法則的踐履之聯繫中」獲得，康德不僅在《實踐的理性批判》中有所說明，及後在《判斷力批判》、《宗教》等著作亦有解說。關此將擬於第四章「上帝」之第二節「康德的圓善學說」及第三節「康德的圓善學說中『上帝存在』之設準的意指與作用概論」詳論。於「導論」這裡僅條例三個重點如下：

　　一、上帝表象為道德法則的約束力。根源自人的意志自由的道德法則自身是絕對無條件的命令，它才被表象為一個道德的最高者（如上帝）的誡命。我們把道德法則的絕對無條件的必然性表象為一個上帝的命令。除了根源自我們人自身的道德法則被視為上帝的命令，根本不能知道什麼是上帝的命令。康德說：「就實踐理性有權引導我們而言，我們之所以把行動視為責成的，就不是因為它們是上帝的命令，相反，我們之所以把它們視為神的命令，那是因為我們內在地被道德法則所責成。」（A819/B847）並指出：「人們必須不尋求其他任何會拋卻道德法則的動力，因為這會造成無法持久的十足偽善，甚至僅僅讓道德法則之外的少許其他動力（作為好處的動力）一起發揮作用，也是有危險的。」（KpV 5:72）

　　我們所以需要表象上帝為道德法則的約束力。完全因為我們人自身的弱點，如康德指明：在我們人類中，並不是每一個人任何時候都遵循道德法則而行，即使一個人自己嚴格地依從道德法則以為其行為的格準，但他不能預計他人也必如此，並且也不能預期自然方面將有助於他對於幸福的期望。（Gr 4:438）據此，康德提出：獲得幸福之希望與使自己配得幸福的不懈努力之間的必然連結，「只有當我們把一個依照道德法則發布命令的最高理性同時又作為自然的原因而置於根據的位置上時，才可以有希望。」（A810/B838）

　　二、上帝作為「福德一致」可能之條件。康德提出上帝設準作為「德福一致」可能之條件，其關注點並不在於在每個人中幸福如何具體分配的問題，恰切地理解，我們可以說，康德設定上帝作為「配得幸福」的公正無私的裁判者。也可以說，上帝在「德福一致」之促進中表象為公正原則。就「配得幸福」而言，我們人需要完全公允的判斷，他需要感到自己的判斷是公允的，「如同由一個局外人作出，但同時又會感到理性強迫他承認這一判斷是他自己的判斷。」（Rel 6:6）

我們不能因此認為康德主張有一個上帝在我們人類之外掌管幸福的分配。此外，康德提出：我們人有時會懷著虛偽的動機而行善，事實上，「我們從未能完全測透我們的行動的秘密動力」；然而「只有行動的那些不為人看到的內部原則」才構成行動的真正道德價值。（Gr 4:407）因此，我們需要設定一位全知者（上帝），「它在一切可能的場合和在全部未來中認識我的行為，直至我最內在的存心。」（KpV 5:140）

　　三、上帝之理念表象為目的王國（倫理共同體）之元首。從人們為整個目的的必然聯合方面來說，也就是單個的個人必須聯合成為一個目的王國，康德稱之為「上帝之國」，天地萬物皆道德目的論地隸屬於其下，我們設定「上帝」作為元首。唯獨在「上帝之國」，即道德的世界，圓善可望得以實現。早在《基礎》一書，康德就論及「目的王國」及設定「上帝」作為元首，依康德所論，單個的個人必須聯合成為一個目的王國。在《實踐的理性批判》論「純粹的實踐的理性之設準：上帝存在」那一節中也指明：儘管道德法則必定引致我們去肯定圓善中第二個成分即比例於德性的幸福之可能，（KpV 5:124）但是，「在道德法則中沒有絲毫的根據說，一個作為部份屬於世界，因而依賴於世界的生物的德性和與之成比例的幸福之間有必然聯繫。」（KpV 5:124）因此，我們設定一個與自然有別的「至上的自然之原因」，它既不是依照自然法則（因為按照純然的自然進程，德福一致是不可指望的），也不是僅僅依循自由之法則（因為在自由之法則即道德法則中並沒有根據使道德與相配稱的幸福之間有一種必然的聯繫）；而是依照一種目的之秩序的表象而採取行動。

　　人類作為有理性者的一個物種客觀地在理性之理念中注定要趨向一個共同的目的——圓善。單個人的意志在其自由中必定要擴展到就整全的人的族類（ganze menschliche Geschlecht）而言的一個公共立法（öffentlichen Gesetzgebung）的意志，這就是康德所論「上帝的立

法的意志」。康德說：「我們有理由設想，那上帝的意志就是我們應當實現的倫理共同體的理性理念本身。」（Rel 6: 105）他提出：「只按照純粹的道德法則來規定上帝的意志之概念。」（Rel 6:104）唯獨純粹的道德立法「使上帝的意志最初被寫進我們心中」，它是「真正構成真宗教自身的東西」。（Rel 6:104）

　　依康德所論明，絕對不是有一個外在的「最高者」（上帝）為人類立法則，而毋寧說，我們設想一個共同的「立法者」按照根源自我們自身的道德法則管轄世界。而且，還因為我們要求自然方面將有助於人對於與德性相配稱的幸福之期望，「我們必須假定一個道德的世界原因（一個世界創造者）。」（KU 5:450）不過，「這不是要說：假定一切有理性者都有符合其德性的幸福，乃是為了德性（zu Sittlichkeit）而必要的。」（KU 5:450）而毋寧說，我們為了德福一致之希望而標舉一個自由與自然結合之原型，以作為我們不已地致力於實現圓善的準則。我們把上帝表象為唯一的一個最高的理性，「它一方面必然與自由的立法學相聯繫，另一方面必然與自然的立法學相聯繫」，（KU 5:448）我們每一個人以此作為一個最高原則，根據它而行動，並由此「最高的理性」命令著努力依照自身所立自由之法則在現實世界中創造第二自然，即致力於創造「自得福報」的道德世界。據此，康德表明：關於「上帝存在」的諸種論證，唯獨「道德的論證」是客觀的有效的。他說：

　　　　這道德的論證不是要提供上帝存在的客觀的有效的證明，不是要向懷疑者證明有一個上帝在那兒，而是要向他證明，如果他想道德地始終一貫地思維，他就必須把有一個上帝這一命題的假定接受進他的實踐理性的格準中去。──這也不是要說：它是為了德性（zu Sittlichkeit）而必要的，不是為德性要假定一

切有理性的世間生物與其道德相配稱的幸福，而是它是由於德性（durch Sittlichkeit）而必要的。因此，它是一個主觀的，為道德的生物而充足的論證。（KU 5:450）

總括而言，對「圓善概念」之推證（或曰解釋）第一步說明其先驗性，此即形而上學的解釋。此第一步工作見於「對象」章；隨後作「超越的解釋」，也就是說明這個先驗的概念作為一原則，據此原則，幸福和德性兩個種類上完全相異的概念的先驗綜和的認識的可能性才能夠被看到。對此意圖而言要求：（1）這樣的認識實際上是從圓善概念而來；（2）此種認識僅僅在一個所予的說明這概念的特定模式的預設（即作為純粹實踐理性之設準的「心靈不朽」和「上帝存在」）下才是可能的。此第二步工作於「辯證部」進行。實在說來，前述關於兩個純粹的實踐的理性之設準的說明，構成「心靈不朽」和「上帝存在」之推證的核心部份，此二者是因著被批判地闡明其作為「圓善」之可能的條件而為實踐地客觀有效的。並且，因著「心靈不朽」和「上帝存在」之成功推證，「圓善」包含的幸福和德性的先驗綜和的認識的可能性能夠被看到。

依以上所論，我們見到，宗教是希望。康德本人明示：「我可以希望什麼？」的問題歸於「宗教」。[97]康德在《實踐的理性批判》中

---

97 康德致卡爾‧弗里德利希‧司徒林（Carl Friedrich Staudlin）函（1793年5月4日）中說：「很久以來，在純粹的哲學之場地裡，我為自己提出的研究計劃，就是解決以下三個問題：1. 我能夠知道什麼？（形而上學）；2. 我應當做什麼？（道德學）；3. 我可以希望什麼？（宗教）；……。」（KGS 11:429）又，於《邏輯學》中提出：「在世界公民的意義上的哲學之場地可以歸為以下問題：1. 我能夠知道什麼？2. 我應當做什麼？3. 我可以希望什麼？4. 人是什麼？」（Logik 9:25）並說：「宗教回答第三個問題。」（Logik 9:25）此四問題之引文摘錄自《邏輯學》（*Logik. Ein Handbuch zu Vorlesung*, ed. Gottlob Benjamin Jäsche, 1800）。

說：「幸福的希望只是首先開始於宗教」。（KpV 5:130）人因為期望幸福而需要上帝。首先論明「圓善通過意志自由而產生」，（KpV 5:113）「圓善概念」與自由之最高原則（亦即道德的法則）的聯繫中立刻成了認識。（KpV 5:66）進而解答圓善包含的幸福和德性兩個種類上完全相異的概念的先驗綜和的認識如何可能的問題，而提出「心靈不朽」和「上帝存在」之設定。「圓善」之產生完全根源於人的道德，亦即根源自人的超感觸的本性。

　　「道德法則對於我們人類有效，所以它使我們感興趣。因為它根源於我們之作為睿智者（Intelligenz）之意志，因而根源自我們的真正的自我中，而理性必然將僅屬於顯相的東西隸屬於物自身之性狀。」（Gr 4:461）依康德之考論，唯獨我們人的主體一方面認識到自己是依照感觸界的決定而活動，另方面通過道德法則將自己決定為智性的者（自由之機能）。（KpV 5:105）也就是說，人的理性作為立普遍法則（道德法則）的機能，他就通過道德法則意識到自己屬於智性界，假若人不意識到自己屬於智性界，就不會有圓善之理想；但另一方面，人是感觸界的存在，在致力於在世界上實現圓善之不已進程中，不可避免有種種限制，故此理性有需要也有正當理由希望「心靈不朽」和「上帝存在」，並作為純粹的實踐的理性之設準而設定它們。[98]

　　於「辯證」章之「出於純粹的理性之需要的認以為真（Fürwahrhalten）」那一節，康德對「純粹的理性之需求」作出說明。他論明，「上帝存在」作為「純粹實踐理性的需要」而導向的一個「設準」，

---

98 康德學界流行一種說法，說是如果一個人知道根本沒有「心靈不朽」和「上帝存在」，那麼，設定它們有什麼用呢？豈不是自欺欺人嗎？此實屬似是而非之論。因康德已論明，人固然不能知道「上帝存在」，但也沒有人能聲稱沒有上帝。我們希望「上帝存在」，絕不是妄想有一個離開人而外在的「上帝」發揮作用，我們給予上帝的意義根本，唯獨於人自身的理性及其頒立的道德法則中獲得認識。

（KpV 5:142）與基於性好的需要根本不同，他說：「在這裡，需要是一種產生自意志的一個客觀的決定根據的，亦即產生自道德法則的理性需要，道德法則必然地約束著每一個有理性者，因而先驗地有權利預設自然中與它相適合的條件，並使得這些條件與理性的完全的實踐使用不可分割。」（KpV 5:144）康德指明：「這個預設與道德法則一樣是必要的，它也唯有與道德法則相關才是有效的。」（KpV 5:144）尤為重要的是，為著在世界上實現圓善而設定「上帝」，這是「理性的需要」，此「需要」並非意指要求有一個「上帝」作為我們之外的一個對象的客觀實在性。而是意謂設定「上帝」這種「理性的需要」是「與理性的完全的實踐使用不可分割」（KpV 5:144）而起作用的客觀有效性。

## 三　「終極目的之理念」的推證

　　我們已對於康德所作圓善概念之推證作出結構性論述。然仍須進一步就其對於「終極目的之理念」的推證作研究，始得以給予康德的圓善學說一個完整的說明。康德本人早在《純粹的理性批判》就指明「圓善」與「終極目的」之根本關連，他提出：「圓善之理想作為純粹理性最終的目的之決定根據。」（A804/B832）他說：「我們可以做出這樣的判斷：畢竟只有人能夠在其自身中包含所有這一切的最後的終極目的（letzten Endzweck），因此，相對於這一切來說人是唯一例外的造物（Geschöpf）。」（B425）可以指出：唯獨完成對「終極目的之理念」的推證，康德的圓善學說作為完整的哲學體系始得到通貫一體的解釋。

　　前面「《純粹的理性批判》揭明圓善的理想作為純粹理性最後的目的之決定根據」那一節已論明：理性有其「同時又是自然秩序的目

的秩序」的特有的領域，因此，人就「能夠在其自身中包含所有一切
的最後的終極目的」（B425）。這是因著人之內的道德法則的命令，
「因著自己在此世的行為」而趨向一個「更好的世界」。（B426）「根
據理性之本性，理性諸最高的目的必須依次具有統一性」，也就是說，
「終極目的」是「人類之關切（Interesse der Menschheit）」，「它不隸
屬於任何更高的關切。」（A798/B826）人就是「唯一能夠在自身中包
含這整個秩序的終極目的」者。此即對「終極目的之理念」的先驗性
作出說明，可稱之為「終極目的之理念」的形而上學的解釋。不過，
要到《判斷力批判》，康德通過對「反思判斷力」作批判考察，揭明屬
於反思判斷力而與快樂和不快樂之情感相連的合目的性原則，始論
明：人具有向自己提出目的之能力。（MS 6:392）人是地球上唯一能
形成一目的概念的生物。（KU 5:427）在自然產物中不得忽略目的之原
則，這也是理性的必要格準。（KU 5:411）

## （一）理性有其「同時又是自然秩序的目的秩序」的特有
的領域

　　於《純粹的理性批判》，康德就明示：理性不但是一種理論的機
能，而同時又是一種實踐的機能。理性不為自然條件所束縛，它就
「作為一種實踐的機能之在其自身（als praktisches Vermögen an sich
selbst）」，就這種能力而言，「它有正當理由把目的秩序連同我們自己
的實存擴展到經驗和生命的界限之外。」（B425）康德說：「這種實踐
的使用總是只針對經驗的對象，但它的原則更高，並決定行為，就好
像我們的使命無限遙遠地超出了經驗，因此超出了今生一樣。」
（B421）據此，我們可見，儘管康德將哲學區分為兩大領域：理論哲
學的領域（即知性在認識力中立法的領域）及道德哲學（實踐哲學）
的領域（即理性在意欲機能中立法的領域）並且強調該兩大領域中的

立法並不依據任何目的，然而，理性（無論理論的理性或的實踐的理性）之關切與目的及目的秩序相關。

就理論哲學而言，理性的思辨使用追求諸目的的統一性，以促進人類的最高的興趣。但康德本人已經由第一個批判論明：「我們的理性的純粹的使用之最後的目的」僅僅建立在理性的實踐的興趣上。唯獨「圓善之理想」作為純粹理性最終的目的之決定根據。（A804/B832）進至道德哲學，康德於《實踐的理性批判》論明道德法則連同意志自由獨立不依於經驗及任何目的而於理性在意欲機能中普遍立法有其根源，不過，在該《批判》中，他也已經提出：「目的始終是依照原則決定意欲機能的根據。」（KpV 5:59）

康德在《實踐的理性批判》已提出「目的秩序」，（KpV 5:131）以及明示：「人（以及每一個有理性者）就是目的本身」，他說：「因此，我們人格中的人性對我們自身必定是神聖的，因為它是道德法則的主體。」（KpV 5:131）他論明：憑藉道德法則對人的存在的合目的性之決定，「道德法則向我展現了一種獨立於動物性，甚至獨立於整個感觸界的生命」，（KpV 5:162）此法則對我的存在的合目的性之決定「通過我的人格無限地提升了我作為睿智者的價值」，「不局限於此生的條件和界限，而是無限延續的。」（KpV 5:162）

從人作為感觸界的一部份看，人是造化物（Schöpfung）之一，在全部的天地萬物中，人們想要的和能夠支配的一切只被作為工具使用。唯獨人同時還因著其自由之機能而成為睿智者，每一個人自己所特有的意志都被限制於與有理性者之自律相契合的條件下。因此，他決不單純用作工具，而是同時自身即是目的。唯獨因著這人格性（自由），他在其自身即是一目的。（KpV 5:87）康德一再強調：人就是目的本身，人絕不能為任何人（甚至不為上帝）僅僅當作手段使用，若非他同時自身就是目的。（KpV 5:131）他說：「在諸目的秩序中，人

（以及每一個有理性者）就是目的自身，亦即人絕不能為任何人（甚至不為上帝）僅僅當作手段使用，若非他同時自身就是目的。」（KpV 5:131）並且，康德提到「所有目的的整體」，他說：「這物之秩序同時下轄全部感觸界，以及人在時間中的經驗地可決定的存在和一切目的的整體。」（KpV 5:86-87）並明示：「只有這整體才切合於作為道德法則的無條件的實踐法則。」（KpV 5:87）

在《實踐的理性批判》，經由說明：因著道德法則命令要致力於在世界上實現圓善，並以之為創造的終極目的，康德得以提出：「圓善，這個道德地決定的意志的必然的最高的目的，是實踐的理性的一個真正的客體。」（KpV 5:114）「圓善」被論明作為終極目的，一個純然的「理性的理想」（即只是在理性中的客體）就被指明：通過人類的道德實踐得以實化，作為我們每一個人的共同的終極目的而發揮一種目的因的作用。（儘管「目的因」之探究要留待《判斷力批判》）於《基礎》一書，康德就提出「目的王國」。康德說：

> 由於法則根據其普遍有效性決定目的，那麼，如果抽掉有理性者的個人差異，此外抽掉它們的私人目的的一切內容，我們就能夠設想一切目的系統地連繫成為一個整體（不僅包括作為目的自身的有理性者，而且還包括每一個有理性者可能為自己置定的個人目的），也就一個目的王國。（Gr 4:433）

依康德所論，「道德」不僅是人類尊嚴的唯一根源，人的一切道德的行為的超越根據；同時由之導出「不同的有理性者通過共同的法則形成的系統結合」，（Gr 4:433）亦即一個目的王國。康德明示：有理性者由於他自己在其自身即是一目的之本性，已經注定具有參與立普遍法則之特權。「正因為他在其自身即是一目的，他是目的王國中

的立法者，在一切自然法則方面是自由的。他只服從他為自己所立的法則，這些法則使他的格準能夠屬於一種普遍立法（他同時也使自己服從這種普遍立法）。」（Gr 4:435）

如我們所見，康德經由《實踐的理性批判》為《德性形而上學》奠定基礎，[99]這個批判（連同其先導論文《基礎》）專門有事於純粹的道德哲學之研究，也就是以道德法則為首出，專事於「道德（Moralität）」之探究，而將與人類學相關的倫理學擱置不論。康德表明：「因為道德法則應當對每一個有理性者有效，已經從一個一般而言的有理性者的普遍概念中導出道德法則，並以這樣的方式首先使一切為了運用於人而需要人類學的道德學（Moral）不依賴人類學，而作為純粹的哲學，亦即作為形而上學予以完備的闡述。」（Gr 4:412）

依康德所論明：「道德（Moralität）就是行為之關聯於意志之自律，即是說，關聯於藉意志之格準而來的可能的普遍立法。」（Gr 4:439）理性在意欲機能中立普遍法則，即獨立不依於所有經驗條件、就自身而言「給予（人）一條我們名之為德性法則的普遍法則」。（KpV 5:31）也就是說，於「道德」之研究中，只關注立法之形式，而不考慮任何目的。康德將純粹的道德哲學與材質的哲學區分開，[100]他明示：「構造一純粹的道德哲學（Moralphilosophie），把僅僅是經驗的以及屬於人類學的東西完全清除。」（Gr 4:389）

康德將「道德」（Moralität）嚴格地與倫理德性（Sittlichkeit）及個人德行（Tugend）區分開，而首先作獨立的探究。道德自身源自純

---

99  康德說：「我決意日後提供一部《德性形而上學》，如今先發表這本《基礎》，誠然，除了一種純粹的實踐理性之批判之外，德性形而上學終究沒有其他的基礎。」（Gr 4:391）

100 依康德所論，材質的哲學區分為「物理學」和「倫理學」（Ethik），分別名為「自然學說」與「德性學說」（Sittenlehre）。

粹的意志，也就是「無須任何經驗的動機而完全從先驗原則出發被決定的」意志。（Gr 4:390）此即表示：「道德」之確立依據人作為有純粹的實踐理性的機能的智性者（Intelligibele）而論。[101]於此，並未作人類學的考慮，也就是暫時擱置道德法則運用於經驗中的踐履（Praxis）問題。明乎此，即可理解康德於《實踐的理性批判》（連同《基礎》），亦即於純粹的道德哲學中一再強調：「道德法則自身就是動力」，而在其他與人類學觀點考察人相關的倫理學及宗教哲學著作中又提出「目的」作為動力。

其實，儘管康德於純粹的道德哲學中並未研究目的因之動力，並且一再強調，任何目的（包括終極目的）皆不能取代道德法則而作為道德的動力。但他在純粹的道德哲學中已經論及「目的」，為進一步提出目的因之動力而留下伏筆。

## （二）實踐的理性（即意志）作為目的機能

《實踐的理性批判》任務在通過對道德法則之闡明而證明意志自由，此即探究理性在意欲機能中立普遍法則的問題。關此，康德論明：目的不能作為道德法則的根據，就理性在意欲機能中立法而言，不能依據目的；不過，在這個批判中康德已提示：「目的始終是依照原則決定意欲機能的根據。」（KpV 5:59）依康德，「依照原則決定意欲機能」屬於「抉意」，目的作為抉意的質料（Materie）。（MS 6:375）他說：「目的是（一有理性的本質者的）抉意之對象（Gegenstand der Willkür），通過其表象產生該對象的行動被決定。」（MS 6:381）又說：「目的是抉意之質料（客體）。」（MS 6:395）此即是說，抉意是

---

101 此即康德明示：我們自己的主體「通過道德法則將自己決定為智性的者（自由之機能）」。（KpV 5:105）

目的機能，通過「目的的表象」，抉意被決定採取一種產生其對象的行動。（MS 6:381）[102]而「就意志能夠決定抉意而言，意志是實踐理性自己」。（MS 6:213）依此，康德提出：「純粹的實踐的理性就是一種目的機能一般。」（MS 6:395）

在《德性形而上學》之「導論」章中，康德指出：一切立法皆歸於兩個環節（zwei Stücke）：「第一是法則，此法則把應當履行的行為規定為客觀地必然的，也就是說，它使行為成為一項義務；第二環節是動力（Triebfeder），它主觀上把行為的抉意之決定根據與法則的表象相聯繫。因此，第二環節是法則使義務成為動力。」（MS 6:218）依康德所論明：第一環節是意志立法，而第二環節可說是抉意立格準。意志立法是立客觀的原則，而抉意立法是以意志所立客觀原則為根據而訂立主觀的實踐規則（Regel），康德稱之為格準（Maxime）。這兩環節是通貫一體的。只是從分解的程序上看，康德在不同的著作中對「意志立法」及「抉意立格準」分別作出獨立的考察。「意志立法」之研究歸《實踐的理性批判》，而「抉意立格準」之歸《德性形而上學》處理。「意志立法」並不與行動相關，因而無關於目的，「而是關聯於行動的抉意之決定根據。」（MS 6:213）而「抉意立格準」與行為之決定根據相關，因而必定關涉到目的。

理性在意欲機能中（即實踐的理性）既是立法的機能，同時是目的的機能。依康德所論明：「自身置定某個目的的機能，是人類的最顯著特徵（與動物性有別）。」（MS 6:392）而人所具有的支配目的之能力就是純粹的實踐的理性。無疑，純粹的理性不能先驗地要求任何目的（哪怕是終極目的）作為道德法則的根據，但這並不妨礙康德提出：實踐的理性必然有其目的。假若理性對目的毫不關心，它就不會

---

102 又，康德說：「目的是自由抉意的一個對象，其表象決定抉意去採取一個行動（由此，那個對象被產生出來）。」（MS 6:384）

決定行動的格準，因為行動的格準總是包含著一個目的，如此一來，
它就會不是實踐理性了。（MS 6:395）

　　可以指出：理性作為「立法的機能」與「目的的機能」之區別，
也就是「意志立法」及「抉意立格準」之區別。明乎此，即可知，事
實上，要進至《德性形而上學》一書，康德才正式處理「目的」在實
踐理性中之根源的問題。康德指出：「德性形而上學不能以人類學為
基礎，但可以應用於它。」（MS 6:217）德性形而上學包含德行學
（倫理學）之形而上學的初始根據，倫理學就包含理性立法應用於人
類學。康德說：「倫理學還提供一種質料（自由抉意的一個對象），即
純粹理性的一個目的，這個目的同時被表象為客觀必然的目的，亦即
被表象為對人而言為義務。」（MS 6:380）理由是：人有可能受其感
觸的性好誘導而以與義務相悖的目的作為抉意的質料，所以，立法的
理性只能通過一個道德的目的阻止它們的影響，這個道德的目的必須
不依賴性好而先驗地被給予。（MS 6:380-381）

　　康德提出「道德的目的」，並據此提出「在其自身是義務的一個目
的的概念」，（MS 6:381）他解釋說：「我也有義務把存在於實踐理性概
念中的東西作為目的」，除了抉意之形式的決定根據之外，「還要有一
個材質的目的，它能夠對抗來自感取的衝動（sinnlichen Antrieben）的
目的」。（MS 6:381）這種目的學說「屬於倫理學」。（MS 6:381）康德
說：「出於這個原因，倫理學也可以被定義為純粹的實踐的理性之目的
之系統。」（MS 6:381）並指出：「在倫理學中，將是義務概念導向目
的，並且必須按照道德的原理就我們應當給自己設定的目的而言建立
格準。」（MS 6:382）

　　依康德所論明：「目的是自由抉意的一個對象，其表象決定抉意
去採取一個行動（由此，那個對象被產生出來）。」（MS 6:384）由此
指明：擁有行動的一個目的，這是行動主體的自由的一個行為。」

（MS 6:385）並且，有自由的行為，就必然有那些自由的行為作為客體所指向的目的，有這樣一個目的就必須有一個相應於該目的的定言的律令。據此提出一個要求「目的本身（因此是無條件的）」實踐的原則，「這個原則所要求的不是手段（因而不是有條件的），所以，它就是純粹實踐理性的一個定言的律令，從而是把一個義務概念與一個目的一般連結起來的定言律令。」（MS 6:385）以此，康德說明了「同時是義務的目的」的根據。他指出：如果不存在這種目的，那麼，「一切目的對於實踐理性而言就會總是被視為達成其他目的的手段，而定言的律令就會是不可能的；這將取締一切德性學說（Sittenlehre）。」（MS 6:385）

康德所論「同時是義務的目的」乃是「服從自己的法則的自由的抉意的對象」，「人應當使這些對象成為自己的目的。」（MS 6:385）據之建立的目的學說名為「道德的（客觀的）目的學說（Zwecklehre）」。[103]（MS 6:385）他指明：「論及義務的道德的目的學說依據的是先驗地在純粹的實踐的理性中被給予的原則。」（MS 6:385）此即《宗教》一書中提出：為自己的義務設想一個終極目的來作為義務的結果，也就是人自身中在道德上起作用的需要。（Rel 6:6）「終極目的」是一個客觀的目的（即我們應當具有的目的），它是由純然的理性交給我們的目的。（Rel 6:6）該處所言「終極目的」也就是「同時是義務的目的」。

康德指出：倫理學「僅僅為行為立格準」。[104]（MS 6:388）那麼，如何可能對行為格準有一個法則呢？康德的解答是：「正是一個

---

103 康德指出要將「道德的目的學說」與那種「可以名為技術的（主觀的）、實際上實用的、在其目的的選擇中包含著精審的規則的目的學說」區分開來。後者依據的是經驗的原則，它所說的是「人按照其本性的感觸的衝動而給自己制訂的目的」。（MS 6:385）

104 康德說：「倫理學並不為行為立法（因為這是法學的事），而是僅僅為行為立格準。」（MS 6:388）

同時也是義務的目的的概念，並且專屬於倫理學，它單獨為行為之格準建立了法則，因為主觀的目的（每個人都有的目的）被從屬於客觀的目的（每個人都應當使之成為自己的目的）。」（MS 6:389）依康德所論，純粹的實踐的理性「除非宣布某些目的同時是義務」，「它不能先驗地要求任何目的。」（MS 6:395）依此，康德提出「目的格準」，他說：「德行學的至上原則是：你要按照一個目的格準行動，擁有這些目的對任何人而言都可以是一個普遍法則。」（MS 6:395）並提出：這個德行學之原理「作為一個定言的律令」，「完全可以從純粹的實踐的理性進行推證。」（MS 6:395）

　　依以上所述可見，在《德性形而上學》一書中，康德不僅說明了目的概念之可能性，並經由「道德的目的」，亦即「在其自身是義務的一個目的的概念」之闡明，說明了目的概念之客觀的實在性的可能性。行動之目的格準的提出，也就是「純粹的實踐的理性就是一種目的機能一般」（MS 6:395）的說明，此說明也可以說就是「終極目的」的先驗根源及其於每一個人的道德踐履中的有效性的闡明。

　　於《德性形而上學》一書之前，康德在《宗教》一書第一版「序言」就提出：「對於道德而言，它為自己構成一個所有事物的終極目的的概念。」（Rel 6:5）事實上，康德道德哲學的洞見在：以道德法則為首出，道德法則本身絕不以任何目的或別的什麼東西為其根據；但是，「從道德中畢竟產生一種目的。」（Rel 6:5）每一個人為自己的所作所為在整體上設想一個可以由理性加以辯護的終極目的，這不可能是無關緊要的。（Rel 6:5）在終極目的之關連中，一個人作為道德者不僅關心他自己如何成為道德的，還要關注他會在實踐理性的指導下為自己創造一個怎麼樣的世界，而他自己作為一個成員置於這一世界中。（Rel 6:5）「一個一切物之終極目的之概念」，「造就一個把所有目的結合起來的特殊的關聯點」，（Rel 6:5）「因為只有這樣，才能夠

在客觀上賦予出自自由的合目的性,與我們根本不能缺乏的自然合目
的性結合以實踐的現實性。」(Rel 6:5)

　　總而言之,康德論「圓善」作為我們每一個人的共同的終極目的
而發揮一種目的因的作用,這並無牴觸於道德法則自身是動力,也並
沒有與意志自律學說不相容。因為如康德指明,「配得上獲得這些後
果,在於忠實地遵循義務。」(KpV 5:129)就道德法則而言,它是理
性「將所有經驗條件都排除出去」,(KpV 5:30)「就自身而單獨地」
給予人一條法則,(KpV 5:31)命令人無條件地遵循。這是意志立法
的環節,在這個環節,道德法則並未關聯到行動,而是行為的抉意之
決定根據。第二環節可說是抉意立法,在這個環節,以道德法則為根
據而訂立主觀的實踐規則(格準),格準關聯到行動,人的行動不能
沒有目的。[105]此即康德在《宗教》第一版「序言」中指出,人作為有
限的有理性者,「無論採取什麼行動,都要探尋行動所產生的結果,
以便在這一結果中發見某種對自己來說可以當作目的,並且也能證明
意圖的純粹性的東西。」(Rel 6:7)

## (三)經由對反思判斷力作批判考察而對「終極目的之理念」作出推證

　　上一節通過對實踐的理性作為「目的機能」作批判考察,對於
「終極目的」在理性中的先驗根據及其有效性作出說明。但不能忽
略,於《德性形而上學》一書之前,康德在《判斷力批判》經由對反
思判斷力作批判考察而對「終極目的之理念」作出推證。該批判關於
「終極目的之理念」之闡明分兩部份,因應第一部份「審美判斷力之
批判」與第二部份「目的論的判斷力之批判」的區分而進行,我們亦
相應區分兩部份作出論述。

---

105 康德說:「沒有任何行動能夠是無目的的。」(MS 6:385)

## 1 通過對美學判斷作批判考察而揭明判斷力的超越的原則
## ——合目的性原則

　　通觀康德三大批判，「終極目的」分別於理性之思辨使用、理性之實踐的使用，以及反思判斷力的批判考察中考論。《純粹的理性批判》研究知性在認識機能中立法，《實踐的理性批判》研究理性在意欲機能中立法，兩種「立法」都是獨立不依於經驗條件，根本與任何目的無關。但是，無論知性立法（範疇）或理性立法（道德法則）終究要落實到現實中使用，現實使用就涉及材質，就不能沒有目的。因此，完成頭兩個批判之後，康德要解答一個問題：人的心靈機能中哪一種能力使人對兩種立法之使用感興趣。

　　《判斷力批判》第一版「序言」一開首，康德就說明：在第一個批判（《純粹的理性批判》）「僅僅從事於研究我們先驗地認識物的機能，因而僅僅討論認識機能，而把快樂和不快樂的情感以及意欲機能排除在外。」（KU 5:167）並且，「在諸認識機能中則根據其先驗原則來討論知性，而把判斷力和理性（作為同樣屬於理論的認識機能）排除在外。」（KU 5:167）我們熟知，同樣地，第二個批判（《實踐的理性批判》）主要任務關涉意欲機能的先驗決定根據來討論理性，而把快樂和不快樂的情感以及知性排除在外。唯獨理性「在實踐理性批判中分得了自己的所有物」。（KU 5:168）到最後一個批判（《判斷力批判》），康德著手研究「在我們的認識機能的次序中構成知性與理性之間的一個中間項的判斷力」，（KU 5:168）在這個批判中，康德才探究快樂和不快樂的情感，將情感之先驗根源歸於為其自身立「合目的性」原則的反思判斷力。他論明：判斷力在「快樂和不快樂之情感」的心靈機能中有其先驗原則——「合目的性」。

　　康德敏銳地察覺到：儘管我們在「自然的可理解性及其種類劃分的統一性上」不再感到任何明顯的愉快，在知性為自然立法方面，

「不可能從我們的知覺與依據普遍自然概念（範疇）的法則相一致中發現對我們心中的愉快情感的絲毫作用。」（KU 5:187）但是，「這愉快在相應過程中隨時出現過。」（KU 5:187）我們的知性的工作就是要找出「自然之秩序」，「知性的一個必然的目的也就是把諸原則的統一帶進自然。」（KU 5:187）康德恰當地提醒：「在這方面，知性不能給自然規立任何法則。」（KU 5:187）而是必須經由判斷力把這個目的歸屬給自然。（KU 5:187）是我們的判斷力吩咐：「按照自然與我們的認識機能相符合的原則，就我們的認識機能所及去行事。」（KU 5:188）康德指出：「每一意圖的達成都與快樂情感聯結在一起。」（KU 5:187）因此，快樂便可在自然的不同類的法則之與我們的認識機能相一致中被感覺到。（KU 5:188）「這種快樂曾在適當過程中隨時出現過，只是因為若無此快樂即使最通常的經驗也會是不可能的，它才逐漸地被混同於純然的認識，而不再被特別注意到。」（KU 5:187）並且，「理性作為高層的機能為意欲機能決定終極目的，這終極目的同時也就伴隨著對客體的純粹的理智的愉悅。（KU 5:197）」

康德洞見到：反思判斷力為其自己立「合目的性原則」，這樣一個原則「主要出現在人們名為美學的，關涉於自然的或者藝術的美和崇高的評判中。」（KU 5:169）在「美學的表象」上，尤其本質地在審美判斷上，明顯表現出「自然的合目的性」。[106]究其實，這就是為什麼康德要作第三個批判對美學判斷作批判考察的原因。事實上，顯而易見，該批判真正說來並不是作為一部美學著作，而毋寧說，它旨在通過對審美判斷作批判考察而揭明判斷力的超越的原則。事實上，康德對於審美判斷的批判考察就是對於反思判斷力的合目的性原則作

---

106 康德揭明這樣一個事實：判斷力具有反思判斷力與決定判斷力兩種不同的作用，而且判斷力有其自己為自己立法的能力只是表現在反思判斷力上，決定判斷力屬於理論認識的領域，而反思判斷力屬於美學判斷的場地。

超越的解釋。藉由反思判斷力的合目的性原則，他探明立法的知性機能及立法的理性機能根據反思判斷力的合目的性原則而與快樂和不快樂的情感有一種直接的聯繫。（KU 5:169）也就發見到「自然的合目的性」及「自由的合目的性」的一個共同根源。而「自然的合目的性」及「自由的合目的性」的結合正是說明「終極目的」的客觀的實在性的關鍵點。此即《宗教》一書第一版「序」明示：一個一切物之終極目的之概念，「造就一個把所有目的結合起來的特殊的關聯點」，「因為只有這樣，才能夠在客觀上賦予出自自由的合目的性，與我們根本不能缺乏的自然合目的性結合以實踐的現實性。」（Rel 6:5）也就是康德於《判斷力批判》提出，不僅要說明「終極目的的主觀的實在性」，於闡明「人自身就是終極目的」之後，還要說明，世界創造的終極目的同時能夠並且應該是人的終極目的，（Rel 6:6）也就是對於「終極目的的客觀的實在性」作說明。事實上，《判斷力批判》建立「道德的目的論」就是關此而作。康德本人明確表示：唯有美學判斷力那一部份，「才含有判斷力完全先驗地作為它對自然進行反思的根據的那個原則，也就是自然按照其特殊的（經驗的）法則對我們的認識機能的一種形式的合目的性的原則。」（KU 5:193）並提醒：「對於必須有自然的客觀目的，亦即必須有作為自然的目的才有可能的物，根本不能指出任何先驗根據。」（KU 5:193）「目的論的判斷力不是什麼特殊的機能，而只是一般反思判斷力。」（KU 5:194）[107]判斷

---

107 康德本人表明：「美學判斷應當純粹地（不與作為理性判斷的任何目的論判斷相混淆地）給出。」（KU 5:252）合目的性的原則根本不同於「目的論的判斷」或「上帝存在之物理神學之證明」，這超越原則的推證在審美判斷的推證，而不與目的論相關。如果不是經由審美判斷的推證證成判斷力的超越原則，從而準備了一個自然目的概念，則無目的論判斷可言。（KU 5:193-194）指出：目的論的評判只有作為軌約的，它才屬於反思的判斷力，如果由此還有一個從自然的原因（如：上帝存在）推導出它的產品的構造的原則，那麼，這樣的目的論判斷就「不屬於反思的判斷力，而是隸屬決定的判斷。」（KU 5:360-361）

力劃分為審美判斷和目的論判斷，[108]據之有「目的論判斷力之批判」作為《判斷力批判》第二部份。由此，吾人可說，「目的論」之研究並不是為著尋找反思判斷力的超越的原則而作，而毋寧說是為對「終極目的之理念」的推證而作。

## 2 通過對目的論的判斷作批判考察而對「終極目的之理念」作出說明

康德把西方傳統舊有的目的論連根拔起，但卻沒有像機械論者那樣盲目地否決人類對於目的論的必然要求。如我們所見，康德將目的論的判斷力與美學的判斷力一道歸屬於反思判斷力。一旦經由「純粹美學的批證」證明合目的性原則乃是反思判斷力的一個主觀的原則，儘管這個原則根本不是關於客體的，「但是，我們由此卻可以說是把對我們的認識機能的一種考慮按照一個目的之類比給予自然。」（KU 5:193）如此一來，「我們就能夠把自然目的視為一種實在的（客觀的）合目的性這個概念的展現。」（KU 5:193）並且，「通過知性和理性（在邏輯上、按照概念）來評判它。」（KU 5:193）康德說：「目的論的判斷力被理解為通過知性和理性來評判自然之實在的合目的性（客觀的合目的性）的機能。」（KU 5:193）

---

108 在《判斷力批判》之「初稿引論」，康德對反思判斷力的兩種使用有一說明，他說：一個自然的合目的性之概念存在於理論的哲學和實踐的哲學之外，它唯獨建基於那個判斷力之原則裡；在判斷力的（美學的及目的論的）兩種運用反思的判斷機能之使用中，美學的反思的判斷是唯一其決定根據完全落在判斷力之內，而與其他認識機能不相混淆的。相反地，目的論的判斷，是有關一個自然的目的之概念的判斷；雖然在這些判斷本身只把概念當作一個反思的原則而不是決定的判斷力的使用，然而只不過是通過理性與經驗概念相連結而可使人喜歡。（KGS 20:243）康德指明：在目的論的判斷這裡，「判斷力僅只是跟隨著理性原則，以目的論判斷顯示有關自然的可能性是很容易的，不需要一個特別的原則作為根據。」（KGS 20:244）

　　康德並不與「機械論的反目的論」的近代哲學潮流為伍，由此招致不少學者誤解，批評康德的目的論是前批判的殘餘，指責康德未能徹底擺脫西方哲學的舊傳統。其實，諸如此類的誤解只不過是皮相之見，這些成見之所以流行完全歸咎於人們從傳統舊有目的論的極端急速地又滑至近代機械論的另一個極端，而根本未能理解康德經由其艱巨的批判工作而提出的全新的目的論的創闢性洞見。事實上，康德將自然合目的性概念之根源批判地歸屬於我們人自身的判斷力，從而摧毀一切自然目的的實在論體系。康德摒棄「合目的性之實在論」，而提出「合目的性之理念論」。（KU 5:350）他論明：目的的因果性「是我們自己心中發現的」，我們只是按照這種因果性之類比來想像對象的可能性，「因而把自然思想成由於自己的能力而有技術的。」（KU 5:360）他提醒我們：切記避免重蹈西方傳統舊有目的論之覆轍，絕不能以任何貌似理性的東西為憑藉，把目的概念置入物之本性，由此杜撰「一個從自然的原因推導出其產品來的建構的原則」。（KU 5:361）在《判斷力批判》之「初稿引論」中，康德明示：「自然目的之概念僅只是一種反思的判斷力之概念，這種概念為了它自己在經驗對象裡訴求因果連結。在藉著一條目的論的原則說明某些自然形式的內在可能性時，它們的合目的性是否有意的或是無意的，我們讓其為不決定的。」（KGS 20:236）又說：

　　　　現在很清楚，在這種情況裡，一個自然之客觀的合目的性的概念僅只給予我們對該對象作反思，而不是通過一個目的之概念以決定對象，並且那個關於一個自然產物的內在可能性之目的論的判斷僅只是一種反思的而不是決定的判斷。（KGS 20:236）

　　康德恰切地指明：目的論判斷關涉到：一個自然產物應當是什麼。他說：「這個應當包含一種截然與物理－機械的必然性不同的必然性，在物理－機械的必然性裡，一物只按照起作用的原因之法則而為可能的（並沒有該物之先在的理念）。」（KGS 20:240-241）只有在反思判斷力的先驗原則（合目的性原則）下，目的論的判斷得以確立，並且，目的論判斷的有效性和限制必須據此被決定。（KGS 20:241）在《判斷力批判》之「初稿引論」第十節「論技術的判斷力的一種原則之探索」結尾，康德說：「目的論判斷比美學判斷更需要這個批判（《判斷力批判》），因為目的論判斷若任由其自己邀請理性來推論（Schlüssen），它可能浪蕩到越界東西（Überschwengliche）。」（KGS 20:241）[109]

　　康德經由批判推翻「合目的性之實在論」，而提出「合目的性之理念論」。據此確立「道德的目的論」，並對「終極目的的客觀的實在性」作說明。康德既論明目的論判斷只關涉到：一個自然產物應當是什麼。目的論的判斷僅僅是反思判斷力的作用，其有效性和限制必須據此被決定。（KGS 20:241）那麼，當他提出：「據理論上反思的判斷力的原則，我們會說：如果我們有理由為自然的合目的的產物假定一個自然之至上的原因（eine oberste Ursache der Natur），……。因此我們將有充分的理由思考這個原始本質者（Urwesen）不僅在自然界無處不在，而且還有一個終極目的。」（KU 5:454）就正如他本人所提醒：「這並不表明這樣一個本質者的存在。」（KU 5:454）他解釋說：「我們不僅可以從目的的角度，而且也可以通過將終極目的歸於這樣

---

109　總括而言，康德將目的論判斷與美學判斷一道歸於自然之合目的性判斷，並一道歸源於反思判斷力，因著這種根源洞察，他不僅破除那種將美學判斷及其原則貶為限制於經驗並因而毀滅其對每一個人必然有效的宣稱的錯誤主張，並且更為重要的是，摧毀舊目的論的越界妄作之同時，摒棄那些盲目否決一切目的論的機械論偏見。（KGS 20:241）

一個世界的實存來使這樣一個世界的可能性變得可理解」。（KU
5:454）並同時提醒：道德的目的論本身「並不需要我們外面的一種
有知性的原因」，他說：「在我們自己裡面，更多地在一個賦有（其因
果性的）自由的有理性者一般的概念裡面，我們發現了一種道德的目
的論，由於我們自己裡面的目的聯繫可以先驗地連同其法則一起被決
定，從而被視為必然的，所以這種道德的目的論為此目的並不需要我
們外面的一種有知性的原因來說明這種內在的合目的性。」（KU
5:447）此即是說，並非道德的目的論需要一個神學。

　　康德通過其確立的道德的目的論來說明「終極目的」，當他說：
「我們不僅有一個先驗地預設的終極目的，而且創造，即世界本身就
其實存而言，也有一個終極目的」，（KU 5:453）我們就明白，他並非
要主張「我們外面的一種有知性的原因」，而我們知道它的終極目
的；而是意謂：我們假定一個自然之至上的原因，並且，我們只能以
我們的「道德的終極目的」思考它的終極目的。康德說：

> 對於理性的世界本質者的終極目的的概念，其客觀的理論的實
> 在性，要求我們不僅有一個先驗地預設的終極目的，而且創
> 造，即世界本身就其實存而言，也有一個終極目的：如果這一
> 點能被先驗地證明，就會把客觀的實在性添加到終極目的的主
> 觀的實在性中。因為如果創造在任何地方有一個終極目的，那
> 麼我們只能以這樣一種方式來思考它，即它必須與道德的終極
> 目的（只有道德的終極目的才能使一個目的的概念成為可能）
> 相一致。（KU 5:453）

　　於《判斷力批判》，康德經由「目的論判斷力之批判」對「終極
目的之理念」作出說明：首先說明「終極目的」是我們人自己的理性

先驗地預設的一個理念；並進一步說明我們有理由以我們人類的道德的終極目的思考創造（即世界本身）的終極目的。

在《判斷力批判》第七十九節「目的論判斷力的方法學」中，康德提出「目的論的位置」的問題，他首先指明：目的論既不屬於神學，（KU 5:416）也不屬於自然科學。（KU 5:417）依此提出：「如果我們通觀整個自然，那麼，我們在其中，作為自然就找不到任何能夠要求作為造化的終極目的之優先權。」（KU 5:426）「畢竟作為自然物絕不能是一個終極目的。」（KU 5:426）「目的」要麼是終極目的；要麼是同時作為手段的目的。（KU 5:426）康德首先依於後者考察「自然的最後的目的」，人們最後可以說：這些造物都是為了人，「是為了人作多種多樣的利用，是人的知性教給他對所有那些造物作這樣的利用的；而人就是造化在這塵世上的最後的目的。」（KU 5:426）康德說：「自然的最後的目的畢竟是一個目的論系統的可能性所需要的，而且我們也只能把它設定在人身上。」（KU 5:427）「因為人是塵世唯一能夠給自己形成一個關於目的的概念，並能夠通過自己的理性把合目的地形成的諸般物的集合體變成一個目的系統的生物。」（KU 5:427）

康德通過對目的論判斷力之批判考察，論明唯獨人能夠形成一個關於目的的概念，並通過自己的理性形成一個目的系統。於第八十三節「作為一個目的論系統的自然的最後的目的」，康德論明：因著反思判斷力的合目的性原則，我們能夠視自然為一個目的論系統，同時我們人就「作為一個目的論系統的自然的最後的目的（dem letzten Zwecke der Natur）」。（KU 5:429）他提出：「作為目的應該通過人與自然的聯結而得到促進的東西必須在人自己身上來發現。」（KU 5:429）並且把這種目的分為兩類：要麼是「幸福」，「即人本身能夠通過自然的仁慈而得到滿足。」（KU 5:430）要麼是「人的文化」，

「這就是對自然能夠（外在地和內在地）被人利用來達到的各式各樣
目的的適應性和技巧。」（KU 5:430）並指出：幸福並不能夠被視為
自然的最後的目的。他說：「人所理解的幸福以及事實上是他自己的
最後的自然目的（不是自由的目的）的東西，畢竟是永遠達不到的；
因為他的本性不具有就占有和享受而言在某個地方停下來並被滿足的
性質。」（KU 5:430）那麼，有理由歸之於自然的最後的目的的就是
「人的文化」。康德說：「一個有理性者一般而言對隨便什麼目的的適
應性（因而是在他的自由中的適應性）的產生就是文化。因此，唯有
文化才能夠是人們有理由就人類而言歸之於自然的最後的目的（而不
是他自己的塵世幸福，或者根本不只是在外在於他的無理性自然中建
立秩序和一致性的最重要工具）。」（KU 5:431）

　　依康德所論明：「人作為地球上唯一具有知性並因此有自身置定
抉意的目的（willkürlich Zwecke）的本質者」，「根據其使命也是自然
的最後的目的；但總是要有一個條件，也就是：他理解這一點，並且
具有給自然和他自己提供出這樣一個目的的聯繫的意志，這目的聯繫能
夠獨立不依於自然而自給自足，因而是終極目的。但這終極目的根本
不必在自然中尋求。」（KU 5:431）依此，康德就從「人是自然的最
後的目的」進一步論人因著一個目的聯繫的意志而成為創造的終極目
的。在說明「人是自然的最後的目的」的這一節末尾，康德提出：歸
之於自然的最後的目的的就是「人的文化」。並指明：使人文明起
來，雖然不能使人道德上變好，但是，「由此使人對唯獨理性才在其
中執掌權力的那種統治作好準備」，（KU 5:433）「並使我們感覺到潛
存於心中的一種更高的目的的適應性。」（KU 5:434）此言「更高的
目的」意即「終極目的」。康德於句末作了一個註，在那裡，他提
出：「我們自己通過不僅是我們做什麼，而且也是不依賴於自然而合
目的地做什麼，這樣來賦予我們的生存（unserem Leben）以價值，乃

至於連自然之實存本身也只有在這個條件下才能夠是目的。」（KU 5:434）他表明：「如果一種價值僅僅按照人們享受什麼（按照一切性好的總和之自然目的，即幸福）來估量，則生存（Leben）對我們具有一種什麼價值，就容易作出裁定了。這種價值將降至低於零。」[110]（KU 5:434）我們生存的價值在：「根據自然引導我們達到的目的，與我們共有的目的而生活所包含的東西，及在於人們所做的（不僅僅是享受）東西來生活，哪怕我們總是僅僅是達成無限期的終極目的（unbestimmten Endzwecke）的手段。」（KU 5:434）

　　於本人看來，這段話儘管只置放於一個註腳中，卻包含了「終極目的」的極為重要的說明。它說明了「終極目的」與人的生存的價值本質地相關，此「價值」與「不依賴於自然而合目的地做什麼相關」；並且，哪怕這「終極目的」總是無限期的、不決定的，決不動搖其於我們生存中的絕對價值。誠然，當今之世，自由主義盛行，人們崇尚所謂「多元價值」，但「多元價值」只是相對的。如康德所論明：「相對的價值」只能稱之為「格價」。早在《基礎》一書，康德就論明：「如果一切價值都是有條件的，從而是偶然的，那麼，理性根本無法有最高的實踐原則。」（Gr 4:428）並提出：「構成唯一能使某物其自身即是目的之條件者，不單有一相對的價值，即一價格，而且還具有一內在的價值，即尊嚴。現在，道德是能使一個有理性者自身就是一目的之條件。」（Gr 4:435）正是人的超感觸本性（自由）這根，使人具有「超乎一切價格，因而無等值物的東西——尊嚴」。（Gr 4:434）並且，康德已論明純然意志的絕對價值：「善的意志並不因它造成或者達成的東西而善，並不因它適宜於達到任何一個預定的目的而善，也就是說，它就自身而言是善的。」（Gr 4:394）「它像一顆寶石那樣，作

---

110 康德問：「畢竟，誰願意在同樣的條件下或即便根據一個新的、自己設計的計劃（但畢竟是按照自然進程的）但純然基於享受，而再次涉足生活呢？」（KU 5:434）

為在自身就具有其全部價值的東西，獨自就閃耀光芒。有用還是無效
果，既不能給這價值增添什麼，也不能對它有所減損。」（Gr 4:394）
又說：「一個就自身而言就應受尊崇的、無須其他意圖就是善的意志
之概念，如同它已經存在於自然的健康知性中，不需要被教導，而只
需要被啟蒙，在評價我們的行為的全部價值時，它始終居於首位，並
且構成其他一切價值的條件一樣。」（Gr 4:397）

　　人因著善的意志而有絕對價值，這是在《基礎》一書已論明的。
不過，要進至《判斷力批判》，康德關連於人的生存的價值而說明人自
身「不依於自然而自給自足」的一個與「終極目的」聯繫的意志。從
而指明：「這終極目的根本不必在自然中尋求。」（KU 5:431）依康德
所論，如果人把世俗目的變為人之全部目的，他就不能為自己的實存
設定一個終極目的，並與之完全一致。（KU 5:431）儘管人可以把自然
視為一個目的論系統，也可以藉著他「作為世上唯一具有知性，因而
具有抉意地給自己置定目的的機能」的生物，自命「他是自然名義上
的主人」，據此也可以說：「人按照其分定就是自然的最後的目的。」
（KU 5:431）

　　在《判斷力批判》第八十四節「關於一個世界，即創造本身的存
在之終極目的」一開首，康德承上節所論，作出總結：「我在上面說
過：終極目的不是自然足以造就並且按照其理念產生出來的目的，因
為終極目的是無條件的。」（KU 5:435）並指明：唯獨在「作為智思
物考量的人」身上，「能夠認識到一種超感觸的機能（自由），而且在
他裡面能認識到那因果性的法則，連同這種因果性的那個能夠作為最
高目的而置於面前的客體（世界中的圓善）」，（KU 5:435）也就是
說，這樣的「人」是世界上唯一一種本質者，「其因果性是目的論
的，即是指向目的的。」（KU 5:435）亦即「作為一個道德的本質者
的人」，「他的存在在其自身就具有最高的目的，他能夠盡其所能使整

個自然服從這個最高的目的，至少他可以堅持不違背這個最高的目的而屈從於自然的影響。」（KU 5:435）既論明「在作為道德主體的人中，我們才找到關涉目的的無條件立法，唯有此立法使人有能力成為終極目的」，（KU 5:435-436）康德就據此提出：「全部自然都要目的論地隸屬於這個終極目的。」（KU 5:436）也就是說，從「人有能力成為終極目的」之闡明進至說明「作為道德者的人才是創造的目的」，（KU 5:444）也就是進至「世界，即創造本身的存在之終極目的」之闡明。此即說明了人的存在的目的之「終極目的」，同時也就是創造的終極目的。

於此第八十四節，康德提出一個問題：一個世界之存在，亦即造化本身要能夠被設想為一個「萬物的合目的性的統一」的大全，那麼，我們必須能夠對它的終極目的有所決定，他給出回答：「那麼，人就是創造的終極目的（so ist der Mensch der Schöpfung Endzweck），因為若是沒有這個終極目的，相互隸屬的目的之鏈條就不會完備地建立起來。」（KU 5:435）並且論明，「幸福就連自然目的也不是，說它應該是創造的終極目的就大錯特錯了。」（KU 5:436）人盡可以使幸福成為自己的最終的主觀的目的。但如果我問創造的終極目的：人本來是為什麼必須實存的呢？這說的是一個客觀的至上的目的，就像最高的理性為自己的創造會要求這樣一個至上的目的那樣。（KU 5:436）康德說：「幸福只能是有條件的目的，人只有作為道德的本質者（moralisches Wesen），才能是創造之終極目的（Endzweck der Schöpfung）；但就人的狀況而言，幸福只是作為一個按照與該目的協調一致的結果，始與作為人的存在的目的的終極目的而連結起來。」（KU 5:436）

第八十五節以「論自然神學」為題，論明：「自然神學是一種被誤解的自然目的論。」（KU 5:442）提出：自然對我們來說，只是好像含有目的的普遍關係而已。（KU 5:440）自然對終極意圖什麼也沒有說。

（KU 5:440）康德提出：「唯獨純粹的理性才能夠先驗地提供一個終極目的（因為世界上的一切目的都是經驗地有條件的，所能夠包含的只不過是作為偶然的意圖對此或者對彼好的東西，而不是絕對地善的東西。）」（KU 5:441）並且，唯獨人自身的理性提供的這個終極目的，始能夠引導我們把「自然判斷為一個目的論的體系」。（KU 5:441）

於第八十六節「論倫理神學」，一開首康德就提出：「一切形形色色的造物，無論它們有多麼偉大的藝術安排，有多麼多種多樣的合目的地彼此相關的關連」，當我們的知性（即便是最平常的知性）對此作反思，都會有這樣的判斷：「如果在它們裡面沒有人（有理性者一般），它們的存在就沒有任何目的，亦即：若沒有人，整個造化就會只是一純然的荒野，是徒然的，且亦無終極目的。」（KU 5:442）

於第八十三節，康德已說明了「終極目的」與人的生存的價值本質地相關，於第八十六節他進一步論明「世界存在的價值」與「終極目的」之關連。於此，康德把終極目的的論題推進至「世界存在的價值」之討論。他說：「從世界被認識這一事實也不能產生出世界存在的價值；而且人們必須已經預設它的一個終極目的，在與這個終極目的聯繫中，對世界考察本身就具有一種價值。」（KU 5:442）也就是說：只有人能把價值給予於世界中的每一其他東西之存在，而這價值與終極目的相聯繫，它所指的是一種「絕對價值」。康德指明：如果人視幸福為自己的終極意圖，「這並不提供任何概念來說明他究竟為何存在，他本身具有什麼價值。」（KU 5:442）他說：「我們據以估量那種絕對價值的，不是安康，不是享受（無論是肉體的還是精神的），一言以蔽之，不是幸福。因為如果人存在，他把幸福作為他的終極意圖，這卻沒有提供任何概念說明他為何存在，他本身有什麼價值，以使他的實存對他來說成為愉快。」（KU 5:442-443）並指明：「因此，他必須已經被預設為創造之終極目的，以便有一個理性根據

以說明,為什麼如果根據目的之原則將自然視為一個絕對的整體,那麼自然必須與他的幸福相一致。」(KU 5:443)

康德提出:甚至健康的人類理性的最平常的判斷與此完全吻合,也就是:「人僅僅作為道德的本質者始能是創造之終極目的。」(KU 5:443)他甚至指明:即使人有如此多的才能,甚至非常積極地利用它而大有作為,從而對公眾事務產生有益的影響,因此,無論就他的幸運環境還是對其他人的好處都有很大的價值,但是,如果他沒有善的意志,「他就是一個可鄙的客體」,「就畢竟作為壞人。」(KU 5:443)

依康德所論明,「服從道德法則的人」,也就是稟有一個「善的意志」的人,「他以他的意欲機能的自由而行動。」(KU 5:443)人之存在因其稟具「善的意志」而有一絕對價值,康德指明,這絕對價值是「唯有他自己能給予他自己的價值,而且這價值就在於他做什麼,他如何以及依照什麼原則而行動」,(KU 5:443)也就是在於:「他以意欲機能的自由而不是作為自然的環節而行動中。」(KU 5:443)並且,康德論明:唯獨在與稟具「善的意志」的人的聯繫中,「世界的存在始能有一終極目的。」(KU 5:443)他說:「只有人能把價值給予於世界中的每一其他東西之存在」,(KU 5:442)並且把天地萬物之存在關聯到終極目的上,其關涉點就在其意欲機能之自由中。(KU 5:443)據此,他有理由指出:假若世界的存在根本沒有一個終極目的,「造化就會是一片純然的荒漠。」(KU 5:442)倘若不是人類配作為分定治理(herrschen)地球的類而生存,那麼,人與天地萬物都只是偶然的、宇宙中的一個純然的點。

既論明人作為道德的本質者自身就是終極目的以及能夠是創造之終極目的。康德據此建立其「道德的目的論」。於第八十七節一開首,他說:「這道德的目的論是這樣的:它要處理我們自己的因果性與目的之關係,乃至與我們在世界上意欲提出的終極目的之關係,以

及處理那關於世界與道德目的之間的相互關係和在外部條件下實現那道德目的之可能性（關於這點，沒有自然目的論能給我們任何指導）。」（KU 5:447-448）他指出：在這道德的目的論中，人的存在的內在的「道德的目的分定」（der moralischen Zweckbestimmung）補充了自然知識所丟失的東西。（KU 5:447）並提醒：「在我們自己裡面，更多地在一個賦有（其因果性的）自由的有理性者一般的概念裡面，我們發現了一種道德的目的論，由於我們自己裡面的目的聯繫可以先驗地連同其法則一起被決定，從而被視為必然的，所以這種道德的目的論為此目的並不需要我們外面的一種有知性的原因來說明這種內在的合目的性。」（KU 5:447）此即是說，並非道德的目的論需要一個神學。康德一再強調：甚至最平常的人類理性也不得不直接贊同的原理就是：如果在任何地方應該發現一個理性必定先驗地指定的終極目的，那麼，這個終極目的就只能是服從道德的法則的人（即每一個有理性的世間生物）。（KU 5:448）

　　早在《實踐的理性批判》康德就批判地論明：事實上，道德的法則依照理念把我們移置一個超感觸的自然。（KpV 5:43）「通過我的人格無限地提升了我作為睿智者的價值。」（KpV 5:162）若無人自身的理性給予自己一條道德的法則並且人服從道德的法則，人與天地萬物都只是偶然的、宇宙中的一個純然的點。在這個批判的「結論」中，康德就告訴我們，「我頭上的星空」直接與「我的實存的意識」聯結起來，但這種聯結「只是偶然的」，我「作為一個動物物種的造化物」在短時間內不知怎樣地被配備了生命，「此後，又不得不把它曾由以生成的物質歸還給行星（宇宙中的一個純然的點）。」（KpV 5:162）「我心中的道德法則」同樣直接與「我的實存的意識」聯結起來，而這種聯結「是處於普遍的和必然的聯結中」。（KpV 5:162）「通

過我的人格無限地提升了我作為睿智者的價值，在這個人格裡面，道德法則向我展現了一種獨立於動物性，甚至獨立於整個感觸界的生命，至少是從憑藉這個法則對我的存在的合目的性之決定中可以得出的，這種決定並不局限於此生的條件和界限，而是無限延續的。」（KpV 5:162）

依據康德確立的「道德目的論」，自然不是那作為「現象之綜集」的自然，而是與實踐的合目的性一致的自然，它是理性在理念中擁有的自然之在其自身。（KU 5:268）毋寧說，它是人的意志自由依據道德法則而致力於在世界上實現的第二自然（即實現圓善之道德秩序的自然）。人「把世界看作一個按照目的關聯著的整體和一個目的因的系統」，（KU 5:444）按照自己的理性必定先驗地指定的終極目的才可能的秩序，與天地萬物結合在一起。這個目的因的系統是道德法則使我們負有義務去追求的。康德說：「道德法則作為我們的自由之運用的形式的理性條件，單以其自己而不依於任何作為材質條件的目的來約束我們；它也為我們先驗地規定一終極目的，並使對它的追求成為我們的責任（verbindlich），而這個終極目的就是最高的經由自由而可能的在世界中的善。」（KU 5:450）

康德在其所論「道德的目的論」中再次論及世界存在的價值。他說：「如果不是人因著善的意志而有絕對價值，那麼這樣一個世界必不會有任何價值，因為這樣的世界不會有任何東西對於什麼是價值有絲毫概念。」（KU 5:449）人稟具一個善的意志而能夠具有一種絕對的價值，並且，世界與稟具善的意志的人聯繫在一起，世界的存在也具有絕對的價值。這是在「論自然神學」及「倫理神學」兩節論明了的。而在「道德的目的論」之確立中，康德進一步提出：唯獨人「能源初地（在自由中）為自己創造一種存在價值」，否則，「世界的存在

就會根本沒有任何價值。」[111]（KU 5:449）於此，他提出：是道德法則「無須條件地，因此正如一個終極目的的概念所需要那樣，為理性將某物規定為目的」。（KU 5:449）也就是說，道德法則無條件立法，此法則為理性將某物規定為目的，此目的與無條件的「終極目的」的概念相同。康德論明「終極目的是無條件的」，（KU 5:435）它就包含在無條件的道德法則中。此所以康德說：「換句話說，唯獨服從道德法則的有理性的本質者的實存，能被思想為一個世界的存在的終極目的。」（KU 5:449-450）並且，他論明：理性頒立的無條件的道德法則規定了「終極目的」，以此「終極目的」為目的「在原因中」作為「世界存在」的基礎。[112]並明示：道德法則使對「終極目的」的追求成為我們的責任。

　　若非道德法則為理性將某物規定為終極目的，則世界存在根本談不上有「終極目的」在原因中作為其基礎。（KU 5:450）依此，康德論明，假若「創造在任何地方有一個終極目的」，我們只能以這樣一種方式來思考它：即它必須與「道德的終極目的」相一致。（KU 5:453）康德論明「創造，即世界本身就其實存而言，也有一個終極目的」，此即對終極目的的「客觀的實在性」作出說明。在「道德的證明之有效性之限制」（第八十八節）那一節，康德就說：

---

111 康德說：「如果世界全然是由無生命的東西所構成，或者雖然部份地由有生命的東西所構成，但卻是由無理性的東西所構成，那麼，這樣一個世界的存在就會根本沒有任何價值，因為在它裡面沒有任何對一種價值有起碼概念的東西實存。另一方面，即使有理性的本質者，但他們的理性要是只能把物之存在的價值置定在自然與他們（他們的福利）的關係中，而不能源初地（在自由中）為自己創造一種存在價值，那麼，世界上雖然有（相對的）目的，但卻沒有（絕對的）目的，因為這樣的有理性者之存在畢竟總是沒有目的的。」（KU 5:449）

112 康德說：「如果不是這樣，那麼，或者根本沒有目的在原因中作為世界存在的基礎，或者沒有終極目的在原因中作為世界存在的基礎。」（KU 5:450）

對於理性的世界本質者的終極目的的概念，其客觀的理論的實
在性，要求我們不僅有一個先驗地預設的終極目的，而且創
造，即世界本身就其實存而言，也有一個終極目的：如果這一
點能被先驗地證明，就會把客觀的實在性添加到終極目的的主
觀的實在性中。（KU 5:453）

康德提出：「純粹的理性作為實踐的機能，即作為通過理念（純
粹的理性概念）來決定我們的因果性的自由的使用的機能」，（KU
5:453）這一點是《實踐的理性批判》已論明的，我們於前面相關章
節亦已申論。據此，他指明：「不僅在道德的法則中包含了我們的行
為的軌約的原則（regulatives Prinzip），同時也在一個只有理性才能思
考、通過我們在世界上的行動根據該法則使其成為現實的客體的概念
中提供了一個主觀的一構造的原則。」（KU 5:453）此即意謂：我們
在行動中根據道德法則為圓善（作為終極目的）提供了一個主觀的一
構造的原則。據之指出：「因此，根據道德的法則的自由之使用中的
一個終極目的的理念具有主觀的一實踐的實在性。」（KU 5:453）

依康德所論，首先論明我們人有一個先驗地預設的終極目的，也
就是說明終極目的的「主觀的實在性」；進而要說明終極目的的「客
觀的實在性」，該說明包括兩步：第一步，先驗地證明「創造，即世
界本身就其實存而言，也有一個終極目的」，也就是從道德的目的論
推論到「創造之終極目的以這種模式被決定」。（KU 5:455）第二步假
定一個有知性者同時是一個道德的者作為世界的創作者，從而假定一
個上帝。（KU 5:455）

依我們前面所論明，通過闡明「人有能力成為終極目的」、人自
立及服從道德的法則就成為終極目的，終極目的的「主觀的實在性」
已得到說明。繼而康德本人提出這樣一個問題：「創造之終極目的概

念的客觀的實在性是否也能夠為了純粹的理性的理論要求充分展示，
即使不是無可置疑的，決定的，但對於理論的－反思的判斷力之格準
來說是充分的展示。」（KU 5:454）康德首先表明：思辨的哲學遠遠
不能夠為此提供解答。儘管我們能夠通過將終極目的歸於這樣一個世
界的實存來使這樣一個世界的可能性變得可理解，（KU 5:454）他明
示：「我們徒勞地在自然本身中尋找自然的終極目的。」（KU 5:454）
並說：「終極目的只是我們實踐的理性的一個概念，不能為了對自然
進行理論的判斷而從任何經驗的材料中推斷出來，也不能與自然認識
聯繫。」（KU 5:454）他指明：「除非出於按照道德法則用於實踐的理
性，否則不可能使用該術語。」（KU 5:454-455）「因此，這只能而且
必須在理性本質者中（in vernünftigen Wesen）尋求，正如它的理念只
存在於理性中，甚至就其客觀的可能性而言。」（KU 5:454）

　　依康德所論，我們的道德法則命令我們致力於實現終極目的，那
麼，「我們在實踐的意圖裡，也就是為了把我們的力量用於實現這終
極目的，就有一個理由假定這種終極目的的可能性，亦即可執行性
（Ausführbarkeit）。」（KU 5:455）並且，「理性的本質者的實踐理性
不僅陳述了這個終極目的，而且就一個終極目的只有在其下始能被我
們思維到的種種條件來決定了這個概念。」（KU 5:454）此即康德提
出：「我們有一種道德的根據思考一個世界也有一種創造之終極目
的。」（KU 5:455）通過道德的目的論推論到「創造之終極目的以這
種模式被決定」。（KU 5:455）不過必須提請注意，康德指明：創造之
終極目的的概念的客觀的實在性只能夠「對於理論的—反思的判斷力之
格準來說充分的展示」。（KU 5:454）康德提出理論的—反思的判斷力
的原則：按照這個原則，「如果我們有理由為自然的合目的的產物假
定一個自然之至上的原因」，「其就自然的現實性而言的因果性（創
造）必須設想為與自然機械性不同，也就是必須思考為一個知性者

（Verstandes）的因果性；因此我們將有充分的理由思考這個原始本質者（Urwesen）不僅在自然界無處不在，而且還有一個終極目的」，那麼，「畢竟至少要使我們確信（就像在自然目的論中發生的那樣）。我們不僅可以從目的的角度，而且也可以通過將終極目的歸於這樣一個世界的實存來使這樣一個世界的可能性變得可理解。」（KU 5:454）

康德指明「關於創造之終極目的的概念的客觀的實在性之解釋「不能為決定的判斷力而無可置疑的」。（KU 5:454）並毫不諱言，「終極目的的可執行性包含一種不歸於我們的掌握中的條件」，他說：「沒有自然來支持這種可執行性的一種不歸於我們的掌握中的條件，這終極目的的實現就會是不可能的。」（KU 5:455）創造之終極目的是世界的對應於我們只能根據道德法則始能決定地表明的東西，（KU 5:455）也就是說，「它與我們的純粹的實踐的理性就其應當是實踐的而言」，（KU 5:455）此即關涉於道德的「應當」。換句話說，道德法則命令我們致力於實現終極目的，我們就應當「把我們的力量用於實現終極目的」。（KU 5:455）但是，這種終極目的的可執行性包含一種不歸於我們的掌握中的條件，我們依於道德的根據設想一個也有一種創造之終極目的的世界，並假定一個有知性者同時是一個道德的者作為世界的創造者，從而假定一個上帝，以補我們不能掌握的條件之缺失。康德毫不諱言：「這終極目的的可能性，以及它的不可能性，不能被我們看見。」（KU 5:471-472）又說：「終極目的之達到，就此一目的並非完全在我們的力量中而言，是僅僅為了理性之實踐的使用而假定，而不是像義務本身那樣是實踐的必然的。」（KU 5:470-471）他提示：「道德法則要求促進的終極目的不是義務的根據；因為這根據位於道德的法則中。」（KU 5:471）他一如既往地強調：「道德的法則作為一種形式的實踐的原則，定言地引導著，而不管意欲機能的客體（意願之材質），因此也不管任何目的。」（KU 5:471）並且，他亦

一如既往地強調：我們的行為「服從普遍有效性之原則」，這種形式的性狀「單獨構成了它們的內在的道德的價值，而這種性狀完全在我們的權力內（in unserer Gewalt）。」（KU 5:471）他甚至表明：當我們「服從普遍有效性之原則」而行，「我可以完全抽取掉我根據該法則而有責任促進的目的的可能性或者不可行性（Unausführbarkeit）」，（KU 5:471）「把那些永遠不完全在我的權力內的東西抽取掉，只是關注我所能夠做什麼。」（KU 5:471）

　　儘管康德強調：終極目的不是義務的根據；唯獨道德的法則作為義務的根據。並一再明示：「思辨的理性根本看不到這種意圖的可行性（無論是在我們自己的自然機能方面，還是在自然之合作方面）。」（KU 5:471）不過他提出：「促進所有理性的本質者的終極目的（幸福，盡可能與義務相一致）的意圖是由義務之法則強加的。」（KU 5:471）他說：「我們感到道德法則敦促而追求一個普遍的最高的目的，但我們和全部自然沒有能力達到這個目的；我們只是在自己追求它才可以判斷自己符合一個有理智的世界原因（如果有這樣一個有理智的世界原因）的終極目的；這樣就有了實踐的理性的一個純粹的道德的根據來假定這個原因（因為這樣做不會有矛盾），即使沒有更多的根據。」（KU 5:446）

　　在《判斷力批判》第九十一節「論經由一種實踐的信仰的認之為真（Fürwahrhalten）之模式」中，康德明確指出：「圓善」、「上帝的存在和心靈不朽」都是信仰事物。這些純然的信仰事物都是這樣的對象：「它們必須在與純粹的實踐的理性的合乎義務的使用的聯繫中（它們是作為後果，或者是作為根據）而被先驗地思維，而對於其理論的使用來說是越界的對象，是純然信仰事物。」（KU 5:469）他毫不諱言，這些信仰事物的概念是「人們不能理論地保證它們的客觀的實在性的一些概念。」（KU 5:469）「在這些信仰事物中的認之為真是

純粹的實踐方面的認之為真，亦即一種道德的信仰。」（KU 5:470）
關於它們的一種可能的知識，「只是在實踐的，並且為了我們理性之
道德的使用而要求如此的關聯中的假定。」（KU 5:470）「既不成為知
道（Wissen）也不成為意見（Meinung）。」（KU 5:470）

　　依康德所論明，「圓善」（終極目的）作為道德的法則的客體的可
能性，以及「上帝的存在和心靈不朽」作為這種可能性的條件，它
們一起被設定，那是以「所有德性法則的至上的原則」為前提條件
的。[113]這些信仰的事物絕不是可以被迫（內在地或外在地）認信，而
是：「應該是一種自由的認之為真（ein freies Fürwahrhalten），只有這
樣一種認之為真與主體之道德相容（vereinbar）。」（KU 5:469）此即
康德說：「作為最高的道德的終極目的之可能性的條件而必須預設的
東西，由於對這終極目的的責任而假定為真的。」（KU 5:471）為避免
誤解，康德做了一個註腳對「假定為真的」作說明：「它是對道德的
法則之應許的一種信賴；但這種應許不是作為包含在道德的法則中的
東西，而是我出於道德上充分的根據放入其中的。」（KU 5:471）並
明示：「因為沒有任何理性之法則能命令終極目的，除非理性之法則
同時應許其可實現性，哪怕是不確定的，從而有權把我們的理性唯獨
在其下始能思想這種可實現性的那些條件認之為真。」（KU 5:471）

　　值得提請注意，依康德所論，道德的法則命令終極目的，但道德
的法則之中並沒有包含終極目的之可實現性，只是理性不確定地應許
其可實現性；此所以我們假定「上帝」，當我們出於道德上充分的根
據設定了上帝作為終極目的之可能性的條件，也就將一種應許放入道
德法則中。我們於前面已論，道德法則命令我們致力於實現終極目

---

113　康德說：「如果所有德性法則（Sittengesetze）的至上的原則是一個設準（Postulat），
　　　那麼這些法則的最高的客體的可能性，以及我們在其下能夠思考這種可能性的條
　　　件，就因此同時被設定了。」（KU 5:470）

的，但是，這種終極目的的可執行性包含一種不歸於我們的掌握中的條件，此所以我們依於道德的根據設想一個也有一種創造之終極目的世界，並假定一個上帝，以補我們不能掌握的條件之缺失。這裡尤為重要的是，我們設想一個有一種創造之終極目的世界，並非意謂肯斷一個我們之外實存或潛存的世界，而毋寧說，我們依於道德的根據以圓善之理想為終極目的設想一個「道德的世界」，我們以之為原型而指導我們致力於將其實現於世界的一切行動。也是為著作為終極目的的圓善之可能性的條件，我們假定一個上帝，如此假定之，並非意謂肯斷一個「上帝」在我們之外實存或潛存，而毋寧說，上帝之概念唯有與道德的法則相聯繫始能夠取得其決定的意義。

道德的法則定言地命令，而不管意欲機能的客體（意願之材質），因此也不管任何目的。只是關注我所能夠做什麼。我們的義務就是以道德的法則為根據，在實踐中盡一切努力將「應當」（能夠）轉變成為「是」。任何以後果（目的）為根據的行為一律為意志他律，而意志他律根本不能產生道德行為。

依以上所論，我們可以指出：康德哲學是批判地揭明，而絕非獨斷的肯斷，通過步步批判建立起一個主體內具的先驗認識的整全結構，其中先驗認識之每一元素皆經由批判考察揭明其乃是主體（認知主體或實踐主體）內具的形式，這些形式的有效性並不限於個體而言的主體，而是普遍地對於人類這個類的所有主體而言的。感性之純然形式（純粹的直觀空間和時間），以及知性的純粹概念（範疇）不僅對所有人類主體有效，而且，「畢竟為對於客體的有效性所需要。」（KU 5:401）而理性的純粹概念（理念）的有效性雖然只限於主體，「但畢竟是普遍地對於這個類（Gattung）的所有主體而言的。」（KU 5:401）依此而言「實踐的客觀的實在性」。以此區別於對於外在客體有效的客觀的實在性。

　　依康德批判地論明：「實踐的客觀實在性」與「在理念中的對象」相關。理性不僅在對自然的理論考察中產生「在理念中的對象」，並且，因著理性在實踐領域對意欲機能立法，亦即頒布道德的命令，「在理念中的對象」因著與道德法則的必然連繫而獲得客觀實在性。道德法則是「由於我們才成為可能的東西的實踐的法則」，（KU 5:404）在道德法則頒布命令的地方，行為具有作為義務的客觀必然性，「而且，理性不是通過一個是（發生），而是通過一個應當是（Sein-Sollen）來表述這種必然性。」（KU 5:403）這個「應當是」就包含著說，致力於使「應當」成為現實。（KU 5:403）這個「應當是」不僅關涉到個人的行為，它根本上與人的存在之分定相關，最後，它還與人及世界的終極目的（圓善）之實現相關。康德論明：道德法則是「由於我們才成為可能的東西的實踐的法則」，（KU 5:404）此所以，遵循道德法則的行為「是以這樣一種（智思的、不為感性所決定的）因果性為前提條件的，無論它現在是現實的，還是僅僅被命令的，也就是客觀地實踐上必然的」，（KpV 5:104）重要的是：「現在，事情單單取決於這個能夠（Können）會轉變為是（Sein）。」（KpV 5:104）

　　我們一再申論，康德經由批判作出「理論哲學」與「道德哲學」。道德哲學解決「應當」的問題，在道德的領域，理性立法。「理性是一種原則的機能，而且在它的最後的要求中是指向無條件者的。」（KU 5:401）理性不斷地要求無條件者，在其要求的無條件的東西身上，「可能性與現實性就根本不再應該有區別。」（KU 5:402）明乎此即可知，有學者指責康德從「應當」推論到「能夠」，他們以為康德以「應當」論道德是將道德視為只是「應當」，而不涉及「存在」，並指責他主張道德要求不可能的東西。這一類詰難其實是似是而非，並不成立。究其實，依康德所論，「應當」與「能夠」根本不會是一種

推論的關係，恰當地理解，道德的「應當」本身就必定包含「能夠」作為其本有之義。康德明確指出：「道德法則涉及的是我們知道處於我們力量中的東西。」（Rel 6:98）即使通常的理解力也能明白，以「人不能夠做的事情」作為「人應當作的事情」，那根本是悖理的。事實上，對康德持這樣一種誤解的學者只承認「實然」是有意義的，他們以為「能夠」只能以「實然」來決定，不願意承認有一種「能夠」是意指經由「應當」而成為「是」的能力。他們以這種頭腦想康德，難免要誤以為康德在這個問題上採用了推論的方法。

康德強調：「義務命令我們這樣做，而義務也僅僅命令我們做自己力所能及的事情。」此義同：「道德法則涉及的是我們知道處於我們力量中的東西。」有學者認為康德這是採用了從「應當」推論到「能夠」的手法，[114]究其實，康德是指明「做自己力所能及的事情」乃「道德」、「義務」本有之義。現實上人們並不一定都做「應當」做之事；道德法則提交給人的「終極目的」是作為定言命令，但人現實上致力於該目的卻力有不逮，因現實上人類在踐履其義務（德性）中必然地也關聯到「某些主觀的限制和障礙」。這無疑是經驗事實，但學者們若以此為口實反對「應當」本身就包含「能夠」之義，那是不成立的。康德說：「從那已作成的東西中去引生出那關於我應當作之事的法則，或者想要由此對我應當作之事的法則作出限制，這是最卑鄙的。」（A319/B375）

康德既論明因著道德法則提交給人的「終極目的」作為定言命令，人的存在「在自身中就具有最高的目的」，亦即終極目的，「它是無條件的。」（KU 5:435）並論明人能夠盡自己所能使整個自然都服從這個最高的目的，（KU 5:435）也就是說「世界也有一種創造之終

---

114 利文斯頓（Livingston）在《現代基督教思想》一書中就對康德有這樣的詰難，李秋零先生中譯《單在理性界限內的宗教》之「中譯本導言」引述這種見解。

極目的」，此創造之終極目的只能夠是道德的終極目的。進一步，康
德提出，依據此終極目的，我們能夠設想這樣一個世界的「至上的原
因」，以彌補我們致力於實現終極目的之進程中無可避免要遭遇到主
觀的限制和障礙。以此，他論明：這個終極目的也就是我們能夠設想
這樣一個世界的「至上的原因」的客觀根據。至此，終極目的的「客
觀的實在性」得到周全的說明。

　　依康德所論，我們的理性不可避免地要求「種種只是有條件的目
的地從屬於一無條件的至上目的，即一終極目的」，（KU 5:443）依
此，康德指出：在這裡，人們討論的就是：「自然的實存連同其所有
安排的目的，從而是創造的終極目的。」（KU 5:443）而且真正說來
討論的是：「唯有在其下，一個終極目的才能成立的至上的條件。」
（KU 5:443）「作為道德者的人才是創造的終極目的」，這是「把世界
看作一個按照目的關聯著的整體和一個目的因的系統」的主要條件，
是康德首先論明了的一個根據。進而，他提出：「更重要的是，對於
自然目的與一個知性的世界原因（verständige Weltursache）的那種根
據我們的理性的性狀對於我們必然的聯繫，我們有了一個原則，以設
想作為目的王國中的至上的根據的這個第一原因的本性和特性，從而
這樣決定它的概念，這是自然目的論所辦不到的。」（KU 5:444）

　　康德本人表明：首先，「我們只承認作為道德者的人才是創造的
終極目的。」（KU 5:443）至此，我們仍未接觸到神學的問題；只是
當我們再進一步討論到「一個最高的知性」作為世界萬物產生的根
據，那麼，我們就從道德的目的論擴展到一種神學。他提出：如果我
們的理性要對物的實存作出目的論判斷，那麼，它先驗地需要這樣的
原則，它就是：「世界由於其中的某些生物（gewisser Wesen）的道德
的目的決定而與一個作為神的至上原因聯繫的原則。」（KU 5:444）

## 四　上帝存在的道德的證明

我們於前面「圓善之條件（上帝、不朽）作為設準之解釋」那一節中，已就《實踐的理性批判》「辯證章」第五節（純粹的實踐的理性之設準：上帝存在）對於「設定上帝之實存為必然地繫屬於圓善的可能性者」（KpV 5:124）作出申論。進至《判斷力批判》，康德通過對目的論判斷的考察，關聯著「終極目的之理念」的推證，探究「一個最高的知性」作為世界萬物產生的根據，以此為「上帝存在」作出道德的說明，同時也就是為終極目的的「客觀的實在性」作出最後一步的說明。概略而言如下：

### （一）關聯著「終極目的」對「最高的知性」作為世界萬物產生的根據作說明

首先，於《判斷力批判》第八十五節「論自然神學」，康德一開首就表示，他在道德神學之探討之前先行探討自然神學，亦即在討論道德的目的論之前先行提出自然目的論，原因是：我們要以目的論的方式從世界上的物推論到一個「世界原因」，「那麼，首先就必須有種種自然的目的被給予，然後我們就可以為這些目的尋找一個終極目的，並為這個終極目的尋找這個至上原因的因果性原則。」（KU 5:436-437）

康德對「自然神學」作出考察，他指出：「自然神學是理性從種種自然的目的（它們只能經驗地被認識）推論到自然的至上原因及其特性的嘗試。」（KU 5:436）但自然神學「始終只不過是一種自然目的論」，（KU 5:437）關於這樣一個「有知性的世界原因」的概念完全是懸而未決的，我們根本無法通過自然目的論取得對於「有知性的世界原因」的決定的概念。康德說：「經驗永遠不能把我們提升到自然

之上，達到自然的實存本身的目的，並由此達到那個至上的知性的決定的概念。」（KU 5:438）

康德如實指出：自然對我們來說，只是好像含有目的的普遍關係而已。（KU 5:440）自然對終極意圖什麼也沒有說。（KU 5:440）「沒有終極意圖，我們畢竟就不能形成所有這些自然目的的一個共同的關聯點，不能形成一個充足的目的論原則。」（KU 5:440）我們縱使可以思想一個自然的至上原因，但是憑藉自然知識，無論對自然有多少知識，我們都無法決定：「這個至上原因是否在任何地方都依照一個終極目的」而作為自然的原始根據。（KU 5:441-442）並且，他提出：「唯獨純粹的理性才能夠先驗地提供一個終極目的。」（KU 5:441）他解釋說：「因為世界上的一切目的都是經驗地有條件的，所能夠包含的只不過是作為偶然的意圖對此或者對彼好的東西，而不是絕對地善的東西。」（KU 5:441）而且，他提出：「我們不能以別的方式就種種我們已知的合目的的安排思想自然，只能思想它為一個它所隸屬於其下的知性（Verstandes）的產物。」（KU 5:441）「但是，這種知性以及它的整體及其產生是否仍然有一個終極意圖（那個終極意圖就不會在感觸界的自然中）：這是理論的自然研究永遠無法向我們揭示的。」（KU 5:441）因此，「沒有必要僅將智慧（Weisheit）歸因於它，更不用說把最高的、與其產物的完善性所需的所有其他所有特性相關的智慧賦予它了。」（KU 5:442）

進至第八十六節「論倫理神學」，康德論明：「一個善的意志是人之存在能夠具有一種絕對的價值所唯一憑藉者，並且唯有在與其聯繫中，世界的存在才具有一個終極目的。」（KU 5:443）也就是說：人僅僅作為道德的本質者始能是創造之終極目的。（KU 5:443）康德說：「甚至健康的人類理性的最平常的判斷與此完全吻合。」（KU 5:443）並且指明：「這裡，我們談論的不是就自然的實存而言自然（其內部）

的目的，而是自然的實存連同其所有安排的目的，因此是關於創造的最後的目的。」（KU 5:443）康德提醒，這裡所論「終極目的」不是就「自然的實存」而言，而是關聯著「創造」而言，這點提醒極為重要，依此，他指明兩點：關於「終極目的」，「真正說來討論的是一個終極目的唯有在其下才能成立的至上的條件。」（KU 5:443）以及，「終極目的」也就是：「一個最高的知性產生世界萬物的決定根據。」（KU 5:443）據之，康德就關聯著「終極目的之理念」的推證，進至「一個最高的知性」作為世界萬物產生的根據的說明。

康德提出：如果我們的理性要對物的實存作出目的論判斷，那麼，它先驗地需要這樣的原則，它就是：「世界由於其中的某些生物（gewisser Wesen）的道德的目的決定（Zweckbestimmung）而與一個作為神明（Gottheit）的至上原因聯繫的原則。」（KU 5:444）康德說：「對於自然目的與一個知性的世界原因（verständige Welturache）的那種根據我們的理性的性狀對於我們必然的聯繫，我們有了一個原則，以設想作為目的王國中的至上的根據的這個第一原因的本性和特性，從而這樣來決定它的概念，這是自然目的論所辦不到的。」（KU 5:444）這裡所言「作為神明的至上原因」、或曰「知性的世界原因」、「第一原因」，亦即「元始本質者」（Urwesens），也就是康德經由批判確立的道德神學（倫理神學）中所言「上帝」。

## （二）從「終極目的」尋找至上的原因的因果性原則而對至上的原因形成一個決定的概念

道德神學（Moraltheologie），康德亦名之為「倫理神學」（Ethiko-theologie），依其所論，這種神學「是從自然中的有理性者的道德目的（它能夠先驗地認識）推論到那個自然的至上原因及其特性的嘗試。」（KU 5:436）第一步論明「我們只承認作為道德者的人才是創

造的終極目的。」（KU 5:443）但至此，我們仍未接觸到神學的問題；只是當我們再進一步討論到「一個最高的知性」作為世界萬物產生的根據，那麼，我們就從道德的目的論擴展到一種神學。

康德說：「人的存在之內在的道德的目的分定」補充自然認識的缺陷，它指導我們思想這至上的原因「作為一個神」。（KU 5:447）我們把這樣一個「至上的原因」之思想連接到一切物的存在的終極目的，亦即：我們為這個終極目的尋找這個至上原因的因果性原則，（KU 5:437）從這因果性原則出發，我們能夠設想一個「元始者」，「我們必須把這個元始者不僅思想成睿智者，思想成為自然立法的，而且也思想成一個在道德的目的王國中立法的元首」，（KU 5:444）以使圓善成為可能；「把它思想為全知的，以便我們存心（Gesinnung）內最隱微的東西對它都不會隱藏」；「把它思想為全能的，以便有可能使整個自然都與這個最高目的相一致」；「把它思想為全善的同時又是公正的，因為這兩者是道德的特性」；「乃至其他一切超越的，在與終極目的的關係中被預設的特性，如永恆性、無所不在等等。」（KU 5:444）此即是說，它們都是與道德的特性及一個終極目的的相關而被預設的。（KU 5:444）依此，我們就對於「至上的原因」形成一個決定的概念。此言「至上的原因」亦即「上帝」。

在第八十六節「論倫理神學」，康德加了一個「附釋」，在那裡，他說：「當一個人的心（Gemüts）與道德的感覺（moralischen Empfindung）諧調的時刻」，他在美麗的大自然中，安閑而平靜地享受自己的存在，以致在內心感到有一種需要，為此要有某人可感激（dankbar）。（KU 5:445）可以見出：康德在這裡是對人們感恩上帝作道德的說明。又，他論及「朝向於義務」的與直接的和最純粹的道德存心相連的「特殊的內心諧調（Gemütsstimmung）」：感謝、服從與愧恥（那就是在應得的懲罰面前屈服），他說：「這不過是人心在這裡

傾向於想去擴大其道德的存心而自願地想像一個『不在世界中』的對象，以便可能時，在這樣一個對象的眼光中證明其忠於義務。」（KU 5:446）可以指出：這裡所言「『不在世界中』的對象」意指「上帝」。依康德所論，凡此種種「想像」都是一種「純粹的道德的需要」，「在道德的思維模式中也有其基礎」。（KU 5:446）

在那個「附釋」裡，康德論及「順從」和「謙恭」的宗教情懷：人在自身內感到有一種需要，在盡此義務中去完成某種命令並且順從一位至上主人（Oberherren），（KU 5:445）又或者他輕率地違背了自己的義務，他雖然並不由此要對他人負責，可是嚴厲的自責在他內裡說話，好像是一位「他要向之申辯」的法官之聲音；（KU 5:445）這個時候就會有一種「謙恭」的宗教情懷。在這裡，人「自願地」想像一個「不在世界中」的對象，康德表明：「這至少是可能的。」（KU 5:446）

依康德所論明，我們至少可以想像一個由「道德的目的決定」，而「作為神明的至上原因」。並表明這種「想像」是「假定世界之外的一個道德的立法者」，他解釋說：「從純粹的道德的、沒有一切外來影響的（在此當然只是主觀的）根據出發，絲毫不考慮理論的證明，更不考慮自私的利益，只考慮對一種獨自立法的純粹的實踐理性的稱頌，來假定世界之外的一個道德的立法者。」（KU 5:446）人何以有這樣一種「純粹的道德的需要」呢？康德說：「簡而言之：他需要道德的睿智者（moralischen Intelligenz），以便為其實存的目的而有一個本質者（Wesen），這個本質者按照這個目的是他和世界的原因。」（KU 5:446）並表明：「想找出這些情感背後的動力是徒勞的。因為這些情感直接地與最純粹的道德的存心聯結在一起。」（KU 5:446）

康德論明人有一種「純粹的道德的需要」。他說：「在這種需要之下我們的德性或者獲得更大的力氣（Stärke），或者也獲得（至少按照

我們的表象）更大的範圍，也就是為其施展獲得一個新的對象。」
（KU 5:446）一方面，「使在我們內裡的作為主觀原則的道德的稟賦
在世界考量中不滿足於其由於自然原因的合目的性，而是給它加上一
個至上的、按照道德原則統治自然的原因，其根據是顯而易見的。」
（KU 5:446）此外，尤其值得注意的是，康德明示，人有這樣的「純
粹的道德的需要」，其原因在人致力於達到終極目的而卻力有不逮。

　　依康德所論，「我們感到道德法則敦促而追求一個普遍的最高的
目的，但我們和全部自然沒有能力達到這個目的；我們只是在自己追
求它才可以判斷自己符合一個有理智的世界原因（如果有這樣一個有
理智的〔verständigen〕世界原因）的終極目的；這樣就有了實踐理性
的一個純粹的道德的根據來假定這個原因（因為這樣做不會有矛
盾），即使沒有更多的根據。」（KU 5:446）他毫不諱言，即使我們沒
有更多的根據來假定這個「至上的原因」（上帝），而實踐理性藉著一
個純粹的道德的根據來假定它，其理由在：「畢竟使我們不致把為達
到終極目的而作的努力視為完全無濟於事而使之鬆懈。」（KU 5:446）

　　不難見出，依康德所論，從道德的目的論推進至道德的神學，根
本的理由在：道德法則敦促我們追求一個普遍的最高的目的（終極目
的），但我們和全部自然沒有能力達到這個目的；然而儘管我們在此
追求中力有不逮，但我們只有追求它才配作為創造的終極目的，並以
此使人自身及世界具有價值。此即康德表明：若行為不是因義務而發
生，「在最高的智慧（höchsten Weisheit）之眼中，唯一達到人格之價
值和世界之價值的行為之道德的價值就根本不會實存。」（KpV 5:147）
此義是康德自第一個批判起就在其一系列著作中反覆表明的。

　　其實，早在《純粹的理性批判》，康德就指明：道德的世界是一個
「智性的世界」，「我們從其概念中抽掉所有的德性之障礙（性好）」，
（A809/B837）「這種自得福報的道德之體系僅僅是一個理念。」（A810/

B838）他說：「這當然僅僅是一個智性的世界，因為感觸界並沒有向我們承諾（verheißt）物之本性的目的之系統的統一性，……。」（A814/B842）道德法則命令我們致力於實現終極目的的「德福一致」的「圓善」世界，道德法則頒令是無條件的，抽掉所有的德性之障礙及自然條件，此所以說：「這個世界就是我們在其中必定依照純粹實踐理性的箴言來置定我們自己的世界。」（A814/B842）我們思想「一個這樣的與道德相聯結的相稱的幸福之系統」是必然的，（A814/B842）「我們必須通過理性必然地將自己設想為屬於這樣一個世界」，但如康德提醒：「感取向我們展現一個顯相的世界」，因此，「我們必須假定道德世界是我們在感觸界中的行為的結果，由於感觸界沒有給我們這樣一種連繫，我們必須假定未來的世界。」（A811/B839）並據此提出了「上帝」和「來生」之預設。他說：「因此，上帝和來生是純粹的理性施加予我們的兩個約束（Verbindlichkeit），根據同一理性的原則不可分開的預設（Voraussetzungen）。」（A811/B839）又說：「理性看到自身被迫假定這樣一個智慧的創造者和統治者，連同在這樣一個我們必須視之為未來的世界中的生活。」（A811/B839）

在《實踐的理性批判》，康德固然首先論明「在我們的力量中者」：就是作為一切我們的德行的根源的意志自由；而隨後就論明「那不在我們的力量之中者」：就是作為純粹實踐理性之設準的心靈不朽和上帝存在，此二者是「理性為了我們在圓善的可能性（依照實踐原則而必然的）提供給我們」，「作為我們的無能力（Unvermögens）之補充的東西。」（KpV 5:119）康德明確指出：「按照世界上的一種純然的自然進程，與德性價值精確地相配稱的幸福是無法指望的，必須被視為不可能的。」（KpV 5:145）他甚至說：「自然顯得只是繼母般地為我們提供了達到我們的目的所必需的能力。」又說：「如果人類的本性（menschliche Natur）注定要追求圓善，那麼他們的認識機能的衡量標

準（Maß），尤其是它們彼此之間的關係，也必須被假定為適合這一目的。但是，對純粹的思辨的理性之批判證明了思辨的理性不足以切合這一目的的方式解決交付給它的這個極其重要的任務。」（KpV 5:146）依此，康德提出純粹的實踐的理性的任務，並由「純粹的實踐的理性之一種自由的關切」，（KpV 5:146）提出「對一個智慧的世界創作者的假定」。（KpV 5:146）於該批判中，康德就提出「純粹的實踐的理性信仰」，並明示：「這不是命令（geboten），而是作為我們的判斷的自願（freiwillige）決定，這有助於道德的（命令的）意圖。」他解釋說：「在這裡決定我們判斷的原則確實是主觀的需要，但同時也是作為手段，是客觀的（實踐的）必然的，是具有道德的意圖的確信之格準的根據，即純粹的實踐的理性信仰。」（KpV 5:146）在現實中，人難免會背離道德法則，他需要一種理性信仰，此信仰「本身源於道德的存心」，此所以康德說：「因此，即使是善意的人（Wohlgesinnten），也會時常動搖，但從不變得無信仰。」（KpV 5:146）

　　儘管如所周知，於《實踐的理性批判》（連同《基礎》），康德經由批判論明「道德的法則」的神聖性，以此揭明自立道德法則自我遵循的「人」之人格的神聖性；但學者們多有忽略康德的兩個觀點考察人的思維模式，故而未能注意到，康德此論是以「超感觸的觀點」而言，即就人稟具「意志自由」而為「睿智者」而立論。而從「感觸的觀點」而考察人的意志，「意志並非就自身而言完全合乎理性（正如人在現實上所是那樣）。」（Gr 4:413）在純粹的道德之研究中，康德考察「一個沒有任何經驗的動機而完全由先驗的原則決定的，我們可名之為純粹的意志」，（Gr 4:390）亦即考察純粹的實踐的理性。通過《實踐的理性批判》已經證明：純粹的實踐的理性自身就能夠是實踐的，亦即自由事實上屬於人的意志的特性，也就是說，人自身就有能力使自己成為道德的；但另一方面指出：人在現實上，人的意志並非

就自身而言完全合乎理性；並且，道德的價值在行為的內在的原則，而「我們從未能完全測透我們的行動的隱秘動力」。[115]（Gr 4:407）

　　康德道德哲學的一個重要洞識就是將人的道德活動歸根到「純粹的意志之理念和原則」，（Gr 4:390）他提出：真正的道德價值並不在於人們看到的行為，「而是在於行為的那些看不見的內部原則。」（Gr 4:407）我們人會懷著虛偽的動機而行善。事實上，人既有能力立道德法則，並且也有能力依據道德法則訂立行為格準，前者稱為意志立法則之能，後者稱為抉意訂格準之能；但人也可以放棄這些能力，可以不依據道德法則訂立行為格準，這的確是人的實情。因此，道德哲學首先要揭明道德的能力，隨後還要就這種能力於「其意志在本性上並不必然服從客觀法則」的人類身上的使用作出研究。正是依據人類意志的這種本性，康德提出：「按照客觀的法則對這樣一個意志的決定就是強制。」（Gr 4:413）並由之論「律令」。[116]其實，道德法則對人表象為「律令」，此即表明了人的限制。

　　於《實踐的理性批判》，康德作出「意志所服從的那個自然的法則」與「服從於意志（就意志與其自由的行動的關聯而言）的那個自然的法則」之間的區別，並指出此區別是基於以下一點：「在前一種情況中，客體必定是決定意志的表象的原因，但在後一種情況下，意志應當成為客體的原因，因此，客體的因果性僅僅在純粹的理性機能中具有其決定根據，這種機能因而可名為純粹的實踐的理性。」（KpV 5:44）據此可以指明：在道德法則（服從於意志的那個自然的法則）頒令的情況下，意志應當成為客體（亦即作為終極目的的圓

---

115 康德說：「當我們談論道德的價值時，重要的不是人們所見到的行為，而是人們見不到的那些行為的內在的原則。」（Gr 4:407）

116 康德提出：「一個客觀的原則之表象，就該原則對於一個意志是強制性的而言，就稱為一個（理性的）命令，這個命令的程式就稱為律令（Imperativ）。」（Gr 4:413）

善）的原因；而並非由外在的客體來決定意志。

康德以「超感觸的觀點」而就人稟具「意志自由」（作為「睿智者」）而論明：道德法則是理性在意欲機能中普遍立法而無條件的法則，此即康德指明：「道德法則包含在圓善裡面。」（KpV 5:109）據此亦可說明：康德憑什麼提出「道德法則」無條件命令人致力於理性的無條件的終極目的。並可明白：何以追求「圓善」（終極目的）的作為道德法則的命令是不考慮人的限制及力有不逮而為定言的命令。

依康德所論明，道德法則「絕對地發出命令」，「因而在一切方面都是必然的。」（A807/B835）早在《純粹的理性批判》，康德已經提出，「我認為，現實上有純粹的道德法則，它們完全先驗地（不考慮經驗的動力，亦即幸福）決定一個有理性者的所為所棄，亦即其自由的使用。」（A807/B835）學者們當熟知，道德法則是普遍立法的形式，並不包含任何材質（也就不包含幸福），但他們鮮有注意，康德明示：「道德法則包含在圓善裡面。」（KpV 5:109）因「圓善」（終極目的）與道德法則一致，同是無條件的。

恰切地理解，康德論明道德法則將「圓善」作為「終極目的」加給我們，因為「圓善」（終極目的）合乎無條件的普遍立法之故。此即康德提出：「道德法則作為至上的條件已經包含在圓善概念裡面，那麼，圓善就不僅僅是客體，而且它的概念和它通過我們的實踐的理性而可能的實存的表象，也同時就是純粹意志的決定根據了。」（KpV 5:109-110）他解釋說：「因為在這種情況下，實際上正是已經包含在這個概念裡面並且被一同想到的道德法則，而不是任何別的對象依照自律的原則決定意志。」（KpV 5:110）我們可以說，康德通過「圓善」作為「終極目的」所要說明的是道德法則之效果的圓滿性，由之也就說明了道德法則所以能夠作為對每一個人有效的定言律令的超越根據。明乎此，則沒有理由以為康德主張有一種「至上的原因」

（如「上帝」），在我們之外存在以保證我們人的幸福；相反，康德於第一個批判就強調，有理性者在道德原則的指導下，「本身就會是其自己的、同時也是別人的持久福祉的創造者」。（A809/B837）

在前面「圓善之推證及圓善之條件（上帝、不朽）作為設準之解釋」那一節中，我們已申論：如康德所闡明，因為我們內在地被道德法則所責成，所以我們有理由把它們視為上帝的命令，而絕非意謂有一外在的「上帝」以另一種不同於我們的道德法則的誡律命令我們。「恰恰是道德法則其內在的實踐的必然性」引導到設定「上帝」作為無條件頒令者，為的是給那些法則以效果，所以我們不能根據這種效果反過來又把道德法則視為偶然的，派生自一外在的「上帝」的意志的，我們若不依據道德法則來形成「上帝」之誡命的認識，就對此完全無概念。

「道德的法則是純粹的意志之唯一的決定根據。」（KpV 5:109）此乃康德道德哲學及其圓善學說的基礎命題。康德本人已一再論明，「道德法則作為至上的條件已經包含在圓善的概念裡面。」（KpV 5:109）「圓善」由道德法則的內在的實踐的必然性產生，由之引向一個道德的世界創造者（上帝）之理念，這個理念作為目的原因發生作用，因而就給道德法則以效果。（A818/B846）此「目的原因的作用」不能與「有效因的因果連繫」混為一談。於《判斷力批判》，康德論明：有效因的因果連繫可更恰當地名之為「實在的原因之連繫」，（KU 5:372）而目的因的因果連繫則可名之為「理想的原因之連繫」。（KU 5:373）康德在《判斷力批判》說：「意志作為意欲機能，也就是世間種種自然原因之一，也就是說，它是一種按照概念而起作用的原因。」（KU 5:172）並指出：那賦予意志之因果性以規則的概念區分為：「自然之概念，或是自由之概念」。（KU 5:172）而唯獨按照自由之概念而起作用，亦即唯獨於自由之因果性，我們始能找到

「目的因原則上的統一之根據」。[117]

　　總而言之，我們能夠基於「目的因原則上的統一之根據」，對「至上的原因」（上帝）形成一個決定的概念，完全是根源自作為意志之唯一的決定根據的道德的法則。如我們已申論，早在《純粹的理性批判》康德談及道德法則以其內在的實踐的必然性把我們引到「上帝」的預設，「為的是給那些法則以效果」時，已明示：「我們之所以把行動視為責成的，就不是因為它們是上帝的命令，相反，我們之所以把它們視為上帝的命令，那是因為我們內在地被道德法則所責成。」（A819/B847）

　　依康德所論，我們設定「上帝之存在」是基於與道德法則的「後果」相適合的原因的存在的預設。（KpV 5:124）前面「圓善之條件（上帝、不朽）作為設準之解釋」那一小節中，我們已論明：我們所以需要表象上帝為道德法則的約束力，完全因為我們人自身的弱點，在我們人類中，儘管每一個人能夠意識到自立的道德法則，但並不是每一個人任何時候都遵循道德法則而行，並且，即使一個人自己能夠遵循道德法則而行，但他不能預計他人也必如此。（Gr 4:438）況且，即使一個人的行為看來合乎德性的法則，但不能確保其動機之純正。此所以需要將每一個人的理性在意欲機能中所立道德法則表象為一個「最高者」（如上帝）的命令。此即康德提出：「所以每個人也都視道德的法則為命令，但如果道德的法則不先驗地把適當的後果與它們的規則聯結起來，從而自身帶有應許和威脅的話，道德的法則也就不能是命令。」（A811-812/B839-840）康德說：「當實踐的理性現在達到了最高點，也就是一個作為圓善的唯一的元始者的概念」，（A818/B846）亦即「上帝之概念」，於此，康德提醒：我們絕不能自以為

---

117 康德說：「唯有在自然之概念之外，而不是在自然之概念之中，人們才可希望先驗地遇到些微基於目的因原則上的統一之根據。」（KU 5:360）

「高升到了對新對象的直接認知（Kenntnis），於是就能從這個概念出發，並從中推導出道德法則本身」。（A818/B846）實在說來，如康德表明：實踐的理性達到「作為圓善的唯一的元始者的概念」，其作用在：「通過適合所有目的的體系來實現我們在世界中的分定，而不是狂熱地甚至褻瀆地放棄以一種良好的生活方式遵從道德上立法的理性的指導，藉以直接將這種指導與最高的本質者之理念連繫起來。」（A819/B847）任何人妄想以「上帝」的直接指導取代理性的道德立法的指導，「必定歪曲和挫敗理性的最後的目的（letzten Zwecke）。」（A819/B847）

　　早在《純粹的理性批判》之「法規章」康德就表明：「如果我們從德性的統一作為一條必然的世界法則的角度來看，只有一個原因才能給它帶來適當的效果，從而也給我們帶來聯結的力量（verbindende Kraft），那麼，它必須是一個唯一的至上的意志，它將所有這些法則包含在自身裡。」（A815/B843）由此可知，康德提出設定「上帝」，視其意志為「一個唯一的至上的意志」，乃是因為唯獨據之我們始能夠達到「德性的統一」的效果，並獲得「聯結的力量」。唯獨設定「上帝」，我們視其意志是「全能的」，「以便整個自然及其在世界中與德性（Sittlichkeit）的聯繫都服從於它」；「全知的」（allwissend），「以便他能夠認識存心之最內部（Innerste der Gesinnungen）及其道德的價值」；「全在的」，「以便他可以直接地接近世界上最高的最好的東西所提出的所有需求」；「永恆的」，「以便自然與自由之間的和諧永遠不會缺乏，等等。」（A815/B843）依康德所論明，我們的實踐理性有權設定「上帝」作為「至上的原因」，並依照其與道德的法則之聯繫而對它形成一個決定的概念，因為此外我們不能「在諸不同的意志之下找到目的之完整的統一」。（A815/B843）

### （三）上帝存在的道德的證明的有效性之限制

康德一再強調對於「一個道德的本質者作為世界的創作者（Urhebers），亦即一個上帝」（KU 5:455）的道德證明之限制。他說：「一個最高的道德的－立法的創作者的實在性只是對於我們理性的實踐使用來說才得到了充分的闡明，並沒有就這位創造者的存在理論地決定任何什麼東西。」（KU 5:456）他指出：關於道德的世界創作者之種種特性，「只能依照一種類比而為我們所思想。」（KU 5:456）「而不能據此認識它，並在理論上把這些特性歸於它。」（KU 5:456）我們依類比使用這些特性，「只是要以之決定我們自己和我們的意志。」（KU 5:457）「無論如何，那個最高者之概念，對於思辨理性來說可以是越界的。」（KU 5:457）

在前面通過對目的論的判斷作批判考察而對「終極目的之理念」作出說明那一段中，我們已論明「圓善」、「上帝的存在和心靈不朽」都是信仰事物。依康德所論明，「上帝」作為信仰事物的概念，人們不能理論地保證它的客觀的實在性，（KU 5:469）對於「上帝」之認之為真，其有效性限制在純粹的實踐方面，此視之為真是：「純粹的實踐方面的認之為真，亦即一種道德的信仰。」（KU 5:470）

儘管「上帝的存在」與「圓善」、同列為「信仰事物」，它們之被設定同樣以「所有德性法則的至上的原則」為前提條件。不過值得提請注意，康德於此二者作出了區分。依康德所論明，「圓善」（終極目的）作為道德的法則的客體的可能性，而「上帝的存在」作為這種可能性的條件之一。上帝的存在「根本就不可能有把握地歸入事物」。（KU 5:469）而終極目的可歸入事物，康德說：「應當由我們來造成的（bewirkende）最高的終極目的，即我們唯獨因之才能夠甚至配得上是一個創造的終極目的者，則是一個對我們來說在實踐的聯繫中有客觀的實在性的理念，而且也是事物（Sache）。」（KU 5:469）

關於「上帝的存在的一種目的論證明中的認之為真」，「只為實踐的、針對其義務的遵循的純粹的理性認識作證明。」（KU 5:470）「不為理論的純粹的理性認識證明任何東西。」（KU 5:470）康德明示：

> 關於上帝的概念唯有通過與我們義務的客體的聯繫，作為實現這種義務的終極目的之可能性的條件，才獲得在我們的認之為真中被視為信仰事物的優先權。（KU 5:470）

並隨之指明：

> 另一方面，這同一個概念不能使其客體作為事實生效：因為，儘管出於實踐的理性的義務之必要然性是非常清楚的，但終極目的之達到，就此一目的並非完全在我們的力量中而言，是僅僅為了理性之實踐的使用而假定，而不是像義務本身那樣是實踐的必然的。（KU 5:470-471）

依以上所論可知，儘管「道德法則要求促進終極目的」，（KU 5:471）但是，終極目的之概念不能使其客體作為事實生效。終極目的之達到「並非完全在我們的力量中」，「是僅僅為了理性之實踐的使用而假定」。為著補救我們不能掌握的條件之缺失，我們依於道德的根據設想一個也有一種創造之終極目的世界，並假定一個有知性者同時是一個道德的者作為世界的創造者，從而假定一個上帝。也就是說，依康德所論明，我們設定上帝僅僅為著「理性之實踐的使用」，而並不意謂我們之外有一個上帝使終極目的作為事實發生。

前面對「終極目的之理念」作推證那一節，我們已論，關於終極目的的「客觀的實在性」之說明包括兩步，其中第二步就是：「假定

一個有知性者同時是一個道德的者作為世界的創作者，從而假定一個上帝。」（KU 5:455）康德提醒：「第二步推論的性質在於：人們發現，它是純然為了根據實踐的理性諸概念的判斷力而作的推論，因而它也只是為反思的判斷力，而不是為決定的判斷力而作出的推論。」（KU 5:455）

在《判斷力批判》第八十八節「道德的證明之有效性之限制」，康德就表明：我們「假定一個上帝」（最高的本質者），將「一切超越的，在與終極目的的關係中被預設的特性（全知的、全能的、全善的同時又是公正的，等等）作為預設而對於「至上的原因」（上帝）形成一個決定的概念。但是，「我們只能依照一種類比來設想最高的本質者的這些特性（Eigenschaften）。」（KU 5:456）他提醒，不能以為可以根據這些特性來決定上帝的本性，他說：「使用這些特性的意圖不是想要據此決定它的本性（Natur），它的本性對我們來說是無法達到的。」（KU 5:457）並警告：「我們賦予如此設想的本質者（Wesen）的特性（Eigenschaften），當客觀地使用時，也可能在自身中隱藏一種神人同形同性論（Anthropomorphism）。」（KU 5:457）

依照康德解釋：我們必須假定某物（上帝），「它包含一種必然的道德終極目的的可能性和實踐的實在性亦即可實現性的根據。」（KU 5:457）但我們因此假定的某物（上帝）只是表達一個「超出我們的一切認識機能的東西」，（KU 5:457）把它設想為「不同於自然的那些物之原因」，（KU 5:457）但是，康德提醒：「並不因此就要把那唯一為我們認知的一種因果性，——也就是知性和意志，理論地歸於這個本質者。」（KU 5:457）他指明，一個道德的世界原因（可稱之為上帝）之概念是「實踐地決定的」，我們甚至能夠把那「就對我們來說是終極目的的東西而言的因果性」設想為「在這個本質者本身裡面的因果性」，並與「就自然（及其目的分定一般）而言的因果性」區分

開來。（KU 5:457）但是，他提醒：這種區分並非客觀的區分，他說：「只能假定這種區別是對我們的認識機能之性狀來說主觀地必然的，而且對反思的判斷力有效，對客觀的決定的判斷力卻無效。」（KU 5:457）於此，依據的原則是「一種對於反思的判斷力而言的一種純然軌約的原則」。（KU 5:458）

依康德所論，「出自一個超感觸的根源」，而「在經驗中證明自己的實在性」，（KU 5:473）之概念，那就是：「唯一能夠在人的理性中發現的服從道德法則下的人的自由之概念連同自由通過道德法則決定的終極目的之概念。」（KU 5:474）而唯獨自由之理念「的客觀的實在性（憑藉在它之中被思想的因果性）通過它在自然中可能的結果而在自然身上得到證明」，（KU 5:474）始使上帝和不朽這兩個概念「與自然相連繫為可能，此即康德說：「自由之理念是唯一的一個超感觸者之概念，它的客觀的實在性（憑藉在它之中被思想的因果性）通過它在自然中可能的結果而在自然身上得到證明。正因如此，那自由之理念使其他兩個理念與自然相連繫為可能，並亦使此三個理念為了一個宗教而相互連繫起來為可能。」（KU 5:474）

康德一再強調，自由之法則，亦即道德的法則「導致了一切義務作為神的命令（als göttlicher Gebote）之認識」。（KpV 5:129）他明示：「這些命令不是作為強迫命令，即不是一個外來意志的任意的、自身偶然的指令，而是作為每一個自由的意志為自己的本質的法則，儘管如此卻必須被看作為最高者之命令。」（KpV 5:129）於《宗教》一書又說：「道德也就延伸到了人之外的一個有權威的道德立法者的理念。」（Rel 6:6）他本人指明，它只是「所有人的一個道德上的立法者之單純理念」。（Rel 6:6）並解釋說：「與所有人的一個道德上的立法者之單純理念協調一致，這與一般義務的道德概念是同一的，而且就此來說，要求這種協調一致的命題也是分析的。」（Rel 6:6）他

提醒不能以此推論到上帝存在，他說：「假定一個道德上的立法者的存在，其內涵卻超出了這樣一個對象的純然的可能性。」（Rel 6:6）在《判斷力批判》之「目的論的總附釋」，他提出：倫理神學之所以「導向了對我們的義務是神的命令的認識」，（KU 5:481）「因為對我們的義務和其中由理性交付給我們的終極目的的認識能夠首先決定地產生出上帝的概念。」（KU 5:481）

　　康德明示：「理性憑藉其道德的原則首先產生出上帝的概念。」（KU 5:447）他提醒，上帝存在的道德證明並不是要說：「假定上帝之存在正如同承認道德法則的妥效性是同樣必要的。」（KU 5:451）如果一個人不能使自己確信上帝存在，他仍然能成為一個道德者，決不因為不信上帝就擺脫了道德法則的責任。（KU 5:451）同理，如果一個人信有上帝存在，然而因此之故而視道德法則為只是自負的、無效的和無約束力的，又或者他盡其義務只是由於恐懼上帝的懲罰和只是貪求回報，那麼，他畢竟是一個毫無價值的人。（KU 5:452）

　　依康德所論明，證明上帝的意圖在純然理論的道路上是失敗，「因為在這條（自然概念的）道路上，對於超感觸的東西根本不可能有任何認識」。（KU 5:474）他表明：「這道德的論證不是要提供上帝存在的客觀的有效的證明，不是要向懷疑者證明有一個上帝在那兒。」（KU 5:450）而是要向他證明：「如果他想道德地始終一貫地思維，他就必須把有一個上帝這一命題的假定接受進他的實踐理性的格準中去。」（KU 5:450）也就是說：「它是一個主觀的，為道德的生物而充足的論證。」（KU 5:450）

　　康德警告：切忌以對於上帝的理論認識為前提而論「立法者的上帝」，他說：「就宗教而論，亦即就道德學（Moral）在與作為立法者的上帝之聯繫而論，如果對於上帝的理論認識必須先行的話，那麼，道德學就不得不取決於神學，〔……〕，並因此使宗教變成非道德的而顛

倒之。」（KU 6:460）真正的宗教必須建基於道德，否則只能夠是「偶像崇拜」的宗教，「這種宗教設想最高的本質者（höchste Wesen）具有一些特性，根據這些特性，道德以外的東西能夠是特別適用的條件，即在人能夠做的事情上適合它的意志。」（KU 5:459）那就是說，如果人們設想上帝具有一些特性，道德以外的東西能夠適合它的意志，那麼，他就是將上帝表象為一個偶像，「即其性狀按照神人同形同性的方式表象。」（KU 5:459）

　　康德批判哲學嚴守一個宗旨，那就是：「在關於我們的超感觸東西的一切理念方面把理性限制在其實踐的使用的條件上。」（KU 5:459）這是批判哲學根本區別於西方傳統獨斷唯理論的革新性洞識。康德表明，這種對理性的限制有明顯的用處：「它防止神學上升迷失於接神學中（迷失於攪亂理性的越界的概念中），或者沉淪為鬼神學（對最高存在者的一種神人同形同性論的表象模式）；防止宗教陷入招魂術（一種狂熱的妄想，以為能夠感覺到別的超感觸的東西並對之施加影響）或者陷入偶像崇拜（一種迷信的妄想，以為能夠不通過道德的存心而通過別的手段來取悅於最高存在者）。」（KU 5:459）

　　康德論明，對上帝的理性的信仰固然是「缺乏通過思辨的理性之根據而來的信念」，但這「只是一個障礙」，並指出：「對思辨的理性的局限性的一種批判的洞察可以使這種障礙失去對行為的影響。」（KU 5:472）「並可以用一種占優勢的實踐的認之為真來取代它。」（KU 5:473）尤為值得提請注意，依康德所論明，道德憑藉道德法則而存在，但卻不是憑藉正是這種法則交付的終極目的而存在。（KU 5:485）康德提出「一種為了理性最高的實踐使用而充分地決定」的上帝之概念，（KU 5:485）此最高的實踐使用意指於實踐中致力於終極目的之實現於世界。而所論對「上帝之概念」的決定，是按照「類比」，而且「在考慮到道德的聯繫時」才具有一切所要求的實在性。（KU 5:485）

康德說：「按照與一種知性的類比，我可以，甚至必須在某種別的考慮中設想一個超感觸者。」（KU 5:484）我們「純然按照類比」設想上帝的屬性及其因果性的決定，由之可以有「對上帝及其存在的一種認識」，「這種認識在實踐的聯繫中具有、但也僅僅在考慮到這種聯繫時（考慮到道德的聯繫時）才具有一切所要求的實在性。」（KU 5:485）

康德提出，要求對「超感觸東西」有所認識，這樣的要求必須按照一個原則設置界限。這個原則就是：「關於超感觸東西（Übersinnlichen），絕對地根本沒有任何東西能夠理論上被決定（除非僅僅否定地決定）。」（KU 5:460）他詰問：

> 如果一個人允許對感觸界之外的事物進行推理的虛榮心或自以為是，那麼即使是僅僅理論的（和認識－擴展）決定絲毫東西；如果人們允許誇耀他洞見到神的存在和神的本性之性狀，洞見到神的知性和意志，此二者的法則以及從它們流入世界的種種特性：那麼，我想知道，人們在哪裡以及在什麼位置為理性的自命不凡設置權限（begrenzen）。（KU 5:459）

康德反覆表明：「就宗教而論，亦即就道德學（Moral）在與作為立法者的上帝之聯繫而論」，絕非意謂首先要通過對於上帝的理論認識來認識上帝之立法，此即他告誡：

> 就宗教而論，亦即就道德學在與作為立法者的上帝之聯繫而論」，如果對於上帝的理論認識必須先行的話，那麼，道德學就不得不取決於神學，並且不僅引入一個至上的本質者的外在的執意的（eine äußere willkürliche eines obersten Wesens）立法來取代理性之內在的必然的立法，而且在這種立法中，我們對

上帝本性之洞識方面的一切缺陷也必然延伸到德性的箴規上來，並因此使宗教變成非道德的而顛倒之。（KU 6:460）

康德一再強調：上帝立法無非就是「每一個自由的意志為自己的本質的法則」。（KpV 5:129）每一個人的理性本有在意欲機能中立法的能力，自由的意志之本質的法則亦即道德的法則是無條件的、神聖的，上帝作為道德的最高者其立法也與此同。在《基礎》一書中，他就提出：「不同的有理性者通過共同的法則形成的系統結合」，（Gr 4:433）亦即一個目的王國。並論明：每一個有理性者作為「普遍立法者」。我們人作為一個有理性者，在目的王國中「是普遍立法者」，「作為成員而屬於目的王國。」（Gr 4:433）康德說：「每一個有理性者都必須通過自己的意志的一切格準而把自己視為普遍立法者。」（Gr 4:433）

依康德所論「無論是自然王國，還是目的王國，都必須被設想為統一在一個元首之下。」（Gr 4:439）我們設定上帝為目的王國之「元首」，這個「元首」之設定固然是「一個強有力的動力的添加」，但實踐之事的本質並不因為這種假定的外在關係而有所變化，「道德是行為與意志自律的關係，亦即通過意志的格準與可能的普遍立法的關係」，（Gr 4:439）這決不會因為「一個道德的最高者」之設定而動搖。根源自人自身之意志自律的「道德」乃是：「獨自構成人的絕對價值的東西，也是任何人，甚至最高者對人作出判斷的依據。」（Gr 4:439）康德說：「道德是能使一個有理性者自身就是一目的之條件，因為僅經由道德，他才可能是目的王國中的一個立法的成員。因此，德性以及有德性能力的人是唯一有尊嚴者。」（Gr 4:435）

依以上所論可見，康德經由對人類心靈機能的通貫而周全的考察，判決了其傳統上對「感觸界之外的事物進行推理的虛榮心或自以

為是」，以及僅僅通過理論的擴展誇耀對「上帝的存在和本性」洞見，皆為虛妄的、失敗的。並且，他經由艱鉅的批判工程，轉至自由概念之領域，成功地為實踐的認識作出有效的推證。

總而言之，唯獨我們人的意志之自由要求實現一個與道德法則的需要相符合的終極目的，我們需要一個道德的世界原因，即一位創世者（einen Welturheber），（KU 5:450）這位創世者是道德世界的原因，也就是道德世界之根源者（Urwesens）。康德說：「理性在自由概念中以及在基於其上的諸德性之理念中，會找到實踐上足夠的根據來設定與這些理念相適合的根源者之理念，即作為一個神明（Gottheit）。」（KU 5:479）他特別提醒我們注意：在這裡，如同「創造」（Schöpfung）這詞本來的概念帶來的（本體的實現就是創造〔actuatio substantiae est creatio〕）。那樣，這個詞並非已經帶有了對於一個「自由作用的，因而是有知性的原因」（其存在正是我們首先要證明的）之預設。（KU 5:449）顯見，我們不能把康德所論「創世者」等同於經書上「創世記」的造物主。康德所論「至上的原因」、「根源者」、「創世主」，依西方傳統而名為「上帝」，但是，值得注意，他經由批判工作已經賦予「上帝」全新的內容，它再不是那個歷史宗教中外在的神，而毋寧說，是人的意志自由之充其極，也就是每一個人出自自身之意志自由而服從並崇敬一個共同的最高的世界的道德統治者。康德稱之為全體有理性者組成的一個目的王國（道德世界）的元首，它決不是在人之外的一個神秘客體，也不意謂「它是法則的創造者」。（MS 6:227）相反，康德指出：「有理性者必須總是在一個經由意志自由而為可能的目的王國中視其自己為立法者，不管他身為成員，抑或是元首。」（Gr 4:434）離開每一個有理性者自身的立法，就無所謂最高的意志立法。只是作為有理性者的人在自然界中同時是有依待的，有所需求的，其意欲機能是受限制的，作為個體也是有差異的，

因而必須撇開這種限制性而設想一個完全獨立無依待者（元首），每一個有理性者之無條件自我立法也就由這元首之立法所代表。這就是康德說：「經由我們自己的理性先驗地無條件地約束我們的法則，也可以表達為出自最高的立法者之意志，即一個只有權利而無義務的意志（因而是上帝的意志）。它僅僅指表道德者之理念，它的意志對一切人是法則，但並不設想它是法則的創造者。」（MS 6:227）依康德所論，只依據那「唯一自身立法的純粹實踐理性」之推薦，我們承認「一道德的立法者」在世界外存在是可能的。這種心靈傾向的根源在我們的本性中的本有的最初的道德性能裡，此一性能，作為一主觀原則，它引導我們去把一作為基礎的至上原因引介入世界中，這一至上原因就是那依照道德法則而統治世界者。（KU 5:446）「因為世界上從屬於道德法則的者這個概念是人必須按照著來必然地判定自己的一條先驗的原則」，（KU 5:445）「世界由於在其中的人的道德的目的分定而與作為神明（Gottheit）的一個至上原因發生連繫」。（KU 5:444）這樣，康德就從每一有理性者的「意志自由」充其極至一個「最高的自由意志」之理念。

## 五　小結：析疑與辯難

我們已經就康德對超感觸東西（自由、圓善及其條件上帝、不朽）之推證作出詳細申論，藉此證明康德非但並不牴觸「證據主義」原則，而且克服了流行的「證據主義」的偏頗、狹窄，通過對人類心靈機能中「認識機能」與「意欲機能」之批判考察，對此兩種不同的機能作出區分，並據之作出「自然概念之領域」與「自由概念之領域」的區分，依此提出：「自然與自由這樣不同的兩個異質的原則只能產生兩種不同的證明路線。」（KU 5:479）證據主義者要求一切概

念及命題的證明都必須是理論的證明，那是一種狹猛的、不合理的要求。哲學界流行所謂除了自然科學能夠被歸於「可言說」的範圍，其餘為不可言說的地方，「不可言說的地方，我們必須保持沉默。」此名言宣告了「所有哲學的終結」。一眾學者捧之為金科玉律，就像他們根本不知道有個「康德」，已經論明並非一切「超感觸東西」皆為不可言說的東西。事實上，康德經由對人類心靈的批判考察論明：理論的認識和實踐的認識因各自不同而互不侵犯的立法（前者是知性在認識機能中立法，後者是理性在意欲機能中立法）得以區分開，既然是兩個不同立法管轄的領域，就必定「產生兩種不同的證明路線」，（KU 5:479）要求對「超感觸東西」給予理論的證明，即要求「實證」[118]，那是不可能的，且不合理的。

我們已於前面相關章節申論，依康德，儘管依循純然「理論的道路」，亦即「自然概念的」道路，對於超感觸的東西根本不可能有任何認識。（KU 5:474）但不能獨斷地聲言：任何超感觸的東西一概不可言說。康德已論明，「在道德的（自由概念的道路）上」，「作為根據的超感觸的東西（自由），通過從它那裡產生的一種決定的因果性之法則」，也就為「其他超感觸東西（道德的終極目的及其可行性〔Ausführbarkeit〕的條件）提供了「認識的材料」。此中所言「條件」，即「上帝」和「不朽」，並且，「自由」作為事實（Tatsache）闡明了其在行動中的實在性。（KU 5:474）

恰切地說，康德提出哲學為「理性本性之學」，其本務就是要探究「超感觸的東西」的認識如何及依何路徑而可能。他經由批判區分開「知性」與「理性」，並提出理性的真實使用在實踐的理性，據之

---

118 康德提出：一種無可爭辯的證明，只在其直觀性的這限度內，才能稱為實證（Demonstrationen）。只有數學才含有實證，而哲學的認識不能有這種在個別的直觀中考慮普遍的便利，因而只能有講述的（思辨的）證明。（A734-5/B762-3）

論明：「在關於我們的超感觸東西的一切理念方面把理性限制在其實踐的使用的條件上。」（KU 5:459）以此劃分開兩種事實：一種屬於自然概念的事實；另一種屬於自由概念的事實。康德如理如實論明：「事實」這個概念不能只局限於實際上的經驗。（KU 5:469）並論明：「自由概念通過理性因果性就某些由於它而在感觸界中可能的結果來充分地證實（dartut）自己的實在性，而這理性因果性是理性在道德法則中不容反駁地定設的。」（KU 5:475）「自由之理念，它作為一種特殊的因果性」，「其實在性可以通過純粹的理性之實踐法則，並且遵循這些法則在現實的行動中得到展示，因而可以在經驗中得到展示。」（KU 5:468）此即我們在前面相關章節已論明：道德法則作為「智性界的動力因原則」，揭示出「一個超感觸的自然」，並能夠決定「感觸界中的因果性」。進而論明：道德法則是「與我們的實存相關的法則」，就是對我自己呈現我自己作為「在我們自己的存在中先驗地立法的以及自身決定的實存者」。道德法則本身作為理性在意欲機能中普遍立法的法則，它獨立不依於自然條件，它作為自由的認識根據，（KpV 5:4）「道德法則逕直導致自由概念。」（KpV 5:30）經由實踐理性之批判，道德法則就被明示為自由（即純粹理性的因果性）的推證原則。（KpV 5:48）道德法則連同自由一經得到充分證明，上帝和不朽作為「被這條法則所決定的意志的必然客體的條件」，（KpV 5:4）也因著與道德法則的聯繫而獲得意義及確定的內容，因而成為實踐地可認識的，也就是對一切人有效的客觀的實在性。

　　我們通貫康德的三大批判，對其就超感觸東西（自由、圓善及其條件上帝、不朽）作出的推證做了整體的研究。通過這項研究，我們見到，康德所提出的此等超感觸東西，並不是那僅僅是純然的理念的虛構的邏輯物，不是「一個玄想出來的本質者（ein vernünfteltes Wesen）」，並非「進行推論的理性本質者（ens rationis ratiocinantis）」，

（KU 5:468）而是「理性本質者（Vernunftwesen）」。作為「理性本質者」，康德已經通過「理性的實踐的使用而充分地闡明其概念的客觀的實在性」。（KU 5:468）用康德的話說：「我們能夠完滿證明的東西對我們來說，就確定性而言，與我們通過親眼目睹一樣。」（KpV 5:147）

總括地說，康德經由《實踐的理性批判》論明，道德的法則作為有理者的人的意志之決定根據，也就決定了「智思物原因（causa noumenon）的概念」的實在性。依康德所論明：「具有自由意志的一個本質者的概念就是智思物原因（causa noumenon）的概念」，（KpV 5:55）對於這樣「一個不以經驗為條件的因果性概念」：「雖然沒有決定其理論的客觀實在性的直觀，但它仍然具有現實的運用，這種運用具體地表現在種種存心和格準中，也就是說，它具有能夠告知的（angegeben）實踐的實在性。這即便在智思物方面的權利而言也是充分的。」（KpV 5:56）此前，於《純粹的理性批判》康德已論明：「一個原因的概念完全起源於純粹的知性，同時其客觀的實在性與對象一般有關已經通過推證得到保證，同時根據其起源，它也獨立於所有感取的（sinnlichen）條件，即不限於現象（除非它將被施用在一種理論的決定的使用），當然就能夠被運用於作為純粹的知性本質者的物（Dinge als reine Verstandeswesen）。」（KpV 5:55）依據「原因的概念的純粹的、非經驗的起源」，康德就有權提出，「智思物原因」這個知性概念與自由概念聯結起來，亦即與道德法則聯結起來，作為自由的因果性概念，而在與道德法則關聯中決定這個概念的客觀的實在性。儘管就理性的理論的應用而言，「智思物原因」只是一個空洞的概念。

一旦確立了「智思物原因」這個在超感觸之場地裡的純粹的知性概念的客觀的實在性，康德就據同樣理由給予所有其他一切範疇以一種客觀的，純然實踐的運用的實在性（praktisch-anwendbare Realität），儘管始終僅限於它們與純粹的意志之決定根據（道德法則）處在必然

的連結的範圍內。（KpV 5:56）這種實踐的－運用的實在性「始終僅僅與實踐東西（Praktische）相聯繫」，（KpV 5:57）「就實踐的意圖而言根本被算作必然性」，（KpV 5:57）「假定和預設（anzunehmen und vorauszusetzen）諸超感觸東西的權利」就在於此。（KpV 5:57）康德說：「認定有超感觸的本質者（作為上帝）的情況下，也是如此。（KpV 5:57）

康德既論明一切範疇的一種客觀的，純然實踐的－運用的實在性，他就能據此區分自然之範疇和自由之範疇：自然之範疇是就知性使用而言的一些理論的概念，它們只是為我們的每一感取的直觀指表對象一般的思想形式；自由之範疇是就理性使用而言的實踐的概念，它們不以直觀形式（即空間和時間）為它們的根據，而是有一純粹意志之形式為其根據，也就是有一先驗的純粹實踐法則為根據。（KpV 5:65-66）

總而言之，於超感觸之場地，康德確立了「實踐東西」的概念的客觀的實在性。「所謂實踐東西，就是指通過自由而成為可能的一切東西。」（A800/B828）據此，康德如理如實地作出了兩種「客觀的實在性」之區分：理論的客觀的實在性與實踐的客觀的實在性。前者只處理認識機能之對象，涉及一個外在給予的客體，以及「範疇的理論決定」並且需要一種與概念相適應的直觀，它是僅僅關於感觸界（自然概念之領域）的客觀的實在性，亦即只是經驗的客觀的實在性。後者與「理性處理意志的決定根據」有關，於此，「意志是產生那相應於理念的對象或決定我們自己去實現這對象的一種機能。」（KpV 5:15）「故並不涉及外在給予的客體，因而也不需要任何直觀，而是自身產生相應於理念的對象或決定我們自己去實現對象（無論自然能力是否充足）」，「亦即決定自己的因果性的機能。」（KpV 5:15）它是僅僅關於超感觸界（自由概念之領域）的客觀的實在性，也就是說，實

踐的客觀的實在性是一種「在人的實踐活動中」、「唯獨道德的法則決定概念的實在性」。可以說，「理論的客觀的實在性」是關於外在給予的客體之認識的「客觀的實在性」，而「實踐的客觀的實在性」是關於實踐的理性自身（即主體）產生的客體之認識的「客觀的實在性」。

康德經由對人類心靈機能中認識機能及意欲機能之批判考察，論明理論的認識和實踐的認識因各自不同而互不侵犯的立法（前者是知性在認識機能中立法，後者是理性在意欲機能中立法），據之區分開兩個不同立法管轄的領域：自然概念之領域與自由概念之領域。實踐的認識歸於自由概念之領域，而理論的認識歸於自然概念之領域。「超感觸東西」之認識歸於實踐的認識，而與理論的認識區分開。

早在《純粹的理性批判》，康德就預告了理性之「理論的認識」與理性之「實踐的認識」之區分。在第二版「序言」中提出：「現在，只要在科學中應該有理性，那麼在這科學裡就必須有某種東西先驗地被認識，這種認識能夠以兩種模式被聯繫到它的對象，要麼只是決定這對象及其概念（這對象必須從別處被給予）；要麼不僅決定對象，還要使對象成為現實。前者是理性之理論的認識，後者是理性之實踐的認識。」（Bix-x）並指出：「實踐的理念總是極高度地有成果的，並在其關聯於我們的現實行為中是不可避免地必要的。」（A328/B385）而且已提示：關於這樣的智慧，「它是一切可能的目的的必然統一之理念」，「在一切有關於實踐東西中充作規則（Regel）。」（A328/B385）他預告：在將來適當的時候會論明：「道德法則之意識首次對我呈現（offenbart）那種不平凡的機能，在這不平凡的機能裡面，有一個我的實存之分定的原則」，此「不平凡的機能」就是「自由之主體」。（B431）進至《實踐的理性批判》經批判論明先驗認識包括道德的最高原則及其基礎概念（自由、自律），它們就實踐的認識而言為有效，其餘所有實踐的理念（包括圓善及其可能性之條件——上帝和不朽的

理念）皆隨之而「得到安立和客觀的實在性」。（KpV 5:4）實踐的認識，「亦即在純然有事於意志之決定根據的認識」，（KpV 5:20）也就通過實踐理性之批判而揭明並確立。

　　康德作出「道德哲學」與「自然哲學」之區分，早在《純粹的理性批判》就提出：自然哲學討論的是「是什麼的一切」（alles; was da ist），而道德哲學討論的是「那應當是什麼者」（das; was da sein soll）。（A840/B868）但學者們固守西方哲學傳統中的一種舊有思維模式，以為沒有直觀就不能肯斷某物存在，對其不能有確定的概念，因而不承認關於「應當是什麼者」的實踐的認識。康德為破除其傳統中的舊有思維模式，在完成《純粹的理性批判》之後，獨立地進行實踐理性之批判，論明實踐的認識在人類心靈機能中的根源，以及其概念和原則與有效使用範圍，以奠立道德哲學之基礎。然而遺憾的是，康德學界的主流意見仍然不承認關於「應當是什麼者」是一種認識，而只承認「是什麼的一切」才堪稱為認識。

　　實踐的認識就是「關於『應當存在者』之認識」。（A633/B661）應當存在的東西是「可能的物」，與「現實的物」區分開。事實上，我們人不滿足於「現實的物」之認識，還要將自身的認識力擴展至「可能的物」。「可能的物只是意指對一個物相對於我們的概念以及一般而言相對於思維機能的表象的設定。」（KU 5:402）也就是說，它不必相應有一個外在給予的物；而「現實的物」則不同，「它意味著對（外在於這個概念的）物自身的設定。」（KU 5:402）而我們對「現實的物」之認識僅僅是「現象」之認識。康德指出：假若人的認識機能僅僅經由感性或僅僅經由知性就直接認識到物自身，那麼，我們就不會有「可能的物」與「現實的物」的區分這樣一種「純然主觀上對人類知性有效的區分」。（KU 5:402）

　　其實，《純粹的理性批判》經由對人的認識機能的本性之批判考

察，論明：「直觀和概念構成一切我們的認識之成素。」（A50/B74）也
就包含著說，知性造成了物的可能性與物的現實性之間的區分。「人類
的認識有兩根主幹，也就是感性和知性，它們也許出自一個共同的、但
不為我們認知的根。對象通過感性被給予我們，但通過知性被思維。」
（A15/B29）知性不能直觀，不過，「設若缺乏直觀，就主體能有使用
來說，對於客體之思想還是有其真正而有用的後果。」（B166）依此，
一方面，直觀與概念相應構成一切外在地給與我們的客體的認識，此
認識屬現象界，與「現實的物」相關；另一方面，在對客體的認識超
出了知性機能的地方，知性本身仍然有純粹的活動，此即康德提出：
「範疇在思維中並不受我們的感取的直觀之條件限制，而是有一個無
界限的場地。」（B166）這個場地也就是「可能的物」的場地。此所
以康德說：「對於人類知性來說，區分物的可能性與物的現實性是不
可迴避地必然的。其根據就在主體及其認識機能的本性中。」（KU
5:401）「假如我們的知性是能直觀的，那麼，它除了現實的東西之外
就會沒有任何對象了。」（KU 5:402）

康德提出：「我們把根本不是我們的感取之客體，而單純地通過
知性而思想為對象的那些可能的物，與感觸本質物相對反。我們名它
們為知性本質物（智思物）。」（B306）智思物之概念的提出，「作為
一個感性在限制中而建立的概念」，（A256/B311）「單純是界限概念，
其作用是要抑制感性之僭越。」（A255/B311）據此，康德就論明：
「由於感取的直觀不能不加區分地擴展到一切物，所以就為更多其他
不同的對象留有場所。」（A287/B344）究其實，康德花大力氣對人類
的認識力作批判考察，其達致的結論就是：感取之客體（作為現實的
物）的認識僅僅是現象界的認識，此外，知性藉著其範疇作為單純思
維之統一，就產生出一個智思物（作為可能的物）的場地。

康德通過對人類認識機能的批判考察作出「顯相與物自身之超越

的區分」，論明感取的直觀不能擴張到物自身，[119]以此，「限制了感取的認識（sinnlichen Erkenntnis）之客觀的有效性」，並且論明：「我們的知性以這樣的方法獲得一種擴展，即它不被感性限制，而是通過把智思物一詞應用於物自身（不作為顯相考量）名之為智思物而限制了感性。」（A256/B312）他揭明：「知性必須承認物自身（智思物）。」（Proleg 4:360）「知性自己思維一對象之在其自身。」（A288/B344）

　　感取界只包含純然的顯相，而不是物自身，由於經驗之對象作為純然的顯相來認識，知性必須承認物自身（智思物）。（Proleg 4:360）據此，康德作成「一切對象一般區分為現象（Phänomena）與智思物（Noumena）」。他提出：「必須有一種在其中沒有感性被發現的認識是可能的，而且唯有這種認識才具有絕對的客觀的實在性，通過這種認識，對象將如其所是那樣被表象給我們，而在我們的知性的經驗的使用中，物僅僅如其顯現那樣被認識。」（A249）於此，康德已經預告：知性的經驗的使用產生「經驗之對象」，只作為純然的顯相來認識，而必須有另一種「在其中沒有感性被發現的認識」，作為物自身被認識。儘管康德提出：通過給予於感性中者，知性運用其範疇，「以便在對象之概念下，經驗地認識顯相。」（A251）於《純粹的理性批判》一再強調：「當人們把範疇與一切感性分離開來時，它們就根本沒有任何使用，亦即它們根本不能運用於任何所謂的對象。」（A248/B305）「毋寧說，它們只是就對象一般而言的知性使用和思想的純粹的形式，但卻不能僅僅由這形式來思想或者決定任何客體。」（B305）

---

119 康德經由批判考察論明：「顯相不過是表象」，而「知性把顯相聯繫到一個某物，以此某物為感取的直觀之對象」。（A250）由此揭明：「感性及其場地（Feld），也就是說顯相及其場地本身是受知性限制的，以至於它無關於物自身，而只有關諸物如何經由我們的主觀性狀而向我們顯現的那種模式。」（A251）

　　但康德早在《純粹的理性批判》就已經預告：「在純粹理性的一種絕對必要的實踐的使用（道德的使用）中，它不可避免地擴展至越過感性之界線之外。」（Bxxv）顯見，「一切對象一般區分為現象（Phänomena）與智思物（Noumena）」之作成，其積極的用處在純粹理性的實踐的使用（道德的使用）。而此第一批判的消極作用在將範疇的經驗的使用限制在感取的條件上，從而將認識力對外在給予的客體（現實的物）之認識限制在現象界；據此為「不被感性限制的東西」（可能的物）開闢出一個場地，儘管這個場地是空的。此批判的消極作用，為稍後經《實踐的理性批判》於這個場地確立道德的領域作出預備，以此提供一個保證：保證不會受到思辨理性的反對，以便理性不致在其兩種不同使用中陷入自相矛盾。（Bxxv）

　　依西方哲學傳統，道德與知識不分。依據康德批判哲學的洞見，「道德就是關於善的知識」這古老的命題並未探究「道德」的根源，他創闢性地提出「實踐的認識」與「理論的認識」區分開：理論的認識必須藉助自然概念，「在直觀中表象其對象」，（KU 5:175）知性立法所成功的認識屬於（自然的）理論的認識；（KU 5:174）實踐的認識「通過自由概念來立法。」（KU 5:174）「自由概念在它的客體中表象物自身，但卻不是在直觀中表象的。」（KU 5:175）

　　《判斷力批判》中康德就指出：「我們的全部的認識機能有兩個領域，即自然概念之領域和自由概念之領域，因為它是通過這兩者而先驗地立法的。」（KU 5：174）自然作為顯相之綜集乃是知性立法下諸認識力協同一致活動的結果。這種知性通過自然概念來立法所產生的認識就是理論的認識。（KU 5:174）自由概念之領域作為超感觸界，「通過自由概念來立法，這是由理性而發生的，並且是純然實踐的。」（KU 5:174）也就是說，理性只為客體之視為物自身立法，而並非為客體之視為顯相立法。值得注意，康德點明：「雙方沒有一方

能夠獲得關於自己的客體（甚至關於能思維的主體）作為物自身的一種理論的認識，這物自身將會是超感觸的東西。」（KU 5:175）

依康德批判作成的區分，於自然概念之領域，所論「客體」意指在感取的直觀中外在地給予的，亦即「現實的物」；於自由概念之領域，所論「客體」意指：「只有理性因著其道德原則」（KU 5:447）產生的東西，就人的認識力而言，它是「可能的物」，而就純粹的實踐的理性（意志自由）而言，它是道德法則（定言律令）之客體，就是每一個人致力於使「應當」成為「是」的物。道德法則是「由於我們才成為可能的東西的實踐的法則」（KU 5:404），在道德法則頒布命令的地方，行為具有作為義務的客觀的必然性，「而且，理性不是通過一個是（發生），而是通過一個應當是（Sein-Sollen）來表述這種必然性。」（KU 5:403）這個「應當是」就包含著說，致力於使「應當」成為現實。（KU 5:404）

人自身有依於道德法則而產生的道德「應當」的意識，他就能夠於實踐中使「應當」成為「是」。儘管「應當」與「是」永遠有距離，而人使「應當」成為「是」的實踐進程也必然永不停息。依康德所論明，道德法則是人的道德主體頒立的神聖的法則，依此，康德揭示：人「在其身上開啟了一種神性的稟賦的深度」，他說：「在這裡，人依照與神明的類比來思想自己。」（KGS 8:280）道德法則是神聖的，但人是有缺陷的，故設想神（圓滿的神聖性），以之為理想而向之無窮地前進。理性通過自由概念立普遍的法則，即呈露人的道德主體（意志自由）。明乎此，則可知，何以康德一再明示：道德法則將人自身真實地提升到超感觸界，「這個超感觸界的複本實存於感觸界中，但並不中斷感觸界的法則。」（KpV 5:43）康德名「超感觸界」為「原型世界」（urbildliche）；「感觸界」為摹本世界。（KpV 5:43）「這個原型世界只能在理性之中加以認識。」（KpV 5:43）此即表

示：自由概念之領域（道德的世界）作為超感觸界。而康德一再論明：於此超感觸界，「自由」作為道德法則的存在根據，人經由道德法則認識自由，其餘超感觸東西（圓善及其可能性之條件上帝和不朽）皆是人自身的理性依據其頒立的道德法則而產生。此即我們前面相關章節已論，「道德法則首先給自由之概念以客觀的實在性」，而圓善以及上帝和不朽，「依附於自由之概念，與它一起並通過它獲得支持和客觀的實在性。」（KpV 5:4）此等超感觸東西之認識皆於與道德法則的聯繫中立刻成為一些認識，此即康德說：「因為在所有純粹的實踐的理性的規矩中，都只是為了意志決定，並不與實現其意圖的自然條件（實踐能力）相關，所以，諸先驗的實踐的概念在與自由之最高原則的聯繫中立刻成為一些認識，而並不需要等待直觀以便去獲得意義。」（KpV 5:66）

超感觸東西之認識歸於實踐的認識，而與理論的認識區分，相應地康德提出「自然之範疇」與「自由之範疇」的區分。自然之範疇是就知性使用而言的一些理論的概念，它們只是為我們的每一感取的直觀指表對象一般的思想形式；自由之範疇是就理性使用而言的實踐的概念，它們不以直觀形式（即空間和時間）為它們的根據，而是有一純粹意志之形式為其根據，也就是有一先驗的純粹實踐法則為根據。（KpV 5:65）自由之範疇是範疇使用於實踐的認識中，康德稱之為就理性使用而言的「實踐的成素概念（Elementarbegriffe）」，「作為實踐的成素概念，就不以並不存在於理性本中身中，必須從別的地方亦即從感性中得來的直觀形式（空間和時間）為根據。」（KpV 5:65-66）它們有一種「純粹意志之形式為其根據」，也就是「先驗地以一純粹實踐法則為根據」。（KpV 5:65）

範疇之通感觸界與超感觸界而作不同的使用，康德解釋說：「因為沒有範疇我們就不能思維任何東西，所以即便是在我所研究的自由

之理性理念中也必須首先找出這個範疇，在這裡它就是因果性範疇。」（KpV 5:103）早在《純粹的理性批判》康德已提出：「我們需要感取的直觀來賦予知性概念（本體、原因等）以及其意義，⋯⋯然而我畢竟有正當理由，在實踐的使用中按照在理論上使用時的類比意義把這些概念應用於自由及自由之主體。」（B431）

我們無法對超感觸東西有一種「規模的表象模式」，但可以有一種「象徵的表象模式」。康德提出：直覺的表象模式「可以被劃分為規模的表象模式和象徵的表象模式（die schematische und in die symbolische Vorstellungsart）。」（KU 5:351）他指明：認識之直覺的東西分兩類：「要麼通過演證而是規模的（schematisch）；要麼作為按照一種純然的類比而是象徵的（symbolisch）。」（KU 5:352）「二者都是生動描繪（Hypotyposen），即展現（*exhibitiones*〔擺在眼前〕）。」（KU 5:351）康德作了一個註腳提醒：「認識之直覺（Das Intuitive der Erkenntnis）必定與辨解的東西（而不與象徵的東西）相對反。」（KU 5:352）

依康德所論明，展現（Darstellungen），也就是生動描繪作為「感性化（Versinnlichung）」，要麼是規模的，要麼是象徵的。（KU 5:352）前者就是在理論認識中，一個概念被給予了相應的直觀。後者在「概念是一個唯有理性能思之，而且沒有任何感取的直觀能與之適合的概念時」，（KU 5:351）此時，藉助判斷力「於它在規模化中觀察到的東西」，為這個概念配以一種直觀，「這種判斷力的過程是純然類比的。」（KU 5:351）康德提醒：「純然類比的」就意謂：「單純按照這種程序的規則，而不是按照直觀本身，因此只是在反思的形式上而不是在內容上與這種東西一致。」（KU 5:351）

康德論明：「人們置於先驗概念的一切直觀，要麼是規模的，要麼是象徵的。前者包含概念的直接的展現，後者包含概念的間接的展

現。」[120]（KU 5:352）吾人熟知，前者就是《純粹的理性批判》處理的理論的認識，而《判斷力批判》這裡論「概念的間接的展現」實在是關涉於「理念」之展現。「概念的間接的展現」也就是「把經驗的直觀用於類比」，「在這種類比中，判斷力完成了雙重的任務，首先是把概念使用於感取的直觀的對象，其次是把純然對那種直觀的反思的規則使用於一個完全不同的對象，前一個對象只是這後一個對象的象徵。」[121]（KU 5:352）

依據關於「直接的展現」與「間接的展現」之區分，康德提出：「可以把一種純然的表象模式名之為認識」。他說：「如果它不是對象之理論的決定的一個原則，以決定對象本身是什麼，而是實踐的決定的原則，這原則決定這對象的理念對我們及其合目的的使用來說應該成為什麼，那麼，這樣名之是完全允許的。」（KU 5:353）顯見，康德於《判斷力批判》經由對判斷力作批判考察，提出「象徵的表象模式」而名之為「認識」，他就於第一批判確立「理論的認識」之外，為「實踐的認識」提供說明。可以說：以這種方式，「在超感觸者中理論的機能與實踐的機能就以共同的和不被認知的方式結合成一體。」

---

120 康德說：「在我們的語言中，我們有很多依據一種類比進行的間接的展現（Darstellungen），由這些辭語表述所包含的並不是概念的真正的規模，而只是反思的一種象徵。」（KU 5:352）他舉例：根據（支持物、基礎）、本體（如洛克所表述：偶性之承載者）……等等，並說：「這些語詞以及無數其他語詞，都不是規模的，而是象徵的生動描繪，而且不是憑藉一個直接的直觀，而是僅僅按照與這直觀的類比，亦即按照對一個直觀對象的反思向一個完全不同的概念的轉換而對概念所作的表述，這個完全不同的概念也許永遠不可能有一個直觀直接相對應。」（KU 5:352-353）

121 康德舉例：一個國家如果由一個單一的絕對的意志統治時，就被通過一台純然的機器（如手磨機）來表象。他說：「雖然專制國家和手磨機之間根本沒有相似性（Ähnlichkeit），但對此兩者及其因果性反思的規則之間卻有相似性。」（KU 5:352）

（KU 5:353）正正依此，康德明示：「我們對上帝的所有的認識都純然是象徵的。」（KU 5:353）

值得提請注意，所言「類比」就表示它是「對於兩個不同類的物」而作出的。康德提醒：「對於兩個不同類的物，人們正好可以在它們不同類這一點上對它們中的一個按照另一個的類比來進行思維；但是，由它們不同類的那一點出發，卻不能從一方按照類比推論到另一方，亦即不能把特殊區別的這種標誌轉用到另一方。」[122]（KU 5:464）依據「象徵的表象模式」，康德就論明「在對客體的認識超出了知性機能的地方」，如何可能思維客體，並取得一種象徵的認識。以此，他提出一條格準：

於是在這裡永遠有效的就是這條格準，即在對客體的認識超出了知性機能的地方，我們就按照我們的（亦即人類的）本性實施其機能的主觀的、必然繫屬於這本性的條件來思維一切客體；而且即使以這種方式作出的判斷（正如即便是就越界的概念而言也只能如此一樣）不可能是按照客體的性狀來決定客體的構造的原則，這也畢竟還是一些軌約的、在實施中內在的和可靠的、適合於人類意圖的原則。（KU 5:403）

在《判斷力批判》第九十一節「論通過一實踐的信仰的認之為真的模式」，康德提出：「我們僅僅關注某物對我們（依據我們的表象力之主觀的性狀）能夠是認識的客體（res cognoscibilis〔可認識的事物〕）的模式。」（KU 5:467）也就是說：「某物是否是一個可認識的

---

122 康德舉例：人們把海狸的建築與人的建築進行比較，在結果上有著一種類似的關係，但是，我們卻不能由於人為了自己的建築而使用了理性，就推論出海狸也必然具有諸如此類的理性，而且把這名之為一種按照類比的推論。（KU 5:464）

東西的問題，就不是關係到物本身的可能性的問題，而是關係到我們
對它們的認識的問題。」（KU 5:467）

　　一個可認識的東西與我們對它的認識的關係有兩種：理論的認識
方式與實踐的認識方式，據此，我們就沒有理由將可認識的東西僅限
於「事實物」。於該節，康德提出：「可認識的物（erkennbare Dinge）」
分為三種：意見之事物（Sachen der Meinung）[123]、事實事物（Tatsa-
chen）[124]和信念事物（Glaubenssachen）。[125]（KU 5:467）康德提出：
一、「意見之事物總是一種至少就自身而言可能的經驗認識的客體（感
觸界之對象）。」二、「其客觀的實在性可以被證明的概念（無論是通
過純粹理性還是通過經驗，並且在前一種情況下，從相同的理論或實
踐數據，但在所有情況下都通過與它們相對應的直覺）而言，它們的
對象都是（res facti〔實際之事〕）事實。（KU 5:468）並且，在純粹的
理性之所有理念中，唯有自由之理念的對象是事實事物，「並且必須
歸入可知的東西〔scibilia〕。」（KU 5:468）3.關於「信仰事物」：「它
們必須在與純粹的實踐的理性的合乎義務的使用的聯繫中（它們是作
為後果，或者是作為根據）而被先驗地思維，而對於其理論的使用來
說是越界的對象，是純然信仰事物。」（KU 5:469）關此，前面相關
章節有詳論。

　　在這個第九十一節，康德對「信仰」作出詳論，他提出：「信仰
是一種自由的認之為真。」（KU 5:472）「是對於達成一種意圖的信任
（Vertrauen），而推進這一意圖則是義務。」（KU 5:472）「是對於我
們為了一種意圖而依照自由之法則所假定的東西；它不是像一種意見
那樣沒有充分的根據，而是作為在理性中的（儘管只是就其實踐的使

---

123　意見之事物是可推測之事物（opinabile）。（KU 5:467）

124　事實事物是可知之事（scibile）。（KU 5:467）

125　信念事物是純然可信之事（mere credibile）。（KU 5:467）

用而言）而對於理性的意圖來說有充分的根據。」（KU 5:472）他批評無信仰的人，說：「某人由於那些理性理念缺乏其實在性的理論論證而否認它們的一切有效性，則是無信仰的。」（KU 5:472）並指出：若無道德的信仰，那麼，當理論的理性不能滿足對於道德的客體（圓善：極極目的）的可能性的證明的要求時，「道德的思維模式就不具有任何牢固的持久性，而搖擺於實踐的命令與理論的懷疑之間。」（KU 5:472）他指出：「一種獨斷的無信仰是不能與一種在思維模式中起支配作用的道德格準共存的。」（KU 5:472）

其實，早在《純粹的理性批判》，康德就於「法規章」之第三章「論意見、知道和信仰」提出了「認之為真（Fürwahrhalten）」不僅意指「知道」（Wissen），也包含「信仰」（Glauben），甚至還包含「意見」（Meinen）。康德說：「意見是意識到的主觀的和客觀的不充分的認之為真。如果認之為真僅在主觀上是充分的，同時被認為在客觀上是不充分的，那麼它就稱為信仰。最後，主觀上和客觀上均充分的認之為真稱為知道。」（A822/B850）

依康德所論，「認之為真是我們的知性中發生的一個事件，可能基於客觀的根據，但也需要做出判斷的人心中的主觀的原因。如果這個認之為真對每個人都有效，只要他是有理性的，那麼它的根據在客觀上是充分的，並且在此情況下這個認之為真就稱為確信（Überzeugung）。」（A820/B848）他提出認之為真的試金石，那就是：「從外部來看，就是將認之為真傳達出來的可能性以及發現認之為真對於每個人的理性來說都是有效的可能性。」（A820/B848）以此將「確信」與「勸服」（Überredung）區別開。他說：「勸服只是一種純然的幻象（Schein），因為判斷的根據僅在於主體中，而被當成是客觀的。因此，這樣的判斷僅具有私人有效性（Privatgültigkeit），而相關的認之為真是無法傳達的。」（A820/B848）

　　在該章中，康德已提出「信仰」（無論是「道德信仰」還是「實用的信仰」）區別於「意見」，他說：「『信仰』一詞僅僅涉及一個理念給予我引導，以及對我的理性行動的推進的主觀的影響，使我對該理念保持執著，儘管我無法於思辨的意圖來說明（Rechenschaft）它。」（A827/B855）並且，提出「道德信仰」與「實用的信仰」的區別。他說：「僅僅在學說的信仰上就有某些動搖；人們常常會因為思辨中出現的困難而被驅離這樣的信仰。」（A827/B855）「不過，人們不可避免地會總是一次又一次地回到該信仰。」（A828/B856）

　　康德明示，「道德信仰完全不同」，（A828/B856）他指出：在道德信仰中的「確信」具有「道德的確定性」，儘管這種確信不是邏輯的確定性。依康德的說明，道德信仰，也就是有一個上帝和一個未來的世界（künftige Welt）[126]，是唯一一個條件可能使終極目的與所有目的作為一個整體聯繫起來，「沒有人知道其他條件可以導致道德法則下諸目的的這種統一。」（A828/B856）因此，此道德信仰具有「實踐的有效性」。也就是說：儘管在道德信仰中，上帝和一個未來的世界不是作為一個在直觀中給予我們的外在的客體，因而並無「邏輯的確定性」，不過，它們是由對每一個人有效的道德法則所決定的，並且在與道德法則的連繫中獲得其內容與意義，因而是可以在一切人中間普遍傳達、對於每個人的理性來說都是有效的。這樣的「確信」擁有「道德的確定性」。用康德的話說，那時至少有一個假設，即所有判斷的一致根據，（A820/B848）不管主體之間的差異性，都將建立在共同根據即那個相關的對象上，因此這些判斷都將與該對象一致，從而證明了那個判斷的真理性。（A821/B849）

---

126 於下文，康德又說：「我將不可避免地相信上帝的存在和未來的人生（künftiges Leben）。」（A828/B856）關於「未來的世界」這個條件，康德又名為「未來的人生」。於《實踐的理性批判》正式提出：上帝和不朽的理念是道德法則所決定的意志的必然客體的條件。（KpV 5:4）

　　依康德所論，「客觀的實在性」區分為兩種：在理論的認識中，亦即於自然概念之領域，在與一個外在的客體的關聯中，每個知性的判斷都是一致的，因此具有客觀的實在性，此為以理論的方式取得的客觀實在性。而在實踐的認識中，亦即於自由概念之領域，並無一個在直觀中給予的外在的客體，不過，於此，自由、不朽和上帝三個理念通過道德法則「要求圓善能夠在世界上實存」，（KpV 5:134）而它們作為道德法則命令其成為客體的東西（圓善）所以可能的必然條件，「就被確然地（assertorisch）說明（erklärt）為得到現實的客體（wirklich Objecte）」，康德解釋說：「因為實踐的理性為了自己的確實的絕對地必然的客體圓善的可能性，不可避免地要求這些客體的實存。而因此就證明理論的理性有正當理由去設定它們。」（KpV 5:134）「通過實踐的設準，客體確實被給予了那些理念」，使它們「得到了客觀的實在性」。（KpV 5:135）這裡所謂「客體」固然不是在直觀中給予的外在的客體，而毋寧說是理性自身產生的「客體」，因此並不能有以理論的方式取得的客觀實在性，此即康德說：「那些概念是實在的，而且現實地有其（可能的）客體，但是，我們由此並沒有得到這些客體的任何直觀（這類直觀是不可以要求的）。」（KpV 5:134）儘管如此，理性自身產生的「客體」因其與道德法則連繫而獲得實在性，因著道德法則的普遍必然性，它們就是「基於客觀的根據」，能夠在人中間普遍傳達以及對於每個人的理性來說都是有效的。康德明示：「旨在圓善可能性的這些概念的實在性」，（KpV 5:136）「它們的使用僅僅限制在道德法則的施行上。」（KpV 5:137）「否則它們就只是思辨的理性的超絕的（transscendent）和純然軌約的原則。」（KpV 5:135）唯獨在道德的領域，「它們成為內在的和構造的。」（KpV 5:135）因為在這裡，「道德法則必然地約束著每一個有理性者」，並使得它們「與理性的完全的實踐使用不可分割」。（KpV 5:144）尤為重要的是，它們

「與道德法則一樣是必要的，也唯有在與道德的法則聯繫中才是有效的」。（KpV 5:144）

依以上所論明，吾人應可回應康德學界關於「圓善學說」發出的諸多質疑與詰難。

伍德於其著作《康德和宗教》第二章第四節「圓善作為道德的目的」中就表示：圓善的思想在康德哲學中多次出現，「圓善」（summum bonum）一詞含糊不清。[127]以此為由，他提出討論康德關於「上帝存在的主張」的論證是否正當，最好是不要從關注圓善開始。[128]他說：「現在最好將其簡單地視為道德行為的最廣泛目的的概念。」[129]伍德視「圓善」為道德行為的目的，而忽略「圓善」作為道德法則產生的客體，那就難怪他會將康德所論「圓善」只視為「道德行為是我們通過它成為值得幸福」的問題。我們可以指出：將「圓善」作為道德行為的目的，那是違反康德意志自律的根本宗旨的。依據意志自律原則，道德行為就是依循道德法則而行，並不考慮任何目的。康德於《實踐的理性批判》論明：「儘管圓善是一個純粹實踐理性的整全的對象，亦即一個純粹意志的整全的對象，但它卻不因此就能被視為純粹意志的決定根據；唯有道德法則必須被看作是使圓善及其實現或促進成為客體的根據。」（KpV 5:109）這層意思並非如伍德認為的那樣，是康德在一七八一年之後修改了法規章的立場。他認為康德在法規章主張「希望享有與自己的德性相配稱的幸福」，「才能為士氣提供足夠的理性的動力（rational incentive），否則道德將沒有動力的立場」，[130]而制定了他成熟的道德哲學之後的觀點：「純粹實踐理

---

127 Allen W. Wood, *Kant and Religion*, p. 37.

128 Allen W. Wood, *Kant and Religion*, p. 35.

129 Allen W. Wood, *Kant and Religion*, p. 35.

130 Allen W. Wood, *Kant and Religion*, p. 39.

性、義務或道德法則本身就構成了道德行為的充分理性的動力。」[131]
他說：「我認為我們不能肯定地說為什麼康德放棄了法規章的立
場。」[132]究其實，伍德的誤解歸咎於他並未恰切地視康德於其三大批
判及一系列相關著作中展開的「圓善學說」為一個層層展開而通貫一
體的體系，並且也沒有注意該體系包含兩個既區分開而又關連一體的
兩部份：於純粹的道德哲學範圍而論，僅就人作為道德法則下之實存
而論「道德」，道德法則本身就是動力；從道德伸展至宗教而論，則
就人「一方面通過道德法則將自己決定為智性的者（有自由能力），
另一方面認識到自己是依照感觸界裡面的決定而活動的」（KpV
5:105）而論，人在致力於在世界上實現圓善的不已進程中必然遭遇
到限制與阻礙（包括人自身能力的限制與外部條件的阻礙），就必須
有附助的動力。

　　前面相關章節已論明，康德從第一個批判開始就提出行動主體的
兩性格（經驗性格與智思性格）之區分。於那個批判，他論及人的主
體之機能，就說：「我們必須對於這樣一個主體之機能的因果性既要形
成一經驗的概念，又要形成一理智的概念，並且要視這兩個概念為涉
及同一個結果者。」（A537/B566）該批判就人的主體的智思性格而論
「德性法則」，是「抽掉了性好和滿足它們的自然手段的」。（A806/
B834）「現實上有純粹的道德法則」，（A807/B835）不考慮經驗的動
力（幸福），完全先驗地決定有理性者的自由的使用，而且絕對地發
出命令。儘管要進至《實踐的理性批判》中，經由對實踐理性作批判
考察，而對道德法則（自由之法則）作出解釋，據此批判地說明「一
般有理性者的感性之本性就是以經驗為條件的法則下的實存」（KpV
5:43），與「同一有理性者的超感觸本性是指他們依照獨立於一切經驗

131　Allen W. Wood, *Kant and Religion*, p.39.

132　Allen W. Wood, *Kant and Religion*, p.44.

條件，因而屬於純粹理性的自律法則之實存」（KpV 5:43）區別開。就人作為道德實存而論，從第一批判開始，乃至康德全部論著，直到《宗教》，康德始終明示：「道德為其自身只需要純粹的實踐理性有能力，它是自身充分足夠的。」（Rel 6:3）儘管《宗教》一書任務要點在研究道德何以及如何伸展至宗教，故著重探究人的限制及宗教作為一種輔助動力，康德亦不忘於該書第一版「序言」中提醒：「道德既然建立在作為自由的，正因為自由而通過自己的理性把自己束縛在無條件的法則上的人之概念上，那麼，就不需要為了認識人的義務而有另一種在他之上的東西的理念，也不需要為了遵循人的義務而有不同於法則自身的另一種動力（Triebfeder）。」（Rel 6:3）他明示：「不是產生自人自身和人的自由的東西，也就不能為人缺乏道德提供補償。」（Rel 6:3）「問題取決於義務，那麼，道德完全能夠而且應當不考慮任何目的。」（Rel 6:4）「道德為了自己本身並不需要先行於意志決定的目的表象。」（Rel 6:4）又說：「就道德學來說，為了正當地行動，並不需要一個目的，相反，從根本上來說，包含著運用自由的形式條件的法則對它來說就足夠了。」（Rel 6:4-5）

　　只要通貫地把握康德論道德的整全體系，不難見到，康德從第一批判開始，自始至終反覆提出並論明：「唯獨道德的法則無條件地命令。」（Rel 6:3）「人的意志（以及每一造化的有理性者的意志）之動力是道德法則，除此之外絕不能是任何別的東西。」（KpV 5:72）此並不妨礙康德另一方面提出：道德法則產生其所決定的意志的必然客體（圓善），並命令每一個人致力於在世界上實現圓善（作為終極目的）。就圓善之實現於世界之努力而論，用《宗教》第一版「序言」的話說：「因此，道德不可避免地要導致宗教。」（Rel 6:6）

　　早在《純粹的理性批判》，康德就於「法規章」預告了這樣一條脈絡：從「不考慮經驗的動力（幸福）」，而「絕對地發出命令」的道

德法則，伸展至宗教。在那裡，康德就提示其哲學體系滙合於三個問題，他說：「我的理性的所有興趣（既包括思辨的興趣也包括實踐的興趣）都聯合在以下三個問題上。」（A805/B833）第一個問題關於「我能夠知道什麼？」關心的是知識（Wissen），而處理的問題是「純然思辨的」。他表明：於此，「遠未達到純粹的理性的整個努力實際上被指示的兩個偉大的目的。」（A805/B833）第二個問題關於「我應當作什麼？」關心的問題是「道德的」、「純然實踐的」。第三個問題關於「我可以希望什麼？」：「如果現在我做了我應當作的事，我然後可以希望什麼？」康德表明：於此，處理的問題是「實踐的同時又是理論的」。（A805/B833）三個問題依次於三大批判及《宗教》中既分別考論且內部關連一體地展開。

　　若伍德並非視三大批判為割裂的工作，尤其是，如果他能把握康德「自由概念之領域」與「自然概念之領域」既分別考論而又綜和一體的批判方法，那麼，他或許能明白，他以為康德於第一批判法規章關於道德動力的觀點與一七八五年後主張「道德法則本身是唯一真正理性的動力」的觀點大不相同的見解並不成立。究其實，伍德離開康德關於「圓善」論證的整體脈絡，斷章取義地截取康德一段話：「如果沒有上帝，及沒有一個我們現在看不到但為我們所希望的世界，德性之輝煌的理念雖然是讚許和驚嘆的對象，但不會是意圖和行使（Ausübung）之動力。」（A813/B841）以此認為「法規章」主張上帝和未來世界是道德動力，並以為康德放棄這種觀點可能是為了「避免面臨由道德動力的更具包容性的概念造成的不穩定的威脅」。[133]伍德這種誤解在康德學界有廣泛影響。帕斯特納克（Lawrence R.

---

133　Allen W. Wood, *Kant and Religion*, p. 44.

Pasternack）在其《康德論〈單純理性界限內的宗教〉》[134]一書中就承接其說法。他也引用了「德性之輝煌的理念」（A813/B841）那一段話，並據之認為康德於第一批判之「法規章」主張「圓善所提供的對幸福的希望作為道德行為的動機的根據」，[135]並說：「但之後首先出現在《基礎》的發展，該策略就無法使用了。」[136]以此斷言說：「因此，圓善不能就如第一批判中那樣被證明為正當（justified）。」[137]在其大作中，他如伍德所作，將康德自第一批判起直至《宗教》有關「圓善」之論說分而治之，當他離開其中每一部著作處理的問題而分割地推想康德原文的意思，結果由其著作給出的關於康德的「圓善學說」就成了一堆隨意拼湊的、雜亂無章的，甚至前後不一致的大雜燴。

我們於前面已論明，康德在寫作第一批判之時，「圓善」只是首先作為理念而提出，儘管該批判的「法規章」對「圓善概念」包含的諸涵義有所提點，並預先勾勒出一條脈絡，但如康德明示：第一批判絕不能得到關於那兩個任務（上帝之存在和心靈不朽）的知識。該批判與理性的思辨的興趣相關，處理關於「我能夠知道什麼？」的問題，而該問題是「純然思辨的」。（A805/B833）明乎此，即可知，帕斯特納克以為「圓善」在第一批判中被證明為正當，並認為「第一批判的論證圓善植根於我們需要找到某些道德地行動的動機（motivation）。」[138]

---

134 Lawrence R. Pasternack, *Routledge Philosophy Guidebook to Kant on Religion within the Boundaries of Mere Reason* (New York: Routledge, 2014).

135 Lawrence R. Pasternack, *Routledge Philosophy Guidebook to Kant on Religion within the Boundaries of Mere Reason*, p. 47.

136 Lawrence R. Pasternack, *Routledge Philosophy Guidebook to Kant on Religion within the Boundaries of Mere Reason*, p. 47.

137 Lawrence R. Pasternack, *Routledge Philosophy Guidebook to Kant on Religion within the Boundaries of Mere Reason*, p. 47.

138 Lawrence R. Pasternack, *Routledge Philosophy Guidebook to Kant on Religion within the Boundaries of Mere Reason*, p. 49.

那樣的斷言是不符合事實的。其實，在第一批判「法規章」，所言「德性之輝煌的理念」意指是傳統上所謂美德，那種「美德」與道德法則無關的。而該批判已提出依據道德法則而言的道德，並且，依康德所論上文下理，此言「意圖和行使之動力」是作為「先驗適當的後果」與道德法則聯繫在一起的，（A811/B839）決沒有主張「圓善」連同其可能之條件（上帝和不朽）離開道德法則而本身就能夠作為意圖和行使之動力。此即康德在《實踐的理性批判》明示：「道德的法則作為至上的條件已經包含在圓善的概念裡。」（KpV 5:109）並特別提醒：「那麼圓善就不是純然的客體，而它的概念以及它通過我們的實踐的理性而可能的實存的表象同時就是純粹的意志之決定根據。」（KpV 5:109-110）他解釋：「因為事實上正是道德法則已經包含在這個概念中並一同被思想，並且沒有任何其他對象根據自律之原則來決定意志。」（KpV 5:110）

其實，前面關於「超感觸東西（自由、終極目的與圓善及其條件上帝、不朽）之推證」已闡明：康德三大批判通貫理論哲學、道德哲學，及至宗教哲學而為一整全系統。「圓善」之概念儘管首先於《純粹的理性批判》提出，但其完整的推證必須一步步依《實踐的理性批判》（連同《基礎》）、《判斷力批判》及至《宗教》漸次開展。通過對人類心靈機能作批判考察，依循考察的機能之不同而相應有不同的推證步驟。《純粹的理性批判》考察理性之思辨的使用，說明「圓善」之作為理性的理想；《實踐的理性批判》考察理性之實踐的使用，通過對道德法則及自由理念的推證說明「圓善」概念之根據，論明：「通過意志自由產生圓善，這是先驗地（在道德上）必然的。」（KpV 5:113）《判斷力批判》考察反思判斷力，通過對「終極目的」之推證闡明「圓善」於世界實現的客觀的實在性。最後，《宗教》一書落實到人致力於在世界上實現圓善，考察人的根子上的惡，以及人的為善

的稟賦，既闡明我們人身上的道德的稟賦是所有宗教的基礎，（Rel 6:121）也對宗教之人類學根源作出說明，論明了「圓善」作為從道德必然導致宗教的關鍵所在。此全賴擺脫康德學界所流行採取割裂方法討論康德哲學的令人心生困惑之種種說法，決心首先努力獲得對人類心靈機能考察之系統的熟悉，把握步步分析給出的內容，同時注意綜和的回歸。依循康德處處提示的線索前進，而不急於中途妄下結論。

　　總而言之，注意到康德本人在第一批判就提出的關於純粹哲學闡述的特性，那是十分有益的。他指明：「哲學的定義只能通過分析而得到。」（A730/B758）「不完全的闡明必須先於完全的闡明。」（A730/B758）依康德，數學乃是有定義的唯一科學。如果不必太嚴格而完全拒絕哲學的說明（Erklärungen）有其定義的稱號，那麼，哲學的定義絕不多於所予概念的闡釋（Expositionen）。（A730/B758）「在哲學裡，我們必不可模仿數學而從定義開始」。（A730/B758）哲學的認識絕不能有直觀地構造其概念的權利，不能像數學那樣具體地在個別的直觀中考察普遍的東西。「總之，在哲學裡，極其精確而明晰的定義應該不在我們研討的開頭，而在其結尾。」（A731/B759）

　　事實上，我們前面已遵循康德之警示，對每一個核心概念作哲學的說明時，皆注意每一步說明所關涉到的相關問題以及其所經歷的分析與綜和的全過程。當問題關於「我應當作什麼？」無論在第一批判或第二批判，及至《宗教》，康德一貫明示：「唯獨道德的法則無條件地命令。」（Rel 6:3）「行為之全部德性的價值的本質在於：道德法則直接地決定意志。」（KpV 5:71）即：「道德法則自身是動力。」而當問題關於「我可以希望什麼？」也就是關於「宗教」。康德從第一批判就提出：「所有的希望都是指向幸福」，並且指明：「於實踐東西和德性法則的意圖中，希望恰恰是在與物之理論的認識之關聯中的知識和自然法則所是的東西。」（A805/B833）同樣，於《實踐的理性批

判》，康德提出：「幸福的希望只是首先開始於宗教」（KpV 5:130）並且說：「唯有當宗教出現時，也才出現我們有朝一日按照我們曾關注不至於不配享幸福的程度來分享幸福的希望。」（KpV 5:130）

　　事實上，於《實踐的理性批判》完成關於道德法則及意志自由之論證的任務後，康德在該批判第一部「純粹的實踐的理性之成素論」卷二「純粹的實踐的理性之辯證」，通過「圓善的概念之決定」，對第一批判已預告性地提出的圓善的條件（上帝和不朽的理念）作出正式的闡明。於此，康德論明：「道德的法則通過圓善作為純粹實踐理性的客體和終極目的的概念導致了宗教。」（KpV 5:129）他不僅論及「依配享幸福的程度來分享幸福的希望」，並論明：唯獨當道德學（Moral）已被完整的顯示（vorgetragen），「然後，首先，在基於促進圓善的道德法則的道德願望被喚醒之後」，「並且為此，向宗教的步子已經邁出，德性學說（Sittenlehre）也可以被名為幸福學說（Glückseligkeitslehre）。」（KpV 5:130）

　　就宗教而論，康德於《實踐的理性批判》同樣論及「上帝和永恆」的「令人生畏的威嚴」，他說：「道德的存心現在必須與性好發生鬥爭，在幾次失敗之後，心靈的道德力量可以逐漸獲得，上帝和永恆就會以其令人生畏的威嚴取代這種鬥爭，而不斷地出現在我們眼前（因為我們能夠完滿證明的東西對我們來說，就確定性而言，與我們通過親眼目睹一樣）。」（KpV 5:147）依康德所論，無論是在第一批判還是第二批判，上帝和永恆之威嚴都不意謂主張一種外在施加予人的利誘和威脅作為道德的動力。康德於該處接著說：「在我們內的道德的法則，在不向我們承諾任何確定性的事情或威脅我們的情況下，要求我們無私的尊敬。」（KpV 5:147）我們於前面相關章節已論明：於第一批判，康德已指出：「如果道德的法則不先驗地把適當的後果與它們的規則連繫起來，從而自身帶有應許（Verheißungen）和威脅（Drohungen）

的話，道德的法則也就不能是命令（Gebote）。」（A811-812/B839-840）並提出：「道德的法則蘊涵在一個作為圓善的必然的本質者（nothwendigen Wesen）中」，才能夠做到這一點。（A812/B840）此同於在《實踐的理性批判》指出：「道德法則作為至上的條件已經包含在圓善的概念裡面。」（KpV 5:109）據此，康德為道德法則何以能夠作為對每一個人的命令作出說明。但不能據此曲解康德主張遵循道德法則的動力置於應許和威脅中。康德指明，其本身將遵循這法則的真正的動力不是置於想要的後果中，而唯獨置於義務的表象中，因為獲得這種後果之配當僅僅在於忠實地遵守義務。（KpV 5:129）

我們見到，康德於宗教學說所論，自第一批判起，自始至終都論及宗教（主要是「上帝」）包含「一個強有力的動力的添加」，他在《基礎》一書就提出：儘管自然王國和目的王國被設想為在一個元首（Oberhaupte）下統一在一起，而目的王國將不再只是一純然的理念，而將獲得真正的實在性，「依是，這確實是一個強有力的動力的添加。」（Gr 4:439）但康德隨即明示：「其內在的價值絕不會有所增加；因為不管怎樣，這個唯一的、絕對的立法者也總是只能根據理性的本質者的無私行為來判斷他們的價值，而這完全是由理性的本質者規定給他們自己。」（Gr 4:439）實踐之事的本質並不因為「元首」之設定這種假定的外在關係而有所變化，「道德是行為與意志自律的關係，亦即通過意志的格準與可能的普遍立法的關係。」（Gr 4:439）他自始至終一再表明：「既不是懼怕，亦不是性好，但只是對於法則的尊敬才是那能給行為以道德價值的動力。」（Gr 4:440）在《實踐的理性批判》也提醒，我們在宗教中把我們的義務作為上帝的命令，但是，「不可以把恐懼或者希望作為動力置於根據地位，它們如果成為原則，就會毀掉行為的全部道德的價值。」（KpV 5:129）

事實上，康德於宗教學說中所論人在致力於在世界上實現圓善進

程中必然遇到的限制而提出「輔助的動力」，與其於道德學說中提出「道德法則本身是動力」分屬不同層面的問題。明乎此，不必像伍德那樣質疑康德前後不一致。其實，於《實踐的理性批判》「序言」就提醒：「要正確地去把握『整全之理念』」，要注意「部份是從『整全之概念』而推導出」，而「那一切部份在相互關聯中」，「在一個純粹的理性機能中考慮這些部份。」（KpV 5:10）並明示：「此只有在具有對於全體系的真知灼見之後才是可能的」。（KpV 5:10）此即其指出：「當涉及決定人類的心靈之一種特殊的機能的來源、內容和界限時，根據人類的認識之本性，人們只能從它的各個部份開始，從對這些部份的精確和（正如根據我們已經獲得的元素的現有狀況而論）完整的展現開始。」（KpV 5:10）

如我們前面論述見出，康德在「整全之概念」之貫穿中展開每一個部份，並對其反覆「測試和保證」。康德本人指出：「這種測試和保證只有透過對系統最親密的熟悉才有可能。」（KpV 5:10）他說：「那些對第一步探索不耐煩的人，即那些認為不值得付出努力來獲得這種熟悉的人，不會進入第二階段，即概述（Übersicht）的階段。」（KpV 5:10）「概述的階段」意指：「對先前分析給出的內容的綜和的回歸。」（KpV 5:10）依此，康德恰當地指明，學者們所謂「發現到處都是不一致」，究其實，「這些不一致不是在系統本身，而只是在他們自己不通貫的思路中找到。」（KpV 5:10）

伍德以為康德關於「上帝存在」的論證只與「配得並享有幸福」相關，而不必關涉康德的圓善學說。此見出其正犯上康德所指出的錯誤。他對於康德就人為著在世上實現圓善之進程中力量的不足而提出的「輔助的動力」缺乏周全瞭解，故而亦無法瞭解康德論明的「道德法則本身是動力」與「輔助的動力」的主從關係。其實，於《實踐的理性批判》卷一「純粹的實踐的理性之分析部」（包括純粹的實踐的理

性之「原理」、「對象」、「動力」三章）論明「道德法則本身是動力」；而卷二「純粹的實踐的理性之辯證部」因著「圓善」概念之決定而提出「輔助的動力」問題。這就是康德本人明示：德性是圓善的第一成素，而與德性相配稱的幸福構成了圓善的第二成素，而這兩種成素的一種聯結的可能性「完全屬於物的超感觸的關聯」，「而且不能按照感觸界的法則而被給予，雖然這個理念的實踐的後果，也就是意在實踐圓善的那些行動是屬於感觸界的。」（KpV 5:119）據此提出，儘管圓善的客觀根據「首先就直接在我們的力量中」，（KpV 5:119）這是「分析部」已論明的；「其次，理性為了我們在圓善的可能性（依照實踐原則而必然的）提供給我們」，「作為我們的無力（Unvermögens）之補充的東西」。（KpV 5:119）這在「分析部」闡明。

　　康德自始至終強調，道德行為必須遵循道德法則（自由的形式條件的法則）而行，並不需要一個目的。據此論明「道德法則本身就是動力」，但這並不妨礙康德指出：「假若不與目的發生任何聯繫，人就根本不能作出任何意志決定。」（Rel 6:4）人作為一有理性者，他必定有一種能證明其行為的「意圖之純粹性」的目的，這目的就是終極目的。道德法則產生終極目的，並以終極目的來責成我們，把我們的力量都用於終極目的之實現。（KU 5:455）就圓善作為終極目的而論，康德提出了證明：「人自身中在道德上起作用的需要，要為自己的義務設想一個終極目的，來作為義務的結果。」（Rel 6:6）他解釋說：「每一個人都應該使世間上可能的圓善成為自己的終極目的，這是一個由純粹的理性提出的實踐的先驗綜和命題」，（Rel 6:6）依此，他指明：「它是一個超過了在世界裡義務之概念的命題，並附加了道德的法則中未包含的義務的後果（一種效果），因此無法從道德法則中分析地發展出來。」（Rel 6:6）也就是說，儘管道德法則命令我們致力於在世界上實現圓善，但正如康德在《實踐的理性批判》之「辯證

部」如實指明：「在道德法則中沒有絲毫的根據說，一個作為部份屬
於世界，因而依賴於世界的生物的德性和與之成比例的幸福之間有必
然聯繫。」（KpV 5:124）他給出的解釋：因為道德的法則以之頒令的
決定根據「完全獨立不依於自然以及自然與我們的意欲機能（作為動
力）協調一致」，（KpV 5:124）並且，「在世界中行動的有理性者仍然
不是世界和自然本身的原因。」（KpV 5:124）事實上，我們人「不能
通過自己的意志成為這自然的原因，也不能夠憑自己的力量使自然就
與其幸福相關而言，與其實踐的原理徹底協調」。（KpV 5:124-125）
依康德所論，德性和與之成比例的幸福之間的這種必然聯繫是「在純
粹的理性的實踐的任務裡，即對於圓善的必然的追求中，這樣一種結
合是被設定為必然的。」（KpV 5:125）也就是說：「我們應當力求促進
圓善（所以它畢竟必然是可能的）。」（KpV 5:125）為此，我們設定
「整個自然的一個與自然有別的原因的存在」，（KpV 5:125）「這個原
因包含著幸福與德性精確一致的根據。」（KpV 5:125）此即《宗教》
一書第一版「序」中，康德說：「如果應該把最嚴格地遵循道德法則
設想為造成圓善（作為目的）的原因，那麼由於人的能力並不足以造
成幸福與配享幸福的一致，因而必須假定一個全能的道德者來作為世
界的統治者，使上述狀況在他的關懷下發生。這也就是說，道德必然
導致宗教。」（Rel 6:7）

　　依以上所論，我們見到康德經由論明：「圓善是與純粹理性的立
法必然地聯結在一起的我們的意志的客體。」（KpV 5:124）亦即首先
說明「圓善」（終極目的）之實現於世界是道德法則命令，是道德的
「應當」；隨後說明「人的限制」及宗教作為一種「輔助動力」。明乎
此，我們就不會斷章取義地以為康德主張上帝和不朽離開道德法則就
能夠「作為意圖和執行的動力」。也不會以為康德提出「輔助動力」
與其所論「道德法則本身是動力」是兩種相衝突的主張。

　　伍德於其《康德和宗教》一書中說：「康德的《宗教哲學教義講座》中的一段話表明，道德信仰給我們『更多的動力』或『更強的動力』來履行我們的義務（VpR 28:1002-1003）」，他認為這段話「表現出觀點之間的猶豫」，他說：「一七八五年之後康德開始採用經典的道德動力新概念。這段話與經典不一致，甚至與康德在講座中所說的大部份內容不一致。」[139]如我們前面所論明，「輔助動力」是康德宗教學說中的一個觀點，與道德學說中的「動力說」相連繫而結合於圓善學說之體系中。康德本人提醒：「獎勵（回報）必須不被表象為動機根據（Bewegungsgründe），否則就只是明智的關聯，而是回報作為道德法則的正確性和真實性的確認根據（Bestätigungsgründe）。」（MrM 29:637）[140]康德在《形而上學演講錄》中說：「一切義務如果不能同時帶著承諾（Verheißungen）和威脅（Drohungen），就不會具有充分的動機（hinlängliche Bewegungsgründe）。」（MV 28:385）[141]並提醒：「一切行為的動力都是依據福祉之意欲，但這種動力並不通過我的道德學的認識而滿足。」（MV 28:385）

　　依以上所論明，康德「論上帝存在的道德證明」必須置於其「圓善學說體系」之整體論證中把握。關於此「圓善學說體系」，概略地說，首先以其道德哲學（自由概念之領域）為基礎，在這個領域，只就人作為「屬於純粹理性的自律的法則的實存而考量」，（KpV 5:43）此即：「人之主體作為物自身（睿智者）考量」，並且，康德已論明：「在關涉其意志自由連同其因果性的法則（道德法則）中說，它決定地和確然地被認識到（bestimmt und assertorisch erkannt）。」（KpV 5:105）道德法則就堪稱為一條人作為「睿智者」的「實存的法則」，

139　Allen W. Wood, *Kant and Religion*, p. 41.

140　MrM: Moral Mrongovius II.

141　MV: Vorlesungen über Metaphysik.

它是人的實存之分定的法則。儘管人們是否現實上總是遵守道德法則，這是沒有必然性的，但仍然不能否決道德法則無條件命令及本身即是動力的事實。此「事實」是依據人類意志活動的一種事實而作出的。簡言之：一、人有自立道德法則的能力，也就是說，人的意志是自由的。道德法則是一條純粹實踐理性就因果性而言不依賴一切感性條件及任何其他東西，它本身就包含著決定根據。（KpV 5:105）二、人事實上能依據道德法則而行，也就是說，人能擺脫性好及一切經驗條件而僅以道德法則作為其選取行為格準的根據，即：人的抉意是自由的。三、人事實上有尊敬道德法則的能力，這能力其實就是道德情感。（KpV 5:80）對道德法則的尊敬「就是對於意志自由地服從於法則的意識，並且與一種由自己的理性不可避免地加於一切性好之上的約束連結在一起」。（KpV 5:80）

　　總而言之，如康德早在《純粹的理性批判》就提出並自始至終強調：道德法則「不考慮經驗的動力（幸福），完全先驗地決定有理性者的自由的使用，而且絕對地發出命令。」（A807/B835）「因而在一切方面都是必然的。」（A807/B835）也就是說，在道德法則行令的領域，人「意識到自己在事物的智思的秩序中被決定的存在（Daseins）」，並且，道德法則是「能夠決定他在感觸界中的因果性的力學法則」。（KpV 5:42）此即康德明示：道德法則將人自身真實地提升到超感觸界，「這個超感觸界的複本實存於感觸界中，但並不中斷感觸界的法則。」（KpV 5:43）康德名「超感觸界」為「原型世界」（urbildliche; natura archetypa）；「感觸界」為摹本世界（natura ectypa）。（KpV 5:43）「這個原型世界只能在理性之中加以認識。」（KpV 5:43）「摹本世界包含作為意志決定根據的原型世界的可能的結果。」（KpV 5:43）「原型世界的理念」可以說（gleichsam）作為示範現實地樹立了我們的意志決定的模本。（KpV 5:43）

也就是說，純粹實踐理性及其所立道德法則能夠在經驗中被證明是一個超感觸的動力因。（KpV 5:48）依康德所論，道德法則給予我們的是一種不能經由感官經驗及理論理性去解釋的事實，這種事實關聯純粹的知性界，而我們所認識的道德法則就是積極地規定這世界的，我們人作為立法的有理性者的智性的身份也由之得到確定。明乎此即可知，康德毫不諱言：「這終極目的的可能性，以及它的不可能性，不能被我們看見。」（KU 5:471）又說：「終極目的之達到，就此一目的並非完全在我們的力量中而言，是僅僅為了理性之實踐的使用而假定，而不是像義務本身那樣是實踐的必然的。」（KU 5:470-471）

可見，康德首先論明道德法則作為一個超感觸的動力因，將人自身真實地提升到超感觸界，此「超感觸界」為「原型世界」；道德法則命令人在世界上實現「圓善」，此圓善世界即意指超感觸的「原型世界」。故此，他如實指明：我們不能看見「圓善」（終極目的）的可能性，以及它的不可能性。據之，他能進一步提出：為著我們的道德法則命令我們致力於實現終極目的，那麼，「我們在實踐的意圖裡，也就是為了把我們的力量用於實現這終極目的，就有一個理由假定的這種終極目的的可能性，可執行性（Ausführbarkeit）。」（KU 5:455）並指出此中有一種「不歸於我們的掌握中的條件」，藉以假定一個有知性者同時是一個道德的者作為世界的創造者，即假定一個上帝，也就是進至道德的宗教，以提出「輔助的動力」。

依以上所論明，即可消除伍德於其《康德和宗教》一書中對圓善學說的誤解。他認為「圓善在於道德與幸福與價值成正比。」[142]他說：「有時仍不清楚的一件事是，這種組合是否道德和幸福是指一個人的最高利益」，「或者說是最高的整個世界的美好。」[143]顯見，伍德

---

142 Allen W. Wood, *Kant and Religion*, p. 37.

143 Allen W. Wood, *Kant and Religion*, p. 38.

認為「圓善」在於個人是否得到其配得的幸福，他明文表示此方能真
正說明何以上帝作為圓善可能之條件能夠充當道德動力。[144]伍德對康
德圓善學說缺乏通貫瞭解，以及未能關聯著圓善之推證而把握康德對
上帝存在的道德論證的整體，故其立說多有值得商榷處。

　　依前面相關章節已論明，自《純粹的理性批判》康德就提出：
「幸福只有在與依其德性而值得幸福的有理性者之德性有確切的比例
時，才構成一個世界之圓善，這個世界就是我們在其中必定依照純粹
實踐理性的箴言來置定我們自己的世界。」（A814/B842）並且提出：
不僅是幸福與德性有確切的比例，而且，「為了達到整全的善，那不
曾行事不配幸福的人就必須能夠希望分享幸福。」（A813/B841）此即
《實踐的理性批判》之「純粹理性在決定圓善概念時的辯證」那一章
裡論及「上帝存在作為純粹實踐理性之設準」。（KpV 5:124）該處康
德論及「比例於德性的幸福之可能性」，也就是導致我們「必須設定

---

144 伍德於其《康德和宗教》一書中說：「第一個批判的法規章比它在康德後來的哲學
　　中所做的具有更大的意義。因為對於在一七八一年只有這樣的希望才能為士氣提
　　供足夠的理性動力，否則道德將沒有動力。」（Allen W. Wood, *Kant and Religion*, p.
　　44.）伍德所以產生這種見解，完全因為他斷章取義地曲解康德第一個批判的法規
　　章中一段文（A812-813/B840-841）所致。關此，前面相關章節已論。其實，伍德
　　本人也反對阿利森指責第一個批判的立場基於幸福主義（eudaimonism）。他恰切指
　　出，依康德，「我們同意上帝的存在是一種信仰而不是知識。」（Allen W. Wood,
　　*Kant and Religion*, p.44.）如果我知道有一位上帝會獎勵美德和懲惡，那知識會給我
　　經驗鼓勵做對和避免做錯。但這不是康德的立場。（同前）如果人知道有上帝，將上
　　帝視為賞賜者或復仇者；他對獎賞的希望和恐懼懲罰將取代道德動機。如果人知道
　　有上帝，將上帝視為賞賜者或復仇者；他對獎賞的希望和恐懼懲罰將取代道德動
　　機。伍德恰切指出：「這種論點與腐敗賄賂沒有根本不同。」「它為做一些對自己腐
　　敗和自欺的事情提供了一個工具性的理由，這會導致非理性的同意。」（Allen W.
　　Wood, *Kant and Religion*, p. 41.）事實上，康德在《純粹的理性批判》就明確反對幸
　　福動機論，他指明：「出自幸福動機（Bewegungsgrunde）的實踐法則名為實用的
　　（精審的規則）。」（A806/B834）「除了配享幸福之外不以別的任何東西為動機，
　　我就名之為道德的（德性法則）。」（A806/B834）

上帝之存在為必然地繫屬於圓善之可能者」。（KpV 5:124）並且同樣
也從「比例於德性的幸福之可能性」進而提出「分享幸福的希望」，
（KpV 5:130）並論及「世界上有理性的本質者與道德的法則符合而
配得幸福，和擁有與這種配得相稱的幸福」。（KpV 5:144）他明示：
「對幸福的希望只能從宗教開始。」（KpV 5:130）顯見，伍德以為第
一個批判的法規章關於上帝作為不可缺少的道德動力比康德後來的哲
學中所做的具有更大的意義，那是一種錯解。

　　並且，依康德所論，自《純粹的理性批判》開始及至其全部著作
關於「圓善」的論說，皆沒有停於就個人「分享幸福的希望」而論「上
帝存在作為純粹實踐理性之設準」，而是進一步論一個「圓善的世界」。
於《純粹的理性批判》之「法規章」，康德就提出：「幸福只有在與依
其德性而值得幸福的有理性者之德性有確切的比例時，才構成一個世
界之圓善，這個世界就是我們在其中必定依照純粹實踐理性的箴言來
置定我們自己的世界。」（A814/B842）並指明：「它作為自由之系統
可以被名為智性的，亦即道德的世界（神恩之國）。」（A815/B843）
它是一個「自得好報的道德體系」。（A809/B837）道德法則命令每一
個人致力於在世界上實現圓善，也就是致力於一個在其中每一個其德
行配得幸福的人都分享到幸福的世界。此即《基礎》所論「目的王
國」，康德說：「我們就能夠設想一切目的系統地連繫成為一個整體
（不僅包括作為目的自身的有理性者，而且還包括每一個有理性者可
能為自己置定的個人目的），也就一個目的王國。」（Gr 4:433）[145]
《實踐的理性批判》也論及「自然之王國與德性之王國之間精確的協
調一致設想為圓善之可能性之條件」。（KpV 5:145）直至《宗教》一
書，第一版「序」中，康德也提出：一個人作為道德者不僅關心他自

---

145 康德說：「一切格準都應當從自己的立法出發而與一個可能的目的王國和諧一致，
　　如同與一個自然王國和諧一致。」（Gr 4:436）

己如何成為道德的，還要關注：「如果他能夠的話，他會在實踐理性的指導下為自己創造一個怎麼樣的世界，而他自己作為一個成員置於這一世界中。」（Rel 6:5）「而且還會要求確實有這樣一個世界。」（Rel 6:5）明乎此，則不會像伍德那樣，以為康德所論「圓善」在於道德與幸福成正比，但不清楚這種道德和幸福的組合是否是指「一個人的最高利益」，「或者說是最高的整個世界的美好」。

其實，伍德強調只有「分享到幸福的希望」才能提供足夠的理性動力，否則道德將沒有動力。他就專注於如何配得幸福就分享到幸福的問題，而忽略康德提出「那不曾行事不配幸福的人就必須能夠希望分享幸福」的根據：首先，在《純粹的理性批判》中提出：於此，我們是設想「甚至沒有任何私人意圖的理性」，當它處在必須以一切幸福分配給他人的地位時，「它也不能作出另外的判斷。」（A813/B841）也就是《實踐的理性批判》中說：「道德法則也必引致我們去肯定圓善中第二個成分即比例於德性的幸福之可能，這一成分之可能是單依據公正無偏的無私的理性為根據的。」（KpV 5:124）也就是引致我們「必須設定上帝之存在為必然地繫屬於圓善之可能者」。（KpV 5:124）《宗教》一書第一版「序」中，康德也提出，就我們已經努力遵循道德法則而行之後，是否就「配得幸福」而言，我們人需要完全公允的判斷，「他需要感到自己的判斷是公允的，如同由一個局外人作出，但同時又會感到理性強迫他承認這一判斷是他自己的判斷。」（Rel 6:6）並且，配得幸福而希望分享到幸福，其植根於公正原則。康德表明：上帝在「德福一致」之促進中表象為公正原則。「善有善報」依據的是公正原則，它在人類的理性機能（menschlichen Vernunftvermögens）最早萌動之時就已經植根於其中了。（KU 6:458）只要人類開始反思公正和不公正，好人遭遇不幸，惡人卻得不到懲罰，這種事決不可能永遠是無所謂的。即使直到他生命的盡頭都沒有因為他的德行而得到

幸福,也沒有因為他的罪行而受到懲罰。人們在自己心中聽到一個聲音:事情必定會有所不同。(KU 6:458)

總而言之,康德所論「配得幸福而希望分享到幸福」並不就像某些康德專家以為的那樣只不過是分享到幸福的希望問題,其中深刻而豐富的涵養貫穿於康德的圓善學說中。我們沒有理由以為康德主張有一個外在的「最高者」(上帝)公正地給每一個配享幸福的人分派幸福。如前面相關章節所論明,毋寧說,我們設想一個我們之外的「睿智者」之理念,在它管轄之下,一個目的王國(一切目的在系統中連結的一個整體)能夠作為一個自然王國而現實地實現。這樣一個我們之外的「睿智者」,也就是康德在《基礎》一書中名為「目的王國中的元首」。我們人作為一個有理性者,在目的王國中「是普遍立法者」,「作為成員而屬於目的王國。」(Gr 4:433)

有學者以為:因為人之德與福不能相諧一,為此故,康德主張實有一個「上帝」在「造成神恩的作用」,分派幸福給配享幸福的人。這種曲解在康德學界長久流行,對康德的圓善學說損害極深。究其實,這種流行的觀點錯誤之要害處在曲解了康德提出設定「上帝存在」作為「與那德性相配稱的幸福的可能性」之條件的原義,將上帝的作用視為現實地分派幸福,結果就是製造出一個淺薄、粗鄙而與一般盲目崇拜的信徒無異的康德形象。究其實,依康德原義,就「配得幸福」而言,我們人需要完全公允的判斷。我們人有時會懷著虛偽的動機而行善,「我們從未能完全測透我們的行動的秘密動力」,為此,他需要感到自己的判斷是公允的,「如同由一個局外人作出,但同時又會感到理性強迫他承認這一判斷是他自己的判斷。」(Rel 6:6)我們需要設定一位有理智的直觀的全知者(上帝),「它在一切可能的場合和在全部未來中認識我的行為,直至我最內在的存心。」(KpV 5:140)此即《德性形而上學》一書中,康德提出:人們必須設想一種理想的人格,「這

樣一種理想的人格（已授權的良心審判者〔Gewissensrichter〕）必須是一個知人心者」，（MS 6:439）它是：「一個道德的者（moralisches Wesen）同時必須具有（天上和地上的）一切權力。」（MS 6:439）「這樣一個對一切都握有權力的道德的者就稱為上帝。」（MS 6:439）這樣一個「上帝概念」，「任何時候都包含在那種道德的自我意識中。」（MS 6:439）康德提醒：「人藉著這種理性，僅僅根據與所有有理性的世界者（vernünftigen Weltwesen）的一個立法者的類比（Analogie）。把有良心想像成在一個與我們自己有別、但卻對我們來說最親密地在場的神聖的者（道德上立法的理性）面前負責，並且使自己的意志服從正義的規則。」（MS 6:440）

　　前面相關章節已論明，「上帝存在之設準的意指與作用」有三，要言之：一、上帝表象為源自人的意志自由的道德法則的約束力。二、上帝作為「福德一致」可能之條件。三、上帝之理念表象為目的王國（倫理共同體）之元首。單個的個人必須聯合成為一個目的王國，康德稱之為「上帝之國」，天地萬物皆道德目的論地隸屬於其下，我們設定「上帝」作為元首。唯獨在「上帝之國」，即道德的世界，圓善可望得以實現。我們設想一個共同的「立法者」按照根源自我們自身的道德法則管轄世界。我們為了德福一致之希望而標舉一個自由與自然結合之原型，以作為我們不已地致力於實現圓善的準則。我們把上帝表象為唯一的一個最高的理性，「它一方面必然與自由的立法學相聯繫，另一方面必然與自然的立法學相聯繫」，（KU 5:448）我們每一個人以此作為一個最高原則，根據它而行動，並由此「最高的理性」命令著努力依照自身所立自由之法則在現實世界中創造第二自然，即致力於創造「自得福報」的道德世界。

　　依以上所論可以指出，伍德及一眾權威的康德專家只從個人是否得到其配得的幸福的問題來看待康德所論「上帝」，無可避免地產生

種種誤解，並損害康德的圓善學說。康德專家或以為圓善學說應該是世俗的；或相反，以為康德所論「圓善」是上帝之事，因之認為康德提出道德法則命令實現圓善，是主張道德法則要求「不可能的事」。凡此種種妄議，皆因未能把握康德的通貫的圓善學說之整體所致。以下簡略申論其一二。

安德魯斯・瑞思（Andrews Reath）就提出一種世俗的圓善觀念。他辯稱：如果達到圓善是在我們的能力範圍內（世俗的概念），那麼我們就不需要神性的假設來追求它，但如果它不是世俗的概念，而是「宗教觀念」，那麼我們就沒有任何責任把它定為一個目標，因為我們的任何行動都無法實現它。[146] 顯見，安德魯斯・瑞思根本未把握康德的圓善學說之精義。依前面相關章節所論明，康德所論「圓善」作為一個哲學概念有確定的意指：

> 只要德行和幸福共同構成了一個人對圓善的擁有，而且與德性（作為人的價值和他值得有幸福者）完全成比例分配的幸福也構成了可能世界中的圓善：所以圓善意指整全（Ganze）圓滿的善（vollendete），其中德行作為一種條件總是至上的善，因為它沒有其他條件在其上，幸福總是對擁有它的人來說是令人愉快的，但就它自身而言，不是絕對的和在一切方面都是善的，但總是以道德上合法則的行為為其條件。（KpV 5:110-111）

以上引文出自《實踐的理性批判》之「論在決定圓善的概念時純粹的理性之辯證」那一章。依康德，「圓善意指整全，圓滿的善」，

---

146　Andrews Reath, "Two Conceptions of the Highest Good in Kant," *Journal of the History of Philosophy* 26. 4 (Oct. 1988), pp. 593-619. 伍德對此觀點的評論見：Allen W. Wood, *Kant and Religion*, p. 48.

也就是說：它是「無條件者」。此即康德說：「作為純粹的實踐的理性，它也為實踐中有條件者（那些基於性好和自然需要的東西）尋求無條件者，並且不是作為意志之決定根據，而是，它已經（在道德法則中）被給與，以其為純粹的實踐的理性之對象之無條件的總體（Totalität），而在圓善之名下。」（KpV 5:108）而安德魯斯・瑞思（Andrews Reath）所提出的「世俗的圓善觀念」是經驗的、有條件的，充其量只能歸入經驗的幸福論和經驗的倫理學，並無道德義，也不能作為純粹哲學的概念。

依康德所論明，「圓善」是意志自由以其道德法則產生的客體，它作為無條件的終極目的，是理性的理想。「理想」一詞就含著說：它遠離客觀的實在性。康德明示：「理想是作為一種唯有通過理念才能決定或才被完全決定之個別東西的理念，理想比理念顯得還要更遠離客觀的實在性。」（A568/B596）那麼，是否就能據此推論出康德提出道德法則命令每一個人致力於在世界上實現圓善（終極目的），就是主張道德法則命令人做不可能的事呢？不乏康德專家持這種說法。安德魯斯・瑞思就認為康德所論的「圓善」，「我們的任何行動都無法實現它。」著名康德專家貝克（Lewis White Beck）就提出：如果圓善的成就是上帝的旨意，我們的職責就不能包括追求它。絕對沒有別的依據來分配幸福，這是宇宙道德統治者的任務，而不是勞動者的任務。[147]貝克將人比喻做「道德葡萄園的工人」，伍德在其《康德和宗教》一書中批駁這種說法。他指出這種思路是站不住腳的。他的回應是：為了將圓善設置為最後，我不需要假設我一個人，甚至人類可以實現它。我可以認為我的行為對它做出了一些貢獻。他舉例說，同樣是許多更卑微和更短期的目的都是如此。盡我所能實現一些政治目標（例

---

147 Lewis White Beck, *A Commentary on Kant's Critique of Practical Reason* (Chicago, IL: The University of Chicago Press, 1960), pp. 244-245.

如，通過一些立法），我不需要認為目標可以由我一個人實現，但只有我的行動才能做出貢獻給它。於此，我們見到伍德採用了一種實用主義的信仰之立場，而並未注意康德已經嚴格區分道德的信仰與實用主義的信仰。又，伍德指出，康德的道德主體不能視為「道德的奴隸或工具」，僅僅作為「宇宙的統治者達到統治的目的」的工具。他提出，在促進圓善的過程中，道德主體有義務與所有其他理性主體分享（包括上帝）同樣完整的結局。我必須將自己視為與其他道德行動者一起工作，並與上帝一起出色地工作。[148]無疑，伍德對瑞思及貝克的回應站在維護康德的立場，然依愚見，伍德仍未把握康德所論「上帝存在」之設準的原義，亦未能掌握其於圓善學說之整體論證中從道德伸展至宗教的要旨。故其說及「上帝出色的工作」、「關鍵的上帝的貢獻」時，未注意到康德所論「上帝」作為道德的信仰的含義與作用。

　　究其實，無論是瑞思、貝克，還是伍德，他們與眾多康德專家同樣忽略康德所論「道德」之純粹性及「圓善」（終極目的）作為理想之為「無條件者」。康德所論「道德」涉及「應當」，以及「圓善」之為理想，就含著說，在實踐中盡一切努力將「應當」（能夠）轉變成為「是」。純粹的實踐理性「它先驗地要求我們盡全力去實在化一個目的。」（KU 5:456）這個目的就是道德法則交付給我們的終極目的。康德說：「應當由我們來造成的（bewirkende）最高的終極目的，即我們唯獨因之才能夠甚至配得上是一個創造的終極目的者，則是一個對我們來說在實踐的聯繫中有客觀的實在性的理念，而且也是事物（Sache）。」（KU 5:469）「圓善」之作為「終極目的」及其在世界之提出及實現，根本就是人自身的事。康德明示：純粹理性作為實踐機能在其提薦的，並且「通過我們的行為之符合道德法則而在世界中成

---

148 伍德對瑞思及貝克的回應見：Allen W. Wood, *Kant and Religion*, pp. 48-49.

為現實」的終極目的（圓善）中提供了一個「主觀的構造原則」。
（KU 5:453）至於康德因著人自身的限制而提出從道德伸展至宗教，
同樣根本就是人自身的事。他明示，「上帝」之意指與作用完全因著
與道德法則之連繫而獲得。

　　前面相關章節已論明，「圓善」之作為「終極目的」及其在世界之
提出及實現關涉於道德的「應當」。換句話說，道德法則命令我們致力
於實現終極目的，我們就應當「把我們的力量用於實現終極目的」。
（KU 5:455）康德本人一再論明，「道德」並非從經驗之「是」歸納
而產生，道德的「應當」不是表達現實上的是。康德指明：人所處的
德性階段（sittliche Stufe）是「德行」，「德行亦即在奮鬥中的道德的
存心」。（KpV 5:84）但這並不牴觸於康德論明，「道德」之純粹性及
道德法則之神聖性，並提出：「意志與道德法則的完全切合是神聖性，
是沒有一個感觸界的有理性者在其存在的某一個時刻能夠達到的一種
完滿性。」（KpV 5:122）康德彰顯人的道德法則之主體連同其所立道
德法則的神聖性，而如實地否決人擁有意志的一種神聖性，明示：我
們本性的道德的分定的命題就是：「只有在一個向著進步的無限中才能
達到與德性法則完全切合。」（KpV 5:122）吾人不能據此指責康德所
論「道德」在人的能力之外。同樣，康德已論明：道德法則命令每一
個人致力於在世界上實現圓善（終極目的），亦即致力於實現道德的世
界。而同時一再論明：我們在實踐的課題中，「只關涉意志的決定和
作為自由意志之意志的格準的決定根據，而不關涉成功（Erfolg）。」
（KpV 5:45）「是否意志之因果性足以達成客體之現實性，這作為意願
之客體之可能性之研究，仍然是留待理性之理論的原則來判斷的。」
（KpV 5:45）

　　究其實，眾多康德專家拒絕承認道德關涉「應當」而與現實上
「是」區別開。故對於康德關於「道德」及其伸展至宗教的圓善學說

產生種種誤解和詰難。依康德所論,人自身有依於道德法則而產生的道德「應當」的意識,他就能夠於實踐中使「應當」成為「是」。「應當」與「是」永遠有距離,而人使「應當」成為「是」的實踐進程亦永不停息。同樣,儘管就人的認識力而言,人不能知道「圓善」之可能性,以及它的不可能性,但道德法則命令我們致力於實現終極目的(圓善),我們就應當「把我們的力量用於實現終極目的」。(KU 5:455)於此,無理由指責康德主張道德法則命令「不可能的事」。

如果人們只關注「現實上的是」,根本就看不到道德的「應當」。「當我們只想到自然進程時,『應當』毫無意義。」(A547/B575)唯獨人通過道德的「應當」表示其道德主體作為行為主體有一種根源的活動(這活動不能被歸屬於感性,它以其自身使以前沒有的某物發生),這主體是智思物。(A541/B569)道德法則命令之「應當」根源自人的理性,我們無理由說根源自理性法則之事不可能。在〈論通常的說法:這在理論上可能是正確的,但在實踐上是行不通的〉一文中,康德說:「人自身意識到應當作,他就能夠做到;這在其身上開啟了一種神性的稟賦的深度(eine Tiefe göttlicher Anlagen),使他可以說(gleichsam)對其真正的分定之偉大與崇高感受到一種神聖的(heiligen)敬畏。」(KGS 8:287-228)

前面相關章節一再論明,「圓善」之世界是道德世界,道德世界是「智性的世界」、「原型世界」。「原型世界的理念」可以說(gleichsam)作為示範現實地樹立了我們的意志決定的模本。(KpV 5:43)我們人的義務就是努力向之而趨。理性之必然性必須在克服限制中表現。用康德的話說,「人所可能要停止在其上的最高程度是什麼,而且在理念與其實現之間還可能有多大的距離要存留下來,這些都是沒有人能夠——或應該——解答的問題。因為其結果是依靠於自由;而自由正是有力量來越過一切特定的限度的。」(A317/B374)人的理性之必然

性就在於其有力量越過一切特定的限度，哪怕人的不成熟狀態的歷史多麼漫長。康德於〈世界公民觀點之下的普遍歷史理念〉一文中說：「理性是一種要把它的全部力量的使用規律和目標都遠遠突出到自然本能之外的能力，並且它不知道自己的規劃有任何的界限。〔……〕。理性需要有一系列也許是無法估計的世代，每一個世代都得把自己的啟蒙留傳給後一個世代，才能使它在我們人類身上的萌芽，最後發揮到充分與它的目標相稱的那種發展階段。」（KGS 8:18-19）

在《實踐的理性批判》「分析部」闡明理性在意欲機能中立法，論明人的道德主體及其道德法則的神聖性，以及於「辯證部」闡明圓善及「促進圓善的命令是客觀的（在實踐理性中）有根據的」，（KpV 5:145）之後，在這個「辯證部」結尾，康德對人類的現狀及前景有一段述說，這段話或許能對我們恰切理解康德的圓善學說有所啟發。

那段話一開始表明：「如果人的本性注定要追求圓善，那麼他們的認識機能的程度，尤其是這些機能彼此之間的關係，也必須被假定是適合於這個目的。」（KpV 5:146）不過，康德隨即明示：「但是，現在，對純粹的思辨的理性之批判已證明，思辨的理性不足以解決交付給它的切合這個目的的極為重要的任務，雖然它並不忽視這同一理性的自然且不可忽視的暗示，以及並不忽視可以採取的重大步驟，以接近那偉大的目標，但它從未能以其自身達到這一目標，即使在最大的自然知識的幫助下也是如此。」（KpV 5:146）他毫不諱言：「這裡自然顯得只是以繼母的樣式來提供給為我們為達到我們的目的所必需的能力。」（KpV 5:146）他以警示的語氣問：「倘若我們的整個的本性沒有同時改變，總是占據首位的性好（Neigungen）首先會要求得到滿足，並且經過合理的考慮之後，以幸福的名義追求最大可能和持久的滿足；道德法則隨後才說話，將這些性好限制在適當的範圍內」，（KpV 5:146-147）那麼，「盡一切可能將有什麼結果呢？」（KpV 5:146-147）

康德對人類的現狀毫不樂觀，他說：「只要人之表現（Verhalten）保持現在的樣子，他們的行為就會變成一種純然的機械作用，就像木偶戲一樣，一切都可以很好地表演，但在人物形象中卻不會找到任何生命。」（KpV 5:147）對於未來前景，他說：「在這裡，我們盡了我們的理性的全力，也只有一個非常晦暗和模糊的未來前景，而世界統治者（Weltregierer）只讓我們推測他的存在和他的榮耀（Herrlichkeit），而不讓我們看到他，或清楚地證明這一點。」（KpV 5:147）他甚至表明：「在我們內的道德的法則，在不向我們承諾任何確定性的事情或威脅我們的情況下，要求我們無私的尊敬。（KpV 5:147）最後，康德說：

> 但順便說一句，當這種尊敬變得活躍和占主導地位時，只有那時並且只有通過這種尊敬，道德的法則才允許我們，而且也僅僅以微弱的目光，對超感觸東西之王國（Reich des Übersinnlichen）有一個展望：這就是真正的德性的，直接奉獻於法則的存心何以能夠發生，理性的生物（vernünftige Geschöpf）可以配得上分享圓善，這切合於他個人的道德的價值，而並不純然與他的行為相切合。因此，在這裡，對自然和人類的研究充分教導我們的東西是正確的：我們賴以實存的深不可測的智慧，在它拒絕給予我們的東西方面，並不比它允許我們得到的東西方面少，卻同樣值得尊敬。（KpV 5:147-148）

可見，康德警示我們：每一個人要為保存和維持人類這個物種（天地萬物中唯一具有道德本性的物種）分定地以在世界上實現圓善為終極目的。儘管就人的認識力而言，人類未來前景是晦暗和模糊的。自然以及那「我們賴以實存的深不可測的智慧」，（KpV 5:148）

為我們為達到我們的目的所必需的能力而言，「它拒絕給予我們的東西方面，並不比它允許我們得到的東西方面少。」（KpV 5:148）即使是命令我們每一個人在世界上致力於實現圓善的道德法則，康德也已經明言：「在道德法則中沒有絲毫的根據說，一個作為部份屬於世界，因而依賴於世界的生物的德性和與之成比例的幸福之間有必然聯繫。」（KpV 5:124）他明示：唯獨對道德法則的尊敬「變得活躍和占主導地位時」，我們能夠以微弱的目光，對「超感觸東西之王國」（實現圓善的道德世界）有一個展望。但這絲毫不影響康德對於「圓善」連同其可能性的條件（上帝和不朽的理念）的推證之成功，關此，前面相關章節已論明。

康德為道德的信仰提供的周全而通貫的推證，打破了只承認經驗事實的「證據主義」原則，確立了與哲學本質相關的先驗的概念、理性的概念（理念與理想）之推證（或曰闡明）的典範。並且，他通過三大批判就其圓善學說之諸核心概念作推證，嚴格地將道德的信仰與實用的信仰區分開。於《純粹的理性批判》康德就提出：「但最終說來單純在實踐的聯繫中理論上不充分的認之為真才能夠被名為信仰。這種實踐的意圖要麼是技藝之意圖，要麼是德性之意圖，前者是出於任意和偶然的目的，後者是為了絕對的必然的目的。」[149]（A823/B851）關於「實用的信仰」，他說：「我把這種以實際的使用手段進行某些行

---

149 關於「實踐的」，康德區分開「技術上實踐的」與「道德上實踐的」。他在《判斷力批判》之「引論」清楚說明：「一切被表象為經由意志而成為可能（或必然）的東西，就叫做實踐上可能（或必然）的。」但是，「就實踐而言，這還沒有規定那賦予意志的因果性以規則的概念是自然之概念，或是自由之概念。但辨明後面這點是根本性的。因為如果規定因果性的概念是一個自然概念，那麼這些原則就是技術上實踐的；但是，如果規定因果性的概念是一個自由概念，那麼這些原則就是道德上實踐的。……前一類原則屬於（作為自然學說的）理論哲學，而後一類完全獨立地構成第二部份，也就是（作為道德學說的）實踐哲學。」（KU 5:172）

動為基礎的偶然的信仰名為實用的信仰。」（A854/B852）並說：「道德信仰完全不同。因為那時絕對必然地發生一些事情，即我在各個方面都遵守道德的法則。目的在這裡不可避免地被確立，而且據我所知，只有唯一一個條件可能使這個目的與所有目的作為一個整體聯繫起來，從而具有實踐的有效性，〔……〕。」（A828/B856）

「圓善」作為「道德信仰」是為了「絕對的必然的目的」，「基於產生自道德法則的理性需要」。「理性需要」根本不同形形色色「基於性好的需要」，後者固然「無權從需要推論到該需要的對象的客觀實在性」，康德指出：「性好（Neigung）甚至對受到誘惑的人也不能必然設定其客體的實存，更不用說包含對每個人都有效的要求，因此是願望之純然主觀的根據。」（KpV 5:144）而「道德法則的理性需要」根本不同，「在這裡，需要是一種產生自意志的一個客觀的決定根據的」，「必然地約束著每一個有理性者，因而先驗地有權利預設自然中與它相適合的條件，並使得這些條件與理性的完全的實踐使用不可分割。」（KpV 5:144）依此，康德說：「我們有義務根據我們最大的機能使圓善成為現實；因此，它也必須是可能的；這樣，世界上每一個理性的本質者都不可避免地要預設其客觀可能性所必需的東西。」（KpV 5:144）明乎此，則不會像伍德那樣以為：道德主體有義務在最後做出圓善，每個人有不同的解釋；為什麼圓善的想法會引起人們的興趣，在他的討論中不能希望解開，也不需要去做這個。[150]

學者們議論：「為什麼圓善的理念會引起哲學興趣」，「為什麼要追求圓善作為終極目的」。其實，只要我們耐心地周全瞭解康德關於「圓善概念」之推證及關於「終極目的之理念」的推證，問題之解答即豁然開朗。關此，前面已給出一個系統的說明。據之，吾人信服康德贊

---

150 Allen W. Wood, *Kant and Religion*, p. 37.

同古人將「實踐的智慧學」理解為哲學，「即作為一種圓善的學說。」
（KpV 5:108）他說：「如果我們讓哲學這個詞保留它的古代意義，即
作為一種圓善的學說，那就好了，只要理性致力於在其中使圓善成為
科學。」（KpV 5:108）事實上，此正是康德一生為哲學所做的一切。
康德說：「哲學，就像智慧（Weisheit）本身一樣，仍然總是一個理想，
客觀上唯獨在理性中完全被表象，但主觀上，對於人（Person）來說，
僅僅是他不斷奮鬥的目標，並且，只有這樣的人有權在自居的哲學家
之名下擁有這個目標。」（KpV 5:109）

　　哲學作為理性本性之學。人類是具有理性的物種，正是理性的力
量使人類從原始野蠻發展至文明化，也正是理性的力量，必定要使人
類進展至道德化。如康德所論：這條朝著道德化進展的必然的道路表
明的是人類整體的趨勢，是「像有理性的世界公民（Weltbürger）那
樣在整體上根據一種預定的計劃而行進。」（KGS 8:17）如康德說：
「從個別主體上看來顯得是雜亂無章的東西，在全體的物種上卻能夠
認為是人類原始的稟賦之不斷前進的、雖則是漫長的發展。」（KGS
8:17）這種信心依據於：「就人的裝備而言，自然賦予人以理性和以
理性為根據的意志自由，這就已經明顯地宣示了自然所布置的目
標。」（KGS 8:19）這個目標就是「圓善」。據此，我們可以指出：康
德展開並確立的圓善學說體系，是植根於道德而伸展至包含宗教的普
遍的形而上學。此形而上學是人類理性的圓滿充分發展，它是人類不
可忽視的最高目的，全人類的幸福緊緊於此。我們可以說，它作為
「判斷一切哲學思維嘗試的原型」，它「判斷每一種其體系往往如此
多種多樣並且如此多變的主觀的哲學」。（A838/B866）我們為自己確
立一個作為世界創造之終極目的的「原型」。此「原型」包含在其中
「神性之概念」連繫於道德法則而得到決定的宗教。此如康德說：
「因為神性（Gottheit）之概念實際上僅僅起源於對這些法則之意識

和理性需要假定一種力量，這種力量能夠為這些法則帶來在一個世界上可能的而又與德性的終極目的一致的全部效果（Effect）。」（Rel 6:104）「上帝的意志就是我們應當實現的倫理共同體的理性理念本身。」（Rel 6:105）

「哲學之原型」是一種宇宙概念（Weltbegriff: conceptus cosmiccus）。康德說：「宇宙概念是指涉及每一個人都必然有興趣的（jedermann notwendig interessiert）那種東西的概念。」（A840/B868）以此，本人以為，此可名為「基礎哲學」，意謂為一切人類理性的本質的目的活動奠基的哲學。它是人類「尋根究極」的學問。康德真正地如理如實地解答了這個本質的哲學問題：此「根」就是「意志自由」，此「極」就是「圓善」（終極目的）。西方哲學從古希臘發源就致力於「尋根究極」，然直至康德出來始經由批判工程給出圓滿解答。

## 第三節　關於康德將「啟示信仰」與「純粹的理性宗教」比喻做「兩個同心圓」

儘管基督教接受猶太教的整部《聖經》，但康德仍然提出，基督信仰是一個「新的信仰」，並明確指出，教會歷史只能從基督教的起源開始。他給出的理由是：該教會從一開始就帶來了並且趨向「真正的宗教信仰和普遍的宗教信仰的客觀統一的萌芽和原則」。（Rel 6:125）這一點是康德將基督教與猶太教切割開的依據。他明確地將基督教與猶太教切割開來，他表明：猶太教的信仰與基督教教會信仰「絕對沒有本質上的聯繫」。（Rel 6:125）並且，他指明：一般的教會歷史不能從猶太教開始，而只能從基督教的起源開始。

不過，康德同時公正地指出：基督教的信仰另一方面又是一種歷史信仰、啟示信仰（規章性的信仰）。（Rel 6:163）康德解釋說：「由於

基督教的學說是建立在事蹟之上，而不是建立在純然的理性概念之上的，所以它不純然是基督的宗教（christliche Religion），而是成了為一個教會提供根據的基督教的信仰（christliche Glaube）。」[151]（Rel 6:164）由此顯見，康德將作為教會的基礎的基督教的信仰與「基督的宗教」區分開來。儘管他表明「兩者都不能與另一個分離而本身獨自存在」，（Rel 6:164）但同時指出：「後者不是來自前者」，「前者不是來自後者」。（Rel 6:164）

　　依據「啟示信仰」與「純粹的理性信仰」之區分及二者可能的關連，《宗教》一書第二版〈序言〉提出「兩個同心的圓圈」學說。康德說：

> 既然啟示至少也可以包含純粹的理性宗教在本身中，但不能反之，說後者包含前者的歷史部份，因此，我將把前者作為一個比較寬泛的信仰球面（Sphäre des Glaubens），其中包含後者作為一個比較窄小的信仰球面（不是作為兩個獨立的圓圈，而是作為同心的圓圈（konzentrische Kreise），在後者範圍內，哲學家將自己作為一個純粹的理性導師（從單純的先驗原則出發），在這種情況下，必須從所有經驗中抽象出來。從這個立場出發，我現在也可以進行第二次嘗試（den zweiten Versuch），即從某種被認為是啟示的經驗出發，通過將純粹的理性宗教（只要它構成了一個獨立存在的體系）抽離，依據道德的概念僅僅保持零碎地視啟示作為歷史的體系，看一看這個體系是否能把人們引回到前面所說的純粹的宗教之理性體系。（Rel 6:12）

---

151 »christliche«一詞，中譯為「基督的」，或「基督教的」。因原文之義而決定。

　　通觀康德《宗教》一書，吾人可說「兩個同心的圓圈」之學說乃是其宗教哲學體系的一個重要部份。既是一個「啟示信仰」，又包含一個「純粹的理性信仰」。這樣一個斷定，儘管首先提出來的時候，稱之為「嘗試」（Versuch），不過，毫無疑問，康德《宗教》一書的工作正是要闡釋及證明這個斷定。通過這個工作，經由耶穌作為「上帝的兒女」之典範，他展示了「純粹的理性信仰」是真實的，並且，藉著對歷史性的信仰及建基於啟示的教會信仰的批判檢察，論明擺脫一切違反「純粹的理性信仰」的歷史性的啟示及教會信仰的規章，把人們引回到「純粹的宗教之理性體系」（Rel 6:12）的可能性與必要性，據之，展示出一個唯一的「純粹的道德的宗教」之可實現性及現實中向之而趨之途徑。

　　在以上所引《宗教》第二版「序言」中，康德提及「第二次嘗試」：看一看「啟示作為歷史的體系」是否能把人們引回到「純粹的宗教之理性體系」。（Rel 6:12）此應是《宗教》第一版「序言」所提出，「聖經神學（der biblischen Theologie）」與「純粹的哲學的宗教教義（die reine philosophische Religionslehre）」必須「首先為自身組成一個整體，然後才著手嘗試（Versuch）將它們結合起來考量。」（Rel 6:10）所謂「第一次」、「第二次」不可誤解為兩種「試驗」，恰切地理解，毋寧是同一個考察工作的先後兩步驟。而觀《宗教》全書四篇，皆圍繞對基督教的信仰作為一種歷史信仰、啟示信仰（規章性的信仰）之體系在歷史中產生的弊害的批判檢察，以及對耶穌作為「第一個真正的教會的創始人」（Rel 6:159）宣導「一種純粹的、所有世人可理解的（自然的）和深刻的宗教」（Rel 6:158）作出闡明。通過《宗教》全書四篇的標題（第一篇：「論惡的原則與善的原則並存：或論人的本性中的根子上的惡」；第二篇：「善的原則與惡的原則為統治人而進行的鬥爭」；第三篇：「善的原則對惡的原則之勝利及一個上帝之

國的創立」；第四篇：「論在善的原則之統治下的事奉和偽事奉」），也
可見出，全書圍繞著「善的原則」與的「惡的原則」鬥爭以致力在地
上創立「上帝之國」之核心而展開一個奠基於道德而伸展至的「純粹
的理性的宗教」。

　　固然，我們知道，康德學界對康德「兩個同心圓」之說法早已有
很多研究與討論，然依愚見，相關討論有值得商榷之處。首先有必要
指出，有學者，如伍德（Allen W. Wood）特別強調康德「兩個同心
圓」之說法是一個「假設的實驗性的檢驗（The Experimental Testing
of a Hypothesis）」[152]，這種見解容易引致誤解，以為康德提出「兩個
同心圓」的說法僅僅是「假設」。而觀《宗教》一書，究其實，他將
一個全新的肯斷在進行周詳論證之前，稱之為一個「假設」。

　　其實，將其於哲學領域提出的每一個全新的肯斷在進行周詳論證
之前，稱之為一個「假設」。這是康德批判的方法，此引起一些專注於
字眼本身的學者宣稱康德不過提出一些假設、只是從事試驗工作。如：
在《純粹的理性批判》中，「顯相（Erscheinung）與物自身（Ding an
sich selbst）」之超越區分以及「現象（Phänomena）與智思物（Nou-
mena）之超越區分」作為康德哥白尼式革命的一個根源洞見，在批判
工作開始時，就是當作假然的一個假設提出的，而「超越的感性論
部」對空間、時間之表象之性狀的闡述，以及「超越的分解部」對知
性概念之闡述就是要為這個觀點提供必然性的證明。[153]（Bxxii）通過

---

152 Allen W. Wood: *Kant and Religion*, p. 11.

153 康德在《純粹的理性批判》第二版「序言」中有一個腳註云：「天體運動的基本法
　　則使哥白尼初時所只預定之為一假設者獲得了十足的確定性，並且同時亦對於那
　　維持宇宙於一起的不可見的力（牛頓所說的吸引力）給出證明。如果哥白尼不曾
　　敢於依一種違反於感取但卻是真的模式，不是在天穹之對象中，而是在這些對象
　　的觀察者方面尋找這被觀察的運動，則那不可見的力是永遠不會被發現的。類比
　　於這個假設的那思維模式的變革，在本批判中所展示者，我先只把它當作一假設

批判工作作出「無可置疑的證明，而不是假設的證明」。（Bxxii）但仍有學者喋喋不休地將康德的根源洞見作為「假設」談論。

此外，從康德學界關於康德「兩個同心圓」之研究論著看來，對什麼是「兩個同心圓」中裡面的那個圓，流行著誤解。儘管康德本人清楚表明：它意指「純粹的理性宗教」。（Rel 6:12）而何謂「純粹的理性宗教」，康德也有明示：「它是一種可以告知每一個人使他確信的純然理性之信仰。」（Rel 6:103）「是純粹道德的。」（Rel 6:104）一種道德的宗教，「必須建立在將所有人類義務視為上帝的命令的內心存心（Herzensgesinnung）中。」（Rel 6:84）依康德所論明，真正構成真宗教自身的東西是：每一個人自身的「純粹道德的立法」。（Rel 6:104）「只按照純粹的道德法則來規定上帝的意志之概念。」（Rel 6:104）又說：「上帝的立法的意志是通過純粹的道德的法則頒布命令的，就此而言，每一個人都能夠從自身出發，憑藉他自己的理性來認識作為他的宗教的根據的上帝意志。」（Rel 6:104）

但如我們所見，康德學界流行的觀點認為，「同心圓」的兩個圓部份重疊，並且，他們將康德就一般而論「啟示的信仰」能夠與「純粹的理性宗教」作為兩個「同心圓」，誤解成康德主張基督教的教會信仰包含「純粹的理性宗教」（裡面那個圓）。伍德就提出：「理性的宗教和啟示的宗教都把它當作自己的根本目標是讓我們成為更好的人。」[154]他將「讓我們成為更好的人」視為兩個「同心圓」的重疊部份，顯然不合康德所論作為「同心圓」的「裡面的那個圓」的「純粹

---

陳述於此序言中，我之所以如此作，目的是想要引起注意，注意於這樣一種改變之首次嘗試（Versuche）之性格，這首次嘗試開始時總是假然的。但是，在這批判本身中，這思維模式的變革將依我們的空間和時間之表象之性狀以及依知性之基本概念而得到無可置疑的證明，而不是假設的證明。」（Bxxii）

154 Allen W. Wood, *Kant and Religion*, p. 12.

的理性宗教」之本旨。「純粹的理性宗教」之宗旨並不是通常所謂
「讓人們成為更好的人」。

此外，帕斯特納克（Lawrence R. Pasternack）在其《康德論〈單純
理性界限內的宗教〉》一書中長篇論說康德「兩個同心圓」，他抱持的
觀點同樣值得商榷。他提出：

> 由於兩個圓之間只有部份重疊，在更廣泛的圓中，有一些內容
> 是不存在於它所包含的那個圓中。因此，基督教也包含理性不
> 能自行產生的諸多教義。在裡面那個圓，我們有可以先驗推導
> 出的信仰原則，這些原則至少在目前被康德表現為宗教傳統的
> 一部份。但超出它們的重疊之外，即僅僅在外部的圓而不在裡
> 面那個圓發現的東西，是那些不能僅僅從理性中推導出來的歷
> 史信仰教義。[155]

依帕斯特納克所論，在含有先驗推導出的信仰原則的「裡面那個
圓」，亦即「純粹的理性宗教」，被康德表現為宗教傳統的一部份。這
種見解看來不符合康德於《宗教》一書所持的觀點。依康德對基督教
教會的歷史的檢視即可知，將基督教教會的信仰視為包含「純粹的理
性信仰」為其「裡面那個圓」，明顯難以成立。

康德本人就說：「由於基督教的學說是建立在事蹟之上，而不是
建立在純然的理性概念之上的，所以它不僅僅是基督宗教，而是成了
為一個教會提供基礎的基督教信仰。」（Rel 6:164）他指出：「在基督
教的啟示學說中，我們絕不能從對被啟示的（對於理性來說自身隱秘
的）信條的無條件的信仰開始。」（Rel 6:164）否則，「基督教信仰就

---

155 Lawrence R. Pasternack, *Routledge Philosophy Guidebook to Kant on Religion within the Boundaries of Mere Reason*, p. 78.

不僅僅是規定下來的信仰，而且甚至還會是奴性十足的信仰。」（Rel 6:164）「使啟示信仰先行於宗教」，那就是「使道德秩序本末倒置」。（Rel 6:165）康德說：「要使這種情況不發生，就必須使一種自然宗教中的人類普遍理性，在基督教的信仰學說中被承認和推崇為最高的、頒布命令的原則。」（Rel 6:165）事實上，依康德所檢察，基督教宗教傳統「使啟示信仰先行於宗教」，故認為該傳統包含「純粹的理性信仰」為其「裡面那個圓」，恐怕牴觸康德的純粹的理性宗教，即道德的宗教之宗旨。

　　帕斯特納克關注於「救贖」，竟將基督教宗教傳統的「救贖信仰」及「原罪學說」視為「純粹的理性信仰」，並將這種觀點加諸康德。他說：「《宗教》進行了一項實驗，旨在證明這個公式是正確的：純粹的理性信仰（reiner Vernunftglaube）＝救贖信仰（seligmachender Glaube）。」[156]他又提出：「宗教的純粹的理性體系與傳統的基督教教義之間的重疊的第一點」，「就是康德提出的原罪學說」。[157]

　　但是，依前面所論明康德言「純粹的理性信仰」之義，「救贖」及「原罪」不可能構成「純粹的理性信仰」，此理甚明。康德本人明文批駁「原罪論」，他說：「在人中道德上的惡之起源不管是什麼，在關於惡由我們的族類的所有成員以及在所有繁衍活動中傳播和延續的各種表述方式中，最不恰當的方式，就是把惡設想為通過遺傳從始祖傳給我們。」（Rel 6:40）他引用詩人普托（puto）的話說：「族類、祖先以及那些不是我們自己創造的東西，我都不能把它算作我們自己的」。（Rel 6:40）在一個長註腳中，康德列舉了幾種關於「在人中道德的惡之起源」中的三種錯誤的講法：一、「醫學界會設想像條蟲一

---

156　Lawrence R. Pasternack, *Routledge Philosophy Guidebook to Kant on Religion within the Boundaries of Mere Reason*, p. 80.

157　Lawrence R. Pasternack, *Routledge Philosophy Guidebook to Kant on Religion within the Boundaries of Mere Reason*, p. 85.

樣的遺傳性的惡」，「它必定是早就在始祖中存在。」（Rel 6:40）二、
「法學界會視它為接受始祖遺留給我們的遺產的法律後果，……。」
三、「神學認為這種惡是我們的始祖親自參與了一個墮落的叛逆者的
叛教」，我們生而受那叛逆者支配。（Rel 6:40）他提出：「每一種惡的
行為，如果要尋找其理性起源（Vernunftursprung）都必須這樣考慮，
就像人是直接來自純真的狀態而陷入它裡面。」（Rel 6:41）他所持的
論據是：「人的行動是自由的。」他說：「無論那些影響他的自然原因
可能是什麼」，「他的行動仍然是自由的，不受這些原因中的任何一個
所決定，因此能夠而且必須始終被判定為他的抉意的源初的使用。在
任何的時間狀況和聯繫中，他本來都應當放棄這種惡的行為，因為世
界上任何原因都不能使他不再是一個自由的行動者。」（Rel 6:41）

　　關於「救贖」，康德本人明示：「除了透過最衷心地接受真正的德
性的原理進入他們的存心之外，對於人們來說，絕對沒有救贖。」
（Rel 6:83）他指出：「迷信地用不以改變思想為前提的贖罪」始終與
善距離很遠。（Rel 6:83）「憑藉宗教上的崇拜活動，在面對上帝釋罪
方面有所作為，這種妄想是宗教上的迷信。」（Rel 6:174）「勸人相信
可以把神恩的作用與本性（德行）的作用區分開來，或者乾脆可以在
自身中造成神恩的作用，這是一種狂熱。」（Rel 6:174）他警告：「狂
熱的宗教妄想是理性在道德上的死亡，而沒有理性就沒有宗教。」
（Rel 6:175）他指出：教會信仰作為一個歷史性的信仰，「對一種替
代性的救贖的信仰」被當作人的義務。（Rel 6:118）他說：假設人之
罪有一種救贖，那麼，每個罪人都願意這種救贖，並且如果僅僅有這
種信仰，救贖也就發生在他身上，人將毫不猶豫持有這種信仰。但他
隨即指明：根本無法理解的是，一個知道自己犯罪而該受懲罰的理性
的人，怎麼會認真地相信，他只需要相信一種為他提供救贖的福音，
就把自己的罪視為是滌除了的。（Rel 6:116）

　　依以上所論，吾人可提出，「兩個同心的圓圈」之比喻，不必只視為一個不能肯斷的「假設」而已，必須依照《宗教》一書所論，以尋求確定的理解。概要地說，所言「兩個同心的圓圈」，比較窄小的那個圓圈意指「純粹的理性的宗教」，它應當作為信仰的核心。而比較寬泛的那個圓圈意指「啟示作為歷史的體系」。於《宗教》第一版「序言」康德明確提出「聖經神學」與「純粹的哲學的宗教教義」兩門不同的學科必須「首先為自身組成一個整體」，「進而嘗試（Versuch）將它們結合起來考量。」（Rel 6:10）「聖經神學」也就是第二版「序言」所言「比較寬泛的那個圓圈」，亦即意指「啟示作為歷史的體系」，（Rel 6:12）而「純粹的哲學的宗教教義」即第二版「序言」所言「比較窄小的那個圓圈」，亦即意指「純粹的理性的宗教」。（Rel 6:12）此即「兩個同心的圓圈」之比喻的確切理解。

　　考察兩版「序言」的說法及《宗教》全書的內容，吾人可指出「兩個同心的圓圈」之比喻其中包含兩種相關的意思：首先，「純粹的理性的宗教」應當作為「啟示信仰」的核心。此乃康德作出的普遍的肯斷。其次，就《宗教》一書四篇論文大多落到「基督教」之歷史進行考量來看，歷史中建基於啟示的基督教教會信仰是否具有「純粹的理性的宗教」作為其核心，則是有待討論的。該問題較為複雜。據此，愚意以為，相應於康德區分開「基督的宗教（christliche Religion）」與被奠定為一個教會的基礎的「基督教的信仰（christliche Glaube）」，關於「兩個同心的圓圈」之比喻的確切理解也應該分別說明。

　　依康德所考論，依《福音書》而言，耶穌教義是「純粹的實踐理性自身的自律」，僅僅依耶穌教義而立的宗教，其核心為「純粹的理性的宗教」，是沒有疑問的。儘管《福音書》包含歷史性的啟示，但依康德於《宗教》一書給出的解釋，至少也可以作出理性的解釋而「包含純粹的理性宗教在本身中」，只要我們不將歷史性的啟示歸到

「純粹的理性的宗教」中。此必須成為我們研究康德「兩個同心的圓圈」學說的首要一步。

此外，康德於《宗教》一書，按照「其各種不同的、變換不定的形式」的「教會信仰」，與「獨一無二的、不變的、純粹的宗教信仰」進行比較。（Rel 6:124）就此而論「兩個同心的圓圈」，那麼，顯然不能斷言，被奠定為一個教會的基礎的「基督教的信仰」，其核心為「純粹的理性的宗教」。而實在說來，康德提出：可以進行第二次嘗試，「即從某種被認為是啟示的經驗出發」，「依據道德的概念僅僅保持零碎地視啟示作為歷史的體系，看一看這個體系是否能把人們引回到前面所說的純粹的宗教之理性體系。」（Rel 6:12）應理解為就「其各種不同的、變換不定的形式」的「教會信仰」如何「回到」「純粹的理性的宗教」而言。

事實上，建基於啟示的基督教教會信仰，儘管崇拜耶穌基督，但此並不等同其信仰基於「純粹的實踐理性自身的自律」之耶穌教義。依康德所論明，對此二者作出區別的標準是明確的，那就是：「純粹的理性的宗教」的原則是「純粹的實踐的理性為自身之自律」，（KpV 5:129）神的命令是「作為每一個自由的意志為自己的本質的法則，儘管如此卻必須被看作為最高的者之命令。」（KpV 5:129）而啟示信仰（規章性的信仰）恰恰與此相反，其原則是神學的，因此是他律的，「為了把某種東西承認為我的義務，我必須事先知道（wissen）它是上帝的命令。」（Rel 6:154）

依以上概說，下面分兩點討論：一、關於「兩個同心的圓圈」問題之研究，該研究分兩步：（一）耶穌教之為「純粹的理性的宗教」及其與「啟示」的關係，（二）就康德對基督教教會的歷史之考察說明其「兩個同心圓」之比喻；二、關於康德論基督教可以朝著純粹的道德的宗教前進問題之研究。

# 一　關於「兩個同心的圓圈」之研究

　　通讀《宗教》全書，即可見出：康德一方面已論明：「純粹的理性的宗教」是唯一真正的宗教；另一方面竭力對「基督教」作為一種歷史的啟示信仰進行考察。依據其充分的闡明，依《福音書》而論明耶穌教義是「純粹的實踐理性自身的自律」，依耶穌教義而立的宗教無疑堪稱為「純粹的理性的宗教」。若就「基督教」認信耶穌為基督，以信仰耶穌為「對上帝所喜悅的人類之原型（上帝之子）的活生生的信仰」（Rel 6:119）來看，康德固然能夠提出：耶穌教義作為基督教的核心。但另一方面，康德考察基督教作為教會信仰的歷史，他又恰切地指出：基督教作為歷史性的體系。他說：「每一個教會的憲章都是從一種歷史性的（啟示）信仰出發的，這種信仰可以名之為教會信仰。」（Rel 6:102）並指出：「如果我們假定上帝的規章性法則，並且把宗教設定為我們對這些法則的遵循，那麼，對這種宗教的認識就不是單純憑藉我們自己的理性，而是只有憑藉啟示才是可能的。」（Rel 6:104）並說：「無論啟示為了通過傳統習俗，還是《聖經》在人們中間傳播，對於每一個單個的人來說，是秘密地還是公開地給予的，它都將是一種歷史性的信仰，而不是純粹理性的信仰。」（Rel 6:104）依康德所論明，任何歷史性的宗教實在說來並不配稱為宗教，而只是諸如此類的信仰，他說：「可能有多種多樣的信仰，但只有一種真正的宗教。」（Rel 6:107）

## （一）論耶穌教之為「純粹的理性的宗教」

　　依據以上所述，我們有理由首先研究「啟示」與依耶穌教（純粹的理性的宗教）二者的關係。《宗教》一書第二篇之第一章，在題為

「善的原則的擬人化了的理念」一段中論及耶穌[158]，並提出「對上帝之子的實踐上的信仰」。

在那一段一開首，康德就提出：「唯一能讓世界成為上帝的推薦之對象和創造之目的的東西，是人（理性的世界本質者一般〔das vernünftige Weltwesen überhaupt〕）在其道德的完全的圓滿性中。」（Rel 6:60）並指明：「這個唯一的上帝喜悅的人」（Dieser allein Gott wohlgefällige Mensch）就是「上帝的獨生子」。（Rel 6:60）於此，康德將基督教信仰中「上帝的獨生子」（耶穌基督）置之於「善的原則的擬人化了的理念」的題稱下，作為「上帝所喜悅的人之理想」、「道德上的圓滿性之理想」，並明示：它作為一個「原型」，他說：「把我們自己提高到這種道德上的圓滿性的理想，亦即提高到具有其全部純潔性（Lauterkeit）的德性的存心的原型，乃是普遍的人類義務。」（Rel 6:61）這個理念是「理性交付給我們，要我們去倣效的」，因此，「它能夠給我們力量。」（Rel 6:61）

康德指明：這個理念「已經在人類中有一地位」。（Rel 6:61）他解釋：如果我們不瞭解人的本性如何能夠接受它，「我們可以更好地說：那個原型從天上降臨到我們這裡」，人類接受了它，「假定這種理想接納人（人自身本來不是惡的）並屈尊於人」，這種假定是可能的。因此，「如果我們將那個具有上帝的存心的人表象為我們的原型，正如他雖然本身是神聖的，因此與忍受苦難無關，但最大程度地承擔受難，以促進世上的福祉，那麼，可以把這種與我們的結合被視為上帝之子的一種屈辱（Erniedrigung）之狀態，〔……〕。」（Rel 6:61）康德說：「我們只能在這樣一個人的理念下思想上帝所喜悅的人（Menschheit）之理想（Ideal）。」（Rel 6:61）並說：「從而還思想一種道德上的圓

---

滿性（Vollkommenheit），就像在一個依賴需求和性好的世間本質者（Weltwesen）身上是可能的一樣。」（Rel 6:61）「並且通過接受他的存心，我們才能夠希望『作上帝的兒女』。」（Rel 6:60-61）他又說：「這個人」，「他不僅親自履行所有人類義務，同時透過教導和榜樣，最大限度地傳播善，而且，儘管受到極大的誘惑，但仍甘願為了世上的福祉，甚至為了他的敵人，承受一切苦難，直至極屈辱的死亡。」（Rel 6:61）顯然，康德這裡談論的「這個人」就是耶穌。

耶穌作為「具有上帝的存心的人」，我們以之為我們的原型，儘管也「必然認為自己配不上把自己的存心與這樣一種理念相結合」，（Rel 6:61）據此，康德提出「對上帝之子的實踐上的信仰」。他說：「在對上帝之子的實踐上的信仰中（就他被表象為接納了人的本性而言），人可以希望成為上帝喜悅的人（從而也可以得救）」，此無非就是：「他自身意識到這樣一種道德的存心，即他能夠信仰並且確立以自己為根據的信賴，他將在類似的誘惑和苦難的情況下對人性之原型忠貞不渝。」（Rel 6:62）一種「道德的存心的力量」乃是「與重重障礙作戰鬥，並且無論遇到多大的誘惑都能克服障礙」的力量。（Rel 6:61）

可以指出：康德提出的「對上帝之子的實踐上的信仰」，也就是對耶穌的信仰，據此而立的宗教，我們可稱為「耶穌教」，就耶穌教義本身而言，它是「純粹的理性的宗教」，於康德「兩個同心圓」之學說中，它就是核心，即裡面的那個圓。另外，就依「耶穌教」而建立的「基督的宗教」而論，它也包含「啟示信仰」。此即康德說，「啟示至少也能夠也可以包含純粹的理性宗教在本身中。」（Rel 6:12）並明示：「但不能反之，說後者包含前者的歷史部份。」（Rel 6:12）

康德指出：「上帝喜悅的人」之理念「已經存於我們的理性中」。因此，對「上帝喜悅的人」，亦即對「上帝之子」（耶穌）的信仰，它

是「純粹的理性的宗教」，這是毫無疑問的。他明示：「無論誰，為了承認某個人是與那個理念一致的可供繼承的範例（Beispiel），誰還要求有比他自己看見的更多的東西，……，誰除此之外還要求有通過他或者為了他而必然發生的奇蹟來作證明，誰也就同時承認他在道德上的無信仰，也就是說，對德行的信仰之缺乏」。（Rel 6:62-63）並公正地指明：「通過奇蹟作證明的信仰」僅僅是歷史的信仰，（Rel 6:63）他說：「因為僅僅在我們的理性中的理念在實踐的有效性的信仰」，「才具有道德的價值。」（Rel 6:63）康德明文說：「如果這樣一個真正具有上帝的存心的人，在某一個時刻好像從天上降臨到地上」，（Rel 6:63）「一個這樣的人的原型畢竟總是除了在我們的理性中找到之外，決不會以任何其他方式找到。」（Rel 6:63）

　　依康德所論，耶穌作為典範（Beispiel），作為「人的理念」、「善的原則的擬人化了的理念」、「上帝所喜悅的人類之理想」、「唯一讓上帝喜悅的人類之原型」，無非是：「通過教導、行為和苦難樹立一個討上帝喜悅的人的榜樣。」（Rel 6:63）他說：「這位具有著屬神存心的（göttlichgesinnte），但完全真正是人的導師，卻可以同樣真實地說他自己，就好像善的理想在他身上（在教學和行為中）得到了真實的體現。因為在這種情況下，他只會談論他作為自己的行動規則的存心，把這存心作為對他人而不是對自己的範例（Beispiel），他只是通過他的教誨和行動來把這存心表現在眾人眼前。」（Rel 6:65-66）

　　對於假定這樣一個「人的導師」作為「不同於一個自然出生的人」，康德公然提出批評：「他通過在人類種族（Menschengeschlechte）中發動一場革命，而在世界上產生了不可估量的偉大的道德的善，那麼，我們會仍然沒有理由假定（anzunehmen）某種不同於一個自然出生的人的東西（因為一個自然地出生的人也感覺有義務自己樹立這樣的範例）。」（Rel 6:63）又說：「儘管這並不能絕對地否認說，他就不會也

可能是一個超自然地出生的人」,(Rel 6:63)卻隨後指明:「因為在實踐的意圖中,後者之預設對我們沒有任何好處:因為我們加給這種顯相的原型必須始終在我們自己(雖然是自然人)內部尋找。」(Rel 6:63)「就一個人的行為而言,我們不能思想任何道德的價值而不同時以屬人的方式表象。」(Rel 6:64-65)依此,康德說:「那個上帝所喜悅的人的本性被思想為是屬人的:他與我們一樣有同樣的需要,因此有同樣的痛苦,有同樣的自然性好(Naturneigungen),因而被同樣的越軌行為的誘惑所困擾,〔……〕。」(Rel 6:64)

如康德所明示:「這樣,與自然人的距離就會變成如此無限大,以至於那個神性的人(göttliche Mensch)不能被作為自然人的範例。」(Rel 6:64)用康德的話,自然出生的人會說:「如果你給我一個完全神聖的意志,所有邪惡的誘惑都會自動失敗。」(Rel 6:64)甚至會說:「如果給我內心最完全的確定性,在地球上短暫的一生之後,我將(由於這種神聖性)立即成為天國所有永恆榮耀的參與者」,那麼,即使承受所有的苦難,直到屈辱的死亡,「我都心甘情願,而且欣喜地接受」,「因為我親眼看到了即將到來的光榮結局。」(Rel 6:64)

依以上所論可見,康德公然地批評「啟示信仰」,對耶穌之為「超自然地出生的人」提出質疑。於《學科之爭》,他毫不忌諱地反駁「神之子」之說。他說:「如果不是把那個理念理解為人性的一個抽象物,而是理解為一個人,那麼,這個人就必須有某種性別。」(SF 7:39)也就是說,如果由上帝所生的是男性(一個兒子),人們也有根據試圖假定,「女性也將獲得它的特殊代表(就像是一個屬神的女兒)來做和解人。」(SF 7:39)而波斯特魯正是從一位威尼斯少女的人格中找到這位和解人。康德在註腳中說:「威尼斯的波斯特魯在十六世紀關於這一點的狂想具有如此原創的性質,可以如此出色地用實例來說明:如果把一個純粹的理性理念的感性化轉變為一個感官對象的表象,

人們就會怎樣誤入歧途，而且是借著理性發狂。」（SF 7:39）

康德說：「關於這同一個人的復活和升天的故事，可以說同樣的話。」（SF 7:39）他說：「我們的肉體的同一種物質是否為我們在另一個世界裡的同一性所必需，〔……〕，我們的肉體必須被復活，這一切對我們來說，在實踐方面是完全無所謂的；因為如果肉體對一個人來說可能是多餘的，誰還會如此喜歡自己的肉體，以至於樂意永遠吃力地拖著它呢？」（SF 7:40）

關於「三位一體說」，康德也提出同樣嚴厲的批評：「即使人們相信理解它，也不能得出任何實踐的東西。」（SF 7:38）我們「對一個在多個位格（實質）中的上帝根本沒有任何概念」，無論「我們在神裡面是崇拜三個還是十個位格」，如果它不與「我們的道德定分」相關，就不會是「可理解的信仰」。（SF 7:39）又說：「關於神的一個位格成為人的學說也是同樣的情況。」（SF 7:39）

在古老的信仰中，人們看不見奇蹟，就總是不信。康德指出：義務的決定「最初由理性寫入我們的心中」，（Rel 6:84）但人們「除了通過奇蹟來使義務的決定變得可信之外，不想以其他方式承認它們充分的權威」。（Rel 6:84）他批評說：「『若不看見神蹟奇事，你們總是不信』，那就暴露出道德上的無信仰的一種不可原諒的程度。」（Rel 6:84）他又說：「在實際事務中，人們不可能指望奇蹟，或者在運用自己的理性時（理性的運用在人生的任何場合都是必要的）以某種方式把奇蹟考慮在內。」（Rel 6:87）

康德明示：耶穌開始的「純粹的理性宗教」並不需要「神蹟」。依據其對基督教起源之考察，他提出：此起源是「建立在一個全新的原則之上，在教義中引起一場徹底的革命。」（Rel 6:127）他毫不諱言地指明：「基督教完全放棄了它所由以產生的猶太教。」（Rel 6:127）他稱耶穌為「基督教的導師」，他說：「基督教的導師盡可能

作出努力」，「學會把新的信仰看作舊的信仰的延續。」（Rel 6:127）因此，新的信仰接過舊的信仰的經書，並不公然反對舊的信仰。但康德指出：基督教的導師關心的是：「用最適當的方式引入一種純粹的道德的宗教，取代一種人們已經習以為常的舊的強大的崇拜，而並不直接與人們的成見相衝突。」（Rel 6:127）並指明：「新的信仰不受舊的信仰的規章約束，甚至不受任何規章約束，它是一種對全世界都有效的，不應該僅僅對單一的民族有效的宗教。」（Rel 6:127）毫無疑問，康德這裡所論基督教的導師建立的「新的信仰」是純粹的理性的信仰，其開始的宗教是純粹的道德的宗教。儘管基督教的導師的教誨「在一本聖書中還添加了奇蹟和奧秘」。（Rel 6:129）

如康德表明：人們很容易看出，如果人們剝去「啟示」中「那種生動的、可能是唯一流行的大眾化形式的神秘外衣」，那麼，基督教的導師建立的「新的信仰」，就「其精神和理性意義（ihr Geist und Vernunftsinn）」而言，「在任何時候都對所有世界是實踐上有效的和具有約束力的，因為它對每個人來說是親近的，足以使每個人都認識到自己這方面的義務。」（Rel 6:83）如康德指明，其意義在於：「除了透過最衷心地接受真正的德性的原理進入他們的存心之外，對於人們來說，絕對沒有救贖。」（Rel 6:83）對耶穌的信仰，也就是「對上帝之子的實踐上的信仰」，作為一個「完全的純粹性的德性善之理念」，（Rel 6:83）「這個理念現實地屬於我們的根源的稟賦。」（Rel 6:83）「人們只需要努力維護它」，「並將其深深地吸收到我們的存心中，以便透過它逐漸對心產生的影響而確信」，「就不畏可怕的惡勢力（「地獄之門不能壓倒他」）。」（Rel 6:83）

儘管康德承認：事實上，「除了通過奇蹟來使義務的決定──就像它們最初由理性寫入我們的心中一樣──變得可信之外，人們不想以其他方式承認它們充分的權威。」（Rel 6:84）他引用耶穌的話：「若

不看見神蹟奇事，你們總是不信」，並說：「那就暴露出道德上的無信仰的一種不可原諒的程度。」（Rel 6:84）並且見到：「唯一通行於所有世界的那個宗教的導師，其人格是一個秘密。他在塵世的出現，以及他離開塵世，他那充滿了種種業績的人生和受難，都純粹是奇蹟。甚至於要使所有那些奇蹟的講述都變得可信的歷史自身也是一個奇蹟（超自然的啟示）。」（Rel 6:85）但他表示，那些都是「曾經用來使一個學說公開流行的面紗」，他說：「我們可以讓它依賴它的整體價值，甚至尊重那種曾經用來使一個學說公開流行的面紗。」（Rel 6:85）並強調：「這個學說的可信性，建立在一個原始文獻不可磨滅地保存在每一個心靈中，並且不需要任何奇蹟。」（Rel 6:85）他指出這些奇蹟只是「歷史資訊」，不能當作宗教的一部份。（Rel 6:85）康德認為，即使有理性的人們也可以「不放棄對奇蹟的信仰」，不過他指出：「他們卻從來沒有打算讓奇蹟的信仰在實踐中盛行。」（Rel 6:85）

康德也談及「福音的導師宣稱自己是從天上差來的」，（Rel 6:128）他說：「但同時，他作為配得上這樣的派遣的人，他宣布強制的信仰（在敬拜神靈的日子裡、信條和習俗的信仰）本身毫無價值，相反，道德的信仰是唯一能夠造福於人的信仰。」（Rel 6:128）「並且，他通過善的生活方式證明了他的真實性（Ächtheit）。」（Rel 6:128）

康德還提及有一段歷史談到這位導師，「談及他不顧一種不合乎道德目的的成為人們負擔的占統治地位的教會信仰」，「最先公開地宣講了一個純粹的，所有世人都能夠理解的（自然的）、深刻的宗教，因而其教義作為我們所保有的東西，可以為我們自己檢驗。」（Rel 6:158）康德提出：這位導師，「他已經使普遍的理性宗教成為每一種宗教信仰的最高的、不可或缺的條件。」（Rel 6:158）並說：「根據此描述，一個人不能錯過這樣一個人物：他雖然不是不包含任何規章寫在所有人心中的宗教的創始人（因為這種宗教的起源不是任意的），卻可以

被尊為第一個真正的教會的創始人。」（Rel 6:159）康德這裡談及的
「這樣一個人物」就是耶穌。他引用了《馬太福音》中的話[159]，並據
之說明：「首先，他希望不是遵守外在的公民義務或規章性的教會義
務，而只是純粹的道德的人心存心（Herzensgesinnung），才能夠使人
令上帝喜悅（《馬太福音》第5章，第20-48節）。」（Rel 6:159）「最後，
他將所有義務總結為：（1）一條普遍的規則（包括人的內在的和外在
的道德的聯繫），也就是：履行義務不出於其他動力，只出於對義務
直接的尊重，即：愛上帝（所有義務的立法者）高於愛一切；（2）一
條特殊的規則，即把與他人的外在聯繫作為普遍的義務：愛每個人就
像愛自己一樣，即：愛每個人。出於直接的而不是出於自私的動力的
仁慈（Wohlwollen）來促進他們的福祉；〔……〕。」（Rel 6:160）

　　康德引用了《馬太福音》說明耶穌教義，他總結說：「這裡已經顯
示一種完整的宗教，所有人可以通過他們自己的理性理解和信服。」
（Rel 6:162）並表明：這種完整的宗教已經藉著耶穌作為典範，「它
有可能性甚至有必然性成為我們傚效的原型（因為人們有能力做到這
一點）」，此原型藉著他作為典範成為可直觀的。（Rel 6:162）並指明：
這位導師的聲譽和身份沒有需要任何其他認證（Beglaubigung），因為
若是要求歷史性信仰的認證，那麼，「這需要博學或奇蹟，這並不是
每一個人能做到的事」。（Rel 6:162）康德甚至不諱言：援引古老的
（摩西的）立法和預示，好像它們應當被作為這位導師的聲譽和身份
之確認，「僅僅為了對完全盲目地堅持古訓的人們中間提供引導」，
「這些人頭腦中充滿了規章的信仰、對於理性宗教幾乎沒有接受能
力。」（Rel 6:162）

---

159 康德所引《馬太福音》第五章、第六章、第七章、第十六章、第二十五章，見：
　　Rel 6:159-161。

　　康德論明，耶穌作為一場宗教革命的發起者，宣布了舊的強制性的習俗的信仰自身毫無價值，以他宣導的教義和道德生活方式，以及為宣導新信仰而受難以至屈辱地死亡，他就在自己的人格上樹立了「那唯一讓上帝喜悅的人類之原型」。他自己證明自己，而絕不需要博學和奇蹟的證明。不過，康德另一方面又表明：「如果在自然的，通過單純的理性能認識的法則之外，沒有被添加某些規章性的，而同時又伴隨著立法的威望（權威）的規定，那麼，就仍然會缺少那種構成人的特殊的義務，構成達到最高的目的的一種手段的東西。」（Rel 6:158）並指明：「成為這種教會的締造者的威望是以一種事蹟為前提條件，而並不純然以純粹的理性概念為前提條件。」（Rel 6:158）

　　依康德所論明，耶穌毫無疑問配稱為「普遍的理性宗教」的肇始者。儘管他並不諱言，以這位導師的威望號召人們聯合到一個教會中，這樣一種教會「添加了某些包含各種形式和教規的法規，旨在作為使教會建立在這些原則之上的手段」。（Rel 6:158）他表明，「那以此為目的規定具有偶然性和任意性（Willkürlichen）。」（Rel 6:158）據此，康德說：「他雖然不是不包含任何規章寫在所有人心中的宗教的創始人，（因為這種宗教的起源不是任意的），卻可以被尊為第一個真正的教會的創始人。」（Rel 6:159）

　　康德本人區分開純然的「基督的宗教」與「為一個教會提供根據的基督教的信仰」。（Rel 6:164）依以上所論可見，康德已論明，基督教的導師（耶穌）確立的基督的宗教，其核心是純粹的道德的宗教。依康德「兩個同心的圓」之比喻，可以說，耶穌本人立教（可稱為「耶穌教」）作為核心的那個圓，而就基督教的導師之教誨在福音書中添加了奇蹟和奧秘，為一個教會的建立提供根據而言，「啟示」構成「兩個同心的圓」的外面那個比較寬泛的信仰範圍，它把「純粹的道德的宗教」作為一個比較狹小的範圍包容在它自身之中。也就是，

「純粹的理性宗教」必須作為信仰的核心。他明示：在這個核心內，「哲學家必須保持作為純粹的理性導師（從單純的先驗原則出發）的身份。」（Rel 6:12）

康德於《學科之爭》「解決爭執的哲學釋經原理」那一小節裡提出：一些「被宣布為神聖的、但卻超出一切（本身是道德的理性概念）的學說的經文，可以作出有利於實踐理性的解釋」，「但包含著與實踐理性相矛盾的命題的經文，則必須作出有利於實踐理性的解釋。」（SF 7:38）他說：「一切原理，無論它們所涉及的是歷史批判的解釋還是語法批判的解釋，在任何時候都必須是直接從理性產生的。」（SF 7:38）一切釋經原理「任何時候都必須是直接從理性產生的」，為了宗教而查明的一切東西，「也必須是直接從理性產生的。」（SF 7:38）他強調：「理性在宗教事務中是《聖經》的至上的解釋者。」（SF 7:41）

依康德所論，耶穌基督開始了「純粹的理性宗教」，這「純粹的理性宗教」是基督信仰的核心。純粹的理性宗教不是以神的知識及其意志為其法則的基礎，其道德原則本身並不是神學的，而是純粹的實踐理性自身的自律。此即康德在《實踐的理性批判》中論明：「道德的法則通過圓善作為純粹實踐理性的客體和終極目的的概念導致了宗教，〔……〕。」（KpV 5:129）

耶穌基督開始的「純粹的理性宗教」並不需要「神的知識」及人的理性之外的規章性的法則，其包含道德神學（Moraltheologie），根本相反於基督教教會歷史中的神學的道德學（theologische Moral）。康德區分開道德神學與神學的道德學。他說：「神學的道德學包含的德性的法則預設一個最高的世界統治者的存在為前提。與此相反，道德神學是對一個最高者之存在的信念，而此信念建立在道德法則上。」（A632/B660）在這裡，「理性卻憑藉其道德的原則首先產生出上帝的

概念。」（KU 5:447）而神學的道德學把德性的法則建基於一個最高的
世界統治者，它根本是他律的。

　　在《實踐的理性批判》，康德揭明：道德法則是具有自由意志的
人所立，而不必預設上帝存在；倒是道德法則通過作為純粹實踐理性
對象之圓善概念決定了作為至上的元始者（即上帝）之概念，從而，
「元始者的神學概念獲得了意義。」（KpV 5:133）依康德所論，「上
帝」作為理性的理想，是「理性」在意欲機能中立普遍法則（道德的
原則）而產生出來的。即便「基督」也是一個純然的理想。康德說：
「基督教的理想是神聖的理想，基督就是典範。基督也是一個純然的
理想，一個德性圓滿的原型，經由與神共謀而是神聖的。因為只是尋
求達至理想，達至更接近於典範，那些自稱基督徒的人不可跟這個理
想混為一談。」[160]

　　耶穌作為基督，是神聖的，作為立於每一個人之前的「德性圓滿
的原型」，是「神人」，以便他「不與人類混雜」。依照康德提出的哲學
釋經原理，這個「神人」應被表象為：「人性以其完全為上帝所喜悅
的道德完善性永恆地存在於上帝裡面的理念。」（SF 7:39）此即康德
提出：依照理性的哲學釋經原理，一些「被宣布為神聖的、但卻超出
一切（本身是道德的理性概念）的學說的經文，可以作出有利於實踐
理性的解釋」，「但包含著與實踐理性相矛盾的命題的經文，則必須作
出有利於實踐理性的解釋。」（SF 7:38）據此，康德對「奇蹟」的種
種說法作出批判檢察，竟敢也涉及耶穌，他說：「唯一通行於所有世
界的那個宗教的導師，其人格是一個秘密。他在塵世的出現，以及他
離開塵世，他那充滿了種種業績的人生和受難，都純粹是奇蹟。甚至
於要使所有那些奇蹟的講述都變得可信的歷史自身也是一個奇蹟（超

---

160 Immanuel Kant, *Eine Vorlesung über Ethik* (Frankfurt am Main: Fischer Taschenbuch
　　Verlag, 1990).

自然的啟示）。」（Rel 6:85）又說：「說一個人由於天生十分執著地在
理論上相信奇蹟，而自己也完全能夠製造奇蹟，並且能如此一躍而到
天國，這就超出理性的界限太遠了。」（Rel 6:88）並告誡：「我們不
必長時間糾纏於這樣一個毫無意義的想法。」（Rel 6:88）康德稱這些
奇蹟為「曾用來使一個學說公開流行的面紗」，並說：「這個學說的可
信性，建立在一個原始文獻不可磨滅地保存在每一個心靈中，並且不
需要任何奇蹟。」（Rel 6:85）他指出這些奇蹟只是「歷史資訊」，不能
當作宗教的一部份。（Rel 6:85）他解釋這些歷史資訊的作用，為的是
「獲得前一種宗教的信徒們支持新的革命。」（Rel 6:84）

　　顯見，經由康德理性的解釋，所謂「神人」僅僅作為一種「歷史
資訊」，依理性的觀點，此乃象徵的手段。他指出：如果這個「神人」
被表象為「以肉體的方式寓於一個現實的人裡面」，「而且是作為第二
本性在他裡面起作用的神性，那麼，從這個奧秘中，也根本沒有為我
們造成任何實踐的東西。」（SF 7:39）康德站在理性的立場反駁，說：
如果這個「神人」是因為具有「神性」而是「上帝喜悅的人」，甚至祂
就是上帝，那麼，「這個上帝就此而言不能成為我們的榜樣而不引起困
難。」（SF 7:39）而且，「如果這樣的結合是可能的，為什麼神性不讓
所有人都分享它，人們就必然都會是讓上帝所喜悅的。」（SF 7:39）

　　耶穌基督開始的「純粹的理性宗教」並不需要「神蹟」。儘管
《聖經》作為一種歷史信仰離不開「神蹟」，但即便將此歷史信仰中
的諸種「神蹟」去除，絲毫不會影響一個真正的基督徒對耶穌基督的
信仰。因為真正的基督徒並非因「神蹟」而信，而是信耶穌帶來的真
正的道德的宗教。人因嚮往耶穌作為道德圓滿性（愛與公義）之典範
而成為真正的基督徒；成為基督徒追隨耶穌信奉上帝，並不為向上帝
討幸福，而旨在以耶穌為榜樣，心裡懷著「上帝之國」（天國），以畢
生致力於「上帝之國」實現在世界上。

　　依以上所論可見，康德已論明：耶穌教義包含的「純粹的理性的宗教」是唯一真正的宗教，它應當成為基督信仰之核心。

## （二）就康德對基督教教會的歷史之考察說明其「兩個同心圓」之比喻

　　在《宗教》一書第三篇第二章「在地上逐漸建立善的原則之統治之歷史表象」，（Rel 6:124）一開首，康德就表明：「不能指望人類從地球上的宗教獲得普遍的歷史（從最狹義的意義上講）；因為它是基於純粹的道德信仰，所以它不是一個公共的狀況，而是每個人只能自身意識到他在純粹的道德信仰上所取得的進步。」（Rel 6:124）就此而言，即便基督教也稱不上有宗教的普遍的歷史，而充其量有一部基督教教會的歷史。據此，康德研究基督教教會的歷史，是通過對教會信仰的「各種不同的、變換不定的形式」之考察，並與「獨一無二的、不變的、純粹的宗教信仰」進行比較。（Rel 6:124）他指出：「這個歷史只不過是事奉神的（gottesdienstlichen）宗教信仰與道德的宗教信仰之間不斷鬥爭的歷史。」（Rel 6:124）並直言不諱：「在這兩種宗教信仰中，人們總是傾向於將歷史信仰置於首位。」（Rel 6:124）

　　從基督教的起源開始考察，康德指出：「基督教完全放棄了它所由以產生的猶太教，建立在一個全新的原則之上，在教義中引起一場徹底的革命。」（Rel 6:127）「基督教的導師做出了努力」，「學會把新的信仰看作舊的信仰的延續」，「他們用最適當的方式引入一種純粹的道德的宗教，取代一種人們已經習以為常的舊的強大的崇拜」。（Rel 6:127）他肯定這種新的信仰是「不受任何規章約束的」、「對全世界都有效的」信仰。（Rel 6:127）但他同時毫不諱言，「基督教的歷史是模糊不清的。」（Rel 6:130）他指出，自「基督教從猶太教中突然、但並非毫無準備地興起」，（Rel 6:127）「從這個時候，直到基督教為自己造

就了一個有教養的公眾的時代，基督教的歷史是模糊不清的。於是，我們也就始終不知道，基督教的學說對它的教徒的道德造成了什麼樣的影響，最初的基督徒是否確實是道德上改善了的人（moralisch-gebesserte Menschen），還是依然為普普通通的人。」（Rel 6:130）

事實上，如康德所指明：自從在那個民族中（在宗教方面）所導致的公開的革命，到後來，經過多於一代人之後，人們才著手研究這個新信仰，此即康德指出：「但沒有人研究這場變化最初的歷史，以致在他們自己的編年史中找不到這段歷史。」（Rel 6:130）而就歷史記載而論，康德直言，自從基督教「進入廣大有教養的公眾之中以來」，「就人們有理由期待一種道德宗教可以發揮的行善的（wohltätige）作用而言，基督教的歷史對公眾來說決沒有什麼好印象。」（Rel 6:130）他毫不諱忌地指出：「隱士生活和僧侶生活的神秘主義狂熱」，「對獨身階層的神聖性的歌功頌德」，以及「與此相聯繫的所謂奇蹟」，「如此用沉重的枷鎖把人民壓制在一種盲目的迷信之下。」（Rel 6:130）「借助一種壓迫自由的人們的教階制，正統信仰的可怕聲音如此從自封的、唯一欽定的《聖經》詮釋者的口中發出，以及基督教世界如此由於信仰的意見（如果人們不把純粹的理性宣布為詮釋者，就絕不能給信仰的意見帶來任何普遍的一致）而分裂成激烈對抗的派別。」（Rel 6:130）

康德甚至毫不諱言，「只要我們把基督教的這一歷史（就基督教本來想要建立在一種歷史性的信仰的基礎上而言，這一歷史不會有別的結果）看作一幅全景畫，它就會證明那一聲驚呼是多麼正確：宗教竟會誘發如此多的惡。」（Rel 6:131）他描述這一歷史：「在東方，國家以一種可笑的方式插手祭司和僧侶階層的信仰規章。」（Rel 6:131）「在西方，信仰獲得了它自己的、不依賴於世俗權勢而建立的寶座」，但是，「卻如此被一個自封的上帝欽差（案：康德竟敢對教王那

麼不敬）破壞和弄得衰弱不堪。……那個精神上的領袖如此憑藉他那威脅要實行絕罰的魔杖，像對待小孩一樣統治和懲罰各個國王，鼓動他們去進行滅絕另一地區人口的對外戰爭（十字軍戰爭），去彼此攻殺，並激怒臣民們反抗自己的政府，去殘忍地仇視自己那同一個所謂普遍的基督教的不同想法的同道。」（Rel 6:131）康德尖銳地指出：這種激烈的宗教衝突和戰爭，「如此隱秘地植根於一種專制地規定的教會信仰的基本原則中，並一直令人擔憂還會發生類似的事件。」（Rel 6:131）「所有那些曾損害人類、並還在使人類分裂的騷亂」（Rel 6:131）何以發生？直至今天，康德的擔憂依然是我們每一個人的擔憂。而依康德所揭明，禍根就在：舊的歷史性信仰（本來被作為引導性的手段而引入的歷史性工具），「被當作一種普遍的世界宗教的基礎。」（Rel 6:131）

康德區分開「自然的宗教」與「博學的宗教」。在「作為自然的宗教的基督教」（Die christliche Religion als natürliche Religion）那一段一開首，他說：

> 自然的宗教作為道德學（Moral）（在與主體之自由的聯繫中），與可以為其最後的目的產生效果的東西之概念（上帝作為道德的世界創作者的概念）相聯繫，並且與人與這整個目的相適合之持存（不朽）相聯繫，是一個純粹的實踐的理性概念。雖然這一概念是無限地富有成果的，但它畢竟僅以很少的理論的理性機能為前提條件，以至於人們幾乎可以充分說服每個人在實踐上堅信自然的宗教，至少可以預期每一個人將它的影響作為義務。（Rel 6:157）

康德提出：「自然的宗教在其自身具有真正的教會的重大的要求，

也就是普遍性的資格」，也就是：「對所有人的有效性。」（Rel 6:157）
並明示：這是「不可見的教會」。他說：「它當然需要僅是無形的教會
的僕人（ministerium），但無需官員（officiales），即需要教師，但無
需首領。」（Rel 6:157）康德甚至明言：「這些開明者中沒有一個人相
信他們出於其宗教存心而需要他人在這種宗教中的共同交往。」（Rel
6:158）

　　不過，康德又表明：「對所有人的有效性」這樣一種「無例外的
普遍性或全體性」，即「普遍的一致性」，「不是由自己維持的。」
（Rel 6:158）並據之提出：「在沒有成為可見教會的情況下，就不能
在其普遍性中延續，而只有在集體的普遍性，即信徒根據一種純粹的
理性宗教之原則在一個（可見的）教會之聯盟出現，才能夠如此。」
（Rel 6:158）儘管他同時提醒：「可見的教會並非自動地從那種一致
產生的。」（Rel 6:158）他承認可見的教會是「構成達到最高的目的
的一種手段的東西」，但又明言：「可見的教會」是一種手段的東西，
「成為這種教會的締造者的威望是以一種事蹟為前提條件，而並不純
然以純粹的理性概念為前提條件。」（Rel 6:158）

　　顯見，康德所論「自然的宗教」意指「耶穌教」而言。耶穌教義
本身不包含「啟示」，它是一種「每個人都能理解的，而且無需任何
博學就能令人堅信的宗教學說」。（Rel 6:163）而就「為一個教會提供
基礎的基督教信仰」（Rel 6:164）而論，「它不僅僅是基督宗教。」
（Rel 6:164）康德指出：「基督教信仰是一種博學的信仰。」他說：
「作為博學的信仰，基督教信仰是以歷史為依據的，並且就它（客觀
上）以博學為基礎而言，它不是一種本來自由的、從充足的理論證據
中推導出來的信仰（誘導出來的信仰）。」（Rel 6:164）

　　在「作為博學的宗教的基督教」（Die christliche Religion als gelehrte
Religion）那一段中，康德明確提出：「在基督教的啟示學說中，我們

絕不能從對被啟示的（對於理性來說自身隱秘的）信條的無條件的信仰開始。」（Rel 6:164）而事實上，如康德說：「那時，在作為一種啟示的信仰教義的基督教的信仰中，博學必須帶頭，而不是後方。」（Rel 6:164）「使啟示信仰先行於宗教」，如此一來，「基督教信仰就不僅僅是規定下來的信仰，而且甚至還會是奴性十足的信仰。」（Rel 6:164）康德提出要擺脫這種狀況，「就必須使一種自然宗教中的人類普遍理性，在基督教的信仰學說中被承認和推崇為最高的、頒布命令的原則。」（Rel 6:165）

　　事實上，不容置疑，從基督教教會的歷史來看，為了一個教會的目的，規章被看作神聖的規定。如康德所指出：為了一個教會的目的，「才可能有規章被看作神聖的規定，它們對於我們純粹的道德判斷來說，是任意的和偶然的。」（Rel 6:168）把一種規章性的信仰視為「對於一般地事奉上帝是根本性的」，「並且把它當作使上帝喜悅的人的最高條件，這是一種宗教妄想。奉行這種妄想就是一種偽事奉。」（Rel 6:168）他說：「凡是人自以為為了讓上帝喜悅，除了善的生活方式之外還能夠做的事情，都是純然的宗教妄想和對上帝的偽事奉。」[161]（Rel 6:170）在「論對善的原則的偽事奉中作為一種管理制度的教權制」那一節中，康德說：「教權制是這樣一個教會制度，在它裡面，占統治地位的是一種物神崇拜。凡在不是由道德的原則，而是由規章性的誡命、教規、戒律構成了教會的基礎和本質的地方，都可以發現這種物神崇拜。」（Rel 6:179）他指出：「有一些教會形式，物神化在

---

161 康德指出種種宗教妄想：「憑藉虔誠的娛樂行為或者無所事事來使上帝喜悅。」（Rel 6:173）「例如憑藉認信規章性的教義、遵循教會的戒律和禮儀等諸如此類的東西。」（Rel 6:174）「憑藉宗教上的崇拜活動，在面對上帝釋罪方面有所作為，這種妄想是宗教上的迷信。」（Rel 6:174）「勸人相信可以把神恩的作用與本性（德行）的作用區分開來，或者乾脆可以在自身中造成神恩的作用，這是一種狂熱。」（Rel 6:174）

其中如此多種多樣，如此機械呆板，以致它看來排擠了所有的道德，
從而也排擠了宗教。」（Rel 6:179-180）在宗教事務上有諸如此類的
「人為自欺」，人們習慣性地避開「在上帝所有的道德方面的特性」，
「他寧可作一個寵兒，這時，他的許多事情都可以得到寬恕，或者，
即便他過於嚴重地違背了義務，也可以憑藉某一個在最高的程度上蒙
恩的人的調解來補償一切。」（Rel 6:200）

　　各種歷史性的（教會的信仰）懷著「作為一種關於事奉神靈義務
的妄想」（Rel 6:123），「冒充自己是唯一的、普遍的教會（儘管它是建
立在一種特殊的啟示信仰之上的，這種啟示信仰作為歷史性的東西，
再也不能為每一個人所要求），它就會根本不承認其（特殊的）教會
信仰的那種人稱作不信者，並對他滿腹仇恨。」（Rel 6:108）康德表
明：「不能指望人類從地球上的宗教獲得普遍的歷史（從最狹義的意
義上講）；因為它是基於純粹的道德信念，所以它不是一個公共國家，
而是每個人都只能意識到他為自己所取得的進步。」（Rel 6:124）就
此而言，即便基督教也稱不上有宗教的普遍的歷史，而充其量有一部
基督教教會的歷史。

　　如康德指出：《新約》（福音書）作為基督教教義之源泉，（Rel
6:157）它包含耶穌教義為其核心，但一個基督徒必須虔誠地接受這
個民族的整部《聖經》（舊約）。他說：「一個基督徒本來並不受猶太
教（作為規章性的猶太教）的任何法則制約。儘管如此，他卻必須虔
誠地接受這個民族的整部《聖經》，把它當作上帝的、對於所有人來
說都是給定的啟示。」（Rel 6:166）也就是說，基督徒們的經書中利
用了全部《聖經》故事，他指出：「這遠遠沒有證明它的真實性。」
（Rel 6:166）並為此，這部經書的真實性「就遇到了許多麻煩」。[162]

---

162 康德說：「舉例來說，在《詩篇》第59篇第11至16節中，就可以發現對過分得令人
　　吃驚的復仇的祈禱。米夏艾理斯（《論道德》，第2部份，頁202）贊同這種祈禱，

（Rel 6:166）他甚至毫不掩飾地指出，這是基督教的思維模式的一個弱點。（Rel 6:166）他說：「拋去外在誡律的軛具，如果我們又被加上另一種軛具，即《聖經》故事教義的軛具，我們的負擔就一點也沒有減輕，因為後者對於有良心的人來說壓迫更為沉重。」（Rel 6:166）

依康德所論，《聖經》信仰是一種歷史信仰，上帝與阿伯拉罕之約的經書是它的基礎。他甚至指出：「儘管這個民族的《聖經》不是為了宗教的目的，而是為了學問保存下來了，並一直受到重視。」（Rel 6:166）但是，「在基督教誕生甚至取得長足進步之前，猶太教還沒有進入博學的公眾，即還沒有為其他民族博學的同時代人所知，他們的歷史可以說還沒有受到檢驗，因此他們的聖書因其古老而被賦予了歷史的可信性。」（Rel 6:166）而基督教根本區別於猶太教並顯出巨大的優勢，理由是：「它被表象為出自第一位導師之口，作為一種非規章的，而是道德的宗教，並以這種方式與理性建立了最密切的連結，透過理性本身，無需歷史的博學，就以最大的可靠性延伸到所有時代和人們（Völker）中。」（Rel 6:166）只不過，團契的第一批建立者將基督教與猶太教的歷史結合起來，（Rel 6:166）「教會的創始人將這些偶爾的宣傳手段納入了本質的信仰之條款中。」（Rel 6:166）如此一來，「我們不在自己內部而是在外部尋找宗教，這種情況就無法避免。」（Rel 6:167）

---

並且補充說：『《詩篇》是富有靈感的。既然在《詩篇》中為一種懲罰而祈禱，那麼，它就不可能是不公正的；而我們除了《聖經》之外，也不應該有任何更神聖的道德學』。」（Rel 6:110）康德就此質問：「是必須按照《聖經》來解釋道德學，還是按道德學來解釋《聖經》？」（Rel 6:110）他說：「我將寧可假設，這段話根本不能在道德的意義上理解，而是必須在猶太人把上帝看作自己的政治君主的那種關聯中來理解，就像《聖經》的另一段話一樣，那段話說：『主說，伸冤在我，我必報應』。」（Rel 6:110）並明確地說：「復仇欲根本不可以視為得到認可的。」（Rel 6:110）康德指出：在經書中，「或者要麼自身根本不包含任何有益於道德的東西，要麼乾脆就是與道德的動力背道而馳」，（Rel 6:110）那麼就不能逐字逐句詮釋。

　　康德在《宗教》一書的「論在一種規章性的宗教中對上帝的偽事奉」那一章中指出：「規章性的信仰充其量局限於一個民族，不能包含普遍的世界宗教。」（Rel 6:168）「只有為了一個教會的目的，才可能有規章被看作神握有的法規（göttlich gehaltene Verordnungen），它們對於我們純粹的道德判斷來說，是任意的和偶然的。」（Rel 6:168）把一種規章性的信仰視為「對於一般地事奉上帝是根本性的」，「並且把它當作使上帝喜悅的人的最高條件，這是一種宗教妄想。奉行這種妄想就是一種偽事奉。」（Rel 6:168）

　　依以上所述可見，康德毫不諱言，《聖經》信仰是一種歷史信仰，他檢視規章性的宗教中對上帝的「偽事奉」，抨擊偽事奉中作為一種管理制度的教權制，指出「教權制」作為一個教會制度，在其中占統治地位的是「物神崇拜」，並揭發：使人類分裂的騷亂「隱秘地植根於一種專制地規定的教會信仰的基本原則中」。康德指出，凡此種種「排擠了所有的道德，從而也排擠了宗教」，（Rel 6:180）而於《宗教》一書中對「歷史信仰」之所有檢視及批評顯然是針對著基督教的教會信仰而言。那麼，如何理解康德提出：「啟示的信仰」能夠與「純粹的理性宗教」作為兩個「同心圓」呢？關於這個問題，我們前面論耶穌教之為「純粹的理性的宗教」那一段已說明，就「啟示」與依耶穌教（純粹的理性的宗教）二者的關係而論，後者作為核心的那個圓，而前者（啟示）可以包含後者在內。另一方面，就康德對基督教教會的歷史之考察來看，關鍵在於：擺脫一切違反「純粹的理性信仰」的歷史性的啟示及教會信仰的規章，把人們引回到「純粹的宗教之理性體系」。（Rel 6:12）事實上，康德於《宗教》一書的一個重要工作就是探究這個「引回」的可能性與必要性，並據之，展示出一個唯一的「純粹的道德的宗教」之可實現性及現實中向之而趨之途徑。據此可以說，康德論基督教可以朝著純粹的道德的宗教前進，意

指基督教應該被「引回」耶穌教義這個純粹的理性宗教之核心。「唯有純粹的道德信仰，才在每一種教會信仰中構成了在它裡面真正的宗教的東西。」（Rel 6:112）毫無疑問，依康德所論明，唯獨純粹的理性宗教（即純粹的道德信仰）作為其所論「兩個同心圓」之裡面那個圓。

## 二　關於康德論基督教可以朝著純粹的道德的宗教前進

我們見到，康德對於基督教信仰之批判檢察的嚴厲公正絕不遜色於他的同時代人，並且，我們有理由說，康德提出的「宗教啟蒙」實在遠超出他所處的那個時代，在關於「宗教」理解的深刻度上，遠沒有那一位啟蒙運動的思想家能望康德項背，甚至可以說，迄今為止，恐怕仍然鮮有那一位西方哲學家能契接上康德「宗教啟蒙」的慧識。經歷那場偉大的啟蒙運動，人們要麼輕率浮躁地宣告一勞永逸地棄絕「宗教」，簡單粗淺地視「宗教」為迷信；要麼實用主義地採用任何一種歷史信仰為「宗教」，目的不過是取得一種管治市民或是市民自身視為規範一己行為的工具。

唯獨康德指出：「唯一真正的宗教所包含的無非是法則，即這樣一些實踐的原則，我們能夠意識到它們的無條件的必然性，我們因此而承認它們是由純粹理性啟示的（不是經驗性的）。」（Rel 6:167-168）他論明「只有一種真正的宗教」，（Rel 6:107）那就是純粹的道德宗教。並且指出：只有基督教可以朝著純粹的道德宗教前進，而前提是：「必須脫去那層當初胚胎藉以形成為人的外殼。」（Rel 6:121）他說：「聖潔的傳說及其附屬物、規章和誡律的引導紐帶，在當時曾作出過傑出貢獻，但逐漸地成為多餘，最終，當人進入青年時代時，它就成了桎梏。」（Rel 6:121）「純粹的理性信仰是自己證明自己。」（Rel 6:129）它不需要由奇蹟來證實。

　　康德承認，基督教的教會信仰作為一種歷史性的教會信仰，可以「作為一種工具」，有益於「人在道德上歸正」。（Rel 6:112）唯獨康德理性的目光是獨到的，它穿透全部教會歷史分裂、損害人類的烏煙瘴氣，從混沌裡揭露：只要一種歷史性的教會信仰是對於人在道德上歸正有益的，「雖然它的最初的粗糙的表現只不過是旨在事奉神上的運用，但趨於道德的宗教的稟賦就已經蘊藏在人的理性中了。」（Rel 6:111）並提出：「對於教會信仰來說，只要人們既不放棄對它的事奉也不攻擊它，就可以保持它作為一種工具的有利影響。」（Rel 6:123）又說：「純粹的道德的宗教只有通過適當的手段引入通行的教會信仰中，以取代舊的民眾習慣過於強大的崇拜，而又不直接與民眾的成見相衝突。」（Rel 6:127）

　　康德深知，「人們有趨向於事奉神的強制性信仰的傾向」，他們自發地給予「事奉神的強制性信仰」以最大重要性，而將「道德信仰（通過遵守自己的一般義務來事奉上帝）」置於其後。（Rel 6:134）故此，「歷史信仰作為對教會的信仰，需要一部作為人們的紐帶的《聖經》」，（Rel 6:135）他承認：《聖經》之聲譽「構成了教會信仰」，（Rel 6:112）「《聖經》作為現今在世界上經過啟蒙的地方，將所有人團結在一個教會中的最有價值的唯一的工具。」（Rel 6:112）「作為大眾信仰，它不能被忽視。」（Rel 6:112）康德清楚，「對大眾來說，似乎沒有任何基於純粹的理性的教義適合於形成一種不可改變的規範。」（Rel 6:112）他說：「因為人的技藝和智慧無法升入天堂，以看到第一位導師本身的使命的證書。」（Rel 6:112）並指明：一種《聖經》的博學，「為了維護一個基於《聖經》的教會，而不是維護一種宗教。」（Rel 6:112）他說：「因為宗教為了是普遍的，就必須始終基於純粹的理性上。」（Rel 6:112）

　　康德明白，教會要求有一種《聖經》的博學。不過他仍然強調：

「人在道德上歸正，構成了所有理性宗教的真正目的，所以，這種歸正也包含著所有經書詮釋的最高原則。」（Rel 6:112）又說：「把《聖經》對於歷史性的信仰可能還包含的一切，都完全與純粹的道德信仰的規則和動機聯繫起來。而唯有純粹的道德信仰，才在每一種教會信仰中構成了在它裡面真正的宗教的東西。」（Rel 6:112）並表明：「在純粹的理性宗教和《聖經》博學中，唯獨前者是唯一真實的（authentisch）以及對整個世界來說有效的，但後者僅僅是教義的，以便將教會信仰轉變為對特定的民族，在某個時代變換為一個決定的，能夠保存下來的系統。」（Rel 6:114）

　　儘管康德一再表明：「歷史性信仰作為教會信仰，需要一部作為人們的紐帶的《聖經》」，但同時提醒：「但正因如此也妨礙了教會的統一和普遍性。這種歷史性信仰將自行終結並轉化為一種純粹的、對整個世界都明白易懂的宗教信仰。」（Rel 6:135）並提出：要使這樣一種歷史性的教會信仰向普遍的純粹的道德的宗教過渡，要「藉助於逐步向前的改革工作付諸實現，即在它是人的工作的範圍內實現」，「並不能期待由一場外部的革命來實現」。（Rel 6:122）康德一再提醒，教會信仰必須包含一個原則，「就是能夠隨著時間的進展，通過越來越被接受的真正的啟蒙（一種從道德的自由產生的法則性），更換為一種自由信仰的形式。」（Rel 6:123）也就是：「經每一個人同意，將一種令人屈辱的強制手段的教會形式，轉變為一種自由信仰的形式。」（Rel 6:123）一切教會宗教必須不斷地迫近純粹的宗教信仰，以便最終能夠去除那種引導性的手段。（Rel 6:115）康德極為嚴厲地說：

　　　　歷史性的信仰是「自身已死的」，即，就其自身而言，作為教義來看，它不包含也不引向任何對我們來說具有一種道德價值的東西。（Rel 6:111）

又說：

> 宗教最終將逐漸地擺脫所有經驗性的決定根據，擺脫所有以歷
> 史為基礎的、借助於一種教會信仰暫時地為促進善而把人們聯
> 合起來的規章。這樣，純粹的宗教信仰最終將統治所有的人。
> （Rel 6:121）

> 教會信仰逐漸過渡到純粹的宗教信仰之獨自統治（Alleinherr-
> schaft），就是上帝的國（Reich Gottes）之臨近。（Rel 6:115）

實不必諱言，猶太教，乃至承接《聖經》（舊約）的基督教作為
一種歷史信仰離不開「神蹟」，種種神蹟，諸如「神之子」之說、「神
人」之說、復活和升天的故事，以及關於救主必定是處女所生的傳
說，皆能夠從《聖經》找到依據。正如康德指出，《聖經》是一部
「人與上帝於許多世紀前締結的舊約和新約之啟示的古書」。（SF
7:61）他說：「這部古書作為一種歷史信仰（並不正好是道德的信
仰；因為道德的信仰也可以從哲學得出）。」（SF 7:61）又說：「《聖
經》信仰是一種彌賽亞主義的歷史信仰，上帝與阿伯拉罕之約的經書
是它的基礎，由一種摩西彌賽亞主義的教會信仰和一種福音彌賽亞主
義的教會信仰構成。」（SF 7:62）

無疑，耶穌處於一個彌賽亞主義歷史信仰的時代。在那個時代，
人們的信仰未擺脫迷信性，正是這種「迷信性」使一切歷史信仰成為
文明時代要移除的絆腳石，並成為文明人詆詬的謬誤。不必諱言，耶
穌不僅傳道，還趕鬼、治病。像那個時代的所有先知那樣，傳道者的

身份需要「奇蹟」和《聖經》預言之效驗來證明，耶穌也不能例外。[163]
事實上，福音書記載著耶穌趕鬼、治病的事蹟。[164]《馬可福音》記
載，施洗者約翰在監裡聽見基督所作的事、就打發兩個門徒去問耶穌
說：「那將要來的是你麼？還是我們等候別人呢？」（Mat 11:2-3）「耶
穌回答說：『你們去把所聽見所看見的事告訴約翰。就是瞎子看見、
瘸子行走、長大痲瘋的潔淨、聾子聽見、死人復活、窮人有福音傳給
他們。』」（Mat 11:4-5）

　　但今天，人們追隨耶穌的事業，宏揚耶穌開始的道德的宗教，難
道還需要古老時代的巫術嗎？抑或必須如康德所指明：基督教必須朝
著純粹的道德宗教前進，也就是，在古代曾作出過傑出貢獻，但於今
已成了桎梏的「聖潔的傳說及其附屬物、規章和誡律的引導紐帶」必
須清除。（Rel 6:121）無疑，耶穌的事業之於古代的猶太社會推行，
不得不依賴神蹟，但耶穌的道德的宗教絕不包含也不必包含任何神
蹟。耶穌彰顯的「愛與公義」，以及讓「上帝之國」建立於地上的拯
救大業是理性本性之事業。在這個意義上，一切秉有自由意志的人，
因著其理性之指引，就能自稱「耶穌之徒」，而不必是基督教教會的
教徒。

　　今天，吾人要承接康德的志業，致力於從基督教的教會信仰趨向
純粹的宗教信仰，就是要遵循康德的指導，通過真正的啟蒙（一種從
道德的自由產生的法則性），喚醒已經蘊藏在人的理性中的道德的宗

---

163 如勒南在其著《耶穌傳》中說：「依照耶穌同時人的意見，只有兩種證明方法──
　　奇蹟和預言之效驗──能肯定一個靈異的使命。耶穌──尤其是他的弟子們──全
　　無騙意地使用著這兩種證明方法。」（勒南〔Ernest Renan〕著，雷崧生譯：《耶穌
　　傳》〔臺北：臺灣商務印書館，1969年〕，頁138。）

164 《馬可福音》記載耶穌的行事，說：「於是在加利利全地，進了會堂、傳道趕
　　鬼。」（Mak 1:39）又說：「他就設立十二個人、要他們常和自己同在、也要差他們
　　去傳道，並給他們權柄趕鬼。」（Mak 3:14-15）「門徒就出去，傳道叫人悔改。又
　　趕出許多的鬼、用油抹了許多病人、治好他們。」（Mak 6:13）

教的稟賦，以便每一個人自覺地破除歷史性信仰（規章性的信仰）中
「聖潔的傳說及其附屬物、規章和誠律的引導紐帶」加於自身的桎
梏，從而成就自已為一個真正的耶穌基督的門徒，並將基督教成就為
「道德的宗教」。

康德明示：一部宗教的普遍的歷史是「建基於純粹的道德的信仰
之上的」，因此，「不能指望人類從地球上的宗教（從該詞之最狹義的
意義上）獲得普遍的歷史。」（Rel 6:124）依康德本人表明：他在
《宗教》一書中考察基督教教會的歷史，旨在通過考察「其各種不同
的、變換不定的形式」的「教會信仰」，與「獨一無二的、不變的、
純粹的宗教信仰」進行比較，（Rel 6:124）「人們可以期望從中得到一
種普遍的歷史的展示。」（Rel 6:124）並指出：「這個歷史只不過是事
奉神的（gottesdienstlichen）宗教信仰與道德的宗教信仰之間不斷鬥
爭的歷史，而宗教作為一種歷史信仰，人們總是傾向於將作為歷史信
仰置於首位，而不是道德信仰。」（Rel 6:124）

依照康德所論「宗教」，即從哲學（理性本性之學），亦即依理性
視野確立「宗教」一詞之意義，在《宗教》一書中，康德對歷史性的
信仰及建基於啟示的教會信仰作出了深刻和尖銳的批判檢察。首先，
他表明，在「期望從中得到一種普遍的歷史的展示」這一意圖中，只
能討論基督教教會的歷史，即便基督教也稱不上有宗教的普遍的歷
史，而充其量有一部基督教教會的歷史。他解釋說：該教會從一開始
就帶來了並且趨向「真正的宗教信仰和普遍的宗教信仰的客觀統一的
萌芽和原則」。（Rel 6:125）依前面相關章節所論明即可知，康德此解
釋實在就耶穌以一個「新的信仰」取代猶太教「舊的信仰」而論。他
明文說：「顯而易見的是，猶太信仰與我們要考察其歷史的這種教會
信仰絕對沒有本質上的聯繫。」（Rel 6:125）

康德對猶太教就其最初的建立而言作出評判，說：「就其最初的

建立來說，猶太教的信仰是依據純然的規章性的法則的一種總和，在其上建立起一種國家制度。」（Rel 6:125）他說：「猶太教嚴格來說，根本不是一種宗教，而只是一群人的聯合。」（Rel 6:125）他說：「由於他們屬於一個特殊的部落，因此根據純然政治的法律使自己成為一個共同的存在，因此沒有形成一個教會；相反，它應該是一個純然的世俗的國家。」（Rel 6:125）

康德指出，在猶太神權制度（in der jüdischen Theokratie）下，（Rel 6:79）儘管有「十誡」，但是，「在該立法中，根本沒有要求伴隨在遵循十誡時的道德的存心」，「而是絕對地僅僅針對外部的觀察。」（Rel 6:126）「猶太教根本不包含任何宗教信仰。」（Rel 6:126）康德甚至極為嚴厲地說：「儘管有善的原則，一個邪惡的王國還是在這裡建立起來了，亞當的所有後裔（以自然方式）都臣服於它。」（Rel 6:79）「作為耶和華特別揀選的民族，他們對所有其他民族懷有敵意，因此對所有人都懷有敵意。」[165]（Rel 6:127）

---

[165] 請注意，於《宗教》一書，康德就其期望從一種教會歷史中得到一種「普遍的歷史的展示」之意圖，對歷史中的猶太教作出評論，並不能據此指責康德牴觸信仰自由。事實上，於「希伯來聖經」（又名為《舊約聖經》）記載，以色列人作為耶和華特別揀選的民族，與耶和華有盟約；但選擇違背神的誡命、離棄神，走自己的道路。李思敬牧師在其《恩怨情仇論舊約》一書中說：「因為以色列民的頑梗悖逆，迫使上帝出重手懲罰祂的子民。透過歷史的回顧，以色列民得到一個重要的答案：被擄流亡不等於放棄一切，上帝並沒有離棄他們。甚至可以說，他們仍能懷有希望，是因為他們落在上帝懲罰的手中。」（見氏著《恩怨情仇論舊約》〔香港：更新資源有限公司，1997年6月初版〕，頁147。）他引保羅的話說：「因著以色列人的心硬，恩典臨到外邦。」（同前揭書，頁4）李牧師在該書有一節題為「亡國被擄的信仰反省：選民悖逆上主的歷史」（同前揭書，頁146），《舊約》記載，先知們回顧以色列民的歷史，將事實記錄下來，《阿摩司書》中，先知阿摩司數說以色列人的罪行。李牧師說：「阿摩司竟以本國人的身份，大罵以正統地位自居的猶大國離經叛道，指它厭棄耶和華的訓誨，不遵守神的律例。甚至他們列祖所隨從的，都是虛假的偶像。」（同前揭書，頁176）阿摩司說：「以色列人三番四次地犯罪。」（Amo 2:6）「他們為銀子賣了義人，為一雙鞋賣了窮人。他們見窮人

　　康德本人明確提出：一般的教會歷史不能從猶太教開始，「就其構成體系而言，只能從基督教的起源開始，而基督教的起源是對猶太教的完全拋棄，它建立在一個全新的原則之上帶來了一場徹底的學說革命。」（Rel 6:127）依康德所論，基督信仰是一個「新的信仰」，「新的信仰不受舊法規的約束，實際上根本不受任何法規的約束。它包含一個對世界有效而不是對單個民族有效的宗教。」（Rel 6:127）它是「純粹的道德的宗教而不是古老的崇拜（eine reine moralische Religion statt eines alten Cultus）」。（Rel 6:127）

　　康德指明：「猶太教嚴格來說，根本不是一種宗教，而只是一群人的聯合。」（Rel 6:125）儘管，「基督教由於這種猶太教而突然興起。」（Rel 6:127）康德說：「一個基督徒本來並不受猶太教（作為規章性的猶太教）的任何法則制約。」（Rel 6:166）不過，事實上，「他卻必須虔誠地接受這個民族的整部《聖經》，把它當作上帝的、對於所有人來說都是給定的啟示。」（Rel 6:166）也就是說，基督徒們的經書中利用了全部《聖經》故事，康德毫不忌諱地指出：「這遠遠沒有證明它的真實性。」（Rel 6:166）並為此，這部經書的真實性「就遇到了許多麻煩」。（Rel 6:166）他甚至毫不掩飾地指出，這是基督教的思維模式的一個弱點。（Rel 6:166）他說：「拋去外在誡律的軛具，如果我們又被加上另一種軛具，即《聖經》故事教義的軛具，我們的負擔就一點也沒

---

頭上所蒙的灰也都垂涎，阻礙謙卑人的道路，父子同一個女子行淫，褻瀆我（耶和華）的聖名。他們在各壇旁鋪人所當的衣服，臥在其上，又在他們神的廟中喝受罰之人的酒。」（Amo 2:6-8）上帝幫助、扶植弱小的以色列人，但待他們強壯、昌盛之際，他們竟然起來欺負當中弱小的一群。基列的居民因為手無寸鐵，被亞蘭的軍官恣意欺凌；基列的孕婦手無搏雞之力，被亞捫人殘酷地剖腹。（Amo 1:3-15）以色列人的罪行，跟四鄰國家所犯的如出一轍。《阿摩司書》第二章第六至十六節記載，上帝清楚臚列以色列人的罪行。如李牧師說：「歷史書是記載已經過去的事，希伯來《聖經》稱為evim——上帝的『信息』。上帝藉著過去的事向我們說話；……。中國人著重歷史也不在於真相，乃是教訓。」（同前揭書，頁54）

有減輕，因為後者對於有良心的人來說壓迫更為沉重。」（Rel 6:166）

康德清楚表明：「在這裡，這本經書現在可以是指《新約》，它作為基督教教義之源泉。」（Rel 6:157）不過，康德也指明：「基督教從猶太教中突然、但並非毫無準備地興起。」（Rel 6:127）他指明：這裡所言「猶太教」不再是古老的族長制的、僅僅基於其自己的政治制度上的猶太教，「而是已經通過逐漸公開的道德教義與宗教信仰混合在一起的猶太教。」（Rel 6:128）「在這種情況下，原本無知的人們已經接受了很多外國（希臘）智慧，這可能也有助於通過德行概念進行啟蒙，並在規章性信仰的沉重負擔下為革命做好準備。」（Rel 6:128）

儘管如康德所論明，基督教教義之源泉歸於「福音的導師」（耶穌），他帶給世界的是一場宗教革命。耶穌帶給世界一個「新的信仰」，「它包含一個對世界有效而不是對單個民族有效的宗教。」（Rel 6:127）它是「純粹的道德的宗教而不是古老的崇拜」。（Rel 6:127）毫無疑問，耶穌帶給世界「福音」（新約）是一場徹底的宗教革命，根本不接續《希伯來聖經》（舊約）關於耶和華與以色列民的盟約，[166]而是向一切人宣道。[167]《約翰福音》記載，耶穌說：「你們若常常遵守我的道，就真是我的門徒。你們必曉得真理，真理必叫你們得以自由。」（Jhn 8:31-32）

---

166 李思敬牧師在其《恩怨情仇論舊約》一書中說：「《舊約聖經》不是寫給初信者的，乃是為與神有深厚關係的子民而寫。《舊約聖經》把上帝與祂所愛的以色列這段關係，描寫得淋漓盡致。」（前揭書，頁58）又說：「總括而言，《舊約聖經》不是為啟示上帝永恆的奧祕，滿足人的好奇心——例如猜測三位一體上帝在創世之前有什麼消遣？或是天堂的生活究竟是怎麼回事？《舊約聖經》的內容，正正是上帝與人建立關係。」（同前）

167 李思敬牧師在其《恩怨情仇論舊約》一書中說：「《舊約聖經》明顯跟《新約聖經》不同：《新約聖經》強調邀請我們進入關係，傳福音及宣教的動機很強。」（前揭書，頁58）又說：「《舊約聖經》是寫給以色列人，我們是屬於小兒子。我們讀舊約彷彿是偷看父親寫給兄長的信而已。」（前揭書，頁39）

　　但是，就耶穌是猶太先知智慧孕育出來的一位徹底的宗教革命者
而言，基督教虔誠地接受《希伯來聖經》，「把它當作上帝的、對於所
有人來說都是給定的啟示。」（Rel 6:166）這是基督教教會一直堅持
的。[168]康德本人就提出：「最合理和最公正的就是，把這部已經存在
的《聖經》繼續用作教會課程的基礎，不借助毫無用處的、惡意的攻
擊來削弱它的價值。」（Rel 6:132）並語重心長地說：「歷史證明，沒
有一種建立在經書之上的信仰能夠被根除，哪怕是通過最具毀滅性的
國家革命。」（Rel 6:107）事實上，《希伯來聖經》（舊約）作為猶太
民族的歷史書來看，是人類歷史上有過的一部極其珍貴的歷史書，李
思敬牧師稱之為「亡國被擄的信仰反省：選民悖逆上主的歷史」。[169]

---

168 李思敬牧師在《恩怨情仇論舊約》一書中說：「一般初信的弟兄姊妹，他們大多數
　　在傳道人或負責栽培的同工手中，接過第一本《聖經》。這本《聖經》通常只有新
　　約，甚至可能是《馬可福音》或《約翰福音》的單行本而已。或許大部份的初信
　　者，都是從新約開始讀神的說話。從主耶穌的生平、教訓開始讀《聖經》是一個
　　良好的傳統。」（前揭書，頁34）他解釋：「信徒重視新約而忽略舊約的原因有很
　　多；事實上，這種對《舊約聖經》的態度，早見諸教會歷史。早期教會一位名叫
　　馬吉安的商人，他十分愛主，又熱切傳福音，尤其熟讀保羅的作品。馬吉安認為
　　信徒只需要讀新約便可，舊約有太多難以解答的疑難了；《舊約聖經》的上帝十分
　　殘酷，侵犯約櫃即遭擊殺，入迦南地將城內的全數滅族……，既然這些經文會攔
　　阻我們對神的信心，倒不如將《舊約聖經》留給猶太人吧。」（同前揭書，頁42-
　　43）李牧師指明：「當教會經過審慎的考慮後，結果推翻了馬吉安的建議。教會作
　　出清楚的決定：一切只承認新約，將舊約摒諸局外的人，都稱為異端。教會早已肯
　　定：凡是只看重新約而忽視舊約的態度，是錯誤且與福音不相符的。」（同前揭
　　書，頁43）
169 李思敬著：《恩怨情仇論舊約》，頁146。又，李牧師於書中說：「歷史書是記載已
　　經過去的事，希伯來《聖經》稱為Nevim——上帝的『信息』。上帝藉著過去的事
　　向我們說話；所以歷史書的重點不在於亟亟尋找歷史事件的真相。中國人著重歷
　　史也不在於真相，乃是教訓。『孔子作《春秋》，亂臣賊子懼』，證明孔子編寫歷史
　　的目的不在於尋求事實底蘊，乃是著重教訓意味。中國稱歷史『以銅為鏡，以史
　　為鑑』；歷史可以照明前面的出路，這是《舊約聖經》記載這四卷稱為Nevim書卷
　　（歷史書）的目的所在。」（前揭書，頁55）又說：「在以色列民被擄以後，他們

誠然，此「反省」的歷史書，跟中華民族標舉「常道」而堪稱「人類大憲章」的孔子作「春秋」根本不同。然二者皆作為一面鏡，而永恆高懸於天地之間。

「基督徒必須虔誠地接受猶太民族的整部《聖經》」這一問題，康德的態度是明確的，他說：「一個基督徒本來並不受猶太教（作為規章性的猶太教）的任何法則制約。儘管如此，他卻必須虔誠地接受這個民族的整部《聖經》，把它當作上帝的、對於所有人來說都是給定的啟示。」（Rel 6:166）他甚至指出：「如果不能改變規章性的教會信仰被添加到純粹的宗教信仰中，作為人們為了促進純粹的宗教信仰而共同聯合的工具和手段」，（Rel 6:106）那麼我們也必須承認《聖經》，他解釋說：「甚至對其中所接受的啟示的普遍和千篇一律的傳播乃至尊敬，都很難通過傳統，而只能通過《聖經》來充分保證，而《聖經》本身作為對於同時代人和後人的啟示，必須成為尊敬的對象。」（Rel 6:107）

但康德同時提醒：「但也不把對《聖經》的信仰當作達到永福所要求的而強加給任何一個人。」（Rel 6:132）並且，「由於純然是為了教會信仰的目的而編制的《聖經》故事，其自身對於採納道德格準絕對不能也不應該有任何影響。」（Rel 6:132）他一再提醒：「《聖經》故事任何時候都必須被講授和解釋為以道德的東西為目的的。」（Rel 6:132）依據真正的宗教信仰，「只能有權利把一種道德的意義加給《聖經》。」（SF 7:24）「理性在宗教事務中是《聖經》的至上的解釋者。」（SF 7:41）

康德於《宗教》一書，對基督教教會信仰及其歷史，以及《舊約

---

面對信仰危機，當中有一班無名的神僕，他們回顧以色列民的歷史，將事實記錄下來，讓同胞閱讀後明白，並誠心悔改。」（前揭書，頁147）

聖經》起源的屬神性問題，[170]作出考察。《宗教》一書一七九三年春出版，一九七四年十月他就收到威廉二世國王的司法和宗教事務部長的訓誡信。《學科之爭》（1798年出版）之〈前言〉包含了這封訓誡信及康德的回覆。在回覆函中康德聲明：「這本書根本不包含對基督教的任何評價，故也不能說我犯了貶低基督教的罪過，因為真正說來，這本書只包含對自然宗教的評價，只是為了證實宗教的純粹的理性學說而引用《聖經》，這可能為這種誤解提供誘因。」（SF 7:8）他也毫不諱言：「理性在這裡如此說話，就像它獨自就是充分的，因而啟示學說是多餘的（如果客觀地如此理解，這確實必定會被視為對基督教的貶低）。」（SF 7:8）

康德回覆函中表明，《宗教》一書的意圖在：「舉出基督教與最純粹的道德的理性信仰的一致」，（SF 7:9）以及論明基督教如何得以重建。他明示：唯有論明「基督教與最純粹的道德的理性信仰的一致」，「經常蛻化的基督教始能一再得以重建。」（SF 7:9）此義於前面關於康德「兩個同心圓」學說之研究中已論明。

---

170 康德指出：《聖經》起源的這種屬神性問題「是一件歷史之事」，「所以聖經神學家本身不能，也不可以作出證明。」（SF 7:23）

第一部
耶穌與孔子

# 第一章
# 耶穌是誰？

## 第一節　神話中的耶穌與普世宗教之建立者的耶穌

　　耶穌是誰？在基督教中，「基督」是他的專稱。依閃米特諸教的術語，「基督」原意是「受膏者」。在猶太教中，基督是「被上帝（神）[1]選定」的救世主。在基督教中，基督成為拿撒勒人耶穌的專稱。

　　若追隨《聖經》之線索，換言之，依照上帝的決定，拿撒勒人耶穌出生於大衛王的出生地伯利恆，如此看，耶穌自一出生就在神話中。[2]《路加福音》記載：天使告知馬利亞（耶穌的母親），她被選中要以童女之身懷耶穌時，她很疑惑：「我沒有出嫁，怎麼有這事呢？」（Luk 1:34）天使對她說：「聖靈要臨到你身上，至高者的能力要蔭庇你，因此所要生的聖者，必稱為神的兒子。」（Luk 1:35）又，《路加福音》記載：

---

1　"God"，希伯來文"Elohim"。英國聖經公會決定採用「上帝」的譯名，美國聖經公會決定採用「神」，故有「神版」或「上帝版」聖經。拙文採用「神版」聖經（聖經網絡的中英和合本），但行文中，"God"一詞用「上帝」表示，而不用「神」表示，因「神」於一般人理解為一般的神明故也。

2　《馬太福音》（Mat 1:18-25, 2:1-23）詳細記載耶穌的出生。「耶穌基督降生的事，記在下面。他母親馬利亞已經許配了約瑟，還沒有迎娶，馬利亞就從聖靈懷了孕。」（Mat 1:18）「這一切的事成就，是要應驗主藉先知所說的話，說：『必有童女，懷孕生子，人要稱他的名為以馬內利。』」（以馬內利翻出來、就是神與我們同在。）（Mat 1:22-23）「當希律王的時候，耶穌生在猶太的伯利恆，有幾個博士從東方來到耶路撒冷，說：『那生下來作猶太人之王的在那裡。我們在東方看見他的星，特來拜他。』」（Mat 1:1-2）

那天使對他們說：「不要懼怕，我報給你們大喜的信息，是關乎萬民的。因今天在大衛的城裡，為你們生了救主，就是主基督。你們要看見一個嬰孩，包著布，臥在馬槽裡，那就是記號了。」忽然有一大隊天兵，同那天使讚美神說：「在至高之處榮耀歸與神，在地上平安歸與他所喜悅的人。〔有古卷作喜悅歸與人〕」眾天使離開他們升天去了，牧羊的人彼此說：「我們往伯利恆去，看看所成的事，就是主所指示我們的。」他們急忙去了，就尋見馬利亞和約瑟，又有那嬰孩臥在馬槽裡。既然看見，就把天使論這孩子的話傳開了。（Luk 2:10-17）

《路加福音》中，天使的話宣告了耶穌「上帝的兒子」的身份。並宣示「救主」的出世，耶穌就是「主基督」[3]。他是「彌賽亞」：受上帝指派來拯救世人的救世主。《路加福音》又借施洗者約翰的口，說：

百姓指望基督來的時候，人都心裡猜疑，或者約翰是基督。約翰說：「我是用水給你們施洗，但有一位能力比我更大的要來，我就是給他解鞋帶也不配。他要用聖靈與火給你們施洗。」（Luk 3:15-16）

眾百姓都受了洗，耶穌也受了洗，正禱告的時候，天就開了，聖靈降臨在他身上，形狀彷彿鴿子；又有聲音從天上來，說：「你是我的愛子，我喜悅你。」（Luk 3:21-22）[4]

---

3　亞伯拉罕諸教中，基督（Christos）原意受膏者，等同希伯來語中彌賽亞。

4　關此，又見《馬太福音》（Mat 3:13-17; 17:1-5）。

　　猶太民族的苦難史激勵著先知信仰。猶太人自命為與上帝訂下盟約者，在重創與失敗中，天授的使命激勵著「救主」來臨的希望，一批批先知的產生，直至耶穌之前的施洗者約翰，他們無疑對耶穌有深刻的，甚至是具體的影響；無疑，於耶穌門徒撰寫的福音書記載，耶穌在《聖經》（舊約）的神預中到來，又在神預中受死而復活。但我們仍有理由指出，耶穌超出所有先知，他絕不僅是猶太人的「救主」。

　　《馬太福音》記載：耶穌是「亞伯拉罕的後裔，大衛的子孫。」（Mat 1:1）不過，耶穌是王族後代是否可徵信是存疑的，儘管耶穌的弟子為證明其猶太人的「救主」身分，不無理由地製作了「大衛之子」、「童貞生育」等源自古代猶太信仰的神話；但我們有根據指出，耶穌開始的宗教是全新的，根本不必依賴其神話的出身，其宗教心靈是創闢性的，完全超出一切猶太先知的思想。我們可以說，基督教教會及其規章性信仰不得不靠賴神話，而耶穌開始的宗教獨自存在，一存永存，不需要任何神蹟，根本無神秘性。

　　《路加福音》中，耶穌「上帝的兒子」的身份是由天使的話宣告的。《約翰福音》更表明：「我們也見過他的榮光，正是父獨生子的榮光。」（Jhn 1:18）「從來沒有人看見神，只有在父懷裡的獨生子將他表明出來。」（Jhn 1:18）[5]耶穌的門徒看來視耶穌為上帝的「獨生子」，並且是通過神蹟宣稱的。不過我們有理由相信，耶穌的門徒恐怕未能把握到耶穌言「上帝的兒女」的深刻含義。「上帝的兒女」出自耶穌心靈深處，其義涵超出一切古舊的神的信仰。

　　耶穌表明自己是「上帝之子」，不過，並無獨稱他自己是「上帝之子」，於福音書的記載，耶穌常稱「我父」，也時常說：「你們天父

---

5　又，《約翰福音》記載：「神愛世人，甚至將他的獨生子賜給他們，叫一切信他的，不至滅亡，反得永生。」（Jhn 3:16）

的兒子」，而總是稱自己為「人子」。耶穌絕無像瑣碎的神學家那樣，致力於向世人論證有一個「上帝」存在於世界之外。在耶穌的宗教心靈裡，天父在心中，上帝在人裡，人在上帝裡。《馬太福音》記載：

> 只是我告訴你們：要愛你們的仇敵，為那逼迫你們的禱告。這樣，就可以作你們天父的兒子。因為他叫日頭照好人，也照歹人，降雨給義人，也給不義的人。（Mat 5:44-45）

> 所以你們要完全，像你們的天父完全一樣。（Mat 5:48）

> 你們饒恕人的過犯，你們的天父也必饒恕你們的過犯。（Mat 6:14）

> 你們中間，誰有兒子求餅，反給他石頭？求魚，反給他蛇呢？你們雖然不好，尚且知道拿好東西給兒女，何況你們在天上的父，豈不更把好東西給求他的人嗎？（Mat 7:9-11、Luk 11:11-13）

> 也不要稱呼地上的人為父，因為只有一位是你們的父，就是在天上的父。（Mat 23:9）

又，《約翰福音》記載：

> 凡接待他的，就是信他名的人，他就賜他們權柄，作神的兒女。（Jhn 1:12）

到那日你們就知道我在父裡面、你們在我裡面、我也在你們裡面。（Jhn 14:20）

又，《路加福音》記載：

你們倒要愛仇敵，也要善待他們，並要借給人不指望償還。你們的賞賜就必大了，你們也必作至高者的兒子。因為他恩待那忘恩的和作惡的。（Luk 6:35）

你們要慈悲，像你們的父慈悲一樣。（Luk 6:36）

凡向天父求者，必得聖靈。凡信耶穌之名者，皆是「上帝的兒女」。用中國孔子之徒孟子的話說，「求則得之，舍則失之，是求有益于得也，求在我者也。」（《孟子・盡心章句上》）

事實上，耶穌總是自稱「人子」，他並沒有自視為上帝的獨一的兒子，他的「天父」是眾人的父。耶穌說：「你們禱告，要這樣說：『我們在天上的父，願人都尊你的名為聖。』」（Mat 6:9）於耶穌創闢性的宗教心靈，人與最高的崇敬對象（上帝）的關係是父與兒女的關係。此亦即是無償的、人與最高者以及人與人之間普遍傳通的「愛」。此有別於猶太民族的神（耶和華），這種全新的神與人的關係擺脫了一切歷史信仰不可避免的對於崇拜對象的迷信與恐懼。出自耶穌心靈的最高者，乃是人們在天上的父，涵著人與最高者以及人與人之間普遍傳通的愛，這種「愛」作為耶穌開始的宗教的核心。正以此，耶穌開始的宗教顯示出其為史無前例的、真正的宗教。而在其前或後，任何歷史性的信仰，以對神靈的恐懼、迷信、崇拜而產生的諸多占有了「宗教」之名的信仰，都顯然地根本不同於耶穌開始的宗

教。儘管一直以來，形形色色的歷史性的信仰都約定俗成地得有「宗教」之名。

　　無疑，對基督教會的眾多教徒而言，信仰神話中的耶穌是首要的。但筆者並非基督教會的教徒，通過耶穌本人的言行見到一種真正的宗教，它不包含神蹟，根本與福音書的神話毫不相干。而毋寧說，耶穌以其言行開始的宗教是以耶穌顯明自身為「德性圓滿的原型」（「上帝所喜悅的人」之典範）為核心的，一切嚮往這「德性圓滿的原型」者，必信仰與崇敬耶穌，也必信仰耶穌所指示的由一切「上帝所喜悅的人」團聚成的「上帝之國」。這種純粹的道德的信仰由耶穌標舉開始，就成為一面召喚一切懷有善的存心者團聚在善的原則下的旗幟，直至永遠。

　　儘管基督教會的歷史像一切歷史性的信仰那樣，無可避免地有著神權的專橫、教權制的枷鎖、神學的虛妄，以及神秘主義之濫觴。但這一切都與耶穌本人開始的宗教不相干。我們可以確定地指出，耶穌年輕的生命，沒有絲毫瑣碎神學的因子；他自由的心靈根本見不到任何教條的羈絆。耶穌的心靈是單純的、直接的。正是這顆純正的道德心靈受到他的眾多的猶太同胞表現出來的不信、盲目崇拜、貪婪；法利賽人假冒為善，以及耶路撒冷的教士階級的傲慢及溺信者的陋習，等等的衝擊，直接地就激發出了人的「新生」以及新世界來臨的意志與行動的動力。《馬太福音》、《馬可福音》、《路加福音》多次記載耶穌對其身處的世代痛心疾首：

　　　我可用什麼比這世代呢。好像孩童坐在街市上，招呼同伴，說：
　　　我們向你們吹笛，你們不跳舞。我們向你們舉哀，你們不捶胸。
　　　約翰來了，也不喫，也不喝，人就說他是被鬼附著的。人子來
　　　了，也喫，也喝，人又說他是貪食好酒的人，是稅吏和罪人的

朋友。但智慧之子，總以智慧為是。〔有古卷作但智慧在行為上就顯為是〕耶穌在諸城中行了許多異能，那些城的人終不悔改，就在那時候責備他們說：「哥拉汛哪，你有禍了，伯賽大呵，你有禍了，因為在你們中間所行的異能，若行在推羅、西頓，他們早已披麻蒙灰悔改了。但我告訴你們，當審判的日子，推羅、西頓所受的，比你們還容易受呢。」（Mat 11:16-22）

耶穌回答說：「一個邪惡淫亂的世代求看神蹟。除了先知約拿的神蹟以外，再沒有神蹟給他們看。約拿三日三夜在大魚肚腹中，人子也要這樣三日三夜在地裡頭。當審判的時候，尼尼微人，要起來定這世代的罪，因為尼尼微人聽了約拿所傳的，就悔改了。看哪，在這裡有一人比約拿更大。當審判的時候，南方的女王，要起來定這世代的罪，因為他從地極而來，要聽所羅門的智慧話。看哪，在這裡有一人比所羅門更大。」（Mat 12:39-42）

耶穌說：「噯，這又不信又悖謬的世代呵！我在你們這裡要到幾時呢？我忍耐你們要到幾時呢？」（Mat 17:17）

你們這假冒為善的文士和法利賽人有禍了，因為你們建造先知的墳，修飾義人的墓，說：「若是我們在我們祖宗的時候，必不和他們同流先知的血。」這就是你們自己證明、是殺害先知者的子孫了。你們去充滿你們祖宗的惡貫罷。你們這些蛇類、毒蛇之種呵，怎能逃脫地獄的刑罰呢。所以我差遣先知和智慧人並文士，到你們這裡來。有的你們要殺害，要釘十字架。有的你們要在會堂裡鞭打，從這城追逼到那城。叫世上所流義人

的血、都歸到你們身上．從義人亞伯的血起、直到你們在殿和
壇中間所殺的巴拉加的兒子撒迦利亞的血為止。我實在告訴你
們：「這一切的罪、都要歸到這世代了。耶路撒冷呵！耶路撒冷
阿、你常殺害先知，又用石頭打死那奉差遣到你這裡來的人．
我多次願意聚集你的兒女，好像母雞把小雞聚集在翅膀底下，
只是你們不願意。看哪，你們的家成為荒場，留給你們。」
（Mat 23:29-38）

耶穌心裡深深的歎息說：「這世代為什麼求神蹟呢。我實在告
訴你們，沒有神蹟給這世代看。」（Mak 8:12）

凡在這淫亂罪惡的世代，把我和我的道當作可恥的，人子在他
父的榮耀裡，同聖天使降臨的時候，也要把那人當作可恥的。
（Mak 8:38）

當眾人聚集的時候，耶穌開講說：「這世代是一個邪惡的世
代。他們求看神蹟，除了約拿的神蹟以外，再沒有神蹟給他們
看。約拿怎樣為尼尼微人成了神蹟，人子也要照樣為這世代的
人成了神蹟。」（Luk 11:29-30）

　　耶穌怒吼：「一個邪惡淫亂的世代」、「要起來定這世代的罪」、
「這又不信又悖謬的世代」、「這一切的罪、都要歸到這世代了」，顯
示出可忍孰不可忍的時刻到來了。終於耶穌上十字架，建立了一個翻
轉舊世界，朝向人的「新生」以及新世界來臨的真正的宗教。
　　耶穌的純粹的道德人格決定了他遠離政治，他看來想也沒有想過
要通過對抗羅馬政權，推翻舊時代的揭竿起義的道路改變世界。耶穌

有一句膾炙人口的名言：「該撒的物當歸給該撒，神的物當歸給神。」（Mat 22:21）[6]耶穌並不志於取代地上的國，而旨在「上帝之國」（善的原則統治的世界）之建立。《約翰福音》記載：「眾人看見耶穌所行的神蹟，就說：『這真是那要到世間來的先知。』耶穌既知道眾人要來強逼他作王、就獨自又退到山上去了。」（Jhn 6:14-15）他開始他的宗教，一心一意就是要成就「新人」及「上帝之國」，這是拯救世界的唯一道路。

耶穌直接以「上帝的兒女」（上帝所喜悅的人）表示「新生」的人；以「上帝之國」表示全新的道德世界。正是此「新生的人」與「新的道德世界」構成耶穌開始的宗教的本質。

## 第二節　耶穌是神秘主義者嗎？

法國生命哲學家柏格森（Henri Bergson, 1859-1941）稱耶穌為「神秘大師」。[7]筆者相信，箇中必有誤解。無疑，柏格森作為一位生命哲學家，他專注於從人類學、心理學、社會學的角度去研究道德與宗教，以此取得其特別的見解；但筆者以為，耶穌表現的純粹的道德人格及由之建立的宗教絕不是人類學、心理學、社會學的。耶穌言行向我們顯現的完全是一個自由的、純粹的道德心靈。因耶穌自覺到此

---

6　《馬太福音》記載：法利賽人設計就著耶穌的話陷害他。打發人去問耶穌：「請告訴我們，你的意見如何，納稅給該撒，可以不可以。」耶穌拿一個上稅的錢，問那人，說：「這像和這號是誰的。」那人，說：「是該撒的。」耶穌就說：「這樣，該撒的物當歸給該撒，神的物當歸給神。」（Mat 22:15-21）

7　亨利・柏格森（Henri Bergson）著，王作虹、成窮譯：《道德與宗教的兩個來源》（貴陽：貴州人民出版社，2000年），頁147。柏格森說：「所以，神秘主義和宗教互為因果的，而且無限地相互作用下去。然而總有個開始點。的確，基督教開始時有耶穌基督這位神秘大師。」

心靈並非其一己之私，故他以比喻的話說：「我的教訓不是我自己
的，乃是那差我來者的。」（Jhn 7:16）耶穌稱天父為「差我來者」。
我們有理由視為一個比喻，因從耶穌本人的言行看，他並無指認一個
外在的最高存在為「天父」，亦無像一般神秘主義者那樣宣稱通過神
秘經驗與一個外在的最高存在者交流溝通；相反，耶穌直接地將其內
心純粹意志所出之道、真理稱為出自「天父」，以此區別於出自個人
私意的意見。此即《約翰福音》還記載耶穌說：「人憑著自己說，是
求自己的榮耀。唯有求那差他來者的榮耀，這人是真的，在他心裡沒
有不義。」（Jhn 7:18）耶穌標舉其宣講的道為出自「那差他來者」
（天父）無非是宣示此「道」之最高的無條件的普遍必然性。我們實
在沒有根據以為耶穌指認一個外在的最高存在（神）為其「天父」。

　　我們見到，耶穌將道、真理稱為出自「天父」，他也將私慾、說
謊、不守真理等比喻為出自「父魔鬼」。[8]耶穌用比喻對門徒及民眾講
道。我們可以說，耶穌講道常常是用比喻的方式，而並不帶神秘的元
素。不必諱言，福音書記載著耶穌行奇蹟的故事。不過，依本人看
來，那些被福音書重複單調地記述的奇蹟，不外是在猶太社會一直已
流行的治病、趕鬼，還有就是將水變成酒，五個餅、兩條魚變出足夠
五千多人吃飽的分量。我相信南勒的話，他說：「實在呢，福音裡奇
蹟的種類並沒有很多的變換。它們互相複述著，似乎都是抄襲自很少
數的迎合國人趣味的範本。」[9]實在說來，在耶穌身處的猶太社群
裡，若沒有奇蹟給人們看，他們就不信。《約翰福音》記載：有一個
人請求耶穌醫治他害癲癇的兒子，耶穌說：「噯，這又不信又悖謬的

8　《約翰福音》記載：耶穌對不信他的猶太人說：「你們是出於你們的父魔鬼，你們
　　父的私慾，你們偏要行，他從起初是殺人的，不守真理。因他心裡沒有真理，他說
　　謊是出於自己，因他本來是說謊的，也是說謊之人的父。」（Jhn 8:44）
9　勒南著，雷崧生譯：《耶穌傳》，頁140。

世代啊，我在你們這裡要到幾時呢？我忍耐你們要到幾時呢？把他帶到我這裡來罷。」（Mat 17:15-17）耶穌對人們只因他能替人治病而信極為懊惱。他就曾慨嘆，說：「若不看見神蹟奇事，你們總是不信。」（Jhn 4:48）《馬太福音》記載，有幾個文士和法利賽人請耶穌顯個神蹟給他們看，耶穌回答說：「一個邪惡淫亂的世代求看神蹟。除了先知約拿的神蹟以外，再沒有神蹟給他們看。」（Mat 12:38-39）難怪勒南說：「許多情況似乎告訴我們：耶穌之成為顯奇蹟者，是晚年的事，而反乎他的本意的。他製造奇蹟之前，總須有人們的迫切的央求，而他總帶著一種不甚高興的神氣，責備著那些央求者的心靈之粗俗。」[10]又說：「耶穌的奇蹟是他的時代對他的強迫行為，是短暫的必要從他奪去的讓步。」[11]

　　事實上，耶穌在受到魔鬼試探的時候，並沒有顯神蹟；[12]在上十字架時，遭到眾人譏笑，他們呼喊著，叫他顯神蹟，從十字架上下來。他也並沒有顯神蹟。[13]他大聲喊：「我的神，我的神，為什麼離棄

---

10　勒南著，雷崧生譯：《耶穌傳》，頁142。

11　勒南著，雷崧生譯：《耶穌傳》，頁145。

12　《馬太福音》（Mat 4:1-11）、《馬可福音》（Mak1:11-13）都記載了耶穌受到魔鬼試探：「當時，耶穌被聖靈引到曠野，受魔鬼的試探。他禁食四十晝夜，後來就餓了。那試探人的進前來，對他說：『你若是神的兒子，可以吩咐這些石頭變成食物。』耶穌卻回答說：『經上記著說：人活著，不是單靠食物，乃是靠神口裡所出的一切話。』魔鬼就帶他進了聖城，叫他站在殿頂上，〔頂原文作翅〕對他說：『你若是神的兒子，可以跳下去。因為經上記著說：主要為你吩咐他的使者，用手托著你，免得你的腳碰在石頭上。耶穌對他說：『經上又記著說：不可試探主你的神。』魔鬼又帶他上了一座最高的山，將世上的萬國，與萬國的榮華，都指給他看，對他說：『你若俯伏拜我，我就把這一切都賜給你。』耶穌說：『撒旦退去罷。〔撒旦就是抵擋的意思，乃魔鬼的別名〕因為經上記著說：當拜主你的神，單要事奉他。』於是魔鬼離了耶穌，有天使來伺候他。」耶穌並沒有將石頭變成食物，也沒有從殿頂往下跳。

13　《馬太福音》（Mat 27:39-44）、《馬可福音》（Mak 15:29-32）、《路加福音》（Luk 23:35-39）都記載了此事：「從那裡經過的人，譏誚他，搖著頭說：『你這拆毀聖殿，

我。」(Mat 27:46)「耶穌又大聲喊叫，氣就斷了。」(Mat 27:50) [14]
顯然，耶穌臨終的喊叫是發自「人」的。我們見到，耶穌「顯神蹟」
只是作為一種引導大眾歸信的工作。實在說來，耶穌所處的時代，是
一個沒有奇蹟就不信的時代。從福音書的記述看到，人們信耶穌是因
為他所行的奇蹟，而不在明白他宣講的道。此所以勒南說：「奇蹟常
常是大眾之工作，而不是名義上製造奇蹟者之工作。縱令耶穌固執地
拒絕製造奇蹟，群眾也會替他製造。」[15]他甚至認為，許多記載下來
的奇蹟，「或者是福音作者們的信仰所生出來的結果，因為他們念念
不忘於通神術，而因此生活在與現今的『召鬼者』相似的世界裡。」
[16]勒南說：「至於奇蹟，那時候的人們認為是神靈之不可或缺的信號，
先知天稟的標記。〔……〕。耶穌不得不選擇於兩者之間：拋棄他的使
命，或是成為顯奇蹟者。」[17]此實乃肯綮之言。

　　總而言之，耶穌所稱「天父」，根本不同猶太傳統中那位外在的
主宰一切的最高存在（耶和華），也不是後來加入了希臘哲學影響的
基督教神學中一神教的「神」。「天父」無非意指耶穌本人自由的純粹
道德的心靈包含的道，以及道與人、人與人之間的普遍傳通，這種傳
通可以總括為「愛與公義」。耶穌開始的宗教絲毫不夾雜歷史性信仰
所包含的荒誕性和奇異幻象，儘管他的門徒的回憶不乏神蹟和奇蹟的

---

三日又建造起來的，可以救自己罷。你如果是神的兒子，就從十字架上下來罷。』
祭司長和文士並長老，也是這樣戲弄他，說：『他救了別人，不能救自己。他是以
色列的王，現在可以從十字架上下來，我們就信他。他倚靠神，神若喜悅他，現
在可以救他。因為他曾說：我是神的兒子。』那和他同釘的強盜，也是這樣的譏誚
他。」

14　《馬可福音》(Mak 15:34)也記載：「申初的時候，耶穌大聲喊著說：『以羅伊，以
　　羅伊，拉馬撒巴各大尼。』翻出來，就是我的神，我的神，為什麼離棄我。」

15　勒南著，雷崧生譯：《耶穌傳》，頁145。

16　勒南著，雷崧生譯：《耶穌傳》，頁140。

17　勒南著，雷崧生譯：《耶穌傳》，頁138-139。

幻象，並且，耶穌的門徒以耶穌信之名建立的基督教會離開了耶穌開始的宗教，在歷史過程中漸行漸遠。或許我們可以稱耶穌開始的宗教為「耶穌教」，以區別於歷史性信仰的基督教。

在耶穌創闢性的宗教心靈裡，毫無疑問，「上帝」已不是其民族傳統中那位外在的、主宰一切的「神」（耶和華）。而毋寧說，耶穌開始了一個全新的宗教，其崇敬的對象（上帝）是人們的「父」，它以「愛與公義」引領普天下的兒女。「耶穌教」以耶穌在生的樣式為準，它沒有繁瑣的宗教儀式，沒有體系性的教會規章，沒有等級森嚴的教士制。更沒有與歷史性信仰伴隨而生的神秘經驗。[18]

## 第三節　耶穌用比喻方式宣道

《馬太福音》記載耶穌用比喻講許多道理。門徒問耶穌說：「對眾人講話，為什麼用比喻呢？」（Mat 13:10-11）耶穌給出的回答是：「所以我用比喻對他們講，是因他們看也看不見，聽也聽不見，也不明白。在他們身上，正應了以賽亞的預言，說：『你們聽是要聽見，卻不明白。看是要看見，卻不曉得。』因為這百姓油蒙了心，耳朵發沉，眼睛閉著。恐怕眼睛看見，耳朵聽見心裡明白，回轉過來，我就醫治他們。」（Mat 13:13-15）又，《馬太福音》說：「這都是耶穌用比喻對眾人說的話。若不用比喻，就不對他們說什麼。這是要應驗先知的話，說：『我要開口用比喻，把創世以來所隱藏的事發明出來。』」（Mat 13:34-35）

不必置疑，耶穌身處的猶太人社群裡，人們沒有奇蹟就不信，即

---

18 基督教教會的歷史中，有種種神秘主義的教派出現，流行著形形色色的神秘經驗，諸如：異象的經驗、冥想神的愛、甚至成為神的新娘、與神為一（成神論），等等。但諸如此類的神秘主義與耶穌教毫不相干。

便耶穌的門徒，也都深信奇蹟。四個為耶穌作傳的門徒都大肆渲染耶穌趕鬼、通神的奇蹟，讓現代人看來，耶穌成了一個古代的巫師。儘管如此，我們從福音書的記載中，仍然見到耶穌本人明白地譴責其身處的時代，他說：「這世代為什麼求神蹟呢。我實在告訴你們，沒有神蹟給這世代看。」（Mak 8:12）那個世代，民眾信耶穌，大多是因奇事神蹟而信，而不求明白耶穌宣講的道。

《馬太福音》記載：耶穌復活後，「十一個門徒往加利利去，到了耶穌約定的山上。他們見了耶穌就拜他。然而還有人疑惑。」（Mat 28:16-17）又，《馬可福音》記載：「在七日的第一日清早、耶穌復活了、就先向抹大拉的馬利亞顯現。」這事之後，耶穌又在兩個門徒的往鄉下去的路上「變了形象向他們顯現」。他們就去告訴其餘的門徒。其餘的門徒，也是不信。」「後來十一個門徒坐席的時候，耶穌向他們顯現，責備他們不信，心裡剛硬。因為他們不信那些在他復活以後看見他的人。」（Mak 16:9-13）《約翰福音》記載了同樣的事，其中記載門徒多馬的話不見於其他福音書。多馬說：「我非看見他手上的釘痕，用指頭探入那釘痕，又用手探入他的肋旁，我總不信。」（Jhn 20:25）過了八日，耶穌來站在門徒當中，對多馬說：「伸過你的指頭來，摸（摸原文作看）我的手。伸出你的手來，探入我的肋旁。不要疑惑，總要信。」（Jhn 20:27）又對他說：「你因看見了我纔信。那沒有看見就信的，有福了。」（Jhn 20:29）

耶穌用比喻給門徒講道理，他的門徒乃至後世的人究竟能否恰切地把握耶穌的本意呢？讓我們看看幾個福音書裡記述的著名比喻：

《馬太福音》記載耶穌說：「若是你的右眼叫你跌倒，就剜出來丟掉。寧可失去百體中的一體，不叫全身丟在地獄裡。若是右手叫你跌倒，就砍下來丟掉。寧可失去百體中的一體，不叫全身下入地獄。」（Mat 5:29-30）這是一個比喻，耶穌用以強調人的道德存心的

主宰地位。恐怕無理由解讀為耶穌主張人為了得上天國就要自斷肢體。如勒南引用耶穌這句話為證說：「在某一個時候，耶穌似乎主張人們為上帝之國而自斷肢體。」[19]

福音書記載耶穌採用比喻高揚「天父旨意」於倫常關係之上。《馬可福音》記載：有一次，耶穌正在圍著他的人群中講道，耶穌的母親和弟兄，來站在外邊。「有許多人在耶穌周圍坐著。他們就告訴他說：『看哪，你母親，和你弟兄，在外邊找你。』耶穌回答說：『誰是我的母親，誰是我的弟兄。』就四面觀看那周圍坐著的人，說：『看哪，我的母親，我的弟兄。凡遵行神旨意的人、就是我的弟兄姐妹和母親了。』」（Mak 3:31-35）又，《路加福音》記載：有一天，耶穌正在講道，「眾人中間，有一個女人大聲說：『懷你胎的和乳養你的有福了。』耶穌說：『是，卻還不如聽神之道而遵守的人有福。凡遵行神旨意的人，就是我的弟兄姐妹和母親了。』」（Luk 11:27-28）

勒南引用福音書以上兩則記載，判定耶穌「離棄常軌以遵循他的天授的使命」[20]，並遽下斷語，說：「不久，在他的無畏的反大自然的爭抗裡，他還要更前進些。」[21]他甚至說：「我們將看見他將把人類的一切——血統、愛情和祖國——都踐踏在他的腳下，而把靈魂和內心留給他認為是善與真之絕對形式的那個思想。」[22]依愚見，勒南看來只停留在耶穌宣道的話的表面字意，而並未能深入到耶穌所使用比喻要宣講的「道」。耶穌於一切人所習以為常的倫常關係之外，還要顯揚一種人們忽略的普世人相感通如兄弟手足，以共同的「天父」為大家庭的新世界、新秩序；此無疑是「理想」，然此理想是真實的，每

---

19 勒南著，雷崧生譯：《耶穌傳》，頁166。

20 勒南著，雷崧生譯：《耶穌傳》，頁23。

21 勒南著，雷崧生譯：《耶穌傳》，頁23。

22 勒南著，雷崧生譯：《耶穌傳》，頁23。

一個人以其理性皆可首肯的，值得被標舉為人類的終極目的。此「理想」是超越的，即同時內在於每一個人的道德稟賦中；而並非超絕的、反自然的。事實上，普世人相感通如一家，與人的倫常並行，並不相悖。此如儒家重五倫，同時言「天地萬物為一體」。耶穌本人也告誡人們當孝敬父母，《馬太福音》記載耶穌說：「神說：『當孝敬父母。』又說：『咒罵父母的、必治死他。』你們倒說：『無論何人對父母說：我所當奉給你的，已經作了供獻。他就可以不孝敬父母。』這就是你們藉著遺傳，廢了神的誡命。」（Mat 15:4-6）[23] 可見，以為耶穌主張廢棄親情，實在是曲解。

　　無疑，通過福音書，我們見到耶穌告誡人們要免於「世俗的顧慮」，從物欲束縛中掙脫出來。《馬太福音》記載耶穌說：

> 一個人不能事奉兩個主。不是惡這個愛那個，就是重這個輕那個。你們不能又事奉神，又事奉瑪門。〔瑪門是財利的意思〕所以我告訴你們，不要為生命憂慮，喫什麼，喝什麼。為身體憂慮穿什麼。生命不勝於飲食麼，身體不勝於衣裳麼。你們看那天上的飛鳥，也不種，也不收，也不積蓄在倉裡，你們的天父尚且養活他。你們不比飛鳥貴重得多麼。你們那一個能用思慮，使壽數多加一刻呢。〔或作：使身量多加一肘呢〕何必為衣裳憂慮呢。你想野地裡的百合花，怎麼長起來，它也不勞苦，也不紡線。然而我告訴你們，就是所羅門極榮華的時候，

---

23 耶穌臨終前吩咐他的弟子照顧他的母親。《約翰福音》記載：「站在耶穌十字架旁邊的，有他母親，與他母親的姊妹，並革羅罷的妻子馬利亞，和抹大拉的馬利亞。耶穌見母親和他所愛的那門徒站在旁邊，就對他母親說：『母親，〔原文作婦人〕看你的兒子。』又對那門徒說，看你的母親。從此那門徒就接她到自己家裡去了。」（Jhn 19:25-27）

他所穿戴的，還不如這花一朵呢。你們這小信的人哪，野地裡的草，今天還在，明天就丟在爐裡，神還給它這樣的妝飾，何況你們呢。所以不要憂慮，說：喫什麼、喝什麼、穿什麼。這都是外邦人所求的。你們需用的這一切東西，你們的天父是知道的。你們要先求他的國，和他的義，這些東西都要加給你們了。（Mat 6:24-33）[24]

多美的比喻呵！人固然不能免於世事的操勞，但人確實能保有道德的存心，以於物質生活的重壓和庸碌生活的煩心中取得心靈的平靜。人既事奉神，當然不能又事奉財利，以財利為主；但此乃心靈之事，並不意謂耶穌主張人類社會經濟要以共產為原則。[25]我們不必如勒南那樣據耶穌這個比喻，以為他「直往極端去，而打擊人類社會之主要條件」[26]。耶穌是人的道德心靈的導師，讓我們將社會學的、經濟學的問題歸於社會學家、經濟學家罷。

勒南還提到耶穌稱美一個財主管家的比喻。《路加福音》記載耶穌對門徒說：有一個財主的管家，「把欠他主人債的，一個一個的叫了來，問頭一個說：『你欠我主人多少。』他說：『一百簍油。〔每簍約五十斤〕』管家說：『拿你的帳快坐下寫五十。』又問一個說：『你欠多少。』他說：『一百石麥子。』管家說：『拿你的賬寫八十。』主人就誇獎這不義的管家作事聰明。我又告訴你們，要藉著那不義的錢財，結交朋友。到了錢財無用的時候，他們可以接你們到永存的帳幕裡去。」（Luk 16:5-9）這個比喻看來表達耶穌提醒人注意，不要只看

---

24 又見《路加福音》（Luk 12:22-31）。

25 勒南說：「耶穌的新社會也是以共產為原則。」（見勒南著，雷崧生譯：《耶穌傳》，頁94。）

26 勒南著，雷崧生譯：《耶穌傳》，頁95。

著錢財的用處，而忽略「錢財無用的時候」。但勒南據這個比喻發揮出許多想法。他說：「耶穌這瞭解神事多於俗事的還教訓著一種更奇特些的經濟政策。」[27]又說：「真的，窮人既是天國的分配者，只有曾賙濟窮人者，才能被許入天國。所以一個有辦法的想到未來的人，應當設法與窮人友善。」[28]我們並不能理解何以勒南會以為耶穌瞭解的更多是神事，儘管耶穌宣道的本務並不在俗事，而他真正耿耿於懷的是道德心靈之事。

儘管不必諱言，依福音書所述，耶穌許多教訓表現出他同情窮人，甚至時常詛咒富人。人們依此易於將一種劫富濟貧、讚揚貧窮的思想歸於耶穌，並時常被強調。勒南在他的著作中亦多次論及。他引錄《路加福音》一段記載：

> 有一個財主，穿著紫色袍和細麻布衣服，天天奢華宴樂。又有一個討飯的，名叫拉撒路，渾身生瘡，被人放在財主門口，要得財主桌子上掉下來的零碎充飢。並且狗來餂他的瘡。後來那討飯的死了，被天使帶去放在亞伯拉罕的懷裡。財主也死了，並且埋葬了。他在陰間受痛苦，舉目遠遠的望見亞伯拉罕，又望見拉撒路在他懷裡。就喊著說：我祖亞伯拉罕哪，可憐我罷，打發拉撒路來，用指頭尖蘸點水，涼涼我的舌頭，因為我在這火焰裡，極其痛苦。亞伯拉罕說：「兒呵，你該回想你生前享過福，拉撒路也受過苦。如今他在這裡得安慰，你倒受痛苦。」（Luk 16:19-25）

---

27 勒南著，雷崧生譯：《耶穌傳》，頁94。
28 勒南著，雷崧生譯：《耶穌傳》，頁94。

　　勒南以為上面那個比喻是「可怕的譬喻」。[29]他還引用了《馬太福音》上那段廣為流傳的話：「耶穌對門徒說：『我實在告訴你們，財主進天國是難的。我又告訴你們，駱駝穿過鍼的眼、比財主進神的國還容易呢。』」（Mat 19:23-25）他以為這是「一句可怕的話」。[30]不過，在筆者看來，這樣的比喻無非是警誡人們：切莫因財而忘義，須時刻保存道德的存心。這種警誡在原始思維主導民眾心理的古老時代，普遍流行，其恐嚇作用明顯有效。只是於現今文明社會，恐嚇作用不再，文明人恐怕不會因這種比喻而放棄財富，現代社會也不會以這種警誡為社會生活及經濟建構的原則。

　　勒南還引用了《馬太福音》上關於「天國」的比喻：「天國好像寶貝藏在地裡。人遇見了，就把他藏起來。歡歡喜喜的去變賣一切所有的，買這塊地。天國又好像買賣人，尋找好珠子。遇見一顆重價的珠子，就去變賣他一切所有的，買了這顆珠子。」（Mat 13:44-46）這明顯是兩個比喻，表達「天國」之價值高於世間一切財物、珍寶。但勒南卻作實看，據之以為耶穌主張「誰發現了上帝之國，便應當以他的整部財產去換取它」。[31]「愛好財產被視為一種罪惡。」[32]

　　福音書記載耶穌時常用比喻表達他的大事業與現存世界勢不兩立。撒旦統治世界，先知隨意被國王宰殺，[33]就如殺一隻羔羊。窮人

---

29　勒南著，雷崧生譯：《耶穌傳》，頁94。

30　勒南著，雷崧生譯：《耶穌傳》，頁95。

31　勒南著，雷崧生譯：《耶穌傳》，頁94。

32　勒南著，雷崧生譯：《耶穌傳》，頁166。

33　《馬太福音》記載：「起先希律為他兄弟腓力的妻子希羅底的緣故，把約翰拿住鎖在監裡。因為約翰曾對他說，你娶這婦人是不合理的。希律就想要殺他，只是怕百姓。因為他們以約翰為先知。到了希律的生日，希羅底的女兒，在眾人面前跳舞，使希律歡喜。希律就起誓，應許隨他所求的給他。女兒被母親所使，就說：『請把施洗約翰的頭，放在盤子裡，拿來給我。』王便憂愁，但因他所起的誓，又因同席的人，就吩咐給他。於是打發人去，在監裡斬了約翰。把頭放在盤子裡，拿來給了女

痛苦無告，義人被虐待。耶穌顯然被這一切刺激致狂怒了。《路加福音》記載耶穌呼喊：「耶路撒冷呵！耶路撒冷呵！你常殺害先知，又用石頭打死那奉差遣到你這裡來的人。我多次願意聚集你的兒女，好像母雞把小雞聚集在翅膀底下，只是你們不願意。」（Luk 13:34）他憤怒地詛咒：「看哪！你們的家成為荒場留給你們！」（Luk 13:35）他時時公開詛咒「又不信又悖謬的世代」（Mat 17:17）、「邪惡淫亂的世代」（Mat 16:4）。他的大事業（宣告上帝之國降臨）是來宣告這邪惡的世代結束。他採用比喻、預告，宣示著他的到來與悖謬、邪惡的世代水火不容。

《馬太福音》、《馬可福音》記載耶穌說：「弟兄要把弟兄，父親要把兒子，送到死地·兒女要與父母為敵，害死他們。並且你們要為我的名，被眾人恨惡，唯有忍耐到底的，必然得救。」（Mat 10:21-22）又，《馬太福音》記載耶穌說：「有人在這城裡逼迫你們，就逃到那城裡去。我實在告訴你們，以色列的城邑，你們還沒有走遍，人子就到了。」（Mat 10:23）又說：「你們不要想我來，是叫地上太平。我來，並不是叫地上太平，乃是叫地上動刀兵。因為我來，是叫人與父親生疏，女兒與母親生疏，媳婦與婆婆生疏。人的仇敵，就是自己家裡的人。」（Mat 10:34-36）《馬可福音》記載耶穌對門徒說：「但你們要謹慎·因為人要把你們交給公會，並且你們在會堂裡要受鞭打。又為我的緣故，站在諸侯與君王面前，對他們作見證。然而福音必須先傳給萬民。」（Mak 13:9-10）

依福音書所記載可見，耶穌強烈感覺到他及他宣講的道「不屬世界」。《約翰福音》記載耶穌對他的門徒說：「世人若恨你們，你們知

---

子。女子拿去給他母親。約翰的門徒來，把屍首領去，埋葬了。就去告訴耶穌。」（Mat 14:3-12）分封的王希律殺害先知施洗約翰的事，也記載於《馬可福音》（Mak 6:17-30）。

道〔或作該知道〕恨你們以先，已經恨我了。你們若屬世界，世界必愛屬自己的。只因你們不屬世界。乃是我從世界中揀選了你們，所以世界就恨你們。」（Jhn 15:18-19）筆者看來，耶穌的話表達出其存在之實感，但未知勒南何以會從中感覺到：「耶穌為這種可怕的狂熱之大潮所衝捲，為日益狂熱的說教之要求所指揮」[34]，「使他無時無刻地軼出人性之外。他的工作既然不是理智的之工作，而兒戲著一切人性之法則，他所最迫切地苛求著的便是『信心』。」[35]

　　《馬太福音》記載耶穌說：「不與我相合的，就是敵我的，不同我收聚的，就是分散的。」（Mat 12:30）在一些人看來或許覺得這樣一種不可抗拒的盛氣凌人與耶穌謙卑、溫柔的性情大為衝突。而於筆者看來，此正見出天下之道二：仁與不仁，義與不義。耶穌深知，他的大事業與邪惡的現實勢不兩立。無疑，耶穌既對邪惡的現實作大膽抗爭，我們不會懷疑耶穌準備好「以身殉道」，但勒南以為耶穌「故意地設計著使人殺他」，「一種奇特的追求虐待與苦刑的興趣深浸著他。」[36]那無疑是妄自臆測。

　　更廣為流傳的是福音書上記載「世界末日」的警世比喻。這些比喻在耶穌那個時代顯然極具阻嚇威力。《馬太福音》記載「田間稗子的比喻」：耶穌說：「有一個撒種的出去撒種。撒的時候，有落在路旁的，飛鳥來喫盡了。有落在土淺石頭地上的。土既不深，發苗最快。日頭出來一曬，因為沒有根，就枯乾了。有落在荊棘裡的。荊棘長起來，把他擠住了。又有落在好土裡的，就結實，有一百倍的，有六十

---

34 勒南著，雷崧生譯：《耶穌傳》，頁172。

35 勒南著，雷崧生譯：《耶穌傳》，頁172。

36 勒南說：「有時候，我們幾乎相信：他（耶穌）認為他自己的死是建設天國的一種方法，而他故意地設計著使人殺他。有時候，——雖然這種思想到以後才被立為教義——他覺得以身殉道是一種祭禮，可以平息他的天父之怒而拯救人類。」（勒南著，雷崧生譯：《耶穌傳》，頁171。）

倍的，有三十倍的。」（Mat 13:3-8）又說：「所以你們當聽這撒種的
比喻。凡聽見天國道理不明白的，那惡者就來，把所撒在他心裡的，
奪了去。這就是撒在路旁的了。撒在石頭地上的，就是人聽了道，當
下歡喜領受。只因心裡沒有根，不過是暫時的。及至為道遭了患難，
或是受了逼迫，立刻就跌倒了。撒在荊棘裡的，就是人聽了道，後來
有世上的思慮，錢財的迷惑，把道擠住了，不能結實。撒在好地上
的，就是人聽道明白了，後來結實，有一百倍的，有六十倍的，有三
十倍的。」（Mat 13:18-23）耶穌的門徒不明白，就請他把田間稗子的
比喻講解給他們聽。耶穌回答說：

> 那撒好種的，就是人子。田地，就是世界。好種，就是天國之
> 子。稗子，就是那惡者之子。撒稗子的仇敵，就是魔鬼。收
> 割的時候，就是世界的末了。收割的人就是天使。將稗子薅出
> 來，用火焚燒。世界的末了，也要如此。人子要差遣使者，把
> 一切叫人跌倒的，和作惡的，從他國裡挑出來，丟在火爐裡。
> 在那裡必要哀哭切齒了。那時義人在他們父的國裡，要發出光
> 來，像太陽一樣。有耳可聽的，就應當聽。（Mat 13:37-43）

又說：

> 天國又好像網撒在海裡，聚攏各樣水族。網既滿了，人就拉上
> 岸來坐下，揀好的收在器具裡，將不好的丟棄了。世界的末
> 了，也要這樣。天使要出來從義人中，把惡人分別出來，丟在
> 火爐裡。在那裡必要哀哭切齒了。（Mat 13:47-50）

世界的末了，惡人要被丟在火爐裡，在那裡哀哭切齒。不好的要

被丟棄。叫人跌倒的，和作惡的，就像稗子被薅出來，用火焚燒。這是一個關於「世界末日」的比喻。人們不必否定，這個「世界末日」的比喻在耶穌的宣道中起過重要作用。但正如勒南說：「這種學說如果從字面上去解釋，顯明地是無未來的。世界之固執地持續下去，使它的預言無法效驗。」[37]不過，人們不必將「世界末日」的比喻作為耶穌對世界未來預測的學說，而恰切地把它理解為善的原則戰勝惡的原則的預告。無論這時刻什麼時候到來。明乎此，勒南恐怕不應說：「約翰死後，或者親炙過耶穌的那群人中的最後一人去世以後，耶穌的說教便被深信為狂語。如果耶穌的學說只是世界將終結的信仰，那麼，這學說無疑地早就沉睡在遺忘裡。」[38]

勒南提到：基督教的第一代曾有過的持久信仰，「那便是世界之將盡和耶穌的大『啟示』之即將實現。」[39]他指出：《啟示錄》開篇與終篇都宣示：「日期近了。」[40]「《啟示錄》作於西曆六十八年，算定這終限為三年半。」[41]但如勒南也注意到，耶穌本人不曾輕作肯定。當人們問這日子究竟何時到來，耶穌回答：「但那日子，那時辰，沒有人知道，連天上的使者也不知道，子也不知道，唯獨父知道。」（Mat 24:36）現在，人們恐怕不會將「世界末日」之啟示作為必將實現的預測，但是，相信耶穌關於「世界末日」之比喻仍有其善對惡抗爭的警世作用。

福音書上記載「世界末日」到來的預兆。《馬太福音》記載門徒請耶穌告訴他們，世界的末了有什麼預兆。耶穌回答說：

---

37　勒南著，雷崧生譯：《耶穌傳》，頁151。

38　勒南著，雷崧生譯：《耶穌傳》，頁151。

39　勒南著，雷崧生譯：《耶穌傳》，頁148。

40　勒南著，雷崧生譯：《耶穌傳》，頁148。

41　勒南著，雷崧生譯：《耶穌傳》，頁148-149。

你們要謹慎，免得有人迷惑你們。因為將來有好些人冒我的名來，說：我是基督，並且要迷惑許多人。你們也要聽見打仗和打仗的風聲，總不要驚慌。因為這些事是必須有的。只是末期還沒有到。民要攻打民，國要攻打國。多處必有饑荒、地震。這都是災難的起頭。〔災難：原文作生產之難〕那時，人要把你們陷在患難裡，也要殺害你們。你們又要為我的名，被萬民恨惡。那時，必有許多人跌倒，也要彼此陷害，彼此恨惡。且有好些假先知起來，迷惑多人。只因不法的事增多，許多人的愛心，纔漸漸冷淡了。唯有忍耐到底的，必然得救。這天國的福音，要傳遍天下，對萬民作見證，然後末期纔來到。（Mat 24:4-14）

又說：

閃電從東邊發出，直照到西邊。人子降臨，也要這樣。屍首在那裡，鷹也必聚在那裡。那些日子的災難一過去，日頭就變黑了，月亮也不放光，眾星要從天上墜落，天勢都要震動。那時，人子的兆頭要顯在天上，地上的萬族都要哀哭，他們要看見人子，有能力，有大榮耀，駕著天上的雲降臨。他要差遣使者，用號筒的大聲，將他的選民，從四方〔方：原文作風〕，從天這邊，到天那邊，都招聚了來。（Mat 24:27-31）

誠然，「世界末日」之說在現代人看來只不過是形形色色歷史中有過的傳說中的一種。然愚意以為，福音書中描述的「世界末日」之預兆，包含著深邃的寓意：善的原則戰勝惡的原則的那一天終究要到來，那日子到來之時，天國的福音必定已傳遍天下，並且，那日子之

到來必伴隨大災難。福音書還描述那日子到來之時，「人子坐在那權能者的右邊，駕著天上的雲降臨」，人子坐在他榮耀的寶座上，門徒也坐在十二個寶座上。《馬太福音》記載：「那時，人子的兆頭要顯在天上，地上的萬族都要哀哭。他們要看見人子，有能力，有大榮耀，駕著天上的雲降臨。」（Mat 24:30）又記載耶穌對大祭司說：「我告訴你們，後來你們要看見人子，坐在那權能者的右邊，駕著天上的雲降臨。」（Mat 26:64）又記載耶穌對門徒說：「到復興的時候，人子坐在他榮耀的寶座上，你們也要坐在十二個寶座上，審判以色列十二個支派。」（Mat 19:28）

　　福音書中描述的「世界末日」：先有大災難，隨後是「復興」：「人子坐在那權能者的右邊，駕著天上的雲降臨」，十二門徒坐在他旁邊的十二個寶座上。《馬太福音》記載耶穌說：「我實在告訴你們，你們這跟從我的人，到復興的時候，人子坐在他榮耀的寶座上，你們也要坐在十二個寶座上，審判以色列十二個支派。凡為我的名撇下房屋，或是弟兄、姐妹、父親、母親、〔有古卷添妻子〕兒女、田地的，必要得著百倍，並且承受永生。」（Mat 19:28-29）又，《路加福音》記載耶穌說：「我將國賜給你們，正如我父賜給我一樣。叫你們在我國裡，坐在我的席上喫喝。並且坐在寶座上，審判以色列十二個支派。」（Luk 22:29-30）

　　福音書描述「世界末日」必有大審判。《馬太福音》記載耶穌說：「我又告訴你們，凡人所說的閒話，當審判的日子，必要句句供出來。因為要憑你的話，定你為義，也要憑你的話，定你有罪。」（Mat 12:36-37）又說：「當審判的時候，尼尼微人，要起來定這世代的罪，因為尼尼微人聽了約拿所傳的，就悔改了。」（Mat 12:41）《約翰福音》記載耶穌說：「我的審判也是公平的。因為我不求自己的意思，只求那差我來者的意思。」（Jhn 5:30）耶穌曾說：「若有人聽見

我的話不遵守，我不審判他。我來本不是要審判世界，乃是要拯救世界。」（Jhn 12:47）「因為神差他的兒子降世，不是要定世人的罪，〔或作審判世人，下同〕乃是要叫世人因他得救。」（Jhn 3:17）儘管耶穌曾說：人子和十二門徒坐在寶座上進行審判。但他明白表示，審判人的是「道」。審判只求上帝（那差我來者）的意思。他說：「棄絕我不領受我話的人，有審判他的。就是我所講的道，在末日要審判他。」（Jhn 12:48）「我的審判也是公平的。因為我不求自己的意思，只求那差我來者的意思。」（Jhn 5:30）世人被定罪，是因他們愛黑暗，他們自己的行為是惡的。耶穌說：「光來到世間，世人因自己的行為是惡的，不愛光倒愛黑暗，定他們的罪就是在此。」（Jhn 3:19）又說：「凡在這淫亂罪惡的世代，把我和我的道當作可恥的，人子在他父的榮耀裡，同聖天使降臨的時候，也要把那人當作可恥的。」（Mak 8:38）

　　依福音書所述，末日審判開始，在世上受苦的人，行善的人復活上天國，在世上享福的人，作惡的人復活定罪在陰間受痛苦，在地獄的火裡切齒哀哭。《約翰福音》記載耶穌說：「行善的復活得生，作惡的復活定罪。」（Jhn 5:29）在末日上帝叫信耶穌的人復活得永生，人復活像天上的使者一樣。[42]《馬可福音》記載耶穌說：「人從死裡復活，也不娶，也不嫁，乃像天上的使者一樣。」（Mak 12:25）關於復活定罪下地獄的人，《路加福音》記載了耶穌所講的一個比喻：有一個財主，天天奢華宴樂。又有一個討飯的，被人放在財主門口。「後來那討飯的死了，被天使帶去放在亞伯拉罕的懷裡。」而財主死後

---

[42] 《約翰福音》記載耶穌說：「差我來者的意思，就是他所賜給我的，叫我一個也不失落，在末日卻叫他復活。因為我父的意思，是叫一切見子而信的人得永生。並且在末日我要叫他復活。」（Jhn 6:39-40）又說：「若不是差我來的父吸引人，就沒有能到我這裡來的。到我這裡來的，在末日我要叫他復活。」（Jhn 6:44）

「在陰間受痛苦」。他喊著說：「我祖亞伯拉罕哪，可憐我罷，打發拉撒路來，用指頭尖蘸點水，涼涼我的舌頭。因為我在這火焰裡，極其痛苦。亞伯拉罕說：「兒呵！你該回想你生前享過福，拉撒路也受過苦。如今他在這裡得安慰，你倒受痛苦。」（Luk 16:19-25）

　　以上福音書中描述的「世界末日」，勒南在《耶穌傳》中有所論及。他將這些描述著實看，視之為「耶穌之啟示思想」[43]，他指出：福音書中「死者復活的教義」可見耶穌整個地接受了「啟示教派的信仰」。[44]他說：「我們可以看出這些學理中並無絕對新奇之物。福音與使徒的著作裡所包含的啟示學說，都不多不少地可以溯源於猶太教的《但尼爾書》、《伊諾書》、《神旨巫言》與《摩西升天記》裡找到。耶穌採用了這些同時人業已普遍接受的思想。」[45]不過，勒南終究公正地看到：「耶穌以建設人類之新狀態為己任，而不僅是預備現存狀態之終結。」[46]他呼籲說：「讓我們原諒他曾希望過虛無的啟示罷，讓我們原諒他曾希望過駕天雲冉冉而來，獲取大勝利罷。這也許無寧是別人的錯誤而不是他的。」[47]他甚至以為耶穌的幻夢「加強了他對死亡之拒抗，支持了他的爭鬥」，他說：「沒有這幻夢，他也許根本不能作這個爭鬥，──那麼，縱令他真曾和大家一樣地有過那種幻想，那又有什麼關係呢？」[48]

　　勒南以為耶穌若沒有那「大啟示」的幻夢，也許根本不能作他所作的那些爭鬥。看來只是他片面的猜想，事實上，一個新的人與新的世界（按上帝的意旨，即按普遍的人類意志）在地上實現才堪稱為耶

---

43　勒南著，雷崧生譯：《耶穌傳》，頁147。
44　勒南著，雷崧生譯：《耶穌傳》，頁150。
45　勒南著，雷崧生譯：《耶穌傳》，頁150-151。
46　勒南著，雷崧生譯：《耶穌傳》，頁152。
47　勒南著，雷崧生譯：《耶穌傳》，頁152。
48　勒南著，雷崧生譯：《耶穌傳》，頁152。

穌的理想與信仰。耶穌關於「世界末日」及「大啟示」的宣講只能視
之為「比喻」，而不能看作幻夢。「比喻」所起到的是激勵士氣的作
用。至於勒南還認為：「基督教的第一代曾有過什麼深邃而持久的信
仰，那便是世界之將盡和耶穌的大『啟示』之即將實現」。[49]我們得承
認，我們無證明否認支撐耶穌十二門徒的信仰就只是「世界末日」及
「大啟示」之幻夢。勒南表示：「我們可以在當時的著作裡極顯明地
看出：耶穌自己和他的弟子們常常給這一切以字面上的意義。」[50]在
他的《耶穌傳》中甚至寫到：「因為在天國裡，一切門徒都會坐在大
師左右的皇座上，去審判以色列的十二部落。於是大家自問著：那時
候，誰將是人子之第一大臣和助手，坐在和他最近的皇座上呢？」[51]
勒南還談到：「西庇太之兩子熱望著能夠取得這種地位」，他們慫恿母
親去向耶穌請求把大師左右的榮譽座給他的兩子。[52]我們見到《馬太
福音》記載彼得問耶穌，說：「我們已經撇下所有的跟從你、將來我
們要得什麼呢？」（Mat 19:27）耶穌說：「我實在告訴你們，你們這跟
從我的人，到復興的時候，人子坐在他榮耀的寶座上，你們也要坐在
十二個寶座上，審判以色列十二個支派。」（Mat 19:28）並許諾他們
得「永生」。（Mat 19:29）或許這些記載會讓人想到耶穌「大啟示」的
預告支撐著第一代基督徒。

　　依勒南的見解，第一代基督徒的堅貞歸因於他們的單純，輕信，
未被文明沾染。依勒南在《耶穌傳》第九章「耶穌之門徒」中所述，
耶穌之門徒除加略人猶大，都是迦利理人。在這勒南稱之為「地上的
天堂」的土地上，「許多漁夫之家庭，構成了一個和藹而寧靜的社

---

49 勒南著，雷崧生譯：《耶穌傳》，頁148。
50 勒南著，雷崧生譯：《耶穌傳》，頁148。
51 勒南著，雷崧生譯：《耶穌傳》，頁86。
52 勒南著，雷崧生譯：《耶穌傳》，頁86。

會」，[53]文明「還不曾被傳布到他們這裡」，這裡漁夫的不太忙碌的生活「給他們以從事幻想之充分的閒暇」。[54]依這種看法，勒南得出結論說：「在這些好人的小群裡，找到比在任何其他地方更大的信仰」，「在這裡，耶穌找到了他的真正的家庭。」[55]勒南甚至說：「耶穌之獲得這許多友誼，一部份是得力於他的相貌和口才之無限的美。」[56]看來，勒南十分看重耶穌門徒的單純、無知，以及誠懇、熱情，耶穌的愛，以及門徒的依戀耶穌，熱愛耶穌，在勒南看來，支撐耶穌的門徒追隨耶穌的是「依戀」與「熱愛」。[57]

　　誠然，即使我們不必相信那種特別強調第一代基督徒對信仰的堅貞源自「依戀」與「熱愛」的說法，但我們看來也找不到文獻上的證據，耶穌之門徒除了熱愛耶穌，信耶穌是「基督」、「上帝之子」之外，還抱持著道德的信仰。事實上，從福音書所載來看，耶穌的門徒及追隨者信誓旦旦的都只是「信你是基督，是神的兒子」[58]、「知道你是神的聖者」、「你有永生之道。」[59]耶穌吸引信徒，時常是對他們允

---

53　勒南著，雷崧生譯：《耶穌傳》，頁81。

54　勒南著，雷崧生譯：《耶穌傳》，頁81。

55　勒南著，雷崧生譯：《耶穌傳》，頁81。

56　勒南著，雷崧生譯：《耶穌傳》，頁88。

57　勒南提到：「婦人們總是熱烈地歡迎耶穌的。他對於她們的那種恂恂的態度，使兩性在思想上有一種愜意的伴侶關係。」（氏著《耶穌傳》，頁82）「三四個忠實的迦利理婦人常常陪伴著這年青的導師，互相爭奪著傾聽他的快樂，而輪流地照應他。……其他許多未被知道的婦人，不斷地追隨著耶穌而服侍他。有幾個婦人是有錢的；她們把自己財富獻給耶穌，使他不必操執他向來從事的手藝而能夠生活。」（同前揭書，頁83）

58　《約翰福音》（Jhn 11:17-27）記載：馬大的弟弟死了，耶穌對她說：「復活在我，生命也在我。信我的人，雖然死了，也必復活。凡活著信我的人，必永遠不死。你信這話麼。」馬大說：「主呵！是的，我信你是基督，是神的兒子，就是那要臨到世界的。」

59　《約翰福音》（Jhn 11:17-27）記載：耶穌在迦百農會堂裡教訓人說：「喫我肉喝我血的人，常在我裡面，我也常在他裡面。」（Jhn 6:56）「他的門徒中有好些人聽見

諾說：「凡活著信我的人，必永遠不死。」（Jhn 11:26）「信我的人，雖然死了，也必復活。」（Jhn 11:25）「信而受洗的必然得救。不信的必被定罪。」（Mak 16:16）讓人看來，人們信耶穌是為著得「永生」，避免定罪下地獄。事實上，直接今天，基督徒勸人入教，通常的說詞離不開：信耶穌上天堂，得永生；不信耶穌下地獄。

　　如康德說：「我們也就始終不知道，基督教的學說對它的教徒的道德造成了什麼樣的影響，最初的基督徒是否確實是道德上改善了的人（moralischgebesserte Menschen），還是依然為普普通通的人。」（Rel 6:130）勒南在《耶穌傳》一書中也表達過這樣的想法，他說：「我們從耶穌史到史徒史時，體驗到一種難受的下墜之感。」[60]他批評福音書的作者，說：「他們因為不能達到耶穌的高度，而不斷地改變了耶穌的真面目。他們的記載充滿著錯誤與矛盾。」[61]他嚴厲地指責，說：「總之，耶穌的性格遠不曾為他的傳記者所美化，反被他們所低抑。……他們依照自己的想像去描摹他，常常以為在偉大化他，事實上卻把他渺小化了。」[62]筆者同意勒南的呼籲：「我們別說建立基督教之光榮，應當屬於初期基督教徒的全體，而不屬於神話所尊為神的耶穌。」[63]不過，人們豈不可說，第一代基督徒對承擔耶穌的大事業而表現出的驚天動地的堅忍與犧牲，本身不就是道德的表現嚜?!

---

了，就說：『這話甚難，誰能聽呢。』」（Jhn 6:60）「從此他門徒中多有退去的，不再和他同行。」（Jhn 6:66）「耶穌就對那十二個門徒說：『你們也要去麼。』西門彼得回答說：『主呵！你有永生之道，我們還歸從誰呢。我們已經信了，又知道你是神的聖者。』」（Jhn 6:69）

60 勒南著，雷崧生譯：《耶穌傳》，頁241。依勒南的看法，「聖保羅還不夠與耶穌比媲；至於聖約翰呢，在《啟示錄》裡，他只是從耶穌的詩歌性吸取靈感。」

61 勒南著，雷崧生譯：《耶穌傳》，頁241。

62 勒南著，雷崧生譯：《耶穌傳》，頁241。

63 勒南著，雷崧生譯：《耶穌傳》，頁240。

　　勒南表達出這樣的看法：耶穌的傑作是：「使自己被愛，『以致在他死後人們還繼續地愛他。』」[64]他說：「耶穌的主要工作是在他自己的四周造成一圈弟子們：他引起了弟子們對於他的無限依戀，而在弟子們的心裡種植了他的學說之胚珠。」他甚至說：「一個人之成為耶穌的弟子，不是在信仰這點或那點，而是在依戀耶穌，熱愛耶穌。」[65]儘管我們不能否認，從福音書的記載，我們看到耶穌與門徒之間的愛，尤其以《約翰福音》的記載令人特別注目。

　　《馬太福音》記載耶穌說：「愛父母過於愛我的，不配作我的門徒，愛兒女過於愛我的，不配作我的門徒。」（Mat 10:37）《約翰福音》記載：「耶穌說：『倘若神是你們的父，你們就必愛我。』」（Jhn 8:42）又記載耶穌說：「我愛你們，正如父愛我一樣。你們要常在我的愛裡。你們若遵守我的命令，就常在我的愛裡。正如我遵守了我父的命令，常在他的愛裡。……你們要彼此相愛，像我愛你們一樣，這就是我的命令。人為朋友捨命，人的愛心沒有比這個大的。」（Jhn 15:9-13）「我這樣吩咐你們，是要叫你們彼此相愛。」（Jhn 15:17）[66]《約翰福音》特別記載，耶穌從死裡復活以後，第三次向門徒顯現時，三次問西門彼得：「約翰的兒子西門，你愛我嗎？」彼得說：「主呵，是的。你知道我愛你。」（Jhn 21:14-17）

　　我們不必懷疑，耶穌的親炙弟子，若無對耶穌的熱愛，很難解釋

---

64 勒南著，雷崧生譯：《耶穌傳》，頁236。

65 勒南著，雷崧生譯：《耶穌傳》，頁237。

66 又，《馬太福音》記載：「這是要應驗先知以賽亞的話，說：『看哪，我所揀選，所親愛，心裡所喜悅的，我的僕人，我要將我的靈賜給他，他必將公理傳給外邦。』」（Mat 12:17-18）《約翰福音》記載：「有一個門徒，是耶穌所愛的，側身挨近耶穌的懷裡。」（Jhn 13:23）「耶穌素來愛馬大，和他妹子，並拉撒路。」（Jhn 11:5）「逾越節以前，耶穌知道自己離世歸父的時候到了。他既然愛世間屬自己的人，就愛他們到底。」（Jhn 13:1）

他們何以在耶穌離開他們之後能持久地接續耶穌的事業。我們可以相信，他們為愛耶穌而捨命。但第一代使徒辭世後，這種「熱愛」又是如何延續的呢？畢竟「愛」是不能命令的。從第一代使徒辭世，到基督教成為羅馬國教，三個世紀基督徒為信仰耶穌經歷曠世的磨難，幾乎是寂寂無聞地遭受著無盡頭的慘烈的酷刑摧殘，信徒堅貞的信心之力量何在？我們只能指明：耶穌自身顯明其為「德性圓滿的原型」（「上帝所喜悅的人」之典範）彰顯著人的神聖性，於任何時代任何地方挑戰著世俗的平庸，它正是人世間不可戰勝的「善」的力量與永恆的根。

即便我們相信如勒南認為，耶穌「使自己被愛」，「以致在他死後人們還繼續地愛他」，並且有理由相信，耶穌的親炙弟子並未能達到耶穌的高度，對耶穌採用的比喻一知半解，甚至於耶穌的信仰並無深入的認識。然筆者仍然可肯斷：耶穌所彰顯的人的神聖性，不會因為遭受其親炙弟子的誤解，乃至經歷漫長的基督教教會的歧出所淹沒。無論時代接受它，或是拒絕它，甚至是打擊它，它都是歷久長存的。

勒南毫不掩飾地指出耶穌的「世界末日」及「大啟示」之幻夢，將之歸因於「耶穌對於自己的絕對的確信」之狂熱。他說：「信仰在自己所確信的對象之利益而外，不知道別的法律。」[67]只要信仰所追求的目的是「絕對神聖的」，「誰用人類之幻想以抓住人類，而設法與人類對人類有所作為，也不應當被責怪。」[68]勒南歸咎於耶穌身處的社會「天真而輕信，在那裡產生了統治著許多世紀的信仰」，他斷言：「一切大事業是人民完成的，但是誰欲領導人民，必得徇從他們的思想。」[69]又說：「任何大事業無不建立在神話上。這種情形裡的唯

---

67 勒南著，雷崧生譯：《耶穌傳》，頁137。
68 勒南著，雷崧生譯：《耶穌傳》，頁137。
69 勒南著，雷崧生譯：《耶穌傳》，頁137。

一的罪人是願意被欺的人類。」[70]勒南甚至談到耶穌使用計策獲得友誼，折服人跟隨他。在《耶穌傳》「耶穌之門徒」那一章末尾，他說：「耶穌之獲得這許多友誼，一部份是得力於他的相貌和口才之無限的美。……有時候，耶穌使用著一個天真的計策，……。他想折服某人時，他裝作知道了那人一點私隱，或他向那人提醒一件打入心坎的事情。據說他曾用這種方法感動過拿但業、彼得和那撒瑪利亞婦人。」[71]「他故意使人相信，自天而降的啟示始他發覺了各種秘密」，使大家相信：「在他獨居的時候，天使飛來向他致敬，而在他與上蒼之間，維持著一種靈異的交通。」[72]無疑，勒南以上所述都是可以從福音書找到支持的。或許勒南說得沒錯，耶穌身處的社會「天真而輕信」，若耶穌未曾使用那些計策，他就會像其他先知那樣，充其量成為一個倫理學家。勒南強調：「因為一切思想，為著成功，必須作種種犧牲。從生死之決鬥裡出來，誰也不能清白無玷。」為著「在人群裡成功」，「較不純潔的路徑常被遵循著。」[73]他詰問：「沒有奇蹟，它能征服世界嗎？」[74]甚至斷言：「這樣，他在上帝的眼睛裡雖然會偉大些，可是人群不會知道他的存在。他會消失在無數大靈魂，無數最好的靈魂裡。」[75]

　　但如勒南恰切地指出：一個單純的幻夢家，「一個純粹的巫者決不會引起像耶穌所引起的道德革命。如果顯奇蹟者的耶穌果曾壓倒了倫理學家和宗教改革者的耶穌，那麼，他應當只創立一種通神術，而

---

70　勒南著，雷崧生譯：《耶穌傳》，頁137。

71　勒南著，雷崧生譯：《耶穌傳》，頁88。

72　勒南著，雷崧生譯：《耶穌傳》，頁88。

73　勒南著，雷崧生譯：《耶穌傳》，頁50。

74　勒南著，雷崧生譯：《耶穌傳》，頁50。

75　勒南著，雷崧生譯：《耶穌傳》，頁50。

不是基督教。」[76]他公正地批評：「十八世紀的自然神論與某一派的耶穌教，已使我們慣把基督教之始祖只當成一個大倫理學家，一個人類之施恩者。我們在福音裡，除一些好格言外，不見其他。」[77]直至今天，許多基督教教徒仍然只停在耶穌釘十字架為人類贖罪的教會宣傳的流行說法來評價耶穌的大事業。但事實上，耶穌對人類之貢獻豈是依據基督教「原罪」說才成立的贖罪說能彰顯的呢？

勒南毫不容情地批評耶穌的顯神蹟、為吸引信徒而採用計策，以及指責耶穌的「世界末日」及「大啟示」之說為狂熱的幻夢，他稱耶穌的大事業為「信心時代之奇妙的創作」，[78]他認為「除開他對於他的左右所能激發的熱情而外」，「我們對於耶穌毫無所知」。[79]甚至說：「他（耶穌）向願意追隨他的人預告著大虐殺和人類之恨惡。〔……〕。他甚至於消滅了肉的存在。他的苛求已成為無限制的。他忽視了人性之健全的界限，他要別人純粹地為他生活；他要別人除愛他以外，不得再愛第二人。」[80]勒南認為這清晰地說明了一種「向大自然的挑戰態度」[81]，他斷言：「這時候，他（耶穌）的說教包含著一種超人性的奇特的成分。」[82]

因為勒南注目於他以為的耶穌說教包含一種超人性的奇特的成分，他也就認為耶穌的道德體系是「狂熱」的，他說：「這狂熱的道德體系既然用一種言過其實而強烈可怕的語句表現著自己，它會產生一種威脅未來的大危險。它太使人脫離大地，便擊碎了生活。」他甚

---

76 勒南著，雷崧生譯：《耶穌傳》，頁144。

77 勒南著，雷崧生譯：《耶穌傳》，頁68。

78 勒南著，雷崧生譯：《耶穌傳》，頁239。

79 勒南著，雷崧生譯：《耶穌傳》，頁239。

80 勒南著，雷崧生譯：《耶穌傳》，頁168。

81 勒南著，雷崧生譯：《耶穌傳》，頁169。

82 勒南著，雷崧生譯：《耶穌傳》，頁168。

至斷言：「這道德體系是為著危機時候而定的，如果被搬到一個平靜的狀態上，搬在一個自信有未來的社會裡，似乎應當不能再存在。」[83]勒南將這種他認為「狂熱的道德體系」歸於耶穌的晚年，而與耶穌初期「上帝天父」思想的「可讚美的道德體系」[84]區分開。

　　不過，勒南也並非要據之抹殺掉耶穌大事業的崇高性與神聖性。他說：「耶穌思想裡所包含的真理成分，壓倒了遮暗它的幻想。」並表明：「啟示錄之固執的信徒」，「引起著一種奇特的緊張性，使真正的基督徒成為與現世爭鬥的勇士。」[85]勒南肯定：「耶穌不僅是一個古宗教之改革者，他還是人類之永恆宗教的創始人。」[86]他「決定了基督教的未來」，「劃定了精神界與世俗界之鴻溝，建立了真自由和真文化之基石。」[87]無疑，勒南是對的。事實上，耶穌跟猶太先知前輩們根本不同，他創立的「內心的宗教」[88]，跟猶太教徹底不同，它不再限於一個與上帝有盟約的民族，它是為普天下人而創立的。

　　儘管勒南對於耶穌的「世界末日」及「大啟示」之說抱有其個人的見解，並認為耶穌晚年的說教包含「狂熱的道德體系」，「成為一切世俗的發展之大障礙。」[89]但他仍然將耶穌置於「人類偉大性之最高峰」[90]。他說：「耶穌是無儔倫的。他的光榮仍然是整個的，而永遠更新著。」[91]又說：「耶穌對人類永遠是一個取之不竭的道德復興之元

---

83　勒南著，雷崧生譯：《耶穌傳》，頁170。

84　勒南著，雷崧生譯：《耶穌傳》，頁43。關於這個「可讚美的道德體系」，勒南說：「耶穌的道德體系是一個曾生存過而還要生存的世界之道德體系。」（前揭書，頁44）

85　勒南著，雷崧生譯：《耶穌傳》，頁154。

86　勒南著，雷崧生譯：《耶穌傳》，頁179。

87　勒南著，雷崧生譯：《耶穌傳》，頁188。

88　勒南著，雷崧生譯：《耶穌傳》，頁123。勒南說：「耶穌只追求著內心之宗教；而法利賽教派之宗教卻單純地是儀式之遵守。」（同前揭書，頁178）

89　勒南著，雷崧生譯：《耶穌傳》，頁154。

90　勒南著，雷崧生譯：《耶穌傳》，頁240。

91　勒南著，雷崧生譯：《耶穌傳》，頁51。

素。」他還標舉耶穌是「人類之永恆宗教的創始人」。[92]他說：「耶穌的宗教是最後的宗教。」[93]「它從出生時起，就已免去了一切教義的束縛」，[94]又說：「這是無儀式無廟宇無教士的純粹宗教，這是對於世界的道德的審判權，被賦予給正直者之良心和民眾之右臂的。」[95]

## 第四節　康德的詮釋——耶穌為人的意志自由作證

上節討論到勒南對耶穌的評論。勒南的《耶穌傳》無疑給基督教傳統帶來了震撼性的衝擊，對於那些只以天堂與地獄來利誘、恐嚇人的傳教士，以及固守著教會的歷史性規章、森嚴的教士制、煩瑣的外表的宗教儀式，只著眼於求上帝恩典的祈禱、妄想神蹟降臨的形形色色偽事奉的基督教徒，它難道真的不會帶來足以令人徹底反思的震撼？

勒南——一位生於一八二三年，死於一八九二年的法國人。他的《耶穌傳》於一八六三年初版，「在歐洲思想界掀動極大之風潮。法蘭西學院曾一度取消其教授資格。」[96]《耶穌傳》破除了基督教傳統中關於耶穌之神話，將福音書中耶穌之神蹟奇事判為「天真的詐術」，[97]把耶穌關於「世界末日」及「大啟示」的宣講視為幻夢，「用人類之幻想以抓住人類」[98]。無疑，《耶穌傳》是歐洲啟蒙運動的果實。不過，愚意以為，那場啟蒙運動高揚的人類「理性」只是技術的理性，即實質上只停在「知性」，而沒有達到康德批判哲學揭示的道

---

92 勒南著，雷崧生譯：《耶穌傳》，頁179。

93 勒南著，雷崧生譯：《耶穌傳》，頁237。

94 勒南著，雷崧生譯：《耶穌傳》，頁237。

95 勒南著，雷崧生譯：《耶穌傳》，頁237。

96 勒南著，雷崧生譯：《耶穌傳》，初版序。

97 勒南著，雷崧生譯：《耶穌傳》，頁129。

98 勒南著，雷崧生譯：《耶穌傳》，頁137。

德的理性（實踐的理性）之高度。康德的批判哲學超越他身處的時代之啟蒙，他提出的是真正的理性啟蒙；體現在宗教方面，康德的批判哲學不僅僅針對基督教的神學，更根本的是要顛覆其律法主義的意志他律的道德體系。

勒南雖在康德之後，但他像絕大多數的思想家、哲學家，遠未能接上康德批判哲學的最高洞識——意志自由。基於人的意志自由，確立意志自律的道德體系，據之伸展至唯一的真正的宗教。離開康德經由對人類心靈機能作出通貫整全的批判考察而確立的「意志自由」，就沒有純粹理性的宗教，即道德的宗教可言。

耶穌的永恆地在人類中起作用的力量何在？耶穌創立的宗教的真正根基何在？就在「意志自由」。我們可以指出，其實，康德對傳統神學的顛覆，其憑依源自耶穌。我們有根據指出，康德石破天驚之舉，實啟發自耶穌。事實上，只要正視歷史，不難見到，除中華文明肇始的孔子哲學傳統包含自律道德系統之外，人類各大文明的德性體系都是他律的，包括以耶穌之名建立的基督教文明，也沒有能接上耶穌立教之旨。唯獨康德洞見到耶穌本真之教的真旨實義。我們可以說，耶穌顯明自身為「德性圓滿的原型」，此即康德提出意志自律學說之憑證。

現在，我們不採用通俗定義中所論「宗教」的說法來理解耶穌開始的宗教。筆者於〈導論〉已提出，通俗定義中所論「宗教」，總是以「超自然者」——神、上帝等諸種神聖者、崇拜對象為核心。唯獨康德出來指出，一切以「超自然者」為崇拜對象的信仰，只能是歷史性的信仰，而並不堪稱為真正「宗教」之名。此舉正如康德顛覆了西方傳統的神學的道德學（theologische Moral），而建立道德神學（Moraltheologie）。也就是說，康德經由其批判哲學論明，神學的道德學預設一個最高的世界統治者的存在為前提，以頒立德性的法則，

為他律道德系統，而一切他律道德皆為假道德。唯獨理性憑藉其道德
的原則首先產生出最高的世界統治者的存在（上帝）的概念，此概念
僅僅建立在道德法則上。此為道德神學，乃成意志自律的道德系統。

　　我們可以指出，康德把握到道德的純粹的意義，乃是受到耶穌顯
明的「德性圓滿的原型」所啟發。耶穌出來，以其為「德性圓滿的原
型」，而見證人的意志自由。吾人可指出，康德於西方傳統純然律法
主義倫理的包圍中，正是憑著耶穌顯明的「德性圓滿的原型」為矩
矱，批判地檢察出人本身實在稟具立普遍法則的機能（即意志自
由）。事實上，康德批判哲學不僅如一般人瞭解那樣，帶來理論哲學
及道德哲學兩大領域的顛覆性革新，它還包括對歷史性宗教的徹底批
判及顛覆性革新。

　　在《純粹的理性批判》第一版〈序〉中，康德就說：「我們的時
代在特別程度上是一個批判的時代，一切都必須受到批判。宗教想憑
藉它的神聖性和立法性，想憑藉它的尊嚴，企圖避免批判，可是，這
樣一來，它們恰恰就引起別人對它們正當的懷疑，而不能要求人家真
誠的尊敬了。」（Axi）康德以其極深刻的洞識、富創闢性的智慧及無
比大膽的勇氣提出：「宗教只能是理性的一個對象。」（SF 7:38）為了
宗教而查明的一切東西，「也必須是直接從理性產生的。」（SF 7:38）
事實上，康德以其批判地確立的理性法庭裁決：歷史性的基督教離開
耶穌始創的宗教很遠。

　　在《單在理性界限內的宗教》一書，康德就毫不諱忌地指出，自
「基督教從猶太教中突然、但並非毫無準備地興起」，（Rel 6:127）
「直到基督教為自己造就了一個有教養的公眾的時代，基督教的歷史
是模糊不清的。於是，我們也就始終不知道，基督教的學說對它的教
徒的道德造成了什麼樣的影響，最初的基督徒是否確實是道德上改善
了的人（moralischgebesserte Menschen），還是依然為普普通通的人。」

（Rel 6:130）但是，自從基督教「進入廣大有教養的公眾之中以來」，「就人們有理由期待一種道德宗教可以發揮的行善的（wohltätige）作用而言，基督教的歷史對公眾來說決沒有什麼好印象。」（Rel 6:130）他毫不容情地指責：「隱士生活和僧侶生活的神秘主義狂熱」，「對獨身階層的神聖性的歌功頌德」，以及「與此相聯繫的所謂奇蹟」，「如此用沉重的枷鎖把人民壓制在一種盲目的迷信之下。」（Rel 6:130）勒南在《耶穌傳》一書中也指責歷史性信仰的基督教，一方面希臘教派「把基督教陷在一條玄學的空論之迷途裡」，另一方面中世紀的神學家將福音書弄成「大而無當的撮要」。[99]

　　如筆者於〈前言〉已論，康德將耶穌開始的宗教之為基督教與歷史中的啟示性信仰的基督教區分開來。後者只能看作是一個比較寬泛的信仰範圍，唯獨耶穌本身顯明的「德性圓滿的原型」，堪稱為「基督教的核心」。事實上，從基督教的歷史看，即使使徒時代的教會，是否對耶穌初立教之為核心者有所偏離，也是有待研究的。更何況耶穌離世後三百二十五年，羅馬帝國君士坦丁大帝一統天下，使基督教國教化，乃至後來長達一千年之久的中世紀的「黑暗時代」，毫無疑問，康德依耶穌而論的「基督教的核心」，幾可說蕩然無存了。康德在《單在理性界限內的宗教》一書中公正而嚴厲地指出：「只要我們把基督教的這一歷史（就基督教本來想要建立在一種歷史性的信仰的基礎上而言，這一歷史不會有別的結果）看作一幅全景畫，它就會證明那一聲驚呼是多麼正確：宗教竟會誘發如此多的惡。」（Rel 6:131）[100]

---

99　勒南著，雷崧生譯：《耶穌傳》，頁137。

100　康德描述基督教的歷史：「在東方，國家以一種可笑的方式插手祭司和僧侶階層的信仰規章。」（Rel 6:131）「在西方，信仰獲得了它自己的、不依賴於世俗權勢而建立的寶座」，但是，「卻如此被一個自封的上帝欽差（案：康德於此直指教王）破壞和弄得衰弱不堪。……那個精神上的領袖如此憑藉他那威脅要實行絕罰的魔杖，像對待小孩一樣統治和懲罰各個國王，鼓動他們去進行滅絕另一地區人口的

　　康德尖銳地指出：這種激烈的宗教衝突和戰爭，「如此隱秘地植根於一種專制地規定的教會信仰的基本原則中，並一直令人擔憂還會發生類似的事件。」（Rel 6:131）「所有那些曾損害人類、並還在使人類分裂的騷亂」（Rel 6:131）何以會以耶穌之名而發生？依康德所揭明，禍根就在：舊的歷史性信仰（本來被作為引導性的手段而引入的歷史性工具），「被當作一種普遍的世界宗教的基礎。」（Rel 6:131）因此，康德呼籲：基督教「必須脫去那層當初胚胎藉以形成為人的外殼。」（Rel 6:121）他說：「聖潔的傳說及其附屬物、規章和誡律的引導紐帶，在當時曾作出過傑出貢獻，但逐漸地曾作出過傑出貢獻，多餘，最終，當人進入青年時代時，它就成了桎梏。」（Rel 6:121）基督教徒要有覺悟、有勇氣擺脫舊的歷史性信仰的捆綁，朝著純粹的道德宗教，即本真的耶穌教前進。

　　依照康德確立的宗教學說，本真的耶穌教是純粹的理性信仰，它不需要由奇蹟來證實。「純粹的理性信仰是自己證明自己。」（Rel 6:129）此即是說，完全由耶穌的具體的原始智慧來證明的宗教，乃純粹的理性信仰。我們可以稱之為耶穌教，以區別於作為歷史性信仰的基督教。任何《聖經》上關於耶穌的述說，都要依照「哲學釋經原理」來說明。在《學科之爭》一書「解決爭執的哲學釋經原理」那一小節裡，康德提出：「一切原理，無論它們所涉及的是歷史批判的解釋還是語法批判的解釋，在任何時候都必須是直接從理性產生的。」（SF 7:38）一些「被宣布為神聖的、但卻超出一切（本身是道德的理性概念）的學說的經文，可以作出有利於實踐理性的解釋」，「但包含著與實踐理性相矛盾的命題的經文，則必須作出有利於實踐理性的解釋。」（SF 7:38）此即是說，即便是去除《聖經》上包含的一切與實

---

　　對外戰爭（十字軍戰爭），去彼此攻殺，並激怒臣民們反抗自己的政府，去殘忍地仇視自己那同一個所謂普遍的基督教的不同想法的同道。」（Rel 6:131）

踐理性相矛盾的神話和奇蹟，[101]絲毫不影響我們對耶穌的具體的原始智慧的把握，完全無礙於對本真的耶穌教之認識。

　　福音書記載的耶穌「復活和升天」的神蹟，教會一直以來作為真實發生的歷史事實傳播。康德依哲學釋經原理，剝落此類神蹟的面紗。他提出，必須依照有利於實踐理性的解釋，所謂「復活和升天」無非意謂：「在自己的人格上提供了一個符合那唯一讓上帝喜悅的人性原型的榜樣之後，他被設想為重新回到了他所來自的天國。」（Rel 6:129）「並且就追憶他的功績、教誨和榜樣而言，他能夠說，『他（上帝所喜悅的人性的理想）仍然與自己的門徒同在，直到世界的末日』。」（Rel 6:129）康德甚至嚴正指出：「作為補充而附加上的比較隱秘的、僅僅為他的至交所目睹的、他的復活和升天」的歷史，「不能無損於它們的歷史評價而被用於純然理性界限內的宗教。」（Rel 6:128）理由是：「它假定了一個雖然很適合人的感性表象模式，但就其對未來的信仰來說卻是理性的累贅的概念，即所有世間生物的物質性的概念。」（Rel 6 7:128）它不僅假定了一種「人格的唯物論（心理學的唯物論），而且假定了一種「塵世中臨在的唯物論（宇宙論的唯物論）。」（Rel 6:128）

　　耶穌是「上帝喜悅的人」的一個榜樣，無疑只能就耶穌作為「人」而成立。因為人只有以「人」作為榜樣，而以「神人」作為人的榜樣，是悖理的。「神之子」之理念不能「理解為一個人」，不可「感性化轉變為一個感官對象的表象」。（SF 7:39）毋寧說，依耶穌，

---

101 康德稱《聖經》上的奇蹟為「用來使一個學說公開流行的面紗」，只是「歷史資訊」，不能當作宗教的一部份。（Rel 6:85）康德指出：從所謂「神人」的奧秘中，「根本沒有為我們造成任何實踐的東西。」（SF 7:39）「神之子」之理念不過是「人性的一個抽象物」，教徒把祂「理解為一個人」，他們就是「把一個純粹的理性理念的感性化轉變為一個感官對象的表象，人們就會怎樣誤入歧途，而且是借著理性發狂。」（SF 7:39）

一切信其宣講之道者，皆是「上帝喜悅的人」，都是「上帝的兒女」。此所以康德說：「這同一個具有屬神存心的（göttlichgesinnte），但完全的真正的人的導師」，（Rel 6:65）「只會談論他作為自己的行動規則的存心」，把它作為對他人的榜樣，「他只是通過他的教誨和行動來把這存心表現在眾人眼前。」（Rel 6:66）

　　依康德，耶穌作為人的導師，他提供的無可指責的榜樣，「僅僅歸諸他的最純潔的存心是公正合理的。這樣一種帶有為了世間福祉而承受一切苦難的存心，就人類的理想而言，對所有時代和所有世界的所有人來說，面對最高的公正是充分有效的。」（Rel 6:66）而只有「把我們的公正與原型的存心結合起來」，為了我們的公正而吸取最高的公正才是必然可能的。（Rel 6:66）依照康德的哲學詮釋原理，我們可以理解耶穌心中的「天父」，祂並非一個在人的心靈之外存在的神。而毋寧是「主觀上需要設想一個具有理智的直觀的上帝」，向祂表白道德存心的純粹性、堅定性。[102]事實上，我們於福音書的記述並找不到耶穌有任何關於對一個外在最高者的崇拜，也不見耶穌有通神的神秘經驗。耶穌本人對神學並無認識，亦無表示出興趣。此如同孔子哲學傳統的「對越在天」，此中儒者獨自以其純粹的道德心與「天」對越，此中所對越之最高者，是超越的，亦即含著內在的；並非是「超絕的」而需內化手段以影響人，並不意謂有一外在的最高者主宰人。

　　康德以其驚人的勇氣，揭破歷史性信仰的基督宗教加於耶穌宗教的歪曲。他將耶穌信仰的「上帝」，從長久以來於歷史性的基督宗教

---

102 康德於《宗教》一書論明：正因為格準的主觀的最初的根據對人來說本身是不可探測的，人才主觀上需要設想一個具有理智的直觀的上帝，以便向祂表白在善的存心中繼續前進的堅定不移的決心，「為了信仰中的那種善放棄一切辯白。」（Rel 6:76）

信仰中被感性化、人格化為外在的最高主宰的神，歸正到道德心靈本身的最高理想。依康德所論，「上帝」作為理性的理想，是「理性」在意欲機能中立普遍法則（道德的原則）而產生出來的。「上帝」只是理性的理想，這就表示說，它是「在理念中的對象」，離開我們每一個人的理性在意欲機能中普遍立法，我們根本無法對於它是否在我們之外實存置一詞。依此，我們也可說，耶穌信仰中「天父」（上帝）根本不同猶太教的耶和華，也不是基督教一神教神學中外在的最高主宰；它是耶穌純粹的道德心靈本身。用康德的話說：它不過就是「道德法則之神聖性」本身，「因為我們在上帝裡面所想的是本體中的神聖性的理想。」（KpV 5:158）

耶穌信仰顯明了蘊藏在「人的理性中的道德的宗教的稟賦」，據之，我們才可理解，何以康德在《實踐的理性批判》一書中可以說：「基督教的道德原則本身並不是神學的（從而不是他律），而是純粹的實踐理性自身的自律，因為這種道德學說不是以神的知識及其意志為這種法則的基礎，而是以它們為在遵循這個法則的條件下達到圓善的基礎，〔……〕。」（KpV 5:129）顯然，我們絕不能將康德所言「基督教的道德原則」理解為歷史性的基督宗教信仰中的來自神的律法及教會規章；而必須理解為由耶穌本身「德性圓滿的原型」所含純粹的實踐理性自身的自律。

康德呼籲歸正到耶穌始創的真正的宗教，其顛覆性革新的勇氣，正像耶穌對抗其身處的「又不信又悖謬的世代」。此真正的宗教顯揚著人對糾集於惡的原則下之惡勢力的絕地反擊的信心，以及期待道德存心之新生的人團聚於善的原則的道德世界的信念。此所以為神聖的。

耶穌本身顯明的「道德的宗教的稟賦」，其核心的道德原則是「純粹的實踐理性自身的自律」，它不來自摩西「十誡」，並不是耶和華的命令，而源自耶穌本身的道德存心。耶穌的「天父」信仰無疑明

顯地撇開了猶太傳統一神教那個民族神（耶和華），他對十誡雖無明文反對，表面看來，他也教人遵守十誡，但他顯然不屑於法利賽人將十誡作為外在律法來跟從的偽善，不滿於民眾的盲信。《馬太福音》（22:35-40）記載，有一個律法師問耶穌：「夫子，律法上的誡命，那一條是最大的呢？」耶穌對他說：「你要盡心、盡性、盡意、愛主你的神。這是誡命中的第一，且是最大的。其次也相倣，就是要愛人如己。這兩條誡命，是律法和先知一切道理的總綱。」耶穌以純粹的道德存心抗擊法利賽教徒虛偽的虔敬和偽事奉，這種對立那麼水火不容。福音書多處記載耶穌對流行的假信仰尖銳的抨擊，以致我們可以相信，耶穌終究不能避免受害致死的命運，完全是因為他以全新的依於純粹的道德存心的信仰向其身處的虛假信仰作毫不妥協的激烈抨擊。

耶穌身處「神律」（theonomy）的傳統中，德性的律法系統預設一個最高的世界統治者的存在為前提。在《宗教》一書中，康德就明文指出：摩西「十誡」是「強制性的誡律」，他說：「所有的誡命都具有這樣的品性，即使一種政治的制度也可以遵循它們，並且把它們當作強制性的法則讓人承擔，因為它們只涉及外在的行動。」（Rel 6:126）即使「十誡」不是官方提出來的，「在理性看來也已經是倫理的誡命」，但在那次立法中，它們根本不要求「遵循它們時的道德的存心」，「而是絕對地僅僅著眼於外在的遵守。」（Rel 6:126）儘管耶穌並沒有宣告要取代既有的倫理教育，但依據福音書記載見出，耶穌跟其所處時代偽善的世風水火不容。

福音書記載，耶穌不遵照安息日的規定，在安息日治病。[103]他的

---

103 《馬太福音》記載：「那裡有一個人枯乾了一隻手。有人問耶穌說：『安息日治病，可以不可以？』意思是要控告他。耶穌說：『你們中間誰有一隻羊，當安息日掉在坑裡，不把它抓住拉上來呢？人比羊何等貴重呢。所以在安息日作善事是可以的。』於是對那人說：『伸出手來。』他把手一伸，手就復了原，和那隻手一樣。」（Mat 12:10-13）

門徒甚至在安息日路過麥地時掐起麥穗來喫。[104]他們並不依習俗規矩「禁食」。[105]《馬太福音》記載：耶穌公開指責「文士和法利賽人，坐在摩西的位上」，「他們能說不能行。」[106]一再揭穿文士和法利賽人的假冒為善。《馬太福音》記載：

> 他們一切所作的事，都是要叫人看見。所以將佩戴的經文做寬了，衣裳的繸子做長了。喜愛筵席上的首座，會堂裡的高位。又喜愛人在街市上問他安，稱呼他拉比。〔拉比就是夫子〕（Mat 23:5-7）

> 你們這假冒為善的文士和法利賽人有禍了。因為你們正當人前，把天國的門關了。自己不進去，正要進去的人，你們也不容他們進去。〔有古卷在此有「你們這假冒為善的文士和法利賽人有禍了，因為你們侵吞寡婦的家產假意作很長的禱告所以要受更重的刑罰。」〕你們這假冒為善的文士和法利賽人有禍了，因為你們走遍海洋陸地，勾引一個人入教。既入了教，卻使他作地獄之子，比你們還加倍。（Mat 23:13-15）

---

104 《馬太福音》記載：「那時，耶穌在安息日，從麥地經過。他的門徒餓了，就掐起麥穗來喫。法利賽人看見，就對耶穌說：『看哪，你的門徒作安息日不可作的事了。』耶穌對他們說：『經上記著：大衛和跟從他的人飢餓之時所作的事，你們沒有唸過嚜？』。」（Mat 12:1-3）

105 《馬太福音》記載：「那時，約翰的門徒來見耶穌說：『我們和法利賽人常常禁食，你的門徒倒不禁食，這是為什麼呢？』耶穌對他們說：『新郎和陪伴之人同在的時候，陪伴之人豈能哀慟呢？但日子將到，新郎要離開他們，那時候他們就要禁食。』」（Mat 9:14-15）

106 《馬太福音》記載：「那時，耶穌對眾人和門徒講論，說：『文士和法利賽人，坐在摩西的位上。凡他們所吩咐你們的，你們都要謹守、遵行。但不要效法他們的行為，因為他們能說不能行。他們把難擔的重擔捆起來擱在人的肩上，但自己一個指頭也不肯動。』」（Mat 23:1-24）

你們這假冒為善的文士和法利賽人有禍了。因為你們將薄荷、
茴香、芹菜、獻上十分之一。那律法上更重的事，就是公義、
憐憫、信實、反倒不行了。這更重的是你們當行的，那也是不
可不行的。你們這瞎眼領路的，蠓蟲你們就濾出來，駱駝你們
倒吞下去。（Mat 23:23-24）

你們這假冒為善的文士和法利賽人有禍了。因為你們洗淨杯盤
的外面，裡面卻盛滿了勒索和放蕩。你這瞎眼的法利賽人，先
洗淨杯盤的裡面，好叫外面也乾淨了。（Mat 23:25-26）

你們這假冒為善的文士和法利賽人有禍了。因為你們好像粉飾
的墳墓，外面好看，裡面卻裝滿了死人的骨頭，和一切的污穢。
你們也是如此，在人前、外面顯出公義來，裡面卻裝滿了假善
和不法的事。（Mat 23:27-28）

　　耶穌時常告誡盲信者，破除各種迷信的陋習。他告誡人施捨、行
善事，不可張揚，因那是假冒為善，而天父察看人的心靈。《馬太福
音》記載耶穌的話：

你們要小心，不可將善事行在人的面前，故意叫他們看見。若
是這樣，就不能得你們天父的賞賜了。所以你施捨的時候，不
可在你前面吹號，像那假冒為善的人，在會堂裡和街道上所行
的，故意要得人的榮耀。我實在告訴你們，他們已經得了他們
的賞賜。你施捨的時候，不要叫左手知道右手所作的。要叫你
施捨的事行在暗中，你父在暗中察看，必然報答你。〔有古卷
作「必在明處報答你」〕你們禱告的時候，不可像那假冒為善

的人，愛站在會堂裡，和十字路口上禱告，故意叫人看見。我實在告訴你們，他們已經得了他們的賞賜。你禱告的時候，要進你的內屋，關上門，禱告你在暗中的父，你父在暗中察看，必然報答你。你們禱告，不可像外邦人，用許多重複話。他們以為話多了必蒙垂聽。你們不可效法他們。因為你們沒有祈求以先，你們所需用的，你們的父早已知道了。（Mat 6:1-8）

　　耶穌不屑那些踞於「會堂高位」的教士。公開表示他並不屑教士制以等級區分人。《馬太福音》記載：「喜愛筵席上的首座，又喜愛人在街市上問他安，稱呼他拉比。〔拉比就是夫子〕但你們不要受拉比的稱呼。因為只有一位是你們的夫子，你們都是弟兄。」（Mat 23:6-8）耶穌對猶太教的最強堡壘——耶路撒冷——毫無好感。耶路撒冷的教士階級的傲慢及溺信者陋習，激怒著耶穌。《馬太福音》記載：耶穌在那裡掀翻了賣買人的桌子，對人們在聖廟裡買賣祭品以賄賂神的行為表示了極度的憤慨。[107]耶穌引用《聖經》（舊約）的話，說：「我喜愛憐恤、不喜愛祭祀。」[108]耶穌宣講的道是全新的道德，它顛覆他所身處的建築於猶太神學及耶和華意志的律法上的倫理系統。他洞穿舊系統的「假冒為善」，著重外表，只涉及外在的行為，絕對地僅僅著眼於外在的遵守。將神的誡律當作強制性的法則讓人承擔，而忽略存心之純淨性。

107 《馬太福音》記載：「耶穌既進了耶路撒冷，合城都驚動了，說：『這是誰？』眾人說：『這是加利利拿撒勒的先知耶穌。』耶穌進了神的殿，趕出殿裡一切作買賣的人，推倒兌換銀錢之人的桌子，和賣鴿子之人的凳子。對他們說，經上記著說：『我的殿必稱為禱告的殿。你們倒使他成為賊窩了。』」（Mat 21:10-13）
108 《馬太福音》記載：「經上說：『我喜愛憐恤、不喜愛祭祀。』這句話的意思，你們且去揣摩。我來，本不是召義人，乃是召罪人。」（Mat 9:13）

　　耶穌的到來是要廢除偽事奉：討好神的祭祀、為人求利益的禱告、外表的儀式，以及阻隔人與天父心靈相通的教士制；是要宣明：人自身與上帝心靈相通，猶如父與子女。耶穌教人禱告，只願人都尊天父的名為聖，願天父的旨意行在地上。（Mat 6:9-10）他是來以全新的道德取代建築在神律基礎上的猶太教。耶穌甚至宣稱：「我能拆毀神的殿、三日內又建造起來。」（Mat 26:61）[109]「耶穌這話，是以他的身體為殿。」（Jhn 2:21）這可說是耶穌發出摧毀舊神殿，以他的身軀在地上建立他宣揚的天父之國的宣告。這無疑已宣示：一個史無前例的真正的宗教出現，它從「依他信」的、向崇拜對象（上帝）求眷顧的猶太教沖缺出來，向一切歷史性的信仰發出挑戰。

　　儘管耶穌的生平、行事，人們要通過福音書得知。而無疑問的是，撰寫福音書的門徒並不能企及耶穌，看來他們會將個人的想法加入福音書的撰寫中。但同樣確定的是：人們通過福音書認識到一個純粹的神聖的（而非來自「神之子」的身分的「神性的」）道德的心靈，正是這顆心靈，無論何時何地，永恆地吸引著關心自身人格完成的一切人。或許在文明世界，人們將福音書種種可溯源於猶太教舊約《聖經》的啟示學說、復活升天記，以及世界末日的信仰，等等棄之如敝屣。但是，耶穌的道德的心靈，是永恆真實的，並且是以「人之子」的身分而為真實的，它與其是否「神子」絕不相關；即便所有關

---

109 又，《約翰福音》記載：「猶太人的逾越節近了，耶穌就上耶路撒冷去。看見殿裡有賣牛羊鴿子的，並有兌換銀錢的人，坐在那裡。耶穌就拿繩子作成鞭子，把牛羊都趕出殿去。倒出兌換銀錢之人的銀錢，推翻他們的桌子。又對賣鴿子的說：『把這些東西拿去。不要將我父的殿，當作買賣的地方。』他的門徒就想起經上記著說：『我為你的殿，心裡焦急，如同火燒。』因此猶太人問他說：『你既作這些事，還顯什麼神蹟給我們看呢。』耶穌回答說：『你們拆毀這殿，我三日內要再建立起來。』猶太人便說：『這殿是四十六年纔造成的，你三日內就再建立起來嗎。』但耶穌這話，是以他的身體為殿。」（Jhn 2:13-21）

於耶穌的神話及神蹟故事皆消除，絲毫無損於耶穌顯現的「德性圓滿的原型」，而唯獨這個原型，作為耶穌開始的道德的宗教的核心，萬古如一日。

毋寧說，耶穌顯明自身為「德性圓滿的原型」，用康德的話說：這個原型表象為：「人性以其完全為上帝所喜悅的道德完善性永恆地存在於上帝裡面的理念。」（SF 7:39）但凡見到了耶穌的榜樣，還說不認識「上帝」，還要求論證有上帝在人之外存在，在耶穌眼中，就是「小信」、「不信」。於耶穌的唯一真正的宗教中，認識耶穌，就認識天父（上帝）；若離開耶穌（德性圓滿的原型）而追求一個外在的崇拜對象者，絕不是耶穌的門徒。《約翰福音》記載：

> 他們就問他說：「你的父在那裡。」耶穌回答說：「你們不認識我，也不認識我的父。若是認識我，也就認識我的父。」（Jhn 8:19）

通過一個「人」，其宣的「道」及行事顯示一個「德性圓滿的原型」，藉著認識他，就認識上帝；除此之外，人不認識「上帝」，無法知道「上帝」是什麼。《路加福音》記載：「一切所有的，都是我父交付我的。除了父，沒有人知道子是誰。除了子和子所願意指示的，沒有人知道父是誰。」[110]（Luk 10:22）若是認識耶穌，還不認識上帝嗎？毫無疑問，這是關於「上帝是什麼」的一個石破天驚的宣示！這宣示顛覆了猶太民族對「耶和華」的信仰，甚至根本推翻了自古以來，人們對一個超離於人之外的「上帝」之認識。

耶穌開始的宗教，不僅破除了多神教的神話，擺脫了拜物教的迷

---

110 《馬太福音》記載：「一切所有的，都是我父交付我的。除了父，沒有人知道子，除了子和子所願意指示的，沒有人知道父。」（Mat 11:27）

信，並且也沖決了猶太一神教的獨斷。這個全新的宗教宣示了一個全新的敬拜對象——人自身的一個「德性圓滿的原型」，它就是「上帝」的具體的全部的內容，離此，沒有人能自稱知道「上帝」，沒有人有方法認識「上帝」。於耶穌開始的宗教，人們崇敬一位「最高者」（上帝），無非是信仰一個「道路、真理、生命」的原型，這個原型經由耶穌（德性圓滿的原型）被普天下人看見。此即《約翰福音》記載耶穌說：

> 我就是道路、真理、生命。若不藉著我，沒有人能到父那裡去。你們若認識我，也就認識我的父。從今以後，你們認識他，並且已經看見他。（Jhn 14:6-7）

> 道成了肉身，住在我們中間，充充滿滿的有恩典有真理。（Jhn 1:14）

> 律法本是藉著摩西傳的。恩典和真理，都是由耶穌基督來的。（Jhn 1:17）

　　無疑，耶穌並沒有反對摩西法，《聖經》（舊約）、《摩西法典》、諸先知遺言顯揚的謙卑、寬恕、慈善、刻苦，都表現於耶穌的格言中。但同樣毫無疑問，耶穌之前絕無聖書及聖賢以其所宣之道與行事宣示一個「德性圓滿的原型」，並且宣示，普世崇敬的一位「最高者」（上帝）唯獨通過這個原型被看見，被認識。此所以，耶穌宣道，「正像有權柄的人」[111]。用康德的話來理解，耶穌宣示的是無條件的

---

111 《馬太福音》記載：「耶穌講完了這些話，眾人都希奇他的教訓。因為他教訓他們，正像有權柄的人，不像他們的文士。」（Mat 7:28-29）

必然的「律令」（道德的律令）。《約翰福音》記載耶穌說：

> 你們舉起人子以後，必知道我是基督，並且知道我沒有一件事
> 是憑著自己作的。我說這些話，乃是照著父所教訓我的。（Jhn
> 8:28）

　　「我說這些話，乃是照著父所教訓我的。」（Jhn 8:28）此表示耶
穌宣道來自上帝的「權柄」，並非出自其個人的私意，此「最高者」的
根源之顯明，即標示其「無條件的必然的律令」之無上權威；同時，
儘管它並無個人私意的來源，卻是出自耶穌本身的意志自由，而不假
借外在的任何力量，故說：「恩典和真理，都是由耶穌基督來的。」
（Jhn 1:17）。依此，我們能夠理解，何以康德提出：「無論如何，基
督的道德學之原則（das christliche Princip der Moral）本身並不是神
學的（從而不是他律），而是純粹的實踐理性自身的自律，〔……〕。」
（KpV 5:129）顯然，康德所論基督的道德原則本身，「是純粹的實踐
理性自身的自律」，乃是就作為基督宗教核心的耶穌基督之宗教而言，
而並非指基督教教會信仰中規章性信仰的（因而是神學的，從而是他
律）律法主義而論。

　　無疑，耶穌身處猶太教傳統，那個時代流傳著「神子」[112]、「神
人」的故事，諸如：神人摩西、神人以利亞。[113]在這個古老的傳統

---

112　《舊約‧但以理書》記載：「王說：『看哪，我見有四個人，並沒有捆綁，在火中遊
　　行，也沒有受傷，那第四個的相貌，好像神子（Son of God）。』」（Dan 3:25）
113　《舊約‧約書亞記》記載：「那時猶大人來到吉甲見約書亞，有基尼洗族耶孚尼的
　　兒子迦勒，對約書亞說：『耶和華在加低斯巴尼亞，指著我與你對神人（the man of
　　God）摩西所說的話，你都知道了。』」（Jos 14:6）又，《舊約‧申命記》記載：「婦
　　人對以利亞說，現在我知道你是神人，耶和華藉你口所說的話是真的。」（1Ki
　　17:24）「那時有一個神人奉耶和華的命從猶大來到伯特利。耶羅波安正站在壇旁，
　　要燒香。」（1Ki 13:1）

中，「神子」、「神人」充當「神（耶和華）的僕人」，是神與人之間的
中介人、代言者、執行者。在耶穌弟子撰寫的福音書，以及基督教信
仰中，耶穌被尊為「上帝之子」（神子），就毫不足怪了，連帶著那些
關於耶穌由處女懷孕，誕生於伯利恆的馬槽的故事，成為基督教教徒
信仰的重要內容，就一種歷史性的信仰之傳播而言，確實有其不可避
免性。但是，由耶穌本人的表現看來，我們不必相信他自認自己有著
一個「神性」的出身，而並不只是被人輕視的拿撒那木匠的親生子。

　　看來，信徒視耶穌為「大衛之子」，而耶穌本人卻顯得並不看重
其猶太民族的出身。他的弟子認其為「上帝之子」，而耶穌本人使用
「天父」、「天父的兒子」卻顯明地並非血緣上說的，而毋寧說，是就
一切信仰上帝者成為天父的兒女而說的。我們也沒有證據表明耶穌本
人接納別人加給他的「神性」的出生與身分。而現在，我們看來，一
切因著時代的限制，為著傳道需要而加諸耶穌的神話都成為多餘，甚
至淪為負累。

　　無論過去，現在，或未來，對任何人都有感染力的是由耶穌顯明
的「德性圓滿的原型」，即愛與公義。儘管耶穌之前或之後，他的同
族人中出現過不少神人、先知，宣講著謙卑、慈善、寬容、刻儉和公
義的格言，但唯獨耶穌無可匹比。何故？在本人看來，由耶穌顯明的
「愛」，於一般施捨、施惠於人的所謂「博愛」、「慈愛」之外，更獨
特地含著一種兄弟手足之情，在一切人之間流通著，無分彼此，無分
高下，普世信仰天父的人在一個共同的父之下成就一個大家庭。

　　據以上所論，我們可以說，康德第一人揭明耶穌開始的宗教之核
心。其貢獻大異於其身處的啟蒙時代那些摧毀一切宗教信仰的鬥士。
康德洞見到耶穌以其純粹的道德心靈創始了真正的宗教，正是此道德
心靈四無傍依、橫空出世，不依賴於對傳統的外在神的依他信，獨自
背上十字架，顯示出人子以人的疲弱的身軀與「邪惡淫亂的世代」、

「又不信又悖謬的世代」抗衡的無比勇氣。此不是人的意志自由之鐵證，是什麼呢？！

## 第五節　康德的最高哲學洞識以耶穌的原始智慧為其先在的矩矱

我們已論明，康德實在洞見到：耶穌為意志自由作見證。我們甚至可以說，康德對人類心靈機能的立法性之批判考察，源自耶穌的啟發。儘管我們知道，牟先生曾批評：「西方哲學傳統所表現的智思與強力自始即無那道德意識所貫注的原始而通透的直悟，而其一切哲學活動皆是就特定的現象或概念，如知識、自然、道德等，而予以反省，施以步步之分解而步步建立起來的。」[114]此無疑乃肯綮之言。但牟先生以為「這徵象也很顯明地表現於康德的哲學中」[115]，則值得商榷。如我們一再論明，康德是西方哲學傳統的顛覆者，他將道德哲學作為實踐領域的認識，而與理論哲學區分開來。前者根本區別於後者，在於它以人的道德立法意識（即理性於意欲機能立法，也就是意志自由）為底據。依此，我們不能以為康德哲學只是「步步之分解」，而忽略康德實有源自耶穌的具體的原始智慧為其先在的矩矱。

只不過，學者們習慣依照歷史性的基督教信仰中宣講的「耶穌」，以通俗的看法，視「耶穌」為一個等同外在最高主宰的崇拜對象，而忽略康德已論明：耶穌本身顯明「德性圓滿的原型」，他作為「上帝喜悅的人」，而為每一個人的榜樣；耶穌依於道德存心，而獨自抗衡神律的傳統和悖謬的世代，始創一個以道德的人團聚成道德世

---

114　牟宗三：《心體與性體（一）》，《牟宗三先生全集》（以下簡稱《全集》）（臺北：聯經出版事業公司，2003年），卷5，頁119。

115　牟宗三：《心體與性體（一）》，《全集》，卷5，頁119。

界為終極關懷的宗教。儘管如所周知，歷史性的基督教信仰中，傳道
人以耶穌之名宣道，卻鮮有以耶穌「德性圓滿的原型」為核心，在他
們的布道中時常將「德性」只理解為對他人「施惠」的「博愛」，
「愛」之名被濫用為取悅上帝的手段；而根本看不到耶穌抗衡神律的
他律道德傳統和悖謬的世代所彰顯的意志自由與道德勇氣。傳道人千
篇一律地將耶穌的「愛」解說為上十字架為人贖罪，但從教外人看
來，若「原罪」根本上只是一個站不住腳的古老傳說，則何來「贖
罪」之說？

　　基督徒信仰之終極關懷在死後上天堂，坐在上帝旁邊，得永生。
而在本人看來，無人能肯定有一個住著上帝的天堂，因為若果真有這
樣的終極歸宿的天堂，它一定能讓一切人知道。凡真實的東西，必可
在一切有理性的人之間傳通。儘管福音書記載著世界末日以及信徒升
天的故事，但我們並無證據指證這種教義具有能讓一切人知道的真實
性；但我們每一個人即使不相信諸如此類的福音故事，仍然能依據自
己的理性，信仰耶穌。因為耶穌講道以渴望每一個人脫離身處的不信
與邪惡的世代，成為「上帝的兒女」，而成就「上帝之國」，是永遠真
實的。耶穌以拯救人和拯救世界為使命，此堪稱為耶穌教的終極關懷。
《約翰福音》記述耶穌說：「若有人聽見我的話不遵守，我不審判他。
我來本不是要審判世界，乃是要拯救世界。」（Jhn 12:47）又，《路加
福音》記載：「人子來，為要尋找拯救失喪的人。」（Luk 19:10）

　　哪怕歷史性的基督教信仰中流行的世界末日以及信徒升天的說教
早已遭到普遍懷疑，耶穌教朝向道德的人與道德的世界之成就的終極
關懷與信仰依然對一切人有效，無可懷疑。康德批判哲學的通貫整全
的艱巨工作，其理論哲學、道德哲學的創闢性成就，最後就是要克服
人的不成熟狀態，指向成就道德的人與道德世界的終極目的。今日，
每一位基督徒，以及每一個關心人類前途的人，都需要接上康德的慧

識，重新認識耶穌創始的宗教。舊日以耶穌之名宣講的種種教義，是時候要一一審視了。諸如，熱衷於勸人入教的基督徒時常會對人說：「你不信教，難道不怕死後入地獄嗎？」又，你會見到基督徒對臨近死亡的人說：「你現在信教，死後可以上天堂。」但這種恐嚇利誘的方式其實往往令正直的人不屑，或許就此錯失了信仰耶穌的契機。至於傳道人關於世界末日及末日審判的流行講法，看來只能在教徒中枯燥地重複著，恐怕不會對教外人產生影響，相反，會引起反感。所有這些長久以來為眾多基督教教徒奉為其信仰的重要內容，其實跟耶穌教的真旨實義毫不相干。

　　康德在《純粹的理性批判》第一版「序」中就表明他的批判哲學必定要包含對宗教的批判。[116]如所周知，這個第一批判將「上帝」置於「純粹的理性之理想」下批判考量：第四章「論上帝存在的本體論證明的不可能性」、第五章「論上帝存在的宇宙論證明的不可能性」、第六章「論自然神學的證明的不可能性」，康德否決了思辨理性要求越出經驗而認識「上帝」的僭妄之舉。並且，在這個批判的結尾，康德就以其卓越的洞識指出整個西方哲學傳統所處的童稚狀態。他指明：在哲學的幼稚時代，人們所開始的是「關於上帝的認識」，「專注於另一世界的特殊性質」，而這些正是我們必須要結束的。（A852/B880）無疑，第一批判摧毀了歷史性的基督教信仰奠基於其上的整個神學體系。隨著傳統的思辨形而上學的虛幻性被批判的鐵鎚粉碎，經院神學在宗教中的核心地位也坍塌了。

　　事實上，康德的批判工作是一個通貫的整體工程，這個工程周密

---

116 康德說：「我們的時代在特別程度上是一個批判的時代，一切都必須受到批判。宗教想憑藉它的神聖性和立法性，想憑藉它的尊嚴，企圖避免批判，可是，這樣一來，它們恰恰就引起別人對它們正當的懷疑，而不能要求人家真誠的尊敬了。」（Axi）

而深入地探究「人類心靈機能通貫一體的活動」，經由這個工程擺脫人對自身心靈機能的認識所處的蒙昧狀態。故此可以指出：三大批判是通貫理論哲學、道德哲學，及至宗教哲學而為一整全系統的。如本人見到，三大批判從一開始就表明一個目標：建基於對人類心靈機能的認識，以取得確當的途徑規劃一個以意志自由為創造實體的道德哲學，以及由意志自由之客體（圓善）伸展出最高者（上帝）的純粹的理性的宗教。這個由道德伸展至宗教的通貫整全體系亦即康德從其批判工程一開始就預告要經由批判重新建立的全新的形而上學。[117]簡括地說：

第一批判（《純粹的理性批判》）開宗明義，就表明要對治西方傳統哲學製造的虛幻及以此走出西方傳統哲學因其獨斷而陷入的無休止虛幻的無底深淵。此批判工作乃是一種重新的努力，起始於一個思維模式的變革（Umänderung der Denkart）。依照西方傳統哲學的思維定式：哲學家都以為我們的認識皆必須以對象為準，而一切我們認識的對象皆被視為物自身。（Bxvi）但是，事情恰好與人們慣常的思維定式相反，只要我們如實地考察我們的認識機能的活動，我們就不得不承認：其實，只有外在客體符合我們的主體認識機能之模式，它們才可能成為我們認識的對象。此即康德提出的思維模式的根本革新：那就是，「對象必須依照我們的認識而定。」（Bxvi）此即含著說：「我們關於事物只能先驗地認識我們自己所置放於事物中者。」（Bxviii）依此全新的思維模式，「我們就能夠依兩個不同的方面看待對象——

---

117 在作為《純粹的理性批判》的預備課的《任何一種能夠作為科學出現的未來形而上學導論》（簡稱《導論》）中，康德就表明：要對傳統的形而上學（純粹的哲學）按照「一種前所未聞的方案做一次根本的改革，甚至另起爐灶」，（Proleg 4:257）從而拯救形而上學，使形而上學從此成為一門有其確定標準、衡量尺度及使用的能夠得到普遍、持久承認的學問。

一方面看作對經驗而言的感取和知性的對象，而另一方面，對那努力想超出一切經驗之界限的那孤立的理性而言，看作我們純然地思的對象。」（Bxviii-xix）依據新的思維模式，康德就揭明：我們關於感取和知性的對象只是「作顯相看的物（Dinge als Erscheinung）之認識」，它與「物之在其自身（Dinge an sich selbst）之認識」區分開；並且，「一切對象一般區分為現象與智思物」。[118]康德所證成的超越區分，有效地阻止人們以感性和知性關涉到於物自身（超感觸的東西），由之將理論哲學的有效範圍限於現象界。據此，康德一方面否決了傳統形而上學通過思辨理性求取超感觸東西（諸如：自由、靈魂不滅、上帝）的知識之妄作；另方面說明了超感觸東西作為智思物而可由知性純然思考的根據。

　　《純粹的理性批判》經由超越的感性部、超越的分解部及超越的辯證部達到這樣一個結論：形而上學的三個理念（心靈不朽、自由、上帝）作為超感觸東西就思辨理性而言就是空無對象的智思物。因著這一步限制，康德宣告：我們要把對於超感觸東西之「無結果而誇奢的思辨轉到那有結果的實踐使用上去」。（B421）此即進至第二批判（《實踐的理性批判》），在這個批判，康德考察了理性的實踐使用，

---

118　《純粹的理性批判》首先在「超越的感性部」通過對我們的空間和時間之表象之性狀（Beschaffenheit）的考察證明「顯相與物自身之超越區分」，並進一步通過「超越的分解部」對知性的基本概念作考察而無可置疑地（apodiktisch）提出「一切對象一般區分為現象與智思物」。這兩步批判考察只限於我們的認識機能與「作為感取客體的自然」的關係，也就是限於自然概念的領域而論。在自然概念的領域，「知性對於作為感取客體的自然是先驗地立法的，以達到可能經驗的理論認識。」（KU 5:195）「包括一切先驗的理論認識之根據的自然概念基於知性的立法。」（KU 5:176）知性通過自然概念而先驗立法的有效範圍就是「理論哲學」的範圍。詳論可參閱拙著《物自身與智思物——康德的形而上學》第一章〈物自身的提出及其通過時空本性之考論而得到說明〉、第二章〈就感觸物的對象之在其自身而考論物自身〉。

揭明了實踐的理性是一種理性與意欲機能合而為一的實踐立法能力。以此，康德提出純粹實踐理性立法，即純粹意志立法，此即論明道德法則乃自由之推證原則。[119]用康德的話說：自由概念之客觀的實在性經由實踐的理性的一條無可爭辯的法則（道德法則）獲得證明。（KpV 5:3）「自由是現實的（wirklich）」，它「經由道德的法則呈現（offenbaret）自身」。（KpV 5:4）當自由之概念的實在性因著實踐理性的一個必然的法則而被證明，「上帝之概念和不朽之概念」也就把它們自己連繫於這自由之概念，並由這自由之概念而得到支持和客觀的實在性。（KpV 5:4）

簡括而言，依康德的論證理路，假若我們的意志沒有自由因果性之特性，「那麼，就沒有道德法則能在我們心中被找到。」（KpV 5:4）而當人「注意到理性用以規定純粹實踐法則的那必然性，以及注意到理性向我們指出的對一切經驗條件的滌除」，（KpV 5:30）人就在心中找到理性頒立的道德法則，同時，意志自由就於此理性立普遍法則之事實中呈現。一經證明人稟具頒立道德法則的機能——在意欲機能中立普遍法則的理性，亦即證明意志自由乃人的超感觸本性，亦即人的真我，康德就進而提出意志自由產生「圓善」是先驗地在道德上必然的，據之論上帝和不朽作為圓善之條件，而具實踐的客觀的實在性。由此，「自由概念的領域」決定地和確實地建立起來。自由、心靈不朽、上帝作為超感觸東西在思辨理性那裡只能夠由知性純粹地思維，而在「自由概念的領域」通過與道德法則之關聯而獲得實踐認識之決定。此即是說，正是人自身稟具的「意志自由」作為人的超感

---

119 詳論可參閱拙著《康德的自由學說》第一編第四章〈意志自由與道德法則——自由之超越推證〉：第一節「引子」、第二節「純粹實踐理性的法則是純粹理性獨有的事實」、第三節「德性原則中的自律作為事實證明純粹理性自身事實上是實踐的」、第四節「道德法則之推證——道德法則作為純粹理性事實之闡明」、第五節「道德法則作為自由之推證原則」。

觸本性，使人超越作為感觸界一分子的自己，而能夠與超感觸東西的秩序聯結起來。[120]

　　以上所論，對康德經由《純粹的理性批判》確立「自然概念的領域」，以及經由《實踐的理性批判》確立「自由概念的領域」作了簡括的講述。前者關於對象之為現象的認識，屬於理論哲學；後者關於純粹的實踐的理性（自由意志）自身產生的對象及其實現，屬於實踐哲學。據此而言，兩個領域的概念、原則，及涉及範圍都是根本不同而截然區分開的。但是，此並不意謂這兩個因應心靈機能之不同作用而截然區分開的兩個領域構成兩個不同的世界。最後，這兩個領域必定要結合在一起。這個「自然概念的領域」與「自由概念的領域」結合的超越的闡明，留到最後一個批判（《判斷力批判》）完成。

　　《實踐的理性批判》經批判論明：圓善就是純粹的實踐理性（亦即純粹的意志）的整全對象。並且，在「純粹的理性在決定圓善概念時的辯證」那一章中，康德提出：「為了成就圓善，還需要加上幸福。」（KpV 5:110）此即是說，除德行之外，還要加上與德性相配稱的幸福，始構成一個可能世界的圓善。（KpV 5:110-111）德行是在人自身的實踐理性的能力中，但幸福卻不是人自身可掌握的，故此，為著圓善（一個可由道德法則決定的意志的必然客體）在世界中實現，康德提出不可分離地與道德法則相聯結的兩個設準（Postulate）[121]——心靈不朽[122]及上帝存在[123]。

---

120 詳論可參閱拙著《康德的自由學說》第一編第六章〈自由與純粹實踐理性之客體〉：第一節「純粹實踐理性之對象（善）之概念是通過自由產生的一個結果」、第二節「通過意志自由產生圓善是先驗地在道德上必然的」、第三節「由意志自由產生的圓善之條件證明上帝和不朽的實踐的客觀實在性」。

121 所謂「設準」（Postulate），康德是指：「一種理論上在其本身不可證明的命題，但它卻不可分離地附屬於無條件有效的先驗的實踐法則。」（KpV 5:122）

122 康德並沒有主張離開人的自由自律的道德主體而假定一個單純的本體叫作心靈不

上文已論，《純粹的理性批判》已否決了一切關於我們知道有一上帝存在的主張。當康德在《實踐的理性批判》提出「上帝存在」之設準，有學者就以為康德要否定前一個批判取得的成果。其實，他們忽略了康德自始至終強調：我們並不因著這個設準就能知道現實上有一個上帝存在。為實現圓善之故而設定上帝存在也決不是要求思辨理性假定一個逾越經驗的新客體。（KpV 5:135）康德表明：「上帝的概念是一個根源上不屬於物理學，亦即不屬於思辨的理性的概念，而是屬於道德學的概念。」（KpV 5:140）他強調：一個道德的最高者（上帝）之意志不外是一個只能依據道德法則來形成其概念的意志，毋寧說，它是我們把道德法則的絕對無條件的必然性表象為一個上帝的命令。

康德在《實踐的理性批判》中正如同在第一批判中那樣一如既往地堅持：「完全從純然的概念來認識一個東西的實存是絕對不可能的。」（KpV 5:139）實在說來，設定「上帝存在」，根本不是要肯定一個最高的實存來代替人類自身的努力去達到「圓善」，而毋寧說，理性

---

朽。而毋寧說，他要通過與道德法則的執行的完整性相切合的持續性而把常住性（Beharrlichkeit）之標誌給予道德主體（意志自由）以為其補充「一個本體的實在的表象」（realen Vorstellung einer Substanz）。（KpV 5:133）

123 上帝存在之設準的論述理路是這樣的：首先，幸福是基於物理的自然與有理性者的全部目的，並且同樣與此有理性者之意志的決定原則（道德法則）之相諧和。道德法則作為自由之法則是獨立不依於自然而命令著的，一個有理性的行動者遵循道德法則而行是完全排除個人福報的考慮與計較的，否則他的行為就不是道德的；另方面，他屬於自然界的一分子，他亦依靠於自然界，因而也不能因著他自己的力量使自然徹頭徹尾地與他的實踐法則相諧和。（KpV 5:124）依此，一個至上的原因之存在必須被設定為圓善之條件，這至上的原因不同於自然本身，它既是自然的原因，同時也包含幸福與德性兩者間之準確諧和之原則。（KpV 5:125）這就是上帝存在之設準。詳論可參閱拙著《康德的自由學說》第一編第六章〈自由與純粹實踐理性之客體〉：第三節「由意志自由產生的圓善之條件證明上帝和不朽的實踐的客觀實在性」。

明白人在致力於在世界上實現圓善時必然遭遇的阻礙，而圓善是道德法則給予我們的客體，致力於產生和促進世界上的圓善，屬於人的義務。（KpV 5:126）為此，需要認定一個至上的自然原因，並且，這個原因具有與道德存心之因果性相符合的範圍，（KpV 5:125）以使圓善在世界上實現成為可能。這並非說，果真有一個上帝在人類之外作主宰，而毋寧說，它是純粹的理性的信仰。（KpV 5:126）憑著此信仰，我們人就如有一個與道德存心之因果性相符合的「至上的自然原因」指引著，努力不懈地向著在世界上實現圓善的目標前進。至於有或無一個「上帝」在我們之外存在，那並不是純粹的實踐理性要問及的。

實在說來，《實踐的理性批判》確立了圓善概念，並對其先驗根源作出了說明。康德還要進一步解答「圓善在實踐上是如何可能的？」也就是對圓善在感觸界中表現其客觀有效性作出說明。用康德的術語說，就是在形而上的說明之後進一步作出超越的闡明。這步工作留給《判斷力批判》完成。簡括地說，《純粹的理性批判》及《實踐的理性批判》分別批判考察了純粹的知性及純粹的理性，達成這樣的結論：知性之立法與理性之立法是通過人類心靈機能的兩種不同的能力（前者源自認識機能；後者源自意欲機能）而區分開的，並因之相應地截然區分開自然概念之領域與自由概念之領域。當這兩個領域各自的概念、原則及範圍都考察過並確定下來之後，康德最後要解答，這兩個領域是如何綜和而為一的。而事實上，這兩個領域是如何綜和而為一的問題，也就是「圓善在實踐上是如何可能的」問題。康德洞見到：關鍵在「合目的性原則」之揭明，也就是，藉著「合目的性原則」說明自由的合目的性與自然合目的性的結合，即自然概念之領域和自由概念之領域的結合。《判斷力批判》就是基於人有審美判斷的事實，對反省判斷作批判考察，以此揭明反省判斷力的先驗原則──合目的性原則，並把合目的性的先驗原則歸於快樂或不快樂之

情感。（KU 5:197）康德說：「快樂或不快樂的情感是判斷力在獨立於那和意欲機能的決定性有聯繫的概念和感覺時提供的，並且因而能夠成為直接地實踐的。」（KU 5:196-197）正是這快樂或不快樂之情感卻是通兩領域而起作用的。

簡括地說，儘管康德經第一、二兩個批判已論明：自由概念在關於自然的理論的認識方面不決定任何事。（KU 5:195）不過，他指出：「自由概念之領域卻意想去影響自然概念之領域，那就是說，自由概念意想把其法則所提薦的目的實現於感觸界；因此，自然界必須能夠這樣地被思考，它的形式的合法性至少對於那些按照自由法則在自然中實現目的的可能性是諧和一致的。」（KU 5:176）「經由自由而成的因果性之作用在其符合於自由之形式法則中，產生結果於世界中，〔……〕這結果既符合自然事物之專有的自然法則，而同時又與理性的法則之形式原則相吻合。」（KU 5:195）由此可見出，「自由」以其所提薦的目的（終極目的），亦即圓善，必然地要求自由與自然通而為一。「終極目的」（圓善）就是自由的合目的性與自然合目的性的結合。《判斷力批判》通自然領域和自由領域而探明情感之普遍傳通性──先驗的自由之愉悅。並且揭明：自然之純然形式之適合於目的和我們主體的諸認識機能之活動的和諧一致，以及由之而生之愉悅。[124]同樣，在理性為意欲機能立法方面，儘管不需要任何快樂為媒介，但理性對意欲機能決定其終極目的，而「這終極目的就同時伴隨著對於客體的純粹理智的愉悅」。（KU 5:196）據此，康德說明了何以正是快樂和不快樂的情感機能之合目的性原則通自然概念之領域與自由概念之領域而為二者的適當的媒介，並且同時促進存心對道德情感的感受性。（KU 5:197）

---

124 康德說：「若無此種愉快，即使最通常的經驗亦不可能。」（KU 5:187）愉快可在那些異質的法則之與我們的認識機能相和順中被感覺到。（KU 5:187）

　　事實上，要到最後一個批判，康德揭明屬於反思判斷力而與快樂和不快樂之情感相連的合目的性原則，始論明：人具有向自己提出目的之能力。（MS 6:392）人是地球上唯一能形成一目的概念的生物。（KU 5:427）唯獨對於人而言，在自然產物中不得忽略目的之原則，這也是理性的必要格準。（KU 5:411）依此，康德指出：「人就是創造的終極目的（Endzweck），因為若非如此，則互相隸屬的目的之串列就不會完整地建立。只有在人中，而且只有在作為道德之主體（Subjekt der Moralität）的人中，我們才找到關涉目的的無條件立法，唯有此立法使人有能力成為終極目的，而全部自然都要目的論地隸屬於這個終極目的。」（KU 5:435-436）這樣，康德就達致一個道德的目的論。依於道德的目的論，一方面必然地與自由之法理（Nomothetik）關聯，另一方面必然地與自然之法理關聯；（KU 5:448）「一個智性界（即作為物自身的有理性者的全體）之概念」，（Gr 4:458）也就是「一切睿智者之全體的一個純粹知性界之理念」（Gr 4:462）才完全被認識，而這個智性界就是實現自然合目的性與自由合目的性相諧和的目的王國。並且，康德也就論明：在終極目的之關連中，一個人作為道德者不僅關心他自己如何成為道德的，還要關注他會在實踐理性的指導下為自己創造一個怎麼樣的世界，而他自己作為一個成員置於這一世界中。（Rel 6:5）人依照道德法則的要求去實現終極目的，也就是要實現一個道德的世界，康德稱之為「目的王國」。[125]康德稱「目的王國」之元首為「上帝」。全體有理性者組成的一個目的王國（道德世界）裡，每一個有理性者的意志自身立法，「有理性者必須總是在一個經由意志自由而為可能的目的王國中視其

---

[125] 關此，詳論可參閱拙著《康德的自由學說》第一編第六章〈自由與純粹實踐理性之客體〉：第四節「具有自由意志的人作為道德者乃創造之終極目的（Endzweck der Schöpfung）」、第五節「通過意志自由實現自然合目的性與自由合目的性之統一」。

自己為立法者，不管他身為成員，抑或是元首。」（Gr 4:434）只是作為有理性者的人在自然界中同時是有依待的，其意欲機能是受限制的，作為個體也是有差異的，因而必須撇開這種限制性而設想一個完全獨立無依待者（元首），每一個有理性者之無條件自我立法也就由這元首之立法所代表。這就是康德說：「經由我們自己的理性先驗地無條件地約束我們的法則，也可以表達為出自最高的立法者之意志，即一個只有權利而無義務的意志（因而是上帝的意志）。它僅僅指表道德者之理念，它的意志對一切人是法則，但並不設想它是法則的創造者。」（MS 6:227）如此，每一有理性者的「意志自由」充其極至一個「最高的自由意志」之理念。此即康德所論從道德伸展至宗教。

　　康德從第一個批判揭破西方傳統形上學連同神學之虛幻性，轉而進至第二批判經道德法則顯露意志自由，及藉意志自由之客體（圓善）之兩個條件（不朽、上帝）之提出，說明了不朽、上帝的客觀實在性，此即確立了形而上學的三個理念。至最後一個批判（《判斷力批判》），闡明了依道德的目的論，作為道德實存的人依自由的合目的性與自然的合目的性的結合創造第二自然——目的王國，及設定了上帝作為此目的王國的元首。依此可見，康德經由批判工程，確立意志自由為道德創造實體，並據之伸展至宗教，以成一個包含道德的宗教在內的形上學，其宗旨及規模清晰可見。只可惜：學者們談論康德的批判哲學，多停在《純粹的理性批判》論長道短。忽略了康德在此第一批判中早就提示，該步工作只是其重建哲學（理性本性之學）的預備工作，也就是要排除「理性的實踐使用的障礙物」，為「促進一門徹底的作為科學的形而上學」掃除障礙。[126]康德於第一批判第二版

---

126 康德表明：「這個批判根本不是要為推翻整個形而上學的懷疑論說話。」（Bxxxv-
　　xxxvi）相反，它是要為「促進一門徹底的作為科學的形而上學」掃除障礙。這個
　　批判限制人們「冒險憑藉思辨的理性去越出經驗的界限」，阻止思辨的理性的原理

「序言」已表明，經由這「批判」使「物之作為經驗對象與此同一物之作為物自身」這區別為必然的。若未能作出這超越的區分，那麼，對於「人的心靈」，說「它的意志是自由的，而同時又服從自然必然性，因而是不自由的」，就不能不陷入明顯的自相矛盾。（Bxxvii）唯獨論明這區別為必然的，自由得以與自然並行不悖。[127]並且，康德已預告：道德法則之意識首次對我呈現（offenbart）那種不平凡的機能，即「自由之主體」，（B431）及提出：「在實踐的使用中按照在理論上使用時的類比意義，把知性概念（本體、原因等）應用於自由及自由之主體。」[128]（B431）

---

「現實地威脅著要把原本歸屬於其下的感性界限擴展到無所不包」，（Bxxiv）這個用處雖然總不過是「消極的」，「但由於這限制同時排除了理性的實踐使用的障礙物，它事實上就具有積極和極重要的用途。」（Bxxv）

[127] 如果人們拒絕承認顯相與物自身之區分，頑固堅持「顯相之絕對的實在性」（absoluten Realität der Erscheinungen），（A537/B565）那麼，自然與自由之間的衝突決無法和解，其不可避免的結果就是使一切自由都遭到顛覆。（A537/B565）康德點明：「如果顯相真是物自身，則自由無法拯救。」（A536/B564）因為「感觸界中一切事件皆依照不可變的自然法則而處於通貫的關連中，這條原理的正確性已經作為超越的分解部的原理確立起來而不允許去除」。（A536/B564）

[128] 第一批判「純粹理性之誤推」章（第二版）結尾，康德加了一個「總註釋」，在那裡，他作出一個特別提示：「在適當時候，也就是將來不是在經驗中，而是在純粹理性使用的某些（不只是邏輯的規律）而且是先驗地確立的，與我們的實存相關的法則中，可以發見有根據把我們自己視為在關於我們自己的存在中先驗地立法者，以及是自身決定此實存者，那麼，就會因此揭示（entdecken）某種自發性，藉此，我們的現實性（Wirklichkeit）就會獨立不依於經驗的直觀之條件而為可決定的，而且我們覺察到，在我的存在之意識中含某種先驗的東西，可以用來決定我們的實存。〔……〕道德法則之意識首次對我呈現（offenbart）那種不平凡的機能，在這不平凡的機能裡面，有一個我的實存之分定的原則，誠然它是一個純粹理智的原則。」（B430-431）此可見康德提示，在我們的純粹理性使用中有先驗地確立，並與我們的實存相關的法則，這就是道德法則；並且，正是這法則之意識首次對我呈現那種不平凡的機能，這不平凡機能就是意志自由。不過，這個重要的洞見要等到進一步對實踐理性機能作出批判考察，才能批判地證成。

　　我們可以指出，康德批判工程的成就不僅是理論哲學和道德哲學方面的，其最後果實包含一個道德的宗教在內的形上學。依此，我們可以說，看來康德的顛覆性的哲學革新有著一個從道德伸展致宗教的根源慧識推動，也可以說，康德的最高哲學洞識以耶穌的原始智慧為其先在的矩矱。因為除了耶穌本人的無教規、無宗教禮儀、無教士與教階制，以及無神學體系的宗教以外，康德從其所處的西方傳統中根本找不到真正的宗教。儘管在康德的三個批判中，都不見有提及耶穌。不過，在康德的宗教哲學中，我們能找到文獻的根據說明：康德確立的純粹的宗教學說植根自耶穌立教的原始智慧。

　　在《宗教》一書，「關於在地上建立善之原則的統治的歷史的觀念」那一節中，康德對於教會信仰作歷史的描述，他將猶太教排除於外，此見康德以道德為「宗教」之基礎。康德反覆論明猶太教作為古老的文化，上帝與阿伯拉罕之約的經書是它的基礎；而耶穌立教正正是要擺脫猶太神權制度下的歷史性信仰，而首創一種「純粹的、對整個世界都明白易懂的宗教信仰」。（Rel 6:135）此即康德明文指出：「基督教完全是對其所由以產生的猶太教的一種徹底的放棄，是建立在一個全新的原則之上，帶來了一場徹底的教義革命。」（Rel 6:127）此所言「徹底的教義革命」、「全新的原則」、對「猶太教的一種徹底的放棄」，乃是就耶穌立教而言，據此顯見，康德確立其純粹的宗教學說，建基於耶穌宣示對神權制度下的歷史性信仰之徹底放棄而肇始真正的宗教。此所以康德說：「新的信仰不受舊法令（Statuten）的約束，實際上完全不受任何法令的約束，已經包含著一種對世界，而不是僅僅對一個唯一的民族有效的宗教了。」（Rel 6:127）

　　康德指出：「猶太人的神權政治國家」，「本質上並沒有與黑暗的王國決裂」。（Rel 6:79）「因此，一個惡的國違背善的原則在這裡建立起來了，亞當的所有後裔（以自然方式）都臣服於它。」（Rel 6:79）

在猶太人的神權政治國家中，臣民的心除了塵世的財富之外，不贊同其他的動力。（Rel 6:79）康德強調：基督教教會信仰與猶太教的信仰「絕對沒有本質上的聯繫」，（Rel 6:125）「毫無概念上的統一。」（Rel 6:125），儘管他亦承認：「先於它，並為建立（基督教）教會奠定了物質基礎。」（Rel 6:125）並且也承認「歷史性信仰作為教會信仰，需要一部作為人們的紐帶的《聖經》」，（Rel 6:135）事實上，基督教接受猶太教的整部《聖經》，一個基督徒「必須虔誠地接受這個民族的整部《聖經》，把它當作上帝的、對於所有人來說都是給定的啟示。」（Rel 6:166）也就是說，基督徒們的經書中利用了全部《聖經》故事。儘管康德同時提醒：「一個基督徒本來並不受猶太教（作為規章性的猶太教）的任何法則制約。」（Rel 6:166）不過，康德承認這樣一個事實：「基督教的導師盡可能做出，或者在開始時就盡可能做出，要在這兩者之間結成相互聯繫的線索，想學會把新的信仰看作為舊信仰的延續，認為舊信仰以原型的方式包含在新的信仰。」（Rel 6:127）他將這理解為只是「最適當的手段」，以便「引入一種純粹的道德的宗教，來取代一種古老的、民眾的習慣過於強大的文化，而又不直接與民眾的成見相衝突。」（Rel 6:127）但值得提請注意，我們必須將耶穌立教與三八〇年成為羅馬帝國國教的基督教區別開，甚至也必須與耶穌受難之後流傳三百多年的被壓迫的基督教派分別開。康德確立純粹的宗教學說，依據的是耶穌本人的創闢性的宗教智慧。

哪怕基督教教會信仰接受猶太教的整部《聖經》，把新的信仰看作為舊信仰的延續，這是一個事實，但耶穌立教是對猶太教的徹底的放棄，是毫無疑問的。耶穌對於自己宣講的新信仰與舊信仰的徹底決裂有清楚的意識。《馬太福音》記載耶穌說：「沒有人把新布補在舊衣服上。因為所補上的，反帶壞了那衣服，破的就更大了。」（Mat

9:16）「也沒有人把新酒裝在舊皮袋裡。若是這樣，皮袋就裂開，酒
漏出來，連皮袋也壞了。唯獨把新酒裝在新皮袋裡，兩樣就都保全
了。」（Mat 9:17）

　　事實上，耶穌宣揚其全新的植根於道德存心的信仰，以無比勇氣
對抗著那個時代的猶太教信仰。依據福音書記載，耶穌對舊信仰的物
神崇拜深惡痛絕，對教士階層掌控邀恩手段以篡奪對人心的統治權更
是嫉惡如仇。耶穌目睹他的猶太同胞表現出來的盲目崇拜、將事奉上
帝作為求取利益的手段；溺信者的陋習；法利賽人及教士假冒為善，
以及耶路撒冷的教士階層的傲慢，等等。他絲毫不掩飾他對舊信仰的
一切陳規陋習的抵抗。

　　《馬太福音》記載：「那時有法利賽人和文士，從耶路撒冷來見
耶穌說：『你的門徒為什麼犯古人的遺傳呢？因為喫飯的時候，他們
不洗手。』」（Mat 15:1-2）耶穌反駁說：「入口的不能污穢人，出口的
乃能污穢人。」（Mat 15:11）並解釋說：「因為從心裡發出來的，有惡
念、兇殺、姦淫、苟合、偷盜、妄證、褻瀆。這都是污穢人的。至於
不洗手喫飯，那卻不污穢人。」（Mat 15:19-20）

　　又，《馬可福音》記載：法利賽人和猶太人都拘守古人的遺傳，
若不洗手，就不喫飯。（Mak 7:3）耶穌的門徒並不拘守這些古人的規
矩。法利賽人和文士問耶穌說：「你的門徒為什麼不照古人的遺傳，用
俗手喫飯呢。」（Mak 7:5）耶穌回答說：「以賽亞指著你們假冒為善之
人所說的預言，是不錯的，如經上說：『這百姓用嘴唇尊敬我，心卻
遠離我。他們將人的吩咐，當作道理教導人，所以拜我也是枉然。』
你們是離棄神的誡命，拘守人的遺傳。」（Mak 7:7-8）耶穌的答話如
此辛辣，正中舊信仰的要害：離棄上帝的誡命，拘守人的遺傳。

　　依耶穌，誡命中的第一，且是最大的是：「你要盡心、盡性、盡
意、愛主你的神。」「其次也相倣，就是要愛人如己。這兩條誡命，

是律法和先知一切道理的總綱。」（Mat 22:35-40）除了純粹的道德心靈，及依自身心靈而發的善的原則而行，耶穌不遵從任何以上帝名義而加於人身上的律法。他宣明「愛主」為第一的最大的誡命，看重的是人的道德心，而不屑於律法教條。

耶穌並不著意於傳統的律法，也不在意傳統的宗教儀式，他不贊成公開的獻祭及私禱。他不在意古人遺傳的規矩，喫飯的時候他和門徒們都不洗手。他們違反安息日不勞作的規定，[129]也不禁食。人們行善事喜歡故意叫別人看見。在會堂裡和街道上所行的，故意要得人的榮耀，愛站在會堂裡，和十字路口上禱告，故意叫人看見。耶穌就告誡他們，說：「禱告的時候，要進你的內屋，關上門，禱告你在暗中的父。」（Mat 6:6）耶穌告誡人不必為「喫什麼、喝什麼、穿什麼」祈禱，他說：「你們要先求他的國，和他的義，這些東西都要加給你們了。」（Mat 6:31-33）耶穌教人禱告，要這樣說：「我們在天上的父，願人都尊你的名為聖。願你的國降臨。願你的旨意行在地上，如同行在天上。」（Mat 6:9-10）

在舊信仰中，祈禱被作為邀恩手段，如康德指出：「祈禱被設想為對上帝的一種內在的、按照程式的事奉，從而被設想為邀恩手段，它是一種迷信的妄想（一種物神化）。」（Rel 6:194）而耶穌對猶太人中的祈禱習俗的指責，正顯見出耶穌立教對舊信仰的徹底顛覆。耶穌表明了為個人的利益的祈禱條文是應該廢棄的，諸如此類的祈禱語詞實質上是想經由大聲向外宣告而對上帝產生作用，這種物神化的偽事奉與耶穌立教的宗旨根本牴牾。此所以耶穌說：「你們沒有祈求以

---

129 《馬太福音》記載：「那裡有一個人枯乾了一隻手。有人問耶穌說：『安息日治病，可以不可以。』意思是要控告他。耶穌說：『你們中間誰有一隻羊，當安息日掉在坑裡，不把它抓住拉上來呢。人比羊何等貴重呢。所以在安息日作善事是可以的。』於是對那人說：『伸出手來。』他把手一伸，手就復了原，和那隻手一樣。法利賽人出去，商議怎樣可以除滅耶穌。」（Mat 12:10-14）

先，你們所需用的，你們的父早已知道了。」（Mat 6:8）此即將舊信
仰中的祈禱習俗否定了。耶穌提出在內心祈禱，禱告無非是一個人在
自己裡面與自己說話，向自己表達：「我們在天上的父，願人都尊你
的名為聖。願你的國降臨。願你的旨意行在地上，如同行在天上。」
（Mat 6:9-10）這是每一個人的道德的存心。依耶穌，祈禱的實質是
表達與堅持這道德的存心。

　　耶穌毫不掩飾他對傳統的不滿，公開斥責教士的偽善：他們坐在
「摩西的位上」，（Mat 23:2）「能說不能行」，（Mat 23:3）「他們一切
所作的事，都是要叫人看見。」（Mat 23:5）《馬太福音》（Mat 23:1-
8）記載：「那時，耶穌對眾人和門徒講論說：『文士和法利賽人，坐
在摩西的位上。凡他們所吩咐你們的，你們都要謹守、遵行。但不要
效法他們的行為。因為他們能說不能行。他們把難擔的重擔，捆起來
擱在人的肩上，但自己一個指頭也不肯動。他們一切所作的事，都是
要叫人看見。所以將佩戴的經文做寬了，衣裳的繸子做長了。喜愛筵
席上的首座，會堂裡的高位。又喜愛人在街市上問他安，稱呼他拉
比。〔拉比就是夫子〕但你們不要受拉比的稱呼。因為只有一位是你
們的夫子。你們都是弟兄。』」

　　法利賽教派作為猶太教的重要力量，自認為正人宗教。他們的所
為激怒耶穌，福音書多處記載耶穌對他們猛烈的詛咒。《路加福音》
記載「耶穌向那些仗著自己是義人，藐視別人的，設一個比喻」：有
兩個人上殿裡去禱告，一個是法利賽人，一個是稅吏。前者自言自語
的禱告說：「神呵，我感謝你，我不像別人，勒索、不義、姦淫，也
不像這個稅吏。我一個禮拜禁食兩次，凡我所得的，都捐上十分之
一。」後者遠遠的站著，連舉目望天也不敢，只捶著胸說：「神呵，
開恩可憐我這個罪人。」耶穌告訴人：那個稅吏比那法利賽人「倒算
為義了」。（Luk 18:9-14）又，《馬太福音》記載：

你們這假冒為善的文士和法利賽人有禍了。因為你們正當人前，把天國的門關了。自己不進去，正要進去的人，你們也不容他們進去。〔有古卷在此有：「你們這假冒為善的文士和法利賽人有禍了。因為你們侵吞寡婦的家產，假意作很長的禱告，所以要受更重的刑罰。」〕你們這假冒為善的文士和法利賽人有禍了。因為你們走遍洋海陸地，勾引一個人入教。既入了教，卻使他作地獄之子，比你們還加倍。你們這瞎眼領路的有禍了。(Mat 23:13-16)

你們這假冒為善的文士和法利賽人有禍了。因為你們將薄荷、茴香、芹菜，獻上十分之一，那律法上更重的事，就是公義、憐憫、信實，反倒不行了。這更重的是你們當行的，那也是不可不行的。你們這瞎眼領路的，蠓蟲你們就濾出來，駱駝你們倒吞下去。你們這假冒為善的文士和法利賽人有禍了，因為你們洗淨杯盤的外面，裡面卻盛滿了勒索和放蕩。你這瞎眼的法利賽人，先洗淨杯盤的裡面，好叫外面也乾淨了。你們這假冒為善的文士和法利賽人有禍了。因為你們好像粉飾的墳墓，外面好看，裡面卻裝滿了死人的骨頭，和一切的污穢。你們也是如此，在人前、外面顯出公義來，裡面卻裝滿了假善和不法的事。你們這假冒為善的文士和法利賽人有禍了。因為你們建造先知的墳，修飾義人的墓，說：「若是我們在我們祖宗的時候，必不和他們同流先知的血。」這就是你們自己證明，是殺害先知者的子孫了。你們去充滿你們祖宗的惡貫罷。你們這些蛇類、毒蛇之種呵，怎能逃脫地獄的刑罰呢。所以我差遣先知和智慧人並文士，到你們這裡來，有的你們要殺害，要釘十字架。有的你們要在會堂裡鞭打，從這城追逼到那城。叫世上所

流義人的血，都歸到你們身上。從義人亞伯的血起，直到你們
在殿和壇中間所殺的巴拉加的兒子撒迦利亞的血為止。我實在告
訴你們，這一切的罪，都要歸到這世代了。（Mat 23:23-36）

　　耶穌四出公開抨擊法利賽教徒，責罵他們是「瞎眼領路的」，譴
責他們不行公義、憐憫、信實，假冒為善，把天國的門關了，勾引人
入教，卻使他作地獄之子。耶穌對他們殺害義人、先知的罪行義憤填
膺，詛咒他們「蛇類、毒蛇之種」、難逃「地獄的刑罰」。法利賽教徒
自命為摩西律法的忠實執行者，依照《摩西法典》，若有先知煽動人
背離猶太教，信徒可以用石頭擊斃他，耶穌公開譴責法利賽人殺害先
知，顯然，他不再遵奉舊信仰，他要立全新的宗教，與猶太人的宗教
根本分割開。

　　依照《摩西法典》，人們要用石頭將行淫時被拿的婦人打死。《約
翰福音》記載：文士和法利賽人，帶著一個行淫時被拿的婦人來到耶
穌跟前，說：「夫子，這婦人是正行淫之時被拿的。摩西在律法上吩
咐我們，把這樣的婦人用石頭打死。你說該把她怎麼樣呢。」耶穌根
本不在意摩西律法，反而巧妙地回答：「你們中間誰是沒有罪的，誰
就可以先拿石頭打他。」圍觀的眾人就都散開了。耶穌對那婦人說：
「我也不定你的罪。去罷。從此不要再犯罪了。」（Jhn 8:3-11）

　　耶穌公開地向傳統律法挑戰，法利賽人就要除滅耶穌，想方設法
入耶穌的罪。耶穌明白，他宣道立教，是要向他身處的邪惡、不信的
世代挑戰的。其宗旨在顯揚道德的人（即義人、上帝所喜悅的人）及
在地上實現道德世界（即「上帝的國」行在地上）。他的到來，就是
要宣告舊信仰要結束，預告假借上帝之名而行邪惡、不信之實的世代
之末日要到來。當然，耶穌清楚他不是這個世代的，他義不容辭地擔
當起顛覆傳統的歷史性的信仰，宣告一個真宗教到來的代價，接受了
極屈辱的死亡。

　　總而言之，耶穌創闢性的宗教根本不同他身處其中的猶太教的信仰，關此，康德於《宗教》一書有反覆論明。茲述要點如下：

　　一、康德明文指出：「就其最初的建立來說，猶太教的信仰僅僅是一種規章性法規的總和，在這個總和之上建立起一種國家制度。」（Rel 6:125）在猶太人的神權政治國家中，「無論在道德上增加了什麼，它們絕對都不是猶太教的一部份。」（Rel 6:125）「國家憲法以神權統治為基礎」，「因此，上帝的名字在這裡純然作為一個世俗的統治者被崇拜，關於和對於良心（Gewissen）沒有任何要求。」（Rel 6:125）[130]所有的誡命作為「強制性法則」強制人執行，「因為它們僅涉及外在的行動。」（Rel 6:125）

　　而耶穌立教之宗旨明顯是要扭轉舊信仰的無道德狀態，耶穌宣教及以其自身為典範，顯然向其身處的神權政治傳統宣戰，開闢出一個史無前例的道德的宗教。耶穌教導人以道德的存心事奉上帝，用康德的話說，就是：將舊信仰中「對上帝物神化的偽事奉」轉變成一種「自由的，從而也是道德的事奉」。（Rel 6:179）耶穌教導人破除舊信仰的諸多陋習，斥責盲信者假冒為善，以取悅上帝，而忽略道德的存心。用康德的詞語說，舊信仰把一種規章性的信仰視為「對於一般地事奉上帝是根本性的」，「並且把它當作使上帝喜悅的人的最高條件。」（Rel 6:168）這就是「偽事奉」。諸如此類的偽事奉，以為在善的生活方式之外能夠通過大聲禱告「主呵！主呵！」、上教堂、參加

---

130 康德說：「嚴格來說，猶太教根本不是一種宗教，而僅僅是一群人的聯合，由於他們屬於一個特殊的部落，根據純然的政治的法則將他們變成一個共同的存在，因此沒有一個教會。而是應該僅僅是一種純然的世俗的國家，以致由於意外事故而將其拆散，仍然有一種政治信念（必要地屬於它），總有一天（在彌賽亞到來時）將其恢復。國家憲法以神權統治為基礎（顯然是祭司或領袖的貴族，他們吹噓上帝直接發出的指示），因此，上帝的名字在這裡只是世俗的統治者，他關於及對於良心根本沒有要求。」（Rel 6: 125）

教會團體的典禮等作為邀恩手段，又或者只是謹言慎行地遵守著規章性的誡命、教規、誡律，就能夠取悅上帝，而根本不理道德的原則，習慣性地避開「在上帝所有的道德方面的特性」。（Rel 6:200）「他寧可作一個寵兒」，即便違背了義務，也可以憑藉「蒙恩」得到寬恕。（Rel 6:200）

　　二、在猶太教的信仰中，對誡命的遵行或觸犯，隨之而致的獎賞或懲罰，不僅落在行為者身上，甚至牽連該行為者的後代。如康德指出，「這根本不是依據倫理概念的」，「是違背一切公正性的。」（Rel 6:126）耶穌就明確地否定這種舊傳統的不公正。《約翰福音》記載：「耶穌過去的時候，看見一個人生來是瞎眼的。門徒問耶穌說：『拉比，這人生來是瞎眼的，是誰犯了罪，是這人呢，是他父母呢。耶穌回答說：『也不是這人犯了罪，也不是他父母犯了罪，是要在他身上顯出神的作為來。』」（Jhn 9:1-3）

　　三、關於《聖經》（舊約），在猶太教的信仰中，它被當作是「上帝的、對於所有人來說都是給定的啟示」。（Rel 6:166）人們不能憑理性確認，用康德的話說，「這種信仰被當作一項絕對的義務（規定的信仰），因此，與此相關的其他誡律一起，被抬高到一種甚至在沒有作為之道德決定根據，也作為強制性事奉能夠造福人的信仰的水平上。」（Rel 6:165）人們通過《聖經》故事的啟示，自己取悅上帝，徹頭徹尾地求助上帝的恩典，而不要求遵循道德的法則的善的生活方式。教士階層作為一部《聖經》的最高的唯一有資格的詮釋者，通過這種方式實施對教徒的統治。顯然，猶太教信仰的經書及其相關誡律多處與耶穌立教的宗旨相牴觸，尤其猶太教教士階層對教徒的統治，激起耶穌的抵抗。毫無疑問，耶穌已深感猶太教信仰對於有良心的人施加的沉重壓迫。耶穌公開說：「我實實在在的告訴你們，那從天上來的糧，不是摩西賜給你們的，乃是我父將天上來的真糧賜給你

們。」（Jhn 6:32）《約翰福音》說：「律法本是藉著摩西傳的，恩典和真理，都是由耶穌基督來的。」（Jhn 6:17）此即明確地將耶穌宣導的真理與摩西律法劃分開。

　　我們在前面第四節「康德的詮釋——耶穌為人的意志自由作證」那裡，已論明，耶穌立教的宗旨在引導人以道德的存心事奉上帝，即宣導一種「自由的，從而也是道德的事奉」（Rel 6:179），也就是確立道德的宗教。耶穌立教是要將人從舊信仰及其誡律壓迫下的奴隸狀態解救出來，而得以自由。《路加福音》記載，耶穌在安息日在會堂裡向眾人唸先知以賽亞的書，說：「主的靈在我身上，因為他用膏膏我，叫我傳福音給貧窮的人，差遣我報告被擄的得釋放，瞎眼的得看見，叫那受壓制的得自由，〔……〕。」又，《約翰福音》記載：「耶穌對信他的猶太人說：『你們若常常遵守我的道，就真是我的門徒。你們必曉得真理，真理必叫你們得以自由。」（Jhn 8:31-32）又，耶穌說：「我實實在在的告訴你們，所有犯罪的，就是罪的奴僕。」（Jhn 8:34）

　　也就是說，依耶穌，並不是像猶太教的信仰那樣，一切依從經書及其誡律，而是以天父的真理為準。耶穌所言「天上的父」在每一個人的道德心靈中，所言天父所賜「真糧」，無非就是直接地由耶穌純粹意志所顯示之真理。

　　四、依猶太教，猶太人是耶和華為自己選中的民族。[131]他們設定他們的民族神「作為普遍的世界統治者」，[132]外族的歸依者被稱為

---

131　康德說：「說猶太教是屬於普遍的教會狀態的一個階段，或者甚至說，它本身甚至在當時就構成了這個普遍的教會，這種說法是如此錯誤。還不如說，猶太人作為耶和華特別揀選的民族，他們對所有其他民族懷有敵意，因此也被每一個民族敵視。」（Rel 6:126-127）

132　康德說：「這個民族為自己設定了一個唯一的、無法被任何可見的形象來想像的上帝，作為普遍的世界統治者。這一點也不能評價過高。」（Rel 6:127）

「門外的皈依者」、「畏懼上帝的人」。[133]猶太教經書編織著對不信耶和華者的鐵血復仇與恐怖毀滅的神話。[134]耶穌顛覆了這個猶太教的傳統，他第一人向世人宣告：一切人成為「上帝的兒女」。《約翰福音》記載：耶穌往加利利途中，經過撒瑪利亞。猶太人都迴避這個地方，耶路撒冷人恨惡撒瑪利亞人，禁止猶太人與撒瑪利亞人一起飲食。耶穌卻無視這個禁令。他到了撒瑪利亞的一座城，在那裡有雅各井。有一個撒瑪利亞的婦人來打水。耶穌對她說：「請你給我水喝。」撒瑪利亞的婦人對他說：「你既是猶太人，怎麼向我一個撒瑪利亞婦人要水喝呢。原來猶太人和撒瑪利亞人沒有來往。」又說：「我們的祖宗在這山上禮拜，你們倒說，應當禮拜的地方是在耶路撒冷。」耶穌回答說：「婦人，你當信我，時候將到，你們拜父，也不在這山上，也不在耶路撒冷。」又說：「時候將到，如今就是了，那真正拜父的，要用靈（spirit）和真（truth）拜他，因為父要這樣的人拜他。」（Jhn 4:3-23）

　　當耶穌明示：一切人，不在耶路撒冷禮拜父的時候到了，他確實就宣告了跟他由之出生的猶太教傳統徹底決裂。當他明示：一切人，

---

133 參見勒南著，雷崧生譯：《耶穌傳》，頁126。

134 康德在《宗教》一書一個註腳中論及舊約裡主張「復仇」的原則。他說：「舉例來說，在《詩篇》第59篇第11至16節中，就可以發現對過分得令人吃驚的復仇的祈禱。（米夏艾里斯《論道德》，第2部份，頁202）贊同這種祈禱，並且補充說：『《詩篇》是富有靈感的。既然在《詩篇》中為一種懲罰而祈禱，那麼，它就不可能是不公正的；而我們除了聖經之外，也不應該有任何更神聖的道德學』。」（Rel 6:110）康德反駁米夏艾里斯的觀點，他質問：「是必須按照《聖經》來解釋道德學，還是按照道德學來解釋《聖經》？」（Rel 6:110）他明確指出：在經書中，「或者要麼自身根本不包含任何有益於道德的東西，要麼乾脆就是與道德的動力背道而馳」，（Rel 6:110）那麼就不能逐字逐句詮釋。康德還指出：《聖經》的另一段話：「主說，伸冤在我，我必報應。」並說：「復仇欲根本不可以視為得到認可的。」（Rel 6:110）

無論猶太人還是被猶太教排斥在外的異教者，不分血緣種族，用靈（spirit）和真（truth）拜父的時候到了，他就明確地標示出全人類的真正的宗教之原型。也就是他一直宣導的宗教：一切人信「父」（道、義、愛），成為「上帝的兒女」；心存「上帝之國」行走在地上的盼望；無論何等艱難險阻，踐行不息，決不動搖。儘管這個原型仍未成為現實。

　　耶穌宣導的「上帝之國」屬於一切遵從上帝之道的人，不分血緣，不分種族。儘管依據福音書所記載，耶穌也對多神教徒不滿，但那是針對他們的盲從和奴性，而根本不同《聖經》（舊約）經文中包含的「復仇原則」。在《宗教》一書一個註腳中康德提及《新約》中，耶穌的話：「你們聽見有吩咐古人的話，說：『不可殺人。』又說：『凡殺人的，難免受審判。』」（Mat 5:21）不過，顯然，耶穌所言「凡殺人的，難免受審判。」是表明公正原則，根本不能解讀為對不同種族、不同信仰的民族持「復仇原則」。不錯，耶穌有時也引用舊約上的經文，但只要細心分辨，即可見出，耶穌並不是教條地重複古老的格言。我們見到，耶穌將「寬恕」之古老格言發揮到極致。《馬太福音》記載耶穌說：

　　　　你們聽見有話說：「以眼還眼、以牙還牙」。只是我告訴你們，不要與惡人作對，有人打你的右臉，連左臉也轉過來由他打。有人想要告你，要拿你的裡衣，連外衣也由他拿去。有人強逼你走一里路，你就同他走二里。有求你的，就給他。有向你借貸的，不可推辭。你們聽見有話說：「當愛你的鄰舍，恨你的仇敵。」只是我告訴你們，要愛你們的仇敵，為那逼迫你們的禱告。這樣，就可以作你們天父的兒子。因為他叫日頭照好人，也照歹人，降雨給義人，也給不義的人。（Mat 5:38-45）

　　五、如康德指出：猶太人把上帝看作是自己的政治君主之關聯來理解。（Rel 6:110）猶太人自命為耶和華特別揀選的民族，以致這個民族為自己設定了一個唯一的、無法被任何可見的形象來想像的上帝，作為普遍的世界統治者，但祂只要求人遵守其誡命，機械式的崇拜成為事奉神的手段，卻根本不要求一種改善了的道德的存心。（Rel 6:126）耶穌宣道立教，無疑根本上顛覆了猶太傳統，依耶穌，上帝是最高的「道德的本質者（moralische Wesen）」，祂所喜悅的人，以耶穌自身為典範。耶穌自身為「德性圓滿的原型」（上帝所喜悅的人），「上帝的兒女」就是一切信耶穌，以耶穌自身之「德性圓滿的原型」為典範的人，不分血緣，不分種族。「上帝的兒女」成就一個「上帝之國」，行在地上，無非是一個以上帝為最高的「道德的本質者」統治的世界，將一切人召集在善的原則下的倫理共同體。此即康德所論明：「道德的本質者」是宗教必需的概念。（Rel 6:110）「唯有純粹的道德信仰，才在每一種教會信仰中構成了在它裡面真正的宗教的東西。」（Rel 6:112）依此，我們得以顯明，何以說耶穌確立了真正的宗教，而徹底與形形色色的歷史性信仰區別開。

　　依據康德所論宗教之本質，我們顯揚耶穌教為真正的宗教。但同時亦注意康德明確指出：教會信仰「依賴於宗教信仰的限制性條件」，對於教會信仰來說，只能「按照它的各種不同的、變換不定的形式」，「跟獨一無二的、不變的、純粹的宗教信仰進行比較，以此期望一種普遍的、歷史的描述。」（Rel 6:124）他表明：「這一歷史就無非是關於事奉神靈的宗教信仰跟道德的宗教信仰之間的不斷鬥爭的記敘。」（Rel 6:124）可以指出：康德這裡所說「純粹的宗教信仰」就是耶穌之宗教信仰，教會信仰必須不斷地與其作為一種歷史性的信仰而包含的種種事奉神靈的「引導性的手段」作鬥爭，以迫近純粹的宗教信仰。（Rel 6:115）也就是說，耶穌之宗教信仰作為「獨一無二

的、不變的、純粹的宗教信仰」，乃真正的宗教的唯一原型。

六、耶穌立教，宣示人的自由。康德對基督教信仰作出批判、檢察，他意圖由此實現宗教學說的顛覆性革命。他尖銳地指出：「由於基督教的學說是建立在事蹟之上，而不是建立在純然的理性概念之上的，所以它不僅僅是基督宗教，而是成了為一個教會提供基礎的基督教信仰。」（Rel 6:164）他提出：「在基督教的啟示學說中，我們絕不能從對被啟示的（對於理性來說自身隱秘的）信條的無條件的信仰開始。」（Rel 6:164）否則，「基督教信仰就不僅僅是規定下來的信仰，而且甚至還會是奴性十足的信仰。」（Rel 6:164）我們必須指明，康德宣示的宗教革命以純粹的即道德的宗教為標的，其根源與矩矱歸於耶穌之原始智慧，此原始智慧乃即道德即宗教的最高慧識。

康德呼籲：要結束那「使啟示信仰先行於宗教」、「使道德秩序本末倒置」（Rel 6:165）的歷史性的信仰。他提出：「要使這種情況不發生，就必須使一種自然宗教中的人類普遍理性，在基督教的信仰學說中被承認和推崇為最高的、頒布命令的原則。」（Rel 6:165）以廢除律法主義加於信徒身上的枷鎖。[135]他大膽地要求結束「對上帝物神化的偽事奉」。他說：「真正的啟蒙是要將對上帝物神化的偽事奉轉變成一種自由的，從而也是道德的事奉。如果我們背離了這一點，那麼，加之於人的就不是上帝的兒女的自由，而是一種法則（規章性法則）的枷鎖。」（Rel 6:179）

康德的顛覆性的宗教學說之革命標明：「接受宗教並不是為了取代，而是為了促進那積極地顯現在一種善的方式中的德行的存心。」（Rel 6:201）我們可以指出：「善的方式中的德行的存心」正表明在耶穌作為一個「德性圓滿的原型」中。在《宗教》一書，「善的原則

---

135 依康德所論，基督教教會的規章性法則「無條件地迫使人們信仰某種只能歷史地認識，從而並非對每一個人來說都是有說服力的東西」。（Rel 6:179）

之人格化的理念」（Personificirte Idee des guten Princips）那一小節中，
康德論及「唯一使上帝喜悅的人」（Dieser allein Gott wohlgefällige
Mensch），（Rel 6:60）那顯然說的是耶穌。他說：「只有在他身上，並
且通過接受他的存心（Gesinnungen）我們才能夠希望作『上帝的兒
女』。」（Rel 6:60-61）康德還說：

> 為了將我們自己提升到道德的圓滿性之理想（Ideal der morali-
> schen Vollkommenheit），即提升到德性的存心（sittlichen Gesin-
> nung）在其全部的純粹性中之原型，已成為普遍的人類義務。
> （Rel 6:61）

> 我們只能在這樣一個理念下，設想上帝所喜悅的人性之理想
> （Das Ideal der Gott wohlgefälligen Menschheit）（因此，道德上
> 的圓滿，就像在依賴於需求和性好的世界上眾生中是可能的那
> 樣）。這個人不僅自己履行一切的人類義務，同時通過教誨和
> 榜樣，在自己周圍的盡可能大的範圍傳播善。而且即使受到極
> 大誘惑，也甘願為了他的敵人而承受一切苦難，及至極屈辱的
> 死亡。（Rel 6:61）

並且，康德提出，接受一種道德的宗教，「絕對要求人的自由。」
（Rel 6:190）人類普遍理性頒布最高的原則，從傳統律法主義的枷鎖
擺脫出來。此為真正的宗教區別於歷史性信仰的標誌。亦正是耶穌立
教以顛覆傳統的歷史性信仰而對人類作出的永恆貢獻所在。從福音書
關於耶穌宣道及行事的記載，我們見到的正是康德所說的「德性的存
心在其全部的純粹性中之原型」、「上帝所喜悅的人性之理想」。康德
又稱之為「善的原則之人格化的理念」。

耶穌作為一個「德性圓滿的原型」，其根基在意志自由。《約翰福音》記載：

> 耶穌對信他的猶太人說：「你們若常常遵守我的道，就真是我的門徒。你們必曉得真理，真理必叫你們得以自由。」他們回答說：「我們是亞伯拉罕的後裔，從來沒有作過誰的奴僕。你怎麼說，你們必得自由呢。」耶穌回答說：「我實實在在的告訴你們，所有犯罪的，就是罪的奴僕。奴僕不能永遠住在家裡，兒子是永遠住在家裡。所以天父的兒子若叫你們自由，你們就真自由了。」（Jhn 8:31-36）

康德說：「每個道德的良善存心的（moralisch wohlgesinnte）人在這一生中都必須在善的原則的指導下與惡的攻擊進行鬥爭，無論他多麼努力，給他帶來的好處不會比擺脫惡的統治更大。因為他是自由的，他『擺脫了罪的奴役，從而按照公義生活』，這是他能獲得的最大收穫。」（Rel 6:93）康德引用了《羅馬書》的話[136]，其義上承耶穌，此即告誡每一個人，要成為道德上善的人，就是作義的奴僕，即不懈地堅持善的原則，與惡的原則作鬥爭。這就是使自己成為自由的。此可見，康德從每個人心靈稟具之意志自由發道德原則，擺脫惡的的原則統治，可溯源自耶穌的教誨。

耶穌本人有一顆自由的心靈，由自由的心靈發「善的原則」，遠離罪。耶穌宣道，導人從「罪的奴僕」之束縛中解脫出來。依《路加福音》記載，耶穌說：「一個僕人不能事奉兩個主，不是惡這個愛那個，就是重這個輕那個。你們不能又事奉神，又事奉瑪門。」（Luk

---

136　《羅馬書》：「你們既從罪裡得了釋放，就作了義的奴僕。」（Rom 6:18）

16:13）此即康德所論道德法則獨立不依於任何外在條件，純粹從主體心靈發，主體心靈發此法則，即顯其為自由的。此所以我們可以說，康德以道德法則為首出，意志自由為基石而確立的意志自律之道德學說，顛覆了西方傳統的他律道德，連同著就因著從道德伸展至宗教而顛覆了西方的律法主義的宗教傳統，這種顛覆性的革命從根源上說上承耶穌的創闢性宗教智慧。儘管康德離耶穌的年代有千餘年那麼久遠。康德說：

> 在我們裡面的上帝本身就是解釋者，因為除了通過我們自己的知性和我們自己的理性跟我們說話之外，我們決不理解任何東西，因此，就我們的理性的概念是純粹的道德的，因而是確實可靠的而言，除了通過它們，一種向我們頒布的學說的屬神性，不能通過任何東西來認識。（SF 7:48）

依康德所論，「唯一使上帝喜悅的人」，即：耶穌，「他的理念源於上帝的本質。」（Rel 6:60）除了在耶穌心靈裡面的上帝跟他說話（這說話是純粹的道德的，因而是確實可靠的），我們不能通過任何東西來認識「上帝」及上帝的話。而耶穌裡面的上帝的說話，無非是耶穌依其心靈所發的「善的原則」所說的話。從福音書關於耶穌言行的記載，我們並沒有見到耶穌宣稱有一個外在的「最高者」（上帝）給他頒布命令。相反，我們見到耶穌一再說：「若是認識我，也就認識我的父。」（Jhn 8:19）「除了子和子所願意指示的，沒有人知道父是誰。」（Luk 10:22）

此所以，康德把握住耶穌關於「上帝」的完全顛覆傳統神學的創闢性理解，揭明此所言「上帝」無非是「我們自己的理性」。耶穌作為「德性圓滿的原型」、「德性的存心在其全部的純粹性中之原型」，

就含著「上帝的本質」，就是「上帝」的具體的全部的內容。普世崇敬的一位「最高者」（上帝）唯獨通過耶穌作為「德性圓滿的原型」被看見，被認識。我們可以說，正是此關於「上帝」的慧識，顛覆了傳統神學，從而引發康德宗教哲學的革命。康德指明：「宗教決不能建立在規章（無論它們有多麼高等的起源）之上，這甚至已從宗教的概念出發得到說明。」（SF 7:36）無論教會的規章宣稱基於《聖經》，還是也基於傳統，皆不能違背理性的一種立法（善的原則）。「宗教是理性的一種立法。」（SF 7:36）「上帝理念」產生自耶穌的道德心靈，此心靈無非是理性立法的道德心，耶穌的道德存心中的「上帝」，無非是召喚每一個人致力成為「上帝所喜悅的人」，即「義人」的具無條件的絕對權威的「最高者」。此即康德說：「宗教是理性的一種立法，為的是通過由道德產生的上帝理念而給予道德以對人的意志的影響，去履行其所有的義務。」（SF 7:36）

耶穌宣道立教，依福音書所記載，並沒有「神的啟示的學說」，他履行一切的人類義務，以根於「善的原則」之愛與義教誨眾人，他自己立下榜樣，在世人面前表現一個「上帝所喜悅的人」的原型。此即康德說：「宗教不是某些作為神的啟示的學說之總和（因為這種總和稱為神學），而是我們一切義務一般作為神的命令之總和（而且主觀上是把這些義務當作命令來遵循的格準之總和）。」（SF 7:36）

耶穌向眾人宣道，「正像有權柄的人」，而他說：「我沒有一件事是憑著自己作的。我說這些話，乃是照著父所教訓我的。」（Jhn 8:28）其言「父（上帝）所教訓」並非傳統上來自上帝的律法，不同於任何歷史性的規章性信仰，而是耶穌依其道德心靈而發的每一言每一行。耶穌的言語、行事並不是由外在的神主宰的，而毋寧是發自其心靈之善的原則。此善的原則本來就在每一個人心中，而由耶穌由其言語與行事呈露出來。此即《約翰福音》記載說：「道成了肉身，住

在我們中間，充充滿滿的有恩典有真理。」（Jhn 1:14）

「除了子和子所願意指示的，沒有人知道父是誰。」（Mat 11:27; Luk 10:22）此含著說，父（上帝）並非人所知的一個外在實存的東西，它的本質與內容就在子（耶穌）的言語、行事中見。此亦即耶穌一再表明他一切言行「照著父所教訓」所含之意。

耶穌奉上帝為「公義的父」。他說：「公義的父呵！世人未曾認識你，我卻認識你。」（Jhn 17:25）耶穌認識上帝，此表明在：他的一切言語行事為求上帝的榮耀，而並不是求自己的榮耀。在他心裡沒有不義。此即《約翰福音》記載耶穌說：「人憑著自己說，是求自己的榮耀。唯有求那差他來者的榮耀，這人是真的，在他心裡沒有不義。」（Jhn 7:18）公義、憐憫、信實，是榮耀上帝的頭等重要的事。[137]一個人「心裡沒有不義」，他就是求上帝的榮耀，照著上帝所教訓而言語行事，而不是憑著自己作，不是求自己的榮耀。此即耶穌所宣講「以神為義」[138]。

耶穌奉上帝為「愛」。上帝愛他的兒女，人信上帝就在耶穌裡面，也就在上帝裡面。《約翰福音》記載耶穌說：「使他們都合而為一。正如你父在我裡面，我在你裡面。使他們也在我們裡面，叫世人可以信你差了我來。你所賜給我的榮耀，我已賜給他們，使他們合而為一，像我們合而為一。我在他們裡面，你在我裡面，使他們完完全

---

137 《馬太福音》記載：「你們這假冒為善的文士和法利賽人有禍了。因為你們將薄荷、茴香、芹菜、獻上十分之一。那律法上更重的事，就是公義、憐憫、信實，反倒不行了。這更重的是你們當行的，那也是不可不行的。」（Mat 23:23）

138 《路加福音》記載耶穌說：「我告訴你們，凡婦人所生的，沒有一個大過約翰的。然而神國裡最小的比他還大。」（Luk 7:28）並記載：「眾百姓和稅吏，既受過約翰的洗，聽見這話，就以神為義。」（Luk 7:29）又，《馬太福音》記載耶穌說：「人因為義人的名接待義人，必得義人所得的賞賜。」（Mat 10:41）「那些義人要往永生裡去。」（Mat 25:46）

全的合而為一。叫世人知道你差了我來，也知道你愛他們如同愛我一樣。」（Jhn 17:21-23）此即耶穌作為「德性圓滿的原型」彰顯的「普遍的愛」。奉上帝為「愛」，此「愛」不同於通俗所言「博愛」、「慈善」，而為一切「愛」之情感的根據。「普遍的愛」乃經由耶穌顯揚其為上帝之本質，而揭示一種於人之間普遍地傳通的情感。此即《約翰福音》記載耶穌說：「我已將你的名指示他們，還要指示他們，使你所愛我的愛在他們裡面，我也在他們裡面。」（Jhn 17:26）

我們可以說，耶穌宣道立教，其宗旨就在：愛與公義。信仰上帝就是信奉「愛與公義」為最高原則，並終生遵行，以致力於「上帝的國行於地上如同行於天上」。明乎此，即能領會耶穌說：「聽神之道而遵守的人有福。」[139]（Luk 11:28）此即是康德標舉的唯一真正的宗教。也就是康德依此而論宗教決不建基於「神的啟示」，真正的宗教與道德一樣，「它是理性的一種立法。」（SF 7:36）「理性在宗教事務中是《聖經》的至上的解釋者。」（SF 7:41）著實說，也就是以耶穌之為道德的原型解釋《聖經》。顯見，康德的宗教學說並不以傳統的神學為基礎，甚至不是以《聖經》為依據，而是以耶穌立教之宗旨為根基。依此，在《宗教》一書，康德就嚴正地檢討了基督教的歷史。他指出：「就人們有理由期待一種道德宗教可以發揮的行善的（wohltätige）作用而言，基督教的歷史對公眾來說決沒有什麼好印象。」（Rel 6:130）他毫不諱忌地指出：基督教的制度是「沉重的枷鎖」，他說：「隱士生活和僧侶生活的神秘主義狂熱」，「對獨身階層的神聖性的歌功頌德」，以及「與此相聯繫的所謂奇蹟」，「如此用沉重的枷鎖把人民壓制在一種盲目的迷信之下。」（Rel 6:130）並嚴正地斥責「教階制」和「正

---

139 《路加福音》記載：「耶穌正說這話的時候，眾人中間，有一個女人大聲說：『懷你胎的和乳養你的有福了。』耶穌說：『是。卻還不如聽神之道而遵守的人有福。』」（Luk 11:27-28）

統信仰」，說：「借助一種壓迫自由的人們的教階制，正統信仰的可怕聲音如此從自封的、唯一欽定的《聖經》詮釋者的口中發出，以及基督教世界如此由於信仰的意見（如果人們不把純粹的理性宣布為詮釋者，就絕不能給信仰的意見帶來任何普遍的一致）而分裂成激烈對抗的派別。」（Rel 6:130）

　　儘管康德對基督教歷史的檢討極為嚴厲，但並不妨礙他對於教會信仰作歷史的描述時，從基督教開始。畢竟基督教認信耶穌，故有希望從教會「關於事奉神靈的宗教信仰」轉向耶穌立教的「道德的宗教信仰」，最後取得以「道德的宗教信仰」跟「事奉神靈的宗教信仰」鬥爭的勝利。

## 第二章
# 孔子——聖人與我同類者

## 第一節　孔子：理性文明的創發者

　　孔子是誰？依孟子言，孔子是聖人，而又與每一個人為同類者。[1]
這個答案是確定的。孔子被他的民族讚許為「聖人」，這是孔子有生
以後的事，而並非什麼「天縱至聖」。《論語・子罕第九》記載：「太
宰問於子貢曰：『夫子聖者與？何其多能也！』子貢曰：『固天縱之將
聖，又多能也。』子聞之曰：『太宰知我乎？吾少也賤，故多能鄙
事。君子多乎哉？不多也！』」孔子自道：「若聖與仁，則吾豈敢？抑
為之不厭，誨人不倦，則可謂云爾已矣！」（《論語・述而第七》）

　　孔子是誰？正史清楚記載著。少能引起爭議。儘管孔子作為一個
歷史人物，若歷史學家要考證所謂「歷史上的孔子」，確實很難找到
細節翔實的史料，不過，司馬遷的《孔子世家》公認為研究孔子的重
要著作，是不必懷疑的。儘管司馬遷寫孔子傳記離孔子辭世四百多
年；但畢竟並不像耶穌，人們只從經書的記載去推想，他是人，抑或
上帝之子，還是乾脆就是神。多有爭論。

　　孔子（前551-前479），名丘，字仲尼，出生於春秋時期的魯國。
孔子曾在魯國為官，五十後為魯國中都宰，至大司寇，「四方皆則
之」。季桓子受齊女樂，怠於政事，孔子遂行，時年五十六。孔子周
遊列國十四年，求「王道仁政」實現於世也。其間四處漂泊，遭匡人

---

1　孟子說：「聖人與我同類者。」（《孟子・告子章句上》）

圍捕，桓魋加害，厄於陳蔡。自嘲曰「似喪家之犬」。[2]終失望而歸魯。然接續「王道之大者」之使命一刻未忘，刪詩書，定禮樂，贊周易，修春秋，其功實不僅在「傳先王之舊」，而在將「內聖外王」之道扎根於每一個人的真實生命（仁），以之開中華民族文化生命的道德化之理性本性的傳統。晚年授業講學，傳仁道。弟子三千多，其中有成就者七十餘名。可說為孔子哲學傳統之發端奠定根基。

　　本書撰寫之目的在論明孔子的理性本性之學的傳統，擱置史學家所關注的「史實」之辯不論，而專注於孔子哲學在兩千多年的中華文明慧命相續的傳統中彰顯的理性事實。[3]以期孔子哲學傳統於現世乃至未來無限世代傳承永續，並凝聚一切孔子之徒，為實現孔子宣導的「王道仁政」奮進不已。太史公曰：「天下君王至於賢人眾矣，當時則榮，沒則已焉。孔子布衣，傳十餘世，學者宗之。自天子王侯，中國言六藝者折中於夫子，可謂至聖矣！」（〈太史公孔子像贊〉）誠哉此言！然愚意以為，孔子一介布衣，何止為十餘世相傳儒家的宗師，又豈止中國六藝集大成者、宣教者？無疑，吾人常見孔子被讚譽為中國古代最偉大的思想家和教育家，孔子創立的儒家亦被肯定為中國傳統文化的支柱。然少見有人從哲學（理性本性之學）的維度與理性文明的深度來評價孔子及孔子傳統。拙著《孔子哲學傳統──理性文明

---

2　見：司馬遷：《史記・孔子世家》。王陽明云：「然而夫子汲汲遑遑，若求亡子於道路，而不暇於暖席者，寧以蘄人之知我信我而已哉？蓋其天地萬物一體之仁疾痛迫切，雖欲已之而自有所不容已，故其言曰：『吾非斯人之徒與而誰與！欲潔其身而亂大倫，果哉，末之難矣！』嗚呼！此非誠以天地萬物為一體者，孰能以知夫子之心乎？」（王守仁撰，葉鈞點註：《傳習錄》〔臺北：臺灣商務印書館，1967年〕，中，第171條。本書所標條碼依鄧艾民：《傳習錄注疏》〔臺北：法嚴出版社，2000年〕，以下不再贅述。

3　此如本書研究耶穌，亦擱置史學家所關注的「歷史上的耶穌」相關問題不論，甚至，我們依循康德，將一切由歷史性的信仰加諸予耶穌的種種神蹟擱置不論，而專論耶穌之為真正的宗教（道德的宗教）的創立者。

與基礎哲學》[4]、《常道：回到孔子》[5]，就是旨在補這個缺。也就是要從人類理性的高度講明孔子哲學的普遍性、永恆性。兩部拙著，以及歷年於大學及民間演講，都在致力講明：孔子哲學及其傳統顯發人類理性文明，作為基礎哲學（理性本性之學）乃是人性之根、社會之本，以及人類終極目的的根據。

所謂「理性本性之學」，意即此學問乃根於人類心靈之理性機能而發；「理性」之為理性，其為在意欲機能中立普遍法則的能力；區別於「知性」之為認識機能中立普遍法則的能力。依此，「理性本性之學」也可以說是「人類理性之立法」之學。從人類文明發展史來看，中華民族首先從文明化進至道德化。這一步轉進端賴孔子。

孔子曰：「殷因於夏禮，所損益，可知也；周因於殷禮，所損益，可知也。其或繼周者，雖百世，可知也。」（《論語・為政第二》）可見孔子哲學智慧孕育自中華民族之原始智慧，自夏、殷原始文明變革而至周代文明，禮樂教化、典章制度燦然明備。[6]此所以孔子曰：「繼周者，雖百世，可知也。」而《中庸》云：「仲尼祖述堯舜，憲章文武。」顯見，孔子以承繼與弘揚周代文明為己任。此即孔子曰：「周監於二代，郁郁乎文哉，吾從周。」（《論語・八佾第三》）周代文明從夏、殷兩代即人倫彝常、昭明協和言天敘、天秩的智慧提升到人德上達致天，即上達天命、天序以貞定法則義、常體義。[7]周代文明一方面依人性、倫常，切合百姓日用，為社會、人倫確立了禮

---

4　盧雪崑：《孔子哲學傳統——理性文明與基礎哲學》（臺北：里仁書局，2014年）。

5　盧雪崑：《常道：回到孔子》（桂林：廣西師範大學出版社，2016年）。

6　《中庸》云：「大哉聖人之道！洋洋乎，發育萬物，峻極於天。優優大哉！禮儀三百，威儀三千，待其人而後行。故曰，苟不至德，至道不凝焉。」

7　關於中華文明經歷夏、殷、周三代，從文明化進至道德化，詳論可參見拙著《孔子哲學傳統——理性文明與基礎哲學》，第一章第一節「論孔子創發的理性文明乃中華文化從文明化進至道德化之里程碑」，頁11-32。

儀、典章，同時重德而「以德配天」，既顯德的普遍性必然性，並顯德自人內心出。可以肯斷：周代文明消除原始文化中形形色色依賴外在神力的虛妄幻想，實在已包含著一種理性文明的內核。

　　儘管孔子身處春秋戰國時代，周文疲憊，禮崩樂壞；然絲毫未能改變其以周代文明為社會立本，為人性定分的慧識。事實上，周代文明之「禮儀三百，威儀三千」，倫常教化，五倫五常因著孔子傳統之世代接續而成為中華文明的基石，堪稱為百姓日用之生活軌道的矩矱。孔子以其理性視野與識見，不為周代文明頹敗之勢所動搖，牢牢把握住三代古文明之理性內核；以其創闢性的智慧提煉周代文明以創發出史無前例、舉世無兩的理性文明。這個理性文明是由孔子哲學及其延續二千多年的傳統體現的，儘管這個理性文明傳統至今仍未於政治經濟、社會制度等方面建其功，甚至在歷史長河中幾經斷喪，然理性文明既經確立，它就萬古如一日，在這個民族的生命體中，推動著這個民族，於種種不可預計的歷史偶然性中，展示一個未來的道德史的前瞻。

　　有學者以為，孔子傳統陳意太高，與人及社會現實不相適應，譏之為「理性早熟」。差矣！陋矣！豈知，理性文明是一建永建的，萬古如一日，它是人及其社會的一個原型。一個民族的生命體一旦理性成熟，其理性就必定要在這個民族的發展中表現出其影響力，並最終實現理性自身規定的終極目的，無論這個行程要經歷多少個世代，遭遇的曲折是多麼坎坷。孔子哲學傳統肇發的理性文明於中華民族二千多年的歷史行程中從不間斷地起作用，即是明證。

　　孔子自道「述而不作，信而好古」，(《論語‧述而第七》) 然孔子之「述」顯然並非對古史之敘事，孔子不是史學家，他對世代相傳三代古文明聖賢之德和王道之治之「述」中，就包含對中華古文明的理性內核之提煉，亦即包含一種常道性格的說明，故可說，孔子之「不

作」而作是創闢性的，以其創闢性的心靈，既承繼三代古文明聖賢之德和王道之治而標舉其為人生、社會之「原型」，又提升仁政王道至哲學之維度，即挖掘出其於人之實存的根據。正依此，我們可指出，孔子創發出理性的文明。

我們之所以稱孔子創發的文明為「理性的文明」，依據在其哲學之核心「仁」。一般學者解孔子言「仁」為慈愛的情感，違離孔子原義遠矣。孔子言「仁」不止於情感，恰切地說，其核心義並不在情感。孔子「原創性的思想」經由其創闢的心靈顯發出來，生命中內在而真實的普遍性、無限性、神聖性，於其身教言教中隨時隨地指點出「仁」。孔子言「仁」並不需要概念作媒介，它也不能歸於辭義學、辭源學、訓詁學去討論。它不是一個概念，吾人必須依《論語》記載孔子隨機指點所展示「仁」之全蘊，以把握孔子言「仁」之真旨實義。關此，拙著《孔子哲學傳統──理性文明與基礎哲學》有詳論，總括而言，「仁」內在於人的一切實踐活動而為其超越根據。[8]《論語》記載孔子因應眾弟子問而隨機指點言「仁」：「愛人」、「恭」、「敬」、「忠」、「恭、寬、信、敏、惠」、「知」、「勇」、「博施」、「濟眾」、「己所不欲，勿施於人；在邦無怨，在家無怨」、居喪「不安」，及至「克己復禮」，種種「德」皆指點「仁」[9]，依此，吾人可歸結

---

8　孔子說：「人而不仁，如禮何？人而不仁，如樂何？」(《論語‧八佾第三》)「志於道，據於德，依於仁，游於藝。」(《論語‧述而第七》)「民興於仁。」(《論語‧泰伯第八》)「人而不仁，疾之已甚，亂也。」(同前) 又，《禮記‧禮運》云：「仁者，義之本也，順之體也，得之者尊。」又云：「講之於學而不合以仁，猶耕而弗獲也。」依據以上引文可見，依孔子，「禮」(德性之體現也)；「樂」(人情之抒發也)不可離「仁」，此即見孔子以「仁」為一切實踐活動的超越根據。

9　樊遲問仁。孔子說：「仁者先難而後獲，可謂仁矣。」(《論語‧雍也第六》) 又說：「愛人。」(《論語‧顏淵第十二》)「居處恭，執事敬，與人忠；雖之夷狄，不可棄也。」(《論語‧子路第十三》) 子貢問：「如有博施於民，而能濟眾，何如？可謂仁乎？」孔子說：「何事於仁？必也聖乎！堯舜其猶病諸。」(《論語‧雍也第六》) 顏

到：「仁」是全德，是一切德行的根源。

　　孔子言「仁」乃一切實踐活動的超越根據，社會倫理德性、個人的德行，皆歸根於「仁」。依孔子創闢性之洞見，此「根」（仁）絕非外在給予的，而是內在於人自身的道德的意欲力。孔子說：「仁遠乎哉？我欲仁，斯仁至矣！」（《論語‧述而第七》）「欲仁而得仁，又焉貪？」（《論語‧堯曰第二十》）此即明示：「仁」乃是每一個人所「欲」，而且，求仁得仁。此即孔子說：「為仁由己，而由人乎哉。」（《論語‧顏淵第十二》）「求仁而得仁，又何怨？」（《論語‧述而第七》）依此可見，孔子言「仁」是關連著人的意欲機能而說的，孔子之所以能隨機指點言「仁」，端賴其以直透本源之慧識，直接把握到人自身稟賦的一種真正的高層的意欲機能。[10]這種機能區別於人的自然本能（生理、物理、心理），而為管轄人的一切意欲的能力，[11]此所

---

淵問仁。孔子說：「克己復禮為仁，一日克己復禮，天下歸仁焉。」（《論語‧顏淵第十二》）仲弓問仁。孔子說：「出門如見大賓；使民如承大祭；己所不欲，勿施於人；在邦無怨，在家無怨。」（同前）司馬牛問仁。孔子說：「仁者，其言也訒。」（同前）子張問仁於孔子。孔子說：「能行五者於天下，為仁矣！」又說：「恭、寬、信、敏、惠。恭則不侮；寬則得眾；信則人任焉；敏則有功；惠則足以使人。」（《論語‧陽貨第十七》）孔子答宰我問「三年之喪，期已久矣！」從居喪「不安」，指點「仁」。（《論語‧陽貨第十七》記載：孔子答宰我：「女安，則為之！夫君子之居喪，食旨不甘，聞樂不樂，居處不安，故不為也。今女安，則為之。」宰我出。子曰：「予之不仁也！」）又，孔子說：「不仁者，不可以久處約，不可以長處樂。仁者安仁，知者利仁。」（《論語‧里仁第四》）「唯仁者，能好人，能惡人。」（同前）「苟志於仁矣，無惡也。」（同前）「人之過也，各於其黨。觀過，斯知仁矣！」（同前）「仁者必有勇，勇者不必有仁。」（《論語‧憲問第十四》）

10　「一種真正的高層的意欲機能」（ein wahres oberes Begehrungsvermögen），依康德在《判斷力批判》之「引論」中說明：「就一般的心靈機能來說，把它們作為高層的機能，也就是包含自律的機能來考量。」（KU 5:196）「高層的意欲機能則是那不需要來自任何地方的快樂為媒介而自身就是實踐的理性。」（KU 5:197）

11　孟子最能得孔子之真義。他說：「生，亦我所欲也；義，亦我所欲也，二者不可得兼，舍生而取義者也。」（《孟子‧告子章句上》）此即區分開兩層意欲機能：「從耳

以為人的一切實踐活動之「根」。

　　顯見，孔子言「仁」為每一個人自身稟賦的一種真正的高層的意欲機能，也就是揭示出人使自身提升至自己本身的自然生命之上的能力。這種能力，用康德的詞語說，就是人自身稟賦的「人格性」。[12]孔子以此（仁，即人格性）為人之為人的真實存有性，故言「仁者，人也。」（語見《中庸》第二十章「答哀公問政」）此即明示：人以「仁」為其真正的實存分定（即孟子言「分定故也」之「分定」[13]），吾人可名之為「真實的存有性」。孔子說：「性相近也，習相遠也。」（《論語・陽貨》篇）「性相近也」與「習相遠」是孔子言「性」的兩個不同層面。「性相近也」，也就是孔子本人說：「人之生也直。」（《論語・雍也第六》）從人之本性相近而論，此通於孟子所言「故凡同類者，舉相似也」，孟子曰：「何獨至于人而疑之？聖人與我同類者。」（《孟子・告子章句上》）就此「相近」、「相似」言「性」，實在是就「心之所同然」[14]（同前）而論。「心之所同然者何也？謂理也，義也。」（同前）

　　依孔子，人以「仁」為其實存分定（真實的存有性），正是此根

---

　　目之欲」，（《孟子・離婁章句下》）「物交物則引之而已矣」（《孟子・告子章句上》），「小體」也；「心之官則思。」（《孟子・告子章句上》）「思」乃思仁義禮智之天理，「大體」也。「先立其大者，則其小者不能奪也，此為大人而已矣。」（《孟子・告子章句上》）此「大體」之主宰義即孔子言「仁」為人的一切實踐活動之「根」。

12 康德說：「這東西無非就是人格性，亦即不依賴於整個自然的機械作用之自由和獨立性，但同時被視為一個生物的機能，這個生物服從自己特有的，亦即由他自己的理性所立的純粹實踐的法則，因而人格作為屬於感觸界的，就其同時屬於智性界而言，服從於自己的人格性。」（KpV 5:87）

13 孟子曰：「君子所性，雖大行不加焉，雖窮居不損焉。分定故也。」（《孟子・盡心章句下》）

14 孟子曰：「故曰：口之於味也，有同耆焉；耳之於聲也，有同聽焉；目之於色也，有同美焉。至於心，獨無所同然乎？心之所同然者何也？謂理也，義也。聖人先得我心之所同然耳。故理義之悅我心，猶芻豢之悅我口。」（《孟子・告子章句上》）

源洞見為孔子創發理性文明奠定根基。「仁者，人也」，意謂每一個人必須通過自身「踐仁」的不斷踐履進程以實現其實存分定，也就是說，人要通過「踐仁」以「成己」。此所以《中庸》云：「成己，仁也。」（《中庸》第二十六章）孔子說：「修身以道，修道以仁。」（引文四十八）「修身」、「修道」就是「踐仁」。又，孔子說：「好仁者，無以尚之。」（引文十二）「君子去仁，惡乎成名？君子無終食之間違仁；造次必於是，顛沛必於是。」（《論語・里仁第四》）「君子而不仁者有矣夫！未有小人而仁者也。」（《論語・憲問第十四》）「志士仁人，無求生以害仁，有殺身以成仁。」（《論語・衛靈公第十五》）此見，高尚的人、「志士仁人」、「君子」之為君子，以「踐仁」為準。孔子又說：「民興於仁。」（《論語・泰伯第八》）「民之於仁也，甚於水火。」（《論語・衛靈公第十五》）「當仁，不讓於師。」（同前）此見，民之興亦在「踐仁」。及至「王者」的標準也在於「仁」，此見於孔子說：「如有王者，必世而後仁。」（《論語・子路第十三》）

孔子揭示「仁」乃是人之實存的分定，無論庶民、志士仁人、君子，及至王者，無一不依於「仁」。孔子創發理性文明即以此為根。理性文明的根基就在人的道德存有性（人格性）之昭明光大。「仁」乃是人的本性中的道德性，此道德性是創造的（創造人自身為道德者及創造世界為道德世界），故統天地萬物而為神聖的，這神聖性內在於每一個人，依此而言，人與聖人同；然另一方面，現實中，人是否不懈怠地「踐仁」，在人與人之間就有很大差別。[15]此即「習相遠也」（《論語・陽貨第十七》）。吾人不能以為「仁」（道德性）既是每一個人自身稟具的能力，就不必經由後天獲得，就像動物本能那樣。此所以孔子說：「力行近乎仁」。（語見《中庸》第二十章）又說：「有能一

---

15 孔子曰：「回也，其心三月不違仁；其餘，則日月至焉而已矣。」（《論語・雍也第六》）

日用其力於仁矣乎？我未見力不足者。蓋有之矣，我未之見也。」
（《論語・里仁第四》）孔子自道：「若聖與仁，則吾豈敢？抑為之不
厭，誨人不倦，則可謂云爾已矣！」（《論語・述而第七》）吾人亦不
能藉口「仁」必須在百姓日用中實現，就像經驗論者那樣，把它視為
經驗的、心理學的，或僅僅是倫理學的。

　　「仁」乃理性文明的根基，因其既為人的道德存有性，就必定產
生道德的創造性而作用於世界。此即孔子依「仁者，人也」（語見
《中庸》第二十章），而提出「人能弘道，非道弘人。」（《論語・衛
靈公第十五》）何謂「道德的實存」？依康德所論，此即在自由法則
（道德法則）下的實存。[16]據此，吾人亦可說，在「天理」下的實存
就是「道德的實存」。道德法則（天理）具有因果性，[17]必推動人的道

---

16　此如康德區分開：「以經驗為條件的法則下的實存」與依照「純粹理性的自律的法
　　則之實存」、亦即依照自由法則（道德法則）之實存。康德說：「『本性』從最一般
　　意義上理解，就是物在法則下的實存。一般有理性者的感觸的本性就是以經驗為條
　　件的法則下的實存，因而這種感觸的本性對於理性而言是他律。另一方面，同一有
　　理性者的超感觸本性是指他們依照獨立於一切經驗條件因而屬於純粹理性的自律的
　　法則之實存。」（KpV 5:43）又說：「『本性』（Natur）這個詞（像通常那樣）意味著
　　自由行動的根據之對立面，那麼，它就會與道德的善或惡之謂詞截然對立。
　　〔……〕我必須說明：我這裡把人之本性（Natur des Menschen）僅僅理解為（遵從
　　客觀的道德法則）一般地運用人的自由的先行於一切在感官中被察覺到的行為的主
　　觀根據。」（Rel 6:20-21）
17　康德說：「在這樣一個生物中，我們能思量一種理性它是實踐的，即它在涉及它的
　　客體中有因果性。」（Gr 4:448）依康德之考論，人作為「道德的實存」，其所頒發
　　的道德法則就是一種「能夠決定他在感觸界中的因果性的力學原則」。（KpV 5:42）
　　又說：「人的意志（以及每一個被造的有理性者的意志）之動力除道德法則外決不
　　能是別的東西。」（KpV 5:72）「純粹實踐理性的真正動力之本性不過就是純粹的道
　　德法則本身。」（KpV 5:88）道德法則自身給出一動力，它作為一動力，在人心上必
　　定產生作用。（KpV 5:72）吾人亦可說，「己欲立而立人，己欲達而達人」作為「道
　　德最高原則」（天理），就是一種「能夠決定他在感觸界中的因果性的力學原則」，
　　它自身給出必定產生作用於人心的動力。

德實踐，依著道德法則包含的終極目的（大同世界、目的王國）而創造世界為道德的世界。此即孔子言「人能弘道」應有之義。

　　孔子言「道」之義如何理解？孟子說：「詩曰：『天生烝民，有物有則。民之秉彝，好是懿德。』孔子曰：『為此詩者，其知道乎！故有物必有則，民之秉彝也，故好是懿德。』」（《孟子・告子章句上》）依孟子，依據《詩・天生烝民》理解孔子言「道」之義，即：物之「則」，以及「民之秉彝」。物則就是自然法則；民所持守之常（彝），也就是道德法則。合起來，「道」就是自然法則與道德法則的結合。據此理解孔子言「人能弘道」，可以說，孔子是主張：道德法則與自然法則之諧合實現於世，靠人。

　　「仁者，人也」，即表示每一個人必須不懈怠地「踐仁」，以履行與成就作為「人」的實存之分定。「踐仁」也就是弘道，此即明孔子所言「人能弘道」是一個普遍必然的命題，同時就包含著一個無條件的、任何時間空間，對一切人皆有效的道德律令。孔子言「仁」通著「弘道」而說，此顯「仁」包含著法則性及普遍必然性。而毋寧說，「仁」就包含著立普遍法則的能力。孔子說：

> 夫仁者，己欲立而立人，己欲達而達人。能近取譬，可謂仁之方也已！（《論語・雍也第六》）

　　「己欲立而立人，己欲達而達人。」以全稱命題出，此所言「欲立」、「欲達」，亦即「我欲仁」之高層的意欲，「高層的意欲」就含著普遍性，乃是通於一切人而有效的。依據康德所論，吾人即可指出：「己欲立而立人，己欲達而達人」是「道德最高原則」的表達，此表達式堪稱為道德金律（golden rule）。康德說：「每一個人的意志就是在其一切格準中制定普遍法則的意志」，並名之為「自律原則」，（Gr

4:433）即道德最高原則。孔子所言「我欲仁」之「欲立」、「欲達」，也就是表示：每一個人的意志在其行為依據的原則中以通於一切人的普遍性為準。也就是說，「我欲仁」包含著理性在高層的意欲中絕對需要的普遍性，以及「己欲立而立人，己欲達而達人」表示一項對一切人皆有責成之效的原則，具有絕對的必然性，它就堪稱是「道德最高原則」。[18] 以孔子哲學傳統的詞語說，「道德最高原則」可名曰「天理」。[19] 以此，吾人可說，孔子所言「仁」，就是在意欲機能中立普遍法則的理性，[20] 此理性康德名之曰「純粹的實踐的理性」，亦即「純粹的意志」。[21]

---

18　此如康德說：「每個人都得承認：一項法則若要在道德上有效，亦即作為一項責成之根據而有效，就必須具有絕對的必然性。」（Gr 4:389）

19　因「天理」就意指：具有絕對的必然性的、及對一切人有效的普遍性之「理」（原則）。中國哲學中，「絕對必然性」之義由「天」、「常」、「道」來表達。「天理」中「天」字就包含絕對必然性之義。華夏文明在其原始文化時期即突顯法則性之絕對必然性的意識。法則性之普遍性與必然性，冠以「天」字表達之，最早見於《書經》。皋陶曰：「天敘有典，勅我五典五惇哉；天秩有禮，自我五禮有庸哉。」（《書‧虞夏書‧皋陶謨》）敘者，倫序也；「天敘」，具普遍必然性之法則義之倫序也。秩者，品秩也；「天秩」，乃指表禮之常序也。詳論見拙著《孔子哲學傳統——理性文明與基礎哲學》，頁62。

20　吾人指明孔子所言「仁」就是人的理性機能，這是依據康德的批判考量而指出的。康德說：「現在，人在其自身中現實地可發見一種機能，藉此機能，他自己可與任何別的東西區別開，甚至亦與他自己區別開，只要當他自己為對象所刺激時，此機能就是理性。理性作為純粹的自動性，它甚至亦升舉為知性之上。」（Gr 4:452）孔子所言「仁」正就是「純粹的自動性」，它作為人的道德稟賦（人格性）使人與其他動物，以及任何別的東西區別開，甚至亦與他自己作為現象的存在區別開。正是人自身稟具「仁」，使他能夠超越其自然本能，而使自身提升至自己本身的自然生命之上。

21　依康德之考論，「意志不外是實踐的理性」，（Gr 4:412）康德說：「每一個自然事物皆依照法則而活動，唯獨一個有理性者有依照法則之表象，即依照原則而行動的機能，這個機能就是意志，而從法則推導出行動需要理性，所以意志不外是實踐理性。」（Gr 4:412）可以說，實踐的理性（也就是理性的實踐使用）就是理性與意志

「仁」（純粹的實踐的理性）乃理性文明的奠基石。依於「仁」，也就是基於「仁者，人也」，「人能弘道」，孔子籌劃出一個倫理共同體的規模，此規模即顯示出理性文明之矩矱。

## 第二節　孔子創發的理性文明之矩矱

孔子創發理性文明，茲概要言之如下：

一

以「仁者，人也」，「人能弘道」為根基，建立一個倫理共同體，其社會建構以人倫之常、天地之序為本。人倫之常、天地之序，總名之曰「禮」。孔子所言「禮」，根本不能從歷史之流變中有其具體的歷史背景的一套套的典章禮儀，以及習俗意見中一套套的外在的社會規範來理解。[22]「禮」於孔子創發的理性文明中作為社會建構之基石，因其根於人心之仁而為天地之序、動作威儀之則，以治人之情故也。

「禮」治乃理性文明中社會建構之基石，好比「法」治乃現代文明中社會建構之基石。孔子曰：「道之以政，齊之以刑，民免而無恥。道之以德，齊之以禮，有恥且格。」（《論語・為政》篇）「道之

---

之結合。又，康德說：「意志應當是客體的原因；這樣，客體的因果性將其決定根據單單置於純粹的理性機能中，這種機能因而可名為純粹的實踐理性。」（KpV 5:44）「純粹的實踐的理性」、「純粹的意志」，此二名皆指人類心靈的立最高原則的機能，就其為理性的實踐使用而言，名為「純粹的實踐的理性」，就其為理性在其中立普遍法則的高層意欲機能而言，名為「純粹的意志」。

22 自民國以來，國人流行將代表理性文明的孔子傳統所言「禮」與歷史流程中，種種所謂「禮教殺人」的陳規陋習，以及於漫長的君主專制的歷史行程中，作為皇權維持統治的手段的「禮教」，混為一談。

以德，齊之以禮」，此即「禮」治，理性文明也。「道之以政，齊之以
刑」，此即「法」治，現代文明也。現代文明固然有其歷史的必然
性，吾人不必反對其現實的有效性。然吾人亦不應以現實自限，而不
肯承認從現代文明進至理性文明（即從文明化進至道德化）乃預告性
人類史之必然進程。[23]更無理由將理性文明中的「禮」治混同歷史上
專制皇權的「人治」，以其無知妄想顛倒黑白，輕蔑地斥之為與「法
治」對反的封建產物，並視之為現代文明的絆腳石。

　　孔子所言「禮」內涵於仁，故具有應當適用於一切人的普遍性。
此見孔子說：「人而不仁，如禮何？」（《論語・八佾第三》）又說：
「禮云禮云，玉帛云乎哉？」（《論語・陽貨第十七》）人必有「仁」
之質，然後有禮之立。孔子言「禮」根於人心之「仁」，故其區別於
現實中種種受具體的歷史條件限制的典章禮儀，個人行為的禮節、禮
貌，等等，而上升至普遍必然的維度。此普遍必然性見孔子說：「民
之所由生，禮為大」（《禮記・哀公問》）、「失之者死，得之者生」
（《禮記・禮運》）。[24]又說：「君子義以為質，禮以行之。」（《論語・

---

23 康德的預告性人類史指示人類從原始狀態向文明化進展，再向道德化進展的方向。
　　他在《世界公民觀點下的普遍歷史理念》（*Idee zu einer allgemeinen Geschichte in
　　weltbürgerlicher Absicht*, 1784）中論明：人類是具有理性的物種，正是理性的力量
　　使人類從原始野蠻發展至文明化，也正是理性的力量，必定要使人類進展至道德
　　化。這條必然的道路表明的是人類整體的趨勢，人類的意志自由畢竟依照自由之法
　　則創造人類整體由壞到好的進步，從野蠻人的無目的狀態進展到文明化，最後還要
　　達致道德化。人類必須有繼續不斷的啟蒙，通過不斷的啟蒙，「使那種受感性逼迫
　　的社會整合終於轉變成一個道德的整體。」（KGS 8:21）在〈重提這個問題：人類
　　是在不斷朝著改善前進嗎？〉一文中，康德指明：一部預告性的歷史「在原則上」
　　必須被理性表現為「某種純粹的道德的東西」，「同時又由於巨大的和劃時代的影響
　　而被表現為某種公認是人類心靈的義務的東西；這種東西涉及人類結合的全體。」
　　（KGS 7:87）
24 《禮記》，孔子學生及戰國時代儒者言「禮」的文集。《禮記》涉及周朝的禮樂制
　　度，人的道德修養和治世理想。〈大學〉、〈中庸〉、〈禮運〉即為其中著名的篇章。

衛靈公第十五》）「知及之，仁能守之，莊以涖之；動之不以禮，未善也。」（同上）「不學禮，無以立。」（《論語・季氏第十六》）「不知禮，無以為立也。」（《論語・堯曰第二十》）民之所由「生」、得以「立」，[25]乃至君子之「行」，皆離不開「禮」。[26]此即孔子說：

> 克己復禮為仁，一日克己復禮，天下歸仁焉。（《論語・顏淵第十二》）

「天下歸仁」，也就是「天下」實現為道德世界，其途徑與基要在「克己復禮」。此可見，孔子標舉「克己復禮」為人要致力實現「天下歸仁」所必須要遵循的行為格準。[27]此格準作為每一個人的意願的主觀原則，同時又能成為一條普遍的法則，它就是使每一個人自己的意願在德性上是善的原則。[28]孔子說：「克己復禮為仁」，也就表

---

多數篇章作者的姓名身分無法確定。《漢書・藝文志》云：「《記》百三十一篇，七十子後學所記也。」此並不妨礙我們研究孔子言「禮」時引用其中與孔子學相合的文句。而不必糾纏於材料考據上的爭論。

25 孔子說：「興於詩，立於禮，成於樂。」（《論語・泰伯第八》）

26 《論語》言「禮」相關文句摘錄如下：《論語・學而第一》記載：「子貢曰：『貧而無諂，富而無驕，何如？』子曰：『可也。未若貧而樂，富而好禮者也。』」（《論語・學而第一》）又，子曰：「居上不寬，為禮不敬，臨喪不哀，吾何以觀之哉？」（《論語・八佾第三》）「君子博學於文，約之以禮，亦可以弗畔矣夫！」（《論語・雍也第六》）「恭而無禮則勞；慎而無禮則葸；勇而無禮則亂；直而無禮則絞。」（《論語・泰伯第八》）

27 「格準」（Maxime）。康德說：「格準是意願的主觀原則；客觀原則（亦即，當理性對意欲機能有完全的支配力時，也會在主觀上充作一切有理性者的實踐原則者）則是實踐的法則。」（Gr 4:401）

28 康德提出：「為了使我自己的意願在德性上是善的，我應當怎麼辦？」這不需要請教任何人，也根本不需要高遠的洞察力，而只要問自己：你也能夠意願你的格準成為一條普遍的法則嗎？（Gr 4:403）他又提出：「通常的人類理性在其實踐的判斷中」任何時候都牢記這樣一條原則：「我決不應當以別的方式行事，除非我也能夠

示說，通過自我約束（克己），[29]歸到禮，就是歸於常序。此即踐仁。

　　上文已論明：「己欲立而立人，己欲達而達人」是「道德最高原則」的表達，它表示：每一個人的意志在其行為依據的原則中以通於一切人的普遍性為準。依康德所論，此即表達：「道德就是行為之關聯於意志之自律。」（Gr 4:439）這一層意思所言「意志之自律」關於意志（實踐理性）立普遍法則（道德法則），並未關涉到個體的行為。意志自律之自我立法必然要指導行為，落實到個體的行為，就包含自我約束義，也就是自我立法自我約束。這就是依於意志立法為根據的抉意自律，自我約束之義由此而論。[30]孔子言「克己復禮」正表達抉

---

意願我的格準應當成為一條普遍的法則。」（Gr 4:402）儘管通常的人類理性並不如此抽象地在一個普遍的形式中思維這一原則，「但任何時候都現實地記得它，並把它用作自己的判斷的準則。」（Gr 4:403-404）

29　「克」，約束也；「克己」，自我約束。愚意以為，如此解釋「克己」最為順適，也能適合孔子本人之義理。有學者以「超越」解釋「克」，「克己」意謂「超越自我」。愚意以為，「克」固然可解釋為「超越」，不過，「超越自我」看來減弱了「自我約束」義。另，有學者以「能夠」解釋「克」，也是去掉了「自我約束」義。而「自我約束」應是孔子言「踐仁」、「復禮」之道德踐履工夫所不能忽略的。另，有學者視「克己復禮」中「己」為「私己」，因之就把「克」解釋作克服、戰勝、超越，如此一來，「己」被視為被對治的對象，進一步，就以「去人欲」來解說「克己復禮」。然愚意以為，這種見解與孔子所言「己」的原意不合。孔子此處所言「己」是指每一個人自己，是綜和一個人自己的經驗性格與超越性格為一體而言之「己」，並非專就「私己」而說。「克己復禮」意謂自己依據根於自身的道德原則而約束自己。事實上，孔子言「己」以這種意義居多。如：「己欲立而立人，己欲達而達人」、（《論語‧雍也第六》）「為仁由己，而由人乎哉」、（《論語‧顏淵第十二》）「己所不欲，勿施於人」（同前）諸句，各文句中言「己」明顯不能作「私己」理解。同樣，孔子言「我」也有並不指一己之私的「我」。如：「我欲仁，斯仁至矣」，（《論語‧述而第七》）此句中「我」明顯不能解作一己之私的「我」。

30　依康德所論，「意志自律」亦即「純粹實踐理性之自律」，表示：理性把一法則先驗地規立給欲求機能。就「意欲機能」總括立法則的意志與立格準的抉意而言，意欲機能的活動本來就是從意志到抉意以致行動通貫一體的活動。決沒有只是純然立法而不致生行動的意志，也不會有離開意志立原則的抉意，抉意作為訂立格準的機

意自律包含的自我約束義。現實上，「踐仁」不可避免要克服主觀的限制和阻礙，就此而言，每一個人必須自己克服限制和阻礙，以回到依於普遍法則為根據的格準而指導自己的行為，此即「克己復禮」之義。「克己復禮」，用康德的詞語表達，也就是每一個人自己克服主觀的限制和阻礙而回到根源於人自身並依於普遍法則的行為格準。

此即吾人可說，「克己復禮」是依於「仁」為決定行為的根據而立的最高格準。此亦即孔子言「立於禮」（《論語‧泰伯第八》）之義。「立」即「立己」、「立人」，亦即「成己」、「成人」。關連著「立己」、「立人」（成己、成人）言「禮」，此言「禮」就是先驗的、普遍的，它包含每一個人自我約束、自我命令。用牟師宗三先生的話說，這是一個「超越的標準」，「其命於人而為人所必須依之以行」。[31]這個根於人心之「仁」的格準，用康德的詞語表達，就是：「我決不應當以別的方式行事，除非我也能夠意願我的格準應當成為一條普遍的法則。」（Gr 4:402）明乎此，我們方能恰切理解孔子何以說：「非禮勿視；非禮勿聽；非禮勿言；非禮勿動。」（《論語‧顏淵第十二》）

若依照某些學者那樣，將孔子所言「禮」混同於歷史中諸種社會規範，以僵化的教條視之，則孔子言「禮」的一切文獻都變得無法理解。故此，本人一再申明，吾人研究孔子所言「禮」作為其創發的理性文明中社會建構的基石，首要的工作就要論明其中所包含關於行為

---

能，其決定根據在意志。康德說：「依據概念，就意欲機能對行為的決定根據是在它自身中而不是在客體中而言，稱之為依據願意（Belieben）而行動或不行動的機能。若它與由其行動而產生客體的機能的意識聯繫著，那麼，它又可稱為執意（Willkür）；如果沒有與這種意識聯繫，它可稱為願望（Wunsch）；那意欲機能若其內在決定根據以及隨之本身的意願在主體的理性中，它稱為意志（Wille）。」（MS 6:213）詳論可參閱拙著《康德的自由學說》，頁29-30、69-70。

31 牟先生說：「這超越的標準，如展現為道德法則，其命於人而為人所必須依之以行，不是先驗的、普遍的，是什麼？這層意思，凡是正宗而透徹的儒者沒有不認識而斷然肯定的。」牟宗三：《心體與性體（一）》，《全集》，卷5，頁123。

格準之普遍性和必然性之義。究其實，中華古文明之理性內核中就包含著「禮」之普遍性和必然性之義。《書經》就說：「天秩有禮，自我五禮有庸哉。同寅協恭和衷哉。」（《書·虞夏書·皋陶謨》）秩者，品秩也；「天秩」，乃指表禮之常序也。孔子把握住古文明中「禮」為「天地之序」[32]之智慧核心，提煉此內核而提出「克己復禮為仁」，正式確立理性文明之社會建構的基石。孔子本人明白表示：

> 夫禮，先王以承天之道，以治人之情。故失之者死，得之者生。（《禮記·禮運》）

> 《詩》曰：「相鼠有體，人而無禮；人而無禮，胡不遄死？」是故夫禮，必本於天，淆於地，列於鬼神，達於喪祭、射御、冠昏、朝聘。故聖人以禮示之，故天下國家可得而正也。（《禮記·禮運》）

> 丘聞之，民之所由生，禮為大。非禮無以節事天地之神也，非禮無以辨君臣上下長幼之位也，非禮無以別男女父子兄弟之親、昏姻疏數之交也；君子以此之為尊敬然。然後以其所能教百姓，不廢其會節。（《禮記·哀公問》）

> 內以治宗廟之禮，足以配天地之神明；出以治直言之禮，足以立上下之敬。物恥足以振之，國恥足以興之。為政先禮。禮，其政之本與！（《禮記·哀公問》）

---

32 《禮記·樂記》云：「禮者，天地之序也。」

生，事之以禮；死，葬之以禮，祭之以禮。(《論語・為政第
二》)

　　孔子表明其言「禮」承繼先王，以「承天之道」、「治人之情」，
接續聖人以禮示之：「本於天，殽於地，列於鬼神」，及至「喪祭、射
御、冠昏、朝聘」。天下國家之「正」端賴於此。所以孔子提出：
「禮，其政之本與！」「節事天地之神」、「辨君臣上下長幼之位」、
「別男女父子兄弟之親」、「昏姻疏數之交」，皆立於禮。禮根於人心
之仁而為天地之序、人倫之常，具有適用於一切人的普遍性，端賴人
對於天序、倫常存「敬」故也。[33]

　　具體的典章禮儀固然可因時移勢易而廢，[34]而「禮」之為天倫、
倫常、天序之大德豈可廢？! 故孔子說：「民之所由生，禮為大」(《禮
記・哀公問》)、「失之者死，得之者生」(《禮記・禮運》)。此所以
「禮」作為理性文明中社會建構的基石，一經孔子確立，它就不僅於
過去有效，而且於現在及未來皆真實，皆普遍地客觀有效。「禮」出
自每個人稟具之理性的真實，植根於每個人對天地之序、人倫之常的
於人與人之間普遍傳通的「尊敬」。

　　孔子曰：「天下有道，則禮樂征伐，自天子出；天下無道，則禮
樂征伐，自諸侯出。」(《論語・季氏第十六》) 依此而制作「禮」，是
極為莊嚴之事。孔子所論禮樂之制作是以堯舜、文武為典範的。此即
《中庸》云：「仲尼祖述堯舜，憲章文武。」也就是制禮作樂，是有

---

33 孔子曰：「居上不寬，為禮不敬，臨喪不哀，吾何以觀之哉？」(《論語・八佾第
　　三》)

34 孔子談及具體的禮儀，並非不可變。孔子曰：「麻冕，禮也；今也純，儉，吾從
　　眾。拜下，禮也；今拜乎上，泰也。雖違眾，吾從下。」(《論語・子罕第九》) 又
　　曰：「先進於禮樂，野人也；後進於禮樂，君子也。如用之，則吾從先進。」(《論
　　語・先進第十一》)

其德且有其位者之事，故乃「聖人之道」。此即《中庸》云：「雖有其位，苟無其德，不敢作禮樂焉；雖有其德，苟無其位，亦不敢作禮樂焉。」（《中庸》第二十八章）又云：「大哉聖人之道！洋洋乎，發育萬物，峻極於天。優優大哉！禮儀三百，威儀三千，待其人而後行。故曰，苟不至德，至道不凝焉。」（同前）

孔子接續古代聖王之道，其確立的理性文明之社會建構之基石（禮）固然是以古代文明為典範的，然因其彰顯普遍必然性，固並不限於古代而有效，而是通於現在及未來，於一切時代皆有其真實性和有效性。問題只在人們是否自覺到要循之而行。毋寧說，孔子確立了這個典範，它就標舉起一個人類理性之理想，人類應當向之而趨。

## 二　理性文明之啟蒙：弘文興教

孔子創發理性文明，不僅表現在其言說所成的學說整體中，而且貫徹於其通過弘文興教而推廣於社會的理性文明之啟蒙活動中。吾人可說，孔子在民間興辦及推廣「私學」，啟發每一個人稟具於心之「仁」，依於「仁」而施六藝之教，實堪稱為一個理性文明的啟蒙運動。

孔子發起一個理性文明的啟蒙運動，上承華夏文明之智慧而正式肇始「弘文興教」的傳統。「弘文興教」，文者，人文化成也。[35]孔子說：「郁郁乎文哉，吾從周。」（《論語·八佾第三》）孔子弘「文」，就是弘揚周公制禮作樂所立的典範。通過禮樂、典章制度，規劃社會的正常建構，指導人的日常生活以正途。此即化成天下，也就是孔子「弘文興教」的宗旨。上文已論孔子上承古代聖王之道，確定「禮」

---

35 〈賁·象傳〉曰：「文明以止，人文也。……。觀乎人文，以化成天下。」〈恒·象傳〉曰：「聖人久於其道，而天下化成。」

為社會建構之基石。而「樂」也是孔子發起的理性文明的啟蒙運動中
重要一環。

　　孔子說：「興於詩，立於禮，成於樂。」(《論語·泰伯第八》)
「詩」，感發志意也。故云「興於詩」。「禮」，「民之所由生」也，故
云「立於禮」。「樂者，天地之和也」，(《禮記·樂記》)「和也者，天
下之達道也。」(《中庸》) 故云「成於樂」。「成」，終成也。「樂」，人
情之抒發也；喜怒哀樂之情，「發而皆中節，謂之和。」(《中庸》) 孔
子所言「樂」，根於「仁」，發自人心之「仁」，此即《禮記·樂記》
云：「大樂與天地同和。」

　　孔子說：「⋯⋯。禮樂不興，則刑罰不中；刑罰不中，則民無所措
手足。」[36] (《論語·子路第十三》) 又說：「惡鄭聲之亂雅樂也。」[37]
(《論語·陽貨第十七》) 孔子身處春秋戰國之亂世，禮崩樂壞，《書》、
《詩》缺失。無道之世，世亂而樂淫，孔子力挽狂瀾於既倒：周遊列
國，求復興三代之禮樂、典章制度，行仁政王道於世。不果，返魯，
編輯《書》並作序，古詩三千餘篇，取其合仁義禮智之教者三百五篇，

---

36 此即《禮記·樂記》說：「是故先王之制禮樂，人為之節；衰麻哭泣，所以節喪紀
　也；鐘鼓干戚，所以和安樂也；昏姻冠笄，所以別男女也；射鄉食饗，所以正交接
　也。禮節民心，樂和民聲，政以行之，刑以防之，禮樂刑政，四達而不悖，則王道
　備矣。」「大樂必易，大禮必簡。樂至則無怨，禮至則不爭。揖讓而治天下者，禮
　樂之謂也。暴民不作，諸侯賓服，兵革不試，五刑不用，百姓無患，天子不怒，如
　此，則樂達矣。」「合情飾貌者禮樂之事也。禮義立，則貴賤等矣；樂文同，則上
　下和矣；⋯⋯。仁以愛之，義以正之，如此，則民治行矣。」

37 此即《禮記·樂記》說：「鄭衛之音，亂世之音也，比於慢矣。桑間濮上之音，亡
　國之音也，其政散，其民流，誣上行私而不可止也。」現代社會政不和，民不安，
　世亂而樂淫。《禮記·樂記》有云：「亂世之音怨以怒，其政乖。」「志微噍殺之音
　作，而民思憂。」「流辟邪散、狄成滌濫之音作，而民淫亂。」其言不差！人之哀
　樂喜怒失其常，靡靡之音應亂世而生，非人力可阻擋。今吾人倡「大樂與天地同
　和」，旨在彰顯前聖制禮作樂所立的典範，以期人類社會之美好未來。實在無所謂
　違反現代社會捍衛個人自由之原則也。

配以樂曲。此即孔子自道：「吾自衛反魯，然後樂正，雅頌各得其所。」
（《論語‧子罕第九》）

　　孔子以詩書禮樂教學育人，弟子三千，其中精通六藝者七十二
人。此所以太史公曰讚曰：「自天子王侯，中國言六藝者折中於夫
子，可謂至聖矣！」（〈太史公孔子像贊〉）孔子以六藝（禮、樂、
射、御、書、數）施教育人，以《書》、《詩》、《易》（此三部古典，
後世稱為「經」）為教學的材料。[38]又，《論語‧述而第七》說：「子以
四教：文，行，忠，信。」

　　孔子倡：「有教無類。」[39]（《論語‧衛靈公第十五》）「教」不再
只是貴族的事，而由孔子之提倡與推動，「興教」興發成一個「化民
易俗」、不斷地於民間實施理性啟蒙的傳統。「教」不止於春秋時代貴
族社會的「教養」，而是擴展至全社會，上至君王貴族，下至平民百
姓，普遍地展開的理性啟蒙運動。其堪稱為理性啟蒙，端在「教」奠
基於「仁」，而孔子以「仁」弘文興教，其言「仁」是創闢性的，[40]要

---

38 孔子曰：「君子博學於文，約之以禮，亦可以弗畔矣夫！」（《論語‧雍也第六》）又
　　曰：「不學詩，無以言。」「不學禮，無以立。」（《論語‧季氏第十六》）又，《禮
　　記‧經解》記載孔子曰：「入其國，其教可知也。其為人也，溫柔敦厚，《詩》教
　　也；疏通知遠，《書》教也；廣博易良，《樂》教也；潔靜精微，《易》教也；恭儉
　　莊敬，《禮》教也；屬辭比事，《春秋》教也。故《詩》之失，愚；《書》之失，
　　誣；《樂》之失，奢；《易》之失，賊；《禮》之失，煩；《春秋》之失，亂。」「其
　　為人也：溫柔敦厚而不愚，則深於《詩》者也；疏通知遠而不誣，則深於《書》者
　　也；廣博易良而不奢，則深於《樂》者也；潔靜精微而不賊，則深於《易》者也；
　　恭儉莊敬而不煩，則深於《禮》者也；屬辭比事而不亂，則深於《春秋》者也。」
39 孔子曰：「自行束脩以上，吾未嘗無誨焉。」（《論語‧述而第七》）又，《論語‧述
　　而第七》記載：「互鄉難與言，童子見，門人惑。子曰『與其進也，不與其退也，
　　唯何甚？人潔己以進，與其潔也，不保其往也。』」
40 孔子所處春秋時代，儒者言「仁」，但未能如孔子那樣達至以理性本性論「仁」的
　　高度。此所以牟宗三先生提出：「『仁』是孔子的創闢的概念，仁這個概念的提出是
　　孔子這個聖人的creative mind所湧現出來的。」又說：「在孔子以前，那個貴族社會
　　已經對『仁』有一個相當的瞭解，所以，他的學生在習慣上也知道一些、聽到一

旨在「仁者人也」、「人能弘道」。有學者以孔子所處時代一般儒者言「仁」的意思想孔子所言「仁」，差矣！

　　「教」奠基於「仁」，「教」與「學」結合，以平民學起「化民成俗」的作用。華夏文明私塾、書院綿延兩千多年，可說是承孔子「弘文興教」而成的傳統。教學不離六藝（禮、樂、射、御、書、數），然不止於知識、技能的教授，「教」同時是「修道」。[41]《中庸》云：「修道之謂教。」此即孔子說：「篤信好學，守死善道。」（《論語‧泰伯第八》）「下學而上達。」（《憲問第十四》）又說：「弟子入則孝，出則弟；謹而信；泛愛眾，而親仁；行有餘力，則以學文。」（《論語‧學而第一》）通過孔子「興教」，民間辦學（私塾、書院）逐漸成為擔負社會教化的核心力量。通過「興教」，將民眾組織起來，全社會凝聚成一個持守共同生活軌道的倫理共同體，承擔起「修道之謂

些，今天來問老師，明天來問老師，孔夫子答覆的都不同。所以，『仁』到孔子的瞭解是往前進一步，是個創造。到孟子出來講『性善』，又是一個創造。」(牟宗三主講，盧雪崑整理：《先秦儒學大義》，第二講。案：本人整理牟宗三先生講演，先後刊登於《鵝湖月刊》，及後又由各出版社集結出版，除《鵝湖月刊》出版社外，其餘出版社並未告知本人。諸家大陸出版社集結部份講演錄出版成書，完全沒有與本人聯絡。考慮到有諸多版本，且並未經本人校對，故引錄牟先生講演時依據本人整理稿，不標諸出版物中的頁碼。只標出原初刊於《鵝湖月刊》之總號，隨後阿拉伯數字為頁碼。此後同樣處理，不再加說明。為表文責自負故也。最後，須說明，徵引牟先生講演文依本人整理及校對稿，或會有與坊間諸家出版社的講演集所載有出入處。因《鵝湖月刊》及《牟宗三先生講演錄》編輯部依本人看都沒有專門的校對制度，本人所指「專門的校對制度」主要意指由專業校對員從事，每發現疑有錯處，必與作者本人商榷然後定奪。其餘未知會本人而出版的講演集，其校對情況，更不得而知。)

41　現代教學體制奉行自由化之原則，以傳授知識為本務，以學術中立、知識多樣化為方針，普及知識、科學、技能的教育。公民教育也只是教人遵守社會規範及法律。用孔子的話說，就是：「道之以政，齊之以刑，民免而無恥。」（《論語‧為政第二》）吾人固然不必反對，政府的任務限於知識教育，公民教育也只限於令人守法，免於觸犯刑法。但實在應在政府掌管的教學體制之外，補上「修道之謂教」，以「仁者人也」教人育人這一環。此重任當由民間辦義學承擔。

教」之重任。此成為華夏文明獨特的模式，不同於別的文明。

　　觀人類史上各類文明，我們知道，在印歐語系的文明中，攏聚全社會民眾而導向合乎規範的生活，此任務落在歷史性的宗教組織身上。種種歷史性的宗教以來生、彼岸或淨土的福祉誘導人向善避惡，以濟世、救贖、普渡、彼岸的終極託付許諾人，以攏聚民眾於一個共同信仰之下。因此，在諸如此類的文明中，一種歷史性的宗教組織藉賴一個共同信仰將全社會的人攏聚成一個特殊的宗教共同體。其關注在共同信仰之維繫，而不關涉到人的知性及理性的啟蒙。唯獨華夏文明，因著孔子「弘文興教」的啟蒙運動，開啟每一個人的知性及理性，創發出一個道德化的文明傳統。此所以，吾人可說，開啟以家言開王制之典範，以平民學承擔弘文興教之理性啟蒙的重任，孔子實乃有史以來第一人也。

　　孔子以一位堅守著「仁者人也」、「人能弘道」信念的老師之身份，而被譽為天下之「木鐸」。[42]他「與人為徒」，「為之不厭，誨人不倦」。與形形色色宗教領袖根本不同，他不需要藉助來自「神權」的威信，不以神秘主義籠罩人，也不宣稱具備高超精神境界以降服大眾。他並不自稱聖人。他就是一介布衣，而為創發人類理性文明之第一人。於人類曲折而漫長的成長過程中，永恆地放射著理性的光明。

## 三　仁政王道：為政之道以「內聖外王」為範型

　　孔子創發的理性文明，包含著發自理性的目的，用康德的詞語說，就是「終極目的」。[43]孔子提出的大同世界之王道理想就包含著人

---

42　《論語・八佾第三》記載，儀封人說：「二三子何患於喪乎？天下之無道也久矣！天將以夫子為木鐸。」

43　康德給哲學下定義：「哲學就是關於一切認識與人類理性的本質的（wesentlichen）目的（人類理性的目的論）之聯繫的科學。」（A839/B867）他說：「如果我們讓哲

的理性的本質的目的。孔子倡「人能弘道」，就是人創造自身為道德者的同時，即致力於在世界上實現大同社會，也就是致力於實現終極目的（圓善）。大同世界，用康德的話表達，就是「為了同一個目的（圓善）聯合成為一個整體，成為一個善的人們的系統（einem System wohlgesinnter Menschen）」。（Rel 6:97-98）此即「道德世界」，它是一切人遵循道德法則（天理）命令而聯合起來，於天造地設的世界中創造一個依道德目的和秩序而成立的世界。

　　孔子弟子冉求於《禮記·禮運》中記載孔子的大同理想：「大道之行，天下為公。」孔子「祖述堯舜，憲章文武」，其心目中的大同世界（人的理性的本質的目的）是以堯、舜、禹、文王、武王所代表三代聖賢之治為理想型範的。[44]基於此理想型範而論為政之道，可名之為「王道」。我們也可以「內聖外王」[45]為三代王道之型範。「內聖」指聖王之德而言；「外王」指聖王為政之道與事功而言。[46]

---

學這個詞保留它的古代意義，即作為一種圓善的學說，那就好了，只要理性致力於在其中使圓善成為科學。」（KpV 5:108）人類理性的本質的目的就是「終極目的」。依康德所論，純粹實踐理性通過其自立普遍法則（道德法則），不僅關涉於行為，並且產生純粹的目的。「它為自己構成一個所有事物的終極目的的概念，這不可能是無關緊要的。」（Rel 6:5）此終極目的亦即純粹實踐理性的客體——圓善。純粹實踐理性頒布道德法則，而道德法則產生圓善之概念，並命令人實現圓善，這個世界才有終極目的。

44 史學界有學者提出三皇五帝不能作為信史。吾人不必涉入這方面的討論。因吾人論孔子「祖述堯舜」，旨在標舉堯舜之為王道楷模，而不在具體歷史細節之詳實。

45 值得提請注意，儘管有學者提出，「內聖外王」一詞最先見於《莊子·雜篇·天下》，但道家所言「內聖」、「外王」與儒家所論根本不同。莊子說：「以天為宗，以德為本，以道為門，兆於變化，謂之聖人。」（《莊子·雜篇·天下》）其言「天」、「德」、「道」，其意涵皆與孔子所言根本不同。

46 依孔子哲學傳統所論「內聖外王」為三代王道之範型，「內聖」、「外王」二者合而同指聖王而言。「內聖外王」是指有其德且有其位的聖王。孟子言「聖王」也是依孔子，指堯舜文王武王周公而言。「孟子曰：『舜生於諸馮，遷於負夏，卒於鳴條，東夷之人也。文王生於岐周，卒盡畢郢，西夷之人也。地之相去也，千有餘里；世

　　孔子言「大道之行，天下為公」就是「王道」。儘管我們並不能確定「王道」是否在華夏歷史上實現過，它不必定是經得起歷史考據的史實，[47]然它作為華夏文明世代相傳下來的政治思想，由孔子標舉為為政之道的理想型範，則是理性事實。吾人可指出，孔子立「王道」為範型，以指示一個道德的預告的人類史，此乃見其創發理性文明的創闢性之慧識也。

　　孔子自道「述而不作，信而好古」，（《論語・述而第七》）其所言「王道」依據《書經》（先秦但稱此書曰《書》，漢初始有《尚書》之稱）、《詩經》，[48]然孔子對世代相傳三代古文明聖賢之德和王道之治之「述」並非純然對古史之敘事，而是提煉其理性內核，揭示其包含的常道。簡括言之，「王道」之要點如下：

---

之相後也，天有餘歲。得志行乎中國，若合符節。先聖後聖，其揆一也。』」（《孟子・離婁下》）後儒有將「內聖」、「外王」分拆開來說。以「內聖之學」說孔子的成德之教，「成德之教」就等同學做聖人。如此一來，「內聖」就與三代王道中「內聖」之義不同。並且，以「外王」來表示一般而言的制度建設、外在的事功，此言與三代王道中「外王」之義亦有不同。

47 如牟宗三先生說：「儒家稱堯舜是理想主義之言辭，亦即『立象』之義也。未必是歷史之事實。〔……〕。儒家以『立象』之義稱之，是將政治形態之高遠理想置於歷史的開端。是將有待於歷史之發展努力以實現之者置於開端以為準則。」（牟宗三：《政道與治道》〔臺北：臺灣學生書局，1983年〕，頁3。）事實上，夏禹之後，中國政治史就是霸道史、君主專制獨裁史。以此，我們可以指出，孔子以「祖述堯舜，憲章文武」立下的為政之道的範型，自孔子殁，則失墮。孔子標舉「王道」為理想範型，也不必依據歷史之考據。無論人類社會是否曾真正達到它，它都是一個預告的人類史向之而趨的目標。

48 依據學界文獻考證之成果，《書》（伏生所傳《今文尚書》二十八篇）、《詩》所記最古上及堯舜，而編訂的年代卻較晚，大約於西周初期（前1122年）至春秋戰國之間。據學界考證，《書》之各篇為述古之作。

## （一）為君以德，民德歸厚

「王道」首重「君德」。「內聖外王」就意指「聖者」（德之圓滿者）為「王」。

《書‧虞夏書‧堯典》云：「曰若稽古帝堯，曰放勳。欽、明、文、思、安安，允恭克讓；光被四表，格于上下。克明俊德以親九族；九族既和，百姓平章；百姓昭明，協和萬邦。黎民于變時雍。」帝堯「克明俊德」，君王以其德為表率，「格于上下」，「協和萬邦」。此即，為君以德，民德歸厚，可說乃「王道」所包含的政道與治道的總綱。[49]君德為表率，以化育萬民，此意可見於孔子答季康子問政，說：「子為政，焉用殺？子欲善，而民善矣！君子之德風，小人之德草；草上之風，必偃。」（《論語‧顏淵第十二》）又，《詩‧大雅‧文王》讚文王，云：「上天之載，無聲無臭，儀刑文王，萬邦作孚。」文王之德配天，故「萬邦作孚」。孔子倡三代王道，亦重王者之德。孔子說：「舜有天下，選于眾，舉皋陶，不仁者遠矣。湯有天下，選于眾，舉伊尹，不仁者遠矣。」（《論語‧顏淵第十二》）又說：「無為而治者，其舜也與？夫何為哉，恭己正南面而已矣。』」（《論語‧衛靈公第十五》。朱注：「恭己者，聖人敬德之容。」）又讚禹，說：「禹，吾無間然矣。菲飲食，而致孝乎鬼神；惡衣服，而致美乎黻冕；卑宮室，而盡力乎溝洫。禹，吾無間然矣。」又說：「巍巍乎！舜禹之有天下也，而不與焉。」（《論語‧泰伯第八》）依孔子所言，聖人之為「君」是以「天」為則的。孔子說：「大哉堯之為君也！巍巍乎！唯天為大，唯堯則之。蕩蕩乎！民無能名焉。巍巍乎！其有成功也；煥乎，其有文章！」（《論語‧泰伯第八》）

---

49 又見《書‧虞夏書‧皋陶謨》云：「天命有德。」《書‧虞夏書‧堯典》云：「否德忝帝位。」《書‧虞夏書‧皋陶謨》記載皋陶曰：「允迪厥德，謨明弼諧。」又曰：「慎厥身修，思永。」又曰：「同寅協恭和衷哉。」

## （二）藏天下於天下：禪讓、推舉、選賢與能

　　孔子倡「王道」為為政之道的範型，此「為政之道」根本不同於君主專制下的所謂「政治」，也根本區別於夏禹以後的部落式貴族政治，也不能混同於近現代所謂「政治學」（政道、治道）。而毋寧說，「王道」是為道德世界標立的範型。「王道」之實質在「藏天下於天下」，[50]其本在統籌群族之協和，領導社會之建設，實施社會之教化，運籌經濟、生產活動，以保障天下眾民之福祉。它不是一種統治者及其集團的統治術，不能與人類有史以來種種以一家一姓、某特殊的利益集團的權力與利益為根本依歸的所謂「政治」混為一談。

　　「王道」之世是人類倫理共同體。「聖王」為此共同體的元首，「為君以德」是首要條件。依照王道之範型，君主擔負社會管理和民眾教化的最高責任，此外並無個人及集團的權力和利益可言。君德通過為君者之盛德大業而顯，此所以謂之「內聖外王」。此即〈呂刑〉云「恤功于民」、「惟殷于民」、「以教祗德」。〈文王〉云「儀刑文王，萬邦作孚」。

　　「王道」之世，聖王之治，「藏天下於天下」，後世統治權更替中種種爭權奪利、殺戮的事，無由而生。此即〈堯典〉述及禪讓、推舉：堯臣放齊推薦堯的兒子朱啟明繼天子之位，帝堯認為他言論荒謬，又好爭鬥，不可繼位。帝堯要把帝位讓給四岳（四位諸侯首長），四岳推辭以「否德忝帝位。」並推舉雖然出身微賤卻高明且有德的舜繼帝位。[51]而舜初亦讓於有德之人，不繼承帝位。又，〈舜典〉

---

50　如牟宗三先生引黃梨洲先生語，說：「黃梨洲曾云：『三代以上，藏天下於天下；三代以下，藏天下於筐篋。』這是一句原則性的話，不是籠統浮泛地說的，而且相當的深刻，具有真切感。」（牟宗三：《政道與治道》，《全集》，卷10，〈新版序〉頁20。）

51　《書・虞夏書・堯典》：「帝曰：『疇咨若時登庸？』放齊曰：『胤子朱啟明。』帝

說：「舜讓于德。」[52]《禮記・禮運》記載孔子曰：「大道之行，天下為公。選賢與能，……，是謂大同。」又，孔子說：「舜有天下，選於眾，舉皋陶」，「湯有天下，選于眾，舉伊尹。」(《論語・顏淵第十二》)此見孔子倡「選賢與能」為其政道與治道的理想。孟子言仁政王道，亦承孔子之旨，說：「以德行仁者王。」《孟子・公孫丑章句上》「行仁政而王，莫之能禦也。」(同前)「尊賢使能，俊杰在位。」(同前)

　　「王道」之「禪讓」、「推舉」、「選賢與能」，是根源於「藏天下於天下」，建基於為君以德，民德歸厚而必然者。其精義在：「天聰明自我民聰明，天明畏自我民明威。」(《書・虞夏書・皋陶謨》)此乃理性文明於政道與治道上的本質體現。非人類史上種種「藏天下於筐篋」的制度下的形形色色「民主選舉」(如羅馬或近現代的西方及其仿傚者)可同日而語。

　　孔子所主張的為政之道，遵循三代王道之矩矱，標舉：「為政以德。譬如北辰，居其所，而眾星共之。」(《論語・為政第二》)此即倡「無為而治」。孔子說：「無為而治者，其舜也與？夫何為哉，恭己正南面而已矣。』」(《論語・衛靈公第十五》)無為而治，此即《書・周書・洪範》讚王道正直，云：「無偏無陂，遵王之義；無有作好，遵王之道；無有作惡，尊王之路。無偏無黨，王道蕩蕩；無黨無偏，王道平平；無反無側，王道正直。」

---

曰：『吁！嚚訟可乎？』……帝曰：『咨！四岳。朕在位七十載，汝能庸命，巽朕位？』岳曰：『否德忝帝位。』曰：『明明揚側陋。』師錫帝曰：『有鰥在下，曰虞舜。』帝曰：『俞？予聞，如何？』岳曰：『瞽子，父頑，母嚚，象傲；克諧以孝，』烝烝乂，不格姦。」

52　《書・虞夏書・堯典》：「帝曰：『格！汝舜。詢事考言，乃言厎可績，三載。汝陟帝位。』舜讓于德，弗嗣。」

## （三）「王道」之「政」立於人道：人倫彞常、禮樂教化

孔子說：「人道，政為大。」（《禮記‧哀公問》）「政」乃「人道」之大，「政」立於人道也。又說：「政者正也。君為正，則百姓從政矣。」（同前）「道之以德，齊之以禮。」（《論語‧為政第二》）孔子所倡為政之道實在是承繼「王道」之旨，「政」不離人倫天序，禮樂教化。

孔子引《書‧周書‧君陳篇》說：「『孝乎惟孝，友于兄弟，施于有政。』是亦為政。」（《論語‧為政第二》）又，答齊景公問政，說：「君君，臣臣；父父，子子。」（《論語‧顏淵第十二》）此即上承王道，言「為政」不離人倫天序。人倫天序體現於「禮」。此所以孔子說：「為政先禮。禮，其政之本與！」（《禮記‧哀公問》）舜重視民德教化，倡「五教」。《書‧虞夏書‧舜典》記載：「帝（案：舜）曰：『契，百姓不親，五品不遜。汝作司徒，敬敷五教，在寬。』」又云：「慎徽五典，五典克從；納于百揆，百揆時敘。」五教，父義，母慈，兄友，弟恭，子孝。此為舜對作為司徒的契的告誡語。舜協於帝，「慎徽五典」，「五典」即「五常」，[53]民眾能夠順從五典，而成五教。此即明儒王守仁（1472-1528，字伯安，世稱陽明先生）云：「三代之學，其要皆所以明人倫，非以辟不辟、洴不洴為重。〔……〕。是皆汲汲然以仁民之心而行其養民之政，治歷明時之本，固在于此也。〔……〕。聖人有憂之，是以推其天地萬物一體之仁以教天下，使之皆有以克其私，去其蔽，以復其心體之同然。〔……〕。而其節目則舜之命契，所謂『父子有親，君臣有義，夫婦有別，長幼有序，朋友有信』五者而已。唐、虞、三代之世，教者惟以此為教，而學者惟以此

---

53 孔穎達云：「五常即五典，謂父義，母慈，兄友，弟恭，子孝；五者，人之常行。」
　　（見：孔穎達疏：《書‧泰誓下》）

為學。」（《傳習錄》中，〈答顧東橋書〉，第141條）

　　陽明於〈答顧東橋書〉詳述「唐、虞、三代之世」王道之治：人人「孝其親，弟其長，信其朋友」，盡「性分之所固有」，「舉德而任」，「而不以崇卑為輕重，勞逸為美惡」，「用之者惟知同心一德，以共安天下之民」，「當是之時，天下之人熙熙皞皞，皆相視如一家之親。」顯見，陽明接續孔子所倡「王道」之大旨。誠然，吾人弘揚孔子、陽明倡導王道之治的理想，皆不意謂主張《尚書》為史官記述之史料，關於二帝三王的歷史信實問題，吾人也遵重史學界的研究成果，但也不能同意史學界中有「疑古派」學者以為：儒家美化二帝（堯、舜）三王（禹、湯、武王），只是儒家一個學派之言。如吾人已一再申論，孔子讚二帝三王是承接三代華夏文明之思想核心，其基於此核心而倡導為政之道的型範，是創發一個理性文明，只視其為儒家一個學派之言，差矣！陋矣！

　　愚意以為，三代世代相傳下來華夏文明的「王道」思想，孔子據之倡導一個倫理共同體的範型，不必以為二帝三王的古代社會就圓滿實現過王道之治。而毋寧說，無論孔子或陽明，及至後世孔子之徒，標舉三代王道理想，乃是依「萬物一體之仁」必然要創造一個道德的世界之範型。孔子及孔子之徒這樣做，是「以能夠永存的理念來把握歷史」。用康德的話說，此中包含著人自身本有的一種「普遍的和絕對的視野」，「這種視野可以理解為人的認識的界限與人的全部圓滿性的界限完全一致」。（Logik 9:41）

　　歷史之曲折有其複雜的因素。孔子尚且一生未竟王道之大業，並嘆曰：「道之將行也與，命也；道之將廢也與，命也。」（《論語·憲問第十四》）吾人亦無理由以中國歷史上仍未出現過王道之治為口實，斥孔子所立「王道」範型為虛妄、失實。吾人肯定孔子創發了一個理性文明，也並不意謂中國在歷史上曾經是一個理性文明的國度。

而毋寧說，孔子創發了一個理性文明之宏規，以「仁者人也」、「人能弘道」八個字即顯示出其於人的理性中之根源，它植根於人的道德實存之分定，因而是每一個人依其意志自由而接納的，並且，任何時候對於人類社會之發展都指示著方向。

王道之範型並非由想像力之夢幻產生的烏托邦，也不是柏拉圖那種「索性離開感觸界」而冒險地「進入純粹知性的真空裡去」（A5/B9）的理型論。而是由人自身的理性在意欲機能中立法而產生的終極目的所決定的。它是由人的理性置於歷史行程前面以指示航向的。《中庸》云：「道前定則不窮。」

以聖王之名而立「王道」範型為預告的道德的人類發展史的終極目標，此即是致力於在世界上實現孔子創發的理性文明之宏規。無論這個道德的人類史的路途多麼艱難曲折，行程多麼遙遙無期。吾人對於「王道」範型實現於世之信實不動搖，對於「王道之治」行於世上的期望不失落，以此全人類共同的信實與期望為根本，始有望將一切人凝聚於善的原則下，「惟知同心一德」、「視如一家之親」（陽明語）。以爭取人類的永久福祉與和平。

## 第三節　略論孔子創發的理性文明之傳統

不必諱言，孔子創發的理性文明於中華民族發展的歷程中，幾經艱難曲折。有所謂「孔子既沒，儒分為八」之說。孔子沒，「儒分為八」是實情，孔子創發的理性文明並未能改變中國兩千多年的君主專制體制，亦是事實。但以此為據，即抹掉孔子創發的理性文明於中華民族生命體中世代相傳的生命力，則謬誤、失實。[54]

---

54 韓非就是以孔子沒，「儒分為八」為口實，以為不能定儒之真，並將儒學貶為「愚誣之學」，說：「雜反之行，明主弗受也。」《韓非子・顯學》云：「世之顯學，儒、

事實上，在漫長的中國歷史行程中，「楊墨之道不怠，孔子之道不著」[55]，孔子之後，雖然有不知名的儒者接著孔子言「仁」之旨講學，如《中庸》、《易傳》、《大學》，[56]但直至孟子出，孔子之學作為一個哲學體系之規模始得以確立。故後世有「孔孟」並稱，此言不虛也。

孟子（約前372-前289），名軻，字子輿。[57]朱熹《四書集注·孟子集注·孟子序說》記載：「韓子曰：『堯以是傳之舜，舜以是傳之禹，禹以是傳之湯，湯以是傳之文、武、周公，文、武、周公傳之孔子，

墨也。儒之所至，孔丘也。墨之所至，墨翟也。自孔子之死也，有子張之儒，有子思之儒，有顏氏之儒，有孟氏之儒，有漆雕氏之儒，有仲良氏之儒，有孫氏之儒，有樂正氏之儒。自墨子之死也，有相里氏之墨，有相夫氏之墨，有鄧陵氏之墨。故孔、墨之後，儒分為八，墨離為三，取舍相反、不同，而皆自謂真孔、墨，孔、墨不可復生，將誰使定世之學乎？孔子、墨子俱道堯、舜，而取舍不同，皆自謂真堯、舜，堯、舜不復生，將誰使定儒、墨之誠乎？殷、周七百餘歲，虞、夏二千餘歲，而不能定儒、墨之真，今乃欲審堯、舜之道於三千歲之前，意者其不可必乎！無參驗而必之者、愚也，弗能必而據之者、誣也。故明據先王，必定堯、舜者，非愚則誣也。愚誣之學，雜反之行，明主弗受也。」

55 如孟子說：「楊墨之道不怠，孔子之道不著，是邪說誣民，充塞仁義也。仁義充塞，則率獸食人，人將相食。」（《孟子·滕文公章句下》）

56 一九七三年冬湖南長沙馬王堆出土的帛書，其中有《五行》篇，學者引以為支持《中庸》為子思作的史料。一九九三年湖北省荊門市郭店村一號墓出土的郭店楚簡，出土全部乃是逸書，共計十八篇，其中十六篇屬儒書。經學者專家研究，除曾於馬王堆發現過的《五行》篇之外，《緇衣》篇大致相當於《禮記》所載，而《成之》篇、《尊德義》篇、《性自命出》篇、《六德》篇以及《五行》篇、《緇衣》篇都有密切相關之處。（荊門市博物館編：《郭店楚墓竹簡》〔北京：文物出版社，1998年〕。）大陸學者李學勤提出：郭店楚簡儒家逸書「可說是代表了由子思到孟子之間儒學發展的鏈環」。（李學勤：《先秦儒家著作的重大發現》，《郭店楚簡研究》，《中國哲學》第二十輯〔瀋陽：遼寧教育出版社，1999年〕，頁13-17。）

57 「《史記·列傳》曰：孟軻，騶人也，受業子思之門人。道既通，游事齊宣王，宣王不能用。適梁，梁惠王不果所言，則見以為迂遠而闊于事情。當是之時，秦用商鞅，楚魏用吳起，齊用孫子、田忌。天下方務于合從連衡，以攻伐為賢。而孟軻乃述唐、虞、三代之德，是以所如者不合。退而與萬章之徒序詩書，述仲尼之意，作孟子七篇。」（轉引自朱熹：《四書集注》〔臺北：藝文印書館，1956年〕，《孟子集注·孟子序說》）

孔子傳之孟軻，軻之死不得其傳焉。』」又引韓子曰：「自孔子沒，獨
孟軻氏之傳得其宗。故求觀聖人之道者，必自孟子始。」又，引揚子
曰：「孟子一書，只是要正人心，教人存心養性，收其放心。至論
仁、義、禮、智，則以惻隱、善惡、辭讓、是非之心為之端。
〔……〕。心得其正，然後知性之善。故孟子遇人便道性善。」朱子
作〈孟子序說〉所言皆中肯綮也。獨孟子上承孔子而得其宗，而孔子
上承堯、舜、禹、湯、文、武、周公。此中華文明一脈相傳之傳統，
如上文相關章節已論明，孔子上承三代古文明之智慧核心，開創出人
類首個理性文明。而現在，吾人可指出，先秦儒者中獨孟子能把握孔
子理性本性之學之根源智慧，並有能力將孔子「踐仁知天」包含的道
德形上學通過「盡心知性知天」分解地展示，以周全的分析力確定了
孔子哲學的關鍵詞及重要命題。可以說，孔子哲學傳統之宏規由孟子
奠定。孔子的根源智慧是圓融的，直透本源，不生辯論。孟子弘揚孔
子哲學，其功勞在「十字打開」（牟宗先生語）。這一步工作就是「眾
人辯之以相示」。孔子於人的道德實踐之實事中，或人違背道德的行
事中，點明道德所以可能的超越根據，吾人可稱為「聖人懷之」的方
式。而孟子時常以「辯」的方式，對孔子揭示的關鍵的哲學詞與核心
的哲學命題作分解說明，此可說是為聖人說法。孟子為孔子學說作哲
學的說明與確證。由此，孔子哲學得以展示而確立一個「踐仁知天」
之宏規。亦由之而得以開一個孔子哲學傳統。「踐仁知天」之形上
學，牟宗三先生名之為「儒家的道德形上學」，並提出以此為準，判
定孟子「盡心知性知天」上承孔子「踐仁知天」而一脈相承，及確立
宋明儒者接續此規模一根而發的七大家：周敦頤[58]、張載[59]、程顥[60]、

---

58　周敦頤（1017-1073），字茂叔，後人稱為濂溪先生。

59　張載（1020-1077），字子厚，世稱橫渠先生。

60　程顥（1032-1085），字伯淳，世稱明道先生。

胡宏[61]、陸九淵[62]、王守仁[63]、劉宗周[64]。牟先生說：「根據《論語》講『踐仁知天』，《孟子》講『盡心知性知天』，《中庸》講誠，《易傳》講『窮神知化』，這四部書是一根而發。一根而發決定什麼呢？就決定儒家的道德形上學。」[65]思想史、文化史上有種種「儒」，凡不及道德的形而上學者，皆不列入孔子哲學傳統。如先秦的荀子，以及漢儒、清儒。此乃牟宗三先生第一人創闢性提出，將孔子傳統提到其本有之哲學（理性本性之學）的高度和深度，以與思想史、文化史上種種「儒家」區別開。此區分根本無損於荀子、漢儒、清儒，以及種種儒家學派於中國文化史上的貢獻，有學者對牟先生此洞見產生牴觸及不滿，究其實，只是這些學者缺乏理性視野而生誤解而已。

　　吾人依牟先生之判準訂定孔子哲學傳統諸家，在其有堅實之哲學根據，以可見此傳統之一脈相傳。儘管依愚見，牟先生所提出《易傳》、《中庸》乃是由《論語》、《孟子》發展至「圓滿頂峰」[66]一說有可商榷處。愚意以為，孟子為孔子學說作哲學的說明，以「盡心知性知天」展示一個「道德形上學」之宏規，故堪稱為孔子哲學之周全的闡釋者。

　　在儒家道德的形上學裡，「仁」、「本心」居軸心地位，是唯一的內在於人自身的真實的創造實體。孔子言「仁」，孟子以「本心」言「人心之仁」，並由「盡心」言「知性知天」以伸展出一個道德的形而上學。言「仁」、「心性」，既是人之主體的實存之性，同時就是客

---

61　胡宏（1102-1161），字仁仲，號五峰，人稱五峰先生。

62　陸九淵（1139-1193），字子靜，學者稱象山先生。

63　王守仁（1472-1528），字伯安，世稱陽明先生。

64　劉宗周（1578-1645），字起東，學者稱蕺山先生。

65　牟宗三演講，盧雪崑記錄整理：〈原始的型範第三部份　先秦儒學大義（3）〉，《鵝湖月刊》33卷1期（總385期）（2007年7月），頁6。

66　牟宗三：《心體與性體（一）》，《全集》，卷5，頁46。

觀的，是主客合一而與萬物為一體者。並不是只是主觀面說「仁」，
「心性」，然後論「仁」，「心性」與客觀面言的「天」合一，而是
心、性、天根本是一。若單就《易傳》直下從上面說道體，並由道體
說性體，而不收歸到孔孟「心、性、天一本」之義理規模下，《易
傳》本身並不能單獨確立真正的形上實體。因為若離開孔孟所言
「仁」、「心性」，直下從上面說「道體」，只能是形式地說。[67]《中
庸》通過「誠」顯示創造性的「道體」這個觀念，但於道德的形而上
學仍有一間未達，仍未能論明「誠」乃人的道德創造性的當身而為唯
一的形而上實體。儘管《中庸》言「誠」，其實旨不離「仁」。《易
傳》、《中庸》未能臻至道德的形而上學，其理據亦在此二書畢竟沒有
明確指出，道德創造的實體在人自身。此所以，依愚見，儒家的道德
形上學根於孔子「踐仁知天」，而由孟子「盡心知性知天」充分展開
其宏規；而《易傳》、《中庸》展示的本體宙論可收歸其中以對「天」
作一種補充說明。[68]

　　此所以，吾人要把握儒家道德的形上學，首先要講明孟子承孔子
而確立的道德的形上學（盡心知性知天）之宏規。茲簡括而言如下：

　　首先，孟子把握到孔子言「仁」種種隨機指點中就透出：「仁」
不離人心而言，此言「心」包含普遍性、必然性，對一切人而言皆有
效。據此直下「從心說仁」，提出：「仁，人心也。」（《孟子・告子章

---

67 年先生本人就指出：「光從《易傳》的『乾元』講，儘管它也是創生性的實體，不
　過，還是一個形式概念。」只是「理上應當這樣瞭解」。（牟宗三主講，盧雪崑整
　理：〈宋明理學演講錄（二）〉，牟宗三：《宋明儒學的問題與發展》〔臺北：聯經出
　版事業公司，2003年〕，頁162。）「光形而上地講道體『即活動即存有』太抽象，
　對道體具體而真實的意義還是不能瞭解。」（牟宗三主講，盧雪崑整理：〈宋明理學
　演講錄（三）〉，牟宗三：《宋明儒學的問題與發展》，頁174。）
68 關此，詳論見拙著《孔子哲學傳統──理性文明與基礎哲學》，第二章第三節「從
　內部義理之通貫關連評《易》《庸》之宇宙論與孔孟之形上學」。

句上》）從「仁」之普遍必然性言「心」，此言「心」就區別於經驗意
義（生物學、心理學、人類學等）而論的「心」。用康德的詞語，此
言「心」就是高層的心靈機能，此所謂高層的心靈機能，即是理性在
其中立普遍法則的意欲機能。這就是孟子說：「心之所同然者何也，
謂理也義也。」（《孟子‧告子章句上》）孔子遍及人倫之常，人情之
感通，天地群物之序而隨機指點「仁」，孟子就從中洞悉到「仁」包
含的「仁心」之立法性及普遍有效性，據之言「仁義禮智根於心。」
（《孟子‧盡心章句上》）此即「理義」乃心之所同者。用康德的話來
理解，就是本心為我們的一切行為格準立普遍法則。此即天理（仁義
禮智）自本心出，也就是康德所論理性在意欲機能中立普遍法則，即
意志自我立法自我遵循。這就是康德著名的意志自律學說。

　　孟子恰切指出：「仁」乃本心之能，此「能」區別於經驗意義的
「心能」，它不是可依人的經驗中表現之事例來證真或證偽的，不可以
為「仁」（本心）只靠個人修養自證，不修養自證則無。更不可視為
臆測的特殊直觀之客體。而毋寧說，「仁」（本心）作為高層的意欲機
能，此義首先由孔子言「我欲仁，斯仁至矣。」（《論語‧述而第七》）
「夫仁者，己欲立而立人，己欲達而達人。」（《論語‧雍也第六》）
顯示。孔子言「我欲仁」、「欲立」、「欲達」，即人的高層的意欲。孟
子承接之而言「生，亦我所欲也；義，亦我所欲也，二者不可得兼，
舍生而取義者也。」（《孟子‧告子章句上》）明確地將欲「義」與欲
「生」區分開為根本不同層的意欲機能，而以前者為主宰。前者為道
德的意欲，而後者為自然的意欲。孟子言「從耳目之欲」（《孟子‧離
婁章句下》）、「物交物則引之而已矣」（《孟子‧告子章句上》）指出人
的自然的意欲，此為「小體」，本心（仁）自其於人自身的最初本源
而言，乃是一種區別於自然本能並作為其主宰的高層的意欲機能，孟
子說：「先立其大者，則其小者不能奪也，此為大人而已矣。」（《孟

子・告子章句上》）此見，孟子揭明本心（仁）是人的道德行為的超越的根源。孟子說：

> 生亦我所欲，所欲有甚于生者，故不為苟得也；死亦我所惡，所惡有甚于死者，故患有所不辟也。如使人之所欲莫甚于生，則凡可以得生者，何不用也？使人之所惡莫甚于死者，則凡可以辟患者，何不為也？由是則生而有不用也，由是則可以辟患而有不為也。是故所欲有甚于生者，所惡有甚于死者，非獨賢者有是心也，人皆有之，賢者能勿喪耳。（《孟子・告子章句上》）

　　孔子言「我欲仁」、「欲立」、「欲達」，此言「欲」乃對一切人而有效者，孟子承孔子此義，揭明「有甚于生者」之意欲，此意欲乃「人皆有之」。這種「人皆有之」的高層意欲，與人的自然意欲區分開，不受其所拘限，而為其主宰，同於康德對人的意欲機能（Begehrungsvermögen）區分開經驗性格的意欲與理性在其中立普遍法則的高層意欲。[69]此高層意欲即孔子、孟子所言「仁」，也就是孟子所言「本心」。
　　「仁」（本心）作為立普遍法則（即天理所從出）的高層意欲機能，依其普遍性，即對一切人有效而於一切人之間的普遍傳通性。孟

---

69 關於「高層的機能」（oberes Vermögen）一詞，所言「高層的」並非意在作出「價值判斷」，而在於揭明諸心靈機能中包含的立法能力。康德在《判斷力批判》中指明：就一般的心靈機能來說，把它們作為高層的機能，也就是包含自律的機能來考量。（KU 5:196）同一心靈機能的三種能力（認識機能，快樂與不快樂之情感，意欲機能）均可有低層的與高層的區分，高層認識機能就是那含有先驗的構成的原則的知性；高層的快樂和不快樂之情感就是那獨立於那些和意欲機能的決定有聯繫的概念和感覺而能夠成為直接地實踐的判斷力；高層的意欲機能則是那不需要來自任何地方的快樂為媒介而自身就是實踐的理性。（KU 5:196-197）

子就提出「推恩」，推擴其心之恩加諸他人，此即孟子本人說：「仁者
以其所愛及其所不愛。」（《孟子‧盡心章句下》）仁者以愛自己所愛
的人之心，推擴其所為至他所不愛的人。孟子又說：

> 老吾老，以及人之老；幼吾幼，以及人之幼。天下可運於掌。
> 詩云：「刑于寡妻，至于兄弟，以御于家邦。」言舉斯心加諸
> 彼而已。故推恩足以保四海，不推恩無以保妻子。古之人所以
> 大過人者無他焉，善推其所為而已矣。今恩足以及禽獸，而功
> 不至於百姓者，獨何與？（《孟子‧梁惠王章句上》）

　　孟子言「推恩」，顯見承孔子言「己欲立而立人，己欲達而達
人。」（《論語‧雍也第六》）之旨。「仁」（本心）於一切人之間的普
遍傳通性，乃至擴充至與萬物之間的普遍傳通性。此即孟子言「親親
而仁民，仁民而愛物。」（《孟子‧盡心章句上》）從孝親悌兄，擴而
充之「以保四海」，[70]及至「達之天下也。」孟子說：「人之所不學而
能者，其良能也；所不慮而知者，其良知也。孩提之童，無不知愛其
親者；及其長也，無不知敬其兄也。親親，仁也；敬長，義也。無
他，達之天下也。」（《孟子‧盡心章句上》）又說：「萬物皆備于我
矣。反身而誠，樂莫大焉。」（《孟子‧盡心章句上》）親親、仁民、
愛物，達之天下，存於「萬物皆備于我」之一心之「誠」。此義與孔
子「人能弘道」之旨若合符節。顯見孔子言「修身以道，修道以
仁。」（《中庸》第二十章）「仁人不過乎物」，「仁人之事親也如事
天，事天如事親。」（《禮記‧哀公問》）
　　「仁」（本心）於一切人乃至萬物之間的普遍傳通性，同時就伴

---

70 孟子曰：「凡有四端於我者，知皆擴而充之矣，若火之始然，泉之始達。苟能充
　之，足以保四海；苟不充之，不足以事父母。」（《孟子‧公孫丑上》）

隨著普遍傳通的情感，親親之「親」、仁民之「仁」、愛物之「愛」，可稱為道德的情感，因其具普遍傳通性，用康德的詞語說，它是先驗的情感；而根本不同心理學意義的、經驗意義的情感。

第二，孟子首先「以心釋孔子所言仁」，闡明「仁」（本心）之為人心的高層意欲機能，據之，孟子就得以提出「性善說」。孟子道「性善」，根本在其以「本心」（仁）為人之為人的實存之「性」。一經說明：人以「本心」（仁）為其真實的存有性，作為「真我」，則依此而言「性」，必是純粹的「善」，而無可辯駁。明乎此，則可知，孟子言「性」從「本心」（仁）而論，根本不可與普通人依經驗而論「性無善無不善」、「性可以為善，可以為不善」、「有性善，有性不善」等諸種說法混為一談。[71]

吾人可指出：「從本心言性以道性善」，乃孟子把握孔子言「仁者人也」之真旨實義，據之徹底扭轉僅從「生之自然之質」言「生之謂性」的古老傳統。[72]孔子言「仁者人也」（語見《中庸》第二十章「答

---

71 《孟子·告子章句上》記載公都子引告子語，說：「告子曰：『性無善無不善也。』或曰：『性可以為善，可以為不善；是故文武興，則民好善；幽厲興，則民好暴。』或曰：『有性善，有性不善；是故以堯為君而有象，以瞽瞍為父而有舜；以紂為兄之子且以為君，而有微子啟、王子比干。』」（《孟子·告子章句上》）告子言「性」從經驗上人性可有的種種表現而言，根本未能契應孟子言「性善」之旨。

72 此老傳統，即董仲舒說：「性之名非生與？如其生之自然之質謂之性。」依此而言「自生而言性」是經驗的、實然的。告子所說之「性」屬於這種「自生而言性」的傳統。孟子正式立論言「性善」，重要文獻是《孟子·告子章句上》。該章一開首，孟子辯駁告子論性的三種觀點：一、「性，猶杞柳也」；二、「性，猶湍水也」；三、「生之謂性」、「食色性也」。前兩點乃係告子舉例說明「性」之作為材料，以及「性」受環境決定。於第三點，告子標明其論「性」之原則：「生之謂性」、「食色性也」。我們可以指出，告子論「性」完全依照老傳統，孟子與告子辯論的要旨並不在於他要推翻老傳統論「性」之原則，而是揭示：依照老傳統「生之謂性」的原則，不能只論及「生之自然之質」（包括自然本能：食色性也）；而忽略不論內在於人的仁義之本性，亦即未能說明人固有的內在道德性。明乎此，就不會把孟子據人的道德性論「性善」偷換成現實上人的行為之善或惡的經驗倫理學問題。

哀公問政」）依孔子，「仁」乃是每一個人自身稟賦的一種使自身提升
至自己本身的自然生命之上的能力。此能力康德稱之為「理性」，也
就是人自身稟賦的「人格性」。孔子言「仁者，人也」，就是以此為人
的「真實的存有性」。孟子說：「仁也者人也，合而言之道也。」（《孟
子‧盡心章句下》）即見其契合孔子言「仁者人也」、「人能弘道」之大
旨。孟子所以能「從本心言性以道性善」，也在於他能把握孔子言「仁
者人也」所包含的以「仁」為人之為人的「真實的存有性」之根源洞
見。孟子所言「良貴」，也正是依「仁者人也」而顯人自身的「人格
性」所包含的尊嚴。[73]吾人可說，孔孟言「仁者人也」就是以此「良
貴」（人格尊嚴）顯示人的「真實的存有性」。孟子言「性善」，其依
據亦在於此。孔子提出「道之以德，齊之以禮，有恥且格。」（《論
語‧為政篇》）也是教導人保有其尊嚴，顯其自身之「良貴」。

　　用康德的話說，「人格性」就是「自由及擺脫全部的自然機械性
的獨立性，而這種自由和獨立性被看作是一個生物服從於特殊的，由
他自己的理性所給出的純粹實踐法則之機能。」（KpV 5:87）「正是這
喚起尊敬的人格性之理念把我們的本性（Natur）（依照其分定）之崇
高性置於我們眼前。這對於最庸常的人的理性也是當然的。」（KpV

---

73 康德說：「每個有理性者由於自身即是目的，就他所服從的任何法則而言，他必須
　　能視他自己為普遍地立法的，因為正是他的格準之適合於普遍的立法彰顯他為在其
　　自身即是目的。隨之，上說之立法之義涵蘊著他的尊嚴（特權）超乎一切純然的自
　　然物，以及他必須總是從認他自己和同樣認每一其他有理性者皆為立法者（他們因
　　此名為人格）的觀點來採用他的格準。」（Gr 4:438）在《單在理性界限內的宗教》
　　一書題為「論人類本性中為善的根源構造」一節中，康德論及作為人的規定性的成
　　素，提出：「1. 作為一種有生命的人之動物性的構造（Anlage für die Tierheit des
　　Menschen）；2. 作為一種有生命同時又有理性者之人性（Menschheit）；3. 作為一種
　　有理性同時又有負責任（Zurechnung）能力的生物之人格性（Persönlichkeit）。」
　　（Rel 6:26）上述三成素中唯獨「人格性」（即自由）是道德的根源。

5:87）此所以，「人屬於兩界，在與他自己的第二和最高的分定相關聯時，必定只以崇敬來察看他自己的最高的分定，以及以最高的尊敬來察看這分定的法則。〔……〕因著其自由的自律，他是神聖的道德法則之主體。」（KpV 5:87）同樣，依孔孟，「仁」（本心）作為「天理」（神聖的道德法則）之主體，擺脫懷生畏死的自然機械性，而以「仁者人也」來察看他自己的最高的分定，以及以最高的尊敬來察看根於心之「天理」。若人放棄自身固有的「良貴」（人格尊嚴），則人不復有道德可言。

　　人事實上有善、惡判斷的能力，此事實本身就必定要以人的本性善（亦即具有立道德法則的能力）為前提。也就是說，吾人追問善、惡判斷的根據，則必然要歸到道德法則：凡依照道德法則而行，用孟子的話說就是「由仁義行」（《孟子・離婁章句下》），就是善的行為。以此道德性言人之「性」，故必然是「善」。此無可爭議。此即孟子說：「乃若其情，則可以為善矣，乃所謂善也。」（《孟子・告子章句上》）也就是說：人「可以為善」之實，就是所謂性「善」。用康德的話說，就是人有為善能力之道德主體，此乃人的實情，以此能力為人的真我之本性，故言性善。

　　凡反對孟子「性善說」者，究其實根本未能瞭解孟子上承孔子言「仁」而揭明的人的道德主體性。他們不承認人皆有自發「善」的行為的能力。他們所論「善」或「惡」根本無道德意義，而只是依社會規範而說的「好」行為或「壞」行為。例如荀子，他說：「人之性惡，其善者偽也。今人之性，生而有好利焉，順是，故爭奪生而辭讓亡焉；生而有嫉惡焉，順是，故殘賊生而忠信亡焉；生而有耳目之欲，有好聲色焉，順是，故淫亂生而禮義文理亡焉。然則從人之性，順人之情，必出於爭奪，合於犯分亂理，而歸於暴。故必將有師法之化，禮義之道，然後出於辭讓，合於文理，而歸於治。用此觀之，人

之性惡明矣，其善者偽也。」（《荀子‧性惡篇》）從荀子所條列「今
人之性」看來，他僅僅注意到現實上，經驗中人性表現的種種，其中
所云「生而有好利」、「生而有嫉惡」，固然是「爭奪」、「殘賊」產生
的原因。而「生而有耳目之欲」則是人的自然本能，無所謂惡。荀子
不及分辨，看來將「生而有好利」、「生而有嫉惡」視作為人皆固有之
自然本能，而籠統地說為「人之性惡」，實在是立論草率。經驗中人
有「好利」、「嫉惡」的表現，然不能混同「耳目之欲」之生而有，後
者是人類學的、生物學的，前者是後天習得，可劃歸社會學、心理
學。荀子將不同分際之「性」混為一談。尤為甚者，將孟子依「四端
之心」（惻隱、羞惡、辭讓、是非），「人皆有之」所言人之性，否決
掉。如此一來，他就將超越層（即道德立法層面）所言的人作為道德
實存的「性」抹殺掉。此為不知類也。

　　荀子所謂「人之性惡，其善者偽也。」意思是「人之性惡」，需
要經人為造作而改變成善。究其實，荀子的意思是需要經外來的強制
手段將「人之性惡」改邪歸正。用孔子的話說，荀子的主張就是：
「道之以政，齊之以刑，民免而無恥。」（《論語‧為政》）而用孟子
的話回應荀子，就是：「則亦將戕賊人以為仁義與？率天下之人而禍
仁義者，必子之言夫！」[74]（《孟子‧告子章句上》）

　　如康德指出：「本性」從最一般意義上理解，就是物在法則下的

---

74 《孟子‧告子章句上》：「告子曰：『性，猶杞柳也；義，猶桮棬也。以人性為仁
　　義，猶以杞柳為桮棬。』孟子曰：『子能順杞柳之性而以為桮棬乎？將戕賊杞柳而
　　後以為桮棬也？如將戕賊杞柳而以為桮棬，則亦將戕賊人以為仁義與？率天下之人
　　而禍仁義者，必子之言夫！』」顯見，荀子主張：「故枸木必將待檃栝、烝矯然後
　　直；鈍金必將待礱厲然後利；今人之性惡，必將待師法然後正，得禮義然後治，今
　　人無師法，則偏險而不正；無禮義，則悖亂而不治，古者聖王以人性惡，以為偏險
　　而不正，悖亂而不治，是以為之起禮義，制法度，以矯飾人之情性而正之，以擾化
　　人之情性而導之也，始皆出於治，合於道者也。」（《荀子‧性惡》篇）其說與告子
　　同，二者皆主張「戕賊人以為仁義」也。

實存，那麼，一方面，人的「感觸的本性就是以經驗為條件的法則下的實存」，另一方面，同一個人的「超感觸本性是指他們依照獨立於一切經驗條件因而屬於純粹理性的自律的法則之實存」。（KpV 5:43）同樣，孟子也是以兩觀點考論同一個人，「口之於味也，目之於色也，耳之於聲也，鼻之於臭也，四肢於安佚也」，（《孟子·盡心章句下》）「耳目之官不思而蔽於物，物交物則引之而已矣」，（《孟子·告子章句上》）「小體」也。「心之官則思」，（《孟子·告子章句上》）「仁義禮智，非外鑠我也，我固有之也」，（同上》）此乃「大體」。「小體」就人的「感觸的本性」而論，也就是指人在自然的（生物的、心理的、物理的）法則下的實存；「大體」就人的「超感觸的本性」（即道德之分定，亦曰道德之存有性）而論。「大體」（道德之分定）作主宰，則「小體」（感性的本性）從之。此即孟子說：「心之官則思，思則得之，不思則不得也，此天之所與我者。先立其大者，則其小者不能奪也，此為大人而已矣。」（《孟子·告子章句上》）孟子從「四端之心」（總曰「本心」）言「性」，而為其「性善說」正式立論。孟子說：

> 惻隱之心，人皆有之；羞惡之心，人皆有之；恭敬之心，人皆有之；是非之心，人皆有之。惻隱之心，仁也；羞惡之心，義也；恭敬之心，禮也；是非之心，智也。仁義禮智，非由外鑠我也，我固有之也，弗思耳矣。（《孟子·告子章句上》）

孟子從本心（仁）言人的真實存在之性，是以理性事實立論，此理性事實首先以本心立普遍法則（天理）之為每一個人內在的覺識而得到證明，並以人由仁義（天理）行而表現於經驗中獲得證實。理性事實是實踐之事：本心（純粹實踐理性）獨自頒布定言律令（天理），關鍵在使「應當」實現為「是」。此理性事實不能藉口經驗中人

之性有「無善無不善」、「可以為善，可以為不善」、「有善，有不善」等等情形而證偽。也就是說，理性事實乃「不為堯存，不為桀亡」。[75]
此即孟子明示：無「四端之心」，非人也。孟子說：

> 無惻隱之心，非人也；無羞惡之心，非人也；無辭讓之心，非人也；無是非之心，非人也。惻隱之心，仁之端也；羞惡之心，義之端也；辭讓之心，禮之端也；是非之心，智之端也。人之有是四端也，猶其有四體也。有是四端而自謂不能者，自賊者也；謂其君不能者，賊其君者也。凡有四端於我者，知皆擴而充之矣，若火之始然，泉之始達。苟能充之，足以保四海；苟不充之，不足以事父母。（《孟子‧公孫丑章句上》）

顯然，孟子與「性善說」的諸種反對者之間的不同，根本在反對者未見及或不承認本心（仁）為人的真實存在之性，而並不在持反對意見者以為的那樣，孟子對人性採取樂觀主義態度，閉眼不看現實上人表現出來的種種「惡」。更有甚者，以為「性善說」會引致道德教育失去意義。事實上，孟子處戰國時代，「爭地以戰，殺人盈野；爭城以戰，殺人盈城。」（《孟子‧離婁章句上》）孟子說：「庖有肥肉，廄有肥馬，民有饑色，野有餓莩，此率獸而食人也。」（《孟子‧梁惠王章句上》）「世衰道微，邪說暴行有作，臣弒其君者有之，子弒其父者有之。孔子懼，作春秋。」（《孟子‧滕文公章句下》）「楊墨之道不息，孔子之道不著，是邪說誣民，充塞仁義也。仁義充塞，則率獸食人，人將相食。吾為此懼。」（《孟子‧滕文公章句下》）由此可知，

---

75 此如明道說：「『天理』云者。這一個道理更有甚窮已。不為堯存，不為桀亡。」
　（程顥、程頤：《二程全書》〔臺北：中華書局《四部備要》本〕，〈遺書第二上〉）

孟子對人現實中放失本心的情狀有切膚之痛。然孟子契應孔子「仁者
人也」之根源慧識，以其對於人之道德實存的信實，立「性善說」，
而期喚醒人尋回放失的本心。此所以孟子明確指出：「若夫為不善，
非才之罪也。」（《孟子・告子章句上》）究其實，人們沒有理由將行
不善、惡或罪視作人的機能；而毋寧說，惡是人放失自身固有的本心
（良能）所致。[76]現實上，人會放失本心，故孟子言「求其放心而已
矣」。（《孟子・告子章句上》）

　　在〈告子章句上〉，孟子舉例：富足的年月裡，年輕人大多懶
散；災難的年月裡，年輕人大多暴戾，可見環境對人的品性之善惡、
行為之好壞有極大影響；但是，人現實上有懶散、暴戾的行為、品
性，並非天生之本性有不同，而是由於人陷溺其心使然也。又，比
如，大麥，播下種子而耰土，土地同，栽種之時又同，蓬勃生長，到
了麥熟的日子，就都成熟了。若收成有不同，那是因為土地有肥沃或
貧瘠之異，雨露之養，人事照料方面並不一樣。孟子強調：「仁義之
心」為人的本性，也必須有良好環境，以及悉心培養始能成熟。此即
孟子以牛山之木做比喻，牛山的樹木曾經茂美，只因位於齊國近郊，
伐之者眾，故不能保其茂美。牛山的樹木有日夜之生息，雨露所滋
潤，並非無萌糵之生長，但又放牧牛羊，以致牛山光禿禿的。人們看
見牛山光禿禿，以為牛山未嘗有草本，此豈是山之性呢？「仁義之
心」存乎人，人所以放失其良心，也就像用刀斧砍伐樹木，旦旦而伐
之，可以為美乎？孟子說：「雖存乎人者，豈無仁義之心哉？其所以
放其良心者，亦猶斧斤之于木也，旦旦而伐之，可以為美乎？其日夜
之所息，平旦之氣，其好惡與人相近也者幾希，則其旦晝之所為，有
梏亡之矣。梏之反覆，則其夜氣不足以存；夜氣不足以存，則其違禽

---

76 如康德在《德性形而上學》中說：「與理性的內在立法相聯繫的自由實際上是一種
　　機能；背離這種立法的可能性只是一種無能。」（MS 6:227）

獸不遠矣。人見其禽獸也，而以為未嘗有才焉者，是豈人之情也哉？」(《孟子・告子章句上》)

吾人可說，孟子立「性善說」，乃把握孔子「仁者人也」之根源慧識而為聖人說法。孔子言「性相近也，習相遠也。」(《論語・陽貨第十七》) 此言不起爭辯，一般人也可以理解：「人之初，性本善；苟不教，性乃遷；性相近，習相遠。」[77]孟子立「性善說」卻起爭辯。然實質孟子言「性善」，根據就在孔子所言。以「仁」作為人之實存之分定，此即「性善」。孔子言「性相近也」，就是依「仁者人也」而說。孟子說：「故凡同類者，舉相似也。」(《孟子・告子章句上》) 又說：「人之所以異於禽獸者幾希，庶民去之，君子存之。」(《孟子・離婁章句下》) 這「幾希」、「相似」，意同孔子所言「相近」，也就是孟子指出之「人心之所同然也」。

孟子「性善說」[78]，其重要貢獻在承孔子「仁者人也」之根源慧識而論明本心 (仁) 為人的實存之分定，即確立道德主體。此道德主體既確立，依於道德主體之擴充，而承孔子「踐仁知天」之旨，展開「盡心知性知天」之宏規。此即是道德的形上學之建立。道德主體 (本心、仁，康德所言「意志自由」、純粹的實踐理性) 乃道德的形上學之根基，唯獨道德主體的普遍必然性及其道德的創造性始能成立一個道德的存有論，並擴充至一個統天地萬物而言的道德的形上學。

---

77 德國學者馬克思・韋伯在其《儒教與道教》論及儒家時也說：「國家觀和社會倫理所要求的東西，至少是每個人都能做到的。以良好的國家行政管理為前提，每個人就要從自身來尋找自己外在與內在的成功或失敗的原因。人之初，性本善；苟不教，性乃遷；性相近，習相遠，這是一種缺少超凡的倫理神學的獨特結構。」(馬克思・韋伯 (Max Weber) 著，王容芬譯：《儒教與道教》〔北京：商務印書館，1995年〕，頁153。)

78 關此，詳論見拙著《孟子哲學：孔子哲學之傳承與道德的形上學之奠定》(桂林：廣西師範大學出版社，2022年)，第二章第一節「孟子以本心言性而道性善」、第二節「孟子論『性善』與『人禽之辨』」、第三節「論言『性』的兩層面及其主從關係」。

　　第三，孟子「以心釋孔子所言仁」，進而「從本心言性」，揭明「本心」（仁）為人的真實的存有性。依此，孟子提出「盡心知性」，也就是說：人必須在其「本心」（仁）之不已充盡實現中認知自己的真實的存有性。此「盡心知性」即是無限之道德實踐進程，「親親，仁也；敬長，義也。無他，達之天下也。」（《孟子・盡心章句上》）及至擴充到天地萬物。此即孟子說：「萬物皆備於我矣。反身而誠，樂莫大焉。」（《孟子・盡心章句上》）此即表明「盡心知性」乃道德實踐進程，此進程即實現自身的存有性亦即不已地創造自身為道德的者，同時創造世界為道德的世界。依此，吾人可說，孟子言「盡心知性」，就包含著道德的存有論，以及基於此道德的存有論而展示開的道德創造的宇宙論，二者合言，即是一個道德的形而上學。此之為「形而上學」即包含一個「最高者」之概念，此即孟子言「盡心知性知天」之「天」。

　　「天」若僅僅作為自然稟賦之形而上學思維所必然產生的一切有條件東西的綜體──無條件的最高者，它只就純粹理性之思辨使用而言，不能有一個關於「最高者」的決定的對象。如，孔子說：「天何言哉？四時行焉，百物生焉，天何言哉！」（《論語・陽貨第十七》）孟子說：「詩曰，天生烝民，有物有則，……」（《孟子・告子章句上》）其中所言「天」表徵一個「最高者」，以其作為統天地萬物之超越根源，宇宙和人世間普遍的秩序與法則。關鍵是孔子與孟子都並沒有宣稱此所言「天」是一個可決定的對象。依此，吾人可說，這種意義的「天」即是只就純粹理性之思辨使用而言，用康德的話說，此所言「天」僅僅從人的一種形而上的自然傾向考論，表達一種理性必然要追求的「所有可能經驗的絕對整體」。（Proleg 4:328）我們的理性「僅僅按照類比」，把只是出自感觸界的謂詞用於我們思想為根源者（或曰最高者）之理念上，「為的是在它裡面在最高程度上符合理性

地決定一切。」（Proleg 4:359）而根本不知道它是否在我們之外存在。正如康德說：「最高者按照它就其自身而言所是的樣子對我們來說是完全不可探究的，甚至不能以確定的方式去思想。」（Proleg 4:359）此所以孔子面對其弟子子貢關於「天」的追問，答曰：「予欲無言。」（《論語・陽貨第十七》）子貢仍要想對於「天」知道些什麼，於是說：「予如不言，則小子何述焉？」孔子答曰：「天何言哉？四時行焉，百物生焉。天何言哉？」（同前）「四時行」（天序：有物有則、《周易・象傳》言「天行健」），以及生生之德──「百物生」（《周易・繫辭傳》言「天地之大德曰生」）可見孔子以「法則性」之天序義及生生之德言「天」，即表達此所言「天」有一種並非源自經驗而作為天地萬物及一切經驗的整體之意義。但孔子對子貢關於「天」的追問明確答覆「予欲無言。」「天何言哉！」表示「天」不是我們可以言說的實在的對象。孔子說：「知之為知之，不知為不知，是知也。」（《論語・為政第二》）理性承認有所不知，故「六合之外存而不論」。此可見孔子之學乃理性本性之學，絕不逾越理性自身可認識的東西。

　　不過，孔子並沒有限於自然稟賦之形而上學思維而言「天」。因為孔子之哲學旨趣並不重在自然形而上學方面，而是重在「仁者人也」、「人能弘道」，據此言「踐仁知天」，即包含道德的形上學。孔子說：「不怨天，不尤人，下學而上達，知我者其天乎！」（《論語・憲問第十四》）「下學」，踐仁也。踐仁過程有曲折、險阻，不怨天尤人，此表道德實踐不已之志。全部「下學」乃踐仁，不畏艱難，踐仁不已，就是「仁者，人也」之充盡，同時是「人能弘道」之充盡。本心（仁）之創造性、普遍必然性於「踐仁」中顯，即人的道德主體之創造性、普遍必然性於「踐仁」中顯；此創造性、普遍必然性之自身（離開人無可避免的經驗限制而言）的絕對性，可名之為「天」。孔

子所言通過「下學」踐仁不已而「上達」，即上達絕對的創造性、普遍必然性之自身（天）。吾人沒有理由以西方哲學傳統中所論於人之外自存潛存的「超絕者」、超自然的東西來想孔子所言「天」。[79]

孔子言「下學而上達」，用牟宗三先生的話說，就是「踐仁知天」，此即表達一個道德的形上學。孟子言「盡心知性知天」，正式展示出道德的形上學之宏規，而其依據在孔子「踐仁知天」。孟子言「盡心知性」，「盡心」就是踐仁不已，人於踐仁不已之進程中知其自身的道德分定之「性」，「盡心」就是人的道德主體之創造性、普遍必然性充其極，依此，吾人可以說，此「心」即道德創造性之「性」，道德創造性之充其極而為絕對的創造實體，就其絕對性而言，吾人可名之為「天」。

若只就理性之思辨使用而言，我們根本無法說明人的感取的自然本性之外，還有一超越的形而上的「性」究竟如何決定，也無從說及「天」有什麼對一切人有效、具絕對普遍必然性的內容。唯獨孟子把握孔子言「仁」之大旨，首先論明「仁義禮智根於心」，（《孟子·盡心章句下》）「仁義禮智」，總說「天理」，自本心出，此「心」就是人

---

79 「知我者其天乎」之「天」決非意謂有一外在的「客觀之存有」來知「我」，而毋寧說，孔子此言表達其面對現實的艱難曲折，不怨天尤人，唯「下學」踐仁不已，以「對越在天」之意。此即「誠可鑒天」。如程明道說：「君子當終日對越在天也。」（《二程全書·遺書第一》。見黃宗羲撰，全祖望補：《宋元學案》〔臺北：臺灣商務印書館〕，〈明道學案〉）蕺山說：「直是時時與天命對越也。」（劉宗周撰，王有立主編：《劉子全書》〔臺北：華文書局，影印清道光刊本〕，〈學言上〉）「對越在天」、「誠可鑒天」，用康德的話來理解：「人的良心在一切義務裡都將必須設想一個（與一般的人，亦即）與自己不同的他者，作為他的行為的審判者。」（MS 6:438）此所言設想一個「他者」，應理解為「如同」一個「他者」，而事實上，此「他者」無非就是我們自身的道德主體（本心、仁、純粹實踐理性、意志自由），我們視之為一個不同於我們作為感取者的他者，「作為授以全權的（autorisierte）良心法官」，「因為法庭就建立在人的內部。」（MS 6:439）它「必定是知人心者」。（MS 6:439）

的道德分定之「性」，即人的真實本性。超越的形而上的「性」的內
容即由「本心」之立法機能及創造性能獲得決定。因「天理」之絕對
的普遍必然性，對一切人的有效性，我們能夠以本心之「天理」（道
德法則）作為「天」關聯於人的普遍法則，因而對「天」取得一個決
定的概念，使「天」一詞的意義能夠普遍可傳達，而為一切人所理
解；我們每一個人以充盡實現本心之天理之不容己之命令為自己的分
定，我們就認識到「天命」何所是。此即孟子言「盡心知性知天」。
道德的形上學之宏規亦由此建立。

　　孟子上承孔子「踐仁知天」而確立的道德的形上學，「心」
（仁）、「性」、「天」為同一「道德創造實體」。離開「心」（仁），
「性」、「天」皆無實指，僅僅是空洞的概念。「性」、「天」的實義由
「心」（仁）決定，其堪稱為「道德創造實體」亦由「心」（仁）之道
德創造之充其極而得名。此所以，吾人可說，形而上的創造實體只能
從人的道德創造機能──「心」（仁）建立。從道德創造機能為人的
心靈機能而言，謂之「本心」，從這「心」即人的道德實存之分定而
言，謂之「性」，從這「心」既是人的主體性同時具客觀性而必然擴
充至統天地萬物而具絕對的普遍必然性而言，謂之「天」。「心」
（仁）、「性」、「天」一，非三物事也。

　　不必諱言，孟子沒，其上承孔子而規立的道德的形上學亦隱而不
見。[80]直至北宋儒學復興。宋明儒興起，從周敦頤（1017-1073，字茂

---

80 北宋儒者出來復興儒學之前，孔孟哲學幾成絕學了。如牟宗三先生說：「兩漢講經
　學，到魏晉，經學不能講了。」（牟宗三主講，盧雪崑整理：〈宋明理學演講錄
　（一）〉，牟宗三：《宋明儒學的問題與發展》，頁129。）「漢唐大帝國那麼興盛，不
　是靠佛教，佛教是乘大唐盛世發展起來的。五代的時候，禪宗發展到高峰，但五代
　是最不成話的時代。到北宋一開國，知識分子思想上就有一個覺悟。從魏晉以來經
　南北朝到隋唐，一直講道家、佛教，所謂佛老對世道人心究竟有多大的作用？這是
　值得考慮的問題。五代是中華民族最衰落的時代，在這個背景下，便有一個共同的
　要求，即必須復興儒學。」（同前揭書，頁130。）

叔，後人稱為濂溪先生）講儒學開始，不過，濂溪仍未真正歸到論孟，[81]其興趣在《中庸》、《易傳》。然濂溪以「誠」說「乾道」，言「感而遂通者神」，「誠神幾曰聖人」，（《通書·聖第四》）以心、神義體會「道」。元朝理學家吳草廬讚之為「默契道妙」。[82]

　　周濂溪之後，張載（1020-1077，字子厚，世稱橫渠先生）根據《易傳》發展出一個神體道用的本體宇宙論。[83]然橫渠講學已不止於依據《中庸》、《易傳》。橫渠以聖人存本心之神而言「神」，可見其言「本體」已吸收了孟子言「心」，言「神」。橫渠言「天」、「道」、「神」亦不離孔子所言「仁」。「神化」之實即「仁化」也。《正蒙·天道篇》云：「天體物不遺，猶仁體事無不在也。」據此可見，橫渠建立的本體宇宙論通孔孟、易庸而為一，充實而圓盈。[84]並且，橫渠言「性」是統萬物為一體而論，《正蒙·誠明篇》云：「性者，萬物之一源，非有我之得私也。」可見橫渠言「性」通「神」、「道」。其言「成性」，著眼於「仁」、「本心」，立於「仁」、「本心」而言「天」、「道」。[85]吾人可見，橫渠對於「天道性命相貫通」有著精切而諦當之

---

81 牟宗三主講，盧雪崑整理：〈宋明理學演講錄（三）〉，牟宗三：《宋明儒學的問題與發展》，頁177。牟先生說：「理學家從北宋周濂溪開始，〔……〕。但周濂溪對這個人形而上學的興趣濃，道德的興趣淡，對《中庸》、《易傳》很有興趣，對《論語》、《孟子》沒有什麼瞭解。所以，他講工夫不根據論孟講，他繞圈子，繞出去根據書經洪範講。洪範曰『思曰睿。睿作聖』，周濂溪就從這個地方講工夫。這也很好，義理上沒有錯。」（同前揭書，頁175。）

82 關於濂溪學，詳見拙著《孔子哲學傳統——理性文明與基礎哲學》，第三章〈宋明儒承續孔孟道德的形上學之發展進程〉第一節「北宋三家上承孔孟形上義旨之進展」。

83 關此，詳見拙著《孔子哲學傳統——理性文明與基礎哲學》，頁235-237。

84 關此，詳見拙著《孔子哲學傳統——理性文明與基礎哲學》，頁235-237。

85 關此，詳見拙著《孔子哲學傳統——理性文明與基礎哲學》，頁238-242。

展示。[86]橫渠言「大其心」亦即孟子所言「盡心」。[87]事實上，橫渠〈大心篇〉已明文引孟子「盡心則知性知天」，又曰：「故思盡其心者，必知心所從來而後能。」〈誠明篇〉又，引孔子「人能弘道」，曰：「心能盡性，『人能弘道』也；性不知檢其心，『非道弘人』也。」橫渠之承繼孔子哲學傳統，顯而易見。[88]

　　至程顥（1032-1085，字伯淳，學者稱明道先生）提出「心性天一」、「一本」之說，並以「天理」為首出，堪稱為北宋儒者中第一個說明孟子「盡心知性知天」的「道德的形上學」之規模者。明道以「天理」標明前人所言天、帝、天道、天命、太極、太虛，以及本心、仁、性、誠、神等等之實義，明確表示天理「不為堯存，不為桀亡。」[89]即表明創造實體的絕對普遍必然性，故只能是一。吾人可說，明道對於孔子哲學之繼承及其對孔子哲學傳統的貢獻，其要在揭明「天理」，並連同「本心」（仁）作為首出概念；於「天理」之體會，其義歸於「理與心一」。明道說：「理與心一，而人不能會之為一。」（《二程全書·遺書第五》）又說：「人心莫不有知，惟蔽於人欲，則忘天德（一作理）也。」（《二程全書·遺書第十一·明道先生語一》）此「理與心一」之義可說上承孟子「仁義禮智根於心」，（《孟

---

86 關此，詳見拙著《孔子哲學傳統——理性文明與基礎哲學》，頁239。

87 橫渠〈大心篇〉云：「大其心，則能體天下之物，物有未體，則心為有外。世人之心，止於聞見之狹。聖人盡性，不以見聞梏其心，其視天下，無一物非我，孟子謂：盡心則知性知天，以此。天大無外，故有外之心，不足以合天心。」橫渠言「心」，詳論見拙著《孔子哲學傳統——理性文明與基礎哲學》，頁242-243。

88 關此，詳見拙著《孔子哲學傳統——理性文明與基礎哲學》，頁243-244。

89 明道說：「『寂然不動，感而遂通』者，天理具備，元無欠少，不為堯存，不為桀亡，父子君臣，常理不易，何曾動來！因不動，故言寂然。惟不動，感便通，感非自外也。」（《二程全書·遺書第二上》。見《宋元學案·明道學案》）又說：「『天理』云者。這一個道理更有甚窮已。不為堯存，不為桀亡。人得之者，故大行不加，窮居不損。這上頭來更怎生說得存亡加減？是他原無少欠，百理俱備。」（《二程全書·遺書第二上》）

子‧盡心章句上》)「心之所同然者何也？謂理也，義也。」(《孟子‧
告子上》)「理與心一」：命、理、性、心，其實一也，主於心也。據
此，明道直言孟子「盡心知性知天」之義，云：「只心便是天，盡之
便知性，知性便知天。」[90]並且，明道言「本心天理」，而天理在「下
學而上達」中見。明道說：「道在己，不是與己各為一物，可跳身而
入者也。」[91]此見其契應於孔子「踐仁知天」之道德形上學之旨。[92]

　　直到陸九淵（1139-1193，字子靜，學者稱象山先生）契接明道
言「心性天一」、「理與心一」之義旨，明確提出「心即理」，正式回
歸《論語》、《孟子》。象山純是孟子學，如牟宗三先生說：「他無概念
的分解，其分解全在孟子，他是預設孟子以為本據者。」[93]象山說：

　　孟子云：「人之所以異於禽獸者幾希，庶民去之，君子存
之。」去之者，去此心也，故曰「此之謂失其本心」；存之
者，存此心也，故曰「大人者不失其赤子之心」。四端者，即
此心也。天之所以與我者，即此心也。人皆有是心，心皆具是

---

90　明道說：「嘗謂以心知天，猶居京師往長安，但知出西門便可到長安。此猶是言作
　　兩處。若要誠實，只在京師便是到長安，更不可別求長安。只心便是天，盡之便知
　　性，知性便知天（一作性便是天），當處便認取，更不可外求。」(《二程全書‧遺
　　書第二上》。見《宋元學案‧明道學案》)

91　又，明道說：「釋氏說道，譬之以管窺天，只務直上去，惟見一偏，不見四旁，故
　　皆不能處事。聖人之道，則如在平野之中，四方莫不見也。」(《二程全書‧遺書第
　　十三‧明道先生語三》)「釋氏本怖死生，為利豈是公道？唯務上達而無下學，然則
　　其上達處，豈有是也？元不相連屬，但有間斷，非道也。」「彼固曰出家獨善，便
　　於道體自不足（一作已非矣）。或曰：『釋氏地獄之類，皆是為下根之人設此，怖令
　　為善。』先生曰：『至誠貫天地，人尚有不化，豈有立偽教而人可化乎？』」(《二程
　　全書‧遺書第十三‧明道先生語三》)

92　關於明道「心性天一」、「一本」之說，及其對於「天理」之領會以契合孔孟道德形
　　上學之旨，詳論見拙著：《孔子哲學傳統──理性文明與基礎哲學》，頁258-273。

93　牟宗三：《從陸象山到劉蕺山》（臺北：臺灣學生書局，1979年），頁4。

　　理，心即理也。（《象山全集》卷一一，〈與李宰書〉之二）

　　「心即理」乃孔子哲學傳統之道德形上學的根基，如象山本人點明：「孟子之後，至是而始一明也。」（《象山全集》卷十，〈與路彥彬書〉）象山正式提出「心即理」，並申明其大旨，實有大功於孔孟義理之傳承。[94]王守仁（1472-1528，字伯安，世稱陽明先生）把握住象山言「心即理」，再進一步分解辨析，反覆申論，更通過批駁朱子「析心與理為二」，彰顯「心即理」於孔孟義理之核心地位。[95]

　　更有進者，陽明本孟子所言「良知」（〈盡心章句上〉：「人之所不學而能者，其良能也；所不慮而知者，其良知也。」）而提出「心之良知」，又引孟子言「心之官則思，思則得之」。然後說：「良知是天理之昭明靈覺處，故良知即是天理，思是良知之發用。若是良知發用之思，則所思莫非天理矣。」（《傳習錄》中，〈答歐陽崇一書〉，第167條）可見，陽明合孟子言「仁義禮智根于心」、「良知」、「心之官則思」諸義而標出「良知天理」。陽明說：「知是心之本體，心自然會知：見父自然知孝，見兄自然知弟，見孺子入井自然知惻隱，此便是良知，不假外求。」（《傳習錄》上，第8條）又說：「良知只是一個天理自然明覺發見處，只是一個真誠惻怛，便是他本體。」（《傳習錄》中，〈答聶文蔚‧二〉，第172條）陽明突出「知是心之本體」而言「良知」，以揭明「此心純是一個天理」。陽明關於「本心良知之天理」反覆明辨之，此心良知天理明，亦即道德的形上學之實體明：良知天理乃道德創造之動力，推動人創造道德行為、道德事物，以及道德的秩序以實現道德世界。此即陽明說：「虛靈不昧，眾理具而萬事出。」（《傳習錄》上，第32條）又說：「良知不由見聞而有，而見聞

---

94 關於象山學，詳論見拙著：《孔子哲學傳統——理性文明與基礎哲學》，頁281-283。
95 關此，詳論見拙著：《孔子哲學傳統——理性文明與基礎哲學》，頁283-284。

莫非良知之用，故良知不滯於見聞，而亦不離於見聞。」（王陽明《傳習錄》中，〈答歐陽崇一〉，第166條）依此，陽明提出「致良知」。陽明「致良知」教首出義乃「存天理」，若天理不存，「致良知」只是空口說。「存天理」就是孟子所言「先立其大」（《孟子·告子章句上》），「致良知」就是孟子所言「知皆擴而充之」（《孟子·公孫丑章句上》）。「致良知」就是「知行本體」、「知行工夫」，此即表明，良知之天理本身是道德實踐的動力。此即陽明說：「未有知而不行者。知而不行，只是未知。」（《傳習錄》上，第5條）「知是行的主意，行是知的功夫；知是行之始，行是知之成。」（同上）良知天理使人意識到自己的道德實存之分定，使人獲得一種道德目的秩序和連結的認識，認識到自身就是道德世界的創造者。此即陽明說：良知之妙用「無方體」，「無窮盡，語大天下莫能載，語小天下莫能破者也。」（《傳習錄》中，〈答聶文蔚〉，第172條）又說：「夫人者，天地之心。」（〈答聶文蔚〉，第171條）

　　良知作為道德創造實體，非空口說，一經論明「良知」乃人心本具之「一體之仁」，「天地萬物一體之體」，[96]則「家齊國治而天下平」皆真實的實事實理，非空想浪漫之詞。此「一體之仁」本於孔子言「己欲立而立人，己欲達而達人」。（《論語·雍也第六》）孟子言「知

---

96 陽明說：「明明德者，立其天地萬物一體之體也。親民者，達其天地萬物一體之用也。故明明德必在於親民，而親民乃所以明其明德也。是故親吾之父，以及人之父，以及天下人之父，而後吾之仁實與吾之父、人之父與天下人之父而為一體矣；實與之為一體，而後孝之明德始明矣！親吾之兄，以及人之兄，以及天下人之兄，而後吾之仁實與吾之兄、人之兄與天下人之兄而為一體矣；實與之為一體，而後弟之明德始明矣！君臣也，夫婦也，朋友也，以至於山川鬼神鳥獸草木也，莫不實有以親之，以達吾一體之仁，然後吾之明德始無不明，而真能以天地萬物為一體矣。夫是之謂明明德於天下，是之謂家齊國治而天下平，是之謂盡性。（王守仁：《王文成公全書》〔上海：商務印書館，1929年影印明隆慶六年謝廷傑刻本〕，卷26，〈大學問〉）

皆擴而充之」，(《孟子・公孫丑上》) 言「推恩」：「老吾老，以及人之老；幼吾幼，以及人之幼。天下可運於掌。」(《孟子・梁惠王章句上》)「親親而仁民，仁民而愛物。」(《孟子・盡心章句上》)「萬物皆備于我矣。」(《孟子・盡心章句上》) 若非於孔孟言「仁」、「本心」有真實體會，陽明豈能有如此深透之洞識，而立其「萬物一體」論。

　　陽明言「萬物一體」，不僅承橫渠言「大其心，則能體天下之物」，(《正蒙・大心篇》)[97] 亦不止於承明道言「仁者，以天地萬物為一體。」[98] 陽明言「萬物一體」有進於前賢者，在其不只就「仁者」境界而論，[99] 而是明確地確立內在於每一個人之本心之仁，「人心之仁」乃「心體之同然」，「性分之所固有」，[100] 其為「能以天地萬物為一體」之「能」，乃「天地萬物一體之體」。此即陽明說：「君臣也，夫婦也，朋友也，以至於山川鬼神鳥獸草木也，莫不實有以親之，以達吾一體之仁，然後吾之明德始無不明，而真能以天地萬物為一體

---

97　橫渠曰：「大其心，則能體天下之物，物有未體，則心為有外。世人之心，止於聞見之狹。聖人盡性，不以見聞梏其心，其視天下，無一物非我，孟子謂：盡心則知性知天，以此。」(《正蒙・大心篇》)

98　明道說：「醫書言手足痿痺為不仁，此言最善名狀。仁者，以天地萬物為一體，莫非己也。認得為己，何所不至？若不有諸己，自不與己相干。如手足不仁，氣已不貫，皆不屬己。……。欲令如是觀仁，可以體仁之體。」(程顥、程頤撰，朱熹編：《河南程氏遺書》〔臺北：臺灣商務印書館，1978年〕，第二上)

99　如牟宗三先生提出：明道言「所以謂萬物一體者，皆有此理」，「只為從那裡來」，「皆完此理」，「不可道他物不與有也」，均是本體宇宙論地言萬物同一根源，從本源處說「生生之謂易，生則一時生，皆完此理」，由此說「萬物一體」，此論不必是根據孟子盡心知性知天而道德實踐地說「萬物皆備於我」。(牟宗三：《心體與性體 (二)》，《全集》，卷6，頁58-59。) 又，牟先生指出：明道言「仁者，渾然與物同體」，「仁者，以天地萬物為一體」，均是由「仁者」境界說「仁」。(同前揭書，頁233。)

100　陽明於〈答顧東橋書〉說：「克其私，去其蔽，以復其心體之同然」，「是蓋性分之所固有，而非有假於外者，則人亦孰不能之乎？」(《傳習錄》中，第141條) 又，於〈答聶文蔚〉書中說：「天地萬物一體之仁疾痛迫切，雖欲已之而自有所不容已。」(《傳習錄》中，第171條)

矣。」(〈大學問〉) 人以其心之仁而「能以天地萬物為一體」,「非意之也」,非獨指聖人之境界而言者也,乃本每個人同具之「能」而言者也。[101]此即上承孟子言「四端之心」:「有是四端而自謂不能者,自賊者也。」(《孟子·公孫丑章句上》)「人心一體之仁」乃孔子哲學傳統之根源洞識。唯獨依據此「天地萬物一體之體」之創造,天地萬物在同一道德目的下關連成一個和諧的整體。陽明確立的這樣一個「萬物一體」學說,就是孔子哲學傳統包含的道德的形而上學;其創造實體既是形而上學的,同時因著它就是每一個人自身的道德創造機能,又是現實地實現的。

　　從宋明儒學興起及發展的歷史來看,宋儒恢復儒學,並不是從孔孟入手,而是從《易傳》、《中庸》開端。最初是以《易傳》為主的德性宇宙觀為其哲學底子,對於孔子「踐仁知天」、孟子「盡心知性知天」所包含的道德本體論及由道德本體必然擴充致的道德形而上學並未有把握。經由長期努力,步步切磋,步步透入,直至陽明「良知教」,以及扎根於「人心一體之仁」的「萬物一體」學說,孔子哲學傳統包含的道德的形而上學始得到充分說明。陽明以揭明人自身的道德創造機能為首出要務,基於此「能」之充分呈現而展示道德的形而上學。其學問體系精闢深透,於孔子哲學包含的道德形而上學之闡

---

101 陽明說:「夫聖人之心,以天地萬物為一體,其視天下之人,無外內遠近,凡有血氣,皆其昆弟赤子之親,莫不欲安全而教養之,以遂其萬物一體之念。天下之人心,其始亦非有異於聖人也,特其間於有我之私,隔於物慾之蔽,……。聖人有憂之,是以推其天地萬物一體之仁以教天下,使之皆有以克其私,去其蔽,以復其心體之同然。……。是蓋性分之所固有,而非有假於外者,則人亦孰不能之乎?」(《傳習錄》中,〈答顧東橋書〉,第141條) 又說:「大人之能以天地萬物為一體也,非意之也,其心之仁本若是,其與天地萬物而為一也。豈惟大人,雖小人之心亦莫不然,彼顧自小之耳。……。故夫為大人之學者,亦惟去其私慾之蔽,以自明其明德,復其天地萬物一體之本然而已耳;非能於本體之外而有所增益之也。」(《王文成公全書》,卷26,〈大學問〉)

明，可說孟子之後無出其右。[102]

　　然則，依孔子哲學傳統而論，劉宗周（1578-1645，字起東，學者稱蕺山先生）作為宋明儒學之殿軍，其獨到貢獻何在？並且，蕺山辨駁陽明「四句教」，言詞嚴厲。此一學界長久流傳的「公案」如何了結？

　　牟宗三先生於《心體與性體（一）》之「綜論部」，「宋、明儒之分系」一節中，對宋明儒九子的義理性格作出詳論，並據此提出「三系說」：「（一）、五峰、蕺山系：此承由濂溪、橫渠而至明道之圓教模型（一本義）而開出。〔……〕。（二）、象山、陽明系：此系不順「由中庸易傳回歸于論孟」之路走，而是以論孟攝易庸而以論孟為主者。〔……〕。（三）伊川、朱子系：此系是以中庸易傳與大學合，而以大學為主。」[103]但吾人可指出此「三系」之劃分，依據所重先秦五部經典（中庸易傳、論孟、大學）之不同。五峰、蕺山系「客觀地講性體，以中庸易傳為主，主觀地講心體，以論孟為主」[104]；象山、陽明系「以論孟攝易庸而以論孟為主」[105]；伊川、朱子系「以中庸易傳與大學合，而以大學為主」[106]。

---

102 關此，詳論見拙著《孔子哲學傳統──理性文明與基礎哲學》，頁288-352。

103 牟宗三：《心體與性體（一）》，《全集》，卷5，頁52。

104 牟先生說：「五峰、蕺山系：此承由濂溪、橫渠而至明道之圓教模型（一本義）而開出。此系客觀地講性體，以中庸易傳為主，主觀地講心體，以論孟為主。特提出『以心著性』義以明心性所以為一之實以及一本圓教所以為圓之實。于工夫則重『逆覺體證』。」（同前註）

105 牟先生說：「象山、陽明系：此系不順『由中庸易傳回歸于論孟』之路走，而是以論孟攝易庸而以論孟為主者。此系只是一心之朗現，一心之申展，一心之遍潤；于工夫，亦是以『逆覺體證』為主者。」（同前註）

106 牟先生說：「伊川、朱子系：此系是以中庸易傳與大學合，而以大學為主。于中庸易傳所講之道體性體只收縮提煉而為一本體論的存有，即『只存有而不活動』之理，于孔子之仁亦只視為理，于孟子之本心則轉為實然的心氣之心，因此，于工夫特重後天之涵養（『涵養須用敬』）以及格物致知之認知的橫攝（『進學則在致

今吾人依孔子哲學傳統之道德形上學為準，以檢視宋明儒一脈相承的發展，則「伊川、朱子系」不入此脈絡，用牟先生的話說，伊川、朱子系乃「別子為宗」。[107]依此，宋明儒七子實一脈相承，逐步承接及展開孔子哲學傳統之道德形上學。若依其所倚重之經典，以及其對於孔子哲學傳統之道德形上學之貢獻重點有不同而論，也可以劃分為三系：（一）、由濂溪、橫渠而至明道，為宋儒復興儒學之第一期，如牟先生說：「此時猶未分系」。（二）、象山、陽明系：用牟先生說，象山、陽明是「孟子學」。[108]此系重要貢獻在正式提出及論明「心即理」，並據之對孔子哲學傳統之道德形而上學作出充分之闡明。（三）、五峰、蕺山系：依牟先生所論，胡五峰「承北宋前三家」，「即承明道之圓教模型。」而五峰「先心性分設，以心著性，以明心性之所以一」，不同於明道「只是圓頓地平說」，依牟先生的觀點，「劉蕺山亦是此路。」[109]

---

知』），總之是『心靜理明』，工夫的落實處全在格物致知，此大體是『順取之路』。」（同前註）

107　如牟先生已論明：「伊川對於客觀言之的『於穆不已』之體以及主觀言之的仁體、心體與性體似均未能有相應之體會。」朱子繼承伊川，而且予以充分的完成。牟先生指出：「此一系統，吾名之曰主觀地說是靜涵靜攝之系統，客觀地說是本體論的存有之系統，〔……〕。此是以荀子之心態講孔子之二，孟子之心性，以及《中庸》、《易傳》之道體與性體，只差荀子未將其所說之禮與道視為『性理』耳。不是儒家之大宗，而是『別子為宗』也，此一系統因朱子之強力，又因其近於常情，後來遂成為宋、明儒之正宗，實則是以別子為宗，而忘其初也。」（牟宗三：《心體與性體（一）》，《全集》，卷5，頁48-49。）

108　牟先生說：「象山對于北宋諸家未曾多下工夫，亦不是承明道而開出，尤其不喜伊川。他根本不是順北宋前三家『由《中庸》、《易傳》回歸于《論》、《孟》』之路走，他是讀《孟子》而自得之，故直從孟子入，不是由明道之圓教而開出。〔……〕。後來陽明承象山之學脈而言致良知，亦仍是孟子學之精神，人隨朱子之聯想，吠聲吠影，更視之為禪矣。」（牟宗三：《心體與性體（一）》，《全集》，卷5，頁50-51。）

109　牟先生說：「南渡後，胡五峰是第一個消化者。五峰倒卻是承北宋前三家而言道體性體，承由《中庸》、《易傳》而回歸於《論》、《孟》之圓滿發展，即承明道之圓

今依牟先生，五峰不歸於宋儒復興儒學之第一期，而與蕺山合為一系，但理據不在牟先生所提出的「先心性分設，以心著性」，而重點在論明蕺山對前儒的若干批評，尤其是對陽明的種種辨難，以見其所以區別於象山、陽明系而自成一系的理由。[110]茲略論如下：

一、蕺山說：「天理人欲，同行而異情，故即欲可以還理。」[111]

「天理」問題屬於道德的形而上學，僅就形而上學之確立，吾人或可以不論及「人欲」問題。但在孔子哲學傳統中，道德的形而上學並不只停在學問體系的確立，道德的形而上學既奠基於真實地創造的實體（本心仁體），必然起真實作用於經驗界，也就是說，必然涉及「人欲」與「天理」的先驗綜和關係。事實上，「人欲」為天理人欲先驗綜和之事實中的一個獨立成份。孟子言「飲食之人無有失也，則口腹豈適為尺寸之膚哉」（《孟子‧告子章句上》），並不以人欲之事為惡。孟子說：「人之於身也，兼所愛。兼所愛，則兼所養也。無尺寸之膚不愛焉，則無尺寸之膚不養也。所以考其善不善者，豈有他哉？於己取之而已矣。體有貴賤，有小大。無以小害大，無以賤害貴。養其小者為小人，養其大者為大人。」（《孟子‧告子章句上》）縱人欲則陷於惡，而人欲本身無所謂善惡。失德之人其過不在養小體，而在「以小害大」。

但是，不乏宋明儒者將「人欲」界定為「違背天理的欲望」。[112]

---

教模型，而言以心著性、盡心成性，以明心性之所以為一為圓者。明道只是圓頓地平說，而五峰則先心性分設，正式言心之形著義，以心著性，以明心性之所以一。」（牟宗三：《心體與性體（一）》，《全集》，卷5，頁49-50。）

110 依愚見，胡五峰可歸入宋儒復興儒學之第一期。也可依牟先生，將五峰與蕺山合為一系，此僅就二人於「成性」，以及「天理與人欲」問題有相同的說法而論。然蕺山對於孔子哲學傳統之道德形上學實有其個人獨特的貢獻。

111 劉蕺山：〈學言上〉，戴璉璋、吳光主編：《劉宗周全集》（臺北：中央研究院中國文哲研究所，1996年），第二冊，頁454。

朱子提出：「蓋必其有以盡夫天理之極，而無一毫人欲之私也。」
（《四書集注‧大學章句‧經一章》又說：「人只有天理、人欲兩途，
不是天理，便是人欲。」（《朱子語類》卷四十一）「只是一人之心，
合道理底是天理，徇情欲底是人欲。」（《朱子語類》卷七十八）這種
天理與人欲對立的觀點，甚至也見於陽明之言說中。陽明說：「雜以
人偽謂之人心。人心之得其正者即道心；道心之失其正者即人心：初
非有二心也。程子謂人心即人欲，道心即天理，語若分析，而意實得
之。」（《傳習錄》上卷，第10條）蕺山針對陽明此說提出詰問：「人
心本是人之心，如何說他是偽心、欲心？」[113]並批評，說：「依舊只
是程、朱之見，恐尚有剩義在。」[114]其實，所謂「偽心、欲心」的說
法，早就遭到象山批評。象山說：「謂人心、人偽也，道心、天理也；
非是。人心是說大凡人之心。」（《象山全集》卷三五，〈語錄〉下）

　　陽明或偶有失言，然只抓住一、兩段文句，即以為陽明一向地以
人心為偽心、欲心，並以為陽明言「人心」根本與程朱無別，則有失
公允。陽明說：「人心天理渾然。」（《傳習錄》上，第20條）「良知之
在人心，不但聖賢，雖常人亦無不如此。」（《傳習錄》中，〈答陸原
靜書〉，第163條）「天理在人心，亙古亙今，無有終始。」（《傳習
錄》下〉，第262條）此見不可將陽明歸入程、朱一路。

　　又，蕺山批評陽明言「去人欲、存天理」。他說：「陽明先生教人
其初只是去人欲、存天理。或問何者為天理，曰：去得人欲，便是天
理。大抵使人自悟而已。」（〈學言上〉）又說：「陽明子以格去物欲為

---

112 李明輝教授就說：「宋明儒者所說的『人欲』並非泛指人的一切慾望，而是專指那
　　些違背天理的欲望。」（李明輝：《四端與七情──關於道德情感的比較哲學探討》
　　〔臺北：臺大出版中心，2005年〕，頁31。）
113 戴璉璋、吳光主編：《劉宗周全集》，第四冊，頁66。
114 戴璉璋、吳光主編：《劉宗周全集》，第四冊，頁66。

格物，是以念為物也。後世心學不明如此，故佛氏一切掃除專以死念為工夫，及其有得，又以念起念滅為妙用。總之未明大道，非認賊作子，則認子作賊。」（〈學言中〉）蕺山並非將陽明本人比之以佛氏，然其批評「以念為物」、「以死念為工夫」，則可說是針砭之言。但他對於陽明言「去人欲、存天理」的理解卻有偏頗之嫌。

　　陽明言「去人欲、存天理」，此言要有恰當理解，不可以為天理是去除人欲的直接效果。蕺山以為陽明言「去得人欲，便是天理」，看來就是誤解陽明主張天理從「去人欲」中求。若陽明果真以為「去得人欲」就是天理，那麼，他與釋、道有何區別？孟子明言「仁義禮智根於心。」（《孟子・盡心章句上》）「心之官則思。」（《孟子・盡心章句上》），若人放失此「本心」，一味講求「去人欲」，他決無法認識到天理，哪怕真能將人欲去除乾淨，做得到「妄念不生」，也只是落得個「腔子裡黑窣窣的」，（《傳習錄》下，第216條）「流入枯槁之病」。（《傳習錄》下，第240條）天理並不是把人修整乾淨了便可得，人的本心良知之天理也並非把人修整乾淨而有。

　　事實上，陽明言「天理」並不那麼淺薄，他關於「天理」有精到深刻的闡明。未知蕺山何以說：「陽明先生教人其初只是去人欲、存天理。或問何者為天理，曰：去得人欲，便是天理。」（〈學言上〉）依陽明所論，本心、良知、天理是一事。所論不出孟子依孔子言仁而論本心：「仁義禮智根於心」，（《孟子・盡心章句上》）分言仁義禮智，合言只一箇「天理」；四端之心，本心也，本心之天理「不學而能」、「不慮而知」者，良知也。「心之官則思」，「所思莫非天理矣」。（〈答歐陽崇一書〉，第162條）依此，陽明說：「夫心之本體，即天理也。天理之昭明靈覺，所謂良知也。」（《王文成公全書》卷五，〈答舒國用・癸未〉）「知是心之本體，心自然會知。」（《傳習錄》上，第8條）「良知即是天理。」（《傳習錄》中，〈答歐陽崇一〉，第167條）

又說：「人心天理渾然。」(《傳習錄》上，第20條)「天理在人心，亙古亙今，無有終始。」(《傳習錄》下，第262條)

　　確實，宋明儒者講品德修養工夫，不乏重在「去人欲」。人們易於以為「人欲」是惡的根據。但如康德指出：「惡的根據不能像人們通常所說明的那樣，被放在人的感性以及由此產生的自然偏好之中。」(Rel 6:34)「自然的性好就其自身來看是善的，也就是說，是不能拒斥的。企圖根除性好，不僅是徒勞，而且也是有害的和應予譴責的。毋寧說，人們只需要抑制它們，以便它們互相之間不自相磨擦，而是能夠被導向在一個整體中的被稱作是幸福的和諧。」(Rel 6:58)因此，道德哲學的一個重要問題就是：天理與人欲之為先驗綜和命題如何可能。依康德所論明：人是善的還是惡的，就看他在把各種動機納入自己的格準時，是否顛倒了它們的道德次序。(Rel 6:36)如果一個人放縱「人欲」，他是道德上惡的，如康德說：「如果人把感性的動機作為本身獨立自足地決定抉意，以之納入自己的格準，而不把道德法則（這是他在自身就擁有的）放在心上，那麼，他就是惡的。」(Rel 6:36)

　　不必諱言，陽明言「去人欲、存天理」，容易令人想到那種「天理」與「人欲」對立二分的見解。故若要對陽明此言有恰當理解，必須將其置於陽明學之整體脈絡中考量。首先，就陽明學發展之「三變」來看，陽明居贛時教學者存天理，去人欲。不過，「征寧藩之後，專發致良知宗旨，則益明切簡易矣。」[115]不必置疑，於陽明，

---

115 陽明弟子錢德洪說：「滁陽為師講學首地，四方弟子，從游日眾。嘉靖癸丑秋，太僕少卿呂子懷復聚徒於師祠。洪往游焉，見同門高年有能道師遺事者。當時師懲末俗卑污，引接學者多就高明一路，以救時弊。既後漸有流入空虛，為脫落新奇之論。在金陵時，已心切憂焉。故居贛則教學者存天理，去人欲，致省察克治實功。而征寧藩之後，專發致良知宗旨，則益明切簡易矣。」(《王陽明全集》，〈與滁陽諸生書並問答語〉)又，胡松撰〈刻陽明先生年譜序〉云：「松嘗謂先生之學

「致良知」是第一義工夫。「致良知」就是依據本體立法而言工夫。知是知良知之天理，知天理而擴充之，萬事萬物依天理而實現，修身、齊家、治國、平天下，無不在「致良知」之實踐中。上文已論陽明彰顯「心即理」於孔孟義理之核心地位，依孟子言「良知良能」提出天理自良知出，「良知本來自明。」（《傳習錄》中，〈答陸原靜書〉，第162條）「知是心之本體，心自然會知。」「人心天理渾然。」（《傳習錄》上，第20條）「心之本體即是天理，天理只是一箇。」（《傳習錄》中，〈答周道通書〉，第143條）又直言「心之體性也，性即理也。」（《傳習錄》上，第117條）「仁義只是吾性。」（同上）顯見，「良知即是天理」（《傳習錄》中，〈答歐陽崇一〉，第167條）自始就是陽明為教之宗旨，[116]「此便是學問頭腦。」（《傳習錄》下，第240條）

　　雖然晚至近知天命之年，陽明才正式提出「致良知」，但陽明友人、弟子書信屢言及「致知」，云：「區區所論致知二字，乃是孔門正法眼藏。」（《陽明全書》卷之五，〈與楊仕鳴・辛巳〉）「致知二字，是千古聖學之秘。」此中所言「致知」，即及後幾年常言之「致良

---

與其教人，大抵無慮三變。始患學者之心紛擾而難定也，則教人靜坐反觀，專事收斂。學者執一而廢百也，偏於靜而遺事物，甚至壓世惡事，合眼習觀，而幾於禪矣，則揭言知行合一以省之。其言曰：『知者行之始，行者知之成。』又曰：『知為行主意，行為知工夫。』而要於去人欲而存天理。其後，又恐學者之泥於言詮，而終不得其本心也，則專以『致良知』為作聖為賢之要矣。」（《王文成公全書》卷之三十六，《陽明全書》卷三十六：〈年譜附錄二〉）

116 錢德洪說：「先生嘗曰：『吾「良知」二字，自龍場已後，便已不出此意，只是點此二字不出，於學者言，費卻多少辭說。今幸見出此意，一語之下，洞見全體，真是痛快，不覺手舞足蹈。學者聞之，亦省卻多少尋討功夫。學問頭腦，至此已是說得十分下落，但恐學者不肯真下承當耳。』又曰：『某於「良知」之說，從百死千難中得來，非是容易見得到此。此本是學者究竟話頭，可惜此體淪埋已久。學者苦於聞見障蔽，無入頭處。不得已與人一口說盡。但恐學者得之容易，只把作一種光景玩弄，孤負此知耳！』」（《王陽明全集》，卷41，〈刻文錄敘說〉）

知」。「存天理」就是「先立其大」,「致良知」就是「知皆擴而充之」之工夫。此即依據本體立法而言工夫。「存天理」乃陽明「致良知」教之首出義,「存天理、致良知」乃陽明所論即本體即工夫,乃工夫之根本義、首出義。誠然,陽明也言「去人欲」,但只是第二義之對治工夫。豈可獨提「去人欲」之對治工夫,而不論陽明所論「存天理、致良知」的第一義工夫?

況且,理解陽明言「去人欲」,須緊扣其言「存天理」,以「存天理」為首出,陽明並無教人通過「去人欲」的工夫見「天理」、「良知」。須注意,陽明說:「此心無私欲之蔽,即是天理,不須外面添一分。」(《傳習錄》上,第3條)並非意謂於對治工夫中去除「私欲之蔽」,就是「天理」。而毋寧說,本心良知之天理「無私欲之蔽」,也就是「不依賴於任何經驗的東西自為地決定意志」。(KpV 5:42)這種根源上的純粹性正是天理之尊嚴所在。吾人切忌將「天理」之純粹性之論與對治工夫中「去人欲」的主張混為一談。

「天理」根自本心,「本心」就是「無私欲之蔽」,切忌以為去除「私欲之蔽」就是「本心」。「本心」是每一個人先天而固有的能力,「非由外鑠我也,我固有之也。」(《孟子‧告子章句上》)本心之天理的純粹性乃先驗的,並非經由後天之「去人欲」的對治工夫而達至。正因此,天理才能夠作為我們的最高的實踐原則,[117]定言地發布命令,對每一個人有效。本心良知「獨立於經驗條件」,「經由純然的法則形式決定」。(KpV 5:31)「天理」就是純然的法則形式,並無具體的經驗的內容。此即康德說:「這法則無條件地命令,它不從經驗或任何外在的意志借來什麼東西。」(KpV 5:31)也就是陽明提出,

---

117 此如康德揭明:「一切德性的概念皆完全先驗地在理性中有其位據和根源,〔……〕它們的尊嚴正在於這種根源上的純粹性,使它們能夠充當我們的最高的實踐原則。」(Gr 4:411)

「天理在人心，亙古亙今，無有終始」；「天理即是良知。」（《傳習錄》下，第261條）天理良知「無人欲攙入其中。」[118]

天理「無人欲攙入其中」，此表示它不混雜任何經驗的原則。[119]「天理」以「普遍法則之形式」而作為一切行為格準的最高條件。[120]本心良知「無人欲攙入其中」，也就是說，本心無須任何經驗的動機，良知完全從根於本心之天理（先驗原則）所決定。陽明提出，道心即良知，[121]不著些「人的意思在」。[122]此即康德揭明：道德法則的根據不能源自「人的本性的特殊構成或所處的偶然情境」，不能源自經驗；否則，我們只能有相對地普遍的行為規範，而決沒有絕對地普遍必然的道德法則可言。[123]「天理」是一個定言律令，直接要求行為符合普遍法則，「它無須以通過某個行為要達成的任何別的意圖為根據。」（Gr 4:416）「不與任何一個意圖相關，也就是無須任何別的目

---

118 陽明說：「天理在人心，亙古亙今，無有終始；天理即是良知，千思萬慮，只是要致良知。良知愈思愈精明，若不精思，漫然隨事應去，良知便粗了。若只著在事上茫茫蕩蕩去思，教做遠慮，便不免有毀譽得喪人欲攙入其中，就是將迎了。」（《傳習錄》下，第262條）又說：「良知無分於有事無事也。」（《傳習錄》中，〈答陸原靜書〉，第155條）「無前後內外而渾然一體者也。」（同前）

119 如康德指出：經驗的原則（出自幸福原則，或基於自然情感，或基於道德的情感）完全不適於作為道德法則的根據，因為它們得自人的本性的特殊構成或所處的偶然情境；出自完滿性的原則（或建立於完滿性的理念之上，或建立於上帝的意志之上）充作德性的第一根據，也是來源於他律概念的錯誤道路。（Gr 4:441-442）而意志他律是一切虛假的德性原則之根源。（Gr 4:441）

120 此義即康德所論明：純粹實踐理性基本法則是「就意志格準之形式先驗地決定意志的一個規則，以此把一條只服務於原理的主觀形式的法則通過一般法則的客觀形式思想為一個決定根據。」（KpV 5:31）

121 陽明說：「道心者，良知之謂也。」（《傳習錄》中，〈答顧東橋書〉，第140條）

122 陽明說：「『率性之謂道』便是道心。但著些人的意思在，便是人心。道心本是無聲無臭，故曰『微』。依著人心行去，便有許多不安穩處，故曰『惟危』。」（《傳習錄》下，第228條）

123 康德所論，詳見拙著《孔子哲學傳統——理性文明與基礎哲學》，頁297、301-302。

的，自身就宣稱行為是客觀必然的。」（Gr 4:415）

　　天理是普遍必然的法則，它的根據決不能「取自人性的特殊構成或人性所處的偶然情境」，陽明言「謂人心尚有所涉」（《傳習錄》下，第225條）表達的正是此義。「道心」就是良知，也就是「人心」之獨立不依於「人性的特殊構成或人性所處的偶然情境」而立普遍法則之能，並非人心之外另有道、天以為「心」。用陽明的話說明，名之為「道心」，只是「惟天不容偽」（《傳習錄》下，第225條）的意思。陽明本人反覆強調：「良知之在人心，無間於聖愚，天下古今之所同也。」（《傳習錄》中，〈答聶文蔚〉，第171條）「天理在人心」。[124]

　　天理作為普遍法則根於每個人的本心，人自我服從天理而行，用康德的話說，也就是自身「依據就其自然的目的就是普遍立法的他自己的意志而行動」。（Gr 4:432）此即見天理是「理性事實」，它無非就是：本心「宣布自己是根源上立法的」。（KpV 5:31）正如康德所論明：「我們可以把與這種基本原則關連的意識名之為一個理性事實」，（KpV 5:31）因為它是純粹理性自己頒布的，「決不是先行給予我們的。」（KpV 5:31）「也不是先行地從自由意識中推演出來，而是作為一個先驗綜和命題把自己強加給我們。」（KpV 5:31）同樣，「天理」並非從理性的先行資料中把它推演出來，決不能通過思辨理性之推理而得到。

　　本心良知天理堪稱「事實」，是因為它「作為先驗綜和命題」把自己加諸我們。（KpV 5:31）從其超越的根源而言，陽明言「天理」是每一個人本心之「本來天則」，並非就事事物物上求得的知識，[125]

---

124 陽明說：「天理在人心，亙古亙今，無有終始；天理即是良知，千思萬慮，只是要致良知。」（《傳習錄》下，第261條）

125 陽明說：「孔子有鄙夫來問，未嘗先有知識以應之，其心只空空而已；但叩他自知的是非兩端，與之一剖決，鄙夫之心便已瞭然。鄙夫自知的是非，便是他本來天則，雖聖人聰明，如何可與增減得一毫？」（《傳習錄》下，第273條）

不同朱子所云「即物而窮其理」之理。自「天理」運用於經驗世界而論，陽明言「喜怒哀懼愛惡欲，謂之七情。七者俱是人心合有的」，要緊處在「認得良知明白。」（《傳習錄》下，第268條）陽明說：「七情順其自然之流行，皆是良知之用，不可分別善惡，但不可有所著；七情有著，俱謂之欲，俱為良知之蔽；然才有著時，良知亦自會覺，覺即蔽去，復其體矣！此處能勘得破，方是簡易透徹功夫。」（《傳習錄》下，第268條）此顯見陽明論「天理」與「人欲」之先驗綜和，其義同於蕺山言：「天理人欲，同行而異情，故即欲可以還理。」（〈學言上〉）

　　依以上所論可知，蕺山關於所謂「去得人欲，便是天理」之說法的批評，其實並不能用以針對陽明。然愚意以為，若不針對陽明個人，蕺山針砭的問題是重要的，其論亦如理。蕺山提出「天理人欲」的問題，極其重要，此問題關涉到「人欲」是否惡的根據這樣一個哲學問題。宋明儒者中流行將「人欲」界定為「違背天理的欲望」，也就是視「天理」與「人欲」對立。蕺山反對這種對立二分的思維，而表示出其先驗綜和的思維模式，在先驗綜和的事實上作出分解立義的貢獻。此先驗綜和義亦見於孟子「大體」、「小體」分解立義，而論「兼所養」。

　　其實，蕺山之前已有胡五峰言「天理人欲同體而異用，同行而異情。」[126]此即有見於天理人欲是先驗綜和之事實。

　　二、蕺山對陽明「四句教」的批評。

　　陽明「四句教」引起後世儒者諸多疑問，後世學者稱為「王門一

---

126 胡宏：《胡宏集》（北京：中華書局，1987年），附錄一，〈宋朱熹胡子知言疑義〉，頁328。五峰言「天理人欲同體而異用，同行而異情」，其義上承橫渠言「有無虛實通為一物者性也」之旨。橫渠說：「有無虛實通為一物者性也。不能為一，非盡性也。飲食男女皆性也。是烏可滅？」（《正蒙·乾稱篇》）

大公案」。「四句教」見於錢德洪、王龍谿「天泉證道」，[127]《傳習錄》記載云：「丁亥年九月，先生起復征思田。將命行時，德洪與汝中論學。汝中舉先生教言，曰：『無善無惡是心之體，有善有惡是意之動，知善知惡是良知，為善去惡是格物。』」（《傳習錄》下，第293條）王龍谿（汝中）明白表示：「此恐未是究竟話頭。」[128]（同前）錢德洪維護師說，二人各執己見。是夕二人與陽明共聚天泉橋，各舉請正。陽明的答覆是：「二君之見正好相資為用，不可各執一邊。我這裡接人原有此二種。利根之人直從本源上悟入。人心本體原是明瑩無滯的，原是個未發之中。利根之人一悟本體，即是功夫，人己內外，一齊俱透了。其次不免有習心在，本體受蔽，故且教在意念上實落為善去惡。功夫熟後，渣滓去得盡時，本體亦明盡了。汝中之見，是我這裡接利根人的；德洪之見，是我這裡為其次立法的。」（同前）又說：「已後與朋友講學，切不可失了我的宗旨：無善無惡是心之體，有善有惡是意之動，知善知惡的是良知，為善去惡是格物，只依我這話頭隨人指點，自沒病痛。此原是徹上徹下功夫。」（同前）

　　「天泉證道」不及兩年，陽明辭世。錢德洪執定「四句教」，說：「此是師門教人定本，一毫不可更易。」（〈天泉證道紀〉）龍谿亦堅持己見，說：「夫子立教隨時，謂之權法，未可執定。體用顯微，只是一機；心意知物只是一事。若悟得心是無善無惡之心，意即是無善無惡之意，知即是無善無惡之知，物即是無善無惡之物。……。」（同前）

---

127 陽明與錢德洪、王龍谿討論「四句教」（又名「四有句」）與「四無句」於天泉橋上，此番「天泉證道」發生於嘉靖六年九月陽明出征思田前夕，不及兩年，陽明辭世。「天泉證道」論及「四句教」，見《傳習錄》下，第293條；《王文成公全書》，卷35，〈年譜〉、〈天泉證道紀〉。

128 王龍谿說：「此恐未是究竟話頭。若說心體是無善無惡，意亦是無善無惡的意，知亦是無善無惡的知，物是無善無惡的物矣。若說意有善惡，畢竟心體還有善惡在。」（《傳習錄》下，第293條）

　　陽明於天泉橋上，囑咐錢德洪、王龍谿兩弟子，說：「二君以後再不可更此四句宗旨。此四句中人上下無不接著。我年來立教，亦更幾番，今始立此四句。人心自有知識以來，已為習俗所染，今不教他在良知上實用為善去惡功夫，只去懸空想個本體，一切事為，俱不著實。此病痛不是小小，不可不早說破。」（《王文成公全書》卷三十五，〈年譜〉）可見陽明晚年確實本人極重視「四句教」，看來不似王龍谿所言「夫子立教隨時，謂之權法」。細察陽明所言，可見其對於人「不免有習心在，本體受蔽」耿耿於懷，一直深為「人心自有知識以來，已為習俗所染」所困惑，故有「一悟本體，即見功夫，物我內外，一齊盡透，此顏子、明道不敢承當，豈可輕易望人？」的想法，以此立「四句教」為宗旨，說：「此四句中人上下無不接著。」可見，陽明將「四句教」視為接「中人以下」的人，而與「接利根人的」教法區別開。此所以蕺山批評，說：「必事事以善惡兩糾之」，以為「去其惡而善乃至，姑為下根人說法」。（〈良知說〉）「因病立方，盡是權教。」（〈中庸首章說〉）

　　究其實，陽明言語中常有「利根人」、「上根人」與「中人以下」的人之區分。[129]另一方面，陽明言「這良知人人皆有」、「學者信得良知過，不為氣所亂，便常做個羲皇已上人。」（《傳習錄》下，第289條）兩種說法顯然相衝突。其實，現實上，人心為習俗所染，必不可

---

129 陽明說：「人之氣質清濁粹駁，有中人以上，中人以下，其於道有生知安行，學知利行，其下者必須人一己百，人十己千，及其成功則一。」（《傳習錄》上，第99條）又說：「夫盡心、知性、知天者，生知安行：聖人之事也；存心、養性、事天者，學知利行：賢人之事也；夭壽不貳，修身以俟者，困知勉行，學者之事也。豈可專以盡心知性為知，存心養性為行乎？」（《傳習錄》中，〈答顧東橋書〉，第134條）牟宗三先生批評說：「陽明雖義理精熟，然未至四無礙之境。如以生而知之，學而知之，困而知之，比配孟子盡心知性知天，存心養性事天，夭壽不貳修身以俟所以立命，即完全乖謬。」（牟宗三：《從陸象山到劉蕺山》，《全集》，卷8，頁18。）

免，對治意念的工夫亦不可缺，但吃緊處在，對治意念為的是明天理、致良知。「存天理，致良知」是本質工夫。自童子以至聖人，皆是此等工夫。「存天理」就是「先立其大」，「致良知」就是「知皆擴而充之」。不可以為「存天理，致良知」專為接利根人而設，而「四句教」則為受習心左右的人而立。無論何人，皆不能離「存天理、致良知」而有為善去惡之道德工夫可言。陽明本人就說：「我這裡言格物，自童子以至聖人，皆是此等工夫。但聖人格物，便更熟得些子，不消費力。如此格物，雖賣柴人亦是做得，雖公卿大夫以至天子，皆是如此做。」（《傳習錄》下，第298條）「聖人亦是學知，眾人亦是生知。」（《傳習錄》下，第199條）「這良知人人皆有，聖人只是保全，無些障蔽，兢兢業業，亹亹翼翼，自然不息，便也是學」，「眾人自孩提之童，莫不完具此知。」（同上）

　　陽明學宗旨在「心即理」，其功夫學說之根本義在「存天理，致良知」，此亦是陽明把握孔子哲學傳統之真旨實義最肯切處。然則何以晚年有「四句教」，並說：「只依我這話頭隨人指點，自沒病痛。此原是徹上徹下功夫。」（《傳習錄》下，第293條）細察陽明於天泉橋上對兩位弟子的訓誡語，實可見其糾結於「人有習心」、「本體受蔽」的情形，以至於說：「故且教在意念上實落為善去惡。功夫熟後，渣滓去得盡時，本體亦明盡了。」（《傳習錄》下，第293條）「故且」二字含「權宜」之意，對治意念的工夫固然可作「權宜」之計，但決不可以為「權宜」之計「熟後」，本體就「明盡了」。吃緊處在，對治意念為的是明天理、致良知。「存天理，致良知」是本質工夫。自童子以至聖人，皆是此等工夫。「存天理」就是「先立其大」，「致良知」就是「知皆擴而充之」。不可以為「存天理，致良知」專為接利根人而設，而「四句教」則為受習心左右的人而立。無論何人，皆不能離「存天理、致良知」而有為善去惡之道德工夫可言也。

更有令人難以理解者，陽明說：「利根之人，世亦難遇，本體功夫，一悟盡透。此顏子、明道所不敢承當，豈可輕易望人！」（《傳習錄》下，第293條）豈不是陽明念茲在茲的「本體功夫」連顏子、明道都不能做了，遑論旁人？「本體功夫」豈不成了空口講白話，根本用不上？陽明又說：「只去懸空想個本體，一切事為俱不著實，不過養成一個虛寂。」（同前）良知之為「本體」自身是道德創造之能，良知天理明，一切事皆實，豈有「虛寂」之理？未免令人慨嘆：陽明創發「良知教」，啟發人信得及天理乃人的實存之法則，良知乃人實存之「真己」，不生懷疑，不妄起辯證。於良知天理之闡明有大功。何以會對「良知」如此信不過？沒信心？陽明本人叮嚀告誡：「恆自信其良知而已」，「恆務自覺其良知而已」。「致其良知，以求自慊而已。」（《傳習錄》中，〈答歐陽崇一〉，第168條）事實上，若不知存天理，不知良知是自身之良貴、真己，只是「故且教在意念上實落為善去惡」，（《傳習錄》下，第293條）恐怕也只是做得個「行仁義」之工夫（亦即只是他律，算不上道德）。

依以上所論，我們可以見出陽明提出「四句教」對治工夫，其用心良苦，但確實有值得商榷之處。「四句教」首句「無善無惡是心之體」，若作為透「體」語，則嫌未能揭明「良知天理」之根本義，故不能代表知行本體之工夫。後三句「有善有惡是意之動，知善知惡是良知，為善去惡是格物」，代表對治工夫，但「良知」於有善有惡的「意之動」之後，嚴格地說，只可說是知善知惡是良心，陽明本人強調的「存天理，致良知」的本質工夫義未能於「四句教」表達出來。[130]

蕺山辨駁陽明「四句教」，言詞極為嚴厲。儘管其批評不無「攻

---

130 關此，詳論見拙著《孔子哲學傳統——理性文明與基礎哲學》，關於陽明學，詳論見頁283-412。

其一點，不及其餘」之嫌，然亦有其如理而不可忽略處。[131]茲略論
如下：

　　（一）蕺山批評：「陽明將『意』字認壞。」（《劉子全書》卷之
八，〈良知說〉）就是針對「四句教」第二句「有善有惡意之動」而言。
他指出，此句中，以念為意，與朱子云「意者心之所發」[132]同。蕺山
批評「以念為意」，也就是「驅意於心之外，獨以知與心」。他說：

> 若或驅意於心之外，獨以知與心，則法唯有除意，不當誠意矣。
> 且自來經傳無有以意為心外者。求其說而不得，無乃即知即意
> 乎？果即知即意，則知良意亦良，更不待言。（〈學言下〉）

　　牟宗三先生為陽明辯護，說：「依陽明，知與意本屬兩事。意為
意念，屬感性層；知為良知，層超越層者。」[133]豈知，蕺山正是要批
評「知與意分明是兩事」。蕺山極力論明「合心、意、知、物，乃見
此心之全體。」（〈學言中〉）「心中有意，意中有知，知中有物，物有
身與家、國、天下，是心之無盡藏處。」（同上）可以指出，心、
意、知、物，乃心之全體，此本是孟子義。雖則孟子未有用「意」一
詞表達「心中有意」，不過如上文已論，此「意」是心靈的高層意欲
機能，即孔子言「我欲仁」之「欲」，孟子言「義，亦我所欲也」之
「欲」。（《孟子・告子章句上》）孟子言「先立其大」之主宰義之
「心」，即心靈的高層意欲機能之「意」，亦即「良知」之「知」，亦

---

131 依牟宗三先生所論，蕺山辨駁陽明「四句教」多有不通、不如理處。請參見先生著
　　《從陸象山到劉蕺山》，《全集》，卷8，頁374-381。
132 蕺山說：「朱子云『意者心之所發』，是以念為意也，……。」
133 牟宗三：《從陸象山到劉蕺山》，《全集》，卷8，頁377。

即「萬物皆備於我」之「物」。

　　宋儒最初提出「心、意、知、物」，原初只是順《大學》首章文句而泛論。朱子極重視《大學》，其註《大學》「心、意、知、物」一段，對「心、意、知、物」作出確定的解釋，這種解釋出於朱子「格物窮理」的思路。於朱子解釋，「心、意、知、物」分拆，所謂教人以「次第節目」。(《四書集注‧大學章句序》) 其學問底子只是從對治工夫著眼。陽明就批評朱子「格物窮理」，說：「朱子所謂格物云者，在即物而窮其理也。即物窮理，是就事事物物上求其所謂定理者也。是以吾心而求理於事事物物之中，析心與理而為二矣。」(〈答顧東橋書〉，第135條) 又說：「夫析心與理而為二，此告子義外之說，孟子之所深闢也。」(同前) 陽明又批評朱子「外心以求物理」，說：「此後世所以有專求本心，遂遺物理之患，正由不知心即理耳。夫外心以求物理，是以有暗而不達之處；此告子『義外』之說，孟子所以謂之不知義也。」(〈答顧東橋書〉，第133條)

　　由以上所述可見，陽明反對離「心」言「知」；也反對離「心」言「物」。他批駁朱子「格物窮理」之說不遺餘力，就是要以《孟子》決定《大學》「心、意、知、物」之含義，論明「心、意、知、物」是「一」。〈答顧東橋書〉云：「心者身之主也，而心之虛靈明覺即所謂本然之良知也。其虛靈明覺之良知應感而動者謂之意。」(《傳習錄》中，第137條) 此中以「良知應感而動者」言「意」，此見「意」與「良知」、「心」是一，並不是分拆而論。稍後，〈答羅整菴少宰書〉云：「以其主宰之發動而言，則謂之意；以其發動之明覺而言，則謂之知；以其明覺之感應而言，則謂之物。」(《傳習錄》中，第170條) 此中以「心」之主宰「之發動」言「意」，此見「意」與「心」是一。以「心」之「明覺之感應」言「物」，「物」是意本物，非「外心以求物」之「物」。顯見，陽明原初也有「心、意、知、物

是一」之義。但其「四句教」卻落入朱子的思路，確實令人費解。以此，引起蕺山辨難「四句教」不遺餘力。

從「四句教」看，顯然見到陽明僅以經驗義言「意」和「物」，也就是，顯出驅「意」、「物」於心之外，獨以「知」與心的思維格局。[134]況且，「四句教」如此離「心」、「知」而言「意」、「物」，其所言「心」、「知」實在已失去孟子言「本心」、「良知」之宗旨。陽明對孟子言「本心」、「良知」本有著深刻理解，未知何以晚年會有「四句教」一說。

陽明本來已清楚區分「意」與「念」（意念）。其言「良知應感而動者謂之意。」（《傳習錄》中，第137條）此言「意」以「體」言，屬超越層，與其言「隨軀殼起念」（《傳習錄》上，第100條）之「念」根本不同。但「四句教」以「意」代「念」，豈是一時疏失？看來陽明是忘掉了「意」以「體」言的超越義。此時其心中「意」就等同「念」，二字看來成了可互換之詞。牟宗三先生為陽明辯護，說：「意本可上下其講」，並無法確定《大學》之「意」必是蕺山所言之「心之所存」之意。[135]但愚意以為，無論《大學》所言「意」之含義為何，依孔子哲學傳統之血脈，須依孟子決定《大學》所言「意」，[136]這在陽明本來已是清楚的。何以於「四句教」要將「意」

---

134 其實，逮居越以後，陽明就僅以經驗義言「意」和「物」，顯出驅「意」、「物」於心之外，獨以「知」與心的思維格局。這個時期，陽明言心、意、知、物的定論是：「指其主宰處言之謂之心，指心之發動處謂之意，指意之靈明處謂之知，指意之涉著處謂之物。」（《傳習錄》下，第179條）就「心之發動」言「意」，故云「有善有惡之動」。「意之涉著處謂之物」，其言「物」是本末物，故有正有不正而待格。不同此前言「明覺之感應而言，則謂之物」。

135 語見牟宗三：《從陸象山到劉蕺山》，《全集》，卷8，頁377。

136 牟先生本人就指明：「《大學》不能作決定。你想要暸解《大學》就要根據《論語》、《孟子》、《易傳》、《中庸》來決定《大學》，不能根據《大學》來決定《論語》、《孟子》、《易傳》、《中庸》。《大學》在這個系統以外，只是講人生實踐的綱

往下講，將「意」字作「念」字用？「四句教」既將「意」往下講，
那麼，所謂「四句教」工夫豈不將「心之所存」之意排除掉？

　　朱子「意者心之所發」說之影響很大。其說之要害在：視「意」
為「心之所發」，也就是將「意」混同於「念」。陽明以「致良知」釋
《大學》而言「致知」，力斥朱子「析心與理為二」（〈答顧東橋書〉，
第135條）、「外心以求物理，此知行之所以二也。」（《傳習錄》中，
〈答顧東橋書〉，第133條）、「專以窮理屬知」（《傳習錄》中，〈答顧
東橋書〉，第137條），對孔門義理之闡明有極大貢獻。但終亦未能擺
脫朱子之影響。此即蕺山批評：

> 程子（原注：叔子）云「凡言心者皆指已發而言」，是以念為
> 心也。朱子云「意者心之所發」，是以念為意也，又以獨知偏
> 屬之動，是以念為知也。陽明子以格去物欲為格物，是以念為
> 物也。後世心學不明如此，故佛氏一切掃除專以死念為工夫，
> 及其有得，又以念起念滅為妙用。總之未明大道，非認賊作
> 子，則認子作賊。（〈學言中〉）

領，但是，如何實踐，走什麼路來實踐，是不定的。所以，你想瞭解《大學》走
哪一條路，只能根據《論語》、《孟子》、《易傳》、《中庸》來決定。」（牟宗三演
講，盧雪崑記錄整理：〈原始的型範第三部份　先秦儒學大義（3）〉，《鵝湖月刊》
33卷1期〔總385期〕〔2007年7月〕。）又說：「在以往的思想史上，我們說朱子與
王陽明不同，不同在哪裡呢？朱子根據《大學》瞭解《論語》、《孟子》。王陽明相
反，根據《論語》、《孟子》瞭解，決定《大學》。儘管兩人都講《大學》，正心、
誠意、致知、格物、修身、齊家、治國，平天下，這些詞語集中在《大學》裡
面，《論語》、《孟子》沒有這麼集中。解釋的都是《大學》，但王陽明的那個解釋
是根據孟子的精神、孟子的學問。孟子的學問是繼承《論語》而來。由《論語》、
《孟子》擴大那個境界就是《中庸》，再擴就是《易傳》。《論語》、《孟子》、《中
庸》、《易傳》，這是一套，這叫作一根而發，在先秦就發展成了。」（同前）

　　陽明言「良知應感而動者謂之意。」（《傳習錄》中，第137條）儘管此言「意」以「體」言，但事實上，陽明並未能清楚確定地認識到「意」為心之主宰，也就是說，他未能把握本心良知本身包含的意志因果性，並未能認識到良知之天理是意志因果性之法則。若我們依據康德的意志自由學說，可以指出，作為心之主宰的「意」，包括天理所從出之自由意志和以天理為根據而決定行為格準的自由抉意，據此講「存天理」的工夫，則本體得到先驗的說明，並經由本體工夫得到超越的解釋。但陽明對「意」為心之主宰這一重點並未能把握，此所以，他本人雖標舉「本體工夫」，並有「知行本體」之洞見，但他未能見及本體上的實功只能在「意」上做。故而一直受「本體上無工夫可做」的難題所困擾，最終落到「四句教」，教人做「去人欲」之對治工夫。此即是以對治工夫為「用」，以求良知本體。

　　牟先生提出，陽明言「誠意」是誠「受感性影響的意──意念之意」，誠者使其「轉為超越層純善之意」。[137]此顯見將「誠意」視為通過「去人欲」之對治工夫使「意念」轉化為「純善之意」。分明是通過對治工夫求「良知本體」的套路。牟先生說：「陽明致知以誠意是將良知關聯著感性層之意念而期有以轉化之，此開綜和領域。」[138]但看來先生忽略了蕺山根本反對視「意」為受感性影響的意念，也不同意視「誠意」為使「意念」轉化為「純善之意」。「誠意」不能如陽明言「致知以誠意」那樣，將良知關聯著有善有惡之「意」而期對治之。依蕺山所論，「誠意」就是保存我們自身稟具的好善惡惡之「意」。[139]

---

137　語見牟宗三：《從陸象山到劉蕺山》，《全集》，卷8，頁377。

138　牟宗三：《從陸象山到劉蕺山》，《全集》，卷8，頁380。

139　我們可以藉康德的話理解蕺山所論「誠意」，也就是：保存「純粹的道德的存心」，「純粹的道德的存心」，是通過將德性（Sitten）建立在其純正的（echte）原則上而造成的。（Gr 4:412）

「意」以體言，不能與「念」混著「上、下其講」。蕺山反覆申明：「意無所為善惡，但好善惡惡而已」，（〈學言上〉）「心一也，自其主宰而言謂之意。」（〈學言下〉）「意也，心官之真宅也」，（〈原旨・原心〉）「意者至善之所止也」。（同上）[140]「意根最微，誠體本天。本天者，至善者也。」（〈學言下〉）蕺山力斥朱子視「意」為「私意」的說法，他說：「朱子曰：私意也。必下個私字，語意方完。畢竟意中本非有私也。」（《劉子全書》卷之九，〈問答・商疑十則答史子復〉）又說：「每日間只是一團私意憧憧往來，全不見有坦然釋然處，此害道之甚者。」（〈學言上〉）蕺山一再堅持「意」以體言，「意根最微，誠體本天。本天者，至善者也。」（同前）依此，他極力反駁前儒，及至陽明視「誠意」為使「意念」轉化為「純善之意」的對治工夫。「意」既為心之主宰，「但好善惡惡而已。」（〈學言上〉）

牟先生說：「在陽明，致知以誠意（轉化意念），即等於蕺山之「誠意」以化念還心也。如此消融豈不兩得？何苦穿鑿周納以橫破之？（……）」此說有可商榷處。如上文已反覆申明：蕺山根本反對陽明以「轉化意念」言「誠意」。蕺山言「化念還心」依據於「誠意」，「意」以體言，因此，其言「誠意」以化念還心是即本體即工夫，顯見與陽明「致知以誠意（轉化意念）」根本無法消融。牟先生又提出，「陽明致知以誠意」是「開綜和領域」。[141]並批評蕺山「開不出綜和領域」，說：「蕺山亦說念，復說治念，又說化念還心，但不說誠意以化念，此則誠意格致以及正心等等都成分析的，開不出綜和領域。」[142]又說：「總為不解良知與意念乃上下兩層之綜和關係，致知

---

140 又，蕺山說：「若果以好善惡惡者為意，則意之有善而無惡明矣。然則誠意一關，其『止至善』之極則乎？」（原注：新本無）（〈學言下〉）
141 牟宗三：《從陸象山到劉蕺山》，《全集》，卷8，頁380。
142 牟宗三：《從陸象山到劉蕺山》，《全集》，卷8，頁380。

以誠意（念）乃以超越層者化轉感性層者，遂有此謬妄之疑難。」[143]
究其實，蕺山依據於「誠意」而言「化念還心」，即開出「綜和領
域」。可見，蕺山與陽明的分別不在是否「開綜和領域」。要點在蕺山
反對陽明析「知」與「意」為二，陽明將「知」與「意」區分為超越
層與感性層，而言「綜和領域」之開出，弊病在離開「誠意」之本體
工夫而論超越層與感性層之綜和。「本體」只就「知善知惡」之
「知」言。依蕺山所論，「知之與意只是一合相，分不得精粗動靜。」
（〈學言下〉）就人之道德主體而言，心、意、知、物一體，屬超越
層，就人作為感觸界的存在而言，念屬感性層。（〈學言中〉）「綜和領
域」之開出乃就人同時具有道德存有與感觸界的存在兩重身份而論。

　　（二）蕺山批評陽明「四句教」第三句「知善知惡是良知」，就
是針對陽明析「知」與「意」為二的立場而發。蕺山說：「『有善有惡
意之動，知善知惡知之良』，二語決不能相入，則知與意分明是兩事
矣。」（〈學言下〉）並表明他自己的立場，說：「即知即意，則知良意
亦良，更不待言。」（〈學言下〉）依此，他不僅批評陽明「將『意』
字認壞」，更指責說：「仍將『知』字認粗」。（〈良知說〉）又說：「只
因陽明將『意』字認壞，故不得不進而求良于知。」（〈良知說〉）依
蕺山看來，陽明「四句教」先言「有善有惡之動」，隨後說「知善
知惡是良知」，分明「是知為意奴也」。」（〈良知說〉）並詰問：「良在
何處？」（同前）

　　蕺山敏銳地見出，陽明言「知善知惡是良知」，與陽明本人一貫
自本心天理而言之「良知」義有不同。蕺山反對「四句教」所言「良
知」將自本心天理而言之「良知」義丟掉。正據此，他批評陽明「將
『知』字認粗」。蕺山強調「意」與「知」乃是「心」之關聯一體的

---

143　牟宗三：《從陸象山到劉蕺山》，《全集》，卷8，頁381。

意欲機能之活動。他說：「意蘊於心，非心之所發也。又就意中指出
最初之機，則僅有知好知惡之知而已。此即意之不可欺者也。故知藏
於意，非意之所起也。」（〈學言下〉）通過康德的話來理解，「意」是
心靈的意欲機能，「良知」則是在意欲機能中的立法機能，此即陽明
本人也反覆講「良知即是天理」，（《傳習錄》中，〈答歐陽崇一〉第
167條）「良知發用之思，則所思莫非天理矣。」（同前）「意」若無立
天理之「知」，不得為心之所存主，「心」若無存天理之「意」，亦不
得為作主宰之「心」。但是，「四句教」分明失去了「天理」所由出的
「良知」，只講個「知善知惡」之「知」。

　　依蕺山所見，陽明之所以只從「知善知惡」言「良知」，乃因將
存天理之「意」丟掉了，轉而以念言意。不過，牟宗三先生為陽明辯
解，先生提出，陽明是：「把孟子所說的『是非之心，智也，羞惡之
心，義也』兩者合一而收於良知上講，一起皆是良知之表現。」[144]
「蓋陽明所說之良知本是統攝四端而言者；『良知只是箇是非之心，
是非只是箇好惡，只好惡就盡了是非，只是非就盡了萬事萬變。』」[145]
固然，如牟先生所言，吾人可從心之「四端」言「良知之表現」，然
豈可以「是非之心」對「良知」作本質的規定？陽明說「良知只是箇
是非之心」，正顯見其只從「是非之心，智也」對「良知」作本質的
規定。

　　「良知」之本質規定當依據孟子言「良能」、「良知」：「人之所不
學而能者，其良能也；所不慮而知者，其良知也。孩提之童，無不知
愛其親者；及其長也，無不知敬其兄也。親親，仁也；敬長，義也。
無他，達之天下也。」（《孟子‧盡心章句上》）而此言「達之天下」
之「知」，當依據孟子言「心之所同然者」之「理也，義也」。（《孟

---

144 牟宗三：《從陸象山到劉蕺山》，《全集》，卷8，頁179。
145 牟宗三：《從陸象山到劉蕺山》，《全集》，卷8，頁377。

子・告子章句上》）也就是說，「良知」即本心之天理。陽明的本人就說：「良知即是天理。」（《傳習錄》中，〈答歐陽崇一〉，第167條）「四句教」卻放失了「良知」之本質規定，轉而以「知善知惡」言「良知」，此所以遭到蕺山嚴厲的批評。

蕺山反對以「知善知惡」言「良知」，而提出「好善惡惡是良知」。他說：「予嘗謂好善惡惡是良知。舍好善惡惡，別無所謂知善知惡者。好即是知好，惡即是知惡。非謂既知了善，方去好善，既知了惡，方去惡惡。審如此，亦安見其所謂良者。乃知知之與意只是一合相，分不得精粗動靜。」（〈學言下〉）蕺山言「意」，也是「好善惡惡之意」他說：「好善惡惡之意，即是無善無惡之體。」（〈學言中〉）又說：「好惡者，此心最初之機，惟微之體也。」（〈學言上〉）依蕺山考論，「意」與「知」是關聯一體的意欲活動，二者均是「好善惡惡」。他提出：「故意蘊於心，非心之所發也。又就意中指出最初之機，則僅有知好知惡之知而已。此即意之不可欺者也。故知藏於意，非意之所起也。」（〈學言上〉）所言「知藏於意」，就是蕺山說：「著個意字，方見下了定盤鍼，有子午可指。」此即表示，良知之天理藏於意。此言「意」即是康德所言「純粹的意志」，「定盤鍼」就是「定言律令」亦即良知之天理。「知」即「意」（純粹的意志）中的「定盤鍼」（良知之天理）。依此可見，蕺山何以強調以體言「意」，不容將「意」上、下混講，視作為「念」。吃緊處在「著個意字，方見下了定盤鍼」。藏於意之良知之天理才真切，因講明良知之天理乃意志因果性之法則，始能明白「良知」以其在「意」中立法而於感觸界起先驗綜和作用如何可能。

「知」在「意」中先驗地立普遍法則，此即天理所自出。此所以蕺山說：「心之主宰曰意，故意為心之本，不是以意生心。」（〈學言下〉）又說：「心渾然無體，而心體所謂四端萬善，參天地而贊化育，

盡在『意』中見。離帝無所謂天者，離意無所謂心者。」（同前）明乎此，即可知，何以蕺山強調「無意則無知」。他說：「釋氏言心便言覺，合下遺卻意，無意則無知。」（〈學言上〉）又說：「致知工夫不是另一項，仍只就誠意中看出。如離卻意根一步，亦更無致知可言。」（〈學言下〉）

陽明言「知善知惡是良知」，用蕺山的話說，就是「知在善惡之外，第取分別見」。[146]究其實，「知善知惡」可就依良知天理作道德判斷的「良心」而言。宋明儒者並無就「良心」與「良知」作出區別。譬如，蕺山說：「心是鑒察官，謂之良知最有權。人但隨俗習非因而行有不慊，此時鑒察仍是井井卻已做主不得。」（〈學言下〉）句中所言「鑒察官」之「良知」，就是指「良知所發」而言的「良心」。[147]用康德的話來理解，「良知」是立道德法則的純粹理性，而「良心」是對於道德法則的「感受性的主觀條件」。（MS 6:399）「良心是依據道德法則的立法權威的一種直覺裁判。」（Ethik 142）「它以法則之神聖性和純粹性評價我們的存心和行為。」（Ethik 146）此即表示，「良

---

146 蕺山說：「『知善知惡』與『知愛知敬』相似而實不同。知愛知敬，知在愛敬之中。知善知惡，知在善惡之外。知在愛敬之中，更無不愛不敬者以參之，是以謂之良知。知在善惡之外，第取分別見，謂之良知所發則可，而已落第二義矣。」（〈良知說〉）

147 我們可以用康德的話來理解，「良知」是立道德法則的純粹理性，而「良心」是對於道德法則的「感受性的主觀條件」。（MS 6:399）在康德的德性學中，「良心」作為監察與裁決機能，「良心是依據道德法則的立法權威的一種直覺裁判。」（Ethik 142）「它以法則之神聖性和純粹性評價我們的存心和行為。」（Ethik 146）他說：「我們也可以這樣定義良心：它是自己裁判自己的道德的判斷力。」（Rel 6:186）又說：「良心就是在一法則的任何事例中都告誡人有作出赦免或者宣判的義務的實踐理性。」（MS 6:400）他指出：「在我為了知性所作出的那種判斷已經把它與我的實踐的（這裡是裁判的）理性進行了比較的主觀判斷中，我不可能出錯。」（MS 6:401）依康德所論，良心是對於道德法則的「感受性的主觀條件」，（MS 6:399）因此，「良心」與「道德立法主體」不能割裂為二。

心」作為監察與裁決機能。值得注意:「良心就是在一法則的任何事例中都告誡人有作出赦免或者宣判的義務的實踐理性。」(MS 6:400)因此,「良心」與「良知」是同一道德主體(本心)的作用,前者作為監察與裁決機能與後者作為「道德立法主體」不能割裂為二。然同一道德主體(本心)的綜和活動需要有超越分解的說明,必須依其作用之不同而作出區分。依以上所論,我們可以說「良心」在「有善有惡」之意念之後作裁判。而決不能將立天理之「良知」視為後著。此所以蕺山引鄧定宇語責難陽明「在用處求落後著不得力也」,說:「陽明以知是知非為良知權論耳。……。且及其是非並出而後致之,是大不致也。余甚韙其語。然必知是知非而後見,此知不是蕩而無歸,則致知之功庶有下手處,仍指月與鏡言。」(〈學言下〉)

蕺山反駁「四句教」第四句「為善去惡是格物」,他說:「陽明云致良知於事事物物之間,全是朱子之說,而又云格其不正以歸於正,則又兜攬正心項下矣。豈欲正其心者究竟只在去其心之不正以歸於正乎?」(〈學言下〉)蕺山有見及陽明從「為善去惡」講「格物」,意在「以格去物欲為格物」。(〈學言中〉)「四句教」言「有善有惡意之動」,「有善有惡」實在是就「心之發動」而言,陽明本人就說:「指心之發動處謂之意」,(《傳習錄》下,第179條)就此言「意」而涉及的「物」是本末物,陽明本人就說:「意之涉著處謂之物」(同前),「本末物」有正有不正而待「格」。但依蕺山,「格」、至也;「物」、意本之物也。「格物」意指:以至於意本之物,而非落於有正有不正之事事物物。此所以蕺山說:「格致者,誠意之功。功夫結在主意中,方為真功夫。如離卻意根一步,亦更無格致可言。」(〈學言上〉)

總而言之,依「四句教」來看,陽明言心、意、知、物的定論是:「指其主宰處言之謂之心,指心之發動處謂之意,指意之靈明處

謂之知，指意之涉著處謂之物。」（《傳習錄》下，第179條）顯見，
心、知與意、物分拆為二，前二者為主體，屬超越層，後二者屬感性
層，為對治之對象。蕺山極力反駁「四句教」，就是不能同意這種教
法「驅意於心之外，獨以知與心」，（〈學言下〉）以「知善知惡」謂之
良知，「以格去物欲為格物」。（〈學言中〉）蕺山有見及陽明言心指已
發而言，言意、知、物皆為所發，也就是視心、意、知、物之活動為
經驗的；因而忽略了心、意、知、物為道德主體的通貫一體之綜和活
動。事實上，蕺山批評「四句教」，就是要極力補救陽明之缺失，他
一方面申論「合心、意、知、物，乃見此心之全體。」（〈學言中〉）
「心、意、知、物是至善中全副家當。」（《劉子全書》卷之八，〈良
知說〉）同時於心靈通貫一體之活動中考量意、知、物，對心、意、
知、物作出確定的分解立義：「意」，好惡者，「此心最初之機」，（〈學
言上〉）「一於善而不二於惡，正見此心之所存主」，（同前）「意者心
之主宰」，（〈學言下〉）「故意蘊於心，非心之所發也」。（同前）
「知」，知好知惡，意中最初之機，「此即意之不可欺者也」。（〈學言
上〉）「物」，體物不遺之物，指意本物，非本末物。「知中指出最初之
機，則僅有體物不遺之物而已。……。物即是知，非知所照也。」
（〈學言上〉）

　　究其實，蕺山是依孟子言「心」義之全蘊來決定心、意、知、
物。蕺山說：「心無善惡信乎？曰：乃若其『意』，則可以為善矣，乃
所以為善也。意有善惡信乎？乃若其『知』，則可以為良矣，乃所以
為善也。若夫為不善，非意之罪也。」[148]（〈學言下〉）顯見，蕺山把
握到孟子言「心」實含「意」與「知」。孟子言「良知」、「知皆擴而

---

148 此可見蕺山以「意」與「知」闡發孟子言「乃若其情」之「情」，又以「意」闡發
　　孟子言「非才之罪也」之「才」。

充之」，又言「義，亦我所欲也」，(《孟子・告子章句上》) 此即表明本心即一種高級意欲機能。心是「好善惡惡」之「意」，「意」中藏「知善知惡」之「知」，若「心」無「意」、「知」，「心」為何物？蕺山明示心之全譜，說：

> 身者天下、國、家之統體，而心又其體也。意則心之所以為心也，知則意之所以為意也，物則知之所以為知也。體而體者也，物無體，又即天下、國家、身、心、意、知以為體，是之謂體用一原，顯微無間。(〈學言上〉)

蕺山闡發孟子言「心」之全蘊，補足了宋明儒對於心、意、知、物未有確定講法的不足。乃其有進於其諸前輩而對孔子哲學傳統作出貢獻的突出處。

三、關於蕺山批評王學「於性猶未辨」，以及提出「性天之尊」。

蕺山批評王學「於性猶未辨」，(〈原學中〉)「不覷性天之體。」(《劉子全書》卷之五，〈聖學宗要・陽明王子・拔本塞源論〉) 他斥責王學流弊，說：「今天下爭言良知矣。及其弊也，猖狂者參之以情識，而一是皆良；超潔者蕩之以玄虛，而夷良於賊。」(《劉子全書》卷之六，〈證學雜解〉，解二十五) 學界有所謂「王學末流」，事實上，陽明弟子幾可說無一能善紹陽明學。[149]反而蕺山通過辨駁「四句

---

149 陽明兩位大弟子錢德洪、王龍谿無一能領會陽明「良知教」及其本體工夫之要旨。天泉橋上，陽明告誡二人：「汝中須用德洪功夫，德洪須透汝中本體。」(《王文成公全書》卷三十五，〈年譜〉) 錢德洪固守著「四句教」為「師門教人定本」(《天泉證道紀》)，於「良知」本體義始終未能契應。龍谿「四無句」僅以「無」(即以遮詮方式) 言「心體」，並未著意本心良知天理之積極的創造義。故忽略本體工夫。陽明忠告：「汝中見得此意，只好默默自修，不可執以接人。上根之人，世亦難遇。」(《王文成公全書》卷三十五，〈年譜〉) 又說：「今不教他在良知上實

教」，對「心、意、知、物」作出確定的解釋，闡明孟子言「心」之
全譜。更有進者，蕺山針對王學「尊心而賤性」（《劉子全書》卷之
七，〈原旨・原性〉）、「性學晦矣」（〈學言中〉），「不覯性天之體」的
弊病，提出「性天之尊」，於陽明所言「心之尊」的根基上闡明「性
天之尊」。由之吾人可說，蕺山乃陽明「良知教」的真正的善紹者。
吾人不會因蕺山辨駁「四句教」，而視其為與陽明「良知教」對立；
「四句教」並不能於「良知教」中占有位置，「四句教」弊病之講
明，亦不動搖陽明於孔子哲學傳統之傳承中的舉足輕重的地位。

　　如拙著《孔子哲學傳統》所論明：「宋明儒自橫渠、明道，經五
峰至象山、陽明，都致力於孟子『盡心知性知天』規模的理解和闡
發，蕺山亦不在此一脈相承之外。」[150]「陽明承象山『心即理』，以
良知天理為首出，決定地確立本心（人心之仁）為成己成物之創造實
體，據之建立『全其萬物一體之仁』學說，至此，孔子哲學傳統的道
德形而上學系統地確立；……。」[151]不必置疑，陽明對「心」之創造
實體義之闡發與確定，奠定了其於孔子哲學傳統中不可替代的地位。
但是，陽明對「性」、「天」缺乏獨立的解析性說明。此即拙著《孔子
哲學傳統》指出：「孟子言『擴充』，言『盡心知性知天』，此中
『性』、『天』通著『盡心』而論，『心』即不限於主觀面而言，從
『盡心』言『性』也不限於主體性，並且，『天』在『盡心』中獲得
其實義。象山、陽明對於孟子自『盡心』言『性』並未措意，而蕺山
承橫渠、五峰言『成性』，正在要就『性』在『盡心』中成以及
『天』在盡心成性之進程中的獨立作用作出解析性說明。」[152]

---

用為善去惡功夫，只去懸空想個本體，一切事為，俱不著實。此病痛不是小小，
不可不早說破。」是日洪、畿俱有省。（同前）

150　盧雪崑：《孔子哲學傳統──理性文明與基礎哲學》，頁413。

151　盧雪崑：《孔子哲學傳統──理性文明與基礎哲學》，頁413。

152　盧雪崑：《孔子哲學傳統──理性文明與基礎哲學》，頁414。

　　本人討論蕺山承橫渠、五峰言「成性」，是置於孟子言「盡心知性知天」之脈絡中作說明。此不同於牟宗三先生「心、性分設」，「以心著性而成性」的講法。[153]依愚見，孟子「以心說性」並沒有「心、性分設」，孟子言「盡心知性」，是依其「以心言性」之旨而說。本人檢視牟先生的講法，先生的理路：先心性分設然後論心性是一。也就是主客分立：以「心」為純從主體而主觀地說，「性」、「天」為從外在客體而客觀地說。故客觀言之「性」，需要經由主觀言之「心」形著之。如此心、性「打合」而成一，顯見不依孟子「自心言性」的理路。那麼，五峰、蕺山是否有不同於孟子「以心說性」、「盡心知性知天」的另路講法呢？

　　檢視牟先生提出五峰、蕺山「心、性分設」，「以心著性而成性」所引以為據的文獻，吾人未必就能得出先生所作的結論。牟先生說：「良知教自身雖可以圓足，然而我們可權且不讓它圓足。這『權且不讓它圓足』之步驟如下：（一）必須先客觀地存有論地說一形式意義的性體即奧體；（二）把道德實踐地說的這獨知之明覺視為對於奧體之形著；（三）把這明覺步步向這奧體緊吸緊收，歸顯於密；……。此大體是胡五峰劉蕺山之思路。」[154]依先生所論，「先客觀地存有論地說一形式意義的性體」，先生又稱此「性體」為「奧體」，取其「奧密」之意。此「性體」之為「奧體」，故需要以「心」形著之，依此言「以心著性而成性」。最後，以「顯」言的「心」收歸以「密」言的「性」，確立「歸顯于密」之說。牟先生此思路十分清楚，可見出從黑格爾言「在其自己」、「對其自己」、「在對其自己」三部曲的鋪排而來。吾人不必置喙，牟先生作為一位富創造性哲思之哲學家，完全

---

153 牟先生說：「五峰則心、性分設，正式言心之形著義，以心著性而成性，以明心性之所以一。」（牟宗三：《心體與性體（一）》，《全集》，卷5，頁49。）

154 牟宗三：《從陸象山到劉蕺山》，《全集》，卷8，頁290。

可以成立自己獨特的學說。然亦不妨礙我們不依從這種思路，而返到孟子言「盡心知性知天」之脈絡中研究蕺山本人的「心」、「性」論。

　　牟先生所論「奧體」，其根據主要在《中庸》引《詩·周頌·維天之命》中的詩句「維天之命，於穆不已」。「穆」，狀其深遠不可探測，作狀詞，表達對天命之不已、不可探測之慨嘆。恐怕不能作實體字解讀。無論《中庸》所引詩之原義或所加說明語句，都不見得有「奧體」，也談不上以「奧體」言「性體」。蕺山引《中庸》言及「維天之命，於穆不已」詩句，可見〈學言中〉兩處：「詩云：『維天之命，於穆不已。』蓋曰心之所以為心也。」「故曰：『維天之命，於穆不已。』此可以悟心體之妙。」另，見〈易衍〉第七章：「維天之命、於穆不已。蓋曰天之所以為天也。」「……至哉獨乎、隱乎、微乎、穆穆乎不已者乎！（原注：新本少此二句）蓋曰心之所以為心也。」從以上三處引文顯見，蕺山以「心之所以為心」、「心體之妙」解說「維天之命，於穆不已」，又以「心」說明獨、隱、微、穆穆乎不已。依蕺山所論，「天命不已」就是「心之所以為心」、乃「心體之妙」，心體之外別無「於穆不已」之「天命流行之體」而可稱為「奧體」、「性體」。

　　事實上，蕺山契接孟子心、性、天一之宗旨。以「心」為根本，為首出，以言「體」。孟子言本心之天理乃人之分定，又從「盡心」言分定之不容已，通過「盡心」進程之不已認識「性」。分解地言心、性，絕不能就此理解為就超越之體而言心體、性體之分設，也不能說以心體形著性體。儘管蕺山曾就《中庸》、《大學》言慎獨入路有不同，指出前者就性宗指點，而後者就心宗指點。但吾人恐怕沒有理由以此為據，認為蕺山主張《大學》言心，而《中庸》只言性。更不能據此認為蕺山意在作出「心、性分設」。蕺山說：「《大學》言心，到極至處便是盡性之功，故其要歸之慎獨。《中庸》言性，到極至處

只是盡心之功，故其要亦歸之慎獨。」（〈學言上〉）又說：「《大學》言心不言性，心外無性也。《中庸》言性不言心，性即心之所以為心也。」（〈學言下〉）蕺山就慎獨入路而提出：《大學》「好惡從主意而決，故就心宗指點。」（同前）「喜怒從氣機而流，故就性宗指點。」（同前）但恐怕不能據此推論到他作出心、性分設。從上引文句看來，蕺山反覆表明：「心外無性也」，「性即心之所以為心也」。他說：「性體即在心體看出。」（〈學言上〉）

　　也有學者認為，蕺山對「先天之易」與「後天之易」作出分別說明，就是「明確地心性分設的設定」的證據。陳佳銘博士就說：「除了談主觀面的心體，還能去往客觀面的形上界去超越。」[155]依陳博士之見，心之外先有一「客觀面的形上界」，而「心體」能「上通」、「去往客觀面的形上界去超越」，屬「以心著性」型態。[156]但吾人檢察蕺山論及「先天之易」、「後天之易」的〈易衍〉第七章、第八章兩段文句，恐怕找不到「心性分設的設定」的證據。

　　關於「先天之易」，蕺山說：「君子仰觀於天而得先天之易焉。『維天之命、於穆不已。蓋曰天之所以為天也。』……。至哉獨乎、隱乎、微乎、穆穆乎不已者乎！（原注：新本少此二句）蓋曰心之所以為心也。則心，一天也。……。及其至也，察乎天地，至隱至微，至顯至見也。故曰體用一源，顯微無間，君子所以必慎其獨也。此性宗也。」（《劉子全書》卷之二，〈易衍〉第七章）關於「後天之易」，蕺山說：「君子俯察於地，而得後天之易焉。夫性本天者也，心本人者也。天非人不盡，性非心不體也。……。」（〈易衍〉第八章）從以

---

155　陳佳銘：〈劉蕺山的易學中之「以心著性」型態〉，《鵝湖月刊》35卷4期（總412期）（2009年10月），頁33。

156　陳佳銘：〈劉蕺山的易學中之「以心著性」型態〉，《鵝湖月刊》35卷4期（總412期）（2009年10月），頁41、42。

上所引〈易衍〉文句可見，蕺山論「先天之易」並非要設立「超絕的」性體，所言「先天」並不表示「性」是「超絕的」。[157]相反，我們見到蕺山表明：性即是「心之所以為心」，也就是自「心之客觀性」言「性」，而並沒有在「心」之外設一「超絕的」性體。他言「後天之易」也是強調「性非心不體也。」蕺山本人就引孟子曰：「君子所性，仁義禮智根於心」，並指出：「喫緊在根心處做工夫」（〈學言上〉）。可見，蕺山依孟子言「君子所性，仁義禮智根於心」，遵循其「以心言性」的思路。究其實，蕺山言「先天之易」，是要說明心性天一之旨。性天一於本心，此「心」即唯一創造實體。

　　依孔子「踐仁知天」，及至孟子「盡心知性知天」分解地展示的道德的形而上學，本心、仁體為首出，本心、仁體乃人的道德實踐主體，同時即人的實存分定之性，即顯其客觀性，由之亦可名為「性體」。此即蕺山言「心外無性也」、「性即心之所以為心也」。（〈學言下〉）亦即五峰說：「天下莫大於心」，（《宋元學案・五峰學案・知言》）「性之流行，心為之主」，（同前）「性定則心宰，心宰則物隨。」（同前）「心體」亦即「性體」。「性」（人的實存分定）必須通過「盡心」之不已進程來成就，此所以孟子曰：「盡其心者，知其性也。」（《孟子・盡心章句上》）盡心知性同時即實踐地認識「物性」，「性」在心之充盡之不已進程中成就。故「盡心」就能夠「知性」，「知性」即「成性」。

　　本心（仁體）即主觀即客觀，即心即性，乃唯一道德的創造實體，即堪稱為形而上學之實體。前聖後賢，其揆一也。然依牟先生「心、性分設」，「以心著性而成性」的說法，顯見有不同。依先生的說法，

---

157 牟宗三先生說：「由『先天之易』說性體，此『先天』即表示性體是超絕的，客觀的，是超越地創生萬物者，即性宗章所謂『獨體不息之中，而一元常運』也。」（牟宗三：《從陸象山到劉蕺山》，《全集》，卷8，頁399。）

要點在：「先客觀地存有論地說一形式意義的性體」，[158]然後「以心著性」。用先生本人的話說，就是「心、性分設」。如此說來，存有論地說的「形式意義的性體」是首出的，客觀的，「心」只是主觀的，作為「形著原則」。我們一再申論，於孔子哲學傳統，「心」（本心、仁體）是道德的創造實體，乃創造原則、實現原則；其立法性、創造性即人之分定之性，即存有論地說的「性」。「心體」即「性體」是存有論地說的，「心體」並非只有主觀的意義，而需要先超離「心」之外而立自存、潛存之「性」為存有論地說的「形式意義的性體」。

如吾人已論，五峰、蕺山不一定就有「心、性分設」，「以心著性而成性」的意思。牟先生本人在摘引五峰〈知言〉言心性的文句時也表明：「惟胡五峰不甚能自覺耳。」[159]又說：「『形著』義自五峰正式言之，成一獨特之義理間架後，音響輒歇。」[160]「劉蕺山始出而復正式而真切地言此『形著』義。」[161]並特別表明：「吾甚至懷疑：即蕺山本人亦只是如此言之而已，亦未必能自覺到其所言之形著義之在系統上之獨特。」[162]可知，先生本人承認，五峰只是心性「平說」，蕺山「亦只是如此言之」，未必能自覺到「其所言之形著義」，而事實上，如牟先生表明：那皆是先生本人「以『以心著性』義解之」。

誠然，牟先生具豐富的創造性哲思，有不同的思路作解說，以成立自己獨特的學說，可說是哲學家常有之事。吾人並非要否認先生思路有其啟發人作哲學思考的意義，只是於先生以「以心著性」對於「成性」作說明之外，嘗試依孟子所言「盡心則知性知天」對於「成性」作解釋。

---

158　牟宗三：《從陸象山到劉蕺山》，《全集》，卷8，頁390。

159　牟宗三：《心體與性體（二）》，《全集》，卷6，頁481。

160　牟宗三：《心體與性體（二）》，《全集》，卷6，頁530。

161　牟宗三：《心體與性體（二）》，《全集》，卷6，頁530。

162　牟宗三：《心體與性體（二）》，《全集》，卷6，頁531。

　　牟先生引五峰〈知言〉文句，[163]說：「今此所謂『性也者天地所以立也』。又謂：『性也者天地鬼神之奧也』。凡此諸語句皆明表示性體為『形而上的實體』。其如此說性之背景還是那超越的『於穆不已』的天命流行之體。〔……〕。此『於穆不已』之奧體，『天地之所以立』而作為自性原則的性體，即形而上的實體。」[164]但即便依先生所引文句，可說自「於穆不已」之體言性，吾人仍可問：此「於穆不已」之體，必定是先於「心」而設立的嗎？抑或吾人可承孟子「自心言性」，並進而言「盡心知性知天」，「上下與天地同流」，「萬物皆備於我」，此言之道德創造實體既是「心體」，同時是『『於穆不已』的天命流行之體」。事實上，五峰〈知言〉說：「天命之謂性。性、天下之大本也。堯、舜、禹、湯、文王、仲尼六君子先後相詔，必曰心，而不曰性，何也？曰：心也者，知天地宰萬物以成性者也。六君子盡心者也，故能立天下之大本。」（《宋元學案・五峰學案・知言》）文句中清楚表示，「性、天下之大本」在盡心，此言「性」以「盡心」為前提。其中言「心也者，知天地宰萬物以成性者也。」表明「心」知天地宰萬物，乃創造原則；「性」於心之充盡（即盡心）中成就。依此，吾人可說，「成性」代表實現原理。此即五峰言「盡心以成性」之實義。同樣，如前面已申論，依蕺山所言，「天命不已」就是「心之所以為心」、「心體之妙」。「獨乎、隱乎、微乎、穆穆乎不已者」，乃「心之所以為心也」。心體之外別無「於穆不已」之「天命流行之體」而可稱為「性體」。吾人亦不必將「以心著性而成性」的意思加諸蕺山。

---

163 五峰說：「或問性，曰：性也者天地所以立也。曰：然則孟軻氏、荀卿氏、揚雄氏之以善惡言性也非與？曰：性也者天地鬼神之奧也。善不足以言之，況惡乎哉？」（《宋元學案・五峰學案・知言》）

164 牟宗三：《心體與性體（二）》，《全集》，卷6，頁479-480。

　　牟先生指出：對於自「於穆不已」之體言性，與孟子自人之「內在道德性」言性，是不同的進路，五峰「亦不甚能簡別得開」。[165]看來，先生是依《中庸》言「天命之謂性」，以及《中庸》引《詩經‧維天之命》言「維天之命，於穆不已」而論「『於穆不已』的天命流行之體」。先生自「於穆不已」之體言性，於其一向所標舉的道德的形而上學之創造實體之外，另顯見其以本體宇宙論思路先設立「性體」的旨趣。

　　《中庸》首章說：「天命之謂性。」歷來學者關於該句多解讀為「性是由天所命」。[166]但依愚見，若將「天命之謂性」一句解作：天所命令者即叫作是性。這樣的解說實在說來一無所說，因為通過這種解說並不能讓人知道「天」下達什麼命令，也不知道下達命令的「天」是什麼。《中庸》說及「性」就這麼一句話，再有就是引《詩‧周頌‧維天之命》「維天之命、於穆不已」，此並不能見出，《中庸》從由天所命令者以言性體。牟宗三先生在《心體與性體》第一冊中就恰當地說：「關於『天命之謂性』。《中庸》說此語，其字面的意思是：天所命給吾人者即叫作是性，或：天定如此者即叫作是性。單就此語本身看，尚看不出此天所命而定然如此之性究是何層面之性。」[167]但在《心體與性體》第二冊，先生說：「《中庸》、《易傳》直下無內無外，劈頭即以『於穆不已』之天命實體展示天道為一形而上的創生實體，並由此實體以說性體。」[168]可見先生此時已藉《中

---

165 牟宗三：《心體與性體（二）》，《全集》，卷6，頁480-481。

166 詳論請參見拙著《孔子哲學傳統——理性文明與基礎哲學》，第二章之第三節「從內部義理之通貫關連評《易》《庸》之宇宙論與孔孟之形上學」，頁192-195。

167 牟宗三：《心體與性體（一）》，《全集》，卷5，頁32。事實上，就「天命之謂性」一語本身看，「天」不必定作為主詞，「命」也不必定作為謂詞而解做「命令」；並且，此語並不專指人性（甚或獨指人的道德性）而言，因此也看不出《中庸》說此語有形而上的創生實體之表示。

168 牟宗三：《心體與性體（二）》，《全集》，卷6，頁527。

庸》言「天命之謂性」、「維天之命、於穆不已」而建立其由天道創生
實體以言性體之思路。並且，以此思路解說五峰、蕺山。

　　要理解牟先生由天道創生實體以言性體之思路，必須把握其思理
中《論語》、《孟子》與《易傳》、《中庸》的關係。關此，先生有兩種
說法。一、《論語》、《孟子》與《易傳》、《中庸》「當視為一圓圈之兩
來往。」[169]二、《易傳》、《中庸》乃是由《論語》、《孟子》發展至
「圓滿頂峰」。[170]一般以為兩種說法沒有多大分別，然愚意以為，「一
圓圈之兩來往」說肯認《論語》、《孟子》與《易傳》、《中庸》各自在
其義理系統來說都是圓滿的；但《易傳》、《中庸》「圓滿頂峰」說，
則表示《論語》、《孟子》並未圓滿，必須「從論孟一步一步地向中庸
易傳發展」。[171]究其實，依牟先生主觀面與客觀面分言之思理，《論
語》、《孟子》為主觀面言，「心」，及「以心言性」，皆僅屬主觀面；
《易傳》、《中庸》言道體，及從道體言之「性」，屬客觀面。因之而
有「心」是主觀的「形著原則」，其作用是「著性」、「成性」的說
法。這種「心、性分設」，「以心著性而成性」的思路，其底子是認為
主觀的「心」欠缺客觀性，故需要先立客觀面而言之「『於穆不已』
的天命流行之體」。依照這種想法，牟先生就以自上建立潛存自存之
「性體」義解《易傳》、《中庸》所言「性」，吾人可指出：其意在補
《論語》、《孟子》於客觀面的不足。故此有《易傳》、《中庸》為「圓
滿頂峰」之說。

　　但是，吾人可指出：主觀面與客觀面分言之思理，是西方傳統理

---

169 牟宗三：《心體與性體（一）》，《全集》，卷5，頁53。

170 牟宗三：《心體與性體（一）》，《全集》，卷5，頁46。

171 牟先生說：「先秦儒家本來是從論孟一步一步地向中庸易傳發展，……。先秦儒家
　　是從論孟向前發展，一根而發至中庸易傳，這叫『調適上遂』。」（牟宗三主講，
　　盧雪崑整理：〈宋明理學演講錄（一）〉，牟宗三：《宋明儒學的問題與發展》，頁
　　149。）

論哲學中的一種思維方式，這種思維方式已經被康德的批判哲學所推翻。依康德，客觀性並非以客體為準，而是以主體立法的普遍必然性而成立。[172]於道德領域，「本心」以其立普遍法則（天理）而顯其客觀性，以此「以心言性」。「心體」即「性體」。不必自上先立潛存自存之「性體」。誠然，若以思辨形而上學的思路，人們可說一種形式的形而上學的「性體」，但如果視之為「自性原則」，「客觀地潛存」，[173]則難免有將軌約的綜體實體化之妄作之嫌。我們並無任何憑據宣稱真有那純然客觀地潛存的「性體」，就算真有，我們也無法認識，它不能在人與人之間普遍傳達。

依以上所論，吾人不必採取《易傳》、《中庸》為「圓滿頂峰」的講法，而是以《論語》、《孟子》決定《易傳》、《中庸》，將後者收歸「踐仁知天」、「盡心知性知天」展示的道德形而上學中。孟子承孔子，充分展示出道德形而上學之宏規，其言「心」，因其立普遍法則（天理）而為創造之能，即不只屬主觀面，而同時是客觀的，故孟子能夠「以心言性」，即主即客，心性是一，不只是「內在道德性」，而因著「盡心知性」，實亦即是「天命不已之性」。吾人以孟子「盡心知性」義釋《中庸》言「性」，也可以說「盡心」而成就「『於穆不已』的天命流行之體」。而不必於「心」之外先立一「性體」。

牟先生提出：對於自「於穆不已」之體言性，與孟子自人之「內在道德性」言性，是不同的進路。[174]誠然，依先生主觀面與客觀面二

---

172 詳論見拙著《物自身與智思物——康德的形而上學》，〈概說〉之「二、康德為拯救形而上學而提出的「思維模式的變革」，頁9-19。《康德的批判哲學——理性啟蒙與哲學重建》，〈導言〉，頁1-13。

173 牟先生說：「此明示心為形著原則，性為自性原則。如無心之形著，性只是客觀地潛存，即不能成為具體的、真實的性。」（牟宗三：《心體與性體（二）》，《全集》，卷6，頁470。）

174 牟宗三：《心體與性體（二）》，《全集》，卷6，頁480。

分的理路，孟子與先生以此思理釋《中庸》而言「於穆不已」之「性體」不同。但現在，吾人指明，孟子不只「自人之『內在道德性』言性」，依孟子「盡心」言「成性」，實可以《孟子》決定《中庸》而言「天命不已之性」。以此，吾人亦可指出：蕺山承續孔孟言本心、仁之即主即客，而並非另成一種以《易傳》、《中庸》為綱，客觀地講性、主觀地講心的主客分言的模式。蕺山就「性」在「盡心」中成，對孟子「盡心知性」作出解析性說明，於此見出其有別於王學之貢獻。

同樣理由，吾人認為學界有關蕺山「先設性天之尊」[175]一說值得商榷。蕺山針對王學「尊心而賤性」，提出「性天之尊」之說，但沒有理由以為他「先設」性天之尊。正如上文已論，依孟子「自心言性」，並進而言「盡心知性知天」，吾人不必自上先立潛存自存之「性體」，同理，亦不必自上先立潛存自存之「天」而為「形而上的創生實體」。離「心體」別無「形而上的創生實體」可言。吾人亦申明，依蕺山所言，「天命不已」就是「心之所以為心」、「心體之妙」。〈易衍〉言「先天之易」並非要設立「超絕的」性體，也不意謂有一個超絕的「天」為外在的創生實體。蕺山對「先天之易」與「後天之易」作分別說明，兩種說明均表示「心，一天也」（〈易衍〉第七章）、「天非人不盡，性非心不體也」（〈易衍〉第八章）。從文獻的依據表明，蕺山並沒有視「心」為主觀面，而超離「心」之外立自存、潛存之「性」、「天」為實體。

本心仁體為唯一創造實體，人以其為自身的實存之分定而名為「性體」，其創造進程無止境，其創造力之擴充無界限，人的實存分定之「性」通過「盡心」之不已進程來成就，成己同時成物，此

---

175 牟宗三先生說：「蕺山歸顯於密，則必先設性天之尊，分設心性，以言形著關係以及自覺與超自覺之關係。」（牟宗三：《從陸象山到劉蕺山》，《全集》，卷8，頁370。）

「性」就不限於人的個體言，而是本心仁體主宰之創造下統天地萬物而為言的「道德目的論」之「性體」。也就是說，本心仁體創造人自身為道德者，同時創造萬物為道德的實存與世界為道德的世界，這種創造遍在、不易、不已，就其無限性、普遍性、絕對必然性而言，可稱之為「天」。它本來就是從每個人之本心仁體充盡而得名，唯獨在本心依其普遍立法之創造活動中，「天」才得以確立其內容，並獲得客觀實在性。也就是說：於盡心成性之擴充的成己成物的無限性而言，即可立其遍在性、絕對性、定然不可移易性，依此立「天」之名。明乎此，即可知，孔子哲學傳統言「天」之客觀性，根據在本心仁體。牟宗三先生說：「道是客觀的」，「現成地擺於天壤間。」[176]但並非先有「自存」的天，然後人的主體自覺去表現它。[177]也並不能藉詞天「不會因人的是否體現它而有所改變」，而推論到「天」客觀自存，亦並不是人知道天「客觀自存」而尊天。[178]

　　事實上，先立「性」、「天」為形而上的「超絕者」，然後自上下貫於人而上提於天，以建立「性天之尊」，恐怕並非蕺山本旨。蕺山提出「性天之尊」旨在針對「性學晦矣」、（〈學言中〉）「於性猶未辨」（〈原學中〉）之時弊。他說：「但恐《中庸》之教不明，將使學慎獨者以把捉意見為工夫而不覿性天之體。」（《劉子全書》卷之五，〈聖學宗要・陽明王子・拔本塞源論〉）究其實，蕺山之前，儒者論「心性天一」採用的是「即是即是」之平說方式，至明道亦只是圓融言之，

---

176 牟宗三：《中國哲學的特質》，頁46。

177 楊祖漢教授說：「孔子言仁，孟子言本心，雖然都是強調主觀面的主體自覺，但踐仁以知天，盡心知性則知天，人的主體自覺所表現出來的，乃是本來自存的天道。……」（楊祖漢：《當代儒學思辨錄》〔臺北：鵝湖月刊社，1998年〕，頁165。）

178 楊祖漢教授說：「若正視此道的客觀自存之意義，則可知道不會因人的是否體現它而有所改變，這便顯出道的崇高與莊嚴。」（同前註）

象山重在明端緒，陽明之精彩突顯在本心良知之為創造實體的說明，「性」、「天」在「心」之籠罩下，缺乏獨立的解析性闡釋說明。以至有所謂「王學流弊」。有見及前賢先儒對於孟子自「盡心」言「性」、「天」並未著實，故蕺山極為重視對性、天之分解立義。但是，此並不能推論到蕺山輕視「心之尊」，吾人亦無文獻的依據說明蕺山「先設」性天之尊。倒是見到，他一再強調本心「極天下之尊，而無以尚」，（〈原學中〉）他提出：「自良知之說倡，而人皆知此心此理之可貴，約言之曰：『天下無心外之理』。舉數千年以來晦昧之本心，一朝而恢復之，可謂取日虞淵，洗光咸池。然其於性猶未辨也。」（同前）

蕺山反覆強調「心之尊」：「心之體乃見其至尊而無以尚。」（〈原學中〉）「性化而知之良乃致，心愈尊」，（同前）「心得其職而主勢常尊。」（〈學言上〉）可以說，「心之尊」是「性天之尊」的根源。此即康德通過對判斷力的批判揭明：「真正的崇高必須只在判斷者的心中」，（KU 5:256）而不在外在客體中去尋找。並且，正如康德通過對實踐理性的批判揭明：「德性以及有德性能力的人性是唯一有尊嚴者。」（Gr 4:435）「人之尊嚴（Würde der Menschheit）正在於這種普遍地立法的能力（Fähigkeit）中，儘管是以他自身同時服從這種立法為條件。」（Gr 4:440）「自律就是人的本性和任何有理性者的本性的尊嚴之根據。」（Gr 4:436）

我們可以說，「心之尊」就是康德所論「人之尊嚴」。假若人們設想「性」、「天」為產生萬有並為萬有之主宰，它是先於本心、超離於人心之外的「超絕者」，那麼，人對於此「超絕者」就只會引發無能與畏懼感，而不會有「性天之尊」可言。

綜以上所述，吾人可指出，蕺山承續孔子哲學傳統而具其獨特性格，及作出不可忽略的貢獻之要點有三：一、蕺山論天理與人欲問

題，以及理與氣問題[179]，顯出先驗綜和思維之特色。二、論明心、意、知、物為道德主體的通貫一體之綜和活動。同時於心靈通貫一體之活動中對心、意、知、物作出確定的分解立義。尤其重要的貢獻在，提出「意」以「體」言，確定「意」為心之主宰，所謂「著個意字，方見下了定盤鍼，有子午可指。」三、承續孟子「盡心知性知天」，對「性」、「天」在盡心成性之進程中的獨立作用作出解析性說明，以此，根於「心之尊」而論明「性天之尊」。

　　吾人知道，牟宗三先生對於蕺山學有深入研究，先生將蕺山之學標為「慎獨之學」，並概括其新學路於兩句話：「以心著性，歸顯於

---

179 嚴格來說，「理與氣」問題不屬於孔子哲學傳統中的主題。故不於此作詳論。關此，請參見拙著《孔子哲學傳統──理性文明與基礎哲學》，第三章之第五節「理與氣及天理與人欲」，頁423-443。簡括言之如次：「理與氣」作為一個哲學問題，屬於自然哲學，亦即作為自然學說的理論哲學；其源始的文獻依據在《易傳》。朱子存有論的關注很濃。表現在他的「道器論」、「理氣論」中，就是道、器二分，理、氣二分：論「道」統天地之化而言，「道」是統天地萬物之為陰陽氣化總體之「然」而論「所以然」的第一原理、最高實體，所謂「統體一太極」是也；「理」是就各各物之「然」而論「所以然」之則，「物物一太極」是也。如是論「道」、「理」，極似西方傳統形而上學中通過存有論建立最高實體，以存有論概念說明存在物的理路。蕺山批駁朱子的理氣論不遺餘力，其矛頭就是對準朱子以獨斷存有論之理路言道體的弊病。究其實，宋明儒者就理氣問題引發爭論，實質「不在理氣之分與理先氣後」，甚至不在是否以「理」為本，而是僅以自然哲學、理論認識之立場視理氣問題，抑或把理氣問題誤置於獨斷存有論之模式下討論。蕺山強調：道絕非超離於氣之外的東西，他反對將「道」理解為存有論意義的最高實體。為此，蕺山反駁朱子所言「理先氣後」，他主張「理即是氣之理」，並非存有論地「在氣先」、「在氣外」。他說：「理即是氣之理，斷然不在氣先，不在氣外。」（《劉子全書》卷之十一，〈學言中〉）依蕺山，無論理或氣，皆不屬於存有論的「本」，因此，並無所謂「理本論」或「氣本論」。蕺山反對將《易傳》所言乾道、太極理解為存有論意義的最高實體，通過反駁朱子的「道器論」、「理氣論」而明確地將《易傳》之宇宙論講法與《論語》、《孟子》之道德進路區別開，並承接象山、陽明系「心即理」之義，論明「心體」為創造實體的道德存有論地位。

密。」[180]先生的蕺山學於學界有很大影響，因其思路細密而獨到故也。然依吾人上文申論，「以心著性」從其底子來說，是基於以《易傳》、《中庸》為綱，以主觀地講心、客觀地講性的主客二分思路釋《易傳》、《中庸》言「性」、「天」，據此視《易傳》、《中庸》是由《論語》、《孟子》發展至「圓滿頂峰」。此意包含著《論語》、《孟子》只是主觀講，至少客觀地講「性」、「天」不足夠。但依愚見，這種講法恐怕與牟先生一向標舉孔子「踐仁知天」、孟子「盡心知性知天」為儒家道德形而上學的理路有所扞格。今吾人講明蕺山依孟子「盡心知性知天」之義，以「盡心成性」、根於「心之尊」而論「性天之尊」，對孔孟言「性」、「天」作出解析性說明。故不必藉《易傳》、《中庸》先客觀地講「性」、「天」、「道體」，以造成於「心體」之外先建立最高實體之嫌。

此外，如吾人已申論，蕺山就《中庸》、《大學》言慎獨入路有不同，而有「心宗」、「性宗」之分說，但不能據此推論到他作出心、性分設，就超越之體而言心體、性體之二分。吾人亦沒有理由以為蕺山以心體為「顯」，而性體為「密」。吾人不能只抓住蕺山言「意根最微」（〈學言下〉），藉此指蕺山只以「意」為「密」，而忽略其言「意」之貢獻在論明「意」為心之主宰、「定盤鍼」。事實上，蕺山本人一再強調「體用一原，顯微無間」。他說：「體而體者也，物無體，又即天下、國家、身、心、意、知以為體，是之謂體用一原，顯微無間。」（〈學言上〉）[181]

---

180 牟先生說：「蕺山所留文獻甚多，重重複複，其旨歸不過是以心著性，歸顯於密。此種間架脈絡，很少人能見出。」（牟宗三：《從陸象山到劉蕺山》，《全集》，卷8，頁371。）

181 蕺山又說：「君子仰觀於天而得先天之易焉。『維天之命、於穆不已。蓋曰天之所以為天也。』『是故君子戒慎乎其所不睹，恐懼乎其所不聞』，此慎獨之說也。至哉獨乎、隱乎、微乎、穆穆乎不已者乎！（原注：新本少此二句）蓋曰心之所以為心

　　依以上所論，吾人見到，蕺山作為宋明儒之殿軍，其對於六百多年來諸儒種種說法，多有批判衡定。吾人於「盡心知性知天」之脈絡解讀蕺山，以見其有進於王學而有其獨到貢獻之處，而對牟先生之蕺山學有所商榷，但此並不妨礙牟宗三先生於孔子哲學傳統之承傳上的繼往開來的重要地位。反而藉此理清《論語》、《孟子》之道德的形而上學與《易傳》、《中庸》之本體宇宙論的區分與關連，更顯先生之道德形而上學的深刻洞見。

## 第四節　孔子對於本統之再建及孔子傳統傳法之統系的確定

　　孔子哲學傳統幾經曲折，先秦時期「止於孟子而遂絕」，至宋明儒而復傳，宋明儒止於蕺山而遂絕，直至民國期間，熊十力、梁漱溟、唐君毅、牟宗三諸大儒出而復興孔子成德之教，重新宣講仁學。而尤以牟宗三先生六十餘年精進不已，以其對於孔子精誠惻怛之仁者生命之契應，以及哲學家精闢的辨解力、通貫力、概念的闡釋力，整理出孔子哲學傳統之規模。如先生於《心體與性體》（一）之〈序〉表明，該著作用力於「語意之釐清與系統之確定」，「通過知性之瞭解而至理性之瞭解」，即達致「全之盡之」。[182]先生自道：「乃發憤誦數，撰成此書，亦八年來之心血也。」[183]

---

　　也。則心，一天也。〔……〕。其為物不貳，則其生物也不測。故中為天下之大本，而和為天下之達道。及其至也，察乎天地，至隱至微，至顯至見也。故曰體用一源，顯微無間，君子所以必慎其獨也。」（《劉子全書》卷之二，〈易衍〉第七章）

182　牟宗三：《心體與性體（一）》，《全集》，卷5，〈序〉，頁5。牟先生引荀子語，說：「荀子曰：『倫類不通，仁義不一，不足謂善學。學也者固學一之也』。又曰：全之盡之，然後學者也。君子知乎不全不粹之不足為美也，故誦數以貫，思索以通之，為其人以處之』。『全之盡之』即通過知性之瞭解而至理性之瞭解也。」

183　牟宗三：《心體與性體（一）》，《全集》，卷5，〈序〉，頁5。

　　《心體與性體》[184]通過「語意之釐清與系統之確定」對孔子哲學傳統作出客觀瞭解。先生把握到康德理性本性之學之「最高而又最根源的洞見」[185]，以其道德的形而上學之慧識確定孔子哲學傳統。一方面通過康德達至中西哲學於理性本性之學之最高哲學智慧上融通為一，同時獲得道德的形而上學為孔子哲學傳統的宗旨，得以以之為準，研判哲學史上各家各派，孔子哲學傳統脈絡始得以確定。此即牟先生本人說：「義義釐清而確定之，曰知性之瞭解。會而通之，得其系統之原委，曰理性之瞭解。」[186]

　　牟先生基於客觀瞭解而作出研判與衡定，使孔子傳統獲得「有一今語學術上更為清楚而確定之定位」[187]。自孟子以「盡心知性知天」確定孔子傳統之宏規後，牟先生為第一人自覺地以哲學（理性本性之學）闡釋孔子傳統。先生以其哲學家之洞見與剖析力，以「踐仁知天」四字即對孔子仁教作出衡定，又以孟子言「盡心知性知天」為承續「踐仁知天」的進一步說明。儒家的道德形上學之義旨與宏規就在「踐仁知天」、「盡心知性知天」中。此所以牟先生以「道德的形上學」為孔子傳統定位。並且，以此為準，確定宋明儒之大宗。依此客觀研判與衡定，孔子傳統之傳承脈絡清晰而確定。吾人可說，孔子傳

---

184　《心體與性體》共三冊，正中書局於一九六八年出版。《從陸象山到劉蕺山》學界視為《心體與性體》之續集。合共四大冊。

185　牟宗三語，見氏著《現象與物自身》，《全集》，卷21，〈序〉，頁4。

186　牟宗三：《心體與性體（一）》，《全集》，卷5，〈序〉，頁5。案：「義義釐清」《牟宗三先生全集》本校改為「意義釐清」，愚意以為負責該書校對者依己意校改，值得商榷。「義義釐清」見氏著《心體與性體（一）》（臺北：正中書局，1968年），〈序〉，頁1。

187　牟先生說：「宋明儒之『心性之學』若用今語言之，其為『道德哲學』正函一『道德的形上學』之充分完成，使宋明儒六百年所講者有一今語學術上更為清楚而確定之定位。」究其實，豈止為宋明儒六百年所講者「定位」，毋寧說，使孔子傳統獲得一哲學概念上明確定位。見氏著《心體與性體（一）》，《全集》，卷5，頁13。

統無非就是承此道德的形上學之義旨與宏規作說明。孔子傳統之為理性文明之傳統亦由此彰顯。

　　無可置疑，自孟子確定孔子傳統之宏規後，至牟宗三先生出，此宏規之大義之哲學說明，及其傳承脈絡之確定與闡釋始系統地完成。牟先生於孔子傳統之傳承脈絡的確定作出不可替代的貢獻，簡略言之如下：

## 一　提出並論明「孔子對於本統之再建」，確定孔子所立之教之本質

　　牟先生肯定宋明儒一反「漢人以傳經為儒」的舊傳統，明確指出：「直接以孔子為標準，直就孔子之生命智慧之方向而言成德之教以為儒學，或直相應孔孟之生命智慧而以自覺地作道德實踐以清澈自己之生命，以發展其德性人格，為儒學。」[188]先生指出：「傳經亦非無價值，然就儒家論儒家，則不能盡儒家之本質。」[189]真是正中肯綮之言。先生解釋：

> 兩漢以傳經為儒。對於孔子之真生命以及其所立之教之本質亦未能有所確定。……傳經以教是一事，孔子之獨特生命又是一事。只習六藝不必真能瞭解孔子之獨特生命也。以習六藝傳經為儒，是從孔子繞出去，以古經典為標準，不以孔子生命智慧之基本方向為標準，孔子亦只是一媒介人物而已。[190]

---

188　牟宗三：《心體與性體（一）》，《全集》，卷5，頁16。
189　牟宗三：《心體與性體（一）》，《全集》，卷5，頁15。
190　牟宗三：《心體與性體（一）》，《全集》，卷5，頁14。

兩漢以傳經為儒，「周孔並稱」，宋以後是「孔孟並稱」。牟先生明確提出：「周孔並稱」，孔子只是「傳經之媒介」，「孔子並未得其應得之地位，其獨特的生命智慧並未凸現出。但孔孟並稱，則是以孔子為教主，孔子之所以為孔子始正式被認識。」[191]

牟先生標舉孔子的地位，提出「以孔子生命智慧之基本方向為標準」，孔子傳統始正式被肯定。先生承「道之本統」之說而提出「孔子對於本統之再建」，對孔子傳統之確立有重要貢獻。

於《心體與性體（一）》第一部之第四章「道之本統與孔子對於本統之再建」，一開首引韓愈〈原道〉道統之說，表明「堯、舜、禹、湯、文、武、周公、孔子，孟子一線相承之道」，乃「中華民族文化之命脈，即名曰『道統』」。[192]牟先生提出「孔子對於本統之再建」，並非對反於「道統」，而是要於一系相承之道統之承傳中突出孔子創闢性的貢獻。先生說：

> 然自堯、舜三代以至于孔子乃至孔子之後之孟子，此一系相承之道統，就道之自覺之內容言，至孔子實起一創闢之突進，此即其立仁教以闢精神領域是。……。此一創闢之突進，與堯、舜三代之政規業績合而觀之，則此相承之道即後來所謂「內聖外王之道」（語出《莊子・天下》篇）。此「內聖外王之道」之成立即是孔子對於堯、舜三代王者相承之「道之本統」之再建立。內聖一面之彰顯自孔子立仁教始。曾子、子思、孟子、《中庸》、《易傳》之傳承即是本孔子仁教而展開者。就中以孟子為中心，其器識雖足以籠罩外王，然重點與中點以及其重大之貢獻實落在內聖之本之挺立處。宋儒興起亦是繼承此內聖之

---

191 牟宗三：《心體與性體（一）》，《全集》，卷5，頁16。
192 牟宗三：《心體與性體（一）》，《全集》，卷5，頁197。

學而發展。其器識雖足以籠罩外王，亦從未忽視於外王，然重點與中點亦仍是落在內聖之本之挺立處。[193]

　　依牟先生所論，孔子對於「道之本統」之再建立就是：「內聖外王之道」。此即「孔子之傳統」之成立也。先生：「自孔子立仁後，此一系之發展是其最順適而又是最本質之發展，亦是其最有成而亦最有永久價值之發展，此可曰孔子之傳統。」[194]於《心體與性體（一）》第一部之第五章「對於葉水心『總述講學大旨』之衡定」，牟先生批評葉水心（1150-1223。葉適，字正則，號水心，諡文定。）「不解孔子對於道之本統再建之意義」。[195]先生說：「葉水心不滿曾子、子思、孟子、中庸、易傳以及北宋諸儒所弘揚之『性理』，而另開講學之大旨，以期有合於二帝三王之『本統』。然而不解孔子對於道之本統再建之意義，孔子之傳統全被抹殺，……。」[196]

　　葉水心言「二帝三王之『本統』」，而反對談「性命天道」，其實質是只論「堯、舜、三代之政規」，而割斷「孔子對於道之本統之再建以及孟子承孔子之仁教而弘揚」[197]之傳統。其弊在不知「孔子之仁教」。先生說：「若能稍知孔子之仁教，何至如此狂勃哉？是以孔子者對於道之本統之再建者也。曾子、子思、孟子、易傳乃本孔子之仁教而展開者。此為孔子之傳統。」[198]牟先生指出：

---

193 牟宗三：《心體與性體（一）》，《全集》，卷5，頁199。
194 牟宗三：《心體與性體（一）》，《全集》，卷5，頁199。
195 牟宗三：《心體與性體（一）》，《全集》，卷5，頁235。
196 牟宗三：《心體與性體（一）》，《全集》，卷5，頁235。
197 牟宗三：《心體與性體（一）》，《全集》，卷5，頁306。
198 牟宗三：《心體與性體（一）》，《全集》，卷5，頁290。牟先生指出，葉水心「並曾子、子思、孟子、易傳而一起皆反之也。孔子成了孤家寡人，只成堯、舜、禹、湯、文、武之檔案家，則實並孔子而亦抹之也。」（同前）

自宋儒起，始正式肯認了孔子對於道之本統之再建之道統中的地位以及仁教之殊特，始正式認識了孔門傳承之價值，始自覺地以曾子、孟子之守約慎獨與盡心知性知天為道德踐履之軌道，以《中庸》、《易傳》本孔子之仁教與聖證所述之德性生命精進之方向與極致為道德踐履之宏規，自覺地建立此內聖之學（心性之學）之體系，以為吾人照體獨立之道德踐履其最高目標即是成聖，人人皆可「求則得之」，「盡其在我」，以精進其德性生命者，而成聖過程之極致即是存在地證悟澈悟性命天道之為一，以使吾人之生命成為一「仁體彌綸充盈」之「先天而天弗違，後天而奉天時」之大生命。此確是先秦孔門傳承之重認與確立，乃極其相應而並無悖謬者。[199]

孔子之仁教自宋儒起始正式得到肯認。此即牟先生說：「兩漢經生並不能認識此義，魏、晉玄學是弘揚道家之玄理，南北朝、隋、唐是吸收佛教之時期。然則宋儒興起，觀此長期之沈滯與歧出，而謂孔子之道『止於孟子而遂絕，至是而復傳』，有何不可乎？此正是極得秦漢後中國學術生命發展之脈絡者。」[200] 葉水心貶視宋明儒者，牟先生斥之曰：「徒因孔子師弟並非一王者之集團，並供無顯赫之功業以垂于世，乃使『見形而不及道』之葉水心兩眼只看王者之事功，而不知德性之學為何物，遂無視孔子傳統如無物，⋯⋯。」[201]

牟先生指出，南宋陳亮（原名汝能，字同甫，號龍川，學者稱龍川先生。1143-1195）與葉水心一路，並且，「自南宋永嘉、永康言經制事功、皇帝王霸之學以後，明末顧亭林與顏、李，其思路語脈與規

---

199　牟宗三：《心體與性體（一）》，《全集》，卷5，頁318-319。

200　牟宗三：《心體與性體（一）》，《全集》，卷5，頁319。

201　牟宗三：《心體與性體（一）》，《全集》，卷5，頁319。

模無一能出葉水心之外者，……。」[202]此等學者，「言經制事功只落於直接之實用主義，直覺之英雄主義（天才主義），旁及顏、李乃成為原始之體力主義。」[203]「皆不知內聖之學之重要，皆不能貫通『堯、舜、三代之政規與孔子對於道之本統之再建以及孟子承孔子之仁教而弘揚』之線索而開擴其心志，……。」[204]

牟先生一再論明，「孔子之傳統，本不限於上世王者集團之『本統』」，此傳統乃「本孔子之仁教與聖證而發揚者」。[205]孔子對於道之本統之再建，固然在「仁教與聖證」，孔子傳統固然在「本孔子之仁教而展開」，「自覺地建立此內聖之學（心性之學）之體系」。但並非葉水心所謂只是「以辭明道」[206]，忽略堯、舜三代之政規，「忽亡本統，使道不完而有跡」[207]也。如牟先生論明，「孟子言道，其言內聖者不待言，即其『語治』者，亦皆生機暢達，語意豁順，有本有源，有始有終，……。」[208]先生引《孟子・離婁章句上》：「三代之得天下也以仁，其失天下也以不仁。國之所以廢興存亡者亦然。」「孔子曰：『仁不可為眾也。夫國君好仁，天下無敵。』」「桀紂之失天下也，失其民也；失其民者，失其心也。得天下有道：得其民，斯得天下矣；得其民有道：得其心，斯得民矣；得其心有道：所欲與之聚之，所惡勿施爾也。民之歸仁也，猶水之就下、獸之走壙也。」[209]並

---

202 牟宗三：《心體與性體（一）》，《全集》，卷5，頁290。

203 牟宗三：《心體與性體（一）》，《全集》，卷5，頁306。

204 牟宗三：《心體與性體（一）》，《全集》，卷5，頁306。

205 牟宗三：《心體與性體（一）》，《全集》，卷5，頁320。

206 牟先生引葉水心「習學記言」一條云：「孔子未嘗以辭明道。〔……〕。」（牟宗三：《心體與性體（一）》，頁294，《全集》，頁308。）

207 牟先生引葉水心語。見牟宗三：《心體與性體（一）》，頁291，《全集》，頁305。

208 牟宗三：《心體與性體（一）》，《全集》，卷5，頁305。

209 牟先生引《孟子・離婁章句上》文，見氏著《心體與性體（一）》，《全集》，卷5，頁304。

指出：「此是儒者言政之最高原則，亦是直本孔子之仁教而言之者。堯、舜三代之政規無論為禪為繼，皆不能背乎此。即今之言政治亦不能背乎此。」[210]

依牟先生所論，「孔子立仁教，是對於道之本統之再建。」[211]孔子之傳統「不限於上世王者集團之『本統』」，但並不背乎「本統」，而是「對於道之本統之再建」，此「本統之再建」基於「孔子之仁教」，承堯、舜三代的道之本統而展開也。孔子之傳統並不忽視政規。牟先生說：「孟子亟稱堯、舜、禹、湯、伊尹、文王、周公是稱其道德總規，亦即政規。」[212]「孟子亟稱堯、舜、禹、湯、伊尹、文王、周公，所願則孔子，聖賢統紀則得之矣。」[213]

牟先生力斥葉水心詆詆孔子之傳統「忽亡本統」之說。先生論明，「孔子實已洞悟到堯、舜三代一線相承之道也。」[214]引孔子曰：「文王既沒，文不在茲乎？」（〈子罕第九〉）說：「此示孔子亦欲以繼承此道為己任也。」[215]又論明，「此一線相承之事實，孟子已有此自覺。」[216]引孟子曰：「由堯、舜至於湯，五百有餘歲，若禹、皋陶，則見而知之；若湯，則聞而知之。由湯至於文王，五百有餘歲，若伊尹、萊朱則見而知之；若文王，則聞而知之。由文王至於孔子，五百有餘歲，若太公望、散宜生，則見而知之；若孔子，則聞而知之。由孔子而來至於今，百有餘歲，去聖人之世，若此其未遠也；近聖人之居，若此其甚也，然而無有乎爾，則亦無有乎爾。」（〈盡心〉篇末）

---

210 牟宗三：《心體與性體（一）》，《全集》，卷5，頁304-305。
211 牟宗三：《心體與性體（一）》，《全集》，卷5，頁292。
212 牟宗三：《心體與性體（一）》，《全集》，卷5，頁292。
213 牟宗三：《心體與性體（一）》，《全集》，卷5，頁291。
214 牟宗三：《心體與性體（一）》，《全集》，卷5，頁198。
215 牟宗三：《心體與性體（一）》，《全集》，卷5，頁198。
216 牟宗三：《心體與性體（一）》，《全集》，卷5，頁198。

說：「此即一線相承之意也，末後之慨嘆即示孟子自己欲以道之傳承自任也。」[217]

　　牟先生論明，「堯、舜、禹、湯，湯、文、武、周公、孔子，孟子一線相承之道」，即「道統」。[218]「其本質內容為仁義，其經典之文為《詩》、《書》、《易》、《春秋》，其表現于客觀政治社會之制度為禮樂刑政。」[219]並指明：「宋、明儒興起，大體皆繼承而首肯之。」[220]先生提出：即使宋明儒者「偏重內聖」，「彼等言政，雖著墨不多，然無一有背於孔、孟之禮樂與仁政，亦無一不肯定堯、舜三代之政規，……。」[221]依此，牟先生點明，葉水心訴詆孔子之傳統「忽亡本統」，是其根本不明「堯、舜三代道之本統」之何所是，「彼以堯、舜三代王者之業績為『道之本統』之所在，且只落于外王學之第二義與第三義而觀之」[222]，更不明「孔子之創闢突進對於道之本統再建之意義」。[223]

　　依牟先生所論，孔子對於「道之本統」之再建立，就是「內聖外王之道」。內聖方面，「本上世道德總規（政規）中道德意義之概念」[224]，創闢性地立仁教。先生指出「仁教中直接所函之內聖之學，即每個人精進其德性生命之學」[225]。孔子立「仁教」之所以是「創闢性」的，是上世「道之本統」之再建，依牟先生說：「此義理當然之理想根源之根復何在耶？曰：即在生命之躍起，內在天理之呈現，此即孔子之仁教，而仁教復即為精神領域、價值理想之源之開闢

217 牟宗三：《心體與性體（一）》，《全集》，卷5，頁198。
218 牟宗三：《心體與性體（一）》，《全集》，卷5，頁197。
219 牟宗三：《心體與性體（一）》，《全集》，卷5，頁197。
220 牟宗三：《心體與性體（一）》，《全集》，卷5，頁197。
221 牟宗三：《心體與性體（一）》，《全集》，卷5，頁305。
222 牟宗三：《心體與性體（一）》，《全集》，卷5，頁202。
223 牟宗三：《心體與性體（一）》，《全集》，卷5，頁202。
224 牟宗三：《心體與性體（一）》，《全集》，卷5，頁292。
225 牟宗三：《心體與性體（一）》，《全集》，卷5，頁293。

也」。[226]尤為重要在先生指出，「在三代王者之開物成務之盡制中」，「其為原始的不自覺的」，「其道德總規尚只在作用中，關聯著祈天永命中，即只在他律中。」[227]孔子立「仁教」始「從他律中轉為自律」[228]。先生點明關鍵在「自孔子之仁教始正式從作用中轉為承體而起用，從關聯中轉為義理當然之不容已」，[229]此即轉出「自律」也。外王方面，孔子繼承三代之政規，此政規用黃梨洲的話說，就是「藏天下於天下」，牟先生指明：「孔子繼承此政規，推進一步立仁教以重新自覺地肯定之，為政治立一最高之規範，此即吾所謂敞開散開之原則，物各付物之精神也。」[230]此見孔子有進於三代之政規，以顯其對於「道之本統」之再建的貢獻。先生說：

> 惟孔子立仁教，不純圍于皇極之政規而言之，乃直下就人之當
> 然之道而言之，乃普遍地開出理想、價值理想之源，開出德性
> 生命之所以立，開出每一個人直下對己對人之必然的義務與偶
> 然的（有功效的）義務（順康德之分類），而政治之最高原則
> 亦函攝于其內，此即所謂對于道之本統之再建也。[231]

牟先生契接康德意志自律之洞見，彰著道德之本性，以標明孔子仁教及建基於其上之內聖之學之為真道德。此見先生極力論明「內聖之學之獨立的意義與自性」所作出的貢獻。並且，先生論明：孔子仁

---

226 牟宗三：《心體與性體（一）》，《全集》，卷5，頁286。
227 牟宗三：《心體與性體（一）》，《全集》，卷5，頁287。
228 牟宗三：《心體與性體（一）》，《全集》，卷5，頁287。
229 牟宗三：《心體與性體（一）》，《全集》，卷5，頁287。
230 牟宗三：《心體與性體（一）》，《全集》，卷5，頁281。
231 牟宗三：《心體與性體（一）》，《全集》，卷5，頁281-282。

教本就「函攝政治上最高原則」[232]。先生說:「客觀地自道而言之,則皇極之道亦為仁教之本質的一環。」[233]「皇極者,自人言,是隨時隨分重點之一,自道言,則為仁教所範圍而不能外。」[234]「是以儒者隨時隨緣必論政也。」[235]此即先生說:「外王一面亦是器識上所必應函攝到之本質的一面,此即《大學》所謂治國平天下者是。」[236]

依牟先生所論,「『外王』一名,隨時代之發展與需要,其函甚廣泛。初不只是指個人為君之道言,尤其不是指要人為王言。」[237]先生總括「外王」三義:「一、客觀而外在地于政治社會方面以王道治國平天下:此是其初義,亦是其基本義。」[238]「二、……制度之建立:此是第二義,亦即永嘉派所謂『經制事功』者是。」[239]「三、……實際知識之研究與獲得:此是其第三義,此大體是顧亭林與顏、李等之所嚮往。」[240]先生說:「從問題言,此三層中之問題俱屬外王之問題。從學言,此三層之內容俱為外王學。」[241]事實上,長久以來,學界一直泛用「外王」之名。凡政權、政治、制度、實際知識,統通包攬於「外王」之名下。然愚意以為,若吾人所論為就孔子對於「道之本統」之再建而言的「內聖外王之道」,那麼,「外王」就不應是與「內聖」拆開而泛論的。孔子立三代「內聖外王」為範型,其言為政之道以「祖述堯舜,憲章文武」為本。孟子承繼孔子,建立孔子哲學

---

232 牟宗三:《心體與性體(一)》,《全集》,卷5,頁282。
233 牟宗三:《心體與性體(一)》,《全集》,卷5,頁275。
234 牟宗三:《心體與性體(一)》,《全集》,卷5,頁274。
235 牟宗三:《心體與性體(一)》,《全集》,卷5,頁275。
236 牟宗三:《心體與性體(一)》,《全集》,卷5,頁199。
237 牟宗三:《心體與性體(一)》,《全集》,卷5,頁200。
238 牟宗三:《心體與性體(一)》,《全集》,卷5,頁200。
239 牟宗三:《心體與性體(一)》,《全集》,卷5,頁200。
240 牟宗三:《心體與性體(一)》,《全集》,卷5,頁200。
241 牟宗三:《心體與性體(一)》,《全集》,卷5,頁200。

傳統之「內聖外王」之宏規，孟子之後，無人能善紹此孔子哲學傳統
之「外王」及「外王學」。[242]誠然，此中有歷史條件限制。「以平民的
家言領導政府開一代王制」[243]，秦之後不復可能。[244]但無論如何，孔
子立三代「內聖外王」為範型，孟子繼之，據此而論孔子哲學傳統之
「外王」及「外王學」，有確定講法，需要與後人多所引伸的「內聖
外王」諸說區別開。明乎此，則葉水心及南宋永嘉、永康言經制事
功、皇帝王霸之學的學者，以及明末顧亭林與顏、李等，皆不必混同
於孔子傳統之「外王」及「外王學」，可知矣。

　　牟先生於葉水心等學者「只知消極地泛言事功與實用以為反對談
內聖之學者（談性命天道者）之藉口」[245]有痛切之針砭。先生指出：
此等學者要求「事功與實用」，而根本不能接觸「政治之最高原則如
何架構之問題」，並點明，該問題「之不得決，家天下之私是其先天
之限制」。[246]不必諱言，政治之最高原則——「天下為公」（孔子
語），用黃梨洲的話說，就是「藏天下於天下」，現實上能否實現，有
命焉。然不能移動其為「王道」、「外王」之根本。牟先生說：

---

242 依愚見，孔子立三代「內聖外王」為範型，孟子繼之建立孔子哲學傳統之「內聖
　　外王」之宏規，據此而論孔子傳統之「外王」及「外王學」，有確定講法，需要與
　　後人多所引伸的「內聖外王」諸說區別開。詳論可參見拙著《常道：回到孔子》，
　　頁290-294。

243 此見於錢先生的經學觀念，見孫國棟：《慕稼軒文存》（第二集）（香港：科華圖書
　　出版公司，2008年），頁16。

244 如孫國棟先生說：「知識份子漸失去社會的滋養，〔……〕唯依賴政權，苟且偷
　　生，〔……〕是中國近代諸病象的重要原因。」（前揭書，頁110）

245 牟宗三：《心體與性體（一）》，《全集》，卷5，頁201。

246 牟宗三：《心體與性體（一）》，《全集》，卷5，頁201。依愚見，現代政治，即便
　　「民主」（遑論「極權」），既是政黨政治，即可說是利益集團天下之私，本質上與
　　家天下之私相近，與「王道」及孔孟承「王道」確立的「外王」及「外王學」之
　　大本大旨相悖。

儒家自孔子始，內聖外王為一綜體，內聖為本為體，外王為末為用，內聖是求之在我，是每一人之必然的義務，而外王是得之有命，是每一人之偶然的（有功效的）義務（康德語）。[247]

　　牟先生有見及孔子有進於三代，而對於「道之本統」之再建的貢獻，指出二者「一而不一」，在三代「是皇極之一元」，而孔子「則是太極、人極與皇極三者之並建」。[248]先生說：

堯、舜、禹、湯、文、武、周公是王者開物成務之盡制，是原始的綜和構造，是皇極之一元，而孔子對於「道之本統」之再建則是太極、人極與皇極三者之並建，而以太極、人極為本，以皇極為末：太極是天道，人極是仁教，皇極是君道；太極是本，人極是主，皇極是用；仁者人之所以立，證實天之所以為天，而皇極則是其廣被於客觀政治社會之用。[249]

又說：

道之本統，經孔子之再建後，中心乃由皇極之一元轉而為直下就德性生命之所以立而言之。太極、人極、皇極三者並建。踐仁以知天乃為每一人之必然的義務，而皇極之及不及則待緣而有命。[250]

---

247 牟宗三：《心體與性體（一）》，《全集》，頁275。
248 牟宗三：《心體與性體（一）》，《全集》，卷5，頁214。
249 牟宗三：《心體與性體（一）》，《全集》，卷5，頁214。
250 牟宗三：《心體與性體（一）》，《全集》，卷5，頁282-283。

　　牟先生指出，葉水心等學者「只將道限於上世皇極之一元」，「徒以事業之意識（所謂外王）到處混抹」，究其實，「根本不知道為何物，根本不知仁教中道德意識之自覺，根本不知自孔子始，已不止于上世之所傳。」[251]

　　依以上所述可見，牟先生以其深刻的道德意識，過人之慧眼與歷史感，提出並論明孔子對於「道之本統」之再建。此項工作無疑對於承孔子仁教而展開的孔子傳統之確立奠下基礎，規定了標準。

## 二　孔子傳承之正宗及孔子傳統之傳法統系的確定

　　牟先生有見及孔子後二百多年，「孔子生命智慧之基本方向」未能確定，他說：「在先秦，大家齊頭並列，吾人只知其皆宗孔氏，然並無一確定傳法之統系。」對先秦之龐雜集團，「究誰能代表正宗之儒家？究誰是儒家之本質？」未能確定。[252]

　　先生肯定宋明儒者「以曾子、子思、孟子、及《中庸》、《易傳》、與《大學》為足以代表儒家傳承之正宗，為儒家教義發展之本質，而荀子不與焉，子夏傳經亦不與焉。」[253]他說：「他們對於孔子生命智慧前後相呼應之傳承有一確定之認識，並確定出傳承之正宗，決定出儒家之本質。」[254]先生上承宋明儒而確定出孔子傳承之正宗，並非徒跟著宋明儒者所說而這樣說。依吾人所見，在宋儒興起之初，恐怕未自覺到孔子傳承之統系問題。至牟先生出，經過「對於宋、明儒諸大家真有確實之經歷與檢定」，[255]始正式提出：「《論》、《孟》、《中庸》、

---

251　牟宗三：《心體與性體（一）》,《全集》，卷5，頁275。

252　牟宗三：《心體與性體（一）》,《全集》，卷5，頁308。

253　牟宗三：《心體與性體（一）》,《全集》，卷5，頁15-16。

254　牟宗三：《心體與性體（一）》,《全集》，卷5，頁15。

255　牟宗三：《心體與性體（一）》,《全集》，卷5，頁19。

《易傳》是孔子成德之教（仁教）中其獨特的生命智慧方向之一根而發，此中實見出其師弟相承之生命智慧之存在地相呼應。」[256]並且判定《大學》是「開端別起」。[257]

關於《荀子》，宋明儒已將其排除於儒家經典之外，但至牟先生出來，始講明何以在孔子傳統之傳法統系中，「荀子不與焉」。其依據在於荀子「只是客觀地外在地說人之『禮辨之道』。」[258]先生指出：「孟子說『人之所以異於禽獸者幾希』，此『幾希』一點自是孟子所意謂的『人之所以為人之性』」，此性是「人之所以能為一道德的存在之性，此性是能起道德創造之創造真幾。」[259]荀子看來也論及「人之所以為人者何以也？曰：以其有辨也。」但先生指明：荀子所說之「辨」是「『禮以別異』之『別』義。」先生說：「但在荀子，此『禮之別』並不是性。此只是客觀地外在地說人之『禮辨之道』。雖說此是『人之所以為人』，卻亦不是人之所以為一道德存在之創造真幾之性，〔……〕，只是客觀地、構成地屬于聖王之制作，而人當遵依之而已。此荀子之所以不透澈也。」[260]

大陸學者梁濤教授不滿牟先生將荀子排除出孔子哲學傳統之外，他以為牟先生「在孟子、荀子誰是正統的問題上爭來爭去」。究其實，梁濤教授主張「統合孟荀」，提出「新四書」（《論語》、《禮記》、《孟子》、《荀子》）[261]，實質是要推翻孔子哲學傳統的共識。他說，依據其研究郭店竹簡子思的遺籍，「從孔子經子思到孟子、荀子，實際是儒

---

256　牟宗三：《心體與性體（一）》，《全集》，卷5，頁21。
257　牟宗三：《心體與性體（一）》，《全集》，卷5，頁22。
258　牟宗三：《心體與性體（一）》，《全集》，卷5，頁101。
259　牟宗三：《心體與性體（一）》，《全集》，卷5，頁100。
260　牟宗三：《心體與性體（一）》，《全集》，卷5，頁101-102。
261　梁濤：〈中國哲學的新思考──《中國哲學新思叢書》序〉，梁濤主編：《中國哲學新思叢書》（北京：中國人民大學出版社，2018年）。

學內部份化的過程。」[262]據此說法，孔子成了一個「孤源」，孔子之後全是「儒學內部份化」，如此一來，還談什麼孔子傳統?!憑個人成見就能打掉孔子哲學傳統之共識，此豈不成了一個沒有共識的時代！

　　吾人見到，牟先生對孔孟大義依哲學本旨作周全的說明，據之確定孔子傳統傳法之統系。梁教授說：「我多次強調，儒學的基本問題是仁與禮的關係問題，這一問題在理學家那裡又表現為天道性命與禮樂刑政的問題，今天討論儒學仍不應迴避儒學的這一基本問題。」[263]但他未能注意，荀子未及孔子言「仁」之根本義，忽略孔子所論作為道德根據的「仁」之大旨，又如何能談得上論孔子傳統之「仁與禮的關係」呢？若於孔子言「仁」、孟子承孔子言「仁」之大旨言「本心」、道「性善」不得正解，所謂論「天道性命與禮樂刑政」又以何為依據呢？實在說來，離開孔孟哲學之大本大源而論「仁與禮」、「禮樂刑政」，只能是社會史、制度史諸學術領域的研究，豈能與孔子哲學傳統之研究混同?!

　　牟先生於《心體與性體（一）》之〈綜論〉綱領式標明《論》、《孟》、《中庸》、《易傳》之要義。以「踐仁知天」為孔子大義，並以孟子「盡心知性知天」為直接傳承孔子而展示之宏規。使宋以後「孔孟並稱」正式得到義理上確定之根據。

　　先生對於宋明儒所圈定之代表孔子傳統之儒家經典（《論語》、《孟子》、《中庸》、《易傳》、《大學》）逐一檢定，確定其義理核心：「孔子踐仁知天」、孟子言「盡心知性知天」、《中庸》說「天命之謂性」、《易傳》說「乾道變化，各正性命」（〈乾彖〉）、《大學》言「明

---

262 梁濤：〈中國哲學的新思考──《中國哲學新思叢書》序〉，梁濤主編：《中國哲學新思叢書》。

263 梁濤：〈中國哲學的新思考──《中國哲學新思叢書》序〉，梁濤主編：《中國哲學新思叢書》。

明德」，未表示「明德」即是吾人之心性（就本有之心性說明德），甚至根本不表示此意，乃只是「光明的德行」之意。[264]

雖說孔子傳統之五部儒家經典是由宋明儒所圈定的，但至牟宗三先生出，始將此五部經典之大旨及其根本大義講明，以確定《論語》、《孟子》、《中庸》、《易傳》一脈相承，並指出《大學》「在內聖之學之義理方向上為不確定者」，必須由《論語》、《孟子》決定其義，始得列為儒家經典。

牟先生說：「宋、明儒是把《論》、《孟》、《中庸》、《易傳》與《大學》劃為孔子傳統中內聖之學之代表。〔……〕。據吾看，《論》、《孟》、《中庸》、《易傳》是孔子成德之教（仁教）中其獨特的生命智慧方向之一根而發，此中實見出其師弟相承之生命智慧之存在地相呼應。至于《大學》，則是開端別起，只判出一個綜括性的，外部的（形式的）主客觀實踐之綱領，所謂只說出其當然，而未說出其所以然。」[265]又說：「《大學》只列舉出一個實踐底綱領，只說一個當然，而未說出其所以然，在內聖之學之義理方向上為不確定者，究往哪裡走，其自身不能決定，故人得以填彩而有三套之講法。」[266]

宋明儒把《論》、《孟》、《中庸》、《易傳》與《大學》定為孔子傳統之五部經典，無疑是對於孔子傳統之統系之建立作出重大貢獻，而牟先生進一步提出：「大體以《論》、《孟》、《中庸》、《易傳》為主者是宋明儒之大宗，而亦較合先秦儒家之本質。伊川、朱子以《大學》為主則是宋明儒之旁枝，對先秦儒家之本質言則為歧出。」[267]依此，吾人可說，至此，宋明儒所講者始有一確定之定位，而儒家生命智慧

---

264　牟宗三：《心體與性體（一）》，《全集》，卷5，頁19-20。

265　牟宗三：《心體與性體（一）》，《全集》，卷5，頁21。

266　牟宗三：《心體與性體（一）》，《全集》，卷5，頁20。

267　牟宗三：《心體與性體（一）》，《全集》，卷5，頁21。

之基本方向得以決定，從而孔子傳統始有確定之傳法統系。

宋明儒學雖則有程朱「理學」與陸王「心學」之爭，然只是著眼於「道問學」與「尊德性」的分別。至牟先生始提出，陸王與程朱之區別根本是關涉到孔子傳統之「正宗」與「歧出」的問題。「非泛然爭論尊德性與道問學之輕重先後也。」[268]

牟先生敏銳而恰切地見出，「空頭觀之」，伊川、朱子也跟孟子講「性善」，並且亦跟《中庸》、《易傳》講道體性體，但是，「卻轉為『只存有而不活動』之普遍之理，以『然與所以然』之倒轉方式以及『即物窮理』之認知方式而肯定此理為存在之理，即存在之定然之性，是即無異于將荀子所說之『禮辨之道』推進一步普遍化而為靜態的存在之理，為一切存在之定然之性。」[269]先生指出，伊川、朱子「實亦仍是以荀子之心態說道體性體也」，「所取于孟子、《中庸》、《易傳》者只在本之而可以將『禮辨之道』普遍化而說為性。」[270]據此，牟先生裁定，伊川、朱子言「性」，「其道德意義與道德力量即減殺，是即已喪失于孟子、《中庸》、《易傳》之言道體性體（包括心體）之本義矣。」[271]

孔子傳統之「正宗」與「歧出」，事關孔子傳統傳法之統系的確定，豈能由學者個人的喜好與意願決定？! 又豈可視為學派之間爭來爭去的爭名奪利之事？! 如所周知，牟先生對孔子傳統傳法之統系作出決定，是經由長期研究而達致的成果。首先，對《論》、《孟》、《中庸》、《易傳》之大義作出哲學說明，並論明此四部經典「是孔子成德之教（仁教）中其獨特的生命智慧方向之一根而發」[272]。繼而，以

---

268　牟宗三：《心體與性體（一）》，《全集》，卷5，頁118。

269　牟宗三：《心體與性體（一）》，《全集》，卷5，頁102。

270　牟宗三：《心體與性體（一）》，《全集》，卷5，頁102。

271　牟宗三：《心體與性體（一）》，《全集》，卷5，頁102。

272　牟宗三：《心體與性體（一）》，《全集》，卷5，頁21。

《論》、《孟》、《中庸》、《易傳》之大義為準，逐一研判宋、明儒九大家，裁定：一、濂溪、橫渠、明道為一組，「由《中庸》、《易傳》回歸於《論》、《孟》，直下通而一之而言『一本』，以成圓教之模型，是明道學。」[273]二、由明道「開五峰之『以心著性』義，此為五峰蕺山系。」[274]三、「直從孟子入，只是一心之伸展，則是象山之圓教，此為象山、陽明系。」[275]四、「北宋自伊川開始轉向，不以濂溪、橫渠、明道為一組，朱子嚴格遵守之，此為伊川、朱子系。伊川是《禮記》所謂『別子』，朱子是繼別子為宗者。」[276]據此，孔子傳統傳法之統系確定下來，即是：先秦《論》、《孟》、《中庸》、《易傳》，及至宋、明儒七子：濂溪、橫渠、明道、五峰、象山、陽明、蕺山。

　　牟先生確定的孔子傳統傳法之統系，何以伊川、朱子不與焉？客觀標準何在？牟先生解說周詳，解決此問題的專書就有《心體與性體》（第三冊），於講演及授課中亦時常論及，可謂千言萬語，就在一個關鍵點上，伊川、朱子將孔子學問講錯了，即：把「道德」講壞了。朱子將「道德」講壞，不在他不「尊德性」。而在他將「道德」講成修養問題。朱子生活很嚴肅，很嚴格遵守「無條件命令」，但關鍵在依朱子所論，這些「無條件命令」之「理」不是由本心而發，此即朱子不講「心即理」，而講「性即理」。所謂「性即理」，要害在以為「理」是客觀外在的，不是自本心立的。外在的、不是由每個人本心所立的「理」，而要人「無條件」遵守，必成「以理殺人」可知矣！宋、明儒正宗無不反對「性即理」而主「心即理」，即不會「以理殺人」。「心即理」意謂「理」（道德法則）自本心立，此即意志自

<hr />

273 牟宗三：《心體與性體（一）》，《全集》，卷5，頁58。
274 牟宗三：《心體與性體（一）》，《全集》，卷5，頁58。
275 牟宗三：《心體與性體（一）》，《全集》，卷5，頁58。
276 牟宗三：《心體與性體（一）》，《全集》，卷5，頁58。

由自律，「道德」之根本也。

　　牟先生有見及朱子「講生活，講居敬，講涵養」，「那個道德意識是後天的道德意識。」[277]先生說：「朱夫子一絲不苟，不敢越軌，那是教養的問題。那個地方，朱夫子是正宗。他很嚴肅，一絲不苟。」[278]先生以其深刻的道德意識，見到朱子看似「道德意識很強」，但「不切于孔孟之道德意識。」[279]一般人喜歡朱子，就是欣賞個人「教養」，不知真正「道德」為何物。此即先生說：「現在的人沒有道德意識，不能欣賞陸象山，倒是欣賞朱夫子，〔……〕。」[280]牟先生出來講明真正的道德在「心即理」。自此，孔子傳統之為道德哲學之傳統始得以講明。

　　牟先生裁定，伊川是「別子」、朱子是「繼別子為宗者」，關鍵在二人不能講「心即理」。本心之立法活動抹煞掉了，此所以牟先生批評朱子言「性即理」，是講「只存有而不活動」之普遍之理，以「即物窮理」之認知方式講「存在之理，即存在之定然之性」。先生對伊川、朱子諸多批評，就歸結於二人不承認「本心」乃自立普遍法則之能。先生批評彼等喪失于孟子、《中庸》、《易傳》之言心體、道體性體之本義，根本之失亦在「本心」立法義之抹煞。

　　「心即理」乃道德根本義所在。亦即孔子哲學傳統之命脈所在。違離「心即理」就是背棄道德，背離孔子傳統。毫無疑問，牟先生把握到「道德」的根本義在「心即理」，「心即理」乃孔子「仁教」言

---

277 牟宗三演講，盧雪崑記錄整理：〈《孟子》演講錄（九）〉，《鵝湖月刊》30卷9期（總357期）（2005年3月）。

278 牟宗三演講，盧雪崑記錄整理：〈《孟子》演講錄（九）〉，《鵝湖月刊》30卷9期（總357期）（2005年3月）。

279 牟宗三演講，盧雪崑記錄整理：〈《孟子》演講錄（九）〉，《鵝湖月刊》30卷9期（總357期）（2005年3月）。

280 牟宗三演講，盧雪崑記錄整理：〈《孟子》演講錄（八）〉，《鵝湖月刊》30卷8期（總356期）（2005年2月）。

「仁」之大旨所在，亦即孔子傳統一脈相承之根。[281]合此即為孔子傳統之正宗，離之即為歧出。牟先生之後，不時有學者出來為伊川、朱子辯護。愚意以為，除非學者們宣布不再以「道德」為標準來決定孔子傳統之傳法之統系，不然吾人不知其翻案意圖如何能避免徒勞無功。

牟先生在《智的直覺與中國哲學》一書中就指出：「康德說法中的自由意志必須看成是本心仁體底心能。」[282]並說：「當本心仁體或視為本心仁體之本質作用（功能良能〔essential function〕）的自由意志發布無條件的定然命令時，即它自給其自己一道德法則時，乃是它自身之不容已，此即為『心即理』義。」[283]先生契應康德所論自由意志「自給其自己一道德法則」以說明儒家言「心即理」之實義。可謂正中肯綮之言。

究其實，象山（1139-1193，陸九淵，字子靜，學者稱象山先生）就明確提出「心即理」，陽明（1472-1528。王守仁，字伯安，世稱陽明先生）更反覆申論「心即理」之大義，屢斥朱子「析心與理為二」。陽明說：「理豈外於吾心邪？晦庵謂：『人之所以為學者，心與理而已。』心雖主乎一身，而實管乎天下之理，理雖散在萬事，而實不外乎一人之心。是其一分一合之間，而未免已啟學者心理為二之弊。此後世所以有『專求本心，遂遺物理』之患，正由不知心即理耳。」（《傳習錄》中，〈答顧東橋書〉，第133條）又說：「夫萬事萬物之理不外於吾心，而必曰窮天下之理，是殆以吾心之良知為未足，而必外求於天下之廣，以裨補增益之，是猶析心與理而為二也。」（〈答顧東橋書〉，第136條）陽明直斥朱子「分心與理為二，其流至於伯道

---

281 詳論可參見拙著《孔子哲學傳統——理性文明與基礎哲學》，第三節〈從孔子言『仁』包含『心即理』義論孔子哲學傳統之意志自律義〉。

282 牟宗三：《智的直覺與中國哲學》，《全集》，卷20，頁258。

283 牟宗三：《智的直覺與中國哲學》，《全集》，卷20，頁251。

之偽而不自知。」（《傳習錄》下，第300條）並指明：「故我說個心即理，要使知心理是一個」，（同前）並提出，此「便是王道之真。」（同前）吾人可見，陽明所論「心即理」之大義，與牟先生契應康德所論者若合符節，其揆一也。

　　然朱子於宋明儒學史的地位很高。牟先生自道亦曾為朱子之定位問題困擾，恐怕其說會被誤會為「有貶視朱子之意」，先生自辯說：「非是貶視，乃如欲恰如其分而還其本來面目，則固自如此耳。」[284]又說：「吾初未嘗不欲以朱子為標準。朱子注遍群經，講遍北宋諸家。象山、陽明等人未作此工作，吾人以為朱子對於先秦儒家經典、于基本義理處必有相應，決不會有太大的出入。至少亦可以繼承北宋四家而為正宗。」[285]論到程朱、陸王的爭論，先生也認為，若只從「尊德性」與「道問學」之爭，並不影響朱子為「大宗」的地位，先生說：「象山、陽明固有獨特之凸出，朱子以及朱子之後學斥其為禪固是過分，然雙方之爭論似亦無多大意義。朱子亦未嘗不尊德性，亦未嘗無『心之德』、『心具眾理』、『心理合一』、『無心外之法』等語句與議論。象山、陽明亦未嘗不重學、不慮事、不讀書。〔……〕。是則其爭論實可不必，而亦不必是兩系統之異。象山、陽明固不必為異端，而伊川、朱子亦未必不能相應先秦儒家之舊義而為大宗也。」[286]但是，先生說：「然而仔細一想，認真去處理內部之義理問題，則並不如此簡單，決不如此儱侗。其爭論實非無意義，亦非只門戶意氣之爭。」[287]吾人可指出，牟先生經「內部之義理問題」之認真處理，有見及程朱與陸王兩系統之異在「性即理」與「心即理」之分歧。此亦

---

284 牟宗三：《心體與性體（一）》，《全集》，卷5，頁58。
285 牟宗三：《心體與性體（一）》，《全集》，卷5，頁59。
286 牟宗三：《心體與性體（一）》，《全集》，卷5，頁59。
287 牟宗三：《心體與性體（一）》，《全集》，卷5，頁59。

是孔子傳統之「正宗」與「歧出」由之裁決的關鍵與標準所在。[288]此亦所以牟先生說：「吾人不能以朱子為標準甚明。」[289]

如牟先生自道：「吾之整理疏解北宋四家與朱子實煞費精力。欲想將朱子所反映投射之顏色剝剝得開而物各付物，還其本來面目，此工作實太艱鉅。然而『求是』之心之不容已實逼迫我非如此進去不可。」[290]先生經歷艱鉅的工作，推翻了朱子為正宗的地位，正式確立了孔子傳統傳法之統系。至此，作為孔子傳統之道德基石（「心即理」，即康德言「意志自由自律」）始正式彰明而不可動搖。

## 三　默契康德道德哲學以建立儒家的道德形而上學而彰顯孔子傳統為道樞

牟先生「依據康德之意志自由、物自身、以及道德界與自然界之合一，而規定出一個『道德的形上學』」[291]，據之說明「宋明儒之

---

288　此外，牟先生對朱子有諸多批評，先生說：「吾人若以朱子為標準，根據其講法去理解先秦舊典，則覺其講法基本義理處實不相應。首先，彼以『心之德、愛之理』之方式去說仁，實不能盡孔子所說之仁之實義；彼以『心、性、情三分』之格局去理解孟子，尤與孟子『本心即性』之本心義不相應；彼以『理、氣二分』之格局去理解《中庸》、《易傳》『生物不測』之天道、神體，乃至誠體，尤覺睽違重重。總之，彼之心態似根本不宜講於講《論》、《孟》《中庸》、《易傳》，彼似對於由〈烝民〉詩所統繫之心、性、仁一面與〈維天之命〉詩所統繫之『於穆不已』之天命之體一面根本不能有生命、智慧上之相呼應。唯一相應者是《大學》。雖不必合《大學》之原義，然畢竟是相應者。此因《大學》在基本方向上並不明確故也。」（牟宗三：《心體與性體（一）》，《全集》，卷5，頁59。）

289　牟宗三：《心體與性體（一）》，《全集》，卷5，頁59。

290　牟宗三：《心體與性體（一）》，《全集》，卷5，頁60。又，先生說：「弄不明白，不得一諦解，實無法下手講此期之學術。如普通隨便徵引幾句，隨文領義，都差不多，總無必然。此實非心之所能安。既無以對北宋四家，亦無以對朱子。吾乃決心進去，予以剝剝。」（同前）

291　牟宗三：《心體與性體（一）》，《全集》，卷5，頁13。

『心性之學』」，並指出：「其為『道德哲學』正函一『道德的形上學』之充分完成。」[292]此項工作以康德哲學會通中國哲學而使宋明儒學得到確定之定位。

　　牟先生之前，一般稱宋明六百年之儒學為「宋明理學」，而先生指出，「『理學』之『理學』字固有實指，但人可就表面只想其通泛之意義。」[293]先生提出：「此『性理之學』亦可直曰『心性之學』。蓋宋明儒講學之中點與重點唯是落在道德的本心與道德創造之性能（道德實踐所以可能之先天根據）上。」[294]此即點出宋明儒學之中點與重點。牟先生說：「自宋明儒觀之，就道德論道德，其中心問題首在討論道德實踐所以可能之先驗根據（或超越的根據），此即心性問題是也。」[295]但先生並沒有止於此中點與重點，他進一步論「心性本體，必須是絕對的普遍者」，亦即是說，宋明儒所弘揚的「成德之教」（即道德哲學）「亦函一『道德的形上學』（moral metaphysics）。」[296]牟先生說：

　　　　由「成德之教」而來的「道德底哲學」既必含本體與工夫之兩面，而且在在實踐中有限即通無限，故在其本體一面所反省澈至之本體，即心性本體，必須是絕對的普遍者，是所謂「體物而不可遺」之無外者，頓時即須普而為「妙萬物而為言」者，不但只是吾人道德實踐之本體（根據），且亦須是宇宙生化之本體，一切存在之本體（根據）。此是由仁心之無外而說者，因而亦是「仁心無外」所必然函其是如此者。不但只是「仁心

---

292　牟宗三：《心體與性體（一）》，《全集》，卷5，頁13。
293　牟宗三：《心體與性體（一）》，《全集》，卷5，頁3。
294　牟宗三：《心體與性體（一）》，《全集》，卷5，頁6。
295　牟宗三：《心體與性體（一）》，《全集》，卷5，頁10。
296　牟宗三：《心體與性體（一）》，《全集》，卷5，頁10。

無外」之理上如此，而且由「肫肫其仁，淵淵其淵，浩浩其天」之聖證之示範亦可驗其如此。由此一步澈至與驗證，此一「道德底哲學」即函一「道德的形上學」。[297]

# 第五節　通儒家與康德而彰顯「道樞」：普遍的形而上學

牟先生表明他所名為「道德的形上學」，「意即由道德的進路來接近形上學，或形上學之由道德的進路而證成者。」[298]並表明其思路是啟發自康德，他說：「他（案：康德）由意志之自由自律來接近物自身（thing in itself），並由美學判斷來溝通道德界與自然界（存在界）。吾人以為此一套規劃即是一『道德的形上學』之內容。」[299]不必諱言，牟先生並沒有通貫整全地研究康德批判哲學之全部。儘管他翻譯了康德的三大批判，但始終沒有撰寫一部通貫整全地研究康德批判哲學的著作。先生說：「實則康德只有『道德底形上學』（＝「道德之形上的解析」）與『道德的神學』（moral theology），而卻並無『道德的形上學』（moral metaphysics）。本文是想根據儒家要講出一個『道德的形上學』來，不只是『道德之形上的解析』。」[300]他認為康德只有「道德底形上學」（＝「道德之形上的解析」）[301]，但是，吾人可以指出，這只是依據其所譯康德《德性形而上學的基礎》（簡稱《基礎》）[302]一書而遽下結論。其實，康德本人就表明《基礎》這部書僅僅作為

---

297　牟宗三：《心體與性體（一）》，《全集》，卷5，頁10-11。

298　牟宗三：《心體與性體（一）》，《全集》，卷5，頁11。

299　牟宗三：《心體與性體（一）》，《全集》，卷5，頁11。

300　牟宗三：《心體與性體（一）》，《全集》，卷5，頁141。

301　牟宗三：《心體與性體（一）》，《全集》，卷5，頁141。

302　*Grundlegung zur Metaphysik der Sitten*這本書的書名，牟宗三先生中譯為：《道德底

《實踐的理性批判》的一項基礎之預備工作，（Gr 4:391-392）它只從事道德最高原則之研究與建立的工作，（Gr 4:392）它的前兩章是「純然分析的」，（Gr 4:445）經由道德概念之分析說明道德法則之先驗性及意志自律性，也就是說，提供一個道德原則之形而上學的解釋。[303] 吾人無法理解，先生何以會以為《基礎》一書要提供一個道德的形上學呢？又如何能從這部書只有「道德之形上的解析」就斷言康德「並無『道德的形上學』」呢？

又，牟先生認為康德「只成立一個『道德的神學』，卻未成立一個『道德的形上學』。」[304] 但究其實，依先生自己所表示，他這個結論只是依據《實踐的理性批判》一書作出的。先生自己明文表示：「他（案：康德）只有《道德底形上學之基本原理》（*Fundamental Principles of the Metaphysic of Morals*）與《實踐的理性批判》所建立的『道德的神學』（moral theology），而卻無（至少未充分實現）根據其分解建立的道德理性所先驗供給的客觀的道德法則再進一步展現出一個具體而圓熟的『道德的形上學』（moral metaphysics）。」[305]

不過，牟先生對康德的誤解並未妨礙其追隨康德「由道德的進路來接近形上學」，儘管先生誤解康德只視意志自由為設準，但並未妨礙他指出「自由意志」就是「本心仁體」，或「視為本心仁體之本質作用（功能良能 essential function）」，他說：「康德說法中的自由意志必須看成是本心仁體底心能。」[306] 並洞見到「心即理」義同康德所論

---

形上學之基本原理》，愚意以為與德文書名不合。本人譯為《德性形而上學的基礎》。

303 康德明白表示：這個工作「僅僅通過闡明已經普遍流行的德性概念來指明：意志的自律不可避免地加予德性概念，或者毋寧說是它的根據。」（Gr 4:445）「我們在這裡並沒有斷言其為真（Wahrheit）。」（Gr 4:445）

304 牟宗三：《心體與性體（一）》，《全集》，卷5，頁11。

305 牟宗三：《心體與性體（一）》，《全集》，卷5，頁144。

306 牟宗三：《智的直覺與中國哲學》，《全集》，卷20，頁258。

意志自律。事實上，牟先生是基於本心仁體自給其自己「天理」（道德法則）這一理性事實而展開儒家的道德形而上學，此同於康德於三大批判逐步展開的全新的形而上學中，純粹實踐理性（即自由意志）自給其自己一道德法則之理性事實，證明自由之實在性。「自由意志」、「本心仁體」乃唯一真正的形而上學得以建立的拱心石。

　　在康德，這個為形而上學奠基的工作就是《實踐的理性批判》，在這個批判之〈序言〉康德就表明這個批判的工作，他說：「這個批判應該單單闡明有純粹的實踐的理性，並且出於這個意圖批判理性的全部實踐能力。」（KpV 5:3）並且表明，既闡明有純粹的實踐的理性，「憑藉純粹的實踐理性這種機能，超越的自由也就被確立起來，而且所謂超越的自由是取其絕對意義而言。」（KpV 5:3）吾人見到，在這個批判，康德通過純粹的理性在意志中「根源上立法」的事實，闡明有純粹的實踐的理性，憑此確立「超越的自由」。此亦即康德表明：自由之概念的實在性「因著實踐理性的一條必然的法則而被證明」。（KpV 5:3）自由這個理念「經由道德法則呈露（offenbaret）自身」。（KpV 5:4）吾人很難明白，牟先生何以會以為《實踐的理性批判》只建立「道德的神學」，[307]而忽略這個批判的工作就是論證「自

---

307 無疑，在康德哲學體系中，神學研究占了一席之地。《純粹的理性批判》其中一個工作就是破除一切神學中獨斷擬人觀所製造的虛幻。康德逐一檢察了諸種從最高實在者之概念推演出關於上帝存在的證明，論證了「上帝存在的存有論證明之不可能性」，「上帝存在的宇宙論證明之不可能性」，以及「自然神學證明之不可能性」。經由第一批判，康德推翻傳統的神學的道德學（theologische Moral），「神學的道德學包含的德性的法則預設一個最高的世界統治者的存在為前提。」（A632/B660）而提出道德學神學（Moraltheologie）。他說：「道德學神學是對一個最高者之存在的確信，而此確信是把其自己基於道德法則上的。」（A632/B660）又，在《判斷力批判》第86節「論倫理學神學（Ethikotheologie）」中，經由「目的論判斷力之批判」，康德又通過「道德的目的論」之探究而提出「倫理學神學」，亦即第一批判所論「道德學神學」。但是，如吾人所見，事實上，《實踐的理性批

由」之客觀實在性。

　　事實上，在《實踐的理性批判》，自由概念之客觀實在性經由實踐理性的一條無可爭辯的法則（道德法則）獲得證明。（KpV 5: 3）康德通過論明：一旦我們的理性為自己擬定意志之格準，道德法則自身首先呈現（darbietet）給我們，（KpV 5:29）並且，理性把它展現為完全獨立不依於任何感觸條件的決定根據，他就得到結論：「所以道德法則就逕直導致自由概念。」（KpV 5:30）「道德法則及與之一起的實踐理性出來，把自由概念強加給我們。」（KpV 5:30）「自由之理念經由道德法則呈露（offenbaret）自身」。（KpV 5:4）康德明文說：「實踐理性獨自地、不與思辨理性相約，就使因果性範疇的一個超感觸的對象亦即自由獲得了實在性，〔……〕以致於即使思辨的批判根本不曾證明（bewiesen）這個命題，人們也必定達到這種證實（Bestätigung）。」（KpV 5:6）

　　康德論明：「道德的法則事實上（in der Tat）就是出於自由的因果性法則。」（KpV 5:47）他就可以指出：自由是一種特殊的因果性。因此，康德稱「自由」為「不可探測的（unerforschlichen Vermögens）機能」，並且指明：「道德法則不但證明自由之可能性，而且證明自由對於那些認識到道德法則對自己有強制作用的生物（Wesen）身上具有現實性（Wirlichkeit）。」（KpV 5:47）「自由」作為「不可探測的機能」，不可能也不需要藉賴任何直觀來證明，它經由道德法則呈露自身。康德通過實踐的理性批判，說明了「自由」是無條件的因果性之機能。（KpV 5:105）正是人稟具這「自由機能」，他一方面作為「在經驗的條件下的法則之實存」（die Existenz derselben unter empirisch bedingten Gesetzen），另一方面是「依照獨立於一切經驗條件因而屬於純粹理性

---

　　判》並沒有提及「道德的神學」，更沒有如牟先生以為那樣在這個批判中建立了「道德的神學」。

的自律的法則之實存」。（KpV 5:43）據此，康德說明了人具有感觸的本性之外，還稟具超感觸的本性——意志自由。我們人的主體一方面認識到自己是依照感觸界的決定而活動，另方面通過道德法則將自己決定為智性的者（自由之機能）。（KpV 5:105）吾人難以明白，康德於《實踐的理性批判》對「意志自由」作出如此周全之推證，學者們何以仍然一口咬定其論「自由」只是一個設準。

　　我們知道，牟先生在《心體與性體（一）》之「綜論」批評康德「視『意志自由』為一假定、為一『設準』」。[308]在那裡，先生這一批評是僅僅依據《基礎》一書而作出的。但吾人須知，康德本人就表明，在這本書，「我們好像只在自由之理念中預設道德法則。」（Gr 4:449）或反過來，設若我們的意志自立道德法則，則我們把意志之自由歸屬給我們自己。（Gr 4:450）也就是說，這裡只說明：自由之理念與道德法則是可以互換的「交互性概念」（Wechselbegriffe）。（Gr 4:450）《基礎》前兩章分析地建立的道德最高原則——意志自律，第三章批判地逼至意志自由是一個必然的預設，康德表明，這部書並未意圖為此二者提供證明。不過，在該書第二章結尾處，康德已講明：要證明定言律令及與之相連的意志自律為真而且作為先驗原則是絕對必然的，「我們需要純粹的實踐的理性的一種可能的綜和使用」，那麼，就要「對純粹實踐理性機能本身作出批判」，而第三章的意圖只是「展示這項批判的足夠的要點」。（Gr 4：445）吾人清楚，實踐理性機能之批判考察工作留待《實踐的理性批判》才正式進行。在那個批判，康德的重要工作就是通過對實踐的理性機能本身作出批判，以解釋道德原則（意志的自律）這樣一個先驗綜和的實踐的命題是必然的，據之，以道德原則為超越推證原則完成意志自由之推證。吾人沒

---

308　牟宗三：《心體與性體（一）》，《全集》，卷5，頁137。

有理由只停在《基礎》一書來看，就以為康德自始至終視「意志自由」為一假定、為一「設準」。

我們又知道，牟先生後來在《智的直覺與中國哲學》一書提出：康德之所以視「意志自由」為一假定、為一「設準」，那是因為他不承認「人類可有智的直覺」。牟先生在該書的〈序〉說：「智的直覺之所以可能，須依中國哲學的傳統來建立。西方無此傳統，所以雖以康德智思猶無法覺其為可能。」[309]他指出：

> 這「道德的形上學」底主題，我們可就康德所說的「物自身」，
> 自由意志，道德界與自然界之溝通，這三者而規劃之。這三者
> 能成為完整的一套真實地被建立起來，亦即道德的形上學之充
> 分實現，完全靠智的直覺之可能。康德一方有這三者之設擬，
> 一方又不承認人類可有智的直覺，所以這三者之設擬完全成了
> 空理論，亦即道德的形上學之所以不能充分實現之故。我們現
> 在就康德的設擬，順中國哲學之傳統，講出智的直覺之可能，
> 來充分實現這道德的形上學，我想這是康德思想之自然的發展，
> 亦可以說是「調適上遂」的發展。[310]

顯然，牟先生設想以「智的直覺」來證明「意志自由」。然依愚見，牟先生依中國哲學而論的「人可有智的直覺」與康德依批判而提

---

309 牟宗三：《智的直覺與中國哲學》，《全集》，卷20，〈序〉，頁5。先生又說：「吾以
　　為這影響太大，所以本書極力就中國哲學抉發其所含的智的直覺之意義，而即在
　　其含有中以明此種直覺之可能。此書題名曰《智的直覺與中國哲學》。《心體與性
　　體》（綜論部）討論康德的道德哲學處，並未提到『智的直覺』，這是該處之不足
　　（這亦因該處的討論是就康德的《道德底形上學之基本原則》一書說，而康德此
　　書並無此詞故），故此書即可視作該處的討論之補充。」（同前）
310 牟宗三：《智的直覺與中國哲學》，《全集》，卷20，頁449。

出的「人不能有理智的直觀」是根本不同的哲學問題。牟先生「智的直覺說」與康德哲學並無本質的相干性。實在說來，康德所論的人類沒有的「理智的直觀」（intellektuelle Anschauung），並不是牟先生順中國哲學之傳統而講出的「智的直覺」（intelligibel Intuition）。牟先生中譯 "intellektuell[e] Anschauung" 為「智的直覺」，將其本人所言「智的直覺」混同於康德所言「理智的直觀」。尤為值得一提，牟先生最先於《心體與性體》（一）之「綜論」中建立儒家的道德形上學，並以此為準闡釋宋明儒學之大旨，在那裡根本沒有提出「智的直覺」一說，但吾人可說，那是牟先生論「道德的形上學」最完備，最能與康德之形上學根源洞識相一致的地方。牟先生契應康德「由道德的進路來接近形上學」之洞見，據之說明「宋明儒之『心性之學』」，論明宋明儒所弘揚的「成德之教」（即道德哲學）「亦函一『道德的形上學』」如先生本人表明：「本文是想根據儒家要講出一個『道德的形上學』來，不只是『道德之形上的解析』」。[311]

我們可以說，牟先生於《心體與性體》成功地根據儒家而講出一個「道德的形上學」。儘管先生對康德有諸多誤解，但他實在不必要對康德有周密精細的瞭解，僅憑著其把握到康德依據道德的主體建立真實的形上學的洞見，就能依孔孟大義說明宋明儒之大宗，以此達到形而上學之充分完成。因康德基於道德的主體而展示的形而上學其思理根本就與孔子「踐仁知天」、孟子「盡心知性知天」之形上智慧一致故也。儒家的「道德的形上學」之建立不必依賴「智的直覺」學說。現在，吾人要接續牟先生之儒家的「道德的形上學」，以之接通康德基於道德的主體（意志自由）展示的真實的形上學，以此完成先生所提出的中西哲學會通之重任。就是要消除康德學界長久以來對康德的誤解。

---

311 牟宗三：《心體與性體（一）》，頁136，《全集》，頁141。

　　不必諱言，吾人不必以牟先生的「智的直覺」學說來建立儒家的「道德的形上學」，甚至需要將此道德的形上學與先生於《現象與物自身》依「智的直覺」學說通儒釋道三家立「自由無限心」而論「兩層存有論」以建立的形而上學區分開。牟先生將通儒釋道三家而建立的形而上學稱之為「實踐的形而上學」。[312]此所謂「實踐的」乃「工夫」義，而非取康德義。因依康德，「實踐的」意指道德的，而牟先生通儒釋道三家而建立的「實踐的形而上學」，此中「實踐的」意謂「成聖，成佛，成真人」之踐履。牟先生說：「此兩層存有論是在成聖，成佛，成真人底實踐中帶出來的。就宗極言，是成聖，成佛，成真人：人雖有限而可無限。就哲學言，是兩層存有論，亦曰實踐的形上學。」[313]顯然，先生於《現象與物自身》一書建立的「實踐的形而上學」不同其早前建立的儒家的「道德的形上學」。並且，吾人可指出，唯獨儒家的「道德的形上學」可通康德展示的形而上學，因二者皆奠基於道德主體（本心仁體、意志自由），道德主體經由其立普遍法則（天理、道德法則）而呈現，以證實其自身為道德的創造實體，並不需要任何直觀的證明。牟先生建立的中國式的「實踐的形上學」改變了其原先啟發自康德的思路，此原先的思路：以道德主體及其立法性（心即理）為首出、為奠基。而後來轉而採取直覺地構造本體的進路：從成聖，成佛，成真人證「自由的無限心，由此說智的直覺」。此即是直覺地構造「無限心」為「唯一的『本體界的實體』」以建立中國式的「實踐的形上學」。用牟先生本人的話說，這是「從上面說下來」[314]，「倒轉康德表達的程序，寬說，甚至倒轉一般人之通途。」[315]儘管牟先生於〈序〉中說：「我今從上面說起，意即先由吾

---

312 牟宗三：《現象與物自身》，《全集》，卷21，〈序〉，頁17。

313 牟宗三：《現象與物自身》，《全集》，卷21，〈序〉，頁17。

314 牟宗三：《現象與物自身》，《全集》，卷21，頁8。

315 牟宗三：《現象與物自身》，《全集》，卷21，頁23。

人的道德意識顯露一自由的無限心，由此說智的直覺。」[316]但從全書看，牟先生所謂「從上面說下來」，乃是從上面講「自由無限心」（聖人、真人、佛之圓境），然後講「自由無限心」經由自我坎陷轉為知性。成「無執」與「執」兩層存有論，據之而立一種「實踐的形上學」。牟先生於〈序〉中說：「自由的無限心既是道德的實體，由此開道德界，又是形而上的實體，由此開存在界。」[317]但從全書看，牟先生通儒釋道三家而言的「自由的無限心」顯然不能視為「道德的實體」，釋道二家無「道德的實體」，亦不能開「道德界」。恰切言之，於牟先生建立的「實踐的形上學」，直覺地構造的「本體界的實體」是通儒釋道三家而言的「無限心」。牟先生本人就表明：「本書是想集中而實體化地展露一唯一的『本體界的實體』（noumenal reality），即無限心。」[318]

　　顯然，牟先生建立「實踐的形上學」並不是走康德的路，而是回到他早年於《認識心批判》提出的「絕對本體的邏輯構造」的理路，[319]也就是直覺地構造本體的思路。這種理路的基本主張：「凡是具體的內容與真實的意義都在直覺中呈現」。[320]先生說：「具體而現實的存在就是我所覺知的，依存於心的，不為我知，必為汝所知，不為有限心所知，必為無限心所知，若完全不為任何心靈所覺知，那必不是一

---

316　牟宗三：《現象與物自身》，《全集》，卷21，頁8。

317　牟宗三：《現象與物自身》，《全集》，卷21，頁8。

318　牟宗三：《現象與物自身》，《全集》，卷21，頁46-47。

319　於《認識心之批判》「本體論的構造」那一章裡，牟先生說：「吾人於經驗統覺，理解及智的直覺三階段皆可言『凡存在即被知』（凡存在的是現實的）與『凡現實的是合理的』兩主斷。……欲達到此兩主斷之最後而客觀的極成，吾人亦必須向後翻，翻至一絕對真實之本體概念。」（牟宗三：《認識心之批判（下）》，《全集》，卷19，頁666-667。）此即先生所言「絕對本體的邏輯構造」。

320　牟宗三：《現象與物自身》，《全集》，卷21，頁9。

具體而現實的存在（巴克萊）。」[321]不過，牟先生將貝克萊歸於神的無限心歸到聖人、真人、佛。依先生的講法，「無限心」可通過成聖，成佛，成真人之踐履達至之圓境而證實，「智的直覺就是無限心底明覺作用。」[322]

　　牟先生由「智的直覺」之抉發，提出「無限心」，據之建立儒釋道的「共同之模型」。「智的直覺」之學思乃先生展開儒釋道三家之消融，亦即於中國哲學內從事判教之開始。不必置疑，從《智的直覺與中國哲學》，至《現象與物自身》，及最後撰《圓善論》，一步步抉發儒釋道三家所含的智的直覺之意義，進而提出儒釋道三家共通的「無限心」，立一唯一的「本體界的實體」（noumenal reality），以成一種中國式（或曰東方式）的「實踐的形上學」。此可稱為「智的直覺」說之大系統，或「無限心」說大系統。最後，以此「無限心」說大系統為奠基，以佛家圓教講圓善，成一「圓善」大系統。無疑，此乃是牟先生的重大哲學貢獻，此貢獻堪稱前無古人，後無來者。牟先生經由「成聖，成佛，成真人」之踐履所建立的「無限心」說大系統、「圓善」說大系統，重點在「個人內在生命之純潔化」，據之可說是「生命純潔化之踐履之學」，此學就個體生命而立言，故亦非一種精神哲學，不是西方哲學中如黑格爾所構建的那種外在的，主觀精神、客觀精神，絕對精神三分而論的精神發展體系。因而突顯其創闢性貢獻。但吾人須指出，此貢獻須與儒家的道德的形而上學區別開。

　　實在說來，牟先生「智的直覺」之學思與西方傳統哲學無關，與康德批判哲學亦無實質關聯。[323]吾人要接續先生通過康德會通中西哲

---

321 牟宗三：《現象與物自身》，《全集》，卷21，頁3。顯見牟先生的思路受到貝克萊的影響。

322 牟宗三：《現象與物自身》，《全集》，卷21，頁64。

323 牟先生本人就說：「智的直覺之所以可能，須依中國哲學的傳統來建立。西方無此

學之重任，用心不必在先生已圓滿完成的通儒釋道三家而建立的中國式（或曰東方式）的「實踐的形上學」（生命純潔化之踐履之學），而是必須承繼先生把握住康德根源的形上學洞見，將形上學之根基奠定於道德的主體（意志自由、本心仁體），以創造一個自由合目的性與自然合目的性結合的道德世界的形而上學。

牟先生建立的「實踐的形上學」，其根基奠定於「自由無限心」，此「無限心」作為「本體界的實體」，是通過成聖，成佛，成真人之踐履達至之圓境而展示的。此即是通過踐履之進路接近形而上學，而並非如牟先生規劃的儒家的「道德形上學」那樣，「由道德的進路來接近形上學者」。吾人可指出，牟先生在建立其「實踐的形上學」時，關注重心已有所轉移，從對於經由康德而會通中西哲學，轉到依據佛家圓教義的圓善而論儒釋道三教合一，完成消融與判教，立「生命純潔化之踐履之學」之共同模型。後者的工作是對中國的哲學傳統作確定的瞭解，並「依中國的傳統肯定『人雖有限而可無限』以及『人可有智的直覺』這兩義。」[324]以標舉中國哲學有而西方哲學缺無之優點。

實在說來，吾人並不能以先生建立的「實踐的形上學」，以及依據佛家圓教義建立的「圓善論」作準來確定孔子傳統之統系。因為明顯地先生以其「智的直覺」說之大系統、「無限心」說大系統奠基，而建成的「圓善」大系統，跟先生本人依孔子「踐仁知天」、孟子「盡心知性知天」而規定的儒家的道德形上學之宏規根本是兩個不同的系統。先生所論「實踐的形上學」，為其奠基的「本體界的實體」，即「無限心」，[325]其根本在「智的直覺」，它是經成聖、成真人、成佛

---

傳統，所以雖以康德智思猶無法覺其為可能。」（牟宗三：《智的直覺與中國哲學》，《全集》，卷20，〈序〉，頁5。）

324 牟宗三：《現象與物自身》，《全集》，卷21，〈序〉，頁6。

325 牟宗三：《現象與物自身》，《全集》，卷21，頁46-47。

之「踐履」所臻至之圓境而顯的。而儒家的道德形上學，為其奠基的道德的創造實體，即「本心仁體」，乃是「人皆有之」、「我固有之」，此即康德所論「意志自由」，是人的「真我」、「超感觸的本性」、「人格性」，用孔子的話說，就是「仁者人也」。「本心仁體」由每一個人自身立普遍法則（天理）、自己遵循而顯，用康德的話說，自由作為意志的因果性可以通過純粹理性的實踐法則（道德法則）以及在現實行動中遵循這實踐法則而得到證實，因而也就是得到在經驗中的證實。（KU 5:468）此外，先生所論「實踐的形上學」，其終極關心是「圓善」，而其「圓善」之宗旨是：「指導人通過實踐以純潔化人之生命而至其極者為教。」[326]而通過康德而展示的儒家的道德形上學，其終極目的在：通過「人能弘道」，在世界上實現「大同」。用康德的話說，就是使終極目的（圓善），亦即使道德世界「通過我們的行為之符合道德法則而在世界中成為現實的（wirklich gemacht werden）」。（KU 5:453）通過康德而展示的儒家的「圓善」之宗旨在：於自然世界中實現道德世界。

　　現在，我們要接續牟先生對孔子傳統傳法統系之確定，堅守其對儒家生命智慧之基本方向之決定，以及對宋明儒所講者之定位，則必須回到先生所規劃出的儒家的道德形上學，吾人要接續先生而向前進的工作就是要理清牟先生對康德的諸種誤解。依愚見，此中關鍵點在要解開先生對「直觀」問題的糾結。首先必須講明，其所論「智的直覺」，並非其所言「依康德智的直覺只屬於上帝，吾人不能有之」[327]中所論者。因後者屬認識論的專門術語，而前者根本與對象之認識無關。也不是其依貝克萊「存在即被覺知」的觀點而言的「直覺」，因

326　牟宗三：《圓善論》，《全集》，卷22，〈序言〉，頁3。牟先生全句是：「凡足以啟發人之理性並指導人通過實踐以純潔化人之生命而至其極者為教。」

327　牟宗三：《現象與物自身》，《全集》，卷21，〈序〉，頁5。

貝克萊是理論哲學的問題，而牟先生「智的直覺」學說是「純潔化人之生命」的踐履至圓境的問題。據此，吾人提出，必須將牟先生「智的直覺」說與理論哲學中的「直觀」問題區分開。

　　牟先生最初在《心體與性體（一）》之〈綜論〉中，只依據《基礎》一書就判定康德自始至終視「意志自由」為一「設準」，在那裡仍未提出「直覺」問題。直至《現象與物自身》仍堅持批評康德所論「意志自由」，不僅認為其視之為「設準」，更指責其視之為「冥闇的彼岸」，並歸因於康德不承認「人類可有智的直覺」。[328]牟先生說：「自由縱使我們通過道德法則而可以清楚地意識到它，吾仍說它是一個冥闇的彼岸——無智的直覺以朗現之，它就是冥闇，冥闇就是彼岸，不真能成為內在的，雖然康德可以說它在實踐的目的上而可為內在的，這其實是一種虛的內在。」[329]儘管此時先生已注意到康德論「意志自由由道德法則而顯露」，但仍堅持說：「意志自由雖由道德法則而顯露，然而它仍是一設準。」[330]顯見，牟先生要求「意志自由」能被直觀，否則就只是一「設準」，是「冥闇的彼岸」。此時先生執持貝克萊「存在即被覺知」的觀點，[331]據之提出，在康德「意志自由是一個不能直覺地被建立的概念」，[332]因而是「冥闇的彼岸」[333]。「因為吾人對之無直覺（感性的直覺不能及，又無智的直覺以及之）。」[334]事實上，康德學界流行著對於康德提出人對「自由」沒有直觀的說法

---

328　在《智的直覺與中國哲學》一書，牟先生就提出：康德之所以視「意志自由」為一假定、為一「設準」，那是因為他不承認「人類可有智的直覺」。

329　牟宗三：《現象與物自身》，《全集》，卷21，頁64。

330　牟宗三：《現象與物自身》，《全集》，卷21，頁54。

331　牟宗三：《現象與物自身》，《全集》，卷21，頁3。

332　牟宗三：《現象與物自身》，《全集》，卷21，頁54。

333　牟宗三：《現象與物自身》，《全集》，卷21，頁64。

334　牟宗三：《現象與物自身》，《全集》，卷21，頁54。

無休止的詰難。康德專家伍德就提出，既然我們對「自由」沒有直觀，那麼，康德宣稱「自由之概念的實在的可能性通過道德法則而呈現，是唯一一個理性的理念其可能性先驗地認識」這是有問題的。他給出的理由是：康德使用「認識」（Erkenntnis）一詞恰切地說是「把直觀帶到概念下」，（A51/B75）當展示概念的一個對象可以在直觀中被給予，這個概念的實在的可能性才被認識。因此，「自由之概念不能適合這個可能性的先驗認識的要求。」[335]實在說來，牟先生儘管也批評「意志自由」不能被直觀的觀點，不過他是站在維護康德道德哲學的立場，意圖以「智的直覺」補救之。

但是，吾人知道，「自由」不能被直觀，是經由《純粹的理性批判》對人的認識機能作周全批判考量而裁定的；而「自由之概念的實在性通過道德法則而呈現」，則是經由《實踐的理性批判》對人的理性在意欲機能中的立法性作周全批判考量而證實的。豈是學者們主觀的意見所能推翻的呢？

實在說來，如本人在拙著《康德的自由學說》提出：「自由學說是康德批判哲學有機整體的一條主動脈。」[336]康德並沒有首先為「自由」給出定義，他並不像獨斷論者流行的做法那樣，獨斷地宣稱「自由」之實在性，而是採取創闢性的批判的方法，也就是，對於人類心靈機能全部能力及諸能力間的關連一體的活動作出嚴謹周全的批判考量，於步步批判考察中一步步闡明：

首先，對認識機能作批判，以說明「自由」作為智思物（Noumena）、超感觸的東西，如何是可以思考的，而能夠與「自然」並行不悖。這是《純粹的理性批判》的工作，此批判僅限於理論哲學，只

---

335 伍德的講法見：Immanuel Kant, *Kritik der praktischen Vernunft*, ed. Otfried Höffe (Berlin: Akademie Verlag, 2002), p. 29.

336 盧雪崑：《康德的自由學說》，頁1。

依理性的思辨使用而言「自由」，是一超感觸的東西、智思物，故對之不能有直觀，它也沒有對象，因而只是一項理論上的假設、設準。

進而對意欲機能作批判，亦即對實踐理性作批判，[337]以闡明「純粹理性是實踐的」，也就是說，「純粹理性以其自身獨立不依於任何經驗的東西即能決定意志。」（KpV 5:42）這樣的意志具有獨立不依於外在的決定原因而起作用的特性，（Gr 4:446）意志的這樣一種「獨立不依於任何經驗的東西，因而就是獨立不依於一般地說的自然之獨立性」，就是「超越的自由」。此即康德說：「憑藉純粹的實踐理性這種機能，超越的自由也就被確立起來，而且所謂超越的自由是取其絕對意義而言。」（KpV 5:3）這個確立「超越的自由」的工作就是《實踐的理性批判》完成的。在這個工作完成後，學者們還認為「自由」只是一個設準，那恐怕有無理取鬧之嫌。如理如實看，《實踐的理性批判》實在已經成功地完成「超越的自由」之推證（或曰「自由」之超越的闡明），並且，因著論明人具有意志自由這個機能，它是一種先

---

337 分解地說，意志與實踐理性是兩個概念，而就我們心靈的意欲機能之作用而言，二者是一。依此根源的洞見，理性不僅僅「只是理」，不只有思辨使用而已；理性的真實使用是在意欲機能中立法，此即是理性的實踐使用。理性作為一個實踐機能，也就是作為一個應當影響意志的機能。（Gr 4:396）康德指出，意志是依照原則而行動的機能，「而從法則推導出行動需要理性，所以意志不外是實踐理性。」（Gr 4:412）康德在《實踐的理性批判》中就明說：純粹實踐理性與純粹意志是二而一的。（KpV 5:55）純粹實踐理性就是純粹意志，就是我們的心能。牟先生沒有注意到康德所論「理性」跟西方傳統哲學有根本不同，只從西方哲學的舊思維方式去設想「理性」，認為康德視意志為實踐理性，故「把自由意志只看成一個理性體」。（牟先生的說法見氏著《智的直覺與中國哲學》，《全集》，卷20，頁250。）究其實，依照康德全新的洞見：純粹實踐理性是「理性在其中立法的意欲機能」，也就是說，它就是「自由意志」。哪有意欲機能而不活動的呢？哪有立法活動的機能是「死體」呢？（牟先生批評康德，「意志處無『心』義，無『悅』義，意志成為死體。」見氏著《智的直覺與中國哲學》，《全集》，卷20，頁251。）其實，只是學者們依西方哲學傳統流行的一般見解，視理性只是「理」，並無活動性，與活動的「心」截然二分。故對康德產生誤解。

驗地為行動立法的機能，並且是在關聯於自身的存在中完全先驗地立法的，因而自身決定自我之實存，這個機能就使人獨立不依於經驗的直觀之條件而有「我的實存」之分定，因而堪稱人的真正主體，「真正的自我」[338]。我們人的超感觸的本性通過我們的自由意志而為其現實性的根據。（KpV 5:45）「自由」就是人的超感觸的本性。進而，在這個批判的第二章，康德通過對「純粹的實踐理性對象」的考論，提出純粹實踐理性之對象（善）之概念是通過自由產生的一個結果，據此論明：唯獨意志自由連同其所立道德法則作為圓善及其實現或促進成為客體的根據。（KpV 5:109）「盡一切可能促進圓善的實現，是純粹實踐理性的一個命令。」（KpV 5:119）實現圓善為目標的行為也就是意志自由之行為，而意志自由之行為落在感觸界，通過行為的結果就證實「意志自由」是「直接在我們的力量中者」（KpV 5:119）。

最後一個批判，即《判斷力批判》，經由對判斷力機能作批判考察揭示：判斷力對於快樂或不快樂之情感確實提供一條先驗的原則，那就是合目的性原則，它是溝通知性立法的自然領域與理性立法的自由領域的一個中介項，並作為這兩領域的一個共同的第一根基（erste Grundlage）。（KU 5:168）也就是說，判斷力以其合目的性原則解答了自然領域與自由領域之先驗綜和如何可能的問題。這兩個領域經第一及第二批判分別考察並確定其各自的概念、原則及範圍，因之截然地區分開，此兩大領域最後因著終極目的（圓善）如何可能之解答而結合為統天地萬物而言的道德世界。第二批判已論明，通過意志自由產生圓善是先驗地必然的，圓善就是純粹實踐理性（亦即純粹意志）的整全對象；並且，通過對於純粹的實踐的理性的二律背反之解決說

---

338 康德在《基礎》中說：「因為道德法則源自我們的作為睿智者（Intelligenz）之意志，因而源自我們真正的自我。而理性必然把一切純然顯相隸屬於物自身之性狀。」（Gr 4:461）

明了圓善中德性與幸福結合的先驗綜和命題如何可能。最後,《判斷力批判》通過以判斷力的合目的性原則對於「終極目的」作考論而解決自然領域與自由領域之先驗綜和如何可能之問題。依康德所論:依據自由概念而來的結果就是終極目的。(KU 5:196)而判斷力先驗地預設了它在人的主體中的可能性的條件。正是「終極目的」概念之闡明,康德始能夠「在客觀上賦予出自自由的合目的性,與我們根本不能缺乏的自然合目的性之結合以實踐的實在性。」(Rel 6:5)

由於終極目的伴隨著愉快之情,「合目的的」這個形容詞則可應用於其上,(KU 5:189)「終極目的」就包含「自然的合目的性」與「自由的合目的性」之結合。依康德的考論,即使前兩個批判對知性立法和理性立法都已探究清楚,而且我們人現實上對自然法則和道德法則感興趣,但是,如果不將判斷力之合目的性原則考慮進來,我們無法說明人為什麼對自然法則感興趣,也無法說明人為什麼對道德法則感興趣。

在知性為自然立法方面,儘管我們不再察覺任何確定的愉快,但這愉快在相應過程中出現過,這是真實的,因為若無此愉快,即使最通常的經驗亦不可能。[339](KU 5:187)在理性立法的道德領域,道德法則源於意志自由,而完全不需要以快樂作為根據,道德法則本身就是動力,而不依賴任何目的;但這並不妨礙康德指出:「假若不與目的發生任何聯繫,人就根本不能作出任何意志決定。」(Rel 6:4)人作為一有理性者,他必定有一種能證明其行為的「意圖之純粹性」的目的,這目的就是終極目的。道德法則產生終極目的,並以終極目的

---

339 康德說:「雖然我們不能從我們的知覺與依照諸範疇而成的法則相一致中找到快樂之情上的結果,但是,兩個或多個經驗的異質的自然法則在一個包括它們兩者的同一原則之下而被聯合起來,這一發現卻是十分可欣慰的愉快之根基。」(KU 5:187)

來責成我們，把我們的力量都用於終極目的之實現。（KU 5:455）

經由三大批判，康德論明：「意志自由」是「直接在我們的力量中者」，它是一種在關聯於自身的存在中完全先驗地為行動立法的機能，因而自身決定自我之實存，這個機能就是「人的實存」之分定，是人的真正主體，「真正的自我」。並且，發自「意志自由」之道德法則產生終極目的（圓善），並命令每一個人盡力在世界上實現圓善，「意志自由」就被證實為創造道德世界之實體。

依以上的概述，吾人可見，「自由」乃是貫穿三大批判的一個首腦概念。可以說，康德學界長久以來一直流行著對康德「自由」學說的曲解，對批判哲學的諸多詰難，都歸咎於學者們缺乏對批判哲學的通盤思考。他們停在一個論域、一個論說層次所言的意義，而不及其餘，把諸不同論域、層次所言意義視之為散列的，甚至互助對立起來。康德原有的、於通貫發展的脈絡中動態發展的概念變成靜態的僵固概念。

現在，吾人要接續牟先生開闢的中西哲學會通的事業，首要工作就是通貫整全地研究康德的批判哲學。先生自道：「自民國以來，講康德的尚無人能做到我現在所作的這點區區工夫，亦無人能瞭解到我這點區區的瞭解。如果中國文字尚有其獨立的意義，如果中國文化尚有其獨立發展的必要，則以中文來譯述與講習乃為不可少。不同的語言文字有不同的啟發作用。」[340]此肯綮之言也！儘管如吾人所見，先生亦受到康德學界長久以來一直流行的對康德諸種詰難的影響，並且，不必諱言，先生雖然翻譯了三大批判，然其主要心力在中國哲學，而無暇全力以赴於康德研究。[341]但不能否認，先生把握住康德的

---

340 牟宗三：《智的直覺與中國哲學》，《全集》，卷20，頁6。

341 牟先生說：「吾很少看康德學專家之文，吾亦不欲亦無能作康德學之專家。」（康德著，牟宗三譯註：《純粹理性之批判（上）》，《全集》，卷13，〈譯者之言〉，頁19。）

最高而根源的形上洞識，確立了儒家道德形上學之規模，開闢了中西哲學共同展示的理性文明發展的道路。用牟先生本人的話說，就是通過儒家與康德而彰顯「道樞」。由此道樞「收攝一切，由此開發一切。」[342]此見先生之貢獻「古今無兩」。牟先生說：

> 如果實踐理性充其極而達至「道德的形上學」之完成（在中國是儒家的形態，在西方是德國理想主義的形態〔筆者案：牟先生此時以為德國理想主義是康德的繼承者。〕[343]），則這一個圓融的智慧義理本身是一個圓輪，亦是一個中心點，所謂「道樞」。[344]

牟先生論明：「人生真理底最後立場是由實踐理性為中心而建立，〔……〕。中國儒家正是握住這『拱心石』的，而宋、明儒之大宗則是盛弘這拱心石而充其極而達圓熟之境者。」[345]據此，孔子傳統傳法之統系得以確定，而孔子哲學傳統之「道樞」性格亦得以彰明。

今天，吾人要承牟先生的工作向前行，就要消解牟宗三康德學中的糾結。本人數十年的努力，就是思考牟先生對康德的批評，瞭解其中糾結之成因。先後撰寫拙著《康德的自由學說》（2009）、《物自身與智思物——康德的形而上學》（2010）、《康德的批判哲學——理性啟蒙與哲學重建》（2014），就是致力於回到康德三大批判通貫整全進

---

342 牟宗三：《心體與性體（一）》，《全集》，卷5，頁187、193。

343 牟先生後來糾正了這個觀點。在其譯註《純粹理性之批判（上）》〈譯者之言〉中，牟先生指出：「如費息特，如黑格爾，如謝林，皆可各有弘揚，而不必真能相應康德之問題而前進。……。故吾嘗謂康德後無善紹者。」（康德著，牟宗三譯註：《純粹理性之批判（上）》，《全集》，卷13，〈譯者之言〉，頁19。）

344 牟宗三：《心體與性體（一）》，《全集》，卷5，頁193。

345 牟宗三：《心體與性體（一）》，《全集》，卷5，頁195。

展的體系中，把握「物自身與智思物」、「自由」等核心概念的整體論證，以確切瞭解其周全細密之含義。並且講明，於這些核心概念之充盡展開中，康德預期的一個科學的形而上學就完全展示出來。隨後，拙著《孔子哲學傳統──理性文明與基礎哲學》（2014）依據康德展示的形而上學根源洞識及其基本理路，說明孔子踐仁知天、孟子「盡心知性知天」包含一個道德的形而上學，其義與康德若合符節。最近，拙著《牟宗三哲學：二十一世紀啟蒙哲學之先河》（2021）出版，就在論明，牟宗三哲學位於世界哲學之高峰，在於其契合康德最高的、根源的形而上學洞識，確立儒家道德的形上學，並指示出中西哲學會通之途徑。

綜上所述，吾人消解牟宗三康德學中的糾結，以暢通牟先生開闢的中西哲學會通的道路。簡括地說，重點有三：

一、消解所謂康德視「意志自由」只是一設準之說法。講明牟先生以為康德只有「抽象思考」、「步步分解」，「這樣，意志底自律也只成了空說，即只是理當如此。」[346]其實是只依康德《基礎》一書而遽下結論。事實上，早在《基礎》之〈序〉中，康德就講明，該書作為「先導論文」，只是一項預備基礎的工作，（Gr 4:392）他已經提示日後要正式從事實踐理性批判的工作，並表明：他在這部書中先引入一些全新的考論（這些全新的考論會令讀者困擾而麻煩），以便日後正式從事實踐理性批判的工作時，可無需附加這些必要的精微討論。（Gr 4:392）他明言：這部書只探求並確立道德的最高原則，單就這一點便構成一項就其意圖而言是完整的工作，並且是須與其他一切德性之研究分開的工作。（Gr 4:392）康德說：「我在本書（案：即《基礎》）採用了最為適當的方法，這方法是：分析地（analytisch）從普

---

346 牟宗三：《心體與性體（一）》，頁133，《全集》，卷5，頁137。

通的認識到其最高原則之決定，然後綜和地從對這原則及其根源的檢
驗返回到它在其中得到使用的普通的認識。」（Gr 4:392）無疑，《基
礎》一書的工作是分析的，根本未打算要對「意志自由」、「意志自
律」之真實有效性作說明。在這部書的第二節結尾已講明，本書第
一、二節「純然是分析的」。（Gr 4:445）依照批判哲學，任何概念或
原則，不能單憑分析來獨斷宣稱其真實性和真理性。故此，康德提
醒：在這部書，「我們僅闡明道德之普遍被接受之概念，以顯示：意
志之自律必然與德性概念相連繫，或者不如說是它的基礎。」（Gr
4:445）他表明，自律之法則是一個先天綜和的實踐命題。在這部
書，「未肯定這個命題的真實性，更未自許有能力證明其真實性。」
（Gr 4:444-445）不過，在這裡，康德向我們預告了《實踐的理性批
判》的任務。他說：「這步證明工作需要純粹理性的一種可能的綜和
使用，但是如果我們不對此理性能力本身先給一批判考察，我們就不
能貿然從事這綜和使用。」（Gr 4:445）並且在這部書的第三章提供了
這項批判考察的梗概。（Gr 4:445）

　　依照《純粹的理性批判》提出的「形而上的解釋」（Metaphysische
Erörterung）和「超越的解釋」（transzendentale Erörterung）兩步驟結
合的哲學論證方法，吾人可說，《基礎》一書首先對「意志自由」、道
德原則（自律之法則）作形而上的解釋，也就是說明其先驗性。而於
《實踐的理性批判》進一步對它們作超越的解釋，也就是進一步說明
它們的客觀有效性。僅就《基礎》只作「形而上的解釋」，牟先生可說
這部書「就道德言道德，是只講到理上當該如此。」[347]但先生視此書
為康德自由論證之全部，據此以裁定康德視「意志自由」為一假定、
為一「設準」，則欠妥。先生說這部書只是「道德之形上的解析」，那

---

347　牟宗三：《心體與性體（一）》，《全集》，卷5，頁137。

也沒錯，但先生只憑該書就判定：「康德只有『道德底形上學』（＝「道德之形上的解析」）」，「而卻並無『道德的形上學』（moral metaphysics）。」[348]先生此言看來是誤判。吾人知道，康德本人就提醒，若只停在道德法則之先驗性的說明，而不進而對實踐機能進行批判考察，以證明純粹實踐理性綜和使用之可能性，則道德也許不過是幻覺物而已。（Gr 4:445）看來，先生忽略了康德本人的提醒，視《基礎》為康德建立全新的形而上學的工作之全部，故而產生誤判。

　　《實踐的理性批判》的首要工作是對道德原則（自律之法則）作超越的解釋，並確立道德法則本身作為「自由這種純粹理性的因果性」的推證之原則。（KpV 5:48）在事關道德之證明中，於先驗性的解釋（亦即形而上學的解釋）之後，進一步作客觀的和普遍的有效性的正當性證明，這步工作就是「超越的解釋」。概要地說，這步工作通過對理性能力本身先給出批判考察，首先說明：一旦我們的理性為自己擬定意志之格準，道德法則自身首先呈現（darbietet）給我們。（KpV 5:29）「我們能夠意識到純粹的實踐法則」，「這是因為我們注意到理性憑之給我們頒布純粹的實踐法則的必然性。」（KpV 5:30）康德揭示了這樣一個事實：純粹的，就其自身而言實踐的理性在這裡是直接立法的。（KpV 5:31）「純粹理性憑藉這個事實宣布自己是根源上立法的。」（KpV 5:31）道德法則就是我們的純粹的實踐理性頒布的無條件的實踐法則，因著這實踐法則，「意志絕對地和直接地」、「客觀地被決定」。（KpV 5:31）此即對道德法則作出客觀的和普遍的有效性的正當性證明。進而，康德得以以道德法則為推證原則，說明「意志自由」之客觀實在性。事實上，人因著自立道德法則並能夠依循道德法則行動，而在自身中認識到自由。[349]「道德的法則事實上就

<hr />

348 牟宗三：《心體與性體（一）》，《全集》，卷5，頁141。

349 康德舉例：一個人即使面臨處死的威脅，他也能拒絕作偽證以誣告他人。儘管他

是出於自由的因果性法則。」（KpV 5:47）此所以康德能提出，道德的法則足以決定自由的因果性法則，「並因而也首次給這因果性概念以客觀的實在性。」（KpV 5:47）[350]

二、消解「意志自由」必須在「直觀」中始能呈現所產生的糾結。首先講明，「意志自由」並非外在給與直觀的對象，故無理由要求有在直觀中顯現的證明。進而講明，「意志自由」是人的心靈的高層意欲機能的特殊的因果性，它作為力學因果性，在其立法活動中以及產生結果於經驗世界中，證明其真實存在。

首先，必須講明，康德不反對以知覺作為實在性標準的樸素觀點，不過他提出：如果我們不能直接知覺到對象本身，但知覺到對象所產生的結果，這就是實在性的一個充分的標準。康德說：「好多自然力只通過某個結果而顯示它們的存在，但它們對於我們仍然是不可探測的，因為我們通過觀察永遠不足以探究它們。雖然事物本身實是被給予了的，但就是不能被洞見。」（A613/B641）康德舉磁力為例：「我們從被吸引的鐵屑中認識到某種穿透一切物體的磁性物質，雖然按照我們的感取的性狀，對這種物質的一個直接的知覺是不可能的。」（A226/B273）在《宗教》中也舉重力為例：「世界上所有物質普遍具有重力的原因是我們所不知道的，〔……〕然而，它並不是一種奧秘，而是可以向每一個人說明的，因為它的法則是被充分認識到的。」（Rel 6:138）某物（作為顯相中的結果）通過因果性之概念把完全不同的另一某物（作為不能被直接知覺之根據）定立下。康德稱這種連結為「力學的連結」，力學的連結不像數學的連結那樣要求以被連

---

不敢肯定他會如何做，但是必定毫不猶豫地承認，拒絕作偽證對於他終究是可能的。「因此他作出判斷，他之所以能做某事，是由於他意識到他應當作這事，並且在自身中認識到自由，而無道德法則自由原本是不會被認識到的。」（KpV 5:30）

350 詳論可參見拙著《康德的自由學說》，第一篇第四章〈意志自由與道德法則──自由之超越推證〉。

結的東西的同質性為前提，原因和結果的連結可以是異質的。（Proleg 4:343）[351]

　　並且，尤為重要的是，要講明：「自由」為第一力學理念，自由作為無條件的因果性之機能，（KpV 5:105）它本身是起作用的原因，通過它在自然中可能的結果而證明其實存。依康德所論，「自由」作為力學的因果性範疇較之於力學範疇中的一物之必然性範疇又有更為獨特的收穫，因為「自由」通過道德法則而得到證成，它就不僅以不決定的方式被思想，而且在關涉到自由的因果性法則中決定地和確實地被認識。就我們自己作為自由主體而言，藉著道德法則一方面認識自身為智性者，另一方面又認識自己是通過依照感觸界之決定而活動的，這樣，我們就能夠通過發生在感觸界的結果而認識產生該結果的超感觸的原因。[352]

　　牟先生關於「意志自由」如何是「可呈現的真實」的問題產生糾結。先生以為康德視「意志自由」只是一設準，認為康德只是「就道德言道德」，[353]「空講一套道德理論亦無用。」[354]只是「虛構的空理論」，[355]甚至斷言「『自由』既落了空，其他分析的講法自亦全部都是空的，全部只是『理上當如此』而不能確定其是否是事實上可呈現的

---

351 康德說：「概念若先於知覺，就只意味著該物的可能性；但為這概念提供素材的知覺，卻是現實性的唯一性格。但我們也可以先於該物的知覺，因而比較性地先驗認識該物的存在，只要它是按照某些知覺的經驗性結合的諸原理（按照類比）而與這些知覺關聯在一起的。因為這樣一來，該物的存在畢竟與我們在一個可能經驗中的知覺發生了關聯，而我們就可以按照那些類比的線索，從我們的現實的知覺而達到在那些可能知覺的系列中的該物了。」（A225/B273）關於該問題之詳論，見拙著《康德的自由學說》，頁143-144。

352 詳論見拙著《康德的自由學說》，頁144-169。

353 牟宗三：《心體與性體（一）》，《全集》，卷5，頁137。

354 牟宗三：《心體與性體（一）》，《全集》，卷5，頁138。

355 牟宗三：《心體與性體（一）》，《全集》，卷5，頁138。

真實。」[356]無疑，這一連串的詰難與嚴厲指責若成立，則康德哲學就如一些學者輕蔑地說的那樣，只是無用的「廢學」。但吾人知道，先生並不像那些學者般貶視康德，先生尊敬康德之情時常溢於言表。先生在《圓善論》之〈序言〉中說：「今古哲人，辨力之強，建構力之大，莫過於康德。此則有真感、真明與真智者也。彼若無周至之學知，焉能取一切有關之概念而辨明之乎？彼若無透徹之思辨，焉能取一切辯證（佛所不答者）而批判之乎？」[357]事實上，先生稱譽康德為西方哲學之高峰。一九七九年，在臺大哲學社講「中國哲學未來之發展」，先生說：「西方哲學之高峰是康德。消化西方哲學必須從消化康德入手。在西方，亦實只有康德方是通中西文化之郵的最佳橋樑，而且是唯一的正途。」[358]先生亦明言，消化康德要有進一步的工作，先生說：「再進一步，便是消化康德。《現象與物自身》一書，即意在勉盡此責。然此非一人之事，亦非一時可了，願天下有志者共相勉勵。」[359]

今吾人消解牟先生心中深存著的「意志自由」如何是「可呈現的真實」之糾結，愚意以為非先生所不許與不願。牟先生說：「吾可謂內在於康德學本身予以重新消化與重鑄而得成為善紹者將在中國出現，此將為相應之消化。」可知先生亦亟願吾人推進康德學。先生又說：「此非一人之事，亦非一時可了，願天下有志者共相勉勵。」[360]

三、消解所謂「以美的判斷之無所事事之欣趣所預設的一個超越原理即『目的性原理』來溝通這兩個絕然不同的世界」所產生的糾結。首先必須指出：牟先生以為，「依康德，屬于睿智界的『意志之

---

356　牟宗三：《心體與性體（一）》，《全集》，卷5，頁141。

357　牟宗三：《圓善論》，〈序言〉，頁xvi，《全集》，卷22，頁17。

358　蔡仁厚：《牟宗三先生學思年譜》（臺北：臺灣學生書局，1996年2月），頁42-43。

359　蔡仁厚：《牟宗三先生學思年譜》，頁42-43。

360　蔡仁厚：《牟宗三先生學思年譜》，頁42-43。

因果性」（即意志之目的論的判斷）與自然系統之『自然因果性』，根本是兩個獨立的世界。」[361]其實，康德所論的是我們的全部的認識機能的「兩個領域」，而並非主張有獨立於我們人的認識機能之外有「兩個獨立的世界」。看來，牟先生是以西方傳統中二元世界的說法來想康德。但吾人知道，康德在《判斷力批判》就論明：「我們的全部的認識機能有兩個領域，即自然概念的領域和自由概念的領域，因為它是通過這兩者而先驗地立法的。」（KU 5:174）依康德所論，兩種不同的立法（知性立法及理性立法）「是在一個而且是同一個經驗基地上起作用」，（KU 5:175）而且兩種立法及其立法機能在同一個主體內並存著。（KU 5:175）

究其實，《判斷力批判》通過對審美判斷作考察，揭示出判斷力之合目的性原則，據之說明人何以對自然法則感興趣，以及何以對道德法則感興趣。並據之說明「終極目的」包含著「自然的合目的性」與「自由的合目的性」之結合，其伴隨著的愉快之情，作為一種經由判斷力之批判揭示的先驗的情感，就被作為「終極目的」之超越的解釋之根據。依愚見，《判斷力批判》不必視為一部講美學的著作，也不應視為一部討論西方傳統哲學主要命題「真、善、美」的書。而恰切地說，它是探究人的先驗情感，以及如何以先驗情感為最深層根基，起到認知識機能與意欲機能結合而協調一致活動的媒介作用。明乎此，則可知，牟先生以為康德「直接就這兩個世界的關係本身上去奮鬥。」實在是一種誤解。此誤解消除，則先生以為在康德「這兩個世界如何能接合遂形成了一個問題」之糾結也解開了。

牟先生以為《判斷力批判》之工作就是要解答「這兩個世界如何能接合」的問題，故沒有注意康德在這個批判中的主要工作是要研究

---

361 牟宗三：《心體與性體（一）》，頁174，《全集》，卷5，頁180。

人類心靈機能（認識機能、快樂和不快之情感和意欲機能）協調一致活動如何可能，並且據之對圓善概念（終極目的）作出超越的解釋。又，因為先生一直糾結於「自由不是一個呈現」的問題，因此認為「意志之目的論的判斷不能直貫下來，因而這兩個世界如何能接合遂形成了一個問題」。[362]但其實，康德已一再論明：「自由概念應該把它的法則所賦予的目的在感觸界裡實現出來。」（KU 5:176）「自由概念之領域卻意想去影響自然概念之領域，那就是說，自由概念意想把其法則所提薦的目的實現於感觸界；因此，自然界必須能夠這樣地被思考，它的形式的合法性至少對於那些按照自由法則在自然中實現目的的可能性是諧和一致的。」（KU 5:176）「經由自由而成的因果性之作用在其符合於自由之形式法則中，產生結果於世界中，〔……〕這結果既符合自然事物之專有的自然法則，而同時又與理性的法則之形式原則相吻合。」（KU 5:195）實在說來，依康德，意志作為意欲機能，也就是世間種種自然原因之一。（KU 5:172）自由作為高層的意欲機能之特種因果性，說其「不能直貫下來」，那是無道理的。

實在說來，《判斷力批判》一個重要工作就是通過對人類心靈機能（知、情、意）協調一致活動作出批判考察，以解釋經由自由而成的因果性之作用，其結果產生於世界中，而與自然法則相結合。簡括言之，康德論明：理性對意欲機能決定著終極目的。（KU 5:197）圓善作為純粹實踐理性的客體，它就是人作為道德者的終極目的；並且，意志自由連同其法則（道德法則）以終極目的來責成我們，把我們的力量都用於終極目的之實現。（KU 5:455）也就是說，人作為道德者通過其意志之自由在世界上促進圓善。「人是地球上唯一的生物能夠給自己造成一個目的概念，並能從一大堆合目的性地形成的物中

---

362　牟宗三：《心體與性體（一）》，頁175，《全集》，卷5，頁180。

通過自己的理性造出一個目的體系。」（KU 5:427）據此，康德論明：按照道德法則來使用自由中的一個終極目的之理念是具有主觀的實踐的實在性的。進一步說明：這終極目的（圓善）就是創造，即世界本身之終極目的。康德論明：如果創造有一個終極目的，我們就只得想到它必然是和我們的道德能力相符合。（KU 5:453）由此，終極目的就有了客觀的實在性以補足其主觀的實在性。（KU 5:453）並且，人作為道德的者才堪稱為世界（創造）本身的終極目的，由此透出「建立並服從道德法則的人」乃創生實體之洞見。康德說：「人是唯一的自然物，其特別的客觀性質可以是這樣的，就是說我們在他身上能認識到一種超感觸的機能（自由），而且在他裡面能認識到那因果性的法則，以及這種自由之因果性的那個能夠作為最高目的而置於面前的客體，即世界中的圓善。」（KU 5:435）又說：「人就是創造的終極目的（Endzweck），因為若無人，則互相隸屬的目的之串列就不會完整地建立。只有在人中，而且只有在作為道德主體的人中，我們才找到關涉目的的無條件立法，唯有此立法使人有能力成為終極目的，而全部自然都要目的論地隸屬於這個終極目的。」（KU 5:435-436）如此，「宇宙」規定在「道德目的論」原則之下，「意志自由」在自然中實化得到說明，亦即說明了其道德的本體宇宙論之意義。

　　依以上所述，吾人可指出，若能見到《判斷力批判》對人類心靈機能（認識機能、快樂和不快之情感和意欲機能）協調一致活動所作出的批判考察，並且把握住其對圓善概念（終極目的）作出超越的解釋。則必定能發見康德的圓善學說，即終極目的論，實在展示出一個道德的本體宇宙論，也就是基於道德主體（意志自由）之創造，並以其產生的「圓善」作為終極目的；人作為道德者通過其意志之自由在世界上促進圓善，也就是展開一道德的宇宙論之進程。唯有道德主體立法使人有能力成為終極目的，「那成為終極目的者只能是在道德法

則之下服從道德法則的人。」（KU 5:448）「而全部自然都要目的論地
隸屬於這個終極目的。」（KU 5:436）這樣，康德就達致一個道德的
目的論，這道德目的論「關涉到我們人作為與世界中的其他物相連繫
的生物」，作為道德實存的人，依道德法則統天地萬物而創造「自然
的合目的性」與「自由的合目的性」結合為一的「第二自然」（即道
德的世界），此即展示一個道德的宇宙論。而道德主體（意志自由、
本心仁體）為這個道德世界的創造實體，即展示一個道德的本體論。
二者結合即為「道德的本體宇宙論」。明乎此，則可說，此即牟先生
所言道德理性之第二義：道德理性「不只是成就嚴整而純正的道德行
為，而且直透至其形而上的宇宙論的意義，而為天地之性，而為宇宙
萬物底實體本體。」[363]先生也不會因為只依據《基礎》、《實踐的理性
批判》二書就裁定康德「達不到第二義的境界（即「同時亦充其極，
因宇宙的情懷，而達至道德理性之形而上的宇宙論的意義」這第二
義）。[364]此外，康德既通貫三大批判而論明：人作為道德者通過其意
志之自由在世界上促進圓善，也就是說，每一個人把我們的力量「用
於終極目的之實現」。（KU 5:455）就是使終極目的（圓善），亦即使
道德世界「通過我們的行為之符合道德法則而在世界中成為現實的
（wirklich gemacht werden）」。（KU 5:453）當康德論明：「每一個人
都應該使塵世上可能的圓善成為自己的終極目的」，這是一個由純粹
理性提出的實踐的先驗綜和命題。（Rel 6:6）事實上，他就提出了
「通過實踐的體現工夫」，此即牟先生所言道德理性之第三義：「在具
體生活上通過實踐的體現工夫，所謂『盡性』，作具體而真實的表
現。」若吾人不是視「實踐的體現工夫」為只是「成就嚴整而純正的
道德行為」，那麼，必定能肯認，康德所論終極目的（圓善）學說包

---

363 牟宗三：《心體與性體（一）》，《全集》，卷5，頁143。
364 牟宗三：《心體與性體（一）》，《全集》，卷5，頁144。

含一道德實踐的工夫論。每一個人把我們的力量「用於終極目的之實現」，「使圓善成為自己的終極目的」，也就是使道德世界「通過我們的行為之符合道德法則而在世界中成為現實的」。此即通儒家的道德形上學所包含的最根本的工夫論：通過「人能弘道」，在世界上實現「大同」。

關於道德理性之三義以及據之展現出一個「道德的形上學」，牟先生有精到的論說：

> 必須把一切外在對象的牽連斬斷，始能顯出意志底自律，照儒家說，始顯出性體心體底主宰性。這是「截斷眾流」句，就是本開頭所說的關于道德理性底第一義。其次，這為定然地真實的性體心體不只是人的性，不只是成就嚴整而純正的道德行為，而且直透至其形而上的宇宙論的意義，而為天地之性，而為宇宙萬物底實體本體，為寂感真幾、生化之理，這是「涵蓋乾坤」句，是道德理性底第二義。最後，這道德性的性體心體不只是在截斷眾流上只顯為定然命令之純形式義，只顯為道德法則之普遍性與必然性，而且還要在具體生活上通過實踐的體現工夫，所謂「盡性」，作具體而真實的表現，這就是「隨波逐流」句，是道德理性底第三義。這是儒家言道德理性充其極而為最完整的一個圓融的整體，是康德所不及的。道德性的實理天理之與實然自然相契合以及「道德的形上學」（不是「道德底形上學」）之澈底完成，都要靠這三義澈底透出而可能。[365]

吾人解開牟先生於康德學方面的糾結，即可見，先生所論「道德的形上學」之澈底完成，其實與康德貫穿三大批判而展示基於道德的

---

365 牟宗三：《心體與性體（一）》，《全集》，卷5，頁143。

主體（意志自由）而展示的真實的形上學相通。上文略述「自由」作
為於三大批判通貫發展的脈絡中動態展開的一個首腦概念，於此，吾
人可見出，康德「自由」學說之開展就是一個基於意志自由的真實的
形上學之展示的過程。

　　可以說，「自由」之周至而整體通貫的證明就是為真實的形上學
奠基的工作。康德於批判工作甫開始，就表明他要通過這工作，尋求
一種「科學的形而上學」，而且，他將形而上學之奠基確立在「意志
自由」。若吾人細心留意，不難見出，康德在第一批判的〈序〉中就
向讀者表明，「只要我們批判地區分兩種表象模式（即感觸的表象模
式與理智的表象模式）」，那麼，「儘管我不能認識自由，我猶可思維
自由；那就是說，自由之表象至少不是自相矛盾的」。（Bxxviii）也就
是說，經由批判地作出「顯相與物自身之超越區分」，一個最主要的
目的就是要藉此說明「我不能認識自由，我猶可思維自由」，亦即自
由與自然並行不悖。接著康德又說：「物之作為經驗對象與此同一物
之作為物自身區別開，經由我們的『批判』已使這區別為必然的。」
並表明，「假設這一區分不曾被作成」，那麼，「人的心靈，說『它的
意志是自由的，而同時又服從自然必然性，因而是不自由的』，我就
不能不陷入明顯的自相矛盾。」（Bxxvii）顯見，康德經由批判作出
超越區分時，已考慮到「意志自由」問題。康德在一七九八年九月二
十一日致伽爾韋（Christian Garve）的信中說：「『人有自由；以及相
反地：沒有任何自由，在人那裡，一切都是自然的必然性。』正是這
個二律背反，把我從從獨斷的迷夢中喚醒，使我轉到對理性本身的批
判上來，以便消除理性似乎與它自身矛盾這種怪事。」（KGS 12:257-
258）

　　並且，在第一批判已預告，「在適當時候，也就是將來不是在經
驗中，而是在純粹理性使用的某些（不只是邏輯的規律）而且是先驗

地確立的，與我們的實存相關的法則中，可以發現有根據把我們自己視為在關於我們自己的存在中先驗地立法者，以及是自身決定此實存者，那麼，就會因此揭示（entdecken）某種自發性，藉此，我們的真實性（Wirklichkeit）就會獨立不依於經驗的直觀之條件而為可決定的，而且我們覺察到，在我的存在之意識中含有某種先驗的東西，可以用來決定我們的實存。」（B430-431）此中所言「我們的實存相關的法則」就是《實踐的理性批判》所論「道德法則」。接著，康德指出：「道德法則之意識首次對我呈現（offenbart）那種不平凡的機能，在這不平凡的機能裡面，有一個我的實存之分定的原則，誠然它是一個純粹理智的原則。〔……〕然而我畢竟有正當理由，在實踐的使用中按照在理論上使用時的類比意義，把這些概念應用於自由及自由之主體。」（B431）這裡所言「道德法則之意識首次對我呈現那種不平凡的機能」就是《實踐的理性批判》對實踐理性機能作出批判考察而證實的。而且，在《純粹的理性批判》之「超越的方法論」，康德提出「圓善」[366]，以及上帝[367]、心靈不朽作為圓善的條件必須被設定。（A811/B839）並指出：道德法則包含實現圓善的根據。（A813/B841）吾人知道，「圓善」以及上帝、心靈不朽作為圓善的條件，可以見出，此時，康德已預告《實踐的理性批判》研究的課題。

　　依以上所述，吾人有理由說：在《純粹的理性批判》前漫長的醞

---

[366] 康德說：「圓善理想作為純粹理性最後目的之決定根據。」（A804/B832）「道德的最圓滿的意志與最高福祉聯結而為世界上一切幸福的原因，只要幸福與德性在正確的關聯中（即配得幸福），我稱之為圓善的理想。」（A810/B838）

[367] 康德說：「正是道德法則的內在的實踐的必然性產生圓善（德行與配享幸福），由之引向一個道德的世界創造者（上帝）之理念，這個理念作為目的原因發生作用，因而就賦予道德法則以效力。（A818/B846）又說：「實踐理性達到了一個作為圓善的唯一的根源者之概念，〔……〕。就實踐理性有權引導我們而言，我們之所以把行動視為責成的，就不是因為它們是上帝的命令，相反，我們之所以把它們視為神的命令，那是因為我們內在地被道德法則所責成。」（A818-819/B846-847）

釀期中，康德不僅成熟地構思了《純粹的理性批判》，同時《實踐的理性批判》之思路亦已成熟，只不過分別成書出版，各自都花了漫長的日子[368]。

此外，《純粹的理性批判》之「超越的方法論」亦已預告了許多年以後出版的《判斷力批判》的重要課題，那就是：「按照普遍的和必然的德性法則的目的之系統的統一必然導致按照普遍的自然法則的一切物的有意圖的統一，這造成一大的全體，從而把實踐的理性和思辨的理性結合起來。」（A815/B843）。「諸目的的系統的統一不可避免地導致萬物的合目的性的統一，萬物按照普遍的自然法則構成一個大全，正如前一種統一按照普遍和必然的德性法則構成了這個大全。」（A815/B843）吾人見到，《判斷力批判》經由對人類心靈機能協調一致的活動作出批判考察，對圓善概念（終極目的）作出超越的解釋，完成了「萬物的合目的性的統一」，即自然法則與德性法則構成的「大全」之論證。

依以上所述，吾人可以說，康德早在三大批判歷時長久的龐大工程開始時就對整體工程思考成熟了。甚至《判斷力批判》的重要課題也思考到了。並且，康德的批判工作從一開始就清楚顯示這項工作密

---

368 此見拙著《康德的自由學說》，頁58。在致伽爾韋（C. Garve）的信（1783年8月7日）中，康德提及他「十二年來年復一年地精心思索」，「腦中裝有整個體系」（KGS 10:338）；在致赫茲（M. Herz）的信（1772年2月21日）中說：「我已可以寫一部《純粹的理性批判》，〔……〕它包括理性認識的本性，也包括實踐認識的本性，我想先寫第一部份：形上學的根源、方法及界限，隨後再寫德性的純粹原則。」（KGS 10:132）如我們所見，一七八一年《純粹的理性批判》第一版出版，它只是康德「腦中裝有的整個體系」的第一部份，第二部份（實踐認識的本性）要等到《基礎》、《實踐的理性批判》、《德性形而上學》三書出版才算臻至完成。康德在一七八五年出版《基礎》這部作為預備工作的先導論文時，就提到日後要寫出後兩部書。可見，康德要把他已經精心思索的東西成書公諸於世，那是經歷一段漫長日子的。此見拙著《康德的自由學說》，頁53。

切地相關到形而上學之重建，在《任何一種能夠作為科學出現的未來
形而上學導論》（簡稱《導論》，一七八三年出版）一書之〈序言〉
中，康德就表明，「無可避免地要按照一種前所未聞的方案對傳統的
形而上學進行一番完全的改革，甚至另起爐灶，無論這將引起人們怎
樣的反對。」（Proleg 4:257）「它完全是一門新的科學，關於這門科
學，以前任何人甚至連想都沒有想過，就連它的概念都是前所未聞
的。」（Proleg 4:262）康德洞見到：形而上學「密切地關係著普遍的
人類理性的利益而被不斷地要求著。」（Proleg 4:257）並且，已清
楚：形而上學之重建必須以對於純粹理性的全部能力作出縝密周全而
通貫一體的考察為奠基工作，從而使形而上學從此成為一門有其確定
標準、衡量尺度及使用的能夠得到普遍、持久承認的學問。[369]實在說
來，批判的工作是要對「以普遍的形而上學之名來實現的一個體系
（ein solches System unter dem allgemeinen Namen der Metaphysik）」
的地基作出深入的探勘。（KU 5:168）

　　吾人可說，三大批判的工作就是對「以普遍的形而上學之名來實
現的一個體系」奠基的工作。而就形而上學的三個理念及課題（自
由、上帝和心靈不朽）[370]而論，三大批判的工作實在說來就是該三個

---

369 早在《純粹的理性批判》出版之前十一年，康德在他為就職教授而寫的論文《論
　　感觸界與知性界的形式及其原則》中就表示出他的批判哲學的洞識：要使形而上
　　學作為科學成為可能，必須捨棄空洞的認識力之遊戲（leeren Spielereien der
　　Erkenntniskraft），轉而先行對我們的認識力從事批判考察，從而找出適合形而上學
　　獨特性質的方法。他在這篇論文中已指出：「我們這個時代，只有一般地規定一切
　　科學的邏輯這門科學的方法廣為流傳，而完全不認知適合形而上學獨特性質的方
　　法，所以毫不奇怪，從事形而上學研究的人們永無止境地推動著他們的西西弗斯
　　之石（Sisyphusstein）。」（KGS 2:411）在就職論文之後，長達十一年之久，康德
　　沒有出版任何著作，在這段時期完全集中精力從事形而上學重建的工作。詳論見
　　拙著《物自身與智思物：康德的形而上學》，頁345-346。
370 康德說：「上帝、自由和心靈不朽是如此一些課題，解決它們是形而上學的一切準
　　備的目的，是形而上學的最後的及唯一的目的。」（KU 5:473）

理念之批判地確立的工作，這個工作進展的過程也就是一個「普遍的
形而上學」展示的過程。

　　吾人見到，康德在三大批判工程一開始，就清楚地視「自由」為
一個「普遍的形而上學」之拱心石。康德並沒有稱其展示的全新的形
而上學為「道德的形而上學」，儘管作為這個形而上學的創造實體是
「意志自由」，它是道德的。不過，以此道德的實體擴充至圓善及圓
善的兩個條件（上帝和心靈不朽）而構成一個「普遍的形而上學」則
不止於道德，而伸展至宗教。此形而上學康德又稱之為「純粹理性實
踐使用的形而上學」。因為此形而上學奠基於道德主體（純粹的實踐
理性，即意志自由），是純粹理性實踐使用展開的一個體系。從其內
容看，完全與牟先生建立的儒家的形而上學相一致。

　　儘管不必諱言，雖然先生於《心體與性體》「依據康德之意志自
由、物自身、以及道德界與自然界之合一，而規定出一個『道德的形
上學』」，[371]從而成功地根據儒家講出一個「道德的形上學」。不過，後
來又提出一個「超絕的形上學」的說法。在《智的直覺與中國哲學》
之〈序〉中，先生表明：「我此書仍歸於康德，順他的『超絕形上
學』之領域以開『道德的形上學』，完成其所嚮往而未真能充分建立
起者。」[372]又說：「康德所意想的真正形上學是他所謂『超絕形上學』
（transcendent metaphysics），其內容是集中於自由意志、靈魂不滅、
上帝存在這三者之處理。〔……〕。我們依據這個意思，把那『超絕形
上學』轉為一個『道德的形上學』（Moral metaphysics）。」[373]之後，
在《現象與物自身》，吾人見到先生正式從《心體與性體》成功地規
劃出的儒家的道德的形上學，轉而依「智的直覺」學說通儒釋道三家

---

371 牟宗三：《心體與性體（一）》，《全集》，卷5，頁13。

372 牟宗三：《智的直覺與中國哲學》，《全集》，卷20，〈序〉，頁7。

373 牟宗三：《智的直覺與中國哲學》，《全集》，卷20，頁449。

建立一個形而上學，稱之為「實踐的形而上學」。如上文已論，此
「實踐的形而上學」改變了其原先啟發自康德的思路，依原先的思
路：以道德主體及其立法性（心即理）為首出、為奠基。而後來轉而
直覺地構造「無限心」為「唯一的『本體界的實體』」，就是「從上面
說下來」[374]。所謂「從上面說下來」，就是首先建立「超絕的實體」。
明乎此，則可知牟先生何以有「超絕的形上學」的說法。實在說來，
此時先生認為「上帝、自由和心靈不朽」皆為超絕的，先生說：「他
（案：指康德）由道德底形上學來契接那思辨形而上學中的『超絕的
形上學』（共三支）。超絕的形上學在思辨理性（理性之思辨的使用）
中不能證成，此其所以為『超絕』，然而可由實踐理性（理性之實踐
的使用）來證成之，因而可成為『內在的』（實踐地內在的，不是思
辨地或觀解的或知識地內在的）。」[375]愚意以為，如此理解康德，值
得商榷。實在說來，先生的「超絕的形上學」的思路是：先從上由理
性之思辨的使用立超絕的實體，再由理性之實踐的使用來證成之。依
此思路，先生構建其「實踐的形上學」就是從上建立超絕的實體：無
限心，乃至性體、道體。[376]然後由聖人、真人、佛的實踐來證成之。

　　但是，吾人知道，康德批判工作的貢獻正在推翻西方傳統的「超
絕的形上學」，而展示一個堪稱科學的形而上學，其包含的三個理念

---

374 牟宗三：《現象與物自身》，《全集》，卷21，頁8。

375 牟宗三：《現象與物自身》，《全集》，卷21，頁38。

376 牟先生認為孔子言「天」是超絕的。先生在《中國哲學的特質》（《全集》，卷28）一
　　書中說：「孔子所說的天比較含有宗教上『人格神』（Personal God）的意味。而因
　　宗教意識屬於超越的意識，我們可以稱這種遙契為『超越的』（transcendent）遙
　　契。」（前揭書，頁38）牟先生在後來的中譯本《純粹理性之批判》中，
　　»transcendent«一詞譯作「超離的」，「超絕的」。又，牟先生亦曾表示「性體」是
　　「超絕的」，先生說：「故由『先天之易』說性體，此『先天』即表示性體是超絕
　　的，客觀的，是超越地創生萬物者，即性宗章所謂『獨體不息之中，而一元常運』
　　也。」（牟宗三：《從陸象山到劉蕺山》，《全集》，卷8，頁399）

（自由意志、上帝、心靈不朽）絕非「超絕的」，而是實踐地內在的、構造的。並不能如牟先生那樣，將康德展示的科學的普遍的形而上學（亦名為「純粹理性實踐使用的形而上學」），說成是「超絕的形上學」；也不能以為康德是由理性之實踐的使用來證成理性之思辨的使用的「超絕的形上學」。康德在《實踐的理性批判》之〈序言〉表明，對自由的再度考察從理性及其概念之使用由思辨使用轉至實踐使用，「這不是對於漏洞的事後修葺，不是對建築不善的屋宇之支撐。（KpV 5:7）「在實踐認識裡，理性及其概念已經轉移到另一種使用，而與理性在理論認識那裡使用這些概念的方式完全不同了。」（KpV 5:7）康德提出：「形而上學劃分為純粹理性思辨使用的形而上學和純粹理性實踐使用的形而上學。」（A841/B869）並且，已通過批判論明：全部思辨理性的形而上學唯一的用途只是消極的。「純粹的理性在其思辨使用上的一切綜和認識都是完全不可能的。」（A796/B824）在理性的思辨使用中，理性用其概念（理念）思維某東西，「只是作為理念中的對象，而不是作為實在性中的對象」。（A697/B725）

在《純粹的理性批判》之「超越的方法論」中，康德就指明，西方傳統上獨占形而上學之名的思辨理性的形而上學，藉非法的實體化手段而製造的虛幻，只是作為理念中的對象，被視作為實在性中的對象。在那裡，康德將傳統上的思辨理性的形而上學的全部體系分為四個主要構成部份：一、本體論；二、理性的自然科學；三、理性的宇宙論；四、理性的神學。（A846/B874）牟先生在《現象與物自身》大段引用該處所論，並據之以為，此中「理性的心理學」、「理性的宇宙學」、「超越的神學」（共三支）為康德的「超絕的形上學」。[377]並認為康德由道德底形上學來契接這個「超絕的形上學」。牟先生說：「他（案：指康德）由道德底形上學來契接那思辨形而上學中的『超絕的

---

377　牟宗三：《現象與物自身》，《全集》，卷21，頁36。

形上學』（共三支）。」[378]

　　事實上，依康德的批判考察，西方傳統思辨形而上學獨斷的通過將理念實體化的手段建立形而上學實體的做法被裁決為非法的。康德並非主張由實踐理性來證成超絕的形上學，而是根本上宣告西方傳統的「超絕的形上學」為虛妄，提出到實踐的領域（即自由概念的領域），從人的道德主體（意志自由）發現唯一可能的形上學實體，並伸展到其餘兩個形而上學的理念（心靈不朽、上帝）以建立唯一的科學的形上學。

　　如吾人上文已論，康德經由三大批判一步步展示的「純粹理性實踐使用的形而上學」，完全獨立不依於思辨的形而上學。簡括而言，首先，由純粹實踐理性的立法性證明「意志自由」，此即憑藉這種純粹實踐理性機能，確立「超越的自由」。既論明「自由」這一特性事實上屬於人的意志，它本身就是起作用的原因。那麼，唯獨我們人的主體一方面通過道德法則將自己決定為智性者（自由機能），另一方面認識到自己是依照這決定在感觸界中活動。（KpV 5:105）此即論明「意志自由」是我們人類心靈機能的一種真實地起作用的實在的特性，它經由自立的道德法則決定自我之實存。此所以康德說：「唯有自由之概念允許我們無需超出我們之外而為有條件的東西和感性的東西尋找到無條件的東西和睿智者（Intelligibele）。」（KpV 5:105-106）此即是說，「意志自由」是唯一無需超出我們之外去尋找的創造實體。經由《實踐的理性批判》論明「在整個理性機能裡面唯獨實踐理性機能能夠使我們越過感觸界而謀得關於超感觸秩序和聯結的認識。」（KpV 5:106）人因著其意志自身稟具自由這智性的特性而使自身成為睿智者，從而顯露自身為「自由之主體」，亦唯獨這「自由之

---

[378] 牟宗三：《現象與物自身》，《全集》，卷21，頁38。

主體」堪稱人的真正主體，即創造人作為道德之實存；同時能夠創造超感觸秩序（道德秩序）。並且，依照其產生的圓善（終極目的），進一步，從人之自由意志連同其道德法則命令其致力於在現實世界實現「圓善」，上帝和不朽的理念作為圓善的條件，它們的可能性也就「經由自由是現實的這個事實得到證明」，而且「在實踐的關連裡，能夠和必須被認定」。（KpV 5:4）

如康德本人明文表示，在思辨理性那裡，自由，以及上帝和不朽的理念之被提出，「只是以此避免把那些它至少必須允許可以思維的東西設想為不可能，從而危及其本身，而且使它陷入懷疑主義之深淵。」（KpV 5:3）事實上，依思辨理性而論的上帝和不朽作為神學的概念，是純粹的外加物（Zugabe），故為「超絕的」。但康德經由三大批判展示的「純粹理性實踐使用的形而上學」中，「自由」是人類心靈機能的一種真實地起作用的意志因果性之特性，「意志自由」是唯一的創造實體，不能以為是超絕的；經由自由而在實踐的關連裡被認定的上帝和不朽的理念也不能混同於思辨神學的概念，而誤以為是超絕的。

總而言之，從人的道德主體（意志自由）發現唯一可能的形上學實體，並伸展到其餘兩個形而上學的理念（心靈不朽、上帝），此即康德展示的唯一的科學的形上學。無論依儒家或康德所論的形上學，都不會有超絕的、人之外自存潛存之實體的說法。吾人不厭其詳，消解牟先生對康德的諸種誤解，旨在講明：牟宗三先生依儒學而建立的「道德的形而上學」，與康德批判地展示的「純粹理性實踐使用的形而上學」，實在應通而為一，而顯唯一之「道樞」。道樞不能有二也。

# 第三章
# 神之子與人之子／神性與神聖

## 第一節　神之子，還是人之子

　　耶穌是「神之子」，抑或是人之子。依基督教傳教者之宣道，耶穌是「神之子」，這是依福音書而直說的。如前文已述，依《路加福音》、《馬太福音》記載：有從天上的聲音，說：「你是我的愛子，我喜悅你。」也就是說，「上帝的兒子」的身份是由天使的話宣告的，這個身份是神話中的耶穌的身份。

　　那麼，《福音書》有沒有記載耶穌宣稱自己就是上帝所生呢？應該是沒有的。耶穌自認為「上帝之子」（神之子），依筆者作為一個教外人來看，毋寧是耶穌的一個比喻，以表明自己的心靈與言行承受著神道。《約翰福音》（Jhn 10:33-36）記載：猶太人拿石頭打耶穌，說：「我們不是為善事拿石頭打你，是為你說僭妄的話。又為你是個人，反將自己當作神。」耶穌說：「你們的律法上豈不是寫著：『我曾說你們是神』嚜。經上的話是不能廢的。若那些承受神道的人，尚且稱為神，父所分別為聖、又差到世間來的，他自稱是神的兒子，你們還向他說，你說僭妄的話嚜。」舊約《聖經》稱「承受神道的人」為「神」，[1]耶穌引用這話，表明他自認為「上帝之子」（神之子）意指

---

1　舊約《聖經》有很多關於「神人」的記載，所謂「神人」就是指「承受神道的人」。如《列王紀上》記載：「壇也破裂了、壇上的灰傾撒了、正如神人奉耶和華的命所設的預兆。」（1Ki 13:5）「王對神人說、請你為我禱告、求耶和華你神的恩典、使我的手復原。」（1Ki 13:6）

他自己是「承受神道的人」。

況且，如吾人於前文已論，耶穌並沒有自視為上帝的獨一的兒子，並無指認一個外在的最高存在為「天父」，耶穌無神學之興趣，不像後來基督教那樣致力於要向世人論證有一個「上帝」存在於世界之外。他的「天父」是眾人的父。一切為「上帝所喜悅的人」皆是「神」（上帝）的兒女。而耶穌是「上帝所喜悅的人」的典範。毋寧說，天父在「上帝所喜悅的人」心中，上帝在人裡，人在上帝裡。

筆者認同康德的見解，從理性的觀點來看，也就是依照有利於實踐理性的解釋，耶穌之為「上帝之子」，無非表示一個「上帝所喜悅的人類的理想（Ideal der Gott wohlgefälligen Menschheit）」（Rel 6:129）。「在對上帝之子的實踐上的信仰中」，人可以希望成為上帝喜悅的人，無非就是：「他自身意識到這樣一種道德的存心，即他能夠信仰並且確立以自己為根據的信賴」，他將在類似的誘惑和苦難的情況下對人性之原型忠貞不渝。（Rel 6:62）「我們把那個有上帝的存心的人看作是我們的原型。」（Rel 6:61）「並且通過接受他的存心，我們才能夠希望『作上帝的兒女』。」（Rel 6:60-61）

如果耶穌因為具有「神性」而為「上帝之子」、「上帝喜悅的人」，那麼，他就不能成為我們的典範。人只能以與自己同類者為典範，而無法以具有「神性」的「上帝之子」為典範，道理是明顯的。如果說耶穌因為「神性」而成為「上帝喜悅的人」，那麼，如康德指出，人們會產生疑惑：「為什麼神性不讓所有人都分享它，人們就必然都會是讓上帝所喜悅的。」（SF 7:39）

依康德所論明，耶穌之所以能夠成為一切人以之為典範的「上帝喜悅的人」之原型，在於其與「我們的道德分定」相關。若不與人的道德本性相關，就不會是「可理解的信仰」。（SF 7:39）耶穌以一切道德上「新生」的人（亦稱為「義人」）為「上帝的兒女」（上帝所喜悅

的人），此顯出其關於「最高者」及其與人的關係方面的一種創闢性洞
識。「最高者」不再是舊宗教中那種人之外的無條件的絕對權威，而是
道德上關連在一起的「父」與「子女」，「父」的無條件的絕對權威無
非是人自身之道德性。耶穌創造的「上帝」為一切道德者之「父」，
它就在耶穌的道德心靈裡，毋寧說，它就是耶穌的道德心靈。

　　以「父」稱呼神（上帝），而以具道德的存心的人為「上帝的兒
女」，此不啻為耶穌顛覆舊宗教的創闢性貢獻。甚至可以說，正因此
舉向舊宗教宣戰，激怒盲信的舊教信徒，令其遭受最屈辱的死亡。人
們不能容忍耶穌稱呼神為「父」。據《約翰福音》記載：「所以猶太人
越發想要殺他。因他不但犯了安息日，並且稱神為他的父、將自己和
神當作平等。」（Jhn 5:18）毫無疑問，耶穌宣示一種全新的道德的宗
教，也就是向舊宗教，擁有暴力的統治勢力「發動起義」，「他就不得
不在這場鬥爭中獻出自己的生命。」（Rel 6:81-82）

　　讓耶穌從一個處女母親出生，而令其由天使宣告為「上帝之
子」，如康德指明，這「根本沒有為我們造成任何實踐的東西。」（SF
7:39）也就是說，與人的德性毫不相干，對人的道德生活完全起不到
促進作用。康德指出，「不依賴於任何性交往的（處女的）出生」的
這個理念，「在理論上不是沒有困難的。」（Rel 6:80）並尖銳地揭
露，這個理念是由於「僧侶階層所自以為聖潔性」的觀念，也就是，
「自然的生育顯得把我們置於（對於人類的尊嚴來說）與一般的動物
交配過於相近的類似性中，所以人們把它看作是某種我們必須為之感
到羞恥的東西。」（Rel 6:80）「這種東西讓人們覺得是某種不道德的
東西，是與人的完美性無法統一的東西，然而又是被嫁接入人的本性
的東西，從而也是作為一種惡的稟賦遺傳給他的後代的東西。」（Rel
6:80）總而言之，關於耶穌的神話中的出身，「在對上帝之子的實踐
上的信仰中」，完全無幫助。

　　不過，同是哲學家的牟宗三先生的見解與康德有所不同。有時候，牟先生本人也依照基督教的宣道人的講法，視耶穌為「神之子」。先生說：「耶穌道成肉身而為『人之子』，實在只為消融於『神之子』而向超越方面直線上升。」[2]可見，先生接納耶穌為「神之子」而「道成肉身」的講法。但吾人依康德所採取的理性觀點來看，所謂「道成肉身」意指「道」「以肉體的方式寓於一個現實的人裡面」，「而且是作為第二本性在他裡面起作用的神性」。（SF 7:39）這種「關於神的一個位格成為人的學說」（SF 7:39）到底與人的道德實踐之事有何相干呢?! 如果耶穌具有「神性」而是「上帝喜悅的人」，他同時就是聖靈，甚至他就是上帝，那麼，我們如何能夠視耶穌為「上帝喜悅的人」之典範而不引起困難呢？人怎麼能以「道成肉身」的「三位一體」的耶穌為「上帝喜悅的人」之典範呢？

　　然而，依牟先生看，人以「神性」的人為典範應該並無什麼不可，因為依照先生的見解，甚至視人本身就是「上帝」也是可以理解的。先生明文表示讚賞這樣一種講法：「人本身便是一潛勢的上主，現下應當成就的上主。」[3]先生說：「這話尤其中肯，這是東方宗教因而亦是儒教『人而神』的精神，〔……〕。」[4]顯見，牟先生極為欣賞這種德國理想主義追求「神性」的精神。[5]用先生摘引謬勒的話說：

---

2　牟宗三：《五十自述》（臺北：鵝湖月刊社，1989年），頁119，《全集》，卷32，頁108。

3　語見《現代學人》第四期，謬勒（Max Mueller）著，張康譯：〈存在哲學在當代思想界之義〉，第四節。牟先生引該節譯文見牟宗三：《心體與性體（一）》，《全集》，卷5，頁187-189。

4　牟宗三：《心體與性體（一）》，《全集》，卷5，頁190-191。

5　牟先生此時認同康德學界的一種主張：以為康德以後的所謂「德國理想主義」乃是承康德之圓滿發展。但先生後來糾正了這種觀點，他說：「如費息特，如黑格爾，如謝林，皆可各有弘揚，而不必真能相應康德之問題而前進。〔……〕。故吾嘗謂康德後無善紹者。」（康德著，牟宗三譯註：《純粹理性之批判（上）》，《全集》，卷13，〈譯者之言〉，頁19。）

「在人走向無限的自由、爭取他那天賦同時又應當自己承當和追求的『神性』途徑上，理想主義主張一種無止境進步的樂觀主義。」[6]

牟先生欣賞「人而神」的精神，明文表示這是東方宗教因而亦是儒教的精神。先生甚至認為「孔子有超越的神性一面（亦實有之）」[7]，並點明：「這是與基督教『神而人』底教義不同的。」[8]牟先生肯定「人而神」的可能，也肯定耶穌道成肉身而「神而人」。依先生的見解，耶穌之「神而人」，「並不能本超越以內在地肯定人，成就人，並不能把超越與內在打成一片，通於一而一起肯定之。」[9]此即是耶穌「之一於『神之子』」[10]，所以不及孔子。先生說：「其不及意即不及孔子之圓融而大成。」[11]不過，先生亦流露其欣賞耶穌「神而人」之情，他說：「但是耶穌的直線上升，我從成都時便一直能欣賞。」[12]

無疑，牟先生的思路豐富而靈動，含著高度的精神性。儘管吾人依循康德批判哲學，緊守理性本性之尺度，可以說，福音書記述的耶穌，清除其中舊時代留下的神話，吾人見到一位「人之子」，他具有人的秉性中最優美的氣質：愛、溫和、謙遜、善良與寬容；他溫暖無私的愛，吸引身邊的人熱愛他；他稟具人的道德性及不動搖的道德存心；對世上一切不公義、邪惡、違反道德的行為與現象嫉惡如仇；對弘道（愛與公義）不屈不撓，以至不惜獻出生命；對「上帝之國」行走在地上抱持著磐石般堅不可摧的信心，為其實現於世而耗盡身心。

---

6　語見《現代學人》第四期，謬勒（Max Mueller）著，張康譯：〈存在哲學在當代思想界之義〉，第四節。該語見牟宗三：《心體與性體（一）》，《全集》，卷5，頁189。

7　牟宗三：《五十自述》，頁119，《全集》卷32，頁108。

8　牟宗三：《心體與性體（一）》，《全集》，卷5，頁191。

9　牟宗三：《五十自述》，頁119，《全集》，卷32，頁108。

10　牟宗三：《五十自述》，頁119，《全集》，卷32，頁108。

11　牟宗三：《五十自述》，頁119，《全集》，卷32，頁108。

12　牟宗三：《五十自述》，頁119，《全集》，卷32，頁108。

　　筆者作為一個教外人，從福音書認識到並由衷崇敬的耶穌，是一個傑出的人；他有人所有的喜怒哀樂。他會對不信、盲目崇拜、貪婪的猶太人心懷抱怨，甚至對那些他曾在那裡宣道但人們仍舊懷疑、不信的城市憤怒地詛咒：「哥拉汛哪，你有禍了，伯賽大呵，你有禍了，〔……〕。當審判的日子，推羅西頓所受的，比你們還容易受呢。」（Mat 11:16-22）他對身處的世代之不信與悖謬表示出難以忍耐的哀愁：「噯，這又不信又悖謬的世代呵！我在你們這裡要到幾時呢？我忍耐你們要到幾時呢？」（Mat 17:17）他憤怒地呼叫：「我實在告訴你們：『這一切的罪，都要歸到這世代了。』」（Mat 23:29-38）他詛咒偽善的文士和法利賽人：「你們這假冒為善的文士和法利賽人有禍了」，「叫世上所流義人的血、都歸到你們身上。」（同前）甚至用恨之入骨的語氣斥罵：「你們去充滿你們祖宗的惡貫罷。你們這些蛇類、毒蛇之種呵，怎能逃脫地獄的刑罰呢。」（同前）耶穌臨終時叫喊：「我的神，我的神，為什麼離棄我。」（Mat 27:46;Mak 15:34）此問顯見出自「人」之口，而不會是神的。

　　在筆者看來，耶穌處處表現出人的本性中所含神聖性之光輝，用康德的哲學詞語講，就是處處顯露人的超感觸本性，即人的道德存有性，亦稱為「人格性」。歷史上，除了孔子，恐怕很難找到第二人，以人的身份彰顯出人之區別於世上一切生物的崇高性與神聖性。耶穌表現的「人的本性」顯然與受感性以至動物性束縛的一般人形成了太強烈的對照，大抵因為這個緣故，人們會以為耶穌的表現是非人性的。勒南在其《耶穌傳》一書中就認為：「他（案：指耶穌）忽視了人性之健全的界限」，[13]並斷言：「這時候，他（耶穌）的說教包含著一種超人性的奇特的成分。」[14]牟先生對勒南這種說法表贊同，他也

13　勒南著，雷崧生譯：《耶穌傳》，頁168。
14　勒南著，雷崧生譯：《耶穌傳》，頁168。

認為：「在他（耶穌）的神性中，基督要求我們在一種超越性之運動中，即向著垂直方向中一切人的靈感之實現或滿足的一種運動中，去超越一切純粹人的度向。」[15]先生說：「法人雷南（Ernest Renan）著《耶穌傳》，其第十九章論〈耶穌熱情的激化〉，即就放棄一切，只讓人跟著他，而說。甚精彩。」[16]先生在《五十自述》一書中摘引了〈耶穌熱情的激化〉這一章過半的篇幅。

吾人不解，在該章中，勒南何以會將耶穌表現之道德純粹性解說為「在這些過度的嚴肅裡，他甚至於消滅了肉的存在。他的苛求已成為無限制的。」[17]甚至說：「這狂熱的道德體系既然用一種言過其實而強烈可怕的語句表現著自己，它會產生一種威脅未來的大危險。它太使人脫離大地，便擊碎了生活。」[18]若果真如勒南所言，吾人將無法解釋追隨在耶穌身邊的人那麼熱愛他，耶穌的門徒對他那麼忠誠，在他去世之後一直不屈不撓地致力於其開創的事業。

依筆者本人讀福音書之體會，耶穌處處表現出其心靈的單純性、直接性。耶穌的心靈是自由的，亦以「自由」對一切人；他宣講的道跟其身處時代占統治地位的猶太教形成顯明的對比。無疑，耶穌要求追隨他的門徒如他本人做出的典範那樣，以「公義與愛」及最大的忠誠與堅固的信心，為「上帝的國」行走在地上而奉獻一切，此乃一切偉大事業所必要者，勒南何以會曲解為「脫離大地」，「擊碎了生活」呢？耶穌深刻體會到，他的宣道是要開闢一個全新的時代，由之要造就全新的人（義人、上帝所喜悅的人），以及在地上建立全新的國（上帝的國），因此，他和追隨他的事業者，必然遭到這個不信又悖

---

15　牟宗三：《五十自述》，頁119，《全集》，卷32，頁108。

16　牟宗三：《五十自述》，《全集》，卷32，頁112。雷南（Ernest Renan），牟先生「雷南」，拙著譯「勒南」。

17　勒南著，雷崧生譯：《耶穌傳》，頁168。

18　勒南著，雷崧生譯：《耶穌傳》，頁169。

謬的、邪惡淫亂的世代所敵視。耶穌與這邪惡的世代抗衡，他憤怒、詛咒，擊碎現世的一切背道、不公義，無論他為此採取了什麼樣令人以為太激烈的行為，都毫無疑問是屬人的本性的！

儘管牟先生本人表示勒南〈耶穌熱情的激化〉那一章甚精彩，然先生的見解畢竟與勒南大為不同。其實，牟先生既欣賞耶穌的「神性」，同時也肯定耶穌的「人性」，先生說：「在他的人性中，基督是與人為徒的，並且這樣在水平面上，依據極大的人之尺度，滿足了所需要於『道成肉身』者。」[19]而勒南既誤解耶穌的「人性」，且不能理解耶穌自認為「上帝之子」的真實意義。他以為在耶穌，「神性之意識也是間歇的。」[20]依他看來，耶穌之自認為「上帝之子」只不過是間歇的「神性之意識」。他說：「誰也不能終身地是上帝之子。他可以在某幾個時候，以突然的光明而成為上帝之子，接著便迷失在長期的黑暗裡。」[21]牟先生在勒南的這段話後加案：「此非是。為上帝之子，不是突然的光明。若只是突然的光明，便只是激情，一時的靈感。為上帝之子是內心瑩徹。」[22]並在其「案」中恰切地指出：「雷南所瞭解的只是經驗意義的，而且是激情的。」[23]

勒南從經驗意義上、激情上看耶穌之自認為「上帝之子」，因而主觀地斷定耶穌之上十字架是「從不可能的絕路裡拯救他，免除他一個太曠日持久的試驗。」[24]勒南說：「他（耶穌）與人們的接觸把他低壓到人們的水平線上。他所採用的語氣不能再支持幾個月之久。這正是

19　牟宗三：《五十自述》，頁119，《全集》，卷32，頁108。

20　勒南著，雷崧生譯：《耶穌傳》，頁172。

21　勒南著，雷崧生譯：《耶穌傳》，頁172-173。

22　牟宗三：《五十自述》，《全集》，卷32，頁115。

23　牟宗三：《五十自述》，《全集》，卷32，頁115。

24　勒南著，雷崧生譯：《耶穌傳》，頁173。

死神來得其時的時候：它來結束一個過緊張的狀態。」[25]勒南甚至武斷地忖度：「他[耶穌]故意地設計著使人殺他。〔……〕。他覺得以身殉道是一種祭禮，可以平息他的天父之怒而拯救人類。」[26]可見，依勒南的經驗的觀點，所謂「上帝之子」、「神性」，只不過是一種「突然的光明」，不能與「人性」相容；人可有「神性之意識」，然只是短暫的，必定會迷失在長期的黑暗裡，遲早要走上「絕路」。

人們會以各種觀點與視域談論耶穌「上帝之子」的身份。然吾人依純然哲學的觀點，即從理性之視野而論，則可認同康德，「上帝之子」不意謂一個「神性」的人，而無非意謂一個「上帝喜悅」的「人之子」。吾人注意到，康德在《宗教》一書中指出耶穌出現的時代背景：那是一場革命醞釀成熟的時候，猶太民族「充分地感覺到等級制度的所有邪惡」，（Rel 6:79）並且，希臘智者粉碎奴隸意識的道德的自由學說（moralischen Freiheitsleliren）逐漸產生影響。（Rel 6:80）大多數情況下，多數人已經清醒。此時，「革命的時機已經成熟，突然間，一個人物出現。」（Rel 6:80）這個人物指的就是耶穌。「他就像從天而降，不過就他的教義和典範（Beispiel）而言，他也宣稱自己是真正的人。」（Rel 6:80）他的純潔，使他跟經書上記載最初的無辜者通過始祖陷入邪惡的原則的其餘人類完全不同。吾人可以說，在這個意義上，這個人物（耶穌）堪稱「上帝之子」、「上帝喜悅的人」。康德說，這個「上帝喜悅的人」抵制統治這個世界的王的誘惑，拒絕參與與惡的原則締結的契約，因此遭受迫害直至屈辱地死亡。（Rel 6:81）如果從生理上的結局看，他是失敗的，「那麼，善的原則是失敗的一方。」（Rel 6:81）他發動了一場反對現世統治的革命，「他就不得不經受極大的苦難，並且在鬥爭中犧牲自己的生命。」（Rel 6:81）

---

25 勒南著，雷崧生譯：《耶穌傳》，頁173。

26 勒南著，雷崧生譯：《耶穌傳》，頁171。

康德在這個地方加註說明，不能像小說家的虛構那樣，說他「尋求死亡」，「那會是自殺」。（Rel 6:81）「人在履行義不容辭的義務時不能逃避死亡」，（Rel 6:81）豈可與「自殺」混為一談？！

　　耶穌屈辱地死亡，這是一個悲壯的結局，此正印證他本人的話，他身處的時代是一個邪惡的、迫害殺戮義人與先知的世代。[27]但耶穌之死無疑為人類開闢了一個全新的方向，由此觀之，吾人可說，耶穌是成功的，善的原則終究是成功的一方。如康德說：「正是他的這一死亡（一個人的最高程度的苦難）是善的原則之展現，也就是在道德的圓滿性中，作為後世每個人的典範（Beispiel）的人之展現。」（Rel 6:82）因為它事實上展示出：「天國兒女之自由（die Freiheit der Kinder des Himmels）與一個純然的地上之子（eines bloßen Erdensohnes）的奴役地位最鮮明的對比。」（Rel 6:82）從福音書吾人就能體會到，耶穌以其道德之純粹性體現人的自由，召喚每一個人擺脫被奴役的狀況。《路加福音》記載：

> 有人把先知以賽亞的書交給他（案：指耶穌），他就打開，找到一處寫著說：「主的靈在我身上，因為他用膏膏我，叫我傳福音給貧窮的人，差遣我報告被擄的得釋放，瞎眼的得看見，叫那受壓制的得自由，報告神悅納人的禧年。」〔……〕。（Luk 4:17-19）

　　又，《約翰福音》記載：

---

27 勒南在其《耶穌傳》一書中就指出：《摩西法典》有這樣一條規條：任何先知，若鼓動民眾背離舊教宗教，人們可用石頭擊斃他。（前揭書，頁191）他說：「《舊約》前五紀曾是宗教恐怖之第一法典。猶太教提供了一個帶劍的不變的教義之模範。」（前揭書，頁221）

耶穌對信他的猶太人說：「你們若常常遵守我的道，就真是我
的門徒。你們必曉得真理，真理必叫你們得以自由。」他們回
答說：「我們是亞伯拉罕的後裔，從來沒有作過誰的奴僕。你
怎麼說，你們必得自由呢。」耶穌回答說：「我實實在在的告
訴你們，所有犯罪的，就是罪的奴僕。奴僕不能永遠住在家
裡，兒子是永遠住在家裡。所以天父的兒子若叫你們自由，你
們就真自由了。」（Jhn 8:31-36）

　　無疑，耶穌打破了一般人對「自由」之觀念，他第一人於世上宣
講真正的「自由」並以自身為典範展現它。自由無非是「善的原則」
統治心靈。如康德指出，善的原則「顯現在一個現實的人（einem wirk-
lichen Menschen）身上，作為所有其他人的一個典範（Beispiele）」，
（Rel 6:82）這個善的原則「從人類的起源開始就以看不見的方式從
天而降到人類中」，「並且在人類中以法的方式（rechtlicherweise）擁
有第一居所。」（Rel 6:82）

　　依以上所述，可以說，康德筆下的耶穌是一個現實的人，他出現
於一個革命醞釀成熟的時候，他應這場革命之運而來，「通過自身作
典範（在道德的理念中）為所有願意傚效他的人打開自由之門。」
（Rel 6:82）這個真實的人絕非一般基督教徒信仰的「三位一體」的
那個耶穌基督，[28]基督教徒崇拜耶穌，完全因為相信他是為人贖罪，
讓人上天堂享福的「神性」的人。但是，事實上，耶穌對一切稟具道

---

28 如果這種「對上帝的三位一體」之信仰，被視為將耶穌等同上帝，或者如康德所言
　「被視為一種應當表象上帝本身是什麼的信仰」，那麼，「它將成為超越人的所有概
　念的，不為人所理解的奧秘。」（Rel 6:142）如康德指出：「即使人自以為能夠理
　解，那也只能是教會信仰的神人同形同性論的象徵的信仰，對於德性上的改善毫無
　幫助。」（Rel 6:142）

德存心的人，都產生一種震撼心靈的力量。哪怕他們並不信仰基督
教，並不以為耶穌是為人贖罪，讓人上天堂享福的「神性」的人，更
不會相信傳教士們宣講的耶穌與上帝及聖靈是「三位一體」的教理。
一切稟具道德存心的人崇敬耶穌，是因為他以真正的自由與公義宣告
人類的新時代要到來，呼喚每一個人成為「義人」（道德的人、上帝
所喜悅的人），致力於讓上帝之國行走在地上。儘管如康德說，「惡的
原則仍然是統治世界之王。」（Rel 6:83）但耶穌的影響不僅在他那個
時代是震撼人心的，必定在任何時代都是指導性的，直至耶穌宣講的
自由與公義統治世界。

　　在前面關於耶穌的章節中，吾人已申述康德的觀點。總括來說，
依康德所論，耶穌是在一場革命醞釀成熟的時候出現的，（Rel 6:80）
這場革命宣告一切人要擺脫舊時代神權政治國家的統治，從對外在的
「神」之偽事奉轉而為內在地對某種神聖東西（一個道德的對象）的
道德上的事奉。也就是說，要從規章性的宗教轉向道德的宗教，因著
這個革命，人類砸碎奴役的枷鎖而獲取真正的自由。歷史性的教會信
仰，「更換為一種自由信仰的形式」。（Rel 6:123）此即康德呼籲：「必
須脫去那層當初胚胎藉以形成為人的外殼。」（Rel 6:121）「聖潔的傳
說及其附屬物、規章和誡律的引導紐帶」等等已成「桎梏」的東西
（Rel 6:121），必須拋棄。吾人可援用康德的話來說，耶穌宣告的革
命，正是要讓「宗教最終將逐漸地擺脫所有經驗性的決定根據，擺脫
所有以歷史為基礎的、借助於一種教會信仰暫時地為促進善而把人們
聯合起來的規章。這樣，純粹的宗教信仰最終將統治所有的人。」
（Rel 6:121）此即將「旨在事奉神」的歷史性的宗教，轉為純粹理性
的道德的宗教。

　　總而言之，無論作為歷史性宗教的基督教在其發展的歷史中，對
於「耶穌」之身份有怎樣的說法，吾人以理性的視野察看，耶穌絕對

堪稱為一個體現人之純粹的人格性的真實的人。無疑，耶穌一生顯示出人的本性中的神聖性太耀目了，以致與舊傳統中相信人從其始祖遺傳了惡的稟賦的信仰相衝突，在舊宗教和古老習俗束縛下的民眾無法理解人的道德稟賦（人格性），故視耶穌為「神」，以此區別於「人」。人們（包括耶穌的許多追隨者）的理性仍未開啟，故亦未能接得上耶穌宣示的史無前例的人類革命——這場革命不僅是顯示出未來的植根於每一個人的道德心的自由的宗教，並且破天荒地宣示每一個人的本性中固有的道德性。不必置喙，耶穌的終極關懷是：每一個人成為道德者（即義人、上帝喜悅的人），自由的宗教普遍建立於人類的大地上，愛與公義的國（上帝之國）行走於地上如同在天上。儘管依吾人所知，許多基督徒信耶穌只為得永生，死後上天堂享福而避免入地獄之苦。

## 第二節　道德的圓滿性之原型及其體現

上一節已論明，以理性的視野察看，耶穌堪稱為一個體現人之純粹的人格性的真實的人。康德據此提出，耶穌作為「人類在其道德的圓滿性中（der Menschheit, in ihrer moralischen Vollkommenheit）」（Rel 6:82）的展現，以「一個現實的人」（Rel 6:82）的身份，「作為所有其他人的典範」。（Rel 6:82）並且指出：「人類（有理性的世界本質物一般[das vernünftige Weltwesen überhaupt]）在其道德的，全部的圓滿性中（in ihrer moralischen, ganzen Vollkommenheit），（Rel 6:60）「只有這樣，世界才能成為上帝的意旨和創造之目的的對象。」（Rel 6:60）

在《宗教》第二篇第一節康德就以「善的原則的擬人化的理念」（Rel 6:60）為小標題。在那一節開首，他說：「只有這個人才能蒙上帝喜悅，自『太初』就『與上帝同在的』。」（Rel 6:60）顯而易見，其

言「這個人」指「耶穌」，並且，他作為「有理性者」，是「按照其道德的分定」而論，此即康德說：「因為正是為了他，即為了世間有理性者，正如按照其道德的分定能夠被想，一切才被創造。」（Rel 6:60）此可見，康德提出的「一切才被創造」，意指道德的創造，並且，此創造從耶穌開始。此論世界「創造」顯然根本不同《舊約聖經》（希伯來聖經）中〈創世紀〉所言，據此言神（上帝），其根本義亦不同《舊約聖經》。依康德所論，按照世間有理性者之道德的分定，耶穌被視為「善的原則的擬人化的理念」，此所以康德可以說：「他的理念源於上帝的本質；從這個意義上說，他不是一個被創造的物，而是他的獨生子。」（Rel 6:60）「耶穌」作為「善的原則的擬人化的理念」，依此義而言，他是「上帝的獨生子」，此根本不包含神話中童貞誕子的說法。而毋寧說，康德提出，「耶穌」作為「善的原則的擬人化的理念」就是「上帝的本質」。依此論，「上帝的本質」根本不同基督教教會信仰宣講那樣來自啟示，而是依據「道德」。

事實上，人除了以神話方式想像世界之創造，根本無從知道天造地設的外部世界如何是被造的；唯獨道德的創造能夠依據有理性者之道德創造能力來說明。用康德在《倫理學演講錄》[29]的話說：「最高的創造的善是最圓滿的世界」，（27:247）也就是「圓善」的世界。「在這圓滿的世界中，幸福屬於有理性的生物（Geschöpfe），並且這些生物是值得這樣的幸福。」（27:247）「值得幸福」意謂：「幸福以自由的意志之善性（Bonität）為基礎，以存心（Gesinnungen）為基礎。」（27:247）

「圓善」就是「一個一切我們的善的概念的原型（Urbild）」。（27:247）康德說：「我們人類必須試圖找到幸福，與此同時必須試

---

29 單行本見：Immanuel Kant, *Eine Vorlesung über Ethik.*

圖找到價值，兩者的結合就是圓善。人只有當他使自己值得幸福，他才可以希望幸福，因為這是理性自己提議的幸福之條件。」（27:247）「如果所有人不分正義與不正義均得到這幸福，那麼，儘管幸福在那裡，但它不會有價值，也不會有圓善。」（27:247）也就是說，「幸福」必須與「內在的絕對的德性價值」（27:246）結合。康德解釋說：「如果我們置身於有理性的生物居住的世界，這個世界所有人都應得幸福，也值得幸福，但他們卻處於貧困的環境，或被憂傷和饑饉所包圍，在這種情況下，他們沒有幸福，因此也沒有圓善，反之，如果所有生物被幸福所包圍，但沒有善行，沒有價值，像這樣的情況也沒有圓善。」（27:247）

　　依以上簡述可見，康德依據「圓善」論「最高的創造的善」，並以之決定「上帝的本質」，以及提出「耶穌」作為「善的原則的擬人化的理念」。吾人可說，此即康德所提出「釋經原理」的一個很好的說明。康德在《學科的爭執》一書中「解決爭執的哲學釋經原理」那一小節裡，說：「被宣布為神聖的、但卻超出一切（本身是道德的理性概念）的學說的經文，可以作出有利於實踐理性的解釋」，「但包含著與實踐理性相矛盾的命題的經文，則必須作出有利於實踐理性的解釋。」（SF 7:38）事實上，康德對於源自《聖經》的一些重要講法作出全新的解釋。他指明：《聖經》是一部「人與上帝於許多世紀前締結的舊約和新約之啟示的古書」。（SF 7:61）他說：「《聖經》信仰是一種彌賽亞主義的歷史信仰，上帝與阿伯拉罕之約的經書是它的基礎，由一種摩西彌賽亞主義的教會信仰和一種福音彌賽亞主義的教會信仰構成。」（SF 7:62）並以驚人的勇氣指出：「這部古書作為一種歷史信仰（並不正好是道德的信仰；因為道德的信仰也可以從哲學得出）。」（SF 7:61）

　　毫無疑問，康德關於「上帝」、「耶穌」之為「基督」，以及「圓

善」作為「最高的創造的善」而為創世的目的，所作出的說明根本不
依照《聖經》信仰，而是根據道德的理性概念作出有利於實踐理性的
解釋。可以說，所有解釋基於人的道德主體連同其普遍立法。在《基
礎》一書中，康德就明示：「即使是福音書中的聖者」，甚至「上帝
（作為圓善）的概念」，都只有從「道德圓滿性之理念」中得到，「而
理性先驗地制定這個理念，且將它與一個自由意志之概念不可分離地
聯結在一起。」（Gr 4:409）上帝之概念由人的理性產生，上帝被設定
為一切有理性者的「一個共同的立法者」、即「目的王國」之元首。這
元首不過就是道德法則之神聖性本身，「就是本體中的神聖性之理想」。
此即康德指明：人們習慣把無可避免的義務名為對上帝的義務，「那
完全因為我們想上帝是本體中的神聖性之理想（Ideal der Heiligkeit in
Substanz）。」（KpV 5:158）重點是：道德法則是由人的理性為意欲機
能而立，此即是說，上帝之神聖性是人的道德主體及其所立道德法則
決定。人視道德法則為上帝之命令，並視由道德法則命令的「圓善」
為上帝意志。道德法則及其命令之「圓善」根源在人自身，之所以視
之為理性設定的最高者（上帝，依孔子哲學傳統亦曰「天」），是為了
增強影響力，並不意謂有一外在的最高者對人頒布不同於人所自立的
道德法則之誡律。此即康德說：「上帝命令它是因為這是道德的法則，
他的意志與道德的法則一致。」（27:251）並指明：「每一個人都能夠
從自身出發，憑藉他自己的理性認識作為他的宗教的根據（Grunde）
的上帝意志（Willen Gottes）。」（Rel 6:104）

　　康德明示：「一切道德源於我們的行為與理性之法則一致。」
（27:252）又說：「神學離不開道德學，以及，沒有道德，神學也不
能存在。」（27:277）然則，人為何要將道德法則視為上帝之命令呢？
依康德所論明，「神學是道德學之動力。」（27:277）儘管他一再強
調：「但神學不能是道德之裁決之原則。」（27:277）道德法則並不來

自上帝，對此康德給出有力的說明：假若道德法則來自上帝，「那麼所有的民族都必須先認識上帝，然後才有義務的概念；如此一來，所有對上帝沒有正確的概念的民族也就沒有義務，這是錯誤的。」（27:277）顯然，事實上，許多人都沒有信仰上帝，但每一個人憑自己的理性就認識到道德法則；甚至一些人對上帝僅抱著一種啟示性的不正確的概念，他們也能意識到道德法則。此即康德說：「各民族正確地認識到了自己的義務，他們在沒有關於上帝的正確的概念的情況下看到了謊言的醜陋。再者，有些民族對上帝只有神聖的和錯誤的觀念，卻對義務有正確的概念。」（27:277）

　　人們何以會以為道德法則從神的意志推導出來呢？一來道德法則是神聖的，二來它是一條定言律令，對一切人無條件地發布命令，此即康德說：「因為道德的法則說：你應當這樣做，以致有人想：一定有第三者禁止這樣做。」（27:277）如此說來：視道德法則為我們的理性設想的最高者的意志的誡律是可以的，但若以為道德法則出於最高者的意志，則是錯誤的。康德恰切地指明：「唯獨道德的判斷我們不需要第三者；所有道德的法則都是正確的，沒有第三者。」（27:277-278）那麼，何以需要設定上帝以道德法則向人頒發命令呢？因為儘管人之道德主體連同其道德法則是神聖的，但現實上，「人的能力不足夠」，如《基礎》一書所指出：在我們人類中，即使人能夠意識到自立的道德法則，但並不是每一個人任何時候都遵循道德法則而行，即使一個人自己嚴格地依據道德法則作為其行為的格準，但他不能預計他人也必如此；並且，個人不能預期自然方面將有助於他對於幸福的期望。（Gr 4:438-439）人的無能表現在其背離法則，康德論明：「自由與理性的內在立法相關，根本是一種獨立的機能，而背離法則的種種可能性只能是無能力而已。」（MS 6:227）總而言之，現實上，人需要設定道德之元首，以約束每一個人，以此結

合成一個道德的整體。關此，前面第四章之第三節「康德的圓善學說中『上帝存在』之設準的意指與作用概論」已詳論。

「最高的創造的善是最圓滿的世界」，此即實現「圓善」的世界。依康德所論明：「盡一切可能促進圓善的實現，是純粹實踐理性的一個命令。」（KpV 5:119）而設定「上帝」是：「理性卻把它作為我們在圓善（按照實踐原則而必然的）可能性上的無能力（Unvermögens）之補充。」（KpV 5:119）人並非任何時候都遵循道德法則而行，此所以康德說：「在執行過程中，固然必須有第三者強制我們的行事是道德上善的。」（27:278）「就道德法則的運用而言，認識上帝是必要的。」（27:278）如此一來，「看來上帝是道德法則之強制者。」（27:278）又說：「但在執行（Ausübung）中，如果沒有第三者強制我們這樣做，它們就會是空洞的；因此，人們正確地看到，如果沒有至上的法官，所有道德的法則就會無影響力（Effekt）。」（27:278）

儘管康德強調：「人自身就完全有能力使自己成為道德者，德性地善的行為應歸功於我們自己，必定不是藉助外來的影響。」（Rel 6:191）但他並不忽略：「人是不完滿的」。康德據之而提出：「神助」，作為人在致力於實現圓善之進程中的無能的補償。道德本身根本不必「神助」，但人在依循道德法則之命令而致力於在世界上實現圓善，則必需要設定它。此即康德說：「德性學是由自己而自存的（甚至也不需要上帝的概念），而虔敬教義卻包含了一個我們設想出來的概念。我們設想它與我們的道德性相聯繫，是我們在道德的終極目的方面的無能的補償性原因。」（Rel 6:183）又說：「根據哲學，神聖之理想是最完滿的理想，因為它是最大的純粹的德性的完滿性（sittlichen Vollkommenheit）之理想；但因為這是人無法達到的，它是基於一個神助（göttlichen Beistandes）的信仰。」（27:251）又說：「在（新約）的理想中，一切是完整的，並且是最大的純粹性和最大的幸福。德性

之原則在其完全的神聖性中被陳述，現在它吩咐說：你應當是神聖的。但因為人是不完滿的，以致這理想有一種支柱，也就是神助。」（27：252）

必須注意，康德提出「神助」，作為「我們在道德的終極目的方面的無能的補償性原因」，並不意謂現實上有一位「上帝」參與人類的道德創造，而毋寧說，人設定「上帝」作為一個理想的目的因，並以完全的神聖性對其概念作決定。人依其道德的實存性必定要遵循出自其自身的道德法則之命令，致力於圓善（終極目的）實現於世界上，不管現實上人的能力遠為不足夠，無論外來的困難與險阻是多麼難以預測，人藉助宗教之力量，增強信心與勇氣，奮進不已。

並且，依康德所論明，「上帝」之概念及其本質不僅由人的道德法則之神聖性決定，而且，人通過耶穌（一個真實的人）而認識「上帝」。耶穌本人說：「若是認識我，也就認識我的父。」（Jhn 8:19）每一個人都能夠由內在於耶穌心靈的愛與公義的原則認識「上帝」，「上帝」之本質無非是愛與公義。耶穌作為一個真實的人向世界顯明了人的神聖性，標舉出每一個人成為「上帝喜悅的人」的典範。此即康德指出，耶穌「通過自身作典範（在道德的理念中），為願意像他一樣的任何人打開自由之門」。（Rel 6:82）他說：「如果我們將那個具有神的存心的人（göttlich gesinnten Menschen）表象為我們的原型，因為他雖然自己是神聖的，因此不必忍受苦難，但為了世界福祉（Weltbeste）仍然忍受著最大程度的苦難，那麼，就可以把這種與我們的結合視為上帝兒子（Sohnes Gottes）的一種屈辱狀態（ein Stand der Erniedrigung）。」（Rel 6:61）又說：

> 我們只能在這樣一個人的理念（Idee eines Menschen）下思想上帝所喜悅的人類之理想（從而還思想一種道德的圓滿性，就像

在一個依賴於需求和性好的世間生物〔Weltwesen〕身上是可能
的那樣）。這個人不僅能夠自己履行所有人類義務（Menschen-
pflicht），同時也通過教導和典範將善盡最大可能地傳播到自己
周圍，而且，儘管受到最大的誘惑，仍然願意為了世界福祉，
甚至為了他的敵人，承受所有苦難，直至最屈辱的死亡。（Rel
6:61）

　　「這個人」（耶穌）以人的身份作為每一個人的典範，而就其呈
現之「道德的圓滿性」（moralischen Vollkommenheit）而言，康德名
之為「人的理念」、「上帝所喜悅的人類之理想」（Das Ideal der Gott
wohlgefälligen Menschheit），「一個德性的圓滿性的原型」（ein Urbild
von der sittlichen Vollkommenheit），（27:250）也就是其所論「善的原
則的擬人化的理念」（Rel 6:60）。

　　接著第一節論明「善的原則的擬人化的理念」之後，康德於第二
節說明這一理念的客觀實在性。他首先明示：「這實在性就在我們那
在道德上立法的理性之中。我們應當符合它，因而我們也必定能夠符
合它。」（Rel 6:62）「不需要經驗例子（Beispiels der Erfahrung）來為
我們塑造一個在道德上讓上帝喜悅的人的理念作為我們的範本
（Vorbilde）；那理念作為一個範本已經處在我們的理性之中。」（Rel
6:62）他以道德法則之動力為例來說明：「單純一種合法則性理念如何
可能是抉意的動力，它比任何可以想像到的從利益中獲得的動力更強
大，這種動力既不能通過理性理解，也不能由經驗之例子（Beispiele
der Erfahrung）證明」。（Rel 6:62）他給出的回答：「法則是無條件地
發布命令的」。此即是說，它不能通過知解的理性理解，而是作為實
踐的理性之機能而顯現自身的立法能力。它也不能由經驗之例子證
明，理由是：「凡是真正的至上的德性原理都必須獨立不依於一切經

驗，而僅僅依據純粹理性。」（Gr 4:409）「即使從來沒有人無條件地
服從法則，但這樣做的客觀必要性是不言而喻的。」（Rel 6:62）此即
康德舉例：「即使直到如今也可能根本沒有過真誠的朋友，也還是能
夠毫不減弱地要求每一個人在友誼中有純粹的真誠（Redlichkeit）。」
（Gr 4:408）同理，可以說，「一個在道德上讓上帝喜悅的人的理念」
其實在性就在「我們那在道德上立法的理性之中」，因此根本不能亦
不必通過知解的理性來理解；並且，它也不能由經驗之實例證明，因
為根本沒有經驗的實例完全符合這樣一個理念，而依據實踐的觀點，
「它在自身中完全擁有其實在性。」（Rel 6:62）

　　那麼，如何理解康德提出，耶穌「樹立了一個讓上帝喜悅的人的
典範（Beispiel eines Gott wohlgefälligen Menschen」（Rel 6:63）呢？耶
穌作為典範，此即是說，「就人們對於外部經驗所能要求而言，他通
過教導、生活方式（Lebenswandel）和受難樹立了一個讓上帝喜悅的
人的實例（Beispiel）」，（Rel 6:63）「他通過在人類種族（Menschen-
geschlechte）中發動一場革命，而在世界上產生了不可估量的偉大的
道德的善」，（Rel 6:63）此即康德指明：「那麼，我們沒有理由假定
（anzunehmen）某種不同於一個自然出生的人的東西（因為一個自然
地出生的人也感覺〔fühlt〕有義務自己樹立這樣的範例〔Beispiel〕）。」
（Rel 6:63）此所言「範例」是由耶穌作為一個真實的人的全部「外
部經驗」之經歷所展示的，它作為一個實例具體地被展現為按照抽象
的「善的原則的擬人化的理念」、「上帝所喜悅的人類之理想」、「一個
德性的圓滿性的原型」包含在共相之下。由此證明：「這樣的人的實
例（Beispiel）的經驗也必須是可能的（möglich）」，康德解釋：「就像
人們也可以從一般的外部經驗中期望並要求其內在的道德的存心的證
據一樣」；「因為按照法則，每個人都應該在自己身上為這種理念樹立
實例（Beispiel）；這樣做的原型總是只保存（bleibt）在理性中：因為

外部經驗中的任何實例都不適合它。」（Rel 6:63）

　　值得注意，依康德所論明，儘管根本沒有經驗的實例完全符合一個理念、理想、原型，但人們仍然必須為自己樹立以人之理念（理想、原型）為標準的實例，時刻以之要求自己，以免偏離、違背。正如儘管康德一再論明，「外部經驗不能揭示存心的內在的東西」，「即使是人的內在經驗，他也無法看透他的內心深處，以至於他無法完全瞭解他所宣稱的格準的根據，以及通過自我瞭解這些格準的純潔性（Lauterkeit）和堅定性（Festigkeit）。」（Rel 6:63）但仍然強調，人們必須時刻警覺、堅持存心之純潔性和堅定性。即使人不能看透其內心深處，但人必須能做到以道德的存心要求自己，並且，每個人都能認出不純正的存心。[30]而且，正因為人不能看透自己內心深處，人需要時刻警覺，並有理由設定一位「知人心」之最高者，此即儒者之「對越在天」，表達一種「誠可鑒天」的自我要求，實質在表示向自身的道德立法的理性負責，並且時刻警覺以道德法則主宰自己的格準。此即康德論明，「人能夠時時處於其中的道德的狀態，乃是德行，亦即在奮鬥中的道德的存心，而不是在臆想擁有意志存心的一種完全的純粹性時的神聖性。」（KpV 5:84）原型與實現之間是一個不停止地奮鬥的進程。此所以，人能做到如曾子言「吾日三省吾身」[31]，則可以矣，不必一心追求對自己或對別人表明存心之完全的純粹性。此即康德亦指明，人能做到「以誠慎的自我省察在自己心中察覺到，

---

30 康德說：「就連兒童們也能夠發現混雜有不純正的動力的極微小的痕跡，〔……〕，通過援引善的人（就他們合法則性而言）的範例（Beispiel），讓道德上的學習者從他們的行動的現實的動力出發，去判斷某些格準的不純正性，可以無與倫比地培植這種為善的稟賦，並使它逐漸地轉化為思維模式，以至義務純然為其自身開始在他們的心中獲得明顯的優勢。」（Rel 6:48）

31 《論語・學而第一》：「曾子曰：『吾日三省吾身：為人謀而不忠乎？與朋友交而不信乎？傳不習乎？』」

自己不僅沒有任何這類起附帶作用的動力，而且還更有對許多與義務相對立的理念的自我否定，因而意識到力求這種純粹性的格準，他所能做到的這一點，對於他之奉行義務也就足夠了。」（KGS 8:285）

依以上所論可知，康德所言耶穌作為「一個讓上帝喜悅的人的典範」，也就是為「善的原則的擬人化的理念」、「上帝所喜悅的人類之理想」、「一個德性的圓滿性的原型」提供一個實例。如康德所提醒：「這樣做的原型總是只保存（bleibt）在理性中：因為外部經驗中的任何實例都不適合它。」（Rel 6:63）此即是說，吾人必須將耶穌作為人的理念之實例，與耶穌所體現的「理念」、「理想」、「原型」區別開，切忌混為一談。耶穌作為「典範」，也就是在經驗中展示的，我們不能也根本不需要在耶穌身上假定「超自然的起源」、「理念」、「理想」、「原型」之「實體化（hypostasirt）」（Rel 6:64）。並且，也不能誤以為該等「理念」、「理想」、「原型」是由耶穌之「榜樣」推導出來的。康德本人明示：「不需要經驗實例（Beispiels der Erfahrung）來為我們塑造一個在道德上讓上帝喜悅的人的理念作為我們的範本（Vorbilde）；那理念作為一個範本已經處在我們的理性之中。」（Rel 6:62）又說：「這樣一種人的原型與在我們的理性中找到的沒有任何不同，它總是在我們的理性中找到。」（Rel 6:63）其實，康德早在《基礎》一書中就論明：「即使是福音書中的聖者」，甚至「上帝（作為圓善）的概念」，都只有從「道德圓滿性之理念」中得到，「而理性先驗地制定這個理念，且將它與一個自由意志之概念不可分離地聯結在一起。」（Gr 4:409）「凡是真正的至上的德性原理都必須獨立不依於一切經驗，而僅僅依據純粹理性。」（Gr 4:409）「人們能夠給德性幫倒忙的，也莫過於想從範例中借來德性。因為每一個展現給我的範例（Beispiel），本身都必須事先按照道德的原則來判斷。」（Gr 4:408）「模仿（Nachahmung）根本不在德性中找到。」（Gr 4:409）「而範例

僅用於鼓勵，即：他們使法則所命令的事之可行性毋庸置疑，他們使實踐的規則更普遍地表達的東西成為可見的。」（Gr 4:409）

　　人之「理念」、「理想」、「原型」，「始終在我們自己（儘管是自然人）裡面尋找」，（Rel 6:63）人們必須事先按照道德的原則，以及以根源自理性之人之「理念」、「理想」、「原型」來判斷何者堪稱為其「範例」或「典範」。康德論明人們稱耶穌為「一個讓上帝喜悅的人的典範」，根本不應該誤解為要在耶穌身上假定「上帝所喜悅的人類之理想」之「實體化」。而如康德所論明，「由於他（耶穌）能夠將自己的存心作為對他人的而不是對自己的範例（Beispiel）而展示出來，所以，他只是通過他的教誨和行為把這存心展示在眾人眼前」，（Rel 6:66）他作為一個「真正屬於人的導師」，（Rel 6:65）他所教誨的東西「本來就是對每個人來說的義務」。（Rel 6:65）他提供一個「無懈可擊的範例」，「僅僅歸於他的最純潔的（lautersten）存心」。（Rel 6:65）據此，康德指出：「就如同善之理想（Ideal des Guten）在他身上（在教誨和行為中）展現。」（Rel 6:65）

　　耶穌提供了「善之理想」，亦即一個人之「理念」（理想、原型）的實例。其為「典範」即作為實例，意謂在經驗中以一個人的行為而言，此即康德說：「就一個人的行為而言，我們不能思想任何道德的價值而不同時以屬人的方式表象。」（Rel 6:64-65）亦唯獨他作為一個真實的人，他能夠作為「可供仿傚的實例」，「作為一種對我們來說如此純粹的和崇高的道德的善的可行性（Thunlichkeit）和可及性（Erreichbarkeit）之證明而能夠為我們所表象。」（Rel 6:64）

　　依以上所論，吾人可指出，耶穌作為「一個讓上帝喜悅的人的典範」，是以「屬人的方式表象」的。此即康德說：「那個上帝所喜悅的人的本性被思想為是屬人的：他與我們一樣有同樣的需要，因此有同樣的痛苦，有同樣的自然性好（Naturneigungen），因而被同樣的越軌

行為的誘惑所困擾。」（Rel 6:64）據此，吾人可指出，耶穌作為人之「理念」的一個「典範」，必須與其體現的「理念」（理想、原型）區別開來。大陸學界有一種說法，認為康德論「榜樣」有「經驗性榜樣」與「純粹榜樣」之區分，值得商榷。[32]

　　康德所論»Beispiel«，大陸學者依李秋零中譯本譯作「榜樣」。依愚意，大陸流行「榜樣」一詞，通常指有關當局提出來供人學習、模仿的樣板，與康德實踐哲學中»Beispiel«一詞之豐富涵意不盡相符。故本人中譯»Beispiel«為「範例」、「實例」，或「典範」（依具體引文之文意而定）。康德論»Beispiel«有種種說法，但可以肯定的是，並沒有如一些大陸學者那樣，就「榜樣」而區分開「經驗性榜樣」與「純粹榜樣」兩類的講法。實在說來，»Beispiel«一詞本身就表明它是在經驗中展示的，故不宜說是「純粹的」。其實，倒是康德本人提出了»Beispiel«（範例、實例、典範）與»Exempel«（樣板、例子、示例）的區分。即便此二詞之區分亦不在於「純粹的」與「經驗性的」之分別。因此二詞均含有「例子」之意，凡「例子」即是具體的。關於該二詞之區別，康德有明文，說：

---

32 劉鳳娟：〈康德道德教育理論中的榜樣概念〉提出這種說法。她說：「學界對康德道德教育中的經驗性榜樣有較多研究，而對純粹榜樣的關注較少。但這兩種榜樣概念都構成其道德教育理論的不可或缺的要素，並且兩者之間具有統一性。經驗性榜樣發揮作用的方式是由外而內的，並且超出了個體的局限性。其教育意義不在於直接使人們效仿，而在於鼓勵，使人們看到道德的可行性。純粹榜樣就是純粹理性之中具有道德上完善性的存在者的理念，其作用方式是由內而外的，通過直擊人心而引導其效仿和向善；但這種功能局限於個體自身內。」（《教育學報》2022年第3期）愚意以為，劉鳳娟此論未能完整表述康德的「榜樣」論，而只停在隨意議論。其文見連結：http://mp.weixin.qq.com/s?__biz=Mzg3NzAyMTQzOA==&mid=2247488002&idx=1&sn=89ff20ccb137e40312c9a10baa5c2791&chksm=cf280393f85f8a85703e5018c726ca3c3ed81da7582065d525fae81576e231314898d4f2f5fb&mpshare=1&scene=24&srcid=0704LzO8GpSQI1WXh9HEPbLg&sharer_sharetime=1656906292164&sharer_shareid=bd641104acc6951df6c0668b99750448#rd.

》Beispiel《，一個德語單詞，人們通常將它用作與》Exempel《同
等的使用，但它與後者的含義不同。拿什麼舉個例子，與為了
一個表述的可理解性（Verständlichkeit）舉出實例，是完全不
同的概念。》Exempel《是一條實踐的規則的一個特殊的案件
（besonderer Fall），如果這規則表象出一個動作的可行性或不
適當性。反之，》Beispiel《僅僅是殊相（Besondere）（具體的）
被展現為按照概念（抽象的東西）包含在共相之下，並且純然
是一個概念的理論的展現。（MS 6:479-480）

　　》Beispiel《可中譯為「範例」、「實例」、「典範」，或「示例」；而
》Exempel《可中譯為「樣板」、「例子」、「示例」。就此二詞皆有「例」
之含意，人們常作同等的使用。因此故，漢學界學者們於康德哲學研
究之論文中，常有此二詞混同的情況，尤其於涉及康德論道德教育的
論文中，二詞皆中譯作「榜樣」，[33]且因為對康德使用該二詞之含義欠
精確理解，故生所謂「經驗性榜樣」與「純粹榜樣」之區分的講法。
茲就實踐哲學範圍，略述康德論》Beispiel《之諸義。在此之前，讓我
們首先看康德關於》Exempel《的文句，以助理解其與》Beispiel《使用上
的區分。

## 引文一

　　但至於樣板（Exempels）之力量（無論是為善的或是為惡的），
　　就其展現給性好以供模仿或警告而言，別人給我們的東西，不

---

33 劉鳳娟〈康德道德教育理論中的榜樣概念〉一文（出處見前註），援用李秋零中譯
　本，譯《道德性形而上學》一段文：「教育者不會對他養成壞習氣的學生說：以那個
　好少年（規矩的、勤奮的少年）為榜樣！這只會成為學生憎恨這少年的原因，因為
　學生由於這少年而暴露出其弱點。」（MS 6:479-480）康德原文是：「〔……〕以那個
　好少年（規矩的、勤奮的少年）為樣板（Exempel）」。

能確立任何德行格準（Tugendmaxime）。因為這種格準恰恰在
於每個人的實踐的理性之主觀的自律，因此，不是其他人的行
為，而是法則必須成為我們的動力。所以教育者不會對他養成
壞習慣的學生說：以那個好的（規矩的，勤奮的）男孩為樣板
（Exempel）！這只會成為學生憎恨這少年的原因，因為學生由
於這少年而暴露出其弱點。（MS 6:479-480）

## 引文二

人心力量（Gemüthskräfte）之普遍的培養，〔……〕。a）要麼是
有形的（physisch）。在這裡，一切都歸結為練習和紀律，不讓
孩子們認知格準。〔……〕。學生必須服從他人的指導。別人替
他思考。b）或者是道德的。那麼它不是基於紀律，而是關於格
準。如果人們把它建立在例子（Exempel）、威脅、處罰等等
上，一切都會被敗壞。那麼這就純然是紀律。必須看到，學生
行為好出自他自己的格準，而不是來自習慣，他不僅做好事，
而且因為它好才這樣做。因為行動之全部的道德的價值在於善
之格準中。（KGS 9:475）

　　上面引文一說及「好的（規矩的，勤奮的）男孩」被拿出來作一
個例子，以供別的孩子模仿，但並沒有為何謂好孩子作出可理解性的
表述。故康德該處使用»Exempel«。於引文二，康德明文指出，建立在
例子上，而不教導孩子們此外出自他自己的格準而做好行為，結果是
敗壞道德。值得注意，康德在有些地方使用»Beispiel«一詞是依人們通
常使用該詞與»Exempel«同等的習慣，其實意是指「例子」（Exempel）。
見以下引文：

## 引文三

所有教育學的主要任務（Begriffen des Rechtes）就是根據法權
概念（Begriffen des Rechtes）訓練孩子養成一種性格，〔……〕。
這種訓練的基礎是示例（Beispiel），而在此，還有什麼示例比
父母的軟弱順從所顯示給孩子的那種缺乏自己的態度，缺乏自
己的性格的示例更有害呢？這就是孩子缺乏性格的根源。（KGS
9:479）

## 引文四

人的本性中存在某種不誠實，〔……〕。也就是一種隱藏自己的
真正的存心而裝出人們認為是善的外表的性好。〔……〕，因為
沒有人能夠看透裝扮得體、誠實和謙虛，從而根據他在周圍看
到的所謂真實的善之實例（Beispielen des Guten）為自己找到
一所改進的學校。（A747-748/B775-776）

## 引文五

德行教育（Bildung zur Tugend）之實驗性的（技術的）手段是
以教師本人的好的示例（gute Beispiel）（成為樣本的引導 exem-
plarischer Führung）以及對他人的警告；因為模仿（Nachah-
mung）是尚未受過教育的人接受他今後為自己制定的格準的首
次意志決定。養成習慣或戒除習慣是通過經常滿足相同的性
好，而沒有任何格準；並且是感取模式之機械作用，而不是思
維模式之原則（在這方面，以後的荒廢變得比學會更難）。
（MS 6:479）

上面引文三出自《論教育》，該處使用»Beispiel«一詞明顯僅意指

舉出一個例子而言。引文四出自《純粹的理性批判》，為人的本性中的不誠實舉出示例，但人們卻以之為「善之實例」。該處所謂「實例」，僅僅意指為別人提供一個樣板，以供模仿，而並不是一個表述「善」的可理解性的實例。該處說及»Beispiel«（實例）一詞是依人們通常使用該詞與»Exempel«同等的習慣。此即康德指明：「這種將自己偽裝得比別人更好的但並沒有表達自己的存心的傾向只是暫時的，可以說是為了使人們擺脫粗魯，至少接受他所知道的善之方式（die Manier des Guten）；因為以後，一旦真正的原則被發展並成為思維模式中，那麼這種虛假必須逐漸遭到有力打擊，否則它會敗壞心靈，使善的存心在美麗外表的雜草叢中無法生長。」（A748/B776）引文五出自《德性形而上學》之「倫理的教學法」那一章，該引文說及教師本人作為「好的示例」，是就實驗性的（技術的）手段而言的，其意指一個供他人模仿以及對他人警告的「樣本的引導」。依此意，該處說及「好的示例」，所用「示例」一詞是依人們通常使用該詞與»Exempel«同等的習慣，其實意是指「例子」（Exempel），也可名為「樣板」。此即他指明：這種通常稱為「好的示例」，其實僅僅為別人提供一個供模仿或由之被警告的樣板；而「沒有任何格準」及「思維模式之原則」。康德說：「但至於樣板（Exempels）之力量（無論好壞），就其展現給性好以供模仿或警告而言，別人給我們的東西，不能確立任何德行格準（Tugendmaxime）。因為這種格準恰恰在於每個人的實踐的理性之主觀的自律，因此，不是其他人的行為，而是法則必須成為我們的動力。」（MS 6:479-480）

　　總而言之，依康德所論，凡僅僅提供一個例子，或用作說明的案例，或供別人模仿或引以為戒，稱之為例子或樣板（Exempels）。而德行教育若只採用技術的手段，亦即只以教育者本人為樣板，是不可

取的；這種手段忽視「每個人的實踐的理性之主觀的自律」[34]而包含「意志他律」。依康德一再論明，意志他律是一切虛假的德性原則之根源。（Gr 4:441）「在他律的情形中，就不是意志為自己立法，而是客體通過其與意志的關係為意志立法。」（Gr 4:441）

依康德所論，樣板（Exempel）無論好壞：為一條表象出一個可行的行動的行實踐的規則舉出一個例子，名為好的樣板；反之，為一條表象出一個不適當的行動的實踐的規則舉出一個例子，名為壞的樣板。但「樣板」充其量只作為技術的手段，而不能取代「範例」。此即康德明示：即使好的樣板也「不應該作為典範（Muster），而只是為了證明強制性的可行性。」（MS 6:480）

其實，康德使用»Exempel«一詞的情況不多。也有使用»Beispiel«意指「例子」、「示例」。[35]儘管如吾人所見，在康德實踐哲學著作中，

---

34 依康德所論明，「意志自律就是意志之特性，因著這種特性，意志對於其自己（獨立不依於意願的對象之一切特性）就是一法則。因此，自律的原則是：不要以其他方式作選擇，除非其選擇的格準同時作為普遍法則被一起包含在同一個意願中。〔……〕上述自律原則是唯一的道德原則，這一點可以僅憑分析道德概念就得到極好的闡明。因為我們靠這個分析發現：道德原則必然是一個定言律令，而這個定言律令所要求的，不多不少正是這自律。」（Gr 4:440）

35 例如：在《倫理學演講錄》中，康德說及「對自我義務」時說：「對自我義務的例子（Exempel）是難以看到的東西，因為它們是最不為人知的。」（27:1428）在論及教育和管治時說：「道德之學說概念之經驗的系統屬於兩種外部的根據。道德在此中表述為：一切道德建立在兩部份：教育和管治。一切道德僅僅是習慣，以及我們出於習慣去判斷關於一切按照教育之規則或當權者之法則而行的行為。因此，讓道德判斷產生於示例（Beispiel）或法則之戒律。那麼，道德的判斷或源於示例（Beispiel）或源於法則的規定。」（27:253）又說：「刑罰是防止或懲罰邪惡的手段。一切政府的刑罰都是警戒的刑罰，通過示例，要麼是為了警戒犯了罪的人，要麼是為了警戒他人。」（27:285）以上引文中，「例子」與「示例」意思相近。又，《德性形而學》一書，康德運用大量例子，關此，他解釋：「法學說，作為道德學說的第一部份，是從理性出發的系統所需要的，可以稱之為法的形而上學。但是，由於權利概念是一個純粹的概念，而是一個應用於實踐（應用於經驗中發生的案例〔Fälle〕）的概

使用»Beispiel«一詞有時也僅僅意指「例子」、「示例」，但並沒有以»Exempel«一詞用於「範例」、典範。

　　依康德於實踐哲學中論»Beispiel«（範例／典範）的學說，其所論並非一個僅供別人模仿的樣板。此即其一再告誡：教育者不應提出一些樣板而讓人與別人比較。他說：「不是與任何其他人（他是怎麼樣）進行比較，而是與他應當怎麼樣的理念（人類之理念）比較，所以是與法則比較，必須為教師提供其教育的絕不可缺少的標準（nie fehlende Richtmaß）。」（MS 6:480）此所以必須將「範例」、「典範」與「樣板」區分開。前者意指按照概念（在實踐哲學中就是理念、理想、原型），以及道德法則而展現為包含在共相之下的一個具體的殊相；而後者僅僅意指提出一個例子。茲條理康德論»Beispiel«（範例／典範）之諸義，如下：

　　第一，範例（Beispiel）為「合法則性」、「行動的真實動力」、「格準的純正性」之可理解性（Verständlichkeit）舉出實例。茲條列相關引文：

---

念，因此它的形而上學系統在其分類中必須考慮到這些案例的經驗多樣性，以便來完成分類（這是建立理性系統的必要條件），但經驗劃分的完整性是不可能的，並且在嘗試（至少接近它）的地方，這些概念不是作為系統的組成部份，而只是作為註釋中的例子（Beispiele）。」（MS 6:205）在該書中，»Beispiel«一詞許多情況下意指作為註釋用途的例子。例如：「對這種惡習（案：指「吝嗇」）的指責，可以說明任何僅僅從程度上解釋德行和惡習的不正當的例子（Beispiel），同時表明德行存在於兩種惡習之間的中間道路的亞里士多德原則的無用（Unbrauchbarkeit）。」（MS 6:432）「在下面的例子（Beispielen）（案：不要做別人的奴僕、不要做寄生蟲或諂媚者，等等）中，人們可以或多或少地認識到與在我們中人類之尊嚴相聯繫的，因此也是對我們自己的義務。」（MS 6:436）「上帝的刑事正義的理念在這裡被人格化了；〔……〕。這裡有一些例子（Beispiele）。」（MS 6:489）等等。

## 引文一

人們能夠給德性幫倒忙的，也莫過於想從範例中借來德性。因為每一個展現給我的範例（Beispiel），本身都必須事先按照道德之原則來判斷是否值得成為一個原始的範例，即作為一個典範（Muster），但它絕不可以提供那道德的至上的概念。（Gr 4:408）

## 引文二

模仿根本不發生在德性中，而範例（Beispiel）僅用於鼓勵，即：它們使法則所命令的事之可行性毋庸置疑，使實踐的規則更普遍地表達的東西成為可見的，但它們絕不能使我們有權將那存在於理性中的真正的根源置之不理，而只按照範例行事。（Gr 4:409）

## 引文三

任何人，縱使是極壞的惡棍（只要他在通常情況下習慣於使用理性），當我們在他面前舉出心志正直，緊守善的格準，同情以及普遍仁愛（甚至連帶著利益與舒適方面的重大犧牲）的範例（Beispiele）時，他決不會不願他也可有這樣的品質。但只因他的性好與衝動而不能做到，他還是同時亦願望擺脫那些對於其自己為重累的性好與衝動。因著這樣一種願望，他證明：以其擺脫感性衝動的意志，他在思想中把他自己置於一個與他的感性場地內（im Feld der Sinnlichkeit）的秩序完全不同的事物之秩序中；〔……〕，所以他只能期望他的人格的一種更大的內在價值。而當他把他自己置於知性界一分子的觀點上時，他相信他自己就是這更善的人格，自由之理念，即獨立不依於感觸

界的決定因的獨立性，迫使他不得不置於知性界的一分子的觀點；而且依這觀點，他意識到一個善的意志，而因著他自己的供認，這善的意志構成他作為感觸界一分子的那壞的意志的一法則，當冒犯這法則時，他就認知到它的威權。（Gr 4:454-455）

## 引文四

對於一個我親自見到的品格端正的卑微的平民，我自覺不如，我的心靈（Geist）向他鞠躬，〔……〕。這是為什麼呢？他的範例（Beispiel）將一條法則立在我的面前，當我將它與我的行為進行比較時，它粉碎了我的自負，通過這個在我面前證實了的事實（Tat），我看到對這條法則的遵循，及其可實行性（Thun-lichkeit）。縱然我可能同時意識到甚至我自己同樣品格端正，而這敬重依然不變。因為在人這裡所有的善總是不足（mangel-haft），所以舉一個範例說明法則，總是平伏我的驕傲，我眼前所見的那個人，可能依附於他的不誠實，對我來說卻不像我的過行那樣是我所知道的，因此在我看來就顯得較純淨，它提供了一個標準（Maßstab）。（KpV 5:77）

## 引文五

如果人們把一些行為作為跟隨（Nachfolge）的範例介紹給別人，那麼，對義務的尊敬（作為唯一的純正的〔echte〕道德的情感）必須被用作動力。（KpV 5:85）

## 引文六

就某些範例（Beispiel）生動地展現道德的存心時使人注意到意志之純粹性。（KpV 5:160）

## 引文七

通過援引善的人（就他們合法則性而言）的範例（Beispiel），
讓道德上的學習者從他們的行動的真實動力出發，去判斷某些
格準的不純正性，可以無與倫比地培植這種為善的稟賦，並使
它逐漸地轉化為思維模式，以至義務純然為其自身開始在他們
的心中獲得明顯的優勢。（Rel 6:48）

　　第二，耶穌作為典範（Beispiel），為「人的理念」、「善的原則的
擬人化了的理念」、「上帝所喜悅的人類之理想」、「唯一讓上帝喜悅的
人類之原型」之可理解性舉出實例。茲條列相關引文：

## 引文一

我們只能在這樣一個人的理念（Idee eines Menschen）下思想上
帝所喜悅的人類之理想（從而還思想一種道德的圓滿性，就像
在一個依賴於需求和性好的世間生物〔Weltwesen〕身上是可能
的那樣）。這個人不僅能夠自己履行所有人類義務（Menschen-
pflicht），同時也通過教導和範例（Beispiel）將善盡最大可能地
傳播到自己周圍，而且，儘管受到最大的誘惑，仍然願意為了
世界福祉（Weltbesten），甚至為了他的敵人，承受所有苦難，
直至最屈辱的死亡。（Rel 6:61）

## 引文二

因此，不需要經驗之範例（Beispiels）來為我們塑造一個在道德
上讓上帝喜悅的人的理念作為我們的範本（Vorbilde）；那理念
作為一個範本已經處在我們的理性之中。但是，無論誰，為了

承認某個人是與那個理念一致的可供繼承的範例（Beispiel），
誰還要求有比他自己看見的更多的東西，……，誰除此之外還
要求有通過他或者為了他而必然發生的奇蹟來作證明，誰也就
同時承認他在道德上的無信仰，也就是對德行的信仰之缺乏。
（Rel 6:62-63）

## 引文三

這樣的人的實例（Beispiel）的經驗也必須是可能的（就像人
們也可以從一般的外部經驗中期望並要求其內在的道德的存心
的證據一樣）；因為按照法則，每個人都應該在自己身上為這
種理念樹立實例；這樣做的原型總是只保存在理性中：因為外
部經驗中的任何例子都不適合它，外部經驗不能揭示存心的內
在的東西，而只是允許從中推論到它，儘管這種推論並沒有嚴
格的確定性（即使是人的內在經驗，他也無法看透他的內心深
處，以至於他無法完全瞭解他所宣稱的格準的根據，以及通過
自我瞭解這些格言的純潔性和堅定性。（Rel 6:63）

## 引文四

現在，如果這樣一個真正的具有上帝的存心的人在某個時候如
同（gleichsam）從天國到了地上，就人們對於外部經驗所能要
求而言，他通過教導、生活方式和受難樹立了一個讓上帝喜悅
的人的典範（Beispiel），（當然，這樣一種人的原型與在我們的
理性中找到的沒有任何不同，它總是在我們的理性中找到），
如果通過這一切，他通過在人類種族（Menschengeschlechte）
中發動一場革命，而在世界上產生了不可估量的偉大的道德的
善，那麼，我們會仍然沒有理由假定（anzunehmen）某種不同

於一個自然出生的人的東西（因為一個自然地出生的人也感覺
有義務自己樹立這樣的範例），儘管這並不能絕對地否認說，
他就不會也可能是一個超自然地出生的人。（Rel 6:63）

## 引文五

這位具有著屬神存心的（göttlichgesinnte），但完全真正是人的
導師，卻可以同樣真實地說他自己，就好像善的理想在他身上
（在教學和行為中）得到了真實的體現。因為在這種情況下，
他只會談論他作為自己的行動規則的存心，把這存心作為對他
人而不是對自己的範例（Beispiel），他只是通過他的教誨和行
動來把這存心表現在眾人眼前。〔……〕。那麼，一個導師所教
誨的東西本來就是每個人的義務，把他所教誨的東西所提供的
無可指責的範例，僅僅歸諸他的最純潔的存心是公正合理的。
這樣一種帶有為了世間福祉而承受一切苦難的存心，就人類的
理想而言，對所有時代和所有世界的所有人來說，面對最高的
公正是充分有效的。如果人使他自己的公正正如他應當作的那
樣與這樣一種公正相似。當然，如果這種公正必須以一種完全
無瑕疵的生活方式與這種存心相一致，那麼，它永遠是一種不
屬於我們的公正。但是，如果我們的公正與原型的存心結合起
來，那麼，為了我們的公正而吸取最高的公正，仍然是可能
的。（Rel 6:65-66）

## 引文六

突然間出現一位人物，他的智慧比之前的哲人還要純粹，彷彿
從天而降，在他的教誨和範例（Beispiel）方面，他也自稱是
一個真正的人，但卻是一個來自如此起源的使者，在原初的天

真無邪中，其餘的人類通過其代表，即始祖與惡的原則訂立契約，而他沒有包括在內。（Rel 6:80）

## 引文七

對他的教義的純正的意圖的誹謗（以使他失去所有的追隨者），並一直迫害他讓他遭受最屈辱的死亡，但是，對他為誠實的低下者提供最好的教訓和範例（Beispiel）所表現的堅定和坦率的攻擊並沒有有損於他。〔……〕。在經歷了許多苦難之後，他不得不在這場鬥爭中獻出自己的生命，因為他處於外來的（擁有暴力的）統治之下發動起義。（Rel 6:81）

## 引文八

正是他的這一死亡（一個人的最高程度的苦難）是善的原則的之展現，也就是人類在其道德的圓滿性中（nämlich der Menschheit, in ihrer moralischen Vollkommenheit），以及作為後世每個人繼承（Nachfolge）的典範（Beispiel）。這個表象應該而且也可以在他的時代，甚至每一個時代對人的心產生最大的影響。因為它使人看出：天國兒女之自由（die Freiheit der Kinder des Himmels）與一個純然的地上之子（eines bloßen Erdensohnes）的奴役地位的最鮮明的對比。（Rel 6:82）

## 引文九

然而，善的原則不僅在特定的時間，而是從人類的起源（就像每一個注意到自己的神聖性，同時也注意到這神聖性與人之感取的本性在道德稟賦之中的連結的不可理解性的人，都必須承認那樣），並且合法地在那裡有他的第一個居住地。因此，當

它出現在一個現實的人（wirklichen Menschen）身上，作為所有人的榜樣時，「他來到自己的地方，自己的人不接待他。而凡接待他的人，就是信他的名的人，他就賜他們權柄，稱為上帝的兒女」。[36]這就是說，通過自身作典範（在道德的理念中）為所有願意像他一樣的人打開自由之門。（Rel 6:82）

## 引文十

福音之導師宣布自己是由天上差遣來的，而同時他作為值得這樣的差遣的人，他宣布強制的信仰（對禮拜、信條和習俗的信仰）是無效的，反對道德的，另一方面，唯獨道德的信仰使人成為神聖的，「就像你們在天上的父是神聖的。」為唯一拯救人的信仰，他通過善的生活方式證明自己的純正性，但在他經過教誨與受苦，乃至無過辜的、同時有功德的死亡，在自己的人格上為符合那唯一讓上帝喜悅的人類之原型（Urbilde）提供了一個典範（Beispiel）之後，他被介紹為（vorgestellt）重新回到了他所來自的天國。因為他口頭留下他最後的意志（如同在遺囑中），並且，就記住他的功績、教義和典範的力量而言，可以說：「他（上帝所喜悅的人類的理想〔das Ideal der Gott wohlgefälligen Menschheit〕）仍然與他的門徒在一起直到世界末日。」（Rel 6:128-129）

## 引文十一

為慶祝這個教會團契的更新、延續和傳播，而一再舉行的慶典（聖餐）。必要時還按照這樣一個教會的創始人的範例（Beis-

---

36 見《約翰福音》（Jhn 1:10）。

piele）（同時也為了紀念他），通過在同一張桌子上共同享受的儀式可以發生一些偉大的事情，使人們的狹隘，自愛和不相容的思維方式，尤其是在宗教事務上，擴展成一種世界公民的道德的共同體的理念（Idee einer weltbürgerlichen moralischen Gemeinschaft），並且是一個很好的方法，可以使會眾展現兄弟的愛之德性的存心（sittlichen Gesinnung）。（Rel 6:199-200）

以上概述康德論»Beispiel«（範例／典範），區分兩類，第一，»Beispiel«取「範例」義，就人的行為舉出實例，以說明行為之「合法則性」、「行動的真實動力」、「格準的純正性」，及其可理解性。第二，»Beispiel«取「典範」義，以耶穌的教誨和行動，及其最純潔的存心，樹立一個典範，以說明人的理念、上帝所喜悅的人類之理想與原型，及其客觀的實在性。

就每一個人而言（此即康德舉品格端正的卑微的平民、善的人為例），依循道德法則而行，以道德法則為行為的唯一動力，亦即堅持其格準的純正性，乃是在人自身的能力中者。此等事例名為「範例」，範例將道德法則立在每一個人面前，說明法則是可實行的。每一個人都具有善的稟賦，縱使是極壞的惡棍，只要他使用自己的理性，他也願意有善的品質，當他冒犯道德法則時，他也認知到它的威權。

就每一個人所具道德稟賦而言，出自人的理性的道德法則以及道德的存心，是每一個人憑自身之道德稟賦都能夠體現的。耶穌之所以不同於一般人，而被樹立為「典範」，不在於道德稟賦不同，而在於耶穌不僅體現道德法則、行為格準的純正性，並且他以一生的生活方式、宣道和為「道」及拯救人而受難，體現了「人的理念」（即「一個在道德上讓上帝喜悅的人的理念」）之真實性，印證了「上帝所喜悅的人類之理想」、「唯一讓上帝喜悅的人類之原型」之客觀的實在

性，及實踐上的可行性與必然性。康德說：

> 基督教的理想是神聖的理想，基督就是典範。基督也是一個純
> 然的理想，一個德性的圓滿性的原型，經由與神共謀而是神聖
> 的。因為只是尋求達至理想，達至更接近於典範，那些自稱為
> 基督徒的人不可跟這個理想混為一談，因為那些基督徒僅只是
> 尋求接近這個典範或理想而已。（27:250）

　　耶穌既是「典範」，同時他為「基督」，也是一個純然的理想。就
他作為一個典範來看，他「自身樹立了一個讓上帝喜悅的人的範例
（Beispiel）」，他與一切人一樣，稟具人的本性；儘管就他作為「基
督」，體現一個純然的理想而言，任何人不能跟他混同。就此區別而
言，人們可以設想他「可以說（gleichsam）從天國到了地上」。（Rel
6:63）「他也自稱是一個真正的人，但卻是一個來自如此起源的使者，
在原初的天真無邪中，其餘的人類通過其代表，即始祖與惡的原則訂
立契約，而他沒有包括在內。」（Rel 6:80）此即康德說：

> 福音之導師宣布自己是由天上差遣來的，而同時他作為值得這
> 樣的差遣的人，他宣布強制的信仰（在禮拜、信條和習俗的日
> 子）是無效的，反對道德的，另一方面，唯獨道德的信仰使人
> 成為神聖的，「就像你們在天上的父是神聖的。」為唯一拯救人
> 的信仰，他通過善的生活方式證明自己的純正性，但在他經過
> 教誨與受苦，乃至無過辜的、同時有功德的死亡，在自己的人
> 格上為符合那唯一讓上帝喜悅的人類之原型（Urbilde der allein
> Gott wohlgefälligen Menschheit）給出了一個榜樣之後，他被表
> 述為（vorgestellt）重新回到了他所來自的天國，……。並且就

追憶他的功績、教誨和典範而言，他能夠說，「他（上帝所喜悅的人類的理想）仍然與自己的門徒同在，直到世界的末日」。（Rel 6:129）

就耶穌在其人格上給出了「符合那唯一讓上帝喜悅的人類之原型的典範」而言，人們有理由稱他為「基督」，他配稱為「由天上差遣來的」導師，任何人無法與他混同。但如康德明文提示，此不意謂我們可以以為，一個德性的圓滿性的原型（亦即：「人的理念」，也就是「一個在道德上讓上帝喜悅的人的理念」、「上帝所喜悅的人類之理想」、「唯一讓上帝喜悅的人類之原型」）是從耶穌推導出來。相反，為了承認耶穌是與那理念、理想、原型相一致的典範，我們首先在自身的理性中有此理念、理想、原型作判斷的標準。[37]此即如康德明文指出：「不需要經驗之範例來為我們塑造一個在道德上讓上帝喜悅的人的理念作為我們的範本（Vorbilde）；那理念作為一個範本已經處在我們的理性之中。」（Rel 6:62）他說：「因為按照法則，每個人都應該在自己身上為這種理念樹立範例；這樣做的原型總是只保存在理性中：因為外部經驗中的任何例子都不適合它。」（Rel 6:63）因此，依康德所論，耶穌作為一個現實的人，具有人的本性，與自然的人一樣，有同樣的需求與苦難，有自然性好，同樣有被誘惑所糾纏，唯獨他與我們一樣，同樣稟具人的本性，始可以作為我們追隨的典範。我們並不是從耶穌一生中經驗之範例推導出「人的理念」、「德性的圓滿性的原型」，而毋寧說，耶穌的一生體現了此理念、原型，為人們追

---

[37] 在《純粹的理性批判》，康德就論明，「所有給出的例子，無一例外都是從判斷中得出的，而不是從事物及其存在中得出的。但是判斷的絕對必要性並不是事物的絕對必要性。因為判斷的絕對必然性只是事物或判斷中謂詞的有條件的必然性。」（A592/B621）

求實現此理念、原型樹立了典範。此即康德提出，信耶穌，亦即「對上帝之子的實踐上的信仰」，就是：「他自身意識到這樣一種道德的存心，即他能夠信仰並且確立以自己為根據的信賴，他將在類似的誘惑和苦難的情況下（如同把它們作為那個理念的試金石）對人類之原型忠貞不渝。並且在忠實的繼承（Nachfolge）中保持與其範例相似，這樣的人，也只有一個這樣的人，才有權將自己視為一個並非配不上上帝喜悅的對象。」（Rel 6:62）

　　依康德所論，理性無條件地發布命令，此即為道德法則，此法則絕不能由經驗事例歸納出來。他說：「德性之教義〔……〕，它們命令每個人，不管他的性好如何：只是因為並且只要他是自由的並且具有實踐的理性。〔……〕。理性命令應該如何行動，即使沒有找到這樣做的任何實例（Beispiel），理性也沒有考慮由此可以給我們帶來的好處，好處當然只有經驗可以教給我們。」（MS 6:216）他舉例說：「例如，即使每個人都在撒謊，那麼說實話就會因此而是一種純然的怪念頭嗎？」（KGS 9:445）又說：「即使直到如今也可能根本沒有過真誠的朋友，也還是能夠毫不減弱地要求每一個人在友誼中有純粹的真誠（Redlichkeit）。」（Gr 4:408）

　　同樣，純粹的理性概念（包括理念、理想、原型）不可能在可能的經驗中推導出來，也不可能在可能的經驗中找出其恰當的實例。[38]康德在論及「自由概念」時，說：「自由概念是一個純粹的理性概念，

---

[38] 早在《純粹的理性批判》，康德就通過對人類認識機能的批判考察論明，「純然經驗的東西」決不能提供「真正的普遍性和嚴格的必然性」。（A2）他說：「單純的經驗的認識並不能對於我們的主張給以真正的普遍性和嚴格的必然性，必有一類先驗的認識作為經驗的根源。」（A2）依康德所論，「為了從理性的經驗的使用中舉一個實例（Beispiel）來闡明（erläutern）理性之軌約的原則，而不是為了證實（bestätigen）這一原則（因為這樣的證明〔Beweise〕不適用於超越的斷言（transzendentalen Behauptungen）。」（A554/B582）

正因為如此，它對理論哲學來說是超絕的，也就是說，它是這樣一個概念，不可能在可能的經驗中給它提供任何恰當的實例（Beispiel），因此，它並不構成一種對我們而言可能的理論認識的任何對象。」（MS 6:221）並指出，「自由概念」絕不能通過經驗證明，而是通過道德法則證明，他說：「在理性的實踐使用中，它的實在性卻通過實踐的原理得到了證明，實踐原理作為法則，獨立不依於決定抉意的一切經驗的條件（一般而言的感觸東西），證明了純粹理性的一種因果性，證明了在我們中的一種純粹的意志，德性的概念和法則的起源就在於這種純粹的意志。」（MS 6:221）

並且，依康德所論明，「所有關於人類在其道德的圓滿性方面之理想的昇華（Hochpreisungen），不會通過人，現在是，曾經是，或者也許將來是的樣子作為反面之例子（Beispiele）來使其失去實踐的實在性，而純然從經驗認識出發的人類學不能損害由無條件立法的理性所建立的人類規範學（Anthroponomie）。」（MS 6:405-406）康德學界周知，康德論「道德」（道德的法則、道德的存心、自由之概念，乃至理念、理想、原型）強調其純粹性，故無任何經驗完全符合之，有學者據此批評康德所主張「道德」對人是不可能的東西。誤解甚矣！康德本人對這種誤解多次反駁。在〈永久和平論〉一文中，他說：

> 道德作為我們應該據以行動的無條件的命令法則的總體，其本身在客觀意義上已經就是一種實踐。在我們已經向這種義務概念承認其權威之後還要說我們不能做到，那就是顯然的荒謬。（KGS 8:370）

又，在《論教育》講演錄中，康德明文指出：

> 我們的理念首先必須是正確的，然後它才根本不是不可能的，
> 無論有多少障礙還在阻礙它的實施。一個理念無非是作為一種
> 在經驗中找不到的圓滿性的概念。例如：由正義規則支配的完
> 滿的共和國的理念！難道它因此就是不可能的嗎？首先我們的
> 理念必須是正確的，然後才是即使所有的障礙仍然阻礙他們的
> 實施，它仍然根本不是不可能的。（KGS 9:444）

　　若人缺乏「人的理念」、「人類之理想」，那麼，人對自己的分定
連一個概念也沒有，根本不知道「人應當是什麼」。但依康德所論
明，「動物自動地滿足自己的分定，但並不認知它。」（KGS 9:445）
人則不同，人必須追求達到自己的分定，「但如果他對自己的分定連
一個概念也沒有，這就不可能發生。」（KGS 9:445）人類中有許多胚
芽有待發展，此即康德說：「人類展開其胚芽，使得人達到其分定
（Bestimmung），這是我們的事情。」（KGS 9:445）並指出需要有
「一種把人裡面的所有自然稟賦都發展出來的教育的理念」。（KGS
9:445）「人的理念」、「人類之理想」作為圓滿性的概念，固然是經驗
中找不到的，但人努力不懈地向著「圓滿性」而趨，是必須的。此即
康德洞悉到，正是「人的理念」、「人類之理想」構成道德與宗教的基
石，儘管他毫不諱言，「理想是作為一種唯有通過理念才能決定或才
被完全決定之個別東西的理念，理想比理念顯得還要更遠離客觀的實
在性。」（A568/B596）在〈論通常的說法：這在理論上可能是正確
的，但在實踐上是行不通的〉一文中，康德說：

> 人自身意識到應當作，他就能夠做到；這在其身上開啟了一種
> 神性的稟賦的深度（eine Tiefe göttlicher Anlagen），使他可以
> 說（gleichsam）對其真正的分定之偉大與崇高感受到一種神聖
> 的（heiligen）敬畏。（KGS 8:287-288）

　　人自身有依於道德法則而產生的道德「應當」的意識，他就能夠於實踐中使「應當」成為「是」。「應當」與「是」永遠有距離，而人使「應當」成為「是」的實踐進程亦永不停息。道德法則是人的道德主體頒立的神聖的法則，如康德論明，「意志與道德法則的完全切合是神聖性，是沒有一個感觸界的有理性者在其存在的某一個時刻能夠達到的一種圓滿性。」（KpV 5:122）因此，「我們本性的道德的分定」的命題就是：「只有在一個向著進步的無限中才能達到與德性法則完全切合。」（KpV 5:122）

　　可以說，依此，康德揭示：人「在其身上開啟了一種神性的稟賦的深度」，他說：「在這裡，人依照與神明的類比來思想自己。」（KGS 8:280）「人因著其自由之自律之能（vermöge der Autonomie seiner Freiheit），他是道德法則之主體，是神聖的。」（KpV 5:87）儘管現實的人是不圓滿的，但人的主體既是神聖的，他必然會嚮往圓滿性，其設想「神性」無非就是圓滿的神聖性。此即康德所言「一種神性的稟賦的深度」在人身上開啟。但人畢竟不是神，人是有缺陷的，故設想神（圓滿的神聖性），以之為理想而向之無窮地前進。此即康德引用詩人哈勒（Haller）的詩句，說：「有缺陷的世界──比一個無意志的天使的王國更好。」（Rel 6:64-65）

　　如上所述，康德所論道德的圓滿性的原型，總是只保存在理性中。康德說：「提高我們至道德的圓滿性之理想，即：在其完全的純正性中的德性的存心之原型，現在是普遍的人類義務，為此，理性交給我們以進一步追求的這個理念本身也能夠賦予我們力量。」（Rel 6:61）儘管康德如理如實指出，人的意志並不是神聖的意志。（Gr 4:414）並告誡：人不能「臆想擁有意志存心的一種完全的純粹性時的神聖性」。（KpV 5:84）但吾人並無理由以此為藉詞，貶損「道德的圓滿性的原型」為幻想的烏托邦。因為此「原型」處於每一個人自身

的理性中，本身就給予我們力量，向之努力不懈地前進，乃是每一個人義不容辭的義務故也。

　　同樣，我們可以提出，在孔子哲學傳統中，「聖」即是康德所論「道德的圓滿性之原型」，亦即「人的理念」、「人類之理想」；而聖人就是此原型、理念、理想的體現。就聖人一生為每一個人樹立典範而言，聖人與每一個自然人一樣，具有人的本性，此即孟子說：「聖人與我同類者。」（《孟子・告子章句上》）所言「同類」，也就是同具人的本性（大體、小體在內），依康德所論，「小體」就是康德所論動物性、人性；而「大體」就是康德所論人格性，「人格性」就是意志自律之自由的根，即道德創造的機能。此即孟子言「本心」（大體）。「本心」之普遍立法（天理）為主宰，小體隸屬於其下，此即孟子說：「先立其大者，則其小者不能奪也，此為大人而已矣。」（《孟子・告子章句上》）

　　孔子、孟子皆沒有自稱為「聖人」。吾人亦並不是從孔子之生平功績推導出「聖人」之為「聖」。而毋寧說，吾人可依康德所論而提出，人們之所以稱孔子為「聖人」，必定先以「道德的圓滿性之原型」為判準。此「原型」也可名為「人的理念」、「人類之理想」，它就在本心之仁中。此即孔子說：「仁者，人也。」（語見《中庸》第二十章「答哀公問政」）孟子也說：「仁也者人也，合而言之道也。」（《孟子・盡心章句下》）聖人（如孔子），「人的理念」、「人類之理想」，亦即「仁者，人也」的圓滿體現者也。現實中，人希賢、希聖、希天，是以賢、聖為範例，不懈怠地「踐仁」為己任也。此即《史記・孔子世家》讚頌孔子，曰：「《詩》有之：『高山仰止，景行行止。』雖不能至，然心嚮往之。」就孔子作為一個現實的人，他自道：「若聖與仁，則吾豈敢？抑為之不厭，誨人不倦，則可謂云爾已矣！」（《論語・述而第七》）孔子亦不宣稱聖人無過，他說：「丘也

幸！苟有過，人必知之。」（《論語·述而第七》）「過則勿憚改。」
（《論語·學而第一》）而孔子為後世稱為「聖人」，即作為「道德的
圓滿性之原型」，就是一個永恆的典範，千秋萬代每一個人繼承之及
致力趨向之。

　　以上已論明，「道德的圓滿性之原型」由孔子、耶穌體現，依中
華民族之傳統，「道德的圓滿性」之體現者，聖人也。據此，吾人亦
可說，耶穌，聖人也。聖人作為「人的理念」、「人類之理想」的典
範，如上文所論明，此言「典範」與一般所言例子（Exempel）區分
開，甚至也與實踐哲學中「示例」、「實例」、「範例」區分開。聖人之
為「典範」，一建永建，萬古如一日，向每一個人顯示出人的神聖性
所在及其真實性，啟示每一個人注意自身理性之召喚，承擔起普遍的
人類義務。並且，亦已論明，聖人作為「道德的圓滿性」之典範，並
不意謂人只需要視其為模仿的樣板，而不問聖人之存心，即不注意自
身理性所頒發的普遍法則；不追隨聖人為實現「人的理念」、「人類之
理想」的志業。並提請注意，人在實踐中需要實例，其作用在「鼓
勵」，消除人對於道德律令之可行性的懷疑，藉著聖人之典範使普遍
地表達的道德法則、人的理念成為可見的。而絕非要從聖人提供之實
例推導出道德法則及道德的圓滿性之原型。聖人體現此原型，但聖人
本身並不就是「原型」。[39]假若人推崇聖人，僅著力於模仿，那麼，人
們通過聖人提供的範例反而帶來害處：「使人習慣於把規則更多地當
作公式」，（A145/B174）而不注意道德法則。

---

39 早在《純粹的理性批判》康德就指出：「每一個人都注意到，當某個人對他來說被
表象為德行之典範（Muster），那麼，他自己的頭腦中必定要有一個據以衡量這一典
範的真正的原本（Kopfe），〔……〕。這原本就是德行之理念，就這一理念而言，經
驗的一切可能的對象固然作為實例（Beispiele）（理性的概念所要求的東西在一定程
度上具有這可行性之證明），但不作為原型。」（A315/B372）

　　毋寧說，依據每個人稟具的理性，道德法則、人的理念，以及道德的圓滿性之原型，就在人的心靈機能中；然人要呈現其道德主體、體現自身之神聖性，需要在現實中踐履不已，就必須以聖人為典範。典範並非供人模仿，人為自己立典範，還需要實踐的判斷，也就是在經驗的特殊情況中，判斷何者符合典範。此即康德告誡：「事實上，關於我們自己以及我們的作為和不作為的概念和判斷，如果它們包含只能從經驗中學到的東西，那麼它們就毫無道德意義，並且如果一個人允許自己被誤導，將後一種來源的某些東西變成道德原則，那麼就會冒著犯最嚴重和最致命錯誤的風險。」（MS 6:215）

　　儘管如所周知，康德通過《純粹的理性批判》對人類認識機能的批判考察裁定，「經驗從來沒有給出完滿的系統的統一的例子。」（A681/B709）但是，他同時論明，「理性通過同時給它的理念一個對象來思考這種系統的統一性」，固然，「這個對象是任何經驗都不能給出的。」（A681/B709）不過重要的是，它「提供了一種不可或缺的理性之標準，理性需要在自己的類中完全的完整的概念（ganz vollständig），以此估量和衡量不完整東西（Unvollständigen）的程度和缺陷。」（A570/B598）並且，康德提請人們注意，於此，並不是「要想在一個例子中，即在顯相中實現理想」。（A570/B598）據此，不必諱言，「道德的圓滿性之原型」不可能從經驗給出，我們也不是要在現象界找一個範例與之完全相符。不過重要的是，它是理性自身必然產生的一種「理性之標準」。因此，沒有理由以為「圓滿性之原型」是人的虛構物。依康德所論明，它是每一個人發自自身的理性要求，必然要努力體現的原型。人在理性立法下的實踐的判斷活動，就是憑自身的判斷力裁定自身的行為是否符合此原型。早在《純粹的理性批判》康德就指出：「所有關於道德的價值或者無價值的判斷仍然憑藉這一理念才是可能的；因此，它必然是向道德的圓滿性的任何接近的

根據。」（A315/B372）在《基礎》一書中他說：「道德法則還需要由經驗磨礪的判斷力，以便一方面分辨它們在什麼情況下可以運用，另一方面使它們得到進入人的意志的入口和從事的堅定性。」（Gr 4:389）

　　康德說：「實例只是判斷力的學行車。」（A145/B174）聖人之為楷模亦然。此即康德提醒：「只有缺乏判斷力的自然的才能的人絕不能離開實例。」（A145/B174）「判斷力就是把某物歸攝在規則之下的機能，亦即分辨某物是否從屬於某條被給予的規則（被給予的規則的事例〔casus datae legis〕）的機能。」（A132/B171）判斷力無法從別處學來，人需要通過實踐磨礪自己的判斷力。[40]人為自己立聖人為典範，體現道德的圓滿性之原型，須於不懈地實踐中成就。

## 第三節　神聖與神性

　　「作為自由的，正因為自由而通過自己的理性把自己束縛在無條件的法則上的人」，（Rel 6:3）其認識「神聖性」不需要「元始者」、「最高者」（上帝，或天），人自身因其自由自律的主體彰顯其神聖性

---

40 在《純粹的理性批判》的「原理分解部」之「導論：論超越的判斷力一般」中，康德說：「一個醫生，一個法官，或者一個政治家，腦子裡可能有許多出色的病理學、法學或政治學的規則，以至於他自己可以成為一個徹頭徹尾的教師，但在運用中卻很容易違規。要麼是因為他缺乏自然的判斷力（雖然不是缺乏知性），他確實可以在抽象中看到普遍（Allgemeine），但無法分辨一個案例（Fall）是否具體地從屬於這普遍，或者也因為他沒有通過實例（Beispiele）和實際業務進行這種判斷的足夠訓練。這也是這些實例的唯一的和巨大的好處：它們增強了判斷力。」（A134/173）但康德提醒，「實例通常毋寧說損害知性洞識的正確性和精密性。」（A134/B173）理由是：實例「作為術語中的事例〔casus in terminis〕很少能充分滿足規則的條件。此外，實例還經常削弱知性在普遍的、獨立不依於經驗的特殊情況中依據其充足性來洞識規則的努力。」（A134/B173）他指出：依賴實例的害處：「最終使人習慣於把規則更多地當作公式而不是當作原理來使用。」（A134-145/B173-174）

及其普遍立法（道德法則，或曰天理）之神聖性。而毋寧說，唯有通
過人自身之神聖性，始能依據此「神聖性」而對「上帝」（神）之概
念有所決定。我們以「最神聖」決定「上帝」（神）之概念，而何謂
「神聖」只能從人的神聖性決定。此即康德說：「我們從道德的法則
中認識到神的意志之完滿性。上帝意願德性的善和受人尊敬的一切，
這就是為什麼他的意志是最神聖和最完滿的。」（27:1425）他論明：
「這神聖性來自道德法則，不是因為它是啟示給我們的；而是它可以
通過理性來到，因為它是原初的，我們自己根據它來判斷啟示，因為
神聖性是最高的、最完滿的德性的善，我們從我們的知性和我們自身
中獲得。」（27:302）

　　康德問：「我們如何認識神的意志？」並肯定地說：「沒有人在他
心中感受到神的意志。」（27:278）在歷史性的宗教中，神學教義告
訴人，人從神的啟示中認識神；但人們憑什麼認識神的啟示呢？憑什
麼判定那些歷史性的啟示就是神的啟示呢？康德提出：「我們通過我
們的理性認識神的意志。我們認為上帝擁有最神聖的和最圓滿的意
志。」（27:278）

　　通過《純粹的理性批判》，康德已裁定，「上帝之概念」歸於純粹
理性理想。他說：「通過最高實在性（höchste Realität）這個純然概念
來把元始者決定為唯一的、單純的、一切充足的，永恆的等等，一句
話，它能夠由在其無條件的圓滿性中的一切謂詞決定。一個這樣的東
西之概念在其超越的意義上被思想，就是上帝之概念。」（A580/B608）
他論明：「上帝」（神）是「僅僅在理性中的對象」。他說：「僅僅在
理性中的對象被名為元始者（Urwesen〔ens orginarium〕）、最高者
（höchste Wesen〔ens summum〕）、一切本質者之本質者（Wesen aller
Wesen〔ens entium〕）。」（A578-579/B606-607）並明示：「我們對它的
實存仍然完全無知（Unwissenheit）。」（A579/B607）

　　經由批判，康德已論明，「元始者」、「最高者」作為理性思辨使用
的產物，即：「理論的理性通過範疇單純地思想其自身引出的客體。」
（KpV 5:136）範疇（純粹的知性概念）只有當人們將它們運用於顯相
時，亦即實際上具有經驗概念的材料，它們始能夠在具體中展現。但
範疇本身根本不能表現任何對象，當理性通過範疇單純地思想其客體，
「這種思想無需任何直觀（無論感取的抑或超感觸的）就順利進行。」
（KpV 5:136）「因而，這樣的超越的對象也就是一個純然的思想上的
物。」（A566/B594）在這裡，只是「把感觸界中諸條件的綜體以及在
這綜體方面可以為理性所用的東西當作對象」。（A565/B593）

　　不必諱言，若僅注目於理性思辨使用，人們所名之為「元始者」、
「最高者」，不過是「純然的思想上的物」，作為「感觸界中諸條件的
綜體」，充其論是宇宙論的，也就是我們可以使用此理念思考全宇宙
作為一個隸屬於「最高者」的「總體」。但是，必須指出，《純粹的理
性批判》通過對人類知性作批判考量，揭明知性包含「單純的思維之
形式」，並論明理性乃獨立不依於經驗，也就是無需任何直觀而產生自
己的客體的機能。假若人沒有這機能，道德乃至宗教的任何對象都連
思想其可能性也是不可能的。因道德、宗教不屬於時間領域，與任何
直觀無關涉。唯獨經由《純粹的理性批判》論明：「純粹的理性作為一
種純然的智性的機能，不從屬於時間形式，因而也不從屬於時間繼起
的條件。」（A551/B579）康德始能據此「純然的智性的機能」進一步
探究其實踐的使用。此即是於《實踐的理性批判》揭明：人之主體作
為物自身，「通過道德法則將自己決定為智性的者（有自由能力）」。
（KpV 5:105）此即康德說：「唯有自由概念允許我們無需逾出我們之
外而為有條件者和感觸者尋得無條件者和智性者（Intelligibele）。」
（KpV 5:105）「在整個理性機能裡面唯獨實踐者能夠使我們越過感觸
界而謀得關於超感觸秩序和聯結的認識。」（KpV 5:106）

　　簡括地說，《純粹的理性批判》論明人有一種「純然的智性的機能」，名為「理性」；而進至《實踐的理性批判》則說明：「理性」通過其在意欲機能中立普遍法則（道德法則）就呈現人自身為智性者，並使超感觸界依於道德法則而為可認識。依康德所論明，道德、宗教屬於實踐的領域，而人自身為智性者（自由）作為實踐領域的基石。概略而言，《實踐的理性批判》首先論明：「純粹理性就自身而言獨自給予（人）一條我們名之為德性法則的普遍法則。（KpV 5:31）在實踐之事中，「一旦我們為自己擬定了意志之格準」，「我們直接意識到道德法則」。（KpV 5:29）同時，意志自由就經由道德法則而呈露。就每一個人的純粹實踐理性的機能而論，「立法的普遍性，不顧意志的各種主觀差異而使德性原則成為意志最高的形式的決定根據」。（KpV 5:32）通過純粹實踐理性的機能立普遍法則，康德證明了「自由」乃是意志的特殊的因果性，也就是通過揭示人自身具有立道德法則的機能，證明人自身為智性者。此即是說，通過對實踐理性之批判考察，康德論明人的道德法則之主體連同其所立道德法則的神聖性。他說：「道德法則是神聖的（不可侵犯的）。」（KpV 5:87）「人因著其自由之自律，他是道德法則之主體，是神聖的。」（KpV 5:87）「神聖性」無非是人自身之道德主體「不依賴於整個自然的機械作用之自由和獨立性」。（KpV 5:87）根源於人自身之道德主體的道德法則，作為「意志最高的形式的決定根據」也就是神聖的，其所以堪稱神聖的，「因為這種道德法則是建立在他的意志的自律之上的，作為一種自由的意志，他的意志依循自己的普遍法則必然能夠同時與它應當服從的東西和諧一致。」（KpV 5:132）

　　憑著人自身之道德主體，人就是目的自身。康德說：「在諸目的秩序中，人（以及每一個有理性者）就是目的自身，亦即人決不能為任何人（甚至不為上帝）僅僅當作手段使用，若非他同時自身就是目的。」（KpV 5:131）因此，人自身作為「道德法則的主體」，（KpV

5:131）其神聖性即使上帝也不能冒犯。甚至人能稱「上帝」為最神聖者，此言「神聖」也只能通過人自身的神聖性理解。此即康德提出，「道德法則的主體」是「本身而言神聖的東西的主體」，任何別的能夠被名為神聖的者，皆出於「與此相一致」。他明確表示：

> 道德理念實現了關於神性的者（göttlichen Wesen）的一個概念，我們如今把這個概念考量為正確的概念，並不是因為思辨理性使我們確信它的正確性，而是因為它與種種道德的理性原則完全一致。（A818/B846）

　　譬如，我們視「上帝」為「天地的全能的創造者，即在道德上是神聖的立法者」，（Rel 6:139）此就「上帝」所言的「神聖的立法」，所立無非是道德的法則。又，我們視「上帝」為「他自己的神聖法則的主管者，即公正的法官」，（Rel 6:139）此所言「神聖法則」也就是道德的法則。並且，我們視「上帝」作為「人類的維護者，是人類的慈善的統治者和道德上的照料者」，（Rel 6:139）是依據我們人自己的道德理念設想的。此所以康德明示，我們人並不知道「上帝就其自身而言（就其本性而言）是什麼」。（Rel 6:139）並表明：「這種信仰本來不包含任何奧秘，因為它僅僅表示了上帝與人類的道德關聯。」（Rel 6:140）因此，他可以如理如實地指出：對於這樣的道德的最神聖者、最高者的信仰「自發地顯露在所有的人類理性面前」，「我們在大多數文明民族的宗教中，都可以發現這種信仰。」（Rel 6:140）這種信仰不需要歷史性的啟示，它根源自一切民族的道德的理性中，而根本不同基督教教會信仰。[41]假若某個民族憑其歷史性的啟示信仰

---

41 康德說：「每一個教會的憲章都是從一種歷史性的（啟示）信仰出發的，這種信仰可以名之為教會信仰。」（Rel 6:102）

「上帝」（最神聖者、最高者），那麼，何以不在該種歷史性啟示中的
其他民族有其對於「最神聖者、最高者」之信仰呢？「最神聖者、最
高者」不能有二，那麼，人們憑什麼判定何者為「最神聖者、最高
者」呢？故可知，唯獨根於每一個人共同的道德主體之神聖性，人可
有共同的「最神聖者、最高者」之信仰。此乃康德之真知灼見。

　　康德以其創闢性的洞識，捍衛真理的無比勇氣，顛覆傳統關於
「上帝」作為歷史性啟示中的「超絕者」的教義，而揭示「純粹的道
德的宗教」始堪稱唯一的一種真正的宗教。他提請人們要覺醒，要有
勇氣結束傳統上事奉神的（gottesdienstlichen）宗教，而轉向純粹的
道德的宗教。依康德所論，於真正的宗教，每一個人都能夠憑藉他自
己的理性認識作為他的宗教的基礎的「最神聖者、最高者」，無論人
們使用什麼名詞稱謂它，名之為「上帝」，或「天」，其所意謂者完全
相同，其包含的內容不會有不同。因為在真正的宗教中，每一個人依
道德理念把握關於「最神聖者、最高者」之概念，而道德理念對一切
人都是相同的。

　　人們或許會問：既然人自身的道德主體連同道德法則是神聖的，
那麼，何以要伸展至對於「最神聖者、最高者」之信仰呢？何故要崇
拜「上帝」，或於中華民族傳統中要言「事天」呢？如前面相關章節
已論明，因為「意志自由產生圓善」，（KpV 5:113）並且，「道德法則
要求在一個世界裡可能的圓善實存。」（KpV 5:134）於中華民族孔子
哲學傳統，就是本心之仁頒發天理要求「天下歸仁」（《論語·顏淵第
十二》），也就是要求實現一個仁智雙彰、德福雙全的世界，即道德的
世界。但在現實中，「圓善」是一個理想，人類要在世界實現這個理
想，沒有人能預測需要經歷多少世代的努力。無疑，理想與實現之間
是一個不停止地奮鬥的進程。但此並不影響道德法則之定言命令的普
遍有效性，無論人類歷史進程多麼艱難曲折，「人類的意志之自由之

活動」（KGS 8:17）總是向著終極目的（圓善）不停止地前進。依康德所論明，正是現實與理想之間的無限張力，理性需要假定一種力量，這種力量植根於每一個人的道德主體，它被升舉於一切人之上，藉以將一切人結合於其下，即結合於道德法則之下，於現實的艱難險阻中獲得一種堅定信念的力量。如康德一再強調，我們切忌通過「實體化意識」之虛妄，把這種力量錯認作為「超自然的東西」，從而產生「獨斷的神人同形同性論」。這種力量並非從外在於人的「最神聖者、最高者」獲得，並不如柏拉圖主張「理念源自最高的理性，由此出發而為人類理性所分有」（A313/B370）那樣。它自身並非一種創造力，而毋寧說，這種力量是因其與道德的法則一致而產生，作為一種「理想的原因之連繫」（KU 5:373），亦即終成因（Endursachen）的因果連繫（目的的聯繫〔nexus finalis〕）。（KU 5:448）此即康德說：「這種力量能夠為這些道德的法則帶來在一個世界上可能的而又與道德上的終極目的一致的全部效果。」（Rel 6:104）這種力量，康德名為「上帝」。無疑，他根本改變了西方傳統使用「上帝」一詞的含義。而依孔子哲學傳統，這種力量就名為「天」。孔子哲學傳統孕育於中華民族周代理性文明之萌芽時期，所言「天」並不包含神秘的外在客體。[42]「天」作為每一個人出自本心所事奉的「最神聖者、最高者」，產生自人自己的理性。孔子「踐仁知天」，孟子弘揚孔子而言「盡心

---

42 人類文化發展史從人類所處自然狀態開始，原始文化始於人類開始運用理性時不可避免的幼稚狀態，每一個族類的原始文化都不離鬼神信仰、來生信仰、彼岸信仰。而華夏文明於周代即顯發理性文明之萌芽，脫離原始文化的幼稚狀態。孔子哲學傳統孕育於周代華夏文明，從一開始就包含著人類心靈理性文明的內核，顯示出理性文明的光輝。依照康德所論，人類從文明化進展至道德化的標誌在：理性立法能力之開啟。孔子哲學之實踐智慧正在於顯明：天理自本心仁體發。關此，詳論請參見拙著《孔子哲學傳統——理性文明與基礎哲學》，第一章第一節〈論孔子創發的理性文明乃中華文化從文明化進至道德化之里程碑〉。

知性知天」。「盡其心者，知其性也，知其性，則知天矣」，(《孟子·
盡心章句上》) 此即表示：人通過充盡體現其「本心」而「知其性」
以知「天」。接下來說：「存其心，養其性，所以事天也。」(《孟子·
盡心章句上》) 此即於「盡心知性知天」之實踐進程中敬奉「天」。孟
子接續孔子「仁者人也」、「人能弘道」之旨，其由「知天」進而言
「事天」，其旨正如康德所論從人的道德實存性充盡而至道德的宗
教。於此「事天」之宗教，無需歷史性信仰的外在的超絕的「最神聖
者、最高者」，不必借助於一種教會，它就建立於每一個人的本心仁
體。並且，一切人凝聚於其下，以促進在世界上實現「大同」(道德
世界) 之終極目的。依此，吾人可說，康德徹底顛覆西方傳統對宗教
崇拜的「最神聖者、最高者」之定義，其創闢性洞見與孔子哲學傳統
言「天」之義若合符節。不同的是，康德依據西方傳統，保留「神性
的者」的概念，「神性」歸於上帝 (神)；而「神聖性」屬於人。依孔
子哲學傳統，並沒有於人之「神聖性」之外另立「神性的者」、「神
性」的講法。[43]

　　在《學科的爭執》一書中，康德提出「哲學釋經原理」，其中
說：「被宣布為神聖的、但卻超出一切 (本身是道德的理性概念) 的
學說的經文，可以作出有利於實踐理性的解釋。」(SF 7:38) 他對基
督教學說中的「上帝」作重新闡釋，[44]正體現其「釋經原理」。他提
出：「一切原理，無論它們所涉及的是歷史批判的解釋還是語法批判
的解釋，在任何時候都必須是直接從理性產生的。」(SF 7:38) 並指
明：「聖經神學家停止為自己的目的而利用理性，而哲理神學家就也

---

43 天人分立，然後言「天人合一」，那是漢儒董仲舒的說法。不能歸於孔子哲學傳統。

44 康德指責獨斷的神人同形同性論，「把我們思維經驗的對象所憑藉的任何特性就其自
　身而言加給最高者。」(Proleg 4:357) 他說：「人們把這個只是單純表象的理想製作
　成客體，接著又實體化，甚至人格化。」(A583/B611) 他明文指出：我們所允許的
　一種「象徵性的擬人化」，「僅僅涉及語言，而不涉及客體本身。」(Proleg 4:357)

停止為自己的命題而使用聖經。」（SF 7:45）

　　依照其「哲學釋經原理」，康德提出「神性的者（göttlichen Wesen）」的一個概念只能「直接從理性產生」。而不能從「聖經神學家」，甚至不能從聖經搬用過來。他明文指出，「神性（Gottheit）的概念本來就只是出自對這些道德法則的意識」，（Rel 6:104）因著道德的法則命令人致力於在世界上實現道德的終極目的，並且因為在努力進程中人的力量有所不足及來自外部的重重阻礙，理性要設定道德的最神聖者、最高者，藉以堅定信念，以及結合一切人在其下。

　　前面相關章節已論明，康德通過對人的理性機能作批判考察，論明人作為道德的實存，其道德的主體連同其所立道德法則的神聖性。基於人的「神聖性」，他進一步提出：神的「神聖性」。儘管人作為「道德的實存」是神聖的。但人作為天地生化之物，無可避免受自然因果性限制；其內在的道德性必然產生一種突破任何限制而實現自身終極目的的力量。正是這種力量，使人自身要求從人本身受限制的「神聖性」伸展出無限制的「最神聖者」、「最高者」之理想。而後者（即神的「神聖性」）完全由人的「神聖性」決定。若離開人的「神聖性」，根本無法對神的「神聖性」有任何認識。

　　什麼是「上帝的意志」？康德說：「只按照純粹的道德法則來規定上帝的意志之概念。」（Rel 6:104）他指出：「上帝的立法的意志是通過純粹的道德的法則頒布命令的，就此而言，每一個人都能夠從自身出發，憑藉他自己的理性來認識作為他的宗教的根據的上帝意志。」（Rel 6:104）因為道德法則是神聖的，我們能設想「上帝」作為「最神聖者」、「最高者」，其立法的意志就是通過純粹的道德的法則頒布命令的。康德說：「一種僅僅按照純粹道德的法則來決定的上帝的意志的概念，使我們如同只能設想一個神一樣，也只能設想一種宗教，這種宗教就是純粹道德的。」（Rel 6:104）

　　作為宗教的根據的上帝的立法的意志依據道德的法則而決定。康德指出：「倫理的法則不能被設想為源初地純然從這個至上者（Obern）的意志出發。」（Rel 6:99）否則，「它們就會不是倫理的法則，與它們相符合的義務也就會不是自由的德行，而是強制性的律法義務。」（Rel 6:99）如康德所論明，因為道德法則本身是絕對的定言命令，我們始有正當理由基於道德法則而設定一個「最高者」，並設定它以道德法則約束每一個人。此即康德說：「每一個自由意志自身的本質的法則，儘管如此卻必須被看作為最高者的命令。」（KpV 5:129）「神性的者」何以值得崇拜呢？因為我們設想它是「最神聖者」，是德行的立法者。（Rel 6:183）而何謂「神聖」，何謂「德行的立法」，這是每一個人都能夠憑藉他自己的理性認識到的。早在《純粹的理性批判》中，康德就說：「我們只有使理性出自行動本身的本性教給我們的那德性法則保持神聖，我們才相信自己是符合神的意志的。」（A819/B847）

　　依康德所論，人的道德主體是神聖的，但人的意志並不是神聖的意志。（Gr 4:414）康德提出：「其格準必然與自律的法則相一致的意志就是一個神聖的、絕對善的意志。」（Gr 4:439）「對於一個神聖的意志來說」，「意願（Wollen）自己就已經與法則必然一致。」（Gr 4:414）又說：「抉意正確地表象為不可能是一條同時並非客觀法則的格準」，這是一個「抉意的神聖性概念」。（KpV 5:32）但是，人的抉意雖然並不是受官能刺激所決定，因而仍是自由的，但畢竟受官能刺激，也就含有一個由主觀原因發生，因而可時常與純粹客觀的決定根據相牴觸的願望（Wunsch）。（KpV 5:32）儘管就每一個人的純粹實踐理性的機能而論，「立法的普遍性，不顧意志的各種主觀差異」。（KpV 5:32）據此，康德如實指明，人必要而且有能力做到的就是：「把純粹的、因而自身也是神聖的道德法則持續而正確地置於眼前，

確保其格準朝著這法則無窮地前進，以及持續不斷地進步的堅定不移。」（KpV 5:32-33）他說：「意志的這種神聖性同時必須是一個必然作為原型（Urbilde）的實踐理念。」（KpV 5:32）人能做到的就是「無限地接近這個原型」。（KpV 5:32）人並非要崇拜一個外在的超絕的具有「神聖的意志」的客體，而毋寧說，人標舉「神聖的意志」為一個原型，並歸之於「神」，為的藉此獲得無限地接近這個原型的輔助力量。此即康德論明，「德性之神聖性在此生成為人們的準繩」，（KpV 5:128）「在任何狀況下都必須始終是人們的行為的原型。」（KpV 5:129）並且明示：「向這種神聖性的進步即便在此生中也是可能的和必然的。」（KpV 5:129）儘管他一再強調，人不能達到意志的神聖性。

　　人標舉「神聖的意志」之原型，並歸之於「神」而崇拜之。此即認信「上帝擁有最神聖的和最圓滿的意志」。（27:278）此所以康德明示：上帝意志是每一個人都能夠憑藉他自己的理性認識者。（Rel 6:104）人自身道德主體之神聖性要求人實現其自身的道德稟賦，以及在世界上實現終極目的（圓善），因此故，理性需要設定道德的最神聖者、最高者（人名之曰「上帝」、「神」、「天」），它以道德法則命令一切人，包含著「一種能夠在一個世界上產生與德性的終極目的（sittlichen Endzweck）相協調的全部可能影響的力量」。（Rel 6:104）

　　依康德所論明，唯獨因著意志自由而可能的道德法則產生圓善之概念以作為純粹實踐理性的客體和終極目的，（KpV 5:129）人始能設定上帝作為世界的創造者，在其立法的意志中，「世界創造（der Weltschöpfung）的終極目的同時能夠並且應該是人的終極目的。」（Rel 6:6）早在《純粹的理性批判》康德就揭示：「當我們從德性的統一之觀點的一條必然的宇宙法則（Weltgesetze）出發」，就會產生「對我們有約束力的至上原因」。（A815/B843）此「至上原因」可名

為「上帝」，我們有理由設定它包含依據德性的統一之觀點的一條必然的宇宙法則，也就是既包含道德法則，也包含自然法則，並且結合二者為宇宙法則。我們依照自身的道德法則就能認識它，並能依據它來考慮我們的道德實踐。

我們崇敬「上帝」，視「上帝」為依必然的宇宙法則主宰世界的「至上原因」，無非是為我們人類致力建立一個統天地萬物而言、共同隸屬於其下的人自身創造的宇宙樹立一個原型。我們服從「上帝的意志」，無非是標舉「我們應當實現的倫理共同體的理性理念本身」（Rel 6: 105）。絕非要避開「所有的道德方面的特性」來妄想一個神，以祈求作神的「一個寵兒」，隨時受到寬恕，蒙恩，相信靠賴奇蹟的救贖。（Rel 6:200）

總而言之，我們標舉上帝（神）為「最神聖者」，乃依據道德主體連同其道德法則，為我們人自己建立一個理想。如康德說：「理想作為原型，可以用作連續的（durchgängigen）摹本（Nachbildes）之決定，〔……〕。我們將自己與它比較、對自己作出判斷從而提高自己，儘管我們永遠無法達到。」（A578/B606）人需要崇敬「最神聖者」（上帝，或曰「天」）完全出自人自身需要一種不可或缺的理性之標準，以便較正自身。此即康德說：「理性需要在自己的類中完全的完整的（ganz vollständig）概念，以此估量和衡量不完整東西（Unvollständigen）的程度和缺陷。」（A570/B598）

人的道德主體連同其道德法則是神聖的，但現實中，人總是有缺陷，於實現自身道德分定的不懈進程中不可避免要遭遇困難險阻，故人設想一種沒有障礙要克服的「神性」，並以純粹的神聖性思想它，以此，人自身的神聖性就伸展至「神性」並以之為崇拜對象。如康德說：「神性（Gottheit）是沒有支配的，也沒有障礙要克服。」（27:250）然只要是人，就畢竟有障礙要克服，必定要在克服障礙的

努力中實現自身道德分定的神聖性。此即康德依理性之釋經學，對西方文化中漫長的神學傳統中獨斷的「神」（上帝）所作顛覆性的哲學解釋。

　　本章第一節「神之子，還是人之子」已論，依理性本性之尺度，耶穌作為一位「人之子」表現出人的本性中所含神聖性之光輝。正如牟宗三先生說：「在他的人性中，基督是與人為徒的。」[45]孔子為後世崇敬為聖人，孔子同樣是與人為徒的。《論語·微子第十八》記載孔子說：「鳥獸不可與同群！吾非斯人之徒與而誰與？天下有道，丘不與易也。」孔子與耶穌各自為其民族標舉為人類之典範，而二者彰顯人的神聖性並宣示人類之道德分定必然要努力趨向的終極目的，則是共通的，無分民族，無分中西。

　　孔子宣仁道：「仁者人也」宣明人的道德性（即神聖性），「人能弘道」宣明「天下歸仁」（即實現道德世界）。耶穌宣道，教人成為「上帝喜悅的人」，欲一切人成為「上帝的兒女」，要旨在「愛與公義」，同樣是宣明人的道德性（即神聖性）。其欲「上帝之國」行走在地上，要旨在結聚一切人在善的原則下，在世界上建立義人的國，亦即實現道德世界。不必置疑，孔子與耶穌同樣展開了人類的盛德大業。不過，不同的是，耶穌身處一個信奉神創造世界、主宰萬物的世代，那個世代給予他一個「神」的身份。而孔子處於中華民族理性文明之萌芽時期，孔子的生命彰顯人類理性之光明，他本人明確地否決了「天縱至聖」的說法。[46]後世有人欲捧孔子為「神」，始終沒有成功的。

　　依中華民族理性文明之傳統，沒有「道弘人」一說，故也不必有

---

45　牟宗三：《五十自述》，《全集》，卷32，頁108。

46　《論語·子罕第九》記載：「太宰問於子貢曰：『夫子聖者與？何其多能也！』子貢曰：『固天縱之將聖，又多能也。』子聞之曰：『太宰知我乎？吾少也賤，故多能鄙事。君子多乎哉？不多也！』」

「道成肉身」的講法。孔子明示：「人能弘道，非道弘人。」(《論語‧衛靈公第十五》) 此見孔子哲學完全是理性本性之學。「人能弘道」完全是出於理性本性的講法，表明人能弘揚道，在世界上實踐道。並不包含「肉身成道」的意思。在中華文化的小傳統中，固然流傳人修鍊成仙、成道之說，甚至唐君毅、牟宗三兩位先生受德國理想主義追求「神性」精神的影響，也有「道成肉身」及「肉身成道」的講法，[47]不過，此種講法並不構成兩位先生學問體系的要點，只能視作因應德國理想主義追求「神性」精神的一種回響而已。事實上，依孔子哲學之理性本性特質，不會有人追求「神性」的想法，亦不會有「人本身便是一潛勢的上主，現下應當成就的上主」[48]的思想。

　　《約翰福音》說：「道成了肉身，住在我們中間，充充滿滿的有恩典有真理。」(Jhn 1:14)「道成肉身」成為基督教的基本教義之一，其根據可以說就是約翰這句話，恐怕耶穌並不會以為自己就是「道」，就是「上帝」。直至康德出來論明，真正的宗教與道德一樣，「它是理性的一種立法。」(SF 7:36) 並提出：「理性在宗教事務中是《聖經》的至上的解釋者。」(SF 7:41) 他指出，為著傳道需要而加諸耶穌的神話都成為多餘，甚至淪為負累。依照「道成肉身」的基本教義，「道」「以肉體的方式寓於一個現實的人裡面」，「而且是作為第二本性在他裡面起作用的神性」。(SF 7:39) 康德明文表示，這種「關於神的一個位格成為人的學說」(SF 7:39) 根本與人的道德實踐毫不相干。

　　如前面相關章節已論明，依康德所論，上帝是一個理想，它作為

---

47 唐先生曾說：「此番與牟先生在臺相聚，忽有所感：讀他文章時，是肉身成道；見到他本人時，又是道成肉身。」(見蔡仁厚：《牟宗三先生學思年譜》，頁21)

48 語見《現代學人》第四期，謬勒 (Max Mueller) 著，張康譯：〈存在哲學在當代思想界之義〉，第四節。牟先生引該節譯文見牟宗三：《心體與性體 (一)》，《全集》，卷5，頁187-189。

「道德法則所決定的意志的必然客體的條件」,（KpV 5:4）其可能性必須「經由自由是現實的這個事實得到證明」,因此,唯獨「在實踐的關連裡,能夠和必須被認定」。（KpV 5:4）吾人可指出,此即包含孔子所言「人能弘道,非道弘人」之義。耶穌被稱為「基督」。「基督也是一個純然的理想」。（27:250）耶穌基督作為「一個德性圓滿的原型」,（27:250）作為每一個人的典範,每一個人尋求接近這個典範或理想,為著實現「上帝之國」（愛與公義的道德世界）而不懈努力。吾人可指出,此即展示「人能弘道」的真實見證。儒者言「希賢、希聖、希天」,本「人能弘道」之旨,「天」通過賢者、聖者而弘揚,不能將儒者所言「聖人」與「神性者」混同。依康德言,人之「神聖」與「神性」有別,然不離人之「神聖」妄作「神性」。二者大旨相通也。